中国社会科学院创新工程学术出版资助项目

中国社会科学院马克思主义理论
学科建设与理论研究工程系列丛书

西方新社会运动研究

张顺洪 ○ 等 著

中国社会科学出版社

图书在版编目（CIP）数据

西方新社会运动研究／张顺洪等著 . —北京：中国社会科学出版社，2015. 10
（中国社会科学院马克思主义理论学科建设与理论研究工程系列丛书）
ISBN 978 – 7 – 5161 – 7233 – 9

Ⅰ. ①西…　Ⅱ. ①张…　Ⅲ. ①社会运动—西方国家—文集
Ⅳ. ①C916 – 53

中国版本图书馆 CIP 数据核字（2015）第 283388 号

出 版 人	赵剑英	
责任编辑	田　文	
特约编辑	徐　申	
责任校对	王　影	
责任印制	王　超	

出　　版	中国社会科学出版社
社　　址	北京鼓楼西大街甲 158 号
邮　　编	100720
网　　址	http://www.csspw.cn
发 行 部	010 – 84083685
门 市 部	010 – 84029450
经　　销	新华书店及其他书店

印　　刷	北京君升印刷有限公司
装　　订	廊坊市广阳区广增装订厂
版　　次	2015 年 10 月第 1 版
印　　次	2015 年 10 月第 1 次印刷

开　　本	710 × 1000　1/16
印　　张	27. 75
插　　页	2
字　　数	469 千字
定　　价	99. 00 元

凡购买中国社会科学出版社图书，如有质量问题请与本社营销中心联系调换
电话：010 – 84083683

前　　言

以毛泽东、邓小平、江泽民为核心的党的三代领导集体和以胡锦涛同志为总书记的党中央始终高度重视党的理论工作，重视全党对马克思主义理论的学习和研究工作。十八大以来，以习近平同志为总书记的党中央更是把意识形态工作作为党的一项极端重要的工作来抓。

2004 年 1 月，《中共中央关于进一步繁荣发展哲学社会科学的意见》下发，并决定实施马克思主义理论研究和建设工程。为贯彻落实党中央关于把中国社会科学院努力建设成为马克思主义坚强阵地、党和国家的思想库智囊团（智库）、哲学社会科学的最高殿堂的要求，中国社会科学院党组采取了一系列重要措施。2009 年年初成立了中国社会科学院马克思主义理论学科建设与理论研究工程领导小组。小组成立后，一方面注重抓好马克思主义理论学科组织机构的建设，设立马克思主义理论类别的研究室和中心等；另一方面注重马克思主义基础理论和现实问题研究。

为了推进马克思主义基础理论和现实问题研究，中国社会科学院从2010 年起陆续推出的"马克思主义理论学科建设与理论研究系列丛书"，包括"马克思主义经典作家专题摘编系列"、"马克思主义专题研究文丛系列"、"马克思主义基础理论研究系列"、"马克思主义重大理论和现实问题研究系列"等。其中，"马克思主义重大理论和现实问题研究系列"是中国社会科学院马克思主义理论学科建设与理论研究工程领导小组委托交办的重大理论与现实问题跟踪研究项目的成果，涉及当下思想理论和意识形态领域以及现实生活中急需回答的重大问题，学术性、理论性、现实性强。本系列图书的出版对于明辨理论是非，澄清错误认识，构建马克思主义话语体系，巩固马克思主义指导地位，具有重要意义。

中国社会科学院

马克思主义理论学科建设与理论研究工程领导小组

2015 年 10 月

目　　录

导　言

西方新社会运动是当今西方资本主义国家重要的社会现象，也是当前国内外学术界比较关注的研究问题。本书从世界历史发展的角度，考察西方国家新社会运动。而要深入理解西方新社会运动，必须把其放在资本主义发展演变大的历史进程中和现实背景下来考察。因此，非常有必要首先对当代西方资本主义进行一定的考察和分析，形成比较宏观的基本认识。

一　对当代西方资本主义的认识

"当代西方资本主义"主要是指战后特别是20世纪70年代以来欧美国家的资本主义。"西方"在这里主要是指北美和欧盟，不包括日本等发达资本主义国家。本书考察西方新社会运动，也主要是在这个意义上理解"西方"这一概念的。

关于资本主义的历史和现实，国内外学术界研究较多，成果颇丰。学术界对当代西方资本主义的认识，可以说有两种基本的、相对立的看法。一种认为资本主义制度是持久的，当代西方资本主义代表着人类社会的发展方向；另一种认为资本主义制度是历史发展进程中暂时的、阶段性的，或迟或早将会灭亡，在世界范围内将会为新的社会主义制度所取代。

（一）对资本主义本质的认识

这里，先谈谈对资本主义本质的认识，主要谈下面几点。

1. 资本主义社会是人类社会发展到一定程度的产物，是人类社会发展进程中的一个阶段，有其开始，也将有其终结

资本主义萌芽始于封建社会晚期。学术界一般认为资本主义首先产生于欧洲。15、16世纪，资本主义在西欧得到较快的发展。随之，一系列

欧洲国家发生了资产阶级革命；爆发在 17 世纪中叶的英国资产阶级革命和 18 世纪末期的法国大革命尤为典型。资本主义制度首先出现在欧洲，并逐渐向世界其他地区扩散。经过工业革命，资本主义制度在世界格局中占据了主导地位。但是，到了 20 世纪，随着社会主义从理论走向实践，资本主义制度经受了极大的冲击。苏东剧变后，资本主义在世界范围内的主导地位又稍有加强。

资本主义社会取代封建社会是一种历史进步。在资本主义制度下，社会生产力得到了前所未有的发展，极大地改变了世界历史的面貌。这一点不管是马克思主义学者，还是资产阶级学者，都是不否认的。在资本主义制度下，人类社会实现了空前的、快速的发展。资本主义显现出了推动历史发展的魔力。但是，资本主义社会仍然是一个人剥削人的社会，有其历史的、阶级的局限性。资本主义制度在世界格局中占主导地位的时期，人类社会经历了历史性的困境和灾难，如殖民主义制度形成的国家和地区之间的极端不平等，国家内部和国家之间严酷的贫富分化，资本主义大国争霸与侵略导致的各种规模的战争，全球生态问题，等等。资本主义在带来巨大历史进步的同时，也给人类带来了巨大灾难。

2. 无止境地追求利润是资本的本质

资本主义社会是一个以私有制经济为主体的人剥削人的社会。资本的本质就是不断追求利润的最大化。为了追求高额甚至超额利润，资产阶级可以不择手段。马克思在《资本论》中高度概括地指出："资本来到世间，从头到脚，每个毛孔都滴着血和肮脏的东西。"在这里，马克思做了一个注释，引述了刊登在英国《评论家季刊》上的一段十分精辟的论断。这段论断是这样的："资本逃避动乱和纷争，它的本性是胆怯的。这是真的，但还不是全部真理。资本害怕没有利润或利润太少，就象自然界害怕真空一样。一旦有适当的利润，资本就胆大起来。如果有 10% 的利润，它就保证到处被使用；有 20% 的利润，它就活跃起来；有 50% 的利润，它就铤而走险；为了 100% 的利润，它就敢践踏一切人间法律；有 300% 的利润，它就敢犯任何罪行，甚至冒着绞首的危险。如果动乱和纷争能带来利润，它就会鼓励动乱和纷争。走私和贩卖奴隶就是证明。"①这是在 19 世纪中期，人们对资本主义作出的精彩评述。今天，资本追逐利润的本质

---

① 《资本论》第 1 卷，人民出版社 1975 年版，第 829 页，见注释 250。

并没有发生变化。2012 年 8 月，美国共产党网站上发表了一篇题为《资本主义是一种非理性的制度》的文章，指出："我们不应该忘记，资本主义是一种非理性的制度。对资本积累和利润最大化的结构性逻辑的追求使其如此。过去一直都是这样，但在今天全球范围内结构危机和环境破坏的时代，它显得更加没有理性。不管到什么地方，我们都能看到资本主义像是在狂热地追求那种从人类、自然和经济健康角度看毫无意义的政策。"文章的结论是："资本主义需要被取代。"①

3. 资本主义社会实行的是资产阶级专政

资本主义社会仍然是一个阶级压迫另一个阶级的社会。资本主义社会的民主制度是资产阶级专政的一种表现形式，本质上是资产阶级的民主，是为资产阶级利益服务的，是维护资产阶级统治的工具。广大劳动人民所能享受到的民主是非常有限的。当然，资产阶级民主制度较之封建专制制度仍然是巨大的历史进步。人民群众是推动这种进步的力量。今天资本主义社会的民主制度是广大人民群众不断斗争取得的成果。这种斗争迫使资产阶级不断扩大民主内容，改善民主形式。

资产阶级民主经历了一个缓慢的发展过程。例如，在英国，选举权的扩大就经历了一个很长的时期。起初选举权与被选举权有财产限制，人数很少。1832 年英国实行议会改革后，扩大了选举权，选民增多，但仍然有很大的限制。在选举权方面，农村选区收入在 10 镑以上的公簿持有农、长期租约农，收入在 50 镑以上的短期租约农和交租 50 镑以上的佃农，获得了选举权。通过这次改革，选民人数由占全国人口约 2% 增加到3.3%。②可见当时有选举权的人还是很少的。普选权的实施是 20 世纪的事了。即使实现了普选权，资产阶级民主也是很有限的。

在资产阶级民主发展进程中，金钱发挥着巨大的作用。有的学者甚至认为："西方不少国家的'民主'制度日益演变成了'钱主'制度，特别是美国的民主。"③还有的学者感慨地得出结论：西方民主是金钱至

---

① 美国共产党网站：http://www.cpusa.org/capitalism-is-an-irrational-system/，2014 年 8 月访问。

② 王觉非主编：《近代英国史》，南京大学出版社 1997 年版，第 442—443 页。

③ 张维为：《西方政治体制陷入六大困境》，见《资本主义怎么了——从国际金融危机看西方制度困境》，学习出版社 2013 年版，第 271 页。

上的民主。①在西方民主中，钱权交易大行其道，政党政治异化为金钱政治。②今天，在西方资本主义国家，金融资本势力强大，资本主义政党为金融垄断寡头所操控。"金融垄断寡头通过支持少数政党和少数个人，控制着国家政权。资本主义民主政治是金钱政治，垄断寡头运用金钱控制着资产阶级政党和政客。拥有雄厚资金实力的垄断资本支持政党和候选人展开政治公关、媒体传播等政治营销活动，以有效影响选民。"③实际上，资本的力量在谁当候选人和最终当选中起着决定性的作用，一人一票只是表面的民主现象，下层民众在大选中的实际作用是有限的。候选人要当上总统和议员，需要大量的政治资金，而这些政治资金来自少数富人。例如，在美国政治捐款者不超过总人口的4%，大选实际上是由这4%的人所支撑的大选。而这4%的人分别向两党提供的政治资金达几亿十几亿甚至更多美元。2008年，美国众议员当选需要110万美元的资金，参议员当选需要650万美元的资金；在总统选举中，所有候选人花费的资金高达53亿美元。④今天的资本主义国家政党在组织特征上也出现了寡头垄断的趋势。由于资本主义选举制度的这种特性，许多选民对选举采取了消极态度，以致投票率不高。例如，美国这些年来，大选平均投票率大约在55%；而当选总统一般得到50%多的选票。这样，实际上仅获得不到30%的选民支持，就可当上美国总统。⑤

4. 掠夺和剥削弱小国家和地区是资本主义的本质表现和必然要求

为了追求利润，资产阶级除了在国内剥削工人阶级外，还极力在国外掠夺和剥削弱小国家和地区。在世界近现代，其主要表现就是推行殖民主义。通过殖民扩张，欧洲列强在世界范围内建立起大大小小的殖民帝国；后来美国和日本也加入了殖民列强的行列。马克思曾经尖锐地指出："殖

---

① 詹得雄：《西方民主还真是一个问题——西方发达资本主义国家的反思》，见《资本主义怎么了——从国际金融危机看西方制度困境》，第137—138页。

② 柴尚金：《西方宪政民主是如何陷入制度困境的》，见《资本主义怎么了——从国际金融危机看西方制度困境》，第111—112页。

③ 周一鑫：《发达资本主义国家的政治垄断》，见《资本主义怎么了——从国际金融危机看西方制度困境》，第216—217页。

④ 鲁品越：《为什么说西式竞争性民主是资产阶级民主》，见《西式民主怎么了》，学习出版社2014年版，第53页。

⑤ 甄言：《对西方选举制度真相的研究和思考》，见《资本主义怎么了——从国际金融危机看西方制度困境》，第229—230页。

民制度宣布，赚钱是人类最终的和唯一的目的。"①欧洲的殖民主义者"在欧洲以外直接靠掠夺、奴役和杀人越货而夺得的财宝，源源流入宗主国，在这里转化为资本"②。同时，广大殖民地半殖民地逐渐成为西方资产阶级的产品销售市场和原料供应基地。第二次世界大战后，在国际共产主义运动和民族解放运动的冲击下，殖民帝国纷纷解体，西方发达资本主义大国则推行新殖民主义，在不直接占领领土的情况下，对广大发展中国家进行掠夺、剥削和控制。在经济全球化日益加深的今天，西方发达资本主义国家在世界经济活动中仍然占主导地位，在科学技术和资本方面占有较大优势，总体上，在国际分工体系中处于高端，能够源源不断获取高额垄断利润。而广大发展中国家则处于国际分工底端，处于受剥削的地位。这种国际关系状态是资本主义的必然要求和本质体现。只要发达资本主义国家在国际格局中占主导地位，这种状态就难以改变。

5. 相互争霸和恃强凌弱也是资本主义的本质表现

资本主义大国之间在历史上相互争霸不已，不断发生战争，甚至导致世界大战。例如，17世纪，英国与荷兰先后发生三次大战；18世纪，英法之间发生多次争霸战；19世纪，英法与俄国发生了克里米亚战争，普鲁士（德国）和法国发生了普法战争，世纪末发生了美西战争；20世纪初，帝国主义列强之间爆发了第一次世界大战。第二次世界大战后，随着社会主义力量的增强和广大发展中国家的兴起，发达资本主义大国之间的矛盾降到了次要地位，它们与广大发展中国家的矛盾、与社会主义国家的矛盾上升到第一位。但是，由于资本的本性，发达资本主义国家之间的矛盾不会消失，在一定条件下还可能被激化。第二次世界大战后，西方大国之间没有发生过战争，但西方大国发动了一系列侵略和干涉广大发展中国家和地区的战争。

资产阶级极力推行殖民主义本身就是恃强凌弱的具体表现。在世界近现代，资产阶级通过武力扩张，把海外弱国和地区变成自己的殖民地和半殖民地。第二次世界大战后，在殖民帝国纷纷解体后，恃强凌弱最显现的形式是推行霸权主义和强权政治，干涉发展中国家内政，甚至以各种借口直接发动侵略战争，掠夺发展中国家的资源，阻挠发展中国家的发展。进

---

① 《资本论》第1卷，人民出版社1975年版，第822页。
② 同上。

入 21 世纪，西方大国已发动了多次针对发展中国家的战争，如以美国为首的西方国家入侵阿富汗的战争、入侵伊拉克的战争、对利比亚的武装打击。同时，西方大国集团还不断向发展中国家施加压力，进行武力威慑。例如，西方大国一直企图武装干涉叙利亚；对伊朗等国进行军事威胁。近年，所谓"重返亚洲"，也正是美国加大在亚洲地区特别是中国周边地区耀武扬威的表现。

6. 资本主义的发展伴随着国家内部和国家之间的贫富分化

资本主义制度是以私有制经济为主体的，是人剥削人的制度；在资本主义制度下，资本向少数富人高度集中，必然导致一国之内贫富两极分化。在资本主义社会，两极分化不断加深。发达资本主义国家的内部贫富悬殊十分巨大，且在进一步加剧。美国是世界上最富有的国家之一，是发达资本主义国家的代表，但美国贫富差距悬殊。根据 2011 年度福布斯美国富豪榜，美国最富有的两人比尔·盖茨和沃伦·巴菲特的净资产分别是590 亿美元和 390 亿美元。而在 2010 年，美国却有 160 万名儿童无家可归，他们住在收容所、汽车、废弃建筑物和公园里。在美国超过 6 千万人没有卫生保健或卫生保健不足。因为经理们拥有雇用、解雇和分包非全日制工和临时工的绝对权力，就业变得更加没有保障；贫困家庭被迫接受维持生活最低工资以下的工作，否则就要挨饿。今天与 30 年前相比，更多的人工作的时间更长。退休年龄正在接近 70 岁。雇主们再也不提供退休金方案。私人雇主们为了个人目的而雇用犯人做工。生活在贫困中的儿童数量在增长，孤儿的数量也在增长。在欧洲和北美，年青一代大多数人的未来看起来是不安全的、可怕的。[①]有统计表明，美国有超过 4600 万人生活在贫困线以下，约占全国人口的 15%。[②] 2014 年，美国新经济联盟发布的数据显示，美国最富有的 1% 的人口占有全国 40% 的财富，而 80% 的人口只占有大约 7% 的财富；贫富差距拉大现象，用美联储主席耶伦的话，成为"当前美国社会最令人烦恼的趋势之一"[③]。而过去几十年，美

---

①　塔塔·门坦：《理解当代资本主义：马克思主义唯物史观的解释》（Tatah Mentan, *Understanding Contemporary Capitalism: A Marxist Historical Materialist Interpretation*），学术出版社 2012 年版，第 73 页。

②　温宪、吴成良、俞懿春：《贫富分化，美国发展道路上"绊脚石"》，《人民日报》2014 年 6 月 23 日，第 22 版。

③　廖政军：《两极分化动摇美国人逐梦信心》，《人民日报》2014 年 6 月 17 日，第 3 版。

国贫富分化不断加剧。据统计，1968—2013 年，美国的基尼系数上升了 23%。[①]

贫富分化在欧盟国家也是十分严重的。就资本收入的不平等而言，"2010 年以来，在大多数欧洲国家，尤其是在法国、德国、英国和意大利，最富裕的 10% 人群占有国民财富的约 60%"[②]。而在这些国家，最贫穷的 50% 人群占有的国民财富一律低于 10%，一般不超过 5%。2010—2011 年，法国最富有的 10% 的人占有总财富的 62%，最贫穷的 50% 只占 4%[③]。

同时，两极分化不仅发生在一国之内，也发生在国与国之间。资本不断集中，世界财富流向少数发达资本主义国家的少数人手中。根据联合国《2005 年人类发展报告》，世界上最富有的 500 人的收入总和大于 4.16 亿最贫穷人口的收入总和。在 2010 年美国《财富》评出的全球 500 强中，西方 7 个大国共有 325 家，占 65%，其中美国 139 家，年销售收入达 69772 亿美元。[④]瑞士苏黎世联邦技术学院专家在对 4.3 万家公司数据进行分析后得出结论：全球近半数财富掌握在 147 家彼此间存在千丝万缕联系的跨国公司手中。美国《福布斯》杂志网站 2011 年 9 月 21 日介绍，美国前 400 位富豪的总资产达 1.53 万亿美元，超过印度、巴基斯坦和孟加拉国三国国内生产总值之和。[⑤]

在世界范围内，在资本主义占主导地位的数百年间，资本向少数强国、富国集中，出现了穷国与富国的两极分化，今天则突出地表现为少数富裕的发达资本主义国家与广大贫穷落后的发展中国家之间的贫富差距。有学者统计，第一世界与第三世界人均收入的差额之比，在 1500 年是 3∶1；到了 1850 年，相差至 5∶1；1900 年是 6∶1；1960 年是 10∶1；1970 年达到 14∶1。[⑥] 这一差距呈扩大之势，到 21 世纪初，更为悬殊。今天，世界上最富有国家的人均收入是最贫穷国家人均收入的几百倍。这样的矛

---

①　吴成良：《美国贫富分化不断加剧》，《人民日报》2014 年 10 月 27 日，第 21 版。

②　[法] 托马斯·皮凯蒂：《21 世纪资本论》，巴曙松等译，中信出版社 2014 年版，第 261 页。

③　同上书，第 261—262 页。

④　李长久：《对资本主义的几点认识》，见人民网 http://theory.people.com.cn/GB/82288/143843/143844/17736386.html，2014 年 8 月访问。

⑤　同上。

⑥　[美] 斯塔夫里亚诺斯：《全球分裂：第三世界的历史进程》，商务印书馆 1993 年版，上册，第 15 页。

盾在资本主义在国际格局中占主导地位的历史条件下，是不可能克服的。正如塔塔·门坦指出的，"现实揭示了全球范围资本主义扩张与世界不断增长的不平等之间存在强有力的关系"。①

《21世纪资本论》一书对当今全球贫富差距进行了深入考察和分析，认为在全球范围内，最富有阶层的资产在过去几十年的增长速度非常快，年均6%—7%的增长速度，其增速远远高于社会总财富的平均增速。②全球最富有的0.1%人群，所拥有的平均财富大约是1000万欧元，约为全球人均财富的6万欧元的200倍，这些人拥有的财富相当于全球财富总额的20%。③

这种国内贫富两极分化和国际上富国与穷国之间的两极分化，正是资本主义社会基本矛盾的体现，在资本主义制度下是无法克服的。

（二）对当前西方资本主义危机和发展前景的认识

当代西方资本主义处于什么状态，发展前景如何，这是一个大问题，不是笔者在此所能全面回答的，这里我们仅尝试对西方资本主义危机和发展前景做些简要的分析。我们先介绍一下乔治·里奥达凯斯在2005年发表的文章《资本主义发展的新阶段与全球化的前景》。本书认为在20世纪最后一二十年内资本主义进入了一个新阶段，这个新阶段就是"全能资本主义"阶段。而在这个资本主义发展的新阶段，虽然不能排除资本主义长远发展的潜势，但"这个资本主义的新阶段耗尽资本内外限度的趋势，意味着这种发展易受危机冲击，最可能接近资本主义生产方式的历史限度"④。我们认为这一分析是有见地的，也是有启发的。下面我们阐明若干点对当今发达资本主义的看法。

1. 资本主义经济危机仍将不断发生

在资本主义社会，经济危机的发生根本上是由资本主义社会基本矛盾决定的。而这一基本矛盾在资本主义制度下又是无法消除的。爆发周期性

---

① 塔塔·门坦：《理解当代资本主义：马克思主义唯物史观的解释》，第80页。

② ［法］托马斯·皮凯蒂：《21世纪资本论》，巴曙松等译，第444页。

③ 同上书，第451—452页。

④ 乔治·里奥达凯斯：《资本主义发展的新阶段与全球化的前景》（George Liodakis, *The New Stage of Capitalist Development and the Prospects of Globalization*），见《科学与社会》（*Science & Society*），第69卷第3期，《当前时刻的深层结构》（*The Deep Structure of the Present Moment*），2005年7月，第355页。

经济危机是资本主义社会的本质表现。自 1825 年第一次资本主义经济危机在英国爆发以来，世界资本主义国家不断发生经济危机。其中，1929—1933 年资本主义世界经济大危机则最为广泛、最为深刻。今天，资本主义经济危机更多地表现为金融危机。由于各国经济日益全球化，发生在一国或一个地区的金融危机极易蔓延到其他国家和地区，形成全球性金融危机。近些年来，世界不断发生金融危机。例如，1994 年发生墨西哥金融危机，1997 年发生亚洲金融危机，2001 年阿根廷金融危机，2007 年美国次贷危机，2008 年国际金融危机。新近发生的国际金融危机，对西方资本主义国家产生了巨大冲击，引起震荡和经济萧条，促发了大规模游行示威。在世界经济中，金融泡沫现象十分严重，在资本主义制度占主导地位的历史阶段，可以说，世界上不同形式、不同规模的金融危机还将不断上演。

2. 资本主义基本矛盾在世界范围内仍在加深

资本主义基本矛盾不仅在一国之内不能克服，而且在世界范围内正在加深。随着经济全球化的日益加深，随着发达资本主义国家庞大的垄断性跨国公司活动日益国际化，以全球为其活动平台，资本或财富将向这些庞大的跨国公司集中，主要是向少数发达资本主义国家中的少数富人集中。从而，在全球范围内拉大国与国之间的贫富差距，主要表现为发达资本主义国家与发展中国家之间的贫富两极分化，更突出地表现在少数发达资本主义大国和众多弱小的发展中国家之间。随着国家间贫富分化的加剧，穷国与富国的矛盾也会进一步激化。意大利马克思主义政治经济学教授埃内斯托·斯克勒潘蒂指出：西方资本主义国家之间的斗争还会继续，但矛盾焦点是工人与资本家之间的对立，是"资本帝国中心与外围地区"的对立，而经济全球化则促成这两种对立合流，"更突出地表现为，跨国资本与世界无产阶级之间的矛盾日渐尖锐，更为广泛地表现出阶级对抗的本质特征"[①]。

3. 西方发达资本主义国家将会面临前所未有的危机和困境

国家分成两类：一类是发达国家；另一类是发展中国家。这两类国家是相互依存的；发达国家需要众多的发展中国家，发达国家的富有和

---

① 　白乐、张尼：《资本主义正在走向不确定的未来：访意大利马克思主义政治经济学教授埃内斯托·斯克勒潘蒂》，《中国社会科学报》2014 年 5 月 19 日，A05 版。

先进是建立在发展中国家的相对贫困和落后基础之上的。发达国家占有历史发展先机，在全球范围内构建和维持不平等的经济关系，以保持自己的"发达"状态。而广大发展中国家在获得独立后，致力于国家经济建设，努力摆脱贫穷落后状态，积极追赶发达国家。今天，一系列发展中国家，特别是中国、印度、巴西等大的发展中国家，正在继续缩小与发达资本主义国家的经济发展和科学技术差距。正在兴起的众多发展中国家与发达资本主义国家形成竞争之势，发达国家维护不平等国际经济关系越来越困难；它们在垄断国际市场、干涉他国内政、转移内部矛盾、保持科技优势、牟取超额利润等方面将会越来越困难。这样，从总趋势看，资本主义基本矛盾造成的破坏在发达资本主义国家内部将会越来越突出。例如，失业问题将会长期困扰西方发达资本主义大国。近些年来，西方发达资本主义国家的失业率一直比较高。经历金融危机时，失业率进一步上升，特别是青年人失业率普遍较高。欧盟 27 个国家2009 年青年失业率比 2008 年增长了 5%，达到了 20%；与此同时，美国青年失业率在 2009 年也达到 17.6%。这一状态在 2010 年、2011 年也没有什么好转。[①]由于垄断资产阶级获得的利润和超额利润越来越受到影响，西方资本主义国家福利制度将会受到一定的冲击。同时，广大低收入阶层也会面临更大的生活压力。因而，西方资本主义国家内部的社会矛盾可能会进一步尖锐。反过来，也会影响社会经济的发展，在国际格局中的相对落后趋势就会加剧。

　　4. 资本主义还有一定的生命力，西方发达资本主义国家不会很快就衰落下去，短期内也不会发生剧烈的社会变革

　　资本主义的腐朽性在发达资本主义国家日益显现。西方发达资本主义国家与许多发展中国家相比，特别是几个大的新兴经济体相比，处于相对衰落的状态。这一点是明确的。迈克尔·曼在《资本主义的终结?》一文中也认为，美国正在失去其世界霸主地位，巨大的军事力量看来也不能实现其国家利益目标。这看起来几乎是不可避免的，霸权的终结为时不远。欧盟也同样处于受威胁的地位。全球经济实力将继续从西方向其他更成功的地方转移，总的来说，这将涉及对资本主义更多的政治调控。所有这些

---

　　① 姜照辉：《金融危机后的青年失业问题与就业政策分析——对 2008 年以后西方国家的考察与启示》，见《重庆工商大学学报》（社会科学版）第 29 卷第 2 期（2012 年 4 月），第 55 页。

都是清晰可见的。①

但是，资本主义还有一定的生命力，西方发达资本主义国家也不会很快衰落下去，短期内难以发生剧烈的社会变革；西方发达资本主义国家在国际秩序中的优势地位还会持续一个时期。西方发达资本主义国家的发展能力，或曰西方资本主义的生命力，主要体现在科学技术的不断发展创新上。科学技术的不断发展创新促进了资本主义的发展。科学技术不断向前发展是人类社会发展进程中的一般现象或曰规律。这一点在资本主义时期，与人类过去的历史时期相比表现得尤为突出。现阶段资本主义制度仍然在很大程度上能够促进和容纳科学技术的发展。而科学技术的发展一方面促进了资本主义，但同时也在为新的社会形态代替资本主义社会创造条件。

资本主义制度在推动科学技术发展上有一种魔力，这种魔力来自激烈的竞争。资本家相互竞争是推动科技创新的一种动力。今天，对西方发达资本主义国家来说，日益增长的竞争还来自广大发展中国家，特别是一些大的新兴经济体，尤其是新生的社会主义国家。这种来自外部的竞争压力，也会推动西方资本主义国家内部的社会改造和科技创新。资本家对高额垄断利润的不懈追求是推动科技创新的一种自觉或不自觉的力量。而今天，西方发达资本主义国家实现科技创新的条件总体上讲比广大发展中国家的好，在资金供给、人才培养和引进等方面仍拥有较大优势。科技的不断发展创新将会客观地推动社会现代化的发展和社会总体生活水平的提高。

资本主义还有一种魔力，这种魔力来自资产阶级集团维护共同利益的自觉性。在资本主义社会，一般而言，一旦成为富人，成为亿万富翁，就会自觉地维护富人当家、保护富人利益的垄断资产阶级专制的国家机器。这种自觉性甚至在一定程度上是自发的，出自本能的。资本家们为了维护共同利益，往往会自觉和不自觉地、甚至自发地团结起来，共同维护现有的统治秩序。资本家具有高度的政治自觉性，垄断资产阶级是一个具有高度自觉性的阶级。这种自觉性来自对自身利益的维护和整个资产阶级利益的维护的强烈的、本能的愿望。在资本主义社会，大大小小的资本家扮演

---

① ［英］迈克尔·曼：《资本主义的终结？》（Michael Mann, *The End of Capitalism?*），《社会分析》（*Análise Social*），第48卷第209期（2013年），第944页。

着会维护社会秩序的角色。这种魔力在维护西方发达资本主义国家社会稳定和发展当中，发挥着巨大作用。

资本主义在面对危机和发展困境时仍然具有一定的调适能力。这种调适能力突出地体现在如何发挥资产阶级国家机器功能上，主要表现为如何发挥政府作用来干预社会经济生活，促进社会经济的发展。行政机器功能的加强是当今西方资本主义国家的一种发展趋势。在经历了新自由主义放任自由的教训后，下一步西方发达资本主义国家很有可能采取加大政府干预社会经济发展的力度。新近出版的《资本主义4.0：一种新经济的诞生》一书，就呼吁更好地发挥政府干预作用。该书对新自由主义做了一定的批评和反思，认为"市场也不是万能的"，强调建立"自适应混合经济"。这种"第四代资本主义"是一种"新型的资本主义"，是一种"自适应的混合式经济"，它强调政府和企业的联合，而非对立，把"正常的竞争市场审慎地结合起来，尽可能地达到透明和高效"；这种"自适应的体系""能够并愿意针对变化的情况改变其体制结构、规则及经济原理"。这种新型资本主义，既要保持小政府，又要协调政府与企业的关系，发挥好政府的作用。①

同时，在西方发达资本主义国家已经形成的比较健全的社会福利制度，也有利于资本主义社会的稳定，为社会发展提供了一种良好的环境保障。

5. 西方发达资本主义国家在一个时期内仍将在国际格局中占主导地位

西方发达资本主义国家处于相对衰落之中，但不会很快地衰落下去，西方的资本主义制度在短期内也不会崩溃。整个西方发达资本主义国家在国际格局中，在一个时期内仍将占主导地位。西方发达资本主义国家的优势是多方位的，其主导地位的表现也是多方面的。

第一，在经济上，西方发达资本主义国家仍然占较大优势。西方国家科学技术优势是很明显的。而美国是西方发达资本主义国家科技创新的领头羊，在一系列重大科技领域，如在信息和通信、航空航天、新材料生

---

① 参阅［美］阿纳托莱·卡列茨基《资本主义4.0：一种新经济的诞生》，胡晓姣、杨欣、贾西贝译，中信出版社2011年版，《序言》、第11章《市场也不是万能的》和第13章《自适应混合经济》。

物、医学、仪器技术等领域占有较大优势。美国是世界第一大经济体，发达资本主义国家经济总量在世界经济总量中仍然占有明显的优势地位。

世界上的大跨国公司主体仍掌握在西方发达资本主义国家手中。在世界经济500强中，大多数公司属于欧美国家。在全球性经济组织机构，如世界银行、国际货币基金组织中，西方国家也仍然占主导地位。

第二，在政治上，西方国家也占据了较大优势。西方发达资本主义国家内部政治体制比较成熟，垄断资产阶级国家机器比较健全，运转较好。西方的民主选举制度从资本主义角度来看，也是比较完备的。多党选举制度较好地解决了垄断资产阶级政党之间权力交替问题，能够较好地维护垄断资产阶级的整体利益。西方这种形式上民主的制度对民众仍然具有一定的迷惑性。在当前阶段，西方国家的共产党普遍在国家政治生活中影响还不够大。西方国家广大工人阶级处于相对松散状态。西方许多国家工会组织率低。例如，2008年在西方国家中，工会组织率超过50%的只有瑞典、丹麦、芬兰、挪威等少数国家；美国工会参与率只有11.9%，法国工会参与率只有7%。[1]有学者指出："当代工人阶级的范围不断扩大，工人阶级内部阶层集团分化加剧，工人阶级的就业部门、职业、工资和福利待遇等的不同以及文化教育水平、年龄、性别、民族、种族和宗教等方面的差别造成了工人阶级内部结构复杂化、多层次化和分散化的情况。各层次工人的劳动条件、生活方式等方面较大的差异引起其政治态度、价值观等多元化，致使内部矛盾因素增多增强，有时形成了利益冲突，这势必造成工人阶级内部竞争、对立和矛盾加剧。"[2]工会组织的影响力也不够强大，工人运动缺乏强有力的组织力量。总之，与广大发展中国家相比，西方发达资本主义国家拥有相对成熟的政治制度和相对稳定的社会环境。

第三，在文化上，西方国家也占有较大优势。在西方国家，资产阶级思想是社会的主流意识形态。国家舆论机器总体上也掌握在垄断资产阶级手中。不管开始创业时，你属于哪个阶层，一旦成为富人，掌控了媒体，一般情况下，你就会自觉地成为垄断资产阶级的一分子，自觉地为维护垄断资产阶级共同利益发声。西方国家的大语种，特别是英语，在世界上影

---

① 吴金平：《当代西方国家工人阶级分化问题探析》，《马克思主义研究》2013年第5期，第129页。

② 同上。

响大、传播广。这有利于西方垄断资产阶级意识形态在世界上发挥影响。西方的文化产品，也在国际文化产品市场上占主导地位。例如，我国在与西方的文化产品贸易上就存在大量逆差，大量的欧美文化产品涌入我国市场。互联网是今天日益重要的媒体，对人们产生越来越重要的影响，但互联网在很大程度上受到西方国家特别是美国的操控。国际互联网上的信息流量有超过 2/3 来自美国；负责控制互联网流量的 13 台根服务器有 10 台在美国。美国实际上扮演着国际互联网信息高速公路警察的角色。①

第四，在军事上，西方资本主义国家也占有较大优势。西方资本主义国家在军事上逐渐走向联合这是第二次世界大战后的一种发展趋势。一定意义上讲，西方资本主义大国之间已经告别了军事对抗的时期。美国是当今世界军事实力最强大的国家，美军在全球拥有许多军事基地，派驻重兵，新武器不断亮相，全球打击能力不断提升。在全球军工企业百强排行榜中（不包括中国军工企业），2012 年前 10 家中，美国占了 7 家，英国、荷兰、意大利各一家；在百强中，美国占了 42 家，英国占了 10 家，美、英两国就超过了半数。②同时，美国主导的当今世界最大的军事集团北约，近些年来不断扩大，其军事一体化程度也在不断提高，活动频繁。据 2004 年出版的《北约的命运》一书，当时北约 26 个成员国现役总兵力约为 450 万人；北约军事一体化部队约 90 万人。③近年，北约活动频繁，军队一体化程度在提高。北约每两年召开一次峰会，讨论重大战略决策问题。每年召开国防部部长级会议三次，加强军事交流与合作。④北约的力量在加强，扩张之势也未终止。⑤ 北约是西方资本主义国家在国际格局中维护优势地位的军事工具。

当然，我们也应该认识到，尽管在国际格局中占主导地位，西方发达资本主义国家与发展中国家中的新兴经济体相比，特别是社会主义中国相比，却处于相对衰落之中，其优势在逐渐减弱。因此，西方发达资本主义

① 李慎明：《对习近平总书记所讲社会主义的体悟——科学社会主义理论与实践、机遇与挑战》（修订版），中国社会科学出版社 2014 年版，第 99—101 页。

② 庞娟、苏鑫鑫：《2012 年全球军工企业百强排行榜解读》，《飞航导弹》2014 年第 1 期。

③ 中国现代国际关系研究院美欧研究中心：《北约的命运》，时事出版社 2004 年版，第 25 页。

④ 参阅北约网站，该网站对有关会议有较详细报道，网址：http://www.nato.int/cps/en/natolive/index.htm。

⑤ 参阅张杰《北约提升快反能力剑指何方?》，《人民日报》2015 年 7 月 17 日，第 21 版。

国家在国际格局中的主导地位将会逐渐下降。这一点也是确定的。

6. 中国特色社会主义道路或将成为取代资本主义道路的一条光明大道

在资本主义世界经济关系中，发达资本主义国家处于国际分工的高端，不断获取高额利润甚至超额利润；而广大发展中国家则处于国际分工的低端，处于受剥削的地位。这种相互间的关系状态在资本主义制度下是难以打破的，发达资本主义国家利用已有的经济、政治、军事、文化等方面的优势，极力维持这种不平等关系。只有建立新的社会主义制度才有可能摆脱这种不平等关系。苏联的存在曾经为广大殖民地、半殖民地获得民族解放，为广大发展中国家的兴起，发挥了巨大的推动作用。中国特色社会主义的不断发展壮大，也带动着广大发展中国家的发展；中国的不断强大将会逐渐减弱发达资本主义国家对发展中国家的掠夺和控制，给发展中国家带来新的发展机遇。中国与广大发展中国家的共同发展壮大将会逐渐摆脱西方发达资本主义国家对国际秩序的主宰。"中国道路"的影响力在国际上正在日益扩大。随着中国特色社会主义的不断发展壮大，社会主义的力量将会在世界范围内不断增强，在世界历史发展长河中，社会主义取代资本主义的进程也将不断向前！

7. 资本主义社会终将被社会主义社会所取代

资本主义社会是一个私有制占主体地位的社会，是一个人剥削人的社会。资本主义无法克服自身的基本矛盾，即生产社会化与生产资料私有制之间的矛盾。资本主义基本矛盾的存在和深化必然给人类社会带来各种问题乃至危机，这是资本主义所无法避免的。这一基本矛盾在当今国际事务中，突出地表现在以下一些方面。

第一，资本主义基本矛盾造成的资本主义一国内部的穷人与富人和世界范围内的穷国与富国之间的两极分化，十分悬殊，且在进一步加剧。关于这一点，前文已讨论，这里不再赘述。

第二，霸权主义盛行，国际冲突不断。资本主义国家分成两种类型，即发达的资本主义国家和发展中的资本主义国家。资本主义国家不仅有繁荣和发达，更有贫穷和动乱，占人口和国家少数的发达资本主义国家尤其是发达资本主义大国极力维持对其有利的国际秩序，推行霸权主义，打着民主、人权等旗号，干涉、控制和掠夺广大发展中国家，甚至在发展中国家制造动乱，干扰发展中国家的发展进程。广大发展中国家总体上处于国际分工的低端，处于受剥削的地位，而发达国家则企图始终保持优势。处于劣势的发展中国家，为了维护自身的生存权和发展权，不得不进行顽强的反霸斗争，改变不公正、不合理的国际秩序。发达资本主义国家的霸权主义，不断引起和激化国际冲突，给一些发展中国家带来深重的灾难。这种局势不应该也不可能长期延续下去。

第三，一方面穷困问题严重，而另一方面军费开支奇高。今天，世界一半人口为了生存每天所花费的钱不到 2 美元，数以亿计的贫困人口生活在肮脏的贫民窟中。①但各国用于相互对抗的军费开支却是极其巨大的。进入 21 世纪，美国军费多年保持持续上升，在全球军费开支中占很大比重。2001 年，美国军费预算为 3105 亿美元，约占全球军费开支的 34%；2007 年，全球军费开支总和超过了 1.3 亿美元，美国的军费约占其中的一半。2011 年，美国的军费预算是 7082 亿美元，总额再创历史新高。②美国的军事优势和巨大军费开支，迫使许多发展中国家提高军费开支，以提高反对霸权主义的能力。在世界范围内，这种一方面广泛贫穷、一方面各国军费奇高的现象，在资本主义大国在国际格局中占主导地位的历史条件下，是无法克服的，只有当社会主义国家发展壮大并逐渐在国际格局中占据主导地位，才能得到解决。

第四，全球环境压力增大，生态危机加剧。资本的本质是不断追求高额利润，为此资本家无止境地开发和掠夺资源，导致全球资源严重耗损，加剧了生态环境恶化。发达国家为了减轻自身的生态危机，将高污染、高消耗的产业转移到发展中国家，在发展中国家建立起众多的血汗工厂，加剧了发展中国家的环境污染和社会问题。另外，面对发达资本主义国家的经济、政治和军事压力，发展中国家不得不千方百计加快发展步伐，从而也就难免带来环境污染和资源耗损问题。发展中国家的环境污染和生态危机在很大程度上，归因于发达资本主义国家。今天，人类面临的全球性环境污染和生态危机正是资本主义的产物。

---

① 2012 年世界银行更新全球贫困数据，数据显示 2008 年发展中国家每天消费低于 1.25 美元的贫困人口为 12.9 亿人，占总人口的 22%。（《贫困标准及全球贫困状况》，《经济研究参考》2012 年第 55 期，第 47 页。）

② 刘琳：《亚太地区军事安全形势综述》，《外国军事学术》2011 年第 1 期，第 9—10 页。关于美国长时段军费开支，请参阅卢小高、李湘黔《1929 年～2011 年美军费变化趋势及启示》，《军事经济研究》2013 年第 3 期。

此外，资本主义社会还存在着其他多种社会问题和矛盾，如政治腐败、种族歧视和种族冲突、信仰缺失、生活腐化、毒品泛滥等。面对资本主义的各种矛盾和问题，人们正在寻找答案。

另外，科学技术的发展也在为资本主义的灭亡创造物质条件。正如有学者指出的，"以信息技术为主导的高新科技革命即信息经济时代的迅猛发展，极有可能是在全球范围内推动新的社会形态，即社会主义和共产主义社会形态大发展的最新生产工具"[①]。

与此同时，世界社会主义力量在逐步加强。苏东剧变一度使社会主义陷入低谷，而进入 21 世纪世界社会主义运动正在走出低谷。中国等社会主义国家顶住了国际敌对势力的巨大压力和挑战，坚持走社会主义道路，并且实现了新发展；特别是中国特色社会主义建设取得的伟大成就举世瞩目。资本主义国家的共产党和工人党的活动和力量也有了新增长。今天，世界上有一百多个共产主义性质的政党，分布在约 100 个国家和地区。许多国家的共产党如印度共产党、日本共产党的人数在增长。与此同时，欧美国家的工人阶级有了新觉醒，工人运动掀起了新的高潮。例如，2010年希腊连续爆发了九次大罢工；2011 年 11 月 30 日，英国发生了 200 万人大罢工；英美还出现了"占领华尔街"、"占领华盛顿"、"占领伦敦"等新型抗议活动。在亚非拉资本主义国家中，左翼力量和反霸力量也在加强。例如，拉美国家就出现了各种名称的"社会主义"，如委内瑞拉查韦斯的"二十一世纪社会主义"。世界形势的这些发展变化预示着社会主义的光明前景，预示着资本主义终将为社会主义所取代。但是，完成这一历史进程是需要时间的，这一进程也可能是曲折的。

二　对"西方新社会运动"的理解

这里，先考察一下国内外学术界对西方新社会运动的研究情况，重点考察国内学术界的研究。然后，将简要谈谈本书对"西方新社会运动"的基本理解。

---

① 李慎明：《对习近平总书记所讲社会主义的体悟——科学社会主义理论与实践、机遇与挑战》（修订版），中国社会科学出版社 2014 年版，第 63 页。

（一）学术界对西方新社会运动的研究

近些年来，我国学术界比较关注西方新社会运动，并做了一些研究工作，推出了一些成果。这里主要对整体"新社会运动"的研究进行简要介绍，对某一社会运动的研究情况就不做详细考察了。

关于西方新社会运动的研究，近年来，代表性著作主要有：奚广庆、王谨的《西方新社会运动初探》（中国人民大学出版社 1993 年版），陆海燕的《新社会运动与当代西方政治变革》（武汉大学出版社 2011 年版），刘颖的《新社会运动理论视角下的反全球化运动》（复旦大学出版社 2013 年版），付文忠的《新社会运动与国外马克思主义思潮：后马克思主义研究》（山东大学出版社 2009 年版）和冯仕政的《西方社会运动理论研究》（中国人民大学出版社 2013 年版）。

陆海燕的《新社会运动与当代西方政治变革》对新社会运动的基本概念、研究范式、发展进程以及新社会运动与西方政治变革的关系，进行了考察，主要对新社会运动与西方民主政治、政党政治、利益集团和公共政策的关系进行了分析。但本书并未对西方的具体新社会运动如环保运动、妇女运动、和平运动等进行系统的案例考察和分析。作者认为新社会运动"本质是改良主义"的，到目前为止所采取的斗争形式并不直接危及资本主义生存，反而维护了资本主义在新时期背景下的合法性。新社会运动力量分散，组织松散，缺乏共同纲领和组织经费，往往容易产生"独立性危机"。①

刘颖的《新社会运动理论视角下的反全球化运动》一书，则对近些年来兴起的"反全球化"运动进行了比较系统的考察，对"反全球化"运动的发展进程、主要特征、组织形式、运动方式等做了分析，并揭示了"反全球化"运动的影响和局限。该书还对新社会运动及其理论阐释模式进行了考察。关于"反全球化"运动，本书将设专章进行探讨，有关研究情况在该章将做适当介绍。

《新社会运动与国外马克思主义思潮：后马克思主义研究》主要是研究"后马克思主义"问题，但也结合"后马克思主义"问题，对新社会

---

① 陆海燕：《新社会运动与当代西方政治变革》，武汉大学出版社 2011 年版，第 290—294 页。

运动进行了一定的考察和分析。全书共 5 章，分别考察新社会运动的诠释方式、斗争策略和政治纲领，并重点考察了"后马克思主义"的新社会运动理论。作者认为："后马克思主义的激进民主理论与其说对反抗资本主义的人有用，不如说对维护资本主义现状的人更有用；拉克劳和墨菲的后马克思主义社会主义策略是对马克思主义科学社会主义理论的彻底放弃，后马克思主义是对马克思主义历史使命的严重误读，因此，后马克思主义与马克思主义没有什么理论继承关系。"①作者在对"后马克思主义"及其社会运动理论做了深入考察分析后得出如下结论："后马克思主义与其说是激进政治理论，不如说是一种退却的政治立场；与其说是与资本主义对抗，不如说是与资本主义妥协与共谋；与其说是发展了马克思主义，不如说是否定和放弃了马克思主义传统；与其说是提出了新的社会主义策略，不如说是放弃了马克思主义的科学社会主义理想。后马克思主义新社会运动理论不但让我们放弃对资本主义的批判，而且也让我们放弃对资本主义批判的理论思考，放弃对剥削制度的批判和扬弃。"②

　　冯仕政的《西方社会运动理论研究》是新近出版的一部考察西方社会运动理论的著作。作者把西方社会运动理论划分为"集体行为论"、"资源动员论"、"政治过程论"、"框架建构论"和"新社会运动论"五个流派，并分章进行了考察。关于"新社会运动论"，作者认为，"随着西方社会进入一个新的历史阶段，此前作为社会运动之主角的工人运动逐渐式微，以新的价值和认同为基础的'新社会运动'开始登上历史舞台。这就是所谓'新社会运动论'"③。新社会运动论的代表性理论主要有：梅鲁奇的"信息社会论"、图海纳的"程控社会论"和哈贝马斯的"晚期资本主义危机论"④。作者认为，关于新社会运动究竟新在何处，不同新社会运动理论是有分歧的，迄今也无定论。但从总体上讲，新社会运动的"新"特征表现在意识形态、行动策略、组织方式和社会基础四个方面，其中意识形态之"新"是新社会运动区别于工人运动的决定性特征。⑤

---

　　①　付文忠：《新社会运动与国外马克思主义思潮：后马克思主义研究》，山东大学出版社 2009 年版，第 168 页。

　　②　同上书，第 210 页。

　　③　冯仕政：《西方社会运动理论研究》，中国人民大学出版社 2013 年版，第 256 页。

　　④　同上书，第 283—301 页。

　　⑤　同上书，第 271—274 页。

姜辉的《欧洲发达国家共产党的变革》也对新社会运动有所论及。在第7章有专节考察了共产党与新社会运动的关系。作者认为，"新社会运动并不是统一的运动和组织，而是对包括范围广泛、类型庞杂的抗议活动的笼统称谓。它包括西方在20世纪70年代以来形成的反战和平运动、生态运动、女权运动、反经济帝国主义运动和反种族主义运动等相对成型和成熟的运动，也包括原教旨主义宗教运动、新生代运动、争取同性恋权利运动、争取动物权利运动等日常生活抗议活动。"①作者认为，当前欧洲国家共产党与新社会运动的关系呈良性发展态势，对共产党力量的加强与左翼联合的形成，具有重要的意义。在运动下层，新社会运动与共产党较为接近，相互结合的可能性也较大。但由于社会民主党的影响，共产党与新社会运动的结合也受到很大限制。②

近些年来，国内学术界发表的关于西方新社会运动的文章增多，这里不能做全面考察和介绍。主要介绍若干篇直接从整体上考察"新社会运动"的文章。关于某一具体新的社会运动的文章，这里不拟介绍，而本书后面各章会有适当论及。

周穗明是我国较早研究西方新社会运动的学者之一，发表了不少相关作品。例如，他在2006年发表了《当代新社会运动对西方政党执政方法的影响及其启示》一文。在此文中，作者对新社会运动的演进、特点、性质以及新社会运动与西方社会结构演变、西方政党执政方式转变的关系进行了考察。作者认为："新社会运动由相当散漫的社会阶层构成，如绿党、和平主义者、性别主义者、同性恋者、青年、学生或专业人员，等等，大致包括新中间阶级和处于边缘化状态的反体制人士这两部分人。"③作者对新社会运动的特点做了如下几点概括：社会基础广泛化、意识形态多元化、文化价值取向个人化、抗议手段非暴力化、组织形式分散化、动员方式媒体化、活动范围国际化。④

我国学者们比较重视对西方新社会运动理论的研究，推出了一些相关成果。代表作品之一是陆海燕的《欧洲新社会运动理论述评》一文。此

---

①　姜辉：《欧洲发达国家共产党的变革》，学习出版社2004年版，第227页。

②　同上书，第236—237页。

③　周穗明：《当代新社会运动对西方政党执政方法的影响及其启示》，《科学社会主义》2006年第2期，第118页。

④　同上。

文考察了新社会运动理论范式和有关争议。作者指出，许多社会运动的研究者对新社会运动的"新"提出了质疑；不少学者对认为新社会运动是后工业时代的产物这一点存在疑问；并指出新社会运动范式是有缺陷的。作者讲："新社会运动理论家忽视了不是从左翼起源的社会运动。当代右翼社会运动没有被新社会运动理论所关注，因此，新社会运动范式只是描述了所有社会运动的一部分。"①

刘颖在《西方新社会运动理论模式析评》一文中，也对新社会运动理论问题进行了考核。作者将西方新社会运动理论模式归纳为两大类："一类是关注'新社会运动为什么会产生'的理论，如现代化的矛盾理论和后物质主义理论；另一类是强调'新社会运动如何动员'的理论，如资源动员理论和政治机会结构理论。"②而在具体的应用中，这四种理论模式是共同存在的，并不相互排斥。

2009 年，周穗明翻译了《西方新社会运动 40 年发展的理论总结》一文，该文介绍了美国学者 L. 兰格曼对西方新社会运动理论的考察。这也说明我国学术界对西方新社会运动理论的重视。③

关于西方新社会运动的发展趋势，何平立认为自 20 世纪 60 年代开始，西方国家各种新社会运动广泛兴起，包括反核和平运动、生态运动、新女权运动、种族民权运动、原教旨主义宗教运动、自由堕胎运动、同性恋运动、消费运动、动物保护运动、平等对待艾滋病者运动等。而这种"新社会运动的蓬勃兴起与发展，不仅是当代西方社会结构和阶级关系变动的产物，而且是资本主义社会矛盾与冲突的新表现形式"④。在此文中，作者考察了西方新社会运动面临的问题和特征。主要有：一是参与人员复杂，难以形成合力；二是组织派别繁多，思想来源混乱，内部争论不休；三是新社会运动在形式上同传统社会运动有很大差异；四是新社会运动是一种跨国运动，目标具有国际性和全球性，协调各方利益困难较多；五是新社会运动缺乏对资本主义社会力量的系统重新评价体系。⑤ 此文还考察

① 陆海燕：《欧洲新社会运动理论述评》，《兰州学刊》2008 年第 9 期，第 44 页。

② 刘颖：《西方新社会运动理论模式析评》，《工会论坛》2008 年第 9 期，第 139 页。

③ ［美］L. 兰格曼：《西方新社会运动 40 年发展的理论总结》，周穗明译，《国外理论动态》2009 年第 5 期。

④ 何平立：《西方新社会运动趋向析论》，《上海大学学报》（社会科学版）第 15 卷第 2 期，2008 年 3 月，第 141 页。

⑤ 同上书，第 143—144 页。

了新社会运动与"红绿联盟"的前景。作者指出:"从当代世界政治格局和形式分析,从新社会运动的议题和绿党性质而论,其客观上同左翼运动或社会主义运动面临着一些共同或相似的社会问题,因此两者相结合则是最具现实意义的选择。"①作者认为,这种趋向是具有现实性的,从以下几点可以看出。一是新社会运动的论题和"新政治"趋向被认为是左倾政治力量;二是新社会运动的一些思想流派本身就来源于社会主义思潮;三是新社会运动与西方马克思主义思潮存在着渊源关系;四是新社会运动与工人运动相结合具有可能性;五是从现代世界政治格局考察,现代政党政治也使"红绿联盟"具有可能性。作者指出,形成"红绿联盟"不仅是可能的,而且对"红"、"绿"力量来说,也是必要的。②作者在文章中也探讨了新社会运动向右转的可能性,认为某些社会运动与右翼运动和政党合拍或联手的可能性也是存在的。作者在结语部分指出:"新社会运动基本上是顺应世界潮流发展方向的。它们的主张和目标,在很多方面是资本主义世界民众的迫切要求和反映。"③

　　以上简单地介绍了一下国内学术界关于西方新社会运动的研究。有关研究动态,读者还可以从本书后面各章得到一定的了解;本书参考文献也列入了不少相关著作和文章,以供读者参阅。国外学术界对新社会运动的研究很多,对国外学术界特别是西方学术界的研究,国内学术界进行了一定的考察和介绍。新近一篇文章是2014年《全球视野理论月刊》上发表的张宗峰的《西方新社会运动研究综述》。该文对国内外有关西方新社会运动的研究做了简要但比较全面的考察。下面介绍一下此文的内容。

　　该文认为,西方学术界对新社会运动的关注和研究,主要涉及三个维度。一是将新社会运动视为运动实践展开研究;二是将新社会运动作为一种理论范式,考察其产生、发展和未来趋势;三是对新社会运动研究方法进行探索,寻找研究新社会运动的规模和方式。西方学术界对新社会运动的研究分三种类型:一是具体性分析;二是对比性分析;三是从总体上对新社会运动进行宏观研究。西方学术界很重视新社会运动理论的研究,并把研究新社会运动的理论范式称为"新社会运动论"。《西方新社会运动

---

① 何平立:《西方新社会运动趋向析论》,《上海大学学报》(社会科学版)第15卷第2期(2008年3月),第144页。

② 同上书,第144—145页。

③ 同上书,第147页。

研究综述》一文认为："按照时间推进、运动实践演进和理论发展的历史轨迹，西方新社会运动形成、经历了以下五种研究范式，分别是集体行为论、资源动员论、政治过程论、框架整合论以及社会变迁与文化价值冲突论。"①

中国学术界对西方新社会运动研究，可以说已有不少的介绍。相关著述在一些中文著作中能够查阅到。本书的参考文献也列入了不少国外相关著述。在本书有关章节中，也有相关研究的介绍。这里对国外研究动态，不拟详细考察，仅试图简单地介绍若干篇国际学术界用英文发表的关于新社会运动的文章，主要是近年来发表的关于整体的"新社会运动"的文章，以助读者管中窥豹。

史蒂文·M.比克勒于1995年在《社会学季刊》发表的《新社会运动理论》一文，对用来分析当时集体行动形式的新社会理论的适用性，进行了概要的考察和评价。文章首先考察了新社会运动理论的起源，并分析了当时主要社会理论的贡献。作者提出了新社会运动理论"政治版"和"文化版"的区别，并讨论了新社会运动理论范式的问题。该文比较系统地考察了新社会运动理论问题。②

弗洛伦斯·帕西和马科·朱格尼于2001年在《社会学论坛》发表了《社会网络与个人理解：解释社会运动中的差异性参与》。本文通过对瑞士团结运动一个主要组织的成员卷入运动的社会网络和个人观点的有关数据进行了分析，揭示了运动参与度取决于卷入社会网络的程度和个人对参与的理解。受积极分子的动员和对个人潜在贡献的理解，是参与度的最佳预测器。文章特别强调了社会运动网络的三大功能，即从结构上将潜在参与者与参与机会联结起来，使这些潜在参与者与抗议活动联系起来，同时促使其作出参加某个社会运动的决定。③

弗雷德·罗斯于1997年在《社会学论坛》上发表了《走向社会运动

①　张宗峰：《西方新社会运动研究综述》，《全球视野理论月刊》2014年第8期，第169页。

②　史蒂文·M.比克勒在《社会学季刊》发表的《新社会运动理论》的英文是：Steven M. Buechler, *New Social Movement Theories*, The Sociological Quarterly, 第36卷第3期（1995年夏季号），第441—464页。

③　弗洛伦斯·帕西、马科·朱格尼在《社会学论坛》发表了《社会网络与个人理解：解释社会运动中的差异性参与》的英文是：Florence Passy and Marco Giugni, *Social Networks and Individual Perceptions：Explaining Differential Participation in Social Movements*, Sociological Forum, 第16卷第1期（2001年3月），第123—153页。

的阶级——文化理论：重新解释新社会运动》一文。本文通过分析新社
会运动，考察了社会阶级与社会动员之间的关系，认为新社会运动的中间
阶级成员问题已讨论得很多，但对新阶级、新社会运动和文化转移理论的
解释是很不充分的。这些理论没有能够认识到利益、价值与所表达的观点
之间的相互依赖性。阶级文化对解释这些运动中的阶级利益和阶级意识之
间的复杂关系提供了一个供选择的框架。作者强调，阶级文化形成了突出
的政治和组织行为的阶级形式。这些社会运动中突出的中产阶级文化形
式，促成参加新社会运动的成员具有中产阶级特性。①

伊格纳西奥·德·塞尼罗萨于 1998 年在《实践中的发展》杂志上发
表了《社会运动的新时代：正在形成中的第五代非政府发展组织?》一
文，考察了北方非政府发展组织的历史演变。该文提出了几个建议，如何
发展第五代非政府组织，而这些组织的活动可能对非常广泛的、多样的、
不可预测的社会运动产生影响，以促进政治和社会层面的结构性变化。②

卡拉·祖格马于 2003 年在《社会正义》上发表了《政治意识与新社
会运动理论：以富埃尔萨·尤尼塔为例》一文，评估了新社会运动理论
对当今新社会运动相关的种族、性别与社会阶级的处理方式。本文旨在评
估在多大程度上话语理论对研究社会运动的学者是有帮助的。③

M. 弗兰岑于 2005 年在《住房和建设的环境杂志》上发表了《汉堡
和斯德哥尔摩的新社会运动和中产阶级化比较研究》一文，考察了汉堡
和斯德哥尔摩两个城市中各一个传统工人阶级住居区。在这两个工人阶
级居住区，20 世纪 60 年代以来人口结构发生了变化，向中产阶级转化；
与此同时，住房条件也得到了改善，都经历了一个中产阶级化的进程。
但文章强调了两个城市区中，新社会运动能够利用的机会结构和空间是
不一样的。这篇文章对"中产阶级化"进行了实例考察，并分析了其与

---

① 弗雷德·罗斯在《社会学论坛》上发表的《走向社会运动的阶级——文化理论：重新
解释新社会运动》的英文是：Fred Rose, *Toward a Class-Cultural Theory of Social Movements: Reinter-
preting New Social Movements*, *Sociological Forum*，第 12 卷第 3 期（1997 年 9 月），第 461—494 页。

② 伊格纳西奥·德·塞尼罗萨（Ignacio de Senillosa）发表文章的英文是："New Age of So-
cial Movements: A Fifth Generation of Non-Governmental Development Organizations in the Making?",
Development in Practice，第 8 卷第 1 期（1998 年 2 月），第 40—53 页。

③ 卡拉·祖格马（Kara Zugman），"Political Consciousness and New Social Movement Theory:
The Case of Fuerza Unida", *Social Justice*，第 30 卷第 1 期（91），Race, Security & Social Movements
（2003 年），第 153—176 页。

新社会运动的关系。①

关于"新社会运动"究竟"新"在何处，我国有学者进行了专门的分析。王晓升指出，第一，工人运动是在民族国家范围内展开的，而新社会运动很大程度上却是在全球范围内展开的；第二，新社会运动的对象变得模糊了；第三，从经济斗争转向了文化斗争；第四，新社会运动的主体是指文化意义上形成的主体。②

（二）对"西方新社会运动"的基本理解

对什么是"新社会运动"，国内外学术界有不同观点。一个基本看法是：新社会运动不同于过去大规模的、组织严密的、以工人运动为特色的社会运动。这里我们不准备对学术界关于"新社会运动"的定义进行详细梳理，只想简要地谈几点本书对"西方新社会运动"的理解。

第一，"西方新社会运动"是指西方发达资本主义国家的新社会运动。本书主要考察西欧与北美发达资本主义国家的新社会运动。所谓西方新社会运动，实际上就是当今西方发达国家中的社会运动。今天在西方国家并不同时存在着与"新社会运动"不同的"旧社会运动"（或"传统的社会运动"）这样两种不同的社会运动。从广义上讲，今天发生在西方国家的社会运动属于"新社会运动"的范畴；传统形式的社会运动已经不存在了。

第二，"西方新社会运动"不是指有一个称作"新社会运动"的总运动，而是泛指西方社会多种新的社会运动。"新社会运动"一词英文是复数而不是单数，即"new social movements"，不是指某一单个的社会运动。它包括的社会运动较多，学术界一般认为主要有环保运动、和平运动、妇女运动、反对种族歧视运动、"反全球化"运动，等等。在国内学术界，这些社会运动的名称并非完全一致，不同学者在表述上有所不同。这是需要读者注意的，但尽管名称用语有所差异，其含义还是明确的。

第三，工人运动或劳工运动（工会运动，labour movement）是与新社会运动分不开的，有着紧密的联系，可以说今天的工人运动也是一种

① M. Franzén, "New Social Movements and Gentrification in Hamburg and Stockholm: A Comparative Study", *Journal of Housing and the Built Environment*, 第 20 卷第 1 期（2005 年），第 51—77 页。

② 王晓升：《新社会运动"新"在何处》，《学术月刊》第 43 卷第 2 期（2011 年 2 月）。

"新社会运动"，是西方总体新社会运动的一部分，而不是孤立于新社会运动之外的什么运动。今天的工人运动较之传统的工人运动也有一些新的特点。本书认为，工人运动是新社会运动中极为重要的一部分。首先，其他一些社会运动与工人运动是分不开的。例如，所谓的"反全球化"运动，实际上是与工人运动紧密联系在一起的，从一定意义上讲，正是工人运动的一种表现形式。其次，西方社会广大工人阶级是各种进步社会运动如环保运动、妇女运动、反对种族歧视运动等的积极的组织者和参与者。广大中下层人民群众是各种进行的社会运动的主体。

第四，本书倾向于认为："新社会运动"一般情况下只是指"进步的社会运动"（progressive social movements），即是说应该只包括那些具有进步性的社会运动，如工人运动、环保运动、妇女运动、和平运动、学生运动、"反全球化"运动等。在今天的西方国家，仍然存在着一些保守的、反动的社会运动，如新法西斯主义运动、种族主义运动、宗教原教旨主义运动。西方社会中所有受极右势力主导的社会运动，在这里都不应属于"新社会运动"的范畴。

第五，所有进步性的新社会运动都不同程度地表现出了对资本主义社会现实的不满，追求社会进步。但是，新社会运动总体上讲是追求社会改良而不是社会革命；新社会运动的组织者、参与者表达了对资本主义制度下现实社会问题这样和那样的不满，并试图在一定程度上或某个方面对资本主义社会进行改造。这种改造的方式是改良式的，而不是革命式的，是在现存社会制度的框架下展开的。西方国家共产主义性质的政治组织和其他左翼力量，组织和参与了工人运动，也是要改造资本主义社会，但一般也不主张暴力性的社会革命。有的共产党，如美国共产党和英国共产党，明确提出了本国走向社会主义道路的纲领，其长期斗争目标是实现社会主义，用社会主义取代资本主义，但实现社会主义的道路总体上是渐进的、和平的，推进现有资本主义社会逐步向社会主义社会过渡。

因此，西方新社会运动的活动形式，总体上讲不是暴力性的，而是和平的、温和的抗议和游行示威。一般而言，也是在现有法律制度范围内开展活动，是资本主义制度下的合法斗争。

三　本书各章主要内容

本书除导言外，共有八章。

第一章考察北美的新社会运动与工人运动。本章主要以加拿大和美国工会变化及其与新社会运动的关系说明，新社会运动理论在北美的局限性。首先，新社会运动以前的社会运动，并非都是工人阶级为了物质利益的运动，还有许多中产阶级人士积极参加的妇女运动、禁酒运动、废奴运动、进步主义运动，等等。也就是说，一些作为新社会运动的运动并不是"新"的。其次，被作为新社会运动的黑人民权运动、妇女运动、环保运动、学生运动与工人运动并非泾渭分明，工人运动本身也没有成为过时的"老"运动。当代工人运动不如有的新社会运动那样"显山露水"，是因为它已是一种体制内的社会力量。工人队伍的主体几十年来发生了很大变化，其中最大的变化是公共部门雇员增多，私企雇员相对减少。但是，无论体制内外，无论运动的形式是否激进，工人运动在政治、经济和社会影响力方面，相比当代其他社会运动，依然是最强大的和最有力的。当代西方包括工人运动在内的各种进步社会运动都是促进社会变革的力量。从这个意义上讲，国内外有些新社会运动理论将当代工人运动排除在新社会运动之外，或视其为过时的"老"运动，在理论和实践上都是值得商榷的。工人运动实际上是"新社会运动"的一个不可分开的部分，而且是一个极为重要的部分。

第二章考察当代西方和平运动。西方和平运动是新社会运动的重要组成部分。从20世纪60年代至今，西方和平运动已走过了半个世纪的历程，经历了多次潮涨潮落。在详细回顾这一历程之前，本章首先分析了影响当代西方和平运动的三大重要因素，即第二次世界大战的教训、核武器的威胁和国际格局的变迁。然后，分三个阶段仔细考察了当代西方和平运动的发展演变脉络。经过史料梳理之后，本章第三部分总结归纳了当代西方和平运动与传统运动相比所表现出来的新特点和新趋势。第四部分则评述了当代西方和平运动在发展过程中出现的诸多争议，并指出这些争议在短时期内尚无法彻底消除。本章对西方和平运动未来发展给予了审慎乐观的预期。

第三章考察新社会运动范畴下的黑人争取平等权利运动。从20世纪

70 年代开始，西方国家黑人争取平等权利运动逐渐成为西方新社会运动的重要组成部分，进入了所谓的"后民权运动时期"。与民权运动时期相比，它开始面临一系列新的问题。第一，随着西方"新自由主义"思潮的崛起，用政府干预手段来维护黑人平等权利的做法遭到越来越多的反对。在此背景下，"制度性的种族主义"成为黑人争取平等权利的主要障碍。第二，黑人的消极形象在社会上流行甚广，导致司法领域黑人受到的不平等待遇十分严重。第三，西方国家往往在"同化"的名义下，抹杀黑人的种族和文化特征。第四，白人往往挑拨黑人内部以及黑人与其他少数族裔之间的关系，转移黑人对不平等社会制度的关注。针对这些问题，作为新社会运动组成部分的黑人争取平等权利运动也表现出了一些新的特征。这些特征主要表现为：第一，黑人开始注重加强自身的种族意识、团结和自尊；第二，加强与其他国家黑人争取平等权利运动的联系；第三，将自身对平等权利的追求与反对不公正的国际政治经济秩序联系起来；第四，力图深入新社会运动的其他组成部分，使其内容和形式也带上黑人争取平等权利的色彩。因此，这个时期的黑人争取平等权利运动表现出了强烈的互动性和整体性。只有将这两个特性结合起来，才能反映出西方新社会运动范畴下黑人争取平等权利运动的全貌。

　　第四章考察欧美环保运动。环保运动是西方一种重要的新社会运动，是致力于保护自然这一生命支撑系统的社会运动。西方环保运动可以追溯至 19 世纪末期，但它成为一场真正意义上的社会运动，则是在 20 世纪下半叶。战后欧美国家凸显的环境问题，让追求生活质量的民众深感忧虑。出现了关于人口、资源和环境问题的激烈辩论，这些辩论传播了环保理念，引导公众积极加入环保的行列。20 世纪七八十年代以来，随着欧美国家社会形势总体趋于保守，力量不断壮大的环保组织出现了体制化的明显倾向。主流环保组织越来越强调以合作而不是对抗的方式推进环保，改良倾向日渐突出。环境正义运动蓬勃发展，弱势群体的环境权益逐渐受到重视。伴随着环境问题的全球化，环保运动也呈现出国际化的明显趋势，出现了绿色和平、世界自然基金会等著名国际环保组织。环保运动在欧美国家带来了深刻的社会变化。在环保运动的影响下，民众的环保意识逐渐增强，绿色生产和绿色消费日益流行，环保组织对国家环境政策也产生了广泛影响。与此同时，由于环保组织自身的软弱，环保运动难以在发达资本主义国家深入推进。而生态马克思主义的兴起，或许会为欧美国家环保运动的深入发展注入新动力。

第五章考察西方新女权运动。西方妇女从古希腊、罗马时就开始处于父权制的支配之下，至近代资产阶级革命，当白人男子获得自由平等地位时，妇女则长期依然同有色族群一样，被置于从属地位。19世纪中期，西方女权运动第一次浪潮兴起，西方妇女开始为自己争取同男子平等的教育权、财产权和选举权。20世纪60年代，在黑人民权运动、新左派运动的影响下，美国妇女掀起了西方新女权运动的序幕，欧洲国家紧随其后，女权运动出现第二次浪潮。西方各国妇女纷纷建立起自己的组织，采取各种方式宣泄对父权制的不满，坚持"个人就是政治！"的信条，努力为自己争取在社会和家庭中的平等权利以及对自己身体的支配权，如自由堕胎权。随着80年代国际形势的变化，西方各国政治向右转，西方女权运动也因此改变了形式，形成女权运动第三次浪潮。虽然第三次浪潮与第二次浪潮在斗争形式和目标方面有许多差异，但争取男女平等的宗旨没有变，依然属于西方新女权运动的范畴。与妇女参政运动相比，西方新女权运动具有多样性、广泛性、个体性、关联性的特点，将西方各阶层妇女都卷入运动之中，而且影响到世界其他地区的妇女运动。新女权运动改变了妇女的生活和思想意识，也改变了政府对妇女的态度。

第六章考察西方国家民族分离主义运动。本章首先从定义上对冷战后民族分离主义运动的范畴进行了界定，进而分析民族分离主义运动在冷战后风起云涌的原因，这些原因主要是历史的宿怨、殖民时代的烙印、区域经济文化的不平衡发展、外部势力的干预等。西方发达国家的民族分离主义可以分成三种模式。第一种是与殖民统治相联系的北爱尔兰、魁北克模式；第二种是与多民族国家与历史记忆和征服相联系的巴斯克和科西嘉模式；第三种是与这两者均不相同的苏格兰模式。本章通过对西方国家民族分离主义运动表现形式的考察和分析，指出发达国家民族分离主义运动与一般国家民族分离主义运动的不同特征，以及对当代国际政治格局的影响。

第七章考察当代西方"反全球化"运动。20世纪七八十年代，以经济全球化为主要特征的全球化进程发展到了当代全球化阶段。由于信息技术革命、苏联东欧剧变以及资本主义内在的发展逻辑，当代全球化阶段不同于以往的全球化阶段，全球化已成为当代世界的突出特征。但自20世纪90年代以来，一股"反全球化"的力量也在世界各地风起云涌。可以说，"反全球化"运动兴起于全球化进程中，是全球化发展到一定历史阶段的产物。本章对西方"反全球化"运动具体表现和发展变化进行比较系统的考察，并对"反全球化"运动的性质进行了一定的分析。"反全球化"运动已成为20世纪60年代以来规模巨大的群众性社会运动之一，是西方一种重要的新社会运动。"反全球化"运动有其产生的复杂背景。当代全球化是进步与破坏、冲突与融合、交往与较量并存的矛盾过程。经济全球化在带来经济发展与社会繁荣的同时，也造成了各种消极和负面的后果。对全球化所带来的种种弊端和消极后果的不满，直接导致了"反全球化"运动的兴起。"反全球化"运动并不是真正反对全球化本身，而是反对新自由主义全球化的发展模式，即反对新自由主义的全球化。"反全球化"运动的兴起和发展说明需要构建公正合理的全球秩序，加强全球治理。中国作为一个发展中大国和社会主义大国，理应在全球治理中发挥更大的作用。从长远来看，我国主张和平发展观和对公正合理国际秩序的追求将极大地促进世界的和平发展。

第八章考察英美共产党与新社会运动的关系。本章主要分两部分：第一部分考察英国共产党与新社会运动的关系；第二部分考察美国共产党与新社会运动的关系。英美两国的共产党在西方发达国家中具有一定的代表性。本章考察了英国共产党和美国共产党的基本主张和它们与工人运动、和平运动、环保运动、妇女运动等新社会运动的关系。这两国共产党都非常积极地参加各自国家的各种进步的社会运动，英美共产党不仅与新社会运动有着密切关系，而且可以说是这种进步的社会运动的积极的组织者和参与者。英美共产党都是具有成熟的理论和朝气的政党，它们参与、支持、组织各种进步社会运动的能力呈增长之势，可以期待将在两国新社会运动中扮演越来越重要的角色。

第一章　北美的新社会运动与工人运动

从国内外学者关于"新社会运动"的看法中，可以发现：新社会运动之"新"是相对于工人运动之"旧"的。拉封丹明确指出，新社会运动是一种区别于传统工人运动的活动。① 这种观点，在理论渊源上、很大程度上是西方马克思主义思潮的一种表现，一个观点是：工人运动已经或正在消亡，失去以往的政治和阶级特点。拉尔夫·密里本德指出，"'新社会运动'在其出现之时，便天生地带有了对于传统的劳工与社会主义运动和政党的局限性的不满，带有一种在滋长着的对于工人阶级成为剧烈社会改造的主要因素的不信任，以及随之而来的'马克思主义的危机'。"② 布莱耶认为，总体而言，新社会运动理论有这样的基本特征：一是挑战阶级作为基本社会分层的特殊地位，以及工人阶级和工人运动作为社会变革动力的首要作用；二是将新社会运动看作与以往集体行动尤其是工人运动形式和活动方面有明显区别的运动；三是通过关注新社会运动中特殊的群体认同，拓宽了与社会和政治变革相关的群体的范围。③ 国内一些学者也程度不同地论述了新社会运动理论与西方马克思

---

① 陆海燕：《新社会运动与当代西方政治变革》，武汉大学出版社 2011 年版，第 35 页。
② ［加］艾伦·伍德：《新社会主义》，尚庆飞译，江苏人民出版社 2005 年版，第 10 页。
③ 彼德·布莱耶：《作为社会变革机构的新社会运动联盟：加拿大行动网络》，见威廉 K. 卡罗尔主编《组织异议：理论和实践中的当代新社会运动》（Peter Bleyer, *Coalitions of Social Movements as Agencies for Social Change : The Action Canada Network*, in William K. Carroll, ed., *Organizing Dissent : Contemporary Social Movements in Theory and Practice*），加拉蒙德出版公司 1992 年版，第 103 页。

主义的关系。① 还有学者比较了工人运动与新社会运动在运动主体、组织形式、价值观念、斗争目标、抗议形式等方面的区别。②

新社会运动理论是对 20 世纪 60 年代以来西方社会现象的一种分析和解释，它敏锐地抓住了社会新动向，理论分析也富有启发性，反映出西方社会科学界紧跟现实的特点。但是，在某种程度上，它也夸大了新社会运动与工人运动之间的距离，尤其从北美的情况看。

一　工人运动的变化

（一）工人阶级成分的变化和两次工会高潮

工人运动的变化主要是阶级队伍成分和工会的变化。很多国内外学者论述过 20 世纪 60 年代以来工人队伍的变化：从制造业向服务业的转变，蓝领向白领的转变，白种工人向少数族裔工人的转变，以及男性工人向女工的转变。

表 1－1　　　　　　　　1950—2001 年美国制造业变化③

年份	制造业雇用人数（百万）	制造业雇员占劳动力份额（%）	制造业产出占 GNP份额（%）
1950	15.1	25.6	28.0
1960	16.2	24.6	26.9
1970	18.9	24.0	23.9
1980	19.8	20.0	20.8
1990	18.7	15.7	17.8
1999	18.3	13.7	16.2
2001	17.3	12.8	14.1

① 参见陆海燕《新社会运动与当代西方政治变革》，第 57 页。冯仕政《西方社会运动理论研究》，中国人民大学出版社 2013 年版，第 257 页。孟鑫《新社会运动对西方左翼的影响》，《科学社会主义》2012 年第 5 期。这篇文章为了区别新社会运动，将"工人运动"一词前面都加上"传统的"，似乎工人运动无论何时、无论怎样都是传统的。周穗明《西方新社会运动与新马克思主义》，《广东行政学院学报》2006 年第 3 期。周穗明《新社会运动：世纪末的文化抗衡》，《当代世界与社会主义》1997 年第 4 期。曾文婷《安德烈·高兹的"非工人的非阶级"思想评析》，《南京社会科学》2009 年第 4 期。

② 王晓升：《新社会运动"新"在何处——对 20 世纪 70 年代以来西方新社会运动理论的思考》，《学术月刊》2011 年第 2 期；周穗明：《新社会运动：世纪末的文化抗衡》。

③ ［美］加里·M. 沃尔顿、［美］休·罗考夫：《美国经济史》，王珏等译，中国人民大学出版社 2013 年版，第 777 页。

表 1 - 2　　　　　1955—2001 年美国各行业雇员占总雇用

人数的百分比①　　　　　　　　单位:%

年份	农业	制造业、矿业、建筑业	服务业	政府
1955	11.3	35.9	40.7	12.1
1960	9.2	34.3	42.6	14.0
1970	4.7	31.7	46.7	16.9
1980	3.6	27.4	51.7	17.3
1990	2.9	22.1	58.8	16.3
2000	2.4	19.0	63.2	15.3
2002	2.4	17.8	63.9	15.9

但是，很少有人研究从私人部门向公共部门的转化；即使有人注意到这种现象，也没有重视其意义。美国学者特罗伊的著作是一个例外，他明确将这两种部门的工会分为"旧"工会和"新"工会，并详细论述其意义。加拿大学者罗斯和拉里指出，加拿大学界只是从劳资关系的角度，即只从集体谈判、矛盾仲裁、罢工权利等方面看待公共部门工会，而没有将它们看作一种政治或社会运动，他们主编的论文集就是要填补这个空白。开始重视公共部门工会运动，似乎是北美工会研究中一个值得注意的动向。②

实际上，20 世纪北美工会经历了两次发展高潮。在美国，第一次高潮是在 1935 年《全国劳工关系法》（又称《瓦格纳法》）通过之后。1933 年，美国工会会员不足 300 万人，1940 年增至 720 万人，1945 年 1320 万，1950 年达到 1480 万人。1933—1945 年的工会率从 5.7% 上升为 22.4%。③ 在加拿大，第一次工会高潮发生在 1944 年 PC1003 法（又称

---

① ［美］加里·M. 沃尔顿、休·罗考夫:《美国经济史》，王珏等译，第 790 页。

② 详见利奥·特洛伊《新社会中的新工会主义：再分配国家中的公共部门工会》（Leo Troy, *The New Unionism in the New Society: Public Sector Union in the Redistributive State*），乔治·梅森大学出版社 1994 年版，第 44 页。斯蒂法妮·罗斯编《紧缩时代的公共部门工会》（Stephanie Ross and Larry Savage, ed., *Public Sector Unions in the Age of Austerity*），芬伍德出版社 2013 年版。笔者曾为此书写了一个简介，刊登在《史学理论研究》2014 年第 2 期。

③ ［美］摩根·雷诺兹:《从殖民时代到 2009 年的工会史》（Morgan Reynolds, *A History of Labor Union from Colonial Times to 2009*, http://mises.org/daily/. 3553。

《战时劳动关系规定》）通过之后。PC1003 法可以视为加拿大的《瓦格纳法》，奠定了其现代工会的基础。加拿大新政虽比美国晚了近十年，但同美国一样，也引起了工会爆发性增长。可是，很多人没有注意到的是，在美国和加拿大，这两个法律并不适用于公共部门。在新政中，大力支持工会合法化并赋予其集体谈判权利的罗斯福总统，不仅不支持公共部门雇员组织工会，更反对他们罢工。第一次工会高潮时，并没有公共雇员的工会参加。从大危机到 20 世纪 60 年代前是北美社会福利体系的奠基时期，政府对社会生活的介入还不多，公共部门雇员的数量也有限。

公共部门主要指联邦、州（省）和地方三级政府，包括政府管理的公共工程和企业。广义的公共部门还包括在很大程度上依靠政府资金提供公共服务的各种非营利社会组织。

表 1 - 3　　　　　　　　　加拿大公共部门雇员人数①

	2007 年	2009 年	2011 年
公共部门（总计）	3383821	3563406	3631837
政府部门（总计）	3090234	3248253	3313320
联邦政府	387121	415397	427093
省和地区政府	352931	358461	356709
省地卫生和社会服务部门	783142	822904	859350
省地高等教育职业机构	358138	374745	382245
地方政府	548298	596144	608094
地方学校	660603	680603	679828
政府企业（总计）	293586	315153	318519
联邦政府企业	99121	104692	102319
省地政府企业	135876	147616	147914
地方政府企业	58589	62845	68286

① http：//www. statcan. gc. ca/tables-tableaux/sum-som/l01/cst01/govt54a-eng. htm，加拿大统计局网站，2015 年 1 月 5 日访问。表中数据来自加拿大政府统计局官网。为简明，删除了 2008 年和 2010 年数据。原统计中，没有区分全日制和非全日制雇员，也没有区分在国内和国外就职。另外，在联邦政府雇员中包括了预备役人员和全日制军人。联邦政府雇员中包括了全体军人；近些年加拿大正规军人的数量基本没变。2014 年，正规军人 6.8 万人，预备役部队 2.7 万人、文职人员 2.4 万人。

在各种公民权利运动的影响下，加拿大和美国政府加快了社会福利体系的建设步伐。以1994年的美元计算，联邦、州和地方政府的社会福利支出，从1960年的523亿美元增加到1984年的8344亿美元。其中1960—1970年增长最快，年均增长6.5%；这一时期社会福利支出在国民生产总值（GNP）中的份额几乎翻倍，从略高于1/10跃升为略低于1/5；在各级（联邦、州和地方）政府支出中的比例，则由38.0%上升为53.5%。① 这是第二次工会高潮形成的社会和经济原因。

但是，长期以来，法律禁止和限制各级政府雇员罢工或独立从事政治活动。这反映了一种传统认识，即公共雇员是政府公务员，不同于私企工人，首先应有政治忠诚，不能与政府在工资和待遇上讨价还价、降低工作效率，更不用说罢工了。另外，公共部门因其作用特殊，不能由市场经济规律摆布。1885年，加拿大马尼托巴省第一个社会服务法明确规定，公职人员的任何加薪要求"将被认为是这个人有意辞职"。1947年美国《塔夫托—哈特莱法》禁止联邦雇员罢工，违者开除且三年内不得再被聘用。1964年，加拿大魁北克省省长说，"女王不跟自己的臣民谈判"，用罢工对付政府如同内战。②

20世纪60年代前，加拿大公共部门雇员基本上是有组织的，他们一般加入各自的行业协会，自认为不同于工会会员。50年代末，美公共雇员可以组织工会，但无权要求雇主必须与之谈判，也不能罢工，否则会被解雇。

各类公共雇员协会也没有要求享有私营部门工会那样的权利。个别属于公共部门的行业如邮政工人、消防人员工会，隶属于劳联或产联以及1955年合并后的劳联—产联，表面上看与私营工会没有区别，但它们本质上仍是协会，主要功能是行业规范、成员互助、娱乐联谊等，不进行集体谈判和罢工，避免政治活动，被有些学者称作初期工会（proto-unions）。③与工会的相同之处是，公共雇员协会也需遵照管理工会的法律，如1959年《劳工管理报告和公示法》，定期公示其组织活动和财务状况。

---

① 利奥·特洛伊：《新社会中的新工会主义：再分配国家中的公共部门工会》，第139—140页。

② 德斯蒙德·莫滕：《劳动人民：图解加拿大工人运动史》（Desmond Morton, *Working People: Illustrated History of the Canadian Labour Movement*），麦吉尔女王大学出版社2007年版，第五版，第255页。

③ 利奥·特洛伊：《新社会中的新工会主义：再分配国家中的公共部门工会》，第44页。

这种协会和初期工会与私营工会在组织目标和理念上有很大不同，两者之间甚至很少交往。一位学者说，"有组织的劳工并不总是充分地接纳公共部门的工人。在很大程度上，双方这种关系状况是作为雇主的政府限制其雇员从事政治活动和罢工的结果。这种限制意味着公共雇员只能在一定程度上与其同行业中的工友站在一起……政府雇员工会不得不一次次避免在所有其他工会参与的政治行动中表态"。① 在这种情况下，只有改变法律，才能解决问题。

在权利意识高涨的20世纪60年代，这种情况发生了变化。在学生运动、黑人运动、女性运动、反战运动的影响下，公共部门雇员开始要求享有与私企雇员相同的权利。雇员无论在哪个部门工作，其公民权利是平等的。因此，公共部门雇员应该有组织和加入工会的权利。

北美工会第二次发展高潮正是在这些权利运动的背景下出现的。在美国，1962年10988号总统行政命令（Executive Order 10988）开启了公共雇员工会的大门。1960年，美国94%工会会员在私营部门工作，只有6%在公共部门；30多年后，前者降至60%，而公共部门的雇员虽只占全部劳动力的16%，但占会员比例的40%。公共部门工会代表着其45%的雇员进行集体谈判；而私营部门工会只代表其12%的雇员。② 然而，允许公共部门雇员成立工会并不意味着他们有与私营工会一样的权利，公共部门雇员是否应该有集体谈判权和罢工权，是一个争议颇久的问题。到1966年还有学者指出，美国和加拿大社会舆论长期以来认为，公共部门的集体谈判权是不必要、不现实、不合法的，而且与国家主权观念冲突，主权国家"不能被更小的组织强迫做任何它选择不做的事，它不能进入一个会约束其在未来自由行使其主权的协议中"。③

1967年，加拿大联邦政府通过《公共服务雇佣法》（*Public Service Employment Act*）和（《公共部门员工劳动关系法》（*Public Sector Staff Relations Act*)，正式确认了公共部门雇员有充分的公民权，将参与工会及公共活动与其工作效率和政治忠诚分开，赋予联邦公共部门雇员（少数特殊岗位如警察、消防人员例外）与私企雇员一样的集体谈判权。早在

---

① 利奥·特洛伊：《新社会中的新工会主义：再分配国家中的公共部门工会》，第44页。

② 同上书，第3页。

③ W. J. 克雷格：《加拿大劳资关系体系》（W. J. Craig, *The System of Industrial Relations in Canada*）普伦蒂斯—霍尔出版公司1990年版，第3版，第230页。

1944 年，平民合作联盟（CCF，新民主党的前身）首次在萨省执政，这是北美社会民主党首次在省级政府执政，给予省政府雇员集体谈判的权利。但是，这只是一个特例，其他省在很长时期内并没有效法。进入 70 年代后，各省才相继通过类似立法，促成公共部门工会出现爆发性增长。到 1981 年，公共部门会员达到全体工会会员的 43%。在 80—90 年代，随着经济全球化导致的经济转型和产业重组，原先在工会中占据多数的制造业会员大幅减少，公共部门会员逐渐占据全部会员的 50% 以上。目前广义的公共部门雇员已占加拿大全部劳动力的 1/5 强，他们的工会率平均在 70% 以上，而私营部门雇员的工会率只有 15.9%。就加拿大最大的工会联盟——加拿大劳工大会（CLC）而言，公共部门会员已占其全部会员的 56%。[①] 相比私营部门雇员，公共部门雇员在教育程度、社会地位、公共意识等方面都有相当的优势，他们的工作本身与政府政策和民众生活有直接而密切的联系。因此，无论从数量上和质量上看，他们实际上都已成为现当代工人运动和工会运动的主体。

　　第二次工会高潮没有引起学者们的足够关注，有多方面的原因。首先，工会率出现了下降现象。在美国，1962—1982 年间，公共部门雇员大批入会，会员增加了 175%，总数达到 280 万人。[②] 但是，由于美国经济已进入结构性调整，大批工会化的制造业公司缩减或外迁，使私营部门的老会员大量减少，私企工会率下降很快，由 20 世纪 60 年代初约 30% 降至 2005 年的 17.5%。[③] 公共部门的新会员虽然维持着会员总数并使其略有增加，但总体的工会率仍一路走低。尽管工会内部结构经历了大调整，但从外表看变化不大，而且工会率不断创下新低，显示着衰落迹象。加拿大会员人数持续增长，工会率在 1984 年达到第二次世界大战以来的高点 38.8%，但此后工会率有所降低，只是没有美国衰落得那么明显。总之，在工会率下降的表象下，工会内部结构经历了巨大的变化。

　　另外，两国的新工会或者与老工会混在一起，或加盟于两国的总工会，即美国的劳联—产联、加拿大的加拿大劳工大会。公共部门雇员加

　　① 斯蒂法妮·罗斯编：《紧缩时代的公共部门工会》，第 11、122 页。
　　② 利奥·特洛伊：《新社会中的新工会主义：再分配国家中的公共部门工会》，第 40 页。
　　③ 罗伊·J. 亚当斯：《劳工被忽略：加拿大未能保护和促进作为人权的集体谈判权》（Roy J. Adams, *Labour Left Out: Canada's Failure to Protect and Promote Collective Bargaining as a Human Right*），加拿大选择性政策研究中心（Canadian Centre for Policy Alternative）2006 年版，第 19 页。

入工会主要有三种方式：第一种由专业协会转变为新工会；第二种由专业协会整体性加入已有的私企工会，成为公私部门混合的工会；第三种是原来的初期工会转变为完整意义上的工会。不同于私营工人为其工会的合法化地位经历过长期的艰苦奋斗，公共部门雇员是在20世纪60年代的各种权利运动的推动下实现工会化的，基本上是有组织的，即由原来的专业协会和初期工会整体性地进入工会。经过第二次工会高潮，公共雇员已经从工会的边缘成为主流。这种工会变革没有造成社会动荡，也就没有引起社会注意。

（二）公共部门工会发展及特点

加拿大公共部门工会的历史可以追溯到19世纪末，一些市政工人成立自己的地方组织——专业协会。随着政府雇员的增加，各地的协会也在增加，并出现了两大组织：全国公共雇员协会（National Association of Public Employees，NAPE）和全国公共服务人员工会（National Union of Public Service Employees，NUPSE）。1963年，这两大组织合并为加拿大公共雇员工会（Canadian Union of Public Employees，CUPE），目前是加拿大最大的工会，在各大城市设有分会。它的会员增长情况可见表1-4。

表1-4　　　　　1963—2004年加拿大公共雇员工会会员数量[①]

年份	会员数（人）
1963	80000
1969	130000
1975	210000
1980	267407
1985	306835
1990	397785
1995	452711
2000	497068
2004	538850

---

① P. 库玛和C. 申克主编：《工会复兴之路：加拿大经历》（P. Kumar and C. Schenk, eds., *Paths to Union Renewal: Canadian Experiences*），布罗德维尤出版公司2006年版，第146页。2014年该会会员增至62.7万人。详情可浏览该工会网站：http://cupe.ca。

　　加拿大公共雇员工会的状况很能说明问题。它为会员提供从摇篮到坟墓的全部服务，从医院产房、幼儿园、小学、中学、大学到供应水电、维修道路、收税、发放福利、医疗救助、治安消防、妇女保护、老人护理直至殡葬。这种大规模的组织既有长处，也有短处。长处是任何一个政党都不能忽视这个 62 万多人的团体，短处是工会内部行业众多，差异很大，利益难以协调。尤其是工会在管理上实行地方工会自治原则。加拿大公共雇员工会与其地方工会并没有垂直的领导关系，地方工会决定管理方式、会费数额、集体谈判日程、申诉仲裁途径等。这些在加拿大公共雇员工会的章程中都有规定。地方自治代表着一种重要的民主原则。一方面，它尊重和支持基层决策；另一方面，地方工会也容易利用这个原则不接受工会联盟的原则或策略，以维护自己的特殊利益，不利于工会实现更一般性的目的。2004 年，加拿大公共雇员工会有 2000 多个地方工会，其中约有 60% 是只有百人或更小的工会，有的工会还分成几个谈判单位，加拿大公共雇员工会全部有 4000 份集体协议。[①] 加拿大公共雇员工会要统一行动，需要与这些地方工会逐一协商并得到它们的认同，组织的难度可想而知。而且，加拿大公共雇员工会并非加拿大公共雇员唯一的工会组织，还有很多公共雇员是其他工会的会员。2012 年加拿大有 775 个工会，[②] 加拿大公共雇员工会只是其中最大的一个。加拿大工会的多元化和分散化状况是导致工人运动衰落的一个重要原因。

　　但是，公共雇员工会还是有共同利益的，它们在各种工会中的一个主要特征是反对公共服务私有化，反对削减公共福利，因为这都会导致其工作岗位的减少。这似乎是维护其自身利益，但也事关公共利益，甚至事关全球问题。2001 年，加拿大公共雇员工会在一份宣言中表示："我们必须全球性地思考，地方性地行动……我们必须构建对自由贸易和全球化的大规模的抵抗，并着手将地方和全球性的反对公司统治的斗争联系起来。加拿大公共雇员工会地方工会反对裁减工作、雇主特权、私有化或削弱工人权利的每一次斗争，都必须被看作反对全球化的一次战斗，而每一次胜利

---

　　① P. 库玛和 C. 申克主编：《工会复兴之路：加拿大经历》，布罗德维尤出版公司 2006 年版，第 146 页。

　　② 加拿大政府网站：http：//www. labour. gc. ca/eng/resources/info/publications/union_ coverage/unionmembership. pdf，2015 年 1 月 5 日访问。

都是对全球化的一次打击。"①这里工会将私有化趋势看作世界性的，而地方或某个行业的私有化是其中的一部分。加拿大公共雇员工会关注英国公共服务私有化的经历，向会员和民众宣传解释，如果这种情况出现在加拿大，对加拿大人意味着什么。加拿大公共雇员工会支持南非市政工会反对将市政服务私有化，并与当地社区和学者一起研究水电供应私有化的各种问题。②加拿大劳工大会（CLC）主张经济民族主义、买国货、经济国有化，尤其是通过购买在加的外国企业股份，要求改革福利体制。

公共雇员工会还坚决反对出售公共设施，如机场、公交站、港口、医院等。例如，2004 年 4 月，香港富商李嘉诚的长子李泽钜要收购加拿大航空公司，并击败竞标的美、日、德等国公司，加拿大政府和商界也对此表示欢迎，但工会拒绝这次收购，因李泽钜不承担加航员工 18 亿加元的退休金，致使这项收购不了了之。③

1992 年，劳联—产联的公共雇员部明确表示："劳联—产联呼吁议会、州和地方官员反对出售重要的公共设施，警惕以私有化、合同外包、犯人劳工为代表的及任何威胁公共部门雇员的政策的危险倾向。"当时美国联邦政府打算私有化的项目价值估计在 3000 亿美元以上，主要有美国铁路、航空管理系统、海军石油储备、备用军事基地、邮政服务和田纳西河流域管理局等。地方政府可私有化的项目还包括体育、文化和娱乐设施，监狱和拘留所等。公共雇员工会还反对学校午餐服务私有化。④ 同时，工会也必须正视公有化垄断的弊端，呼吁提高公共服务质量并降低成本。

公共部门与私营部门工会里都有白领专业人员，但比例不同，前者往往有更好的教育背景、更高的收入，对相关法律和社会政策有更好的了解，与社会各界有更广泛的联系，更善于表达自己的诉求。1984 年，美国新工会中的白领将近 70%，专业人员占 53%，女性占 53%，因为公务员、教师、医护人员是很适合女性的工作。老工会的这三项统计分别为 23%、6% 和 27%。⑤ 两种会员成分差别是很明显的。

---

① P. 库玛和 C. 申克主编：《工会复兴之路：加拿大经历》，第 154 页。

② 同上书，第 155 页。

③ 《李嘉诚圈地加拿大，受阻工会放弃收购枫叶航空》，《中国工商》2004 年 7 月 15 日。类似的事件还有很多，可参见黄清华《中国企业海外并购的劳资冲突风险》，《国际商报》2011 年 8 月 13 日。

④ 利奥·特洛伊：《新社会中的新工会主义：再分配国家中的公共部门工会》，第 145 页。

⑤ 同上书，第 42 页。

公共部门雇员在工人队伍中，尤其在工会中地位和作用的变化，很大程度上改变了传统的劳资关系和工人阶级的特色，因为公务员并非受雇于私人资本，他们的工作没有直接产生剩余价值。当他们罢工时，受影响的不是私人资本利益，而是政府声誉和公共生活。实际上，政府主要也不是从经济上考虑与其雇员的劳资关系，甚至有时将公共部门的罢工看作节省预算、减少财政赤字的机会。有学者认为，公共领域雇员更容易受到伤害，因为政府有其他雇主没有的权力，可以按照自己的意愿制定或改变法律。加拿大政府就曾修改法律，限制法律曾赋予工人的集体谈判权利。① 公共部门工会也表示，当政府成为雇主后，依靠法律维护权利更加困难，因为政府可以修改对其不利的法律，也可以用法律暂时中止工会的权力，如以公共安全和秩序的名义强制终止罢工，以削减预算的理由冻结工资等。用更为民主化的说法，某一政府部门无权为自己的雇员增加工资，因为议会是最高权力机构，而议员们不能被迫批准来自公共部门集体谈判中的支付决定。显然，新工会经历的这些变化都是需要特别关注和研究的。

与"面包加黄油"的传统工联主义不同，这些新工会不同程度地表现出明显或强烈的公共意识，即使是出于维护其自身利益，为了获得社会舆论的支持和同情，它们也必须这样做。况且，它们的自身利益与更多的群体利益和公共利益确实是相关的。正如美国州、县和市雇员联盟（American Federation of State, County and Municipal Employees）主席杰拉尔德·麦肯蒂（Gerald McEntee）所言："我们想介入养老金事务，看标准是怎么制订的。我们想介入关于征税起点和优先事项的决策。我们想在公共政策、国家政策形成中发挥更大的作用，因为这些影响我们的人民。"②

（三）工会运动衰落的原因

美国研究劳工问题的社会学家西尔弗认为，"在 20 世纪的最后 20 年里，社会科学界几乎达成了这样一个共识：劳工运动正面临着普遍性的、严峻的危机"。危机的几个趋势是：罢工和其他公开和激进的斗争在减

---

① 德里克·福杰：《加拿大的集体谈判权：人权或加拿大幻觉？》（Derek Fudge, *Collective Bargaining in Canada: Human Right or Canadian Illusion?*），芬伍德出版公司 2006 年版，第 4 页。

② 利奥·特洛伊：《新社会中的新工会主义：再分配国家中的公共部门工会》，第 135 页。

弱，工会率在下降，实际工资在减少，工作的不稳定性在增加。[①] 很多统计说明了近几十年工人运动的衰势。1969—1979 年，美国每年罢工人数都在 95 万人以上；1987—1996 年，尽管工人人数增多了，但每年罢工人数从未超过 50 万人。1945—1980 年，会员工资几乎总是在增长，而此后，工会经常在工资和福利上妥协。[②]

一些学者概括了工会衰落的内外部原因。外部原因主要有以下五点。[③]

第一，从制造业向服务业转移。很多研究都指出过这个重要原因，但对此也不可过于强调，因为制造业本身的工会率也在下降，如煤矿、钢铁、汽车行业等；而且，服务业的工会率并不高。所以，经济结构转型的客观趋势并不必然导致工会率下降，并非工会人数的缩减都是由行业萎缩造成的。例如，卡车运输行业是增长的，但其工会率却从 1983 年的 37.7% 降至 2006 年的 12%。[④] 北欧经济结构与加拿大类似，但那里的制造业和服务业的工会率都很高。如果北欧的银行职员、商店店员、办公室秘书、保安人员等可以组织起来，为什么其他地区的工会不可以？显然其中有工会自身的原因。

第二，正式的全日制工作岗位在减少，临时工、半日工、短期合同工、自雇和在家里工作的人在增多。例如，1989—2002 年加拿大全日制岗位从全部工作岗位的 67% 下降到 62%，而各种非全日、临时性岗位则从 6% 上升到 10%，自雇者从 7% 增至 10%。[⑤] 表 1－5 显示：1981—2011 年，自雇人数大约增长了 87%，女性自雇者更是增长了 135%。这种情况

---

① 贝弗里·J. 西尔弗：《劳工的力量：1870 年以来的工人运动与全球化》，张璐译，社会科学文献出版社 2012 年版，第 5 页。

② 丹·克劳森和玛利·安·克劳森：《美国工人运动发生了什么？工会衰落和复兴》，《社会学年度评论》（Dan Clawson and Mary Ann Clawson, *What Has Happened to the US Labor Movement? Union Decline and Renewal*, *Annual Review of Sociology*），第 25 卷，1999 年，第 97 页。

③ 迈克尔·D. 耶茨：《为什么工会重要》（Michael D. Yates, *Why Unions Matter*），每月评论出版公司 2009 年版，第 191—196 页。

④ 格雷戈尔·高尔主编：《发达经济中的工会复兴：评估工会组织的贡献》（Gregor Gall, ed., *Union Revitalisation in Advanced Economies: Assessing the Contribution of Union Organising*），麦克米伦出版公司 2009 年版，第 156 页。

⑤ C. J. 克兰福德：《社区工会主义：组织起事争取加拿大公平就业》，《正义劳工》（C. J. Cranford, *Community Unionism: Organizing for Fair Employment in Canada*, *Just Labour*），第 3 卷，2003 年秋季，第 47 页，注释 2。

不完全是经济转型或人们自愿的结果，一些雇主为了降低工资成本，有意减少全日制岗位，代之以其他岗位，以规避劳动法对全日制岗位基本福利的硬性规定，同时保留根据生产任务增减工人的灵活性。这种情况确实增加了工会组织非全日制工人的难度。

表 1 - 5　　　　　　1981—2011 年自雇就业者人数统计　　　　　单位：千人 ①

年份	全部	男性	女性
1981	1425. 2	1020. 6	404. 6
1991	1895. 8	1313. 2	582. 6
2001	2280. 5	1506. 2	774. 3
2011	2670. 4	1719. 7	950. 8

第三，对工会需求的下降。导致这种情况的原因较多。例如，工人相信可以依靠自己努力向上移动；福利制度、雇主提供的条件已经不错了，工会很难提供更多的东西；工人尤其是少数族裔需要并且想加入工会，但由于对工会的一些官僚作风不满意而没有加入工会。

第四，资本的全球流动。资本向工会率低的地方流动是一种趋势，因为那里对资本的抵抗力较低。美国国内制造业资本向南部流动的一个重要原因是，那里的工会率较低、工资成本也较低。而很多行业如码头、铁路和公路运输、医护和教育能保持着相对高的工会率，很大原因在于这些行业的地域垄断性限制了资本流动性。当然，政府对此也有责任，放松金融监管与推进区域经济一体化和全球化，助长了资本流动的趋势。所以，这个原因也不能仅看作经济和技术方面的客观的和必然的趋势。

第五，劳工法的影响。这个问题学术的研究相对较少。美国劳工法相对于加拿大，更不利于工会动员、发展和集体谈判。例如，可以替代罢工工人；禁止工会可能采取的大多数与集体合同内容无关的"次级"活动，这几乎取消了工会之间的相互支持；非会员工人加入工会的集体谈判范围一定要经过正式投票；等等。这些都压缩了工会的活动范围，降低了工会

---

① 该表依据加拿大统计局 2012 年年鉴，这里只选用了四个年份的数据，详见《加拿大 2012 年年鉴》（*Canada Year Book* 2012），加拿大统计局 2012 年版，第 323 页。

活动的胜率。

工会衰落的内部原因主要有：不重视组织发展新会员，认为工会主要是服务组织。这种工会的服务模式（servicing mode）强调服务现有会员，日常工作就是执行集体谈判合同。至20世纪90年代后期，美国每个工会平均花费于组织发展工作的费用只占其预算的3%，比工会年会活动的还少。1995年劳联—产联内部"改革求胜"（CTW）联盟提出的一项建议是将发展费用提到10%，但没有多少工会达到这一标准。前主席乔治·米尼（George Meany）就缺乏发展会员的兴趣，认为这些人自己要为没有工会负责。① 工会组织民主化也是很重要的问题。工会内部的专制现象很严重，很少有工会内部存在有组织的反对派，或存在着制度化的民主程序。美国最好的工会如联合汽车工会（UAW）也被认为是"一党制"（one-party states）；最差的那些工会如卡车司机工会和很多建筑工会更是专制，甚至对敢于反对他们的会员实行暴力。有的工会领导人用工会资金投资赌场或其他地下活动，导致重大亏损，等等，都是影响工会扩大和发展的问题。②

但是，工会面临严峻的外部环境和内部问题，并不意味工会已丧失推动社会进步的作用。加拿大劳工大会是加拿大最大的工会联盟，包括几十个工会，代表三百多万会员，其宗旨是：在加拿大（和全世界）争取体面的工资、卫生安全的劳动场所、公正的劳动法、平等权利、退休时的尊严，可持续发展的环境和基本人权。相信工会是民主社会变革的积极力量，通过联合起来，改善每一个加拿大人。③ 这里面包括了新社会运动的许多追求。2013年9月美国劳联—产联代表大会发生了重要转变，主题是工会要再定位，为美国所有劳动者讲话。④

工会的罢工越来越少，有多方面的原因。首先是法律的限制，集体合同期限内，罢工都是非法的，工会的法人代表（领导人）要承担相应的责任，包括经济赔偿。另外，罢工涉及很多实际难题，如公务员、护士、教师、公交司机或清洁工罢工，会造成公众生活不便，影响工会形象；罢工期间，工人没有工资，只有工会发的补贴，工人收入会减少，工会的基

① 迈克尔·D.耶茨：《为什么工会重要》，每月评论出版公司2009年版，第197页。
② 同上书，第196页。
③ 加拿大劳工大会网站：http://www.canadianlabour.ca/about-clc，2014年10月5日访问。
④ 美国劳联—产联网站：http://www.labornotes.org/2013/10/viewpoint-afl-cio-convention-repositions-unions-speak-all-workers，2015年1月10日访问。

金也会减少。这些都是工会要考虑的。

美国劳联前主席乔治·米尼曾说，"如果你参与一场劳资纠纷，那里的工人每小时挣三毛钱的话，你可以很激进，因为（如果你要促进一次罢工）所有你的损失无非是一小时三毛钱。但是，当你的工人年薪8000—9000美元时，需要支付房子贷款，孩子上大学……你面临的情况就完全不同了……工人们的负担相当沉重，支付保险和各种费用。这时罢工作为一种武器就不那么顺手了。当然，我们没有想放弃这一武器，但我可以坦率地告诉你，工会运动中越来越多的人——我是指最高层中的——在考虑用其他方式前进，而不用罢工手段。"① 这段话典型地显示了无产阶级和中产阶级工会在罢工问题上的区别。这也是20世纪50年代以来工会与以往工会的区别。

时代不同了，工会自然会有变化，很难有一成不变的工会模式。有学者认为，根据工会史经验，最好的工会应该是：（1）有流动的和多样化的会员，会员的变化要随着工作性质而变化；（2）有能力按职业、地域和产业组织会员；（3）能从不同层次发起运动，如全国、地区、州和地方，使其同时具有经济和政治的活力和动力；（4）运动要容纳多样性目标和形式。②

（四）不同的工会理念

依据工会的宗旨，国外学者将北美的工会大致分为三种类型：商业工联主义（business unionism）、社会工联主义（social unionism）和社会运动工联主义（social movement unionism）。

霍克西（R. Hoxie）认为，"商业工联主义……本质上是一种行业意识，而不是阶级意识……反映的是行业或产业工人观点和利益，而不是作为一个整体的工人阶级的观点和利益。它的目标主要是为有组织的行业或产业工人争取更多的、本地的和现在的利益，即更高的工资，更少的工作

---

① 格伦·佩鲁斯克主编：《工会政治：20世纪60年代至90年代美国工会与经济变化》（Glenn Perusek and Kent Worcester, ed., *Trade Union Politics: American Unions and Economic Change, 1960 s –1990 s*），人文出版公司1995年版，第19页，注释2。

② 洛厄尔·特纳、哈里·C. 卡茨、理查德·W. 赫德：《重新追求21世纪的相关性》（Lowell Turner, Harry C. Katz, and Richard W. Hurd, *Rekindling Quest for Relevance in the Twenty-First Century*），康奈尔大学出版社2001年版，第95页。

时间，更好的工作条件，而无视这个组织外的更多的工人的福利，无视一般地考虑政治和社会问题，除非这些问题有助于该组织自身的经济目的。在某种意义上，它的保守性在于承认现存资本主义组织、工资制度以及现存的财产权利和契约的约束力。它将工联主义主要视为一种讨价还价制度"。① 还有学者认为，商业工联主义，是一种主要考虑这个组织的财务承受力的工联主义。② 美国劳联主席冈波斯被公认为是这种工联主义的代言人。

冈波斯说，"我相信那些最先进的思想家关于最终目的，包括废除工资制度的思想。"但是，这些思想超出了他的能力，因此，工会应该着手于那些眼前的和可能的事情，"做那些阻力最小的，去完成那些在改善工人状况方面能取得最好效果的……每天都比前一天改善一些……无论这将把我们引向何处……就我的时代和年龄，我谢绝……给我任何特殊的主义的标签。"如果要概括冈波斯的工会观念，那就是争取"更多、更多、更多，并且是现在"。工会不依靠政府，绝不寻求"从政府手中得到它们可以凭自己主动和努力得到的东西"。③ 冈波斯难以想象政府部门会出现工会，也不相信工会可以通过政党（工人的或其他政党）去影响政府和改变政策来改善工人生活。这就是纯粹和简单的工会主义。

在美国，某种程度上，劳联中主要是行业工会和商业工联主义，产联中多是产业工会和社会工联主义。有学者认为，1955 年美国两大工会合并，象征着弱势的产联向强势的劳联的投降，并停止了对实用主义的商业工会以外道路选择的努力。④ 当时的冷战和反共氛围助长了工会主流的走向，也正是在工人运动中的左翼被驱逐之后，商业工联主义的基础更巩固了。

社会工联主义的目标更为宽泛，基于一种社会集体主义观点，将工会

① P. 库玛：《从一致到背离：加拿大和美国的劳资关系》（P. Kumar, *From Uniformity to Divergence: Industrial Relations in Canada and United States*），IRC 出版公司 1993 年版，第 156—157 页。

② 同上书，第 156 页。

③ 戴维·布罗迪：《受围攻的劳工：历史、权力和权利》（David Brody, *Labor Embattled: History, Powe, Rights*），伊利诺斯大学出版社 2005 年版，第 32 页。

④ 小比尔·费莱彻、费尔南多·加帕森：《团结分裂了：组织起来的劳工危机与通向社会主义的新途径》（Bill Fletcher, Jr. and Fernando Gapasin, *Solidarity Divided: The Crisis in Organized Labor and a New Path Toward Social Justice*），加利福尼亚大学出版社 2008 年版，第 29 页。

不仅看作会员利益的互助组织，更看作一种社会组织。会员不仅是劳动者，更是公民；在多种多样的社会和政治问题中，促进所有劳动者而不仅是会员的利益，因为社会是一个整体，改善社会和改善工人状况是密切相关的。例如，加拿大汽车工人工会（Canadian Auto Workers Union）认为，"社会工联主义是一种扎根于工作场所，但意识到参与社会和影响社会普遍方向的重要性的工联主义"①。道理很简单："我们集体谈判的力量来自我们的组织和动员，但也受到我们周围更广泛的环境的影响：如法律、政策、经济和社会舆论。而且，我们的生活远超出集体谈判的劳动场所，因此我们必须考虑如住房、税收、教育、医疗服务、环境和国际经济等问题。"② 加拿大劳工大会首任主席乔杜因（Claude Jodoin，1913—1975）指出，"一个劳工运动对政治问题没有兴趣，就是回避了一项最基本的责任"③。1992 年，加拿大劳工大会指出，劳工政治和社会行动明显在三大领域：改善社会立法，包括更多地保护工人权利；工会团结，并与各种社会团体在重要的经济和社会问题上结成联盟和统一阵线；与雇主在国内和行业问题上，基于工人的利益和确定的议事日程，达成双边的沟通与合作。④

伊恩·鲁宾逊指出，社会工联主义中的"社会"是指这种工会的目标和责任指向，即以改善社会和大多数人生活状况为宗旨，而不仅是工会会员利益。经济工联主义的动机主要倚赖的或是各种利益刺激，或是诉诸各类道德的宗派工会观念。他认为，实际上这两种工联主义并没有以纯粹的方式存在，而是相互影响，共处在一个工会组织中，一个工会在不同时期或对待不同问题上，可以表现出不同的工联主义倾向。加、美两国都有这两种工联主义，但在加拿大长期占主导地位的是社会工联主义，而在美国居支配地位的是商业工联主义。⑤ 还有学者认为，强调物质所得而不是工作控制的是商业

---

① P. 库玛．《从　致到背离：加拿大和美国的劳资关系》，IRC 出版公司 1993 年版，第 61 页。

② 同上书，第 60 页。

③ http://en.wikipedia.org/wiki/Claude_Jodoin.

④ P. 库玛：《从一致到背离：加拿大和美国的劳资关系》，第 61—62 页。

⑤ 伊恩·鲁滨逊：《危机中的经济工联主义：劳工运动特征中分歧的起源、结果和前景》，见简·詹森、里安尼·马洪主编《重组的挑战：北美工人运动应战》（Ian Robinson, "Economistic Unionism in Crisis: The Origins, Consequences, and Prospects of Divergence in Labour-Movement Characteristics", in Jane Jenson and Rianne Mahon, ed., *The Challenge of Restructuring: North American Labour Movements Respond*），坦普尔大学出版社 1993 年版，第 24 页。

工联主义,而强调工作控制和社会改革的则是社会工联主义。①

社会运动工联主义可以看作社会工联主义的一种激进民主化的发展形式,"是一种基于会员参与和行动的工联主义"。② 社会运动和社会运动工会是不同的概念,前者是一种社会范围的、有起伏的、往往不可预测的社会潮流,后者是有会员参与的社会范围的工会活动。工会借助大规模的社会运动能更容易地扫除工会内外的阻力,实现工会的目标。

还有一种社区工联主义(community unionism),③ 可被视为一种小型的社会运动工联主义,其特点是工会与当地的非劳工群体结成联盟,为一个共同目标而联合行动。当一个社区面临诸如企业外迁、医院或其他公共服务设施关闭,或民众反感的建设项目时,当地工会和其他社团往往采取共同行动。④ 社区工联主义在其最广泛的意义上是社会工联主义和社会运动工联主义的同义语,指那些通过工会内部或外部组织手段,不单为会员服务,不仅动员会员和工人,而且动员社区和社会上一切可能的力量,包括以社会运动在内的任何形式促进工人运动,或实现具体的目标。⑤

近几十年来,北美劳动市场的一个趋势是:全日制岗位在减少,临时工、短期合同工、自雇和在家庭工作的人在增多。为此,工会在社区建立了"工人中心"、"劳工委员会"等各类组织,帮助这些非正式的、低收入的、往往也是少数族裔和女性工人们维护权益、培训语言和工作技能。

西方最强大的工会在北欧,那里的工会模式被称为"战略工联主义"(Strategies Unionism)。该词最初见于1987年澳大利亚工会理事会代表团

---

① H. J. 克拉恩、G. S. 洛、K. D. 休斯:《工作工业和加拿大社会》 (H. J. Krahn, G. S. Lowe, K. D. Hughes, *Work, Industry and Canadian Society*),汤姆森出版公司2007年版,第346页。

② 洛厄尔·特纳、哈里·C. 卡茨、理查德·W. 赫德:《重新追求21世纪的相关性》,康奈尔大学出版社2001年版,第11页。

③ 社区工联主义概念最初受奥康诺(James O'Conner)1964年一项提议的影响。他认为,长期和大量失业的情况要求工会工作将重点放在社区,而不仅在工作场所,当时左翼学生和移民团体在社区的活动为"社区工会"提供了可能性。参见 C. J. 克兰福德《社区工联主义:组织起事争取加拿大公平就业》,《正义劳工》(C. J. Cranford, *Community Unionism: Organising for Fair Employment in Canada, Just Labour*),第3卷(2003年秋季),第55页,注释2。

④ 可参见斯蒂文·塔夫兹《社区工联主义和劳工组织》,《对映体》[Steven Tafts, *Community Unionism in Canada and Labour's (Re) Organization, Antipode*],第30卷第3期(1998年),第227—250页。

⑤ P. 库玛、C. 申克主编:《工会复兴之路:加拿大经历》,第239页。

考察瑞典等国工会运动的报告，指工会运动不仅作为工人阶级利益的维护者，而且对瑞典社会有一种全局性的责任感，使工会运动的作用超出劳资关系领域，扩大到社会生活各个方面。① "战略工联主义的主要内涵是：一是在关心工人工资、劳动条件等问题的同时，要关心经济的发展，要参与经济社会政策的制定和协商，从源头维护工人权益。二是在关心工人切身利益的同时，关心和参与推动环保、教育、医疗、妇女、消费者权益、反对种族歧视以及和平运动等关系全社会和全体人民的活动。三是工会维权主要采取协商对话的方式，通过集体谈判、工人参与、特别是劳资政三方性机制，来实现自己的目标，只是在必要时才采取威慑性的罢工手段"。② 这可以看作一种更为强烈的社会工联主义，它通常不采取社会运动的方式，但政治和社会影响力也很大。在工会的支持下，瑞典社会民主党创造了欧洲社会民主党长期和连续执政的纪录。可见，工会组织的社会影响力并不取决于它的活动方式。

从长期看，美国工人运动史以两种方式混合交叉发展，一种是激进的、骚动的、短期的社会运动形式，另一种是稳定的、持续的制度和组织建设方式。大致而言，大危机以前一个多世纪，工会运动经常或被迫采取社会运动的方式；20 世纪 30 年代中期工会合法化后，工会主要精力逐渐转向集体谈判的内容，也由社会运动型工会转向 50 年代至 80 年代的商业型（讨价还价的）工会。社会福利和公民权利的制度化将劳资冲突的阶级斗争转变为集体谈判制度，将失业大军转变为劳动力后备和培训队伍。工人运动的衰落也从劳资关系的制度化和劳工运动的官僚化开始，工运从最初的社会批判者转变为普通的消费者和特殊利益集团的活动。1978—1994 年，在新自由主义和经济全球化的压力下，加之工会运动缺乏意愿和能力进行足够的动员，工人运动在逐步退却，丧失了 30 年代以来的部分成果，引发工会生存危机。但从 90 年代中期开始，越来越多的工会和左翼学者呼吁，以社会运动工联主义重振工会运动，出现了一些社会运动工会的迹象。

1995 年，在劳联—产联换届会议上，由三位竞选成功的领导人约翰·斯威尼、理查德·特朗卡、琳达·查维斯·汤普森带领的"新声音"

---

① 岳经纶：《瑞典工会运动与战略工联主义》，《西欧研究》1991 年第 2 期。
② 《全球化进程中的世界工会运动：钱大东研究员访谈》，《国外理论动态》2007 年第 5 期。

运动承诺要扭转工运衰势，增加会员数，重新发挥工会的政治力量，促进国际工运团结等。然而，2007 年，美国工会率由 1995 年的 15% 降至 12%，会员数比 1995 年还少。私营企业中的工会率更是跌到 7.5%，比 1929 年大危机前还低。考虑到各方面因素，很难认为"新声音"班子使美国工运有了新起色。①

以上工会模式和理念的梳理只是一般性理论概括，实际工会活动状况要复杂得多。不同行业的工会在不同时期，针对不同问题，会采取不同的策略。但总体而言，欧美工会都是在认可现行制度的前提下，争取自身利益和社会公共福利改善的。在这一点上，"新""老"工人运动没有本质性的区别。

（五）加拿大与美国工会的区别

人们通常谈论的"西方工会"是一个很模糊、很笼统的概念，其中欧洲与北美的工会就有很大区别。北美工人劳工队伍最明显的一个特点是，它是由众多族裔的移民构成的。人们更容易忽视的是，同为移民国家的加拿大和美国的工会也有明显差异。

工会率（Union Density）是一个国家的工会会员数占全部劳动力的比例，是衡量一个国家工会作用和影响的重要指标，也是不同国家工会比较研究的焦点之一。② 加拿大和美国是两个非常相似的国家，但近 20 年来越来越多的学者注意到，自 20 世纪 60—70 年代以来，加拿大工会率表现出与美国不同甚至相反的发展趋势。

图 1-1 的曲线简明地显示出两国工会率的变化，从 20 世纪 60 年代初起，出现分道扬镳的趋势。③ 还有数据显示，美国工会率在 1945—1952 年

---

① 迈克尔·D. 耶茨：《为什么工会重要》，第 15—16 页。

② 哈根·勒斯克：《工会率的国际比较》，《CESIFE 论坛》（Hagen Lesch, "Trade Union Density in International Comparison", *CESifo Forum*），第 5 卷第 4 期（2004 年），第 12 页。工会率计算方法有些不同，各国的统计方法也有差异，这里忽略不计。加拿大和美国的工会率一般是指工会会员人数与全部非农业劳动力人数的比例。虽然工会率不同于集体谈判覆盖率，后者更能反映工会在劳动力市场上的实际影响范围，但不同于一些欧洲发达国家，在加拿大和美国，这两个数据的差异很小。2009 年，加拿大工会率和集体谈判覆盖率分别为 30.3% 和 31.6%；2010 年，美国这两个数据是 11.4% 和 13.1%。见克里斯·沃纳《保护基本的劳工权利：供美国借鉴的加拿大教训》（Kris Warner, *Protecting Fundamental Labor Rights*：*Lessons from Canada for the United States*），经济与政策研究中心 2012 年 8 月版，第 6 页。

③ 克里斯·沃纳：《保护基本的劳工权力：供美国借鉴的加拿大教训》，第 3 页。

间都略高于加拿大；1953 年两国工会率首次持平；1954—1965 年，两国工会率互有高低，加拿大高的时间开始多于美国；但从 1966 年开始，美国工会率再没有高过加拿大，且从 1975 年起几乎是逐年下降，而加拿大却在 1984 年达到第二次世界大战以来的高点——38.8%。[①] 此后，加拿大工会率虽没有再创新高，也有所降低，但却没有出现美国那样的明显衰落。

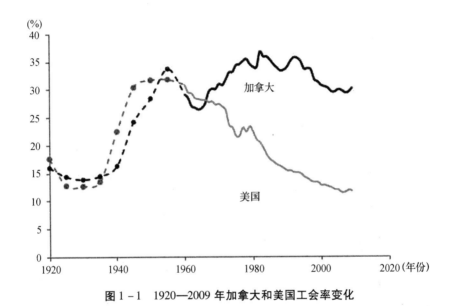

图 1 - 1　1920—2009 年加拿大和美国工会率变化

还有一项研究，用净工会率方式统计了 1960—2000 年西方各国工会率的数据。净工会率指不包括失业和退休会员在内的，全体在职会员与全部在职工薪者之比。从表 1 - 6 中也可以看出，20 世纪 60 年代两国工会率几乎相同，此后，加拿大上升而稳定，美国则一路走低。

表 1 - 6　　　　　　　　　1961—2000 年西方国家净工会率[②]　　　　　　单位：%

国家	1961—1970 年	1971—1980 年	1981—1990 年	1991—2000 年	最高值	最高值年份
澳大利亚	45.6	46.2	44.3	32.4	47.9	1960

①　P. 库玛：《从一致到背离：加拿大和美国的劳资关系》，第 12—13 页。

②　哈根·勒斯克：《工会率的国际比较》，《CESIFO 论坛》（Hagen Lesch, *Trade Union Density in International Comparison*, *CESifo Forum*）2004 年第 4 期，第 13 页。按纵列：前四组百分比数字是 10 年的平均值，第五组为 40 年中的最高值，最后一组是最高值出现的年份。

续表

国家	1961—1970 年	1971—1980 年	1981—1990 年	1991—2000 年	最高值	最高值年份
比利时	40.6	50.8	50.6	53.1	58.1	2000
丹麦	61.3	69.1	76.8	76.6	79.5	1994
德国	32.9	34.1	33.9	29.1	35.9	1991
芬兰	40.0	64.5	70.2	77.2	79.6	1995
法国	20.1	21.0	13.8	10.5	22.2	1969
意大利	28.0	46.9	43.0	38.7	50.5	1976
日本	34.1	32.5	27.5	23.3	34.8	1964
加拿大	27.0	31.8	32.8	31.8	33.7	1992
荷兰	39.1	36.6	27.7	24.5	41.7	1960
挪威	51.5	52.1	55.5	54.8	56.4	1990
奥地利	58.3	52.7	50.4	40.6	60.0	1960
瑞典	66.4	73.4	81.5	85.9	88.6	1998
瑞士	33.5	31.1	27.9	23.2	37.0	1960
英国	40.9	47.6	40.8	32.5	50.1	1979
美国	26.9	22.9	18.2	14.8	29.4	1960
平均	40.4	44.6	43.4	40.6	46.0	1978

这些数据和曲线趋势都显示，加拿大和美国的工会率在 20 世纪 60 年代初分野并呈现相反走势，这种情况变化说明了什么？很多研究将西方工会在近半个世纪衰落的原因归结为产业调整、经济全球化、蓝领工人队伍的减少。但同样经历了这些变化，而且有着极为相似国情特点的两国工会为什么出现了不同的表现？显然，决定加美工会率差异的还有其他原因。例如，加拿大有新民主党（北美的社会民主党），相比美国，在政治观念上，有较多的民主社会主义氛围，更趋向于英国式的秩序和平等，在个人价值上不如美国那样信奉自由主义和个人主义。

由于上述原因，在加拿大公共部门就业的比例比美国要高些。例如，1968—1986 年，加拿大公共部门的工会率由 38.5% 上升为 62.4%；美国则由 17.8% 增加到 36%。1986 年，加拿大公共部门的雇员已占全部就业岗位的 26.2%；美国则为 17.2%。① 1997—2003 年，加拿大公共部门工会率由 69.7% 增至 72%。② 正是公共部门就业和工会率的迅速增加，才抵消和掩盖了这一阶段私人部门尤其是制造业就业和工会率的更加迅速的下降。20 世纪 80 年代中期以后，福利政策调整、政府雇员岗位削减。到 2004 年，加拿大公共部门雇员占全部就业者的 18%，美国是 14.3%。加拿大私人部门工会率是 19%，公共部门是 75%；美国分别为 8.6% 和 40.7%。③ 2011 年，加拿大工会率为 29.7%，美国只有 11.8%。④ 不仅如此，加拿大工会中的官僚主义和腐败现象也比美国少。这里不便更详细的论述两国工会的差别及原因，⑤ 只是提示美、加两国的工会尚有如此区别，对西方其他各国的情况更应该具体分析，而不是一概而论。

二　工会运动与新社会运动的交流

工会面临的国内外严峻局面及自身生存和发展的需要，迫使工会必须采取变革措施，而且必须通过扩大与其他社团组织的联系，展示出更多的社会责任感，才能发挥更大的社会和政治影响，在改善社会的同时改善自身。这一点已成为相关学界和工会领导的共识。近几十年间，工会运动与包括新社会运动在内的社会进步运动有很多交流与合作。应该说，有的交流与合作在新社会运动出现之前就存在，如工人运动与妇女、教会、反奴隶制、人权、黑人组织等都有联系和合作。毫无疑问，新社会运动的参与者和领导者中有很多工会会员，他们是以个人身份参加的，这不能证明工会组织对这些运动的态度。以下要展示的是 20 世纪 60 年代以来，工会组织与各类新社会运动的关系。

---

① 伊恩·鲁滨逊：《危机中的经济工联主义：劳工运动特征中分歧的起源、结果和前景》，见简·詹森、甲安尼·马洪主编《重组的挑战：北美工人运动应战》，第 29 页。

② 安德鲁·杰克逊：《迎潮而进：在不利环境中提高工会率的斗争》（Andrew Jackson, *Rowing Against the Tide: The Struggle to Raise Union Density in a Hostile Environment*），第 21 页。美国经济与政策研究中心网站：http://www.canadianlabour.ca/news-room/publications/rowing-against-tide-struggle-raise-union-density-hostile-environment，2014 年 12 月 10 日访问。

③ A. Karabegovic, N. Veldhuis and J. Clemens：《解释加拿大高工会化率》，《弗雷泽论坛》（A. Karabegovic, N. Veldhuis and J. Clemens：*Expaining Canadia's High Unionization Rate, Fraser Forum*）2005 年 10 月，第 29 页。

④ 克里斯·沃纳：《保护基本的劳工权利：供美国借鉴的加拿大教训》，第 3 页。

⑤ 参见刘军《加拿大与美国工会率比较研究》，《经济社会史评论》2015 年第 1 期。

（一）工会与少数族裔民权运动

北美工会史中有很多种族歧视的记录，工会与民权运动的关系是一个有争议的问题。但有最新研究表明，美国黑人民权运动与工会有着密切的关系，工会资助了南方的民权运动。马丁·路德·金以前只被看作民权运动领袖，现在他也被看作劳工运动的领导者；金在世时就是很多工会的名誉会员。金一直将工人运动和民权运动看作美国社会进步的"两大支柱"，他认为"有组织的劳工已经被证明是消除我们国家种族隔离和歧视疫疾最强大的力量之一"。但是，"劳工们取得的这些意义重大的成就仍然不能被众人看清，这是我们智力退步的标志。在太多的人眼中，'工会'仍然是追求私利、权力饥渴、敲诈勒索、愤世嫉俗和压制的代名词"。工会运动促进社会进步的功绩被贬低了。① 金说，"劳工运动是将贫困和绝望转为希望和进步的主要力量。由于工会的勇敢斗争，经济和社会改革产生了失业保险、退休金、政府对贫困的救济，尤其是一种不再是勉强生存的，而是还过得去的新工资标准。工业巨头们没有引导这种转变，他们抵制直至被战胜。30 年代工会组织在全国达到高潮，它不仅为自己而且为全社会提供了安全支柱"。② 金是在支持工会活动时被暗杀的。他死后，众多工会集会、罢工，为金建立纪念碑，劳联—产联为金临终前支持的孟菲斯工会募捐。每年，在金的纪念日，劳联—产联都要举行全国性集会，各地工会也有各种各样的纪念活动，因为工人们都记着金的话："所有劳工都有尊严。"③ 黑人和少数族裔争取权利的斗争与工人运动是天然联系在一起的，因为他们中的绝大多数都是劳工，过去和现在都是如此。

美国农业工人几乎全部是移民，而且是少数族裔移民，这些农民工是没有组织的。因此，工作条件很差，童工也很普遍。佛罗里达是生产农产品的地区，主要产品是西红柿。西红柿产区以西南部的小镇伊莫卡利为中

---

① ［美］马丁·路德·金著，迈克尔·K. 哈利编：《所有劳工都有尊严》，张露译，海南出版社 2013 年版，第 13，64，105 页。这本书专门收录了金参与工会活动的演讲，显示出工会运动与民权运动联盟的矛盾，也证实了两者的联合。

② 美国劳联—产联网站：http：//www. aflcio. org/Blog/In-The-States/Unions-Work-for-All-Kentucky-March-Shows-That，2014 年 12 月 10 日访问。

③ ［美］马丁·路德·金著，迈克尔·K. 哈利编：《所有劳工都有尊严》，张露译，海南出版社 2013 年版，第 168 页。

心，这里数千名墨西哥人、危地马拉人、海地人以及非裔美国人为微薄工资，在烈日下劳作。1993 年，这些少数族裔农民工组成了自己的组织伊莫卡利工人联盟（Coalition Immokalee Workers，CIW）。这是一个以社区为基础的、以人权和公民权为武器的农民工工会组织，要求公平的工资、应有的尊敬、更好和更便宜的住房、更有力的法律和执行措施以保护工人的权利不受到侵害。从 1995—2000 年，伊莫卡利工人联盟组织了三次社区为基础的罢工、六名工人持续 30 天的饥饿罢工和横贯佛罗里达的长途游行，沿途展示他们恶劣的劳工和生活状况。这些活动取得了一些微小的胜利，如增加了一些收入。但是，这些胜利不是普遍和持久的，因为这一地区有很多小农场主，很难让他们都承认工人组织。农业工人流动性很大，农业工人组织不在《全国劳工关系法》规定之内，因此，农场主没有约束，随意开除组织工会的工人，不遵守合同也不会受到制裁。

伊莫卡利工人联盟总结经验，实行新战略。他们发现，他们产品的购买者是一些快餐连锁店巨头，如汉堡王（Burger King）、塔克钟（Taco Bell）①、麦当劳，而且农场主对这些公司的依赖，远大于这些公司对农场主的依赖。这些遍布美国乃至世界各地的大公司对自己的声誉都十分在意，以廉价和亲近低收入者为特点。如果让公众了解，它们廉价食品背后的悲惨现实，就会对这些公司声誉和利润产生不利影响。因此，他们选取了塔克钟为目标，以号召消费者抵制该快餐，来实现迫使其要求西红柿供应商提高工人收入的目的。他们到全国各地甚至在该公司股东会议上宣传展示，但没有取得顾客抵制消费，或使与塔克钟有业务关系的公司参与抵制塔克钟的效果。他们没有气馁，寻找同盟力量：工会、教会、学生组织、反全球化组织、人权组织，向这些组织提供资料，让它们自己选择相应的支持方式。很多工会都表示声援，帮助伊莫卡利工人联盟成员在各地巡回宣传。学生是塔克钟的主要消费者，伊莫卡利工人联盟与学生组织联盟成功进行了"踢除塔克钟"的宣传活动，将其连锁店从 22 所高中和学院中驱逐。在四年多的行动后，塔克钟终于同意给摘一磅西红柿多付一分钱，给其他农民工涨薪 75% 的农场主交易；并将所有交易记录提供伊莫卡利工人联盟监督。在塔克钟之后，伊莫卡利工人联盟又转向其他快餐和

---

① 塔克钟是世界上规模最大的墨西哥食品快餐连锁店，在美国 50 个州有 7000 多家分店。

超市巨头，很快与麦当劳、汉堡王等超级跨国食品公司签订了相同协议。[①] 以伊莫卡利工人联盟这样成立时间不长、组织规模和经验都有限的地方工会，敢于挑战塔克钟、麦当劳这样的跨国公司并取得胜利，对美国工会运动发展是一种有益的启示。伊莫卡利工人联盟的组织、动员和活动方式，得到很多美国社会组织的奖励甚至国际性声誉。[②]

（二）工会与环境保护运动

环保运动被认为是近几十年出现的，但 19 世纪末 20 世纪初，在美国的工业污染对民众生活的威胁还不是那么明显时，就有很多保护荒野和野生动物的环保组织，如阿巴拉契亚山脉俱乐部（AMC）、布恩和克罗基特俱乐部（BBC）、希拉俱乐部、奥多邦协会（AS）伊扎克沃尔顿联盟（IWL）、荒野协会（WC）。[③]

工人运动与环境运动的关系是复杂的。人们认为，工人由于担心失业或工作受影响，容易屈从于雇主的破坏环境的工作安排。"深生态学（deep ecology）和社会生态学家往往忽略或漠视激进工人阶级的历史"，将工人简单地看作"生产主义的"，甚至认为他们的工作造成了生态灾难。然而，20 世纪 70 年代以来，有不少工人参与环境保护的事例。例如，澳大利亚新南威尔士州建筑工人拒绝拆毁绿地、历史性街区和工人社区的建筑工程，在 1971—1975 年，共阻止了超过 50 亿澳元的建设项目；美国加州北部伐木工人保护当地原生红树林等。朱迪·巴里（Judi Bari，1949—1997）就是一位集环保运动、劳动运动和女性运动于一身的社会活动领导者。她将加州伐木工人与保护红木林的生态运动结合起来，突破了人们认为工人尤其是蓝领工人运动与环境运动无缘的传统观念。[④] 这引起一些生态学者们的关注。90 年代初出现了"绿色工团主义"（green syndicalism）或"生态工团主义"（eco-syndicalism）等术语。这表明环

---

① 迈克尔·D. 耶茨：《为什么工会重要》，第 176—181 页。

② 该组织的详细情况可见：http：//en. wikipedia. org/wiki/Coalition_ of_ Immokalee_ Workers。

③ 克里斯托弗·卢茨主编：《西方环境运动：地方、国家和全球向度》，徐凯译，山东大学出版社 2012 年版，第 92 页。

④ 朱迪·巴里因乳腺癌于 1997 年逝世。2003 年加州奥克兰市政府决定将每年 5 月 24 日作为朱迪·巴里日，以纪念这位献身于多种社会事业的杰出女性。

境保护与工人运动并非是不可兼容的。①

绿色工团主义是一种激进的环境保护思潮，将环境危机与资本主义生产制度联系起来，因为生态危机只有在一定的社会关系中，即在将利润积累而不是人类需求作为生产优先考虑的社会中才会发生。而从工人运动的历史看，工人一直是抑制违反自然生态和人类天性的生产活动的主要力量，因此"工人斗争的历史理应成为生态学历史的一部分"。"我们既可以从世界产业工人组织（IWW）的历史中，也可以从早期无政府主义运动的哲学和实践中发现生态意识。"绿色工团主义"不仅提供了工会会员与环保行动主义者之间建立基层组织与联盟的实际范例，而且提出了有关无政府工联主义和生态学联合的诸多未来可能性与问题，尤其设计到社会运动组织激进聚合的可能性"。绿色工团主义试图通过将激进劳工纳入生态谱系来阐明劳工作为生态学的一部分。②

加拿大环境行动联盟（Climate Action Network Canada）是加拿大唯一致力于改善气候环境的全国性非政府组织，由全国各地 85 个组织组成，使环境保护运动成为一个整体，而不是其中任何一个组织的利益和计划。宗旨是"与环境变化做斗争，特别是在现有最好的科学基础上，以特殊的政策、目标、时间表和报告，促进各级政府出台综合的气候变化行动计划，并与政府、第一民族、因纽特人和梅蒂人、私营部门、劳工和市民社会等有效地执行这些计划"。③联盟致力于确保加拿大制定目标并采取行动，结束其依赖化石燃料特别是沥青砂，减少温室气体污染；促进加拿大政府承担帮助发展中国家和国内环境易受污染的地区，应对环境变化影响和采用清洁能源技术；敦促政府实施有意义的政策，支持和投资于安全、清洁、可靠的可持续性能源，使加拿大成为清洁能源经济的先行者。这个联盟只接受组织会员，每个组织都要缴纳年费，从 40 加元—5000 加元不等。加拿大劳工大会、加拿大公共部门雇员工会、全国公共和普通雇员工会都是该组织成员，其中加拿大劳工大会的

---

① 关于绿色工联主义的专著，可参见杰夫·尚茨《绿色工团主义：一个选择性的红绿观点》（Jeff Shantz, *Green Sydicalism: An Alternative Red/Green Vision*），雪城大学出版社 2012 年版。

② 杰夫·沙茨：《绿色工联主义：另一种社会生态学?》，郭志俊译，《马克思主义与现实》2011 年第 3 期。

③ 加拿大环境行动联盟网：http://climateactionnetwork.ca/who-we-are/，2015 年 1 月 5 日访问。

代表是董事会成员和现任主席。加拿大劳工大会还参与或支持其他目标的社会同盟活动，如为 1985 年加拿大第一次全国性和平运动的大篷车请愿活动提供 10 万加元。[1]

一些学者在 20 世纪 90 年代初期和中期预言，随着西方环保运动的制度化，环保运动正变得低动员化，变成一个"公共利益游说团体"或一系列"抗议性商团"，并且正在失去作为社会运动的根本特征。美国环境学家卢茨认为，纯粹的环境抗议运动自 1998 年以来在许多西方国家中看起来的确是下降了，但抗议活动只是环保运动中最壮观的一种形式。随着环保运动组织规模的扩大，更多地融入利益团体政治网络和政治决策圈中，它们往往会变得更加官僚化，相应地失去动员支持者的能力。但"涉及环境议题的地方抗议变得更加普遍而不是相反，而且这一趋势将会持续"。总之，这些环保运动组织和表现形式的变化，并没有改变环保运动挑战资本主义工业化的批判力。事实上，"在美国，抗议的可能性阻止了过去 20 年中任何新炼油厂或核电站的建设，事实上终止了城市废弃物处理设施的建造，逆转了有害废弃物倾倒地点不成比例地集中在非白人集聚区的趋势"。[2]

（三）工会运动与妇女运动

妇女史与劳工史的重合更是显而易见的，有一半劳工和会员都是女性，但妇女运动与劳工运动的结合却并不顺利。理论上，前者以社会性别分析理论为中心，后者主要围绕阶级分析；在实践中，工会的性别歧视也是存在的。但是，这些都没有阻止这两大运动的合流趋势，毕竟它们之间还有很多共同的利益。美国妇女工作者在全部就业者中的比例，在

---

① 彼得·布莱耶：《跨运动联合与政治机构：公共部门与亲加拿大/行动加拿大网络》，伦敦大学伦敦经济政治学院博士论文 [Peter Bleyer, Cross-Movement Coalitions and Political Agency: The Popular Sector and the Pro-Canada/ Action Canada Network, A Dissertation Submitted to the London School of Economics and Political Science (University of London) in Candidacy for the Degree of Doctor of Philosophy]，第 140 页，http：//etheses. lse. ac. uk/58/1/Bleyer_ Cross_ Movement_ Coalitions_ and_ Political_ Agency. pdf，2015 年 1 月 5 日访问。

② 克里斯托弗·卢茨主编：《西方环境运动：地方、国家和全球向度》，徐凯译，第 1、174、148 页，中译本前言。"生态现代化"指在现存的社会制度下解决环境问题，实现现代化的可持续发展，与最初的反对工业化和现代化的激进环保观念不同。

1983—2005 年，从 46% 增加到 48%，但在会员中的比例却从 34% 上升到 43%。[1] 这说明工会在组织妇女劳动者方面有进步。有资料显示，增长快的工会以吸收女性和少数民族会员为主。由于很多工会妇女干部的活动，妇女运动与劳工运动加强了联系。1976 年，加拿大劳工大会举行第一次妇女大会。此后，工会逐渐将妇女运动的目标提上议事日程，作为集体谈判的内容。例如，1980 年，魁北克共同阵线争取带薪产假活动取得了成功；安大略劳工联盟开展了争取日托的活动。[2] 1981 年，加拿大邮政工人工会（CUPW）将带薪产假列入集体谈判中优先考虑的条件；妇女地位全国行动委员会则以游行、记者招待会等活动支持邮政工人工会。20 世纪 70—80 年代，很多工会妇女参与妇女地位全国行动委员会的各级组织和活动。格雷斯·哈特曼（Grace Hartman）1974 年当选为妇女地位全国行动委员会主席，而她同时也是 CUPE 的司库，加拿大最大工会的二把手。她的双重身份本身就代表着这两大运动的合流。[3] 实际上，工会女会员和工人阶级女性主义的影响要求这两大运动有更多的合作。她们中的许多人还是"社会主义女性主义"，她们的倾向形成一种压力，即为了实现社会变革，要超出性别利益，结成更广泛的社会联盟。妇女地位全国行动委员会（NAC）及其组织曾超越妇女运动局限，组织了反战和维护土著人权利的运动。70—80 年代，妇女地位全国行动委员会推动的很多运动：堕胎选择、托幼、同工同酬、家庭津贴，都得到劳工运动的大力支持，甚至由加拿大劳工大会直接组织。有学者认为，在争取家庭补贴运动联盟中，妇女地位全国行动委员会"与加拿大劳工大会和加拿大天主教主教大会（CCCB）成为平等的参与者"。[4]

　　将工人运动与妇女运动分开，在理论上或许可行，但书写劳工史而不提到妇女史，或书写妇女史而不提她们的劳工经历，却是不可能的。在 20 世纪以前，如果会员形象是蓝领白种男性技术工人，妇女运动的主流是中产阶级白人妇女，参与社会工作的妇女有限，分别书写这两大运动尚

　　① ［美］格雷戈尔·高尔主编：《发达经济中的工会复兴：评估工会组织的贡献》，第 156—157 页。

　　② 彼得·布莱耶：《跨运动联合与政治机构：公共部门与亲加拿大/行动加拿大网络》，第 143 页。

　　③ 同上书，第 154 页。

　　④ 同上书，第 157 页。

有原因。那么，当代会员形象很可能是白领少数族裔的女性职员，在女性已占劳动力和工会"半边天"的时代，仍将两种运动分开书写，就是一种"传统的"思维方式了。至少在史学界，20 世纪 70 年代以来的劳工史著作，如果不提到女性或提得不充分，都会遭到批判。就是 E. P. 汤普森的名著《英国工人阶级的形成》也不例外。因此，有学者根据这两大运动交流的事例，提出"女性主义工人阶级史"和"女性劳工史"的概念。这不是没有男性的妇女劳工史，而是在工人阶级意识基础上，有女性主义视角的，包括女性的全体劳工的历史。①

（四）工会捍卫公共利益

工会不是只考虑会员狭隘利益的既得利益集团。退一步说，即使出于策略考虑，为了维护自己的社会形象，工会也不会这样做。实际上，工会在涉及全社会的几乎所有重大问题上，都明确表示了自己的立场。

2001 年，加拿大工会为保护公共医疗保险体制，进行了广泛的社会动员。这场运动关系全社会民众健康的公共政策问题，并不是劳动场所和集体谈判中的问题。这是全国范围的、大规模的、由公共和私人部门工会共同参与的、影响无数工人和家庭的运动。工会和不属于工人运动的社区组织成为平等的伙伴，成功地阻止了公共医疗保险系统的私有化。

起因是 2001 年 4 月联邦政府为了调查加拿大公共医疗保险体制在未来的可持续性，成立了由萨斯卡彻温省前省长罗伊·罗曼诺夫（Roy Romanow）为首的委员会。委员会的任务是：提出政策措施，以保证目前加拿大人普遍享有的由公共财政维持的医疗保险制度的长期可持续发展；并在预防和保持健康，与在护理和治疗的直接投资之间保持一种平衡。为了影响这个委员会，由企业资助的思想库和私人医疗行业代表开始游说，试图将公共医疗保险系统私有化。罗曼诺夫委员会计划在 2002 年 1 月提出一个中期报告，征求各方意见，并在 2002 年 11 月发布了正式报告。

加拿大公共医疗保险制度在诞生之前就受到各种压力，医生协会、私人保险公司、医疗企业和右翼政治家等社会势力一直要阻止这项制度。公

---

①　［加］琼·桑斯特：《性别、家庭和性：女权主义和加拿大工人阶级历史的形成：探究过去、现在与未来》，《劳工》（Joan Sangster, *Gender*, *Family & Sex*: *Feminism and the Making of Canadian Working-Class History*: *Exploring the Past*, *Present and Future*, Labour/Le Travail），第 46 期，2000 秋季。

共医保制度出台后，这些力量仍在不懈努力，试图使这项医保双轨制向私人保险公司开放，允许私营医疗企业进入这一领域。在20世纪80年代以来新自由主义思潮、削减赤字政策尤其90年代初经济危机的影响下，人们对公共医疗的信心开始动摇了。1995年，联邦政府削减预算，在两年里对各省和地区的转移支付减少40%，使公共医疗体制受到了很大冲击。

安大略省保守党政府宣布减税30%，更使该省医疗体系雪上加霜。1995—1997年安省政府对医院的拨款减少近8亿加元。随之而来的是医疗体系的重新组合、撤销、合并一些医院，将相应的服务转移到社区医疗单位，那里的成本相对低一些。大约9000个住院床位被取消，2.6万名医院员工包括护士失去了工作。医院的医疗范围收缩到其最基本的功能，一些辅助性项目如物理治疗、言语障碍治疗、手足病治疗等被剥离或转入私营诊所。计划中的癌病治疗中心被砍掉，康复中心和新医院的建设被推迟，而对社区医院升级的资助迟迟不到位，或根本没有实质性的兑现。社区医疗和辅助服务难以应对日常病患需求，担架上的病人在医院的走廊里等待，救护车载着需要急救的病人在各医院中穿梭，寻找急诊室有空位的病床。做手术的病人要等很长时间，等不及的被转入外省甚至美国的医院，这种转运费很高。于是，"走廊医疗"和各种恐怖的医疗事故出现在媒体的显著位置上。1997年，安大略省政府被迫向医疗部门增加拨款，至2001年拨款达到1994年的水平，但很多医疗岗位和病床并没有恢复。[①]

在这种情况下，保守势力和既得利益集团宣传公共医疗保险体制是不可持续的、低效率的，使医疗体制双轨制，让病人付费，才是改变医疗乱象的出路。一些省份甚至开始试点双轨制，而这是违反《加拿大健康法》的。2001年冬季，宣传医疗私有化好处的报道不断，认为公共医疗体制不能充分满足社会需要、是低效率和不可持续的。

安大略省卫生联盟（Ontario Health Coalition，OHC）、社区组织和工会领导人意识到，那些想瓦解公共医疗体制的势力已经主导了医疗体制改革的讨论。在罗曼诺夫委员会成立之际，加拿大公共雇员工会安大略分会领导人决定发起一次全省范围的、深入各家各户的运动，动员各种社会力量捍卫公共医疗制度。从2001年9月到2002年5月，工会与其他社团对

---

① P. 库玛、C. 申克主编：《工会复兴之路：加拿大经历》，第262—263页。

运动各个阶段的目标、策略和方法都进行了周密的计划，围绕罗曼诺夫委员会报告在联邦议会中的三次审读和讨论时间，总计动员 55 个社区的居民团体进行门到门的宣传，3000 多名志愿者访问了 21.5 万个家庭，收集了 17 万个签名，在市（镇）政厅召集了 70 多次集会、报告会支持全国公共医疗体系，在居民区和路边设置无数宣传标语，55 个市镇通过安大略省卫生联盟的决议。①

安大略省的运动只是全国性运动的一部分，加拿大劳工大会和加拿大卫生联盟联合领导了全国性保卫公共医疗体制的运动。很多分支工会积极投入。加拿大汽车工会（CAW）和通信能源和造纸工会（CEP）组织私营部门工会会员支持运动，还成功地动员了主要汽车制造商和其他大私营企业雇主一起支持运动。各省的很多工会采取了相应行动，既有公共部门的工会，也有私营企业的工会。工会印制宣传材料和标语旗帜，提供会议地点，将工会组织的地点和电话作为运动联系方式，出动汽车接送参加集会和请愿的志愿者，并为这些活动提供了组织和领导者。各类工会的社会影响范围是不同的，如小学教师工会、中学教师工会、护士协会等从各自的角度动员社会力量。很多教会人士、少数族裔和妇女团体参加了运动。

在多伦多地区，宣传材料和请愿书用六种语言印制。葡萄牙和西班牙族裔妇女组织游行声援运动，锡克族裔团体制作了很多插在居民区草地上的宣传标语，韩国裔团体将安大略卫生联盟的宣言翻译成朝鲜语并征集了一万个签名。② 很多社区的宣传工作是工会团体无法深入的，而各种教会团体在这方面有先天的优势，退休人员团体和老年人也被动员起来了。社区运动就是由这些团体共同协作开展的。

这些努力取得了成功。罗曼诺夫报告最后明确拒绝取消公共医疗保险制度，并呼吁联邦政府恢复对卫生部门的转移支付，在几年时间里，顶住了喧嚣一时的医疗保险私有化的社会压力。但是，罗曼诺夫报告认为，一些医院的辅助工作如清洁和洗涤等可以私有化，为私有化留下一些机会。

这次运动意义非凡。运动的组织方式，全社会宣传、地方基层组织和门到门的细致工作得到充分认可。在捍卫公共医疗体制的目标下，组织起强大的社会共识，阻止了组织严密、资金力量雄厚、与政府关系密切的推

---

①　P. 库玛、C. 申克主编：《工会复兴之路：加拿大经历》，第 268 页。
②　同上书，第 270 页。

进医疗体系私有化的企业和专业团体的联盟。

医保制度私有化势力在联邦层面的努力受挫后，开始转向要求将医保事务更多地交由各省（地）政府处理，而一些省政府也确实在试行双轨制，出现了很多私人诊所、私人医疗保险项目。加拿大受美国影响很大，那里有世界上最大的私人医疗保险项目。加拿大工会联合社会各界抵制医疗保险私有化的胜利能保持多久，还有待于工会和社会各界的团结程度和斗争决心。在这场运动中，工会发挥了中流砥柱的作用。

（五）工会支持弱势群体

1. 打击非法雇主

多伦多公正就业组织（Toronto Organizing For Fair Employment，TOFFE）是一种社区工会组织。其工作主要是为当地各种不稳定的就业群体如新移民、非技术临时工、在家里为服装厂工作的缝纫工等服务。这些人因语言不通且缺乏技术，很容易受到不法雇主的盘剥，如拖欠工资、加班不加薪等。这些人不了解加拿大劳动法，不知道如何维护自身权益，因此一些黑心雇主长期逍遥法外。多伦多公正就业组织联合工人信息中心调查发现，在1989—1990年、2002—2003年，雇主恶意欠薪总计高达5亿加元，其中71%是经劳动部要求雇主支付而没有支付的。[①] 2004年春，多伦多公正就业组织与工人信息中心根据工人反映，对那些多次违反《雇佣标准法》的雇主立案，并发起揭发"坏老板"（Bad Boss）运动。其中有一项"揭发坏老板巴士巡游"活动，有一百多人驾车巡游大多伦多地区，揭发那些违法的雇主和分包商，呼吁政府严格执行雇佣标准。这次活动很有收获，直接导致劳工部调查两家工厂，其中一家被命令支付近百万加元的离职补偿费；另一家因发放低于标准的工资而欠工人近16万加元。另外，劳动部成立"雇佣标准行动组"，邀请多伦多公正就业组织参与，要采取一切可能的措施使工人得到补偿。这次运动印制了大量宣传材料，普及了劳工法和劳工权益的知识。[②] 多伦多公正就业组织与工人信息中心成立了行动委员会，使维护弱势工人权益，监督雇主和敦促政府的活动长期化。2005年春，多伦多公正就业组织与工人信息中心合并为"工人行

---

① P. 库玛、C. 申克主编：《工会复兴之路：加拿大经历》，第245页。
② 同上书，第245—246页。

动中心"，其目标是不仅维护工人权益，监督雇主和敦促政府，而且要通过各种宣传教育活动，使这些工人成为工人运动的一部分。

2. 提高最低工资运动

2013 年 3 月 21 日，安大略省劳工部部长的代表收到一个冰块，里面冻结着一张 10 加元的假钞。这个象征性行动揭开了安省要求增加最低工资运动的序幕。这个运动由很多工会、社区组织和社会团体组成的联盟所领导。从 2010 年 3 月底开始，安大略省冻结最低工资（10.25 加元/小时），至当时已三年整。

2003 年，安省每小时最低工资为 6.85 加元，此前 8 年一直如此；从 2004 年到 2010 年，经几次增加，达到目前的 10.25 加元。安省大约 1/10 的就业者依靠最低工资的工作。53.4 万低工资全日制劳动者收入低于贫困线 19%。2010—2012 年，主要生活必需品价格都在上涨：烘烤食品 11.9%、鸡蛋 21%、冷冻肉 16%、新鲜水果 7.6%、汽油 24%、公交 9.5%。这相当于最低工资降低了 6.5%。挣低工资的人即使全日制（每周 35 小时）工作，收入仍低于省贫困标准线；将每小时最低工资上调到 14 加元，其年收入才高于贫困线 10%。

加拿大在 20 世纪初开始以法律规定最低工资标准，各省实施的时间和标准不一。最低工资也被称作"公平工资"（fair wage）或"生活工资"（living wage），其中的道德意义是不言而喻的。

安省有工会会员 162 万人，占全省劳动力的 28%，平均小时工资 28.6 加元，而非会员平均小时工资 22.49 加元。这个 6.11 加元的差额，使会员们每周多收入 3.51 亿加元。这些钱绝大部分被用于家庭消费。工会认为，这是从雇主方面争取来的，是对安省经济的巨大贡献。加拿大虽是外向型经济，但其生产总值的 54% 是由家庭消费拉动的。因此，保持旺盛的家庭购买力是维持经济健康发展的基础，这就是劳工的经济学观点。[①]

这次加薪行动并非偶然。随着经济全球化，在加拿大经济转型、产业升级、企业重组的影响下，劳动市场发生了很大变化。表面上看，各种工作岗位有增有减，总量还在增加，但实际上，减少的大多是全日制、相对

---

① 加拿大劳工大会网站：http://www.canadianlabour.ca/about-clc/ontario，2015 年 1 月 10 日访问。

高工资的工作，增加的大多数是低收入的、不稳定的、非全日制的、合同的岗位。这是经济由制造业为主向服务业转型的一个结果。加拿大统计局资料显示，2003 年最低工资收入者占全部劳动者的 4.3%；而 2011 年这个比例上升到 9%，增加了一倍多。这个群体大多是年轻人、少数民族和新移民。

多伦多和约克地区劳工委员会主席约翰·卡特怀特（John Cartwright）认为，不能让一个全日制工人在贫困线以下工作，"工作应该使人脱离贫困，不是让人陷于贫困"。他讲，工资要与通货膨胀和生产力的提高挂钩，随着科技发展，很多行业的劳动效率都提高了，但利润却没有合理地分享；低收入工作主要集中在利润高的大零售服务业，如沃尔玛、麦当劳。有数据显示，自 1976 年以来，如果最低工资与劳动生产率同步上升，至 2013 年应该是每小时 16 加元。与人们通常想象的相反，只有不足 1/3 的最低工资劳动者在不足 20 人以下的小企业，54% 以上的在 100 人以上大企业。这些大企业利润很好。例如，安省最大的比萨饼连锁店的利润比去年同期增加 37%。还有资料显示，20 世纪 80 年代以来，安省工资中位数一直停滞，而 1% 的最高收入却增长了 71%。运动的组织者强调，增加最低工资不仅帮助低收入者，同时，使这些钱消费于生活必需品，刺激地方经济的复兴。在这个意义上，消费同样促进经济增长。

安省保守党政府成立了一个六人组成的最低工资顾问委员会，由劳工、企业和学界代表组成，调研这一问题，并于 2014 年年初提出报告。反对党新民主党认为，早就该加薪，所谓深入研调完全没有必要。一位该党省议员说："我们坚决支持将最低工资标准，定在一个人们可以不依靠食品银行（非政府慈善组织）而生存的水平上。"

在劳工史上，对增加最低工资或一般增加工资，从来都有反对之声，不仅来自企业也来自经济学界。因此，组织者也做了充分的准备。针对工资上涨将减少工作岗位的说法，他们指出，近 20 年来，加拿大各地最低工资上涨并没有导致工作减少。尤其在 2007—2009 年经济危机期间，加拿大绝大多数省和地区都增加了最低工资，工作岗位却没有减少。2006—2012 年，安省最低工资由每小时 7.75 加元增加到 10.25 加元，零售和服务业增加了 15 万份工作，大多是最低工资的。

运动的组织活动很有计划，内容多样。自 2013 年 3 月运动开始，将其后每个月 14 日定为宣传日。活动者戴着印有＄14 的胸章，举着＄14 的牌子，在公园和其他公共场所征集支持者签名，有的还有乐队伴奏和表演来吸引人群。每个月宣传日的主要看点都不同。2013 年 11 月 14 日的宣传活动是给省长韦恩（Kathleen Wynne）和省议员们送 50 亿加元的大额"支票"，这意味着增加最低工资将给省经济注入 50 亿加元投资。14 日，安省十几个城市的工会、学生团体和社区组织同时向当地的省议员送"支票"，一半以上的省议员当天都收到了，有的议员还欣然在支票前与民众合影。组织者还散发给韦恩明信片。上面印着："亲爱的凯瑟琳·韦恩省长：我们值得加一次薪。我支持把最低工资提高到每小时 14 加元。14 加元将会把劳动者收入提高到贫困线以上 10%。这个要求并不高！我们的最低工资每年还应该根据生活费用而增加。增加最低工资是对安省劳动者的健康社区和好工作的投资。"支持者填上姓名、签名和地址，贴上邮票就可以寄出。

约克大学全球劳工研究中心主任斯蒂法妮·罗斯（Stephanie Ross）说，争取提高最低工资是加拿大劳工史上的传统运动，近些年来在各省也时有所闻，民众如不争取，最低工资就涨得慢。但是，她也觉得，这次要达到 14 加元很难。劳工史学家克雷格·海恩（Craig Heron）认为，如果加薪到 14 加元，利润丰厚的大企业还能应付，但很多利润不高甚至勉强经营的小企业就会感到很大压力。它们应对的方式，无非是裁员或减少一些员工的工时，而这对于工人和企业都是不利的。海恩教授应该算是左翼学者，他支持乃至参与当地工会的活动，从他平静的分析中，多少有些无奈。

工会会员的工作一般相对稳定、福利好，工资比同类的非会员收入要高些。一些公共部门会员的罢工与争取提高最低工资的活动，在性质上有明显的区别。工会能参与和领导这些低收入、通常是非会员的弱势群体进行抗争，表现出工会的社会责任感和振兴自身、恢复社会影响的努力。这些低收入者也是潜在的工会会员。

2014 年年初，最低工资顾问委员会在安省各地召开了 10 场公众咨询会，听取了 400 多个社会组织和工商界的意见后提出建议。根据该委员会的建议，2014 年 1 月 30 日，省长韦恩宣布，自 2014 年 6 月 1 日起，每小时最低工资提高到 11 加元。今后增加最低时薪要制度化，与每年的物价指数挂钩。此次加薪幅度虽有限，但将其列为每年的议程之中，对低收入者有益，也促进了社会公平。

三　小结

（一）工人运动与新社会运动不可分离

以上揭示，实际上工人运动是与"新社会运动"联系在一起的。很多国外学者也不认同将新社会运动与工人运动截然分离的观点。例如，有学者认为，"在健康、生存条件、环境质量、妇女权利、政府社会服务、高等教育收费、高等教育条件、民主权利等方面，工人阶级都在进行着斗争，如果'后马克思主义者'想把这些斗争和工人阶级分开，他们就首先要在理论上证明工人与资本不是片面对立的。只有把工人的需要限制在工资、工作时间和工作条件上，'后马克思主义者'才能从理论上把新社会运动作为批判阶级分析的基础"。[1] 北美的工会运动主体是公共部门的雇员，他们的工作性质和切身利益已经与普通民众的生活和利益密切相关，至少工会的斗争在客观上有利于新社会运动的那些目标。还有学者指出，新社会运动理论在抛弃了马克思主义这样一种对资本主义严肃的分析后，会局限于一种认同者的关怀，而忽视组织对显然是更为有组织的资本主义的有意义的抵抗。[2]

法国史学家比日耐认为："工会史是工人运动史的一部分，因此它与各种社会运动史研究存在交叉。1968 年风暴过后，一些社会学家试图指认一些'新型'的社会运动，借此突出各类运动之间的差别。新型的社会运动（如女性主义和生态主义），典型地反映出后工业社会的动员模式，它们的成员、形态和目标都有别于那种没有未来的工人运动。这种假设一开始就备受争议，随后在关于'新型社会运动'的界定中，争议仍在继续……对具体历史进程及其内在动力的观察表明，这种分类法及它在各种社会运动内部确立的界限并不足信。只要稍微将这些新运动——正如我们设想的那样——与所有'旨在改变行为者的生存状态、质疑各种等级制和社会关系、催生集体认同和归属感的集体介入行为'对接起来，

---

① 迈克尔·A. 莱博维奇：《超越〈资本论〉：马克思的工人阶级政治经济学》，崔秀红译，经济科学出版社 2007 年版，第 2 页。

② B. D. 亚当：《后马克思主义与新社会运动》（B. D. Adam, *Post-Marxism and the New Social Movement*），见威廉·K. 卡罗尔主编《组织异议：理论和实践中的当代新社会运动》，1992 年版，第 39—56 页。

我们就有理由将工会运动融入这一整体行为。"①

　　如果深入历史和社会实际，就会发现"新""老"运动远没有那么明显的区别和界限。因此，研究新社会运动也有必要倾听史学工作者的意见。新社会运动之"新"构成了社会和政治变革的新力量。这种新力量不是取代而是补充了原有的社会进步力量。从这个意义上讲，将当代工人运动排除在当代社会运动之外，或视其为过时的"老"运动，在理论上和实践上都是值得商榷的。

（二）当代工人运动的能量和进步性不应低估

　　当代工人运动仍以工会运动为中心。但是，工会成分在很大程度上（至少50%以上）上改变了，这种改变本身扩大了工人队伍本来就有的多样性，增强了工运的复杂性。认为工人运动已经消失或趋于保守的看法，是过分简单化了。加、美两国工会在政治（仅看作选民也是各政党必须重视的）、经济（工会有自己的基金和投资项目）、文化（工会有自己的学院、报纸、电台）和社会影响力方面，远非其他新社会运动可比。只是，当工会的影响力以合法的体制内的方式发挥作用时，社会关注度反而可能降低。

　　无论是哪个社会运动，不与占社会人口绝大多数的工薪劳动者联合起来，其作用都是有限的。英国学者雷蒙·威廉姆斯指出，只要新社会运动不能吸引工人阶级这一"坚强的社会核心"，那么这些运动将不仅是空洞的而且是苍白无力的，因为工人阶级位于社会秩序的中心，"在大多数时间里，这一阶级在人数上也是占最大多数的"。② 加拿大学者伍德明确批判有的新社会运动理论，"把工人阶级从社会主义斗争中置换出去，这要么是一个总的战略性错误，要么便是对关于社会关系和社会力量的分析的一个挑战。"③ "没人能坚持认为，有任何其他的社会运动曾经像劳工运动那样挑战过资本的权力，哪怕这一运动的目标是很有限的，且在组织形式

　　① 米歇尔·比日耐：《法国工会史研究的焦点与视角》，《史学理论研究》2014 年第 1 期。本章初稿完成后，笔者见到了这篇文章，深感史学同行在看待新社会运动理论方面，容易取得共识。此前我曾分别同两位加拿大劳工史学家，帕尔默（B. D. Palmer）和海恩（Craig Heron），谈到新社会运动理论，他们均对此不屑一顾。在某种意义上，专业不同，视角就不同，观点难免有差异。

　　② ［加］艾伦·伍德：《新社会主义》，尚庆飞译，江西人民出版社 2008 年版，第 203 页。
　　③ 同上书，第 18—19 页。

上也相当不成熟。然而，需要补充的是，对于劳工运动全部的局限性与制度保守性来说，它比起任何其他社会集体都更为坚决地坚持了被左派认为是有价值的和富进取性的目标——不仅是直接与劳工阶级的物质利益相关的目标，而且是与'统一的人类之善'、和平、民主以及一个'爱心社会'相关的目标"。① 还有人认为，"是否新社会运动有截然不同的议程，使它们在本质上有别于劳工运动，或它们在老运动主题上的新的重复？只要社会运动的研究者忽视阶级基础上的集体行动和劳工运动史，我们对这样的问题就绝不会有满意的答案。"②

这里有必要指出，国内外程度不同都有的，一种夸大历史上工人运动反体制的倾向，在工会运动合法化和社会保障体制建立之前，因工会运动长期被迫采取激进的方式，形成其激进和革命的标记和思维定式。而20世纪50年代，工运转为常态化后，就被看作保守势力。尤其80年代以来，工会在全球化和新自由主义影响下，失去了一些前期的胜利成果。一些左翼学者抱怨、指责工会主要议程围绕着合同，③ 似乎当年使工会合法化和享有集体谈判权的法律是对工会的约束，而不是工会此前长期斗争的结果。

这种倾向集中表现在对《瓦格纳法》的重新评价上。一些学者强调该法对劳工运动的约束作用，政府以承认工会、稳定工会换取广泛的管理权和对纠纷的仲裁权。这只是限制了一点雇主的权力。政府以法律认可了有组织的劳工取得的利益，但这样做也使劳工力量爆发的可能性降低了。有些人将这一交换看作一种"虚假的自由"。国家给予工人及其组织的不过是一个参与营造他们自身附属地位的机会。也有学者不同意这样的评价，认为"《瓦格纳法》没有使1935年7月的劳工运动失去什么，却承诺了巨大的好处"；"《瓦格纳法》非常进步，具有保护性，它对工人和工会承诺之巨大，乃至包括了激进变革美国社会和经济秩序的可能性。"还有人认为，其他的不论，瓦格纳类型的法律确实有助于一个中产阶级化的

---

① ［加］艾伦·伍德：《新社会主义》，第220页。

② 鲍勃·拉塞尔：《重塑劳工运动？》（Bob Russell, *Reinventing A Labour Movement*?），见威廉·K. 卡罗尔主编《组织异议：理论和实践中的当代新社会运动》，第119页。

③ 参见戴维·卡姆菲尔德《危机中的加拿大劳工：重塑工人运动》（David Camfield, *Canadian Labour in Crisis: Reinventing the Workers' Movement*），福伍德出版公司2011年版。该书第一部分第六章将"今日问题的根源"归因于20世纪40年代的集体谈判制度。

劳工运动。①

在一种简单化思维定式的影响下，罢工规模和次数成为衡量工会力量的重要指标，为"面包加黄油"的斗争受到轻视和嘲讽。这种观点轻视经济斗争的意义，看不到经济斗争与政治和社会影响的关系。有学者指出，1919 年是美国历史上罢工最多的一年，有 400 万工人罢工，占全国劳动力的 22%。这些罢工都是为了涨薪、缩短工时、改善工作条件或承认工会合法性，没有一次是为了控制企业。"任何人都很难否认 1919 年的罢工，或者美国在 20 世纪的任何一次罢工，不是以所谓的'面包加黄油'为目标，……所谓的'红色罢工'不过是成百上千万的普通人要求改善物质生活而已"。②"即便罢工只是基于经济要求，以一种有秩序的、非暴力的方式进行，也常常是在政府调停下得到解决。由于工业与政府有着密切联系，使罢工具备了独有的政治特性。如果有人有意探讨社会反抗与政府之间的互动关系，罢工不失为一条有效的途径。"③

马克思主义经典作家虽然将夺取政权作为工人运动的最终目标，但从未排斥工人的经济斗争，他们还专门论述过经济斗争与政治斗争的关系。马克思认为："任何运动，只要工人阶级在其中作为一个阶级与统治阶级相对抗，并试图从外部用压力对统治阶级实行强制，就都是政治运动。例如，在某个工厂中，甚至在某个行业中试图用罢工等来迫使个别资本家限制工时，这是纯粹的经济运动；而强迫颁布八小时工作日等法律的运动则是政治运动。这样，到处都从工人的零散的经济运动中产生出政治运动，即目的在于用一种普遍的形式，一种具有普遍的社会强制力量的形式来实现本阶级利益的阶级运动。"④ 列宁更明确地说，"每个卢布工资增加一戈比，要比任何社会主义和任何政治都更加实惠和可贵；工人要进行斗争，是因为他们知道，斗争不是为了什么未来的后代，而是为了自己本人和他自己的儿女"。⑤

---

① 鲍勃·拉塞尔：《重塑劳工运动?》，见威廉·K. 卡罗尔主编《组织异议：理论和实践中的当代新社会运动》，第 126—127 页。

② ［美］撒迪厄斯·拉赛尔：《叛逆者：塑造美国自由制度的小人物们》，杜然译，山西人民出版社 2013 年版，第 225 页。

③ 裴宜理：《上海罢工：中国工人政治研究》，刘平译，江苏人民出版社 2012 年版，第 9 页。

④ 《马克思恩格斯全集》第 33 卷，人民出版社 1973 年版，第 337 页。

⑤ 《列宁选集》第 1 卷，人民出版社 1995 年版，第 323 页。

　　工人既是工人也是公民；工会既是经济组织，也是政治组织。在实际生活中很难截然分清工人及其组织的两种身份和作用，工会的具体活动取决于特定的经济和社会环境。有学者认为，"工会活动的主要动力是增加社会最贫穷阶层的政治参与能力，并且给那些本来没有组织的工人提供一个统一和协调的声音。不管一个人对于工会提供的这个政治平台持什么样的看法，都很难否定这些活动在民主社会中的价值。"① "我们最具有深度的结论是：除了已被认识的工资效应外，工会几乎改变了车间和企业运作的其他任何一个可以衡量的方面，从营业额到生产效率，到收益率，再到福利的组成。工人、企业的行为以及两者之间互动的结果在存在工会和不存在工会的部门之间存在本质区别。平心而论，工会似乎对社会和经济体系的运行发挥着促进而不是破坏作用。""如果把注意力放在这些负面影响上，将导致对于'工会是做什么的'产生严重失真的描述。"②

　　可以认为，在很大程度上，过去人们将工人运动的团结性、革命性放大了，很少注意其中的缺陷，如性别歧视和种族歧视；现在则将工会的保守性放大了，过于重视其中的实用主义和性别及种族歧视。工会自身的确有很多问题，有的问题还相当严重。很多左翼学者和工会人士都认为，工会要振兴必须向社会运动工联主义转变。③ 在北美，目前这种趋势并不明显。但是，工会运动越来越注意联合其他社会群体和媒体的力量，这就足以使它继续成为社会进步变革的推动力量。西方工会运动和新社会运动的历史和现实是丰富多样的，它具有时代和地域特征。在研究中，我们应该充分意识到这一点。

---

　　① ［美］理查德·B. 弗里曼、詹姆斯·B. 梅多夫：《工会是做什么的？美国的经验》，北京大学出版社 2011 年版，第 11 页。

　　② 同上书，第 13 页。

　　③ 洛厄尔·特纳、哈里 C. 卡茨、理查德 W. 赫德：《重新追求 21 世纪的相关性》，第 12 页。

第二章　当代西方和平运动

　　和平与战争是人类有组织群体之间相处的两种不同状态。和平，是人类社会冲突的最小化。战争，是人类社会冲突的最高形式。古往今来，频繁的战争给世界带来了巨大的灾难，田园荒芜，生灵涂炭。从整个人类历史的角度来看，战争的时间估计多于和平的时间。连著名的思想家尼采都认为，和平只是两次战争的间隙。从这种意义上甚至可以说，迄今为止的人类历史，就是一部无尽战争的历史。

　　正因为战争这个幽灵始终是人类无法彻底根除的痛苦之源，和平才成为人们千百年来孜孜以求的梦想。自有战争开始，就有了反对战争、争取和平的人类活动。但是，今天能见到的对于和平的最早诉求只表现为少数精英珍藏于心中的梦想，散见于先贤们尘封的著述之中。至于一般民众，即使渴望和平，也很难在史书中留下只言片语。直到近代以来，对于和平的渴望才逐步走出书斋，化作越来越多普通民众的呼唤。这些涓涓细流终于在19世纪初汇聚成民间团体的集体行动，史称和平运动。和平运动是一种旨在通过非暴力手段实现社会变革的社会运动，一般与政府行为没有关系。

　　和平运动的历史相当悠久，从萌芽、发展、演变到壮大经历了漫长的过程。根据美国学者的看法，"我们今天理解的大规模的和平运动是一个相对近期的概念，在时间上开始于19世纪早期"[①]。1815年，在美国纽约和马萨诸塞先后出现了和平协会。翌年，伦敦也成立了"争取促成持久与普遍和平协会"。在欧洲大陆，第一个和平团体出现于1830年，那一年"日内瓦和平协会"创立。到19世纪三四十年代，由于政治家和知名学

――――――――――

　　① ［美］大卫·巴拉什、查尔斯·韦伯：《积极和平：和平与冲突研究》，刘成译，南京出版社2007年版，第34页。

者们的推动，更多的民众组织起来，成立了更多的和平社团，开始为建立一个和平社会而奔走呼号。因此，直到那个时期，和平运动才真正具有一定的规模。

1843 年，第一次国际性的和平大会在伦敦召开，标志着和平运动历史翻开了新篇章。19 世纪 70 年代以后，和平团体的数量迅速扩大。国际议员大会与世界和平大会自从 1889 年在巴黎召开第一届会议以后，除了第一次世界大战前中断过五次之外，几乎每年都举行一次。一般认为，从 19 世纪末到第一次世界大战爆发的这段时期，是和平运动发展史上的第一个高潮。后来在第一次世界大战中，反战活动受到一定程度上的镇压，其中一些和平团体发生严重分裂，另一些则彻底消失了。虽然第一次世界大战的爆发沉重打击了世界和平运动，但是战争结束后不久，和平运动迅速复苏。这种势头在 20 世纪 30 年代中期达到高潮，但是德、意、日法西斯很快又挑起了战火，击碎了和平主义者的幻想。30 年代后期，和平运动再次走向衰落。第二次世界大战结束以后，世界和平运动又经历了多次起伏变化，后文将会详细论述。

由于本书的主题所限，本章关注的重点仅限于西方和平运动在 20 世纪 60 年代以后的发展情况。当代西方和平运动作为新社会运动的一个重要分支，迄今为止的发展概况如何？出现了哪些不同于以往的明显变化？出现了哪些重大争议？产生了哪些重要影响以及未来发展前景如何？对于这些问题的探讨有助于我们详细了解这个重要分支在西方新社会运动中所起到的作用，从而加深对于作为整体的新社会运动的理解与分析。

在展开详细讨论之前，我们有必要回顾一下当代西方和平运动得以存在和发展的历史背景。

一　当代西方和平运动的历史背景

（一）第二次世界大战的惨痛教训

几乎每一场战争都具有极大的残酷性、毁灭性和浪费性，但是第二次世界大战在这三个方面都是空前的。这次世界大战历时数年，席卷了大半个地球。先后有 60 多个国家的 20 多亿人口卷入了这场浩劫，给参战各国人民的心灵带来了巨大的创伤。在战争过程中，各国动用了几乎所有的资源，把当时最先进的科学技术和最新的发明创造都投入你死我活的厮杀。

这些本该用来创造幸福生活的人类财富，却转变成了最残酷野蛮的暴力手段。这场战争的直接后果，不仅造成了高达 4 万多亿美元的物质损失，而且导致了 6000 多万人死亡。粗略估算，平均每天就有 2 万人被杀死。仅仅简单地罗列数据，都足以令后人触目惊心。

这场战争的结局令参战各方出乎意料。首先，战争的发起者们并没有达到他们的目的，反而得到了可耻的下场。希特勒开枪自杀，希姆莱服毒自尽，戈培尔命令部下射杀自己，墨索里尼惨遭手下屠戮，东条英机被处以绞刑。德国人付出了 400 万条鲜活的生命，而日本则有超过 200 万人毙命。苏联死亡人数高达 2500 万。中国的牺牲人数较难统计，据估计也有 3500 万人之多。其他各国的死亡人数高低不等，波兰将近有 600 万人，南斯拉夫也有 150 万到 200 万人，英国大约 40 万，而美国 30 万左右。[①]法西斯侵略者给世界人民带来了极大的灾难。受侵略的国家和人民经过浴血奋战，才打败法西斯侵略者，取得了反法西斯战争的胜利。

惨烈的伤亡和空前的破坏，猛烈地冲击了大众的战争观念。传统的观念认为，在适当的情况下，战争是可以使用的，通过战争谋求本国在国际社会中的主导地位并无不妥，甚至强国对弱国的吞并也合乎物竞天择的自然法则。德国著名军事理论家克劳塞维茨曾在其巨著《战争论》中提出一个著名观点，即"战争是政治的延续"。这一命题阐明了战争与政治的关系。然而，经过这场战争，传统的战争观念受到了强有力的挑战。因为现代化的军事技术，尤其是原子弹的问世，迫使越来越多的人认识到，将来的世界大战只会导致人类的毁灭。今天的任何一个国家都不可能指望通过单纯的军事手段吞并另一个国家，诉诸战争给发起国带来的极可能不是希望的结果。美国学者大卫·巴拉什等指出，"1914 年以前，国家在开始战争时，并不羞于承认自己的攻击性目标。但是到了 1945 年以后，这种厚颜无耻的侵略者变得越来越罕见"[②]。于是，尽量避免战争、和平解决国际冲突日益成为人们普遍的选择。不能再简单地认为，战争是政治的继续。"我相信，这些可怕的武器的发展将迫使我们进入一个新的历史时

---

① 以上数据参见［美］格哈德·L. 温伯格《战争世界：第二次世界大战的全球历史》（Gerhard L. Weinberg, *A World at Arms: A Global History of World War Ⅱ*），剑桥大学出版社 1994 年版，第 894 页。

② ［美］大卫·巴拉什、查尔斯·韦伯：《积极和平：和平与冲突研究》，南京出版社 2007 年版，第 32 页。

期，即和平与理智的时期。世界的纠纷不再是通过战争或武力来解决，而是应用人的理智力量来解决。这样做对所有国家都是公正的，对所有人都是有益的。"① 许多知识分子、科学家以及统治阶层中的有识之士积极倡导和平，纷纷投身反战运动之中。第二次世界大战之后，人们开始对战争作为解决国际冲突的选择产生了怀疑，希望寻找一条更为理性的出路。和平不再仅仅是人们千百年来的梦想，此时已经是必须实现的目标。这种重大的转变，正是发生在第二次世界大战之后。

第二次世界大战结束之后，西欧各国经济逐渐恢复，走上了平稳发展的道路，饱尝战乱之苦的人民非常珍惜来之不易的和平，厌战情绪非常强烈。这一时期，西方各国人民开展了持续不断和规模不等的和平运动。1947 年，首次保卫和平与自由代表大会在巴黎举行。1948 年，世界文化界人士参加的保卫和平大会在波兰举行，大会发出了召开世界保卫和平大会的倡议。此后，世界保卫和平大会分别于 1949 年和 1950 年，分别召开了第一届和第二届会议。第一届大会在巴黎和布拉格两地举行，出席大会的 2287 名代表来自 72 个国家和 12 个国际组织。第二届大会在华沙举行，参会的 2065 名代表分别来自 81 个国家和 8 个国际组织。② 在这次会议上，世界和平理事会宣告成立，总部设在维也纳（1968 年迁至赫尔辛基）。该组织的 417 名理事和 19 名主席团成员，均由各国著名的文化界人士担任。世界和平理事会的宗旨是：保卫世界和平，反对帝国主义和殖民主义。它的成立表明，和平运动已经提升到一个新的水平。从 1950 年到 1955 年，世界和平理事会先后发动了三次大规模的世界签名运动，运动的主要目的是反对战争、禁止核武器，共征得 18 亿多人次的签名。20 世纪 50 年代，西欧人民还开展了反对联邦德国重建军队、加入北大西洋公约组织和要求禁止原子弹、氢弹的群众运动。

在此期间，世界各国的和平团体纷纷涌现。其中影响较人的全国性新和平组织有：法国全国和平理事会（1947 年）、英国和平委员会（1949 年）、日本和平委员会（1950 年）、美国和平十字军（1951 年），以及加拿大和平大会、意大利全国和平理事会、澳大利亚和平委员会、巴西保卫

① ［美］L. 鲍林：《告别战争：我们的未来设想》，吴万仟译，湖南出版社 1992 年版，第 1 页。

② 参见李巨廉《战争与和平：时代主旋律的变动》，学林出版社 1999 年版，第 356 页。

和平委员会，等等。值得一提的是，还有众多成立于战后的新国际组织，虽然并不是专门的和平组织，但是也为世界和平运动做出了积极的贡献。

除此之外，第二次世界大战重新唤起了人们建立世界政府的热情，其直接结果是联合国的建立。大卫·巴拉什等学者认为，"世界政府的吸引力主要在于，一个更高的权威应该能够迫使其争吵不休的下属避免使用武力，使它们注意到更大的共同利益，并使它们以他种方式解决争端"①。所以，世界上最大的国际组织联合国的首要宗旨就是维护世界和平。它的成立，在战后缓和国际紧张局势、解决地区冲突和推进和平文化教育等方面都发挥了积极的作用。

西方民众珍视和平的情绪还体现在，多年之后还不断地深刻反思这场战争。这一点突出表现在许多优秀的文学、影视艺术作品之中，其余绪至今未绝。在涉及第二次世界大战不计其数的文学作品中，仅为中国人熟知的就有很多，比如《丘吉尔二战回忆录》《战争风云》《战争与回忆》《裸者与死者》《第二十二条军规》《最长的一天》《最后一役》《遥远的桥》《铁皮鼓》等，其中一些小说后来还被拍成了电影。经典的影视作品更是数不胜数，如《桥》《桂河大桥》《巴顿将军》《兵临城下》《珍珠港》《辛德勒的名单》《美丽人生》《拯救大兵瑞恩》《钢琴师》等。这些反思第二次世界大战的文学艺术作品不仅得到了广泛传播，而且不断地唤起人们内心对于和平的渴望，为当代西方和平运动的广泛发展提供了有利条件。

和平运动正是在第二次世界大战之后才真正具有了世界规模，而且日益发展成为全球政治中一支不容忽视的力量。经过第二次世界大战的洗礼，世界人民反对战争、维护和平的集体行动迎来了一个新时期。第二次世界大战留在人们心头上挥之不去的阴霾，成为战后促使世界各国人民积极投入反战和平运动的重要历史因素。

（二）核武器的现实威胁与科学家们对和平的呼吁

影响当代和平运动的另一项重要因素也与第二次世界大战有关，因为这场战争意味着核时代的到来。原子弹是在第二次世界大战中问世的，美国早在1941年就开始了研制规划。1945年7月16日，第一颗原子弹在新墨西哥州阿拉莫戈多附近的"特尼狄"（Trinity site）试爆成功。据说爆

---

① ［美］大卫·巴拉什、查尔斯·韦伯：《积极和平：和平与冲突研究》，第387页。

炸测试之时，"原子弹之父"罗伯特·奥本海默在远处望着徐徐升起的蘑菇云，不禁想起了印度教圣经薄伽梵歌中的诗句："我成了摧毁世界的死亡之神。"①

1945 年 8 月 6 日，世界上第一颗应用于实战的原子弹在广岛上空爆炸。广岛市约有 45 万人口，爆炸发生之时，毫无防备的人们正在上班的路上。原子弹爆炸所产生的巨大冲击波摧毁了这座城市的大部分建筑，成千上万的人在数秒钟内被冲击波杀死，或被强烈辐射烧伤致死，或数天后死于辐射病，或被倒塌的建筑物砸死。3 天之后，第二颗原子弹又投在了长崎。两座城市共约 17 万人被杀死，另有约 17 万人严重受伤。原子弹投入实战，标志着人类战争从此进入了一个全新的时代，意味着人类已经具有了自我毁灭的能力。

第二次世界大战之后，掌握核技术的国家开始制造和贮存大量的毁灭性武器。这种武器仅需一件就能摧毁一个中等规模的城市，杀死数十万人。如果将原子弹投入战争，其杀伤力会大得惊人，短时间内上亿人可能失去生命，远远超过了第二次世界大战的破坏力。1952 年之后，核武器的威力又进一步增强，比广岛、长崎的原子弹强大了一千倍。更不要说，后来的氢弹和超级炸弹也试制成功，其爆炸力相当于第二次世界大战中所使用的全部炸弹的 5 倍。② 仅仅美、苏两国的战略核力量的总和，就可以使人类文明终结，甚至导致人类灭绝。如果这些令人担心的事情实实在在地发生了，将会是一场彻彻底底的悲剧。可是，美国、苏联、英国等国家的核武库还在不断扩容。因此，当时世界上一切爱好和平的人士对世界的未来忧心忡忡。

这种局面令许多原子科学家既不安又迷茫。因为，正是他们的研究工作释放出了这种可怕的力量。其后果之一是，他们把自己推到了公众谴责的风口浪尖上。一些人不得不开始思考，如何给原子能加上国际控制的缰绳。在这些人中，著名的科学家爱因斯坦起到了关键的作用。早在 1939年，爱因斯坦就曾写信给美国总统罗斯福，建议美国赶在德国之前研制原子弹，这就是日后曼哈顿工程的滥觞。但是战争一结束，爱因斯坦就后悔

---

① ［美］戴维·寇特莱特：《和平：运动和观念的历史》（David Cortright, *Peace: A History of Movements and Ideas*），剑桥大学出版社 2008 年版，第 127 页。

② ［美］L. 鲍林：《告别战争：我们的未来设想》，第 6 页。

了，甚至他和他的同事们认为自己上当了。他们研制原子弹的目的仅在于防备德国提前发展出这种武器，而且一厢情愿地认为，美国除了威慑其他国家使用核武器之外不会主动使用它。因此，广岛和长崎上空的原子弹爆炸既完全出乎他们的意料之外，也非他们所愿。

慘烈的后果激发了科学家们强烈的社会责任感。他们走出书斋，投身社会，以极大的热情开展教育运动，并探讨解决问题的出路。从战后初期的和平运动历史来看，这些科学家最主要的成绩是创办了《原子科学家公报》和发起了帕格沃什运动。前者是科学家们呼吁和平的主要论坛，后者则成为交流和平思想的重要场所。

在日本遭到原子弹轰炸后，原子科学家们联合起来，成立了原子科学家联盟，不久之后又改称为美国科学家联盟。该组织的宗旨是，通过教育大众，使公众了解新的原子危害，进而给政治领导人施加压力，最终实现对原子武器进行"国际控制"。到 1946 年年初，加入联盟的会员将近3000 人，其中 90% 的科学家参与过制造原子弹。1945 年 12 月，著名的生物化学家拉宾诺维奇（Rabinowitch）和一些同事创立了《原子科学家公报》，包括爱因斯坦在内的许多著名科学家给予支持。这份刊物的主编几十年来都由一流的科学家担任，刊载的文章涉及原子弹发展史、和平运动、和平研究、核裁军等重要领域和议题。1946 年，爱因斯坦和西拉德（Leo Szilard）共同组织建立了原子科学家紧急委员会，爱因斯坦任主席。其作用是为这场运动募集资金，而其目的在于，帮助公众认识核武器的危险，促进和平利用核能，并最终争取世界和平。这个委员会的工作一直持续到 1950 年，由于爱因斯坦的健康原因，才停止了活动。

从 20 世纪 50 年代中后期到 60 年代初，美苏开启了大规模的核军备竞赛。两国在欧洲和亚洲部署核武器及进一步扩散，激起了反核和平运动的高涨。1955 年 7 月，众多知名科学家联合发出反对核武器的呼吁，主要内容包括两个影响重大的和平宣言。其一，52 位诺贝尔奖获得者联名发表了《麦瑙宣言》。他们号召，"一切国家必须自愿地作出决定，废弃以武力为对外政策的最后手段"①。其二，《原子科学家公报》发表了"科学家要求废止战争的宣言"，又名《罗素—爱因斯坦宣言》。该宣言由著名学者伯特兰·罗素起草，除了他本人还有 9 位世界著名科学家签名。

---

① ［美］L. 鲍林：《告别战争：我们的未来设想》，第 177 页。

宣言的决议部分呼吁，"鉴于未来任何世界大战必将使用核武器，而这种武器威胁着人类的继续生存，我们敦促世界各国政府认识到并且公开承认，它们的目的绝不能通过世界大战来达到，因此，我们也敦促它们寻求和平办法来解决它们之间的一切争端"①。

两年之后的 1957 年 7 月，二十多位世界著名科学家齐聚加拿大新斯科舍的帕格沃什村，召开了国际科学家和平反战大会。参加会议的科学家分别来自 10 个国家，我国著名科学家周培源也在其中。会议报告内容广泛，涉及不同时期应用核能的危险、核武器的控制和科学家的社会责任等。这次帕格沃什会议不仅很快就引起了世人的广泛注意，而且得到了各国科学家的积极回应。尽管此后很多次相关会议又陆续召开，且会址极少选在帕格沃什，但是人们仍然习惯性地称呼这些会议为帕格沃什会议，其参加者被称为帕格沃什主义者。另外，世界各地还涌现出了无数的帕格沃什国家小组、帕格沃什讨论会和帕格沃什研究班，等等，由此可见帕格沃什运动的影响之大。

概言之，核武器的问世震惊世人，也造成了各种新的社会问题。为了消除这些关乎人类未来命运的威胁，原子科学家们不再埋头搞科研，而是纷纷组织起来，通过各种论坛、会议和报纸唤起大众的参与意识，逐渐掀起战后的和平运动高潮。

（三）国际格局的变迁

国际格局与世界和平的关系一直是学术界关注的重要问题。一般而言，国际格局的变动，势必带来世界上各种力量此消彼长、重新组合。这种大变化为潜在的国际冲突埋下了种子，同时也给和平运动的兴盛提供了契机。第二次世界大战之后至今，世界格局出现了两次大变动。第一次是在雅尔塔体系下形成了两极对抗的格局，一直延续到苏联解体为止。第二次是两极格局终结，世界迈向多极化进程。这两次大变动，构成了当代世界和平运动发展的国际政治背景。

战后世界两极格局中，出现了以美苏为首的两大军事集团严重对峙的局面。美国已经成为资本主义世界当之无愧的头号强国，踌躇满志地推行全球扩张政策，推进资本主义制度。苏联作为当时世界上最强大的社会主

①　［美］L. 鲍林：《告别战争：我们的未来设想》，第 193 页。

义国家，也想在全球实行苏联模式的社会主义制度。此时的西欧各国经过第二次世界大战的浩劫，昔日的中心地位不复存在，为了生存与发展，只能暂时屈从于美国的卵翼之下。东欧则成为苏联的势力范围，先后有 8 个国家加入了社会主义阵营。1949 年 4 月，美、英、法等国在华盛顿签订了《北大西洋公约》，宣告西方资本主义国家军事政治集团成立，将矛头指向苏联为首的社会主义国家。对于这一行动，苏联的反应是，于 1955 年 5 月召集波、捷等国在华沙签订了《华沙条约》，组成了针锋相对的另一方军事政治集团。至此，两大军事集团对峙的局面在欧洲正式形成。这种局面日后向世界各个地区扩张和蔓延，逐渐形成了国际关系史上所谓的均势结构，即两极格局。

由此开始，两个超级大国为了争夺世界霸权，在全球军事、政治、经济和文化等层面展开了激烈的对抗。从 1948 年到 1961 年，先后发生了三次柏林危机，结局是以苏联修筑"柏林墙"而告终。1962 年，又发生了古巴导弹危机，这是美苏在冷战期间最激烈的一次对抗，几乎引发一场核战争。美国和苏联特别是美国为了扩大各自的势力范围，不惜在多个地区燃起战火。在亚洲，美国进行的越南战争持续了十几年，苏联入侵阿富汗也导致了该地区长期的动乱。在中东，美苏的争夺无疑是推动中东战争的重要因素。同一时期，苏联为了控制中国，对中国进行军事威胁，导致边境地区发生冲突，促成中苏分裂。美苏之间还在南部非洲和中美洲等地区展开较量，或直接插手，或通过代理人战争卷入地区冲突，导致当地局势动荡不安。除了以上这些，美苏为了谋求军事优势，进行了愈演愈烈的军备竞赛。两国之间的武力比拼，从陆地发展到海洋，再到空中乃至太空，一直到美国总统里根提出所谓的"星球大战"计划，争夺霸主的剧情至此达到高潮。

虽然国际格局具有相对的稳定性，但是冷战末期两极格局的瓦解却异常迅速。自 20 世纪 80 年代末到 90 年代初，东欧社会主义国家发生剧变，华约随之解散。1991 年，苏联解体，冷战结束，两极格局也自然终结。这一结局令所有人错愕不已，因为此前几乎没有学者对此作出过准确预测。

现在看来，远在两极格局瓦解之前，多极化趋势就已经显露端倪。两极格局形成之初，美国凭借绝对的经济优势可以号令西欧各国。但是，这些国家曾经是世界上最先进的地区，也不甘心长期忍受超级大国的威胁和控制。20世纪40年代末，法德实现和解，奠定了欧洲一体化的基石。从20世纪50年代开始，欧洲就开始推进经济一体化。1965年，欧洲共同体建成。1993年，《马斯特里赫特条约》正式生效，欧洲联盟诞生，欧洲实现了联合。随着一体化程度的加深，欧洲的经济相应地得到复兴和发展，整体实力迅速增强。同时，战后的日本经过多年努力，终于在20世纪70年代一跃而成为世界第二大经济体。可是，日本的野心并非仅止于此。除了90年代积极谋求"入常"之外，近几年还全力推动修宪。一旦日本在这些问题上取得突破，就能摆脱战后体制，给地区和平构成更大威胁。可以说，美国在西方资本主义世界内部的控制力日益削弱。

苏联解体之后，国际社会中出现了一些其他的政治经济力量中心。一个是俄罗斯，它取代了苏联在联合国的地位，其军事实力虽比苏军逊色，但仍是美国在世界上最强劲的对手。经过普京为代表的强硬派领导人一番励精图治，俄罗斯的经济发展迅速，俄军颇有东山再起之势，国际地位更是日益提高。另一个是中国，20世纪70年代恢复了联合国合法席位，数年之后实行改革开放政策，建设有中国特色社会主义，综合实力迅速提高。作为联合国安理会五大常任理事国之一，中国在处理国际事务方面拥有举足轻重的地位。经过三十多年的改革开放，中国目前已经跃升为世界第二大经济体。所以，中国已成为国际社会中发挥积极作用捍卫和平的政治大国和经济大国。另外，一些新兴发展中国家如印度、巴西和南非等国近年来经济发展迅猛，在世界事务中也发挥着越来越大的影响。

多极化扩大了更多国家"治理世界"的话语权，有利于国际政治的民主化，对维护世界和平当然意义重大。但是，作为冷战后仅存的超级大国美国却心有不甘，试图构建单极格局。这种意图明显地体现在冷战后美国发动的几次地区性战争之中，引发了美国国内乃至世界上一切爱好和平的人士的憎恶与警觉。这是冷战后世界和平运动得到发展的一个重要原因。

总而言之，国际格局的变迁往往导致新的矛盾，为地区冲突或局部战争提供诱因。为了反对破坏和平发展的环境以及避免战争进一步升级，西方民众经常通过和平运动的方式来表达反战诉求。第二次世界大战以后，西方和平运动的数次高涨与国际格局的变动表现出一定程度上的相关性。

二　当代西方和平运动的发展概况

从 20 世纪 50 年代后期到 60 年代前期，声势浩大的第一次反核和平运动在欧美各国掀起高潮。无论从规模上还是从影响上说，这些运动都可能是当时世界上最大的群众性社会运动了。但从那时起至今，和平运动起起伏伏，每个时期的重心都有所不同。需要指出的是，第三世界的有关活动也促进了和平运动的发展，比如甘地领导的非暴力运动等，但这些活动不在本章叙述的范围之内。就新社会运动的研究时段而言，下文将分三个阶段，简要回顾一下当代西方和平运动的发展概况。

（一）越南战争时期的和平运动

20 世纪 60 年代初，第一次反核和平运动开始沉寂下去，人们似乎不再关注与反核相关的问题。到 1966 年前后，越南战争开始在全球和平运动中占据主导地位，对美国社会乃至欧洲社会产生的影响都是非常深远的。美国发动侵越战争之后不久，大规模的反战运动在美国兴起。随着战争的升级，全国性反战运动也开始了。数年之中，这场和平运动又扩展到了世界范围，一直持续到 70 年代中期。反对越战运动和当时的学生运动、妇女运动密切结合在一起，本质上已经超出了单一和平运动的内涵，这也正是新社会运动研究的题中之义。

反对越战运动的起因是美国侵略越南的战争。越南原本是法国的殖民地，但是 1954 年的奠边府战役之后法国终于支撑不下去了，只好撤出了印度支那。同年签订的日内瓦协议规定，世界上只有一个越南，北纬 17°线只是一个暂时的军事停火线，而不是两个国家的政治分界线，并且要求越南于 1956 年举行大选。但是时任美国总统艾森豪威尔担心共产党赢得选举，所以采取干涉手段，阻止大选。为了遏制共产主义在东南亚的扩张，美国大力扶植吴庭艳的南方政权，决心不惜一切代价阻止所谓"共产主义狂潮的多米诺骨牌效应"。因此，越南分裂为实行资本主义制度的南越（即越南共和国）和实行社会主义制度的北越（即越南民主共和国）。在冷战的大背景下，南北双方的军事冲突不可避免。

在肯尼迪政府时期，美国奉行"有限介入"的越南政策。1964 年，美国在越南南方发动的"特种战争"宣告失败，约翰逊政府随即提出了

"战争逐步升级"理论。到这一年年末，美国在越南的战斗部队规模不大，仅有23000多名军事人员。在战争初期，美国在越南的侵略行为在国内获得较大支持。随着对美军的伤亡情况和对越南平民暴行的电视报道，美国人逐渐对战争的性质产生了怀疑。1965年2月，美国总统约翰逊宣布将大幅增加东南亚的美国地面部队，并决定对北越实施正式的空中打击行动，代号"滚雷"，美国大规模卷入侵越战争。当"他们的战争"完全变成了美国的战争时，反战浪潮开始逐步席卷全美。

1965年4月17日，第一次重要的全国性和平示威在华盛顿举行。这次示威活动很大程度上是由"学生争取民主社会组织"（Students for a Democratic Society，SDS）独立发起的。这一点与后来的全国性示威活动有所不同，因为后者多数是由众多社会团体联合组织的。此次活动的参加者达到了3万多人，其中绝大多数是全美各个大学的在校学生，其规模可谓第二次世界大战结束以来最大的反战示威活动之一。学生争取民主社会组织是美国学生中激进主义分子的组织，后来成为这一时期美国反战和平运动的重要推动者。越战时期的和平运动并非孤立的社会运动，表现出和其他社会运动密切结合的趋势，学生争取民主社会组织的反战活动是这方面的典型代表。① 它毫无疑问属于学生运动，但是同时又结合了妇女运动和黑人民权运动。

从这次反战活动起，大规模的合法示威一直在美国各地继续进行。越战期间的反战游行通常都发生于春季和秋季，地点则大多集中在纽约、华盛顿和旧金山等大城市。1965年11月27日，华盛顿发生了5万多人的游行。1966年3月26日，纽约举行了示威游行。1967年4月15日，50万人在纽约和旧金山举行了抗议活动。1967年10月21日，华盛顿又发生了示威游行。

初期的反战活动基本上是以和平和合法的方式为主，包括静坐和游行示威、流行于大学校园的讲谈会，等等。1965年3月，密歇根大学的一群教师组织了讨论战争问题的讲谈会，这种新的反战方式经过媒体报道之后，迅速蔓延全国。美国主流媒体登载大量批评战争的文章，甚至读者寄给编辑的反战信件也出现在日报或者周报上面。有些民众向邻居发放反战

① 参见［美］大卫·巴伯《暴雨倾盆：学生争取民主社会运动及其失败的原因》（David Barber, *A Hard Rain Fell: SDS and Why It Failed*），密西西比大学出版社2010年版，第114页。

传单，在报纸上刊登署名的反战请愿广告。反战活动家参与全国或地方的选举政治，游说国会议员，试图通过立法形式终止战争。贵格会教徒们则通过组织静默守夜的方式抗议，地点包括白宫、国会大厦前的广场以及遍及全美的市镇广场和村庄绿地。

除了以上这些方式之外，一些反战活动中还出现了其他存在争议的方式。最令人震惊的方式可能就是自焚了。1965 年 3 月 16 日，一位来自德国的难民爱丽丝·赫兹（Alice Herz）以 82 岁高龄参加底特律市的反战活动，她在大街上点燃了自己。同年 11 月 2 日，31 岁的诺尔曼·莫里森（Norman Morrison）在五角大楼前的草坪上自焚身亡，以抗议美国卷入越南战争。有一些人拒绝向政府缴纳部分或全部税款。还有成千上万的男子反对征兵制度，拒绝入伍。战争的高峰时期，因拒服兵役而入狱者达到 1 千多人。另有数千人则因为扰乱兵役委员会、征兵办公室以及供应战争物资的公司而被捕。此外，许多人千方百计逃避兵役，有些人根本不登记，有些人撒谎而获得缓召或免除兵役，还有人干脆直接跑到加拿大和瑞典等地躲避。①

暴力抗争在当时只是次要形式，此处仅简单提及。1967 年 10 月 27 日，天主教神父菲利普·贝里根（Philip Berrigan）和其他三个人在马里兰州巴尔的摩市向征兵文件倾倒鲜血，以表达反对战争。1968 年 5 月 17 日，他又协同其他八个人进入马里兰州卡通斯维尔的一个兵役委员会办公室，使用自制的凝固汽油弹烧毁征兵文件。在随后的两年中，其他团体在波士顿、纽黑文、纽约和芝加哥等城市损毁了数以千计的兵役委员会以及征兵文书。至于这些行为是否算得上暴力行为，在和平运动内部仍旧存在重大争议。

"春节攻势"是越南战争的转折点。其根据不在于地面部队的军事形势，而在于美国公众对于战争的态度发生了重大变化。1967 年 12 月 7 日，即春节攻势之前一个多月，一次全国性的盖洛普民意调查表明，52% 的受访民众认为自己属于"鹰派"，而只有 35% 的人认为自己是"鸽派"。1968 年 8 月 7 日的另一次民意调查中，53% 的被调查者认为越战是一次错误，而仅有 35% 的人不这么认为。这是第一次由权威的全国性调查证实，大多数美国国民站到了反对越战的一边。

---

① ［美］戴维·寇特莱特：《和平：运动和观念的历史》，第 164—165 页。

越南战争越到后期，反战活动越频繁。仅在 1968 年 4 月 27 日，纽约、芝加哥和旧金山同时爆发了共有大约 50 万人参加的游行。1969 年 10 月 15 日，美国各地又同时爆发了大规模的示威游行。当天，2 万人在纽约华尔街，10 万人在哈佛大学，聆听著名反战人士的演说；3 万人在耶鲁大学抗议，强烈呼吁美国撤军；5 万人在华盛顿纪念碑前示威，表达对战争的不满。1970 年 5 月 9 日和 10 日，在华盛顿有 10 万人聚集抗议。次年的 4 月和 5 月，又有三次重要的示威游行接踵而至。

而且，后期的反战活动日益趋向暴力化。学生争取民主社会组织的成员们相信，和平组织和非暴力抗议无异于冷漠和共谋，因此强化了针对"美利坚帝国主义"的斗争。[①] 在这些暴力反战活动中，较为著名的是"地下气象员"组织（简称为"气象员"）。这个组织仅有几百名成员，原本属于学生争取民主社会组织的一个小派别，以其毫不讳言的暴力倾向而闻名。其名称与暴力毫无关系，实际上来源于著名歌手鲍勃·狄伦的歌曲《地下思乡蓝调》中的一句歌词："你不需要气象员就知道风向哪里吹"，以表明自己的派别英明睿智，不需要保守派对他们指手画脚。1969 年秋天，这个组织开始转入地下活动，陆续制造了一系列爆炸事件，以此抗议美国对越南的侵略。从 1970 年起的连续三年中，他们使用炸弹分别袭击了纽约警察局、美国国会大厦和五角大楼。除了这几次活动之外，他们还多次在美国各地炸毁政府建筑和银行等。他们一般在爆炸启动之前，会预先宣布抗议事由，并发出警告，以便人员撤离。他们的暴力行为产生了不小的影响，甚至不乏追随者，比如一个名为"新年帮"的组织就是这样成立的。1970 年 8 月，新年帮在威斯康星大学一栋参与军事研究的大楼内放置炸弹，导致一名研究生不幸丧生。反战活动的参加者采取极端暴力的手段追求和平，这似乎有点偏离目的太远，人们不禁开始质疑这种做法的正当性。

1966 年之后，全世界到处掀起了反对越南战争的浪潮。尽管各地的抗议活动起因不同，而且特点各异，然而大多数国家出现的反战示威的主题却一样，即都反对美国在越南的军事存在和声援越南抗击美国。需要指

---

① 肯尼斯·J. 海涅曼：《校园战争：越战时期美国州立大学中的和平运动》（*Kenneth J. Heineman, Campus Wars: The Peace Movement at American State Universties in the Vietnam Era*），纽约大学出版社 1993 年版，第 204 页。

出的是，媒体在和平运动的全球化过程中起到了极大的推动作用，焚烧征兵卡、拒绝服兵役和自焚等引人注目的消息在全球范围内得到迅速传播，扩大了反战和平运动的影响。1966 年，全球联合抗议成为当年轰动一时的事件。在遍布于各大洲的许多国家，都出现了多种形式的抗议活动，这些国家有英国、法国、联邦德国、意大利、丹麦、瑞典、挪威、芬兰、日本、菲律宾、以色列、埃及、肯尼亚、新西兰、澳大利亚、加拿大、墨西哥、阿根廷、智利等。值得一提的是，除了北美、西欧和越南之外，当时世界上最重大的反战活动还发生在澳大利亚和日本。从 1965 年开始，澳大利亚的和平组织在全国各个城市激增，并组织了多次抗议活动。1967年之后，运动和抗议日益左倾且暴力化，最终分裂为激进与温和两大派别。日本的反战活动在 1968 年达到顶峰，反战人士主要围绕驻日美军基地展开抗议。因为美军往往先在这些地方集结待命，然后再被派往越南战场。

1973 年 1 月，美国和越南最终在巴黎签署和平协议。但是，反对越战的和平运动并未终止，而是又延续了两年多。这段时期，40 多个和平组织组成联合阵线，共同努力阻止战争拨款。在和平运动的强大压力下，美国国会拒绝了福特政府的请求，不再提供战争经费。1975 年 4 月 30日，战争终于结束了，以反对越战为目标的和平运动取得了胜利。

（二）第二次反核和平运动

反核和平运动经过一段时间的沉寂之后，终于在 20 世纪 70 年代末开始复苏，到 80 年代初则再次达到高潮。这一时期，核电厂的放射性污染问题变得越来越突出，再次唤起了人们对于核武器的恐惧。另外，美苏争霸出现新态势。1979 年 12 月，在美国的催促下，北约决定大约在 1983年之前在欧洲部署 572 枚新中程巡航导弹。[①] 苏联在东欧开始部署 SS—20中程导弹，以及苏军入侵阿富汗，使西欧各国感到极度不安。北约随即提高军费预算，并计划在西欧部署中程巡航导弹和潘兴 II 型导弹。根据计划，464 枚巡航导弹将部署于英国、比利时、荷兰和意大利，108 枚潘兴

---

① 沃尔特·拉克尔、罗伯特·亨特编：《欧洲和平运动与西方同盟的未来》（Walter Laqueur and Robert Hunter, eds., *European Peace Movements and the Future of the Western Alliance*），交易出版社 1988 年版，第 91 页。

Ⅱ型导弹将安装于西德。或许最令世人震惊的事态演变是，里根政府开始大谈扩充核军备以及准备大规模的核战争。这种形势激起了西欧人民的严重不满，声势浩大的反核和平运动浪潮骤然兴起，并迅速扩展到包括美国在内的许多国家。

1980 年 4 月，伯特兰·罗素和平基金会发表了一份有关欧洲核裁军的倡议书。这份倡议书由英国著名历史学家 E. P. 汤普森执笔，批评了威胁和平的东西方政治和军事领导人，呼吁爱好和平的人们通力合作，努力把整个欧洲大陆从核武器的威胁之下解放出来。此外，倡议书还敦促美苏两个超级大国尽快从欧洲撤除所有核武器。著名的欧洲核裁军（European Nuclear Disarmament，END）就是以这份倡议为基础，从 1982 年开始召开每年一度的会议。参加者来自欧洲和平运动中近乎所有的组织，以及支持该倡议主要精神的左翼政党。初期的会议规模较大，最大的一次当数 1983 年在柏林召开的会议，当时共有 2500 多名参会者。由于种种原因，东欧的和平主义者起初很难与会，但到 80 年代后期变得越来越容易，所以参加者也越来越多。就整个欧洲而言，各地的反应程度不一。

西欧各国当中，即将部署导弹的国家毫无意外地成为抗议活动最为激烈的地方，这些国家包括英国、联邦德国、意大利、荷兰和比利时。根据 1981 年 10 月在西欧进行的一项调查显示，比利时、荷兰和西德的大多数民众反对部署新的核武器，英国民众支持与反对的人数几乎持平，但同时进行的另一项调查表明，英国有 59% 的人持反对态度。[①] 从 1981 年到 1983 年，上百万人的游行示威在这些国家多次出现。虽然如此，部署导弹的工作还是令人遗憾地于 1982 年夏季启动了。先从英国开始，然后是其他国家。这一时期，和平组织的抗议活动集中在计划部署导弹的军事基地附近进行，如英国的格林汉康门（Greenham Common）和莫尔斯沃思（Molesworth）、意大利的科米索（Comiso）、西德的维沙伊姆（Wüeschheim）、比利时的弗洛雷讷（Florennes）、荷兰的翁斯德雷赫特（Woensdrecht）空军基地。一些抗议活动一直持续到 80 年代中期，也就是导弹部署完毕以后。所以，在大多数国家最终部署的导弹或多或少都与

---

① 康妮·德·布尔：《民意测验：欧洲和平运动与核弹部署》（Connie De Boer, *The Polls: The European Peace Movement and Deployment of Nuclear Missiles*），《公共舆论季刊》（*The Public Opinion Quarterly*）1985 年第 1 期，第 120 页。

原计划有些不同，唯一的例外是荷兰。尽管根据北约的政策荷兰政府只能同意，但是迫于公众强大的压力还是拖延了长达 6 年之久，后来没有在那里部署巡航导弹。

英国的核裁军运动在 20 世纪 70 年代中期几乎销声匿迹，但是在 20 世纪 80 年代初却迅速恢复，吸收了成千上万的新成员，组织了数次大规模的反核示威，甚至还赢得了工党的支持。到 1985 年年初，英国的核裁军运动成员人数已超过 10 万人，由大大小小 1000 多个团体构成。1983 年 10 月，核裁军运动的组织者发起了英国历史上规模最大的示威游行，据估计有 40 万人参加。[①]

这一段时期，英国最为激进的反核活动发生于格林汉康门妇女和平营（Greenham Common Women's Peace Camp），它赢得了世界性的声誉和支持。在格林汉康门导弹基地外，英国妇女为了显示反核的决心，毅然建立和平营地，坚持进行了数年的抗议活动。1981 年 9 月，营地初创，参加者为数不多。大多数时间，营地保留 100 名左右的妇女坚守在基地的几个大门前。但是遇到大型集会，人数就会激增。1982 年 12 月，3 万多名妇女手拉手组成一条人体链条，将基地包围起来。她们一起散步或祈祷，用身体阻塞基地的大门，在美国战斗机上涂抹和平标志，推倒或毁坏基地的栅栏，甚至在巡航导弹的发射井上唱歌跳舞。1982 年 2 月，一部分男性抗议者曾经暂时进驻营地。但是组织者认为，营内的一切行动只能由妇女领导和参与。因此，随后很快就请求男性抗议者离开营地。据说采取这种做法是因为女性比男性较少暴力倾向，这样就可以确保在营地的抗议活动中坚持非暴力原则。而且，警察一般不太可能对女性抗议者使用暴力。组织者还认为，纯女性的营地对性别政治是一种象征性的挑战。和平运动与妇女运动有着密切的联系，由此可见一斑。

荷兰的反核运动甚至比英国还要强大。1981 年 11 月，40 万人在阿姆斯特丹集会反对部署核弹。1983 年 10 月，55 万人在海牙示威游行，成为荷兰历史上规模最大的示威活动。1985 年，375 万人签名反对核弹，在荷兰这个小国家堪称史无前例。1981 年到 1985 年之间，民意测验表明，荷

---

① 参见 ［美］劳伦斯·S. 维特纳《正视核威胁：世界核裁军运动简史》（Lawrence S. Wittner, *Confronting the Bomb: A Short History of the World Nuclear Disarmament Movement*），斯坦福大学出版社 2009 年版，第 144 页。

兰公众反对部署巡航导弹的比率为2∶1。调查显示，高达85%的受访者支持通过多边措施移除荷兰领土上的所有核武器，而56%的人则支持通过单边措施实现这一目的。① 在荷兰的反核运动中，起主导作用的组织是教派联合和平委员会（Interchurch Peace Council，IPC）。其他主要的和平组织还有废止中子弹运动、基督和平组织以及妇女争取和平组织。荷兰的运动主要侧重于给政府和议会施加压力，迫使其拒绝北约的计划。

西德的反核运动在西欧各国中最为典型。1981年10月，约30万人在波恩举行西德历史上最大规模的抗议，反对部署核导弹。1982年7月，同样规模的集会再次出现在波恩。1983年10月，30多个主要和平团体联合发起了为期一周的抗议活动，全国估计有300多万参加者。10月23日是这次活动的高潮，4个城市同时集会，参加人数达到100多万人。到1983年年末，根据哈里斯的民意调查，接受核弹的公众已经降到15%。并且，在1981年7月到1984年5月之间，反对北约使用核武器的人从29%上升至44%。② 西德反核运动中最常见的行动是，手拉手组成人链包围军事设施，以及在导弹基地静坐等，以表明他们的非暴力、不合作态度。运动的参加者往往来自各行各业，包括知识分子、专业人士、青年和妇女等。1983年9月，许多名人参加了为期三天的静坐活动，如著名作家海因里希·伯尔、社民党的奥斯卡·拉封丹和绿党的佩特拉·凯利，以及数百名著名演员、大学教授等。国际媒体对此次活动进行了广泛报道。经过反核运动的锻炼，德国绿党迅速崛起。1983年的选举中，绿党作为新党第一次产生了议会代表团，由27位反核活动家所组成。绿党运动与和平运动的紧密联系显而易见。西德反核运动的种种表现，集中体现了新社会运动的典型特征。

意大利的核裁军运动发展相当迅猛。1981年10月，左翼政党、宗教团体、工会、生态主义者、女权主义者和青年团体等发动了50万人在罗马示威游行，以作为对政府计划部署核弹的回应。他们要求拒绝北约的计划，并最终解除欧洲的军备。1983年10月，据估计有将近100万人参加了罗马举行的反核示威。在科米索，2/3的人签名请愿，要求撤销导弹基地的计划。在西西里，抗议民众与当局甚至发生了激烈的战斗。

---

① ［美］劳伦斯·S.维特纳：《正视核威胁：世界核裁军运动简史》，第147页。
② 同上书，第149页。

在比利时这个小国家，反核运动却并不示弱。比利时的和平组织团结合作，共同反对在西欧部署核弹，呼吁创建欧洲无核区，要求本国政府制定独立自主的和平政策。1980 年的一次民意测验表明，42% 的受访者反对在比利时境内部署新导弹，并且随着争论的深入，反对者的比例提高到了 62%—78% 之间（具体数值因问卷不同而有所变化。）① 1981 年 10 月，20 万人在布鲁塞尔举行反核示威；两年之后发生了另一次更大规模的抗议，地点还是在布鲁塞尔，但人数却翻了一番。截至 1982 年秋，超过150 个比利时市镇宣布自己为无核区。这场反核运动给比利时社会带来了实质上的进步，工会也在运动中扩大了影响。

除了以上这些国家，欧洲其他地区和国家的反核运动也不容忽视。法国民众普遍接受了官方的理念，认为核威慑对于国家的独立和国力而言是必要的。因此，法国的运动与邻国相比较弱，但也做出了一定的贡献。1982 年 6 月，美国总统里根的到访，3 万人在巴黎抗议。1983 年，1.5 万人为了支持核冻结倡议，在拉尔扎克集会抗议。北欧各国的运动取得的进步巨大，公众舆论明显支持反核立场，大多数民众反对部署核武器，主张建立无核区。挪威举行了历史上最大的请愿运动，收集了 54 万份签名，要求建立北欧无核区。1981 年，丹麦 10 万余民众在哥本哈根举行反核弹游行，1983 年又组织了反核大进军，以及建立无核区的请愿活动。瑞典社会各个阶层纷纷支持反核运动，连 1983 年新当选的首相奥洛夫·帕尔梅（Olof Palme）都是积极的反核活动家。在南欧，运动的发展势头良好。希腊主流民意态度坚决，反对以任何方式使用核武器。1984 年 6 月，西班牙约 50 万民众在马德里集会反核，将本国的运动推向了一个新高度。

在美国，一些和平组织开始逐步复苏继而发展壮大，其影响力超过以往。从 20 世纪 70 年代末开始，当时美国最大的和平组织争取稳健核政策全国委员会（National Committee for a Sane Nuclear Policy，NCSNP）迅速成长。到 1985 年为止，其会员人数已多达 15 万人。这一时期，一些新和平组织先后成立。其中规模最大的组织，名为冻结核武器运动（Nuclear Weapons Freeze Campaign，NWFC，亦称 Freeze）。该运动旨在推动美苏达

① 阿普里尔·卡特：《和平运动：1945 年以来的国际抗议和世界政治》，（April Carter, *Peace Movements: International Protest and World Politics since* 1945），路特莱吉出版社 1992 年版，第139 页。

成一项有关停止核武器的试验、制造和部署的协议，获得了超过 70% 的美国民众的支持，主要的宗教派别、工会和职业团体也都给予大力支持。1982 年 6 月，该组织发起和领导了美国历史上规模最大的政治示威，参加人数将近 100 万人。1983 年，美国众议院以绝对多数票通过了一项关于冻结核武器的决议。1984 年，冻结核武器成为美国民主党竞选纲领的正式组成部分。值得指出的是，冻结核武器运动及其组织的许多领袖人物，如兰黛尔·福斯伯格（Randall Forsberg）、海伦·凯蒂科特（Helen Caldicott）和贝蒂·邦柏斯（Betty Bumpers）都是女性。此前的女权运动极大地提高了妇女的参政意识。这一时期，由于大量妇女组织成立，它们随后积极地参加了和平运动，有力地壮大了和平运动的力量。1987 年，争取稳健核政策全国委员会和冻结核武器运动两大组织合并，通称 SANE/Freeze[①]，新组织依然保持了美国最大的和平组织地位。

在亚太地区，和平运动也值得一提。日本反核运动主要包含两大组织：第一个是日本禁止原子弹氢弹协议会（Gensuikyo）；第二个是日本反原子弹氢弹大会（Gensuikin）。两者曾经是同一个组织，1965 年发生分裂，前者是日本共产党的盟友，后者与日本社会党关系密切。20 世纪 80 年代，昔日对抗性的两大组织开始迅速接近，共同领导民众抗议。联合后的成绩喜人，共同征集到数百万份反核请愿签名。在新西兰和澳大利亚，和平主义者们把港口封锁起来，不允许核动力战舰进入，还发起了一定规模的抗议活动。此后，反核浪潮席卷太平洋岛国，无核独立太平洋运动开始兴起。

到 20 世纪 80 年代中期，反核示威波及全球。从这个意义上说，核裁军运动可能是现代历史上规模最大、影响最广泛的新社会运动。尽管世界和平理事会早已失去活力，侧重反核的不结盟国际组织却迅速发展。国际防止核战争医生组织、基督和平会和绿色和平组织吸引了数百万会员，分支机构遍及全世界。此外，国际和平局也开始吸收各国的反核组织。

1987 年 12 月 8 日，美国总统里根和苏共总书记戈尔巴乔夫在华盛顿签署了《中导条约》。这是超级大国承诺减少核武器的第一份国际条约，定于 1988 年 6 月 1 日生效。尽管直到 1991 年，欧洲的核导弹并未被彻底拆除，但是条约的签署使人们看到了核裁军的曙光。1991 年，冷战结束

---

① 该组织于 1993 年更名为和平行动（Peace Action）。

了。人们越来越相信，核威胁已经不存在了。因此，许多较大的反核和平组织开始萎缩，而一些较小的和平组织彻底消失了。媒体和公众的注意力迅速转移到其他事务上面。于是，这一时期的和平运动走向低潮。

这场运动创造出了非暴力的"和平文化"，并且衍生出"和平教育"运动。同时，和平研究取得了较大进展，尤其是在大学当中。反过来，这又进一步推动了"和平文化"的建构。另外，这一时期的和平运动赢得了国际社会各阶层人士的支持和参与，同其他新社会运动，如生态运动、环保运动、妇女运动进一步扩大了联系。最后，动员起来的大众不仅仅反对核武器，而且反对整个冷战国际体系。总之，第二次反核和平运动对阻止欧洲大陆遭受核绑架危险发挥了重要作用。

（三）冷战后的和平运动

冷战结束以后，西方和平运动失去了动力，逐步走向衰落，在世界政治舞台上近乎消失了。1993 年夏天，美国最大的和平组织 SANE/Freeze 的会员人数跌至 53000 人，而另一个较大的和平组织关注社会责任医师协会（Physicians for Social Responsibility，PSR）的会员人数下降到 21000 人。与此类似，英国核裁军运动的成员人数也大幅下降。曾经声势浩大的欧洲核裁军运动也在 1993 年年末寿终正寝了。一些国家的和平组织转移了关注重点，另一些和平组织则完全消失了。一直到 20 世纪 90 年代末期，大部分国际和平组织的成员人数都在持续下降。尤其值得关注的一个新趋势是，年轻人不再加入核裁军组织。和平活动的参加者显著减少，组织大规模和平示威几乎不太可能。

这样一来，以前和平运动鼎盛时期对超级大国及其追随者们所产生的约束力也随之弱化。更重要的是，冷战后国际格局发生变化，两极格局已经解体，各种力量展开博弈，重新分配国际政治权力。在这种情况下，一些国家的政府渐渐故态复萌。这种趋势主要表现在以下两个方面：第一，全球核武竞赛的复起；第二，美国霸权主义的横行。因此，这一时期的和平运动也主要是针对这两个方面态势而逐渐升温的。先来看一下全球核武竞赛死灰复燃的简要过程。

20 世纪 90 年代后期，国际间已然建立的核约束机制日益遭到侵蚀。1998 年 5 月，印度和巴基斯坦进行了密集的地下核试验，从而使得迈过"核门槛"的国家数量又增加了两个。8 月，朝鲜试验了一种新式的远程弹道导弹。此后，伊朗和伊拉克也开始努力研发核武器。另外，苏联解体之后，俄罗斯的传统军事实力显著下降了，在面临内外双重威胁的情况下，不得不越来越倚重核武器，以保证其国防安全。俄罗斯深知，唯一能让美国及西方国家发怵的法宝，就是自己拥有的庞大核武库。因此，俄国果断重拾核威慑战略。甚至在车臣战争中，俄国政府官员曾一度威胁使用核武器。美国政府则认为，《全面禁止核试验条约》束缚了手脚，不利于维持有效的核威慑，阻碍了美国建设导弹防御体系的努力。[①]

人类进入 21 世纪之后，打破核约束机制的趋势变得更为明显。在美国 2000 年的大选中，共和党获得全面胜利，乔治·W. 布什开始上台执政。2001 年 5 月 1 日，布什在位于华盛顿的美国国防大学发表演讲时说，美国将致力于建立对付弹道导弹袭击的防御系统，为了建立这一系统，美国必须突破 1972 年美苏签署的《反弹道导弹条约》。虽然布什表示将努力寻求替换这一条约的新框架，但实际上致力于不断突破原有的限制。"9·11"恐怖袭击事件之后，美国民众爱国主义情绪高涨，布什政府趁机大幅增加军费预算，抛弃军控条约。2001 年 12 月 13 日，布什宣布单方面退出《反弹道导弹条约》，对国际军控与裁军体系造成强烈冲击。2002 年 6 月 14 日，俄罗斯宣布，正式退出《第二阶段削减战略武器条约》，并称鉴于美国现行的国防政策，该条约已经变得毫无意义。至此，核裁军已经基本上终止了。

打破原有的束缚实质上是为了谋取军事实力上的优势。可是，这样势必将世界重新拖入军备竞赛的泥潭。这一方面的新动向包括以下几个方面。首先，随着印度与巴基斯坦之间的冲突加剧，两国开始狂热地发展核武器。印度政府不仅极力扩大所拥有的核弹头数量，而且开始研发新型核弹。巴基斯坦当然也不甘示弱，不断升级其核武库。其次，从 2003 年开始，伊朗就连续在核技术上取得进展。2006 年，伊朗政府宣布，成为国际"核八强"之一。国际原子能机构随即通过决议，对伊朗实施核计划和弹道导弹项目进行制裁。从此以后，联合国安理会针对伊朗实施了多轮制裁。伊朗核问题愈演愈烈，已经成为国际舞台上的焦点问题之一。另一

---

① 罗纳德·E. 波瓦斯基：《重返大决战：美国与核武器竞赛（1981—1999）》，（Ronald E. Powaski, *Return to Armageddon: The United States and the Nuclear Arms Race*, 1981—1999），前言，牛津大学出版社 2000 年版，第 10 页。

个焦点问题则是朝鲜核问题。朝鲜开始核技术研究的时间较早，但是一直不太引人注目。2002 年 12 月，朝鲜重新启动生产电力的核设施以后，又宣布退出《不扩散核武器条约》，朝鲜核危机正式爆发。朝鲜的地下核试验始于 2006 年，到 2013 年 2 月已进行过三次。这一时期，值得关注的新动向还包括那些传统的有核国家。2006 年 12 月，英国政府发布国防白皮书，宣布将升级其"三叉戟"核武器系统。① 2007 年，美国政府重启 W88 核弹头的小规模生产，这标志着美国恢复了自 1992 年业已停止的核武器生产。此外，加入核武竞赛的国家还有法国、以色列等国。目前，不少国家在开发和生产新型核武器，或者开始实施规模庞大、耗资不菲的核武库升级计划。

针对以上这些动向，反核和平组织的抗议，渐呈上升之势。在美国，虽然同时期和平运动的重心在于反对伊拉克战争，但是和平行动、宜居世界委员会（Council for a Livable World）以及其他和平组织强烈反对布什政府的核武器计划。2005 年 5 月 1 日，在联合国总部召开《不扩散核武器条约》审议大会之际，数千名主张废除核武器的和平主义者在纽约游行和集会。这次运动是美国近些年来规模最大的反核示威，但是明显缺乏二十多年前反核运动的那种巨大力量。2007 年，在美国核武器研发基地发生过数起抗议事件，部分抗议者遭到逮捕。同年，在加利福尼亚大学，一些学生绝食抗议，反对学校参与美国核武器计划。最近几年中，小规模的抗议时有发生，经常见诸网络媒体。

在欧洲，反核运动开始复苏。核裁军运动组织经过数年的衰落之后，其支持者在 21 世纪初逐步回升。这一时期，国际局势因为北约东扩、轰炸南联盟以及美国部署国家导弹防御系统而日渐趋紧。核裁军运动的工作重点是反对美国的国家导弹防御系统和维护《反弹道导弹条约》，以及反对在位于约克郡的英国皇家空军菲林戴尔（Fylingdales）和曼威斯希尔（Manwith Hill）基地部署美国的导弹拦截器。"9·11"恐怖袭击事件发生后，核裁军组织一边谴责恐怖主义的罪恶行径，并支持对此进行惩罚，一边主张寻求恐怖主义的根源。由于袭击阿富汗会导致大量平民伤亡，该组

---

① "三叉戟"是一个海上核武器系统。该系统由撒切尔政府于 1982 年开始研发，目的是为了替换自 20 世纪 60 年代就一直使用的"北极星"导弹系统。1994 年，"三叉戟"系统交付英国海军。

织与反战联盟（STWC）和英国穆斯林协会（Muslim Association of Britain）密切合作，组织了多次反战示威活动。其中最大的一次发生于 2003 年 2 月 15 日，共有 200 多万人参加。2006 年年底，英国政府决定升级"三叉戟"系统后，核裁军组织的力量加强了抗议活动。2007 年，该组织发起了反对英国政府发展新核武系统的运动，其中一场集会的参加者达到了 10 万人。

促使西方和平运动在冷战后兴起的另一重要因素是，美国大力推行霸权主义。在冷战后的国际格局中，美国成为唯一的超级大国。失去制衡力量的结果是，美国霸权主义倾向日益明显。美国先后发动过入侵阿富汗、伊拉克等战争，曾狂轰滥炸南联盟、利比亚，纵容越南、菲律宾等东南亚国家霸占中国的南海诸岛，激化了地区矛盾，支持分裂中国的台独、藏独、疆独，等等，对世界和平带来消极影响。尤其是"9·11"事件之后，美国政府借反恐之名，推行"先发制人"的军事战略方针。伊拉克战争是这一方针的首次实施，下文以此为重点阐述美国霸权主义倾向对西方和平运动的影响。

与海湾战争相比，伊拉克战争没有任何合法性可言。虽然海湾战争得到了联合国安理会第 678 号决议授权，但是成千上万的美国人在 1990 年秋和 1991 年年初依然进行了多个城市的抗议活动。只是因为海湾战争仅仅进行了 43 天，所以抗议活动并没有持续下去。12 年之后，美国以伊拉克藏有大规模杀伤性武器并暗中支持恐怖分子为由，在没有得到联合国授权的情况下，不顾国际法基本准则，于 2003 年 3 月 20 日单方面对伊拉克实施军事打击。这场战争理所当然地遭到全世界大多数国家和人民的批评与谴责，许多和平组织发动民众走上街头进行抗议。

随着局部战争的威胁加剧，和平主义者的抗议活动越来越多。2003 年 1 月，一辆满载军火的列车就要驶入北约在苏格兰的军事基地，火车司机拒绝执行命令。一个月后，意大利铁路工人和反战人士为了阻止运输北约军火的火车通过，一度占领铁路。在美军入侵伊拉克之后，数千名军职人员甚至向美国国会议员发出呼吁，强烈敦促美国撤军。2 月 15 日，总共大约 1000 万人在全球 60 个国家的 600 多座城市游行示威，同时反对战争。这是有史以来有组织的反战抗议中单日规模最大的一次，也是越战之后世界上最大规模的反战活动。超过 100 万人聚集在伦敦市中心，相同数量的抗议者分别在罗马和巴塞罗那示威。另有成千上万的人在纽约、马德里、柏林、悉尼以及十几座其他城市集会。①

自 1990 年以来，世界和平运动的国际交流日渐增强。2003 年 2 月 15
日，和平组织之间的国际合作达到了一个高峰。这次抗议活动结束几天之
后，《纽约时报》记者帕特里克·泰勒在报道中将全球反战运动称为"第
二超级大国"。② 在他看来，世界公共舆论已经堪与美国这个超级大国相
抗衡了。反战人士迅速接受了这一提法，自豪地宣称自己的运动是另一个
超级大国。美国学者指出，这意味着新型的全球社会运动出现了，即一种
将集体意识与行动通过互联网结合在一起的前所未有的表达方式。③ 国际
联合抗议在随后的数年之中并未终止。在美英两国以及其他一些国家，公
众对伊拉克战争越来越持反对态度。

尽管反战运动没能阻止战争的爆发，但它依然产生了重要的积极作
用。有些国家的政府虽然支持美国的战争企图，但这些国家的民众却发出
了异常强烈的反战呼声，尤其是在英国、西班牙和意大利，大部分民众对
政府的立场持反对态度。土耳其政府在强大的民意压力之下，拒绝了美国
利用该国作为基地和运兵通道的企图，直接导致五角大楼被迫改变作战计
划。美英两国在开战之前曾经试图获得联合国安理会的授权，但遭到了断
然拒绝。这样的结果是与全球公众反战活动分不开的。自联合国成立以
来，美国第一次在重大问题上没能获得安理会多数票，其意义自然非常重
要。这意味着，美国霸权在一定程度上遭到削弱。全球公众的联合，能够
产生制衡超级大国的强大力量，而这种联合的基础正是各国人民对于和平
的普遍追求。

反对伊拉克战争的抗议并未随着美伊双方交战状态的结束而消失。
2004 年，迈克尔·摩尔（Michael Moore）执导的纪录片《华氏 9·11》
带来了一场反战和反对总统布什的民意风暴。这一年冬天之后，反对伊拉
克战争的人数开始稳定增长。数以千计的抗议者在华盛顿乃至全美国举行
"以死抗议"（die-ins）活动。其中也包括通过极端方式表达抗议的个别
和平人士。2006 年 11 月 3 日，马拉奇·里彻（Malachi Ritscher）在芝加

　　① ［美］戴维·寇特莱特：《和平：运动和观念的历史》，第 172 页。

　　② 千叶真、托马斯·舍恩鲍姆编著：《9·11 之后的和平运动与和平主义》（Shin Chiba and
Thomas J. Schoenbaum, eds., *Peace Movements and Pacifism after September* 11），爱德华·埃尔加出
版社 2008 年版，第 197 页。

　　③ ［美］戴维·寇特莱特：《和平：运动和观念的历史》，第 174 页。

哥市中心的肯尼迪高速路上自焚，以反对伊拉克战争。在他公布于网上的遗书中，详细解释了他的反战理念和对美国发动战争的不满，以及结束自己生命的决定。民意调查表明，2007 年 7 月，70% 的美国人反对战争。同时，大多数美国人也同意从伊拉克撤回军队。① 2008 年 3 月，正值伊拉克战争爆发 5 周年到来之际，欧美多座城市爆发了反战游行。15 日，大约 2000 名示威者在好莱坞地区游行，高举反对总统布什的标语。伦敦则有 1 万人走上街头，要求英国从伊拉克和阿富汗撤出军队。此外，斯德哥尔摩、奥斯陆、奥尔堡、蒙特利尔和多伦多也有群众游行。22 日，数千名反战人士又在纽约举行示威游行，要求美国立即从伊拉克撤军。同日，布鲁塞尔和斯图加特等地也产生了一定规模的反对伊拉克战争和阿富汗战争的示威活动。2011 年 12 月 18 日，最后一批美国军队从伊拉克撤出，历时 8 年多的伊拉克战争宣告结束。

以上只是这两大方面情况的概述，简单勾勒出冷战后西方和平运动的发展态势。目前看来，国际冲突因素的增多正在促使和平运动再次进入发展壮大的阶段，但是由于当前各种趋势仍在演进之中，还无法进行较为准确的预测。不过，似乎可以肯定的一点是，战争的约束机制不断遭受侵蚀，世界和平正在面临越来越大的挑战。因此，西方和平运动也很有可能迎来下一波高潮。

三　当代西方和平运动的主要发展趋势

从 20 世纪 60 年代末至今，西方和平运动走过了半个世纪的历程。与以前的和平运动相比，当代和平运动出现了一些不同以往的新特点和新趋势。这些新趋势既是时代变化的反映，又是人类建立和平世界的前进方向。对此进行总结与归纳，一方面有助于认识和平运动内在的发展变化规律，另一方面可以加深认识新社会运动的社会功能及影响。因此，下面将对当代西方和平运动的主要趋势做一简单梳理。

第一，当代和平运动在很大程度上开始具有全球化的特征。第二次世界大战以后，世界各国之间的政治经济联系日益加强。现代通信技术的进步，可以把"地球村"里每一个角落发生的事情迅速传遍全球。20 世纪

---

① 千叶真、托马斯·舍恩鲍姆编著：《9·11 之后的和平运动与和平主义》，第 198 页。

60 年代之前，尽管世界大战和核武器往往引起世界范围的关注，但和平运动一直都局限在民族国家的范围之内。然而到了美国侵略越南的战争之时，和平运动开始真正具有全球性特征。可以说从那时起，和平运动的国际化程度越来越高。这种趋势清楚地体现在当代和平运动的三个发展阶段之中。世界各地不同城市越来越可能在同一天针对同一事情发起同一主题的抗议活动，这种力量从某种意义上讲可以强大到同超级大国一决高下。2003 年 2 月 15 日的反对伊拉克战争全球联合抗议就是其典型表现。美国学者戴维·科特莱特指出，反对伊拉克战争的运动比之前的任何反战运动都更加国际化，因为这是全球联合抗议，而且参加者们知道他们是一次真正的全球斗争的一部分。① 虽然这种全球联合抗议的方式未能阻止战争，却在很大程度上改变了战争的进程和结果，并对美英等国发动未来的战争产生了一定的约束作用。

第二，当代西方和平运动具有明显超越意识形态的倾向。大体上来说，传统的和平运动在一定程度上受到了意识形态的影响。在越战之前的一百多年中，绝大部分和平运动的支持者，基本上对资本主义持批评态度。美国学者大卫·巴拉什就认为，"和平运动是有组织的反对派运动，基本上属于政治左派。"② 可是，从越战至今的和平运动历史表明，跨越阶级或者阶层的和平主义者越来越多。在越战期间，反战主流由起初的激进青年学生转变为后来的美国社会"沉默的多数"，即白领、蓝领工人、服务业人员、警察、小企业家、农场主、政府雇员和退休人员，等等。到了反核和平运动时期，这种"超意识形态"的趋势更加明显。参加者中有马克思主义者、托洛茨基主义者、各种宗教人士等，连许多政界要人也参与了进来，如瑞典前首相帕尔梅、联邦德国前总理勃兰特和希腊总理帕潘德里欧等。③ 可见，当代西方和平运动具有鲜明的群众性，运动的参加者属于广泛的社会阶层，成分十分复杂，可以说左、中、右各派都有。参加者的宗教信仰、思想倾向和政治观点差异比较大，这种现象表明，运动的凝聚力基础并不是阶级或者阶级意识，而是相同的目标与诉求，例如反战或反核。在目标没有达成之前，人们就组织起来共同抗争，一旦目标实

---

① ［美］戴维·寇特莱特：《和平：运动和观念的历史》，第 172 页。
② ［美］大卫·巴拉什、查尔斯·韦伯：《积极和平：和平与冲突研究》，第 34 页。
③ 奚广庆、王谨主编：《西方新社会运动初探》，中国人民大学出版社 1993 年版，第 137、144 页。

现常常迅速解散。不过这样一来，大体上实现了超党派、超利益集团、超意识形态和超宗教信仰的和平主义。这一特点，也可以称为和平运动的多元化。

第三，当代西方和平运动越来越偏重非暴力的方式。作为和平运动重要策略的"非暴力"思想源远流长，深深根植于宗教传统之中，如东方的耆那教和佛教等。这些宗教主张对一切形式的生命都不可伤害，其他宗教如伊斯兰教、犹太教、基督教和印度教中也有支持这种思想的近似教义。20世纪中叶以来，非暴力思想被重新定位，成为推动社会变革的重要手段之一。一般认为，印度圣雄甘地是这种思想的主要支持者和践行者。20世纪50年代，美国民权运动领袖马丁·路德·金借鉴了甘地的思想，并将其与基督教教义结合起来。这种经过改造的思想在美国民权运动中得到广泛传播，对美国和平运动产生了重要影响。越来越多的人同意，最终目的的正义性并不能证明手段的正当性，因为手段本身预示着目的。此后，由于70年代之后妇女运动与和平运动的结合，使非暴力思想的影响更加突出。特别是自格林汉康门和平营建立以来，女权主义者坚持认为，妇女和非暴力之间存在着天然的联系。很难说是否巧合，80年代以来的环境保护运动也主要采取了非暴力的策略。并且，和平运动与环保运动经常密切合作。2007年6月，联合国大会决定将以后每年的10月2日定为"国际非暴力日"，其宗旨是建立"和平、宽容、理解和非暴力"的文化。联合国希望，通过传播这种非暴力文化，能够促进宽容和增进人类尊严，有助于制止暴力，使人类不仅能结束战争，而且能最终远离战争。

第四，当代西方和平运动与其他社会运动往往日益紧密地联系在一起。20世纪60年代中期，黑人民权运动的领袖马丁·路德·金不顾追随者的反对，毫不犹豫地一再表明反对越战的立场。著名的格林汉康门妇女和平营证明，和平运动组织与女权主义运动联系紧密。还有一些和平运动与环保主义者密切合作，如"地球绿色和平与友谊协会"。此外，和平运动还与同性恋权利运动之间偶尔也有联合。导致这种密切联系的原因有两个方面。一方面，随着西方国家民主化进程的深入，特别是20世纪60年代以后，女权运动、学生运动、和平运动、生态运动和反全球化运动，以及近年来兴起的同性恋权利运动等各种新社会运动相继蓬勃发展起来。这些现象反映出西方民众权利意识的增强，越来越习惯于通过社会运动争取和维护个人权益。可是，目标各异的社会运动都只体现了个人权益的一部分，而每个人的权益实际上都是一个整体，所以不同运动之间彼此声援、相互结合有其必要性。另一方面，各种社会运动所追求的社会目标之间实际上有着内在的相关性和一致性。例如，核武器装备释放的放射性物质会破坏环境，处于核战争威胁之下的环保主义者会积极反对核战争。又如，关注贫富差距的组织认识到军费开支在国民经济中的影响，也会加入反战活动。通过持续的斗争实践，西方民众逐步认识到，要实现真正的和平，仅仅制止核军备竞赛，消灭核武器，反对战争是不够的。除此之外，还要保护生态环境，促进经济发展，消除贫困，以及改革不合理的国际政治经济秩序，等等。正因为这样，一位和平主义者很可能既是一位女权主义者，同时又是学运分子、环保人士甚或同性恋者。实际上，当代西方和平运动涵盖了日益广泛的内容，不断加深与其他社会进步运动的联系，共同组成争取社会进步的社会运动大联合。

第五，当代西方和平运动日益注重和平教育与和平文化。虽然西方和平教育起源于 19 世纪末，系统性实践起步于第一次世界大战前后，但是直到第二次世界大战之后才成为人类和平事业必不可少的组成部分。联合国教科文组织作为联合国的专门机构创建于 1945 年，其首要任务是，通过教育、科学、文化与传播，在人的思想中建设和平。教科文组织的《组织法》序言中这样写道："战争起源于人之思想，故务需于人之思想中筑起保卫和平之屏障。"这一铿锵有力的话语还以多种语言镌刻于教科文组织的总部大楼前，影响深远。越战时期流行于大学校园里的讲谈会就可以视为那个年代特有的一种和平教育方式。1974 年，国际和平研究协会建立了和平教育委员会（Peace Education Commission），这是第一个真正的国际性和平教育论坛。在随后的 20 世纪 80 年代，和平教育主要集中于"核灾难"上面，引导公众认识核战争的危害。到了 90 年代，和平教育则转向了冲突解决，以及如何以非暴力的方式管理冲突方面。[①] 海牙呼吁和平组织（Hague Appeal for Peace Global Campaign）的和平教育运动开始于 1999 年，已经建立起了一个和平教育的世界性网络。1997 年 11 月，联合国大会宣布 2000 年为国际和平文化年。翌年，又根据一些诺贝尔和

---

① ［以色列］兹维·贝克尔曼、［英］克莱尔·麦克格林编著：《通过和平教育解决种族冲突：国际视角》（Zvi Bekerman and Claire McGlynn, Eds., *Addressing Ethnic Conflict through Peace Education: International Perspectives*），帕尔格雷夫·麦克米兰出版社 2007 年版，第 39—40 页。

平奖得主的建议，将 2001 年至 2010 年确立为"为世界儿童建设和平文化与非暴力文化国际十年"。经过十年的发展，构建"和平文化"的全球运动已经取得了丰硕的成果。与那种通过示威和抗议等方式影响政府和大众的方式不同，和平教育借助现代科学技术手段传播和平文化，这反映出西方和平运动在策略和方式上的调整。目前，和平文化已经成为和平教育的基石，而和平教育则成为世界和平进程的动力源泉之一。

四　当代西方和平运动中的理念之争

作为一种社会运动，和平运动不仅包括大量的社会组织，而且涉及众多的参与者。和平的追求者们大多以为，自己知道和平的含义，这根本毋庸置疑。可是实际上，不同的人对这个词的理解差别很大。并且，在如何获得和平的问题上，这种分歧甚至达到激烈的程度。此外，笼统地看来，追求和平的事业肯定是正义的、美好的，因而是受人欢迎的。但是，在具体的历史条件下，和平运动却屡屡遭到误解、诽谤乃至审判，不乏争议和批评。正因为如此，当代和平运动出现了种种理念分歧。有些分歧在和平运动诞生之初就已存在，只不过其影响延续到了现在。另一些则是在当代的历史条件下产生的新问题。这些分歧常常对和平运动的发展和演变产生重要影响，因此有必要进行适当梳理。下面简要介绍一下当代和平运动中的几种主要争议。

首先，和平主义者所谓的"和平"具体指什么？仅就当代和平运动而言，和平可以分为积极和平与消极和平，两者之间区别很大。所谓消极和平是指战争的缺失，即没有现行的和有组织的军事暴力发生的一种状况。积极和平则不仅是指战争或国家间暴力的缺失，而且包括社会中结构暴力的最小化或消除。消极和平观的主要代表人物是法国著名思想家雷蒙·阿隆（Raymond Aron），这种观点在 20 世纪 60 年代之前得到了普遍接受。积极和平观的主要代表人物是挪威著名的和平研究者约翰·加尔通（Johan Galtung），以他为首的北欧学派对传统和平观念提出了强有力的挑战。

这一挑战主要体现在加尔通的"结构暴力"概念上。加尔通认为，暴力可以分为直接暴力和结构暴力。前者是指很容易观察到的人为伤害，暴力的主体可能是任何行为体；后者是指社会结构的不公正、不平等所造成的人类基本需求的缺乏等非故意的、间接的伤害，暴力的主体不易察觉。① 结构暴力常常无声无息地剥夺人的重要权利，如政治上的平等、经济上的富裕等。当有人因饥饿而死，有人遭受能够预防的疾病之苦，有人的教育、住房、婚姻和宗教信仰等权利遭到剥夺之时，尽管没有挥舞大棒，结构暴力已经真实地发生了。结构暴力还表现为社会压制和阶级剥削等形式。因此，结构暴力的本质是社会政治、经济和文化结构的不合理。在这样的环境下，个人常常在无意识中做出一些伤害他人的事情，却认为自己只是在履行职责，丝毫不会为自己的过错而内疚。就像第二次世界大战中阿道夫·艾希曼参与大屠杀一样，他后来为自己辩护的一个重要论点是，没有外在的声音来唤醒他的良心。正因为这样，结构暴力才能大行其道，且往往遭到否认。这种导致暴力的结构才是引发战争的深层次原因。加尔通认为，结构暴力在国际层次上的表现就是帝国主义。因此，和平的关键是结构。②

　　加尔通的结构暴力论拓展了和平的视域，具有一定的积极意义。根据这一视角，和平问题就与发展问题、社会进步等一般问题产生了密切联系，从而很好地解释了和平运动常常和其他新社会运动结合在一起的原因。可以说，包括和平运动在内的所有进步性的新的社会运动最终的指向，主要是为了改善国际国内不公正、不合理的社会结构。

　　但是，这种积极的和平观也不乏批评之声。因为这样一来，和平的外延将会无限扩大。西方有学者批评说，结构暴力论使"和平研究像宇宙的黑洞一样，没有法定的界限，几乎囊括了所有的社会问题"。③ 美国学者大卫·巴拉什认为，积极和平比消极和平更难明确表达，可能更难实现。还有理论家认为，和平只能以消极符号存在，因为一旦将和平限定为一种希望获得的特殊理想体系，和平就变成需要为之奋斗的事情，甚至可能因此发生战争。④ 20 世纪 80 年代初，随着国际形势的变化，加尔通教授修正了过去的一些提法，认为和平研究的侧重点应是直接暴力。

---

　　① 参见［挪］约翰·加尔通、迪特里希·费舍尔《约翰·加尔通：和平研究的先驱》（Johan Galtung and Dietrich Fischer, *Johan Galtung : Pioneer of Peace Research*），斯普林格出版社 2013 年版，第 35 页。

　　② 奚广庆、王谨主编：《西方新社会运动初探》，第 153 页。

　　③ 李巨廉：《战争与和平：时代主旋律的变动》，第 382 页。

　　④ ［美］大卫·巴拉什、查尔斯·韦伯：《积极和平：和平与冲突研究》，第 9 页。

尽管这些讨论仅仅限于学者的和平研究领域，但是仍然对当代和平运动的发展产生了一定的影响，具有重要的理论指导意义。许多人开始注意区分消极和平与积极和平，并且进一步认为，和平并不意味着冲突的缺失。在一个资源有限的世界里，冲突为人类关系中固有的现象，但是并不必然意味着暴力。明白这一点，爱好和平的人们就应该努力寻求一种方式，使人类社会可以不必使用有形的暴力而解决分歧。美国学者戴维·寇特莱特因此认为，从这个意义上说，和平是一个动态的过程，而不是一个绝对的终点。和平主义者的目标是探索解决纷争更有效的方式，从而免除暴力冲突，以及认识并改变引发战争的条件。[①]

其次，对待战争的态度上存在争议。在人类的大部分历史中，几乎从未达到过和平。在人们追求和平的过程中，出现了一个奇怪的悖论：许多人想要和平，但却相信残酷无情的杀戮是通往和平的道路。长期以来，许多人和政府认为，战争有时是不可避免的，甚至是一种荣耀的事情。一些著名的西方哲学家不仅赞美战争，而且认为战争对人类有益。例如，黑格尔在批评康德的《永久和平论》时就曾为战争辩护，他认为战争具有更崇高的意义，国家的腐败可能是持续或永久和平的结果。[②] 然而，另外一些人则坚持认为，和平是通向和平的唯一道路，因而必须反对一切形式的战争。可以说，如何对待战争的争议由来已久，只不过以新的形式延续到了现在而已。为了说明这一点，需要简单叙述争议的过程。

根据人类已有的历史经验，在如何对待战争的问题上可能存在三种道德立场。第一种是现实主义，即战争与道德没有关系；第二种是正义战争论，即如果满足某种道德标准，战争在道义上就是正当的；第三种就是和平主义，这种观点认为战争在道义上无法接受。后两种立场的人往往共同反对第一种立场，只不过程度上有所差异。

在和平运动内部，有关反战立场的差异主要是源自和平主义自身的理念分歧。"和平主义"（Pacifism）一词问世于1901年，由法国学者埃米尔·阿诺德（Emile Arnaud）所首创，最初用来在总体意义上描述广泛的国际和平运动。[③] 这个词具体是指，为了防止战争和保证和平而产生的一

①　[美].戴维·寇特莱特：《和平：运动和观念的历史》，第7—8页。

②　参见黑格尔《权利哲学》（G. W. F. Hegel, *Philosophy of Right*, Translated with notes by T. M. Knox），牛津大学出版社1978年版，第210页。

③　[美] 戴维·寇特莱特：《和平：运动和观念的历史》，第8—9页。

整套思想体系、政治信念和国家政策。在格拉斯哥召开的第十届世界和平大会正式采纳了这个词条，此后世界各地参加各种形式的和平社团的人们就自称为"和平主义者"（Pacifist）。事实上，和平主义仅仅是一个总体性观念，本身还包含了一系列略有差异的分支观点。这些分支从一个极端，即绝对禁止一切形式的强制力，到另一个极端，即有选择地反对强制力的具体运用。这个概念甫一问世，有关其具体含义和适用范围的争议迭起。诸如，这个概念适用于国际主义者和社会主义者吗？有关实现和平的方式适用于主张各异的众多团体所组成的广泛的和平运动吗？这场争论随着第一次世界大战的爆发戛然而止，因为大多数和平的支持者包括国际主义者和社会主义者都纷纷放弃了反战的立场，转而支持本国参战。

第一次世界大战结束之后，有关"和平主义"含义的争论并未结束。那些在第一次世界大战中持纯粹反战立场的人缩小了"和平主义"的语义范围，仅仅用这个词指称无条件地拒绝一切形式的战争。这一时期，"和平主义"与源自宗教的"不抵抗主义"（nonresistance）是同义语。经过第一次世界大战浩劫的人们，出于对战争的痛恨，越来越多地支持这种绝对的立场。因而，在两次世界大战之间的世界和平运动中，绝对和平主义占据了主流地位。可是，这种狭义化的和平主义将许多和平团体排斥于和平运动之外，令许多自视为和平主义者的人们颇为不满。并且，随着法西斯威胁的日益增大，人们认识到这种绝对和平主义的弊端，许多和平主义者很快放弃了这种立场。一些国际主义者大声疾呼，主张采取有力措施抵抗侵略。也有一些学者将武装抵抗希特勒视为和平主义行动。除此之外，一些学者还主张，只有解决政治和经济上的不满才能防止战争。这样一来，大多数追求和平的人陷入了困惑之中。

除此之外，和平主义也常常遭到攻击，和平主义者往往被视为不切实际的梦想家。在第一次世界大战时的美国，一些战前受人尊敬的社会活动家因为反对本国参战而受到嘲笑与谩骂。第二次世界大战之前，那些为和平奔走呼号的人后来饱受指责，批评者认为他们推动了"绥靖政策"的形成，从而帮助了希特勒。有的时候，被称为"和平主义者"几乎是一种侮辱，等同于被贴上了胆小和自私的标签，会被认为不愿意为了正义而斗争。

在当代西方和平运动中，和平主义的分歧不仅继续存在，还产生了新的问题。毫无疑问，绝对和平主义者一直都是少数派。大多数为和平而奋斗的人属于相对和平主义者，他们努力避免战争，但是为了维护正义、保护无辜和正当防卫，还是支持有限度地使用武力。众所周知，在越战和伊拉克战争中，反战的热浪曾经席卷全球。但是，多国部队参战的海湾战争和美国发动的阿富汗战争却没有遭到太多批评，许多和平主义者甚至表示支持。面对新情况，仍然有一些和平主义者谨慎地表达了对反恐战争的担忧，因为政治家们会借用正义战争的话语为实际上的军事入侵作掩护。后来的事实证明，这种担心并非杞人忧天。美国打击阿富汗、追捕本·拉登曾经得到普遍的理解和支持，但是近几年的反恐行动逐渐出现了扩大化倾向，招致许多国家和地区人民的警惕与反对。另外，政治家们也有发动战争的实际需要，因为"国内的政治精英常常利用战争凝聚力和战争威胁，转移人们对国内问题和丑闻的关注，增加对他们选举活动的支持"。[1]

再次，和平组织的奋斗目标也有分歧。西方和平运动由众多的和平组织构成，它们的奋斗目标常常因时因地等因素而发生变化，内容非常庞杂。首先，可以按照和平运动议题的多寡进行区分。一些和平组织反对特定的战争，比如越南战争、伊拉克战争和科索沃战争等。另一些和平组织反对特定的武器，比如原子弹、中子弹、巡航导弹、潜艇等。还有一些组织或者个人反对导致战争的不合理的社会结构，比如经济方面的不公正、政治方面的不民主、个人权利方面的不平等以及环境方面的不可持续等等。其次，可以从和平运动目标的高低上进行区分。一些和平组织的要求比较高。例如，20 世纪 80 年代反核运动中许多欧洲的和平组织要求建立无核区，反对以任何方式使用核武器。另一些和平组织的要求比较低。例如，美国的冻结核武器运动只要求停止核武器的制造、实验和部署。

不同种类的奋斗目标各有优劣。目标单一的优点是在短期内集中巨大的压力，推动某一个问题的变革，比较容易实现，而缺点是运动会因目标过于单一而吸引较少的民众，或因主流社会的反对而失败，或因目标的达成而解散。目标广阔的优点是可以在总体上推动社会进步，从而消除战争的深层根源，而缺点是因为力量分散，所以影响较小且效果缓慢。目标较高的优点是具有强烈的吸引力，能够唤起大量民众的参与意识，缺点在于具有更多的理想主义倾向，会因为要求过高而难以成功。目标较低的优点是比较现实，容易实现，缺点在于运动会因为妥协过多而丧失对民众的号召力，或者因为目标达成而迅速消失。

---

[1]　［美］大卫·巴拉什、查尔斯·韦伯:《积极和平:和平与冲突研究》，第 16 页。

　　但是，当代西方和平运动的实践表明，不同和平组织的奋斗目标之间的结合在某些时候取得了较好的效果。20 世纪 80 年代，美国的冻结核武器运动就是一例。这场运动是由两个分支汇合而成，一个分支来自和平组织，另一个则源自 70 年代的环保组织。一方面，当时美国的一些和平组织曾经组织过多次活动，试图阻止核武器投射系统的研发，但是这种一次阻挠一种武器系统的做法屡屡受挫。于是，这些组织开始寻求涉及范围更广泛的途径，一些团体开始呼吁暂停核活动。另一方面，一些关注民用核电站安全性的人士发起了一场抗议运动，关注社会责任医师协会（PSR）是这场运动的重要组成部分。70 年代，PSR 和其他相似团体逐渐将关注点转移到了核军备竞赛上面。这时候，麻省理工学院的一位博士生兰黛尔·福斯伯格在上述两种目标的基础上提出一个倡议，敦促美苏两国冻结核武器的实验、制造和部署。她的倡议去掉了此前核裁军和停止利用核能的要求，对美苏双方同时进行约束，目标既简单又不太激进，因而得到了大量美国中产阶级的支持。"核冻结"的提议经过一些活动家的实践，获得了小范围的成功。这些和平活动家的信心大增，决心发起一场全国范围的运动。1981 年 3 月，冻结核武器运动（NWFC）宣告成立。随后，美国主要的宗教团体开始支持"核冻结"，其他主流社会团体也不断加入。到 1983 年 10 月，连美国最大的劳工组织劳联—产联也加入了这一潮流。由于这场运动惊人的影响力，主流政治家也不敢坐视不理。1984 年美国大选中，"核冻结"成为民主党全国竞选纲领的正式组成部分。该党的总统候选人沃尔特·蒙代尔承诺，如果获胜将会把"核冻结"作为首要政策。

　　最后，和平运动的具体策略也在一定程度上带来诸多争议。在当代西方和平运动中，有关和平运动策略的争论涉及范围相当广泛。例如，是通过法律程序来反对战争，还是通过公民不服从，甚至是以暴力行为反对战争？应该采取多大力度去批评自己的政府？以及反义务征兵制是否是一种恰当的目标？诸如此类的争论有时涉及不同的意识形态，有时显得非常琐碎且难以把握，常常令和平运动的参加者争辩不休。

　　仅以有关公民不服从的争论为例，可见一斑。公民不服从（Civil Disobedience）是指以非暴力方式公开地挑战特定的法律，以求改变这些法律或者推动更广泛的社会变革。公民不服从的反对者认为，法制社会所拥有的稳定秩序的重要性，要远大于服从不公正的法律所带来的微小不便或者问题。他们担心，如果每个人都随意地选择哪些法律可以服从或者不服从，那整个社会岂不陷入混乱。支持者则认为：公民不服从只是根据个人的道德律令反对那些从宗教、道德、伦理角度来看有问题的法律，一些著名人士如甘地和马丁·路德·金的实践证明，公民不服从是现实有效的。

实际上，公民不服从在实践过程中引起了不少争议。前述 1968 年 5 月天主教神父菲利普·贝里根损毁兵役委员会事件发生后，他与其他八位参与者并未离去，而是待在现场静候警察拘捕。他们对公民不服从的践行激起了众多质疑。主要包括两个方面：第一，损毁财物属于暴力行为，因此他们的行为不能算作公民不服从；第二，秘密计划此类突袭行动不符合公民不服从要求公开的观念。支持者则回应道，暴力是指对人的伤害，而财物并无生命，因此损毁财物不能被视为暴力。至于公开性，尽管事前准备往往是秘密的，但是参加者必定公开行动，并且总是在抗议之后等待拘捕以及接受起诉。支持者认为，这种坦然接受法律后果的态度，已经充分满足了公民不服从的本质要求。

经过上述讨论可知，20 世纪的和平运动是一种复杂而广泛的社会运动，缺乏统一的防止战争的计划，也没有得到成员普遍接受的核心理念，运动的奋斗目标经常因时而异或因地而异。总而言之，运动内部充满了分歧。上述种种理念分歧在短期内不可能消除，因此和平运动内部始终存在不断分裂的现象。这种情况在战争隐患消除之后，往往成为和平运动走向衰落的重要原因。

五　当代西方和平运动的影响与前景

回顾 20 世纪 60 年代以来西方和平运动的历史，明显可以看到周期性的曲折变化。和平运动常常兴起于大战前后或者国际局势紧张之时，但是随着国际紧张局势的缓解，又会逐步走向低潮。这反映出，人们宣称的原则与实际支持的政策之间，不一定是吻合的。人们往往借助于社会运动实现个人的诉求，而个人诉求是千差万别的。和平运动的参加者可能由于事业或者家庭原因暂时退出运动，而当条件允许时，他们又会再次参加。明白这些因素有助于理解和平运动周期性波动的原因。并且，这些因素可能也部分地体现了大规模群众运动的特点。

20 世纪 60 年代以后，新社会运动的形式被视为对传统社会运动形式的一种突破。传统社会运动往往与特定的阶级联系在一起，而新社会运动常常跨越了年龄、阶级、性别、种族甚至国籍。传统社会运动往往依赖于一种宏大的意识形态，而新社会运动并没有这种凝聚成员的统一基础。传统社会运动往往谋求打破原有的不公正的经济和政治结构，建立新型国家政权，而新社会运动是在维护现有体制基础上推动渐进式的改革。尽管两者之间存在许多不同和变化，但是依然存在一些相似性和延续性。例如，两者都始终关注不公正、不合理的社会结构，始终关注社会问题，始终是大多数民众参与政治和表达诉求的重要途径。作为新社会运动的一个重要组成部分，当代西方和平运动也具有类似的特征。

大量的证据表明，当代西方和平运动常常影响到国家政策，而且这种影响大都是积极的和正面的。有些研究者指出，第二次世界大战后所有重要的和平运动都没有实现其主要的政治目标。比如越战是在反战和平运动极盛时期四五年之后才走向结束，禁止核试验运动未能实现消除所有核武器试验的目标，轰轰烈烈的核裁军运动也没有说服英国政府放弃核国家的地位。里根政府从来没有和苏联谈判核冻结问题，乔治·布什政府对反对伊拉克战争的国际抗议根本充耳不闻。不能说以上说法毫无道理，但也应承认这些和平运动在一定程度上推动了相关国家的政策向积极的方向发展。例如，和平运动的支持者认为，美国之所以决定从越战中脱身，原因是继续战争的意志衰退了，而且里根政府在和平运动的强大压力之下，变得越来越不赞成核武器。尽管和平运动的最终结果和最初设定的目标之间存在一些距离，但是事情还是在向着更好的方向发展，而不是相反。

当代西方和平运动在国际政治层面上也产生了积极的影响。20世纪80年代以来的反核和平运动对美苏的核军备竞赛起到了一定的约束作用，推动美苏相互对话，最终达成削减核武器的条约，缓解了国际紧张局势。反核和平运动日益国际化，发展为世界政治舞台上具有重大影响的一支力量。西方和平运动大力推动和平教育，宣传核武器与核战争的危害及可怕后果，普及维护和平的相关知识。和平团体通过形式各异的活动，不断提醒人们警惕战争的爆发。和平组织还发动爱好和平的人们，反对战争，反对霸权主义，维护世界和平，成为稳定国际秩序的中坚力量。

人类历史在进入新千年之后，世界大战的危险并未消除。纵然国际形势已经发生了较大变化，但是局部战争时有发生，地区冲突接连不断，国际恐怖主义日益猖獗。从目前世界局势来看，全球范围内潜在的冲突地区不在少数，如北非、中东、波斯湾、西亚、中亚乃至东亚和南亚，导致战争的因素不断积累。根据世界历史的经验，频繁的危机和地区冲突比较容易引发更大规模的战争。如果国际社会未能通过集体努力扭转目前这种态势，未来的国际政治很可能会步入多事之秋。

从更深层的根源上来看，这种趋势是国际垄断资本主义发展的必然结果。资本主义要想生存下去，必须不断地扩张。当国内市场饱和以后，资本必然要寻求国外市场。这种追逐利润最大化的力量如此强大，它迅速地将国外市场连接成一个世界体系。于是，资本输出、掠夺资源、剥削欠发达地区等环节成为支撑这个世界体系正常运转的重要基础。因为只有全球范围的不平等才能保证这一切，资本主义世界经济体系不得不持续地再生产不平等的国际社会结构。这样发展的结果就会导致世界范围的冲突乃至战争。

列宁在《帝国主义是资本主义的前言阶段》中早已指明了垄断资本主义与战争之间的关系。虽然当代资本主义已经发生了很大变化，但列宁在这篇名著中所进行的科学分析仍然具有极强的生命力。近一百年过去了，今天的垄断已经发展成为高度集中的国际垄断。资本输出已经成为国际垄断资本主义发展的主要形式，而虚拟经济已经成为发达资本主义国家的普遍选择。这些国家可以不从事生产，只需要控制国际资本的流向，就可以无偿占有和剥削他国人民所创造的物质财富。可以说，列宁当年所指出的资本主义的寄生性和腐朽性不仅没有消失，反而变本加厉。目前，国际垄断资本主义的发展导致穷国与富国之间的差距已经达到了惊人的程度。资本主义发展不平衡的增大，才是当今世界上局部战争和地区冲突频发的一个重要原因。由此看来，在今后的一段时期内，西方和平运动有可能因为局部战争和地区冲突加剧而迎来一个新的高潮。

随着全球化的进一步发展，和平成为各国人民普遍密切关注的问题。学者们认为，全球化是一种全球联系不断增强的现象，国家之间互相依存的程度日益提高。尤其是其中的经济全球化促使资本、技术和知识等生产要素在全球范围内密集流动，塑造了高度一体化的世界经济，形成俱荣俱损的局面。这种利益唇之齿寒的现实，有助于国际社会形成相互制约机制，有利于扩大反对战争和维护世界和平的力量。世界多极化的进一步发展，将会有力地消解霸权主义势力，推动国际关系民主化、法制化和合理化，建设公正、公平的国际关系新秩序。如果事情的发展确实如此，西方和平运动的经验亦将跨越国界，对世界和平运动良好前景产生积极的助推作用。非西方国家爱好和平的人民也将不可避免地参与到和平事业中来，使维护世界和平的力量超过制造战争的力量，最终形成能够有效抑制世界性战争的全球社会结构，实现人类千百年来"永久和平"的梦想。

当代西方和平运动走过了曲折的历程，但也同时不断取得阶段性胜利，在推动世界秩序向公正与合理方向发展中发挥着积极作用。虽然人们已经认识到，贫穷、不公、腐败、环境恶化等社会问题很可能是战争的深层次根源，但是我们不能等所有这些问题都解决之后才来谈和平。换句话说，当前面对的紧迫问题不是如何早日实现世界和平的理想，而是如何在残酷的现实面前不断推进和平。我们相信，当代西方和平运动可以为推进世界和平做出应有的贡献。

第三章　黑人争取平等权利运动

在提到黑人争取平等权利运动的时候，人们通常会想到的是"民权运动"这个词，但用"民权运动"来称呼黑人争取平等权利运动并不准确。民权运动可以分为广义和狭义两类，广义的民权运动指的是社会弱势群体——比如少数种族、妇女、劳工、外来移民甚至同性恋者——争取在政治、经济和社会等领域获得与社会主流群体平等的待遇和机会的努力，而狭义的民权运动指的就是包括黑人在内的少数种族为争取改善自己的社会和经济地位所做的斗争。用民权运动来特指黑人争取平等权利的运动是20世纪50—60年代黑人运动迅速发展的产物。甚至对于"民权"一词也存在着不同的解释。对于民权运动的活动家而言，几乎所有内容都可以纳入民权的范围，包括平等雇用权、投票权、平等使用公共设施的权利、平等教育权、受法律平等保护的权利、平等居住权甚至还有平等享有良好环境的权利。但在法律意义上来说，民权指的是宪法赋予人们享有的言论、出版、集会、结社、宗教信仰等自由。比如美国的民权在法律上指的就是宪法的第一条到第十条修正案（即《权利法案》）所赋予公民的自由权利。① 这些定义上的分歧和误用长期以来一直存在着，而20世纪60—70年代之后，两个因素使得这种分歧和误用变得更加严重：一个因素是学术方面的。随着西方国家"新社会运动"的兴起，学者们对"新社会运动"的定义和内容进行了不同的阐述，这种不同的叙述和分析使回答什么是民权运动，以及民权运动是否属于新社会运动范畴等问题变得更为困难。②

---

① 关于这方面的详细描述，见［美］约翰·C. 多米诺《21世纪的民权和自由》（第三版）（John C. Domino：*Civil Rights and Liberties in the 21ˢᵗ Century*），珀森教育出版公司2010年版，第374页。

② 中国学界对西方新社会运动已有所研究，对什么是"西方新社会运动"已进行一定的讨论，请读者参阅本书导言部分。

另一个因素则是社会方面的。20世纪50—60年代黑人争取平等的运动取得了巨大进展。这方面的突出表现，一是美国的艾森豪威尔、肯尼迪和约翰逊政府通过了大量的民权法案，从法律上维护了黑人在各方面的平等地位；二是非洲国家大批摆脱西方殖民统治而独立。由此导致20世纪60年代后，所谓"法律上的"（de jure）种族隔离和歧视受到巨大打击，渐渐淡出社会舞台，从而给人造成一种黑人的民权已经得到保障，民权运动任务已经完成的假象。这些发展使"民权运动"作为一个术语更难以从学术上进行把握和澄清。由于在这里我们主要讨论的是，在西方新社会运动迅速发展的形势下黑人争取平等权利的斗争所面临的新任务及其表现出的新特点，因此我们就直接使用黑人争取平等权利运动作为本章主题，但是为了保证资料的准确性，在引用其他学者的论述和文件档案的时候，对原文中的"民权运动"一词不做修改。

一　"后民权运动时期"黑人所面临的新问题

"后民权运动时期"这个词主要是美国学者用来描述经历了20世纪50—60年代的高涨之后，美国黑人争取平等权利运动从70年代起开始趋于缓和的时期，后来其他西方国家的学者们也开始用这个词来描述70年代以后本国黑人争取平等权利运动的阶段。自从1954年最高法院对"布朗诉托皮卡教育委员会"案件做出的著名判决宣告"如此种族隔离是否认法律的平等保护"以来，美国政府通过了大量的民权法案，保障黑人在教育、就业、使用公共设施、住房、选举以及人身安全方面的平等权利，这些活动在约翰逊政府的"伟大社会"施政中达到了高潮。美国的行为也对其他西方国家造成了影响，它们纷纷制定了自己的"肯定性行动"方案，通过立法保障黑人的平等权利，拉丁美洲和欧洲各国尤为突出。在这股浪潮的冲击下，"法律上的"种族隔离和种族歧视成为违法行为，渐渐淡出了社会舞台。但这并不意味着黑人争取平等权利的任务已经完成。相反，各国的种族主义者为了抵消民权法案的冲击，转而采取新的手段维持和加强对黑人的歧视和压制，"事实上的"种族隔离成为黑人取得进步的新障碍。70年代以来，主要西方国家出现的经济和社会转型（特别是所谓的非工业化）使"事实上的"种族隔离现象变得日趋严重，对黑人的生活造成了极为不利的影响。后民权运动时期，对黑人的种族隔离和种族歧视表现出新的形式，它主要包括以下几个方面。

（一）深受新自由主义思想的影响

后民权运动时期，种族隔离和种族歧视的第一个也是最重要的表现形式是和 20 世纪 70 年代在西方国家迅速兴起的"新自由主义"（Neoliberalism）思想密切联系在一起的。作为一种政治经济哲学，新自由主义反对国家对经济和社会生活的干预，强调自由市场机制，主张减少对商业行为和财产权的管制。在国内政策上，新自由主义支持私有化，反对由国家主导的直接干预和生产行为。为了增进私人企业的效率，新自由主义强烈反对最低工资等劳工政策，以及劳工集体谈判的权利，反对社会主义、贸易保护主义、环境保护主义以及公平贸易等被认为是有损于民主的制度。它被视为经济自由主义的复苏形式。对于国家为保障黑人的平等权利而通过的民权法案，新自由主义也认为这是一种国家干预社会生活的形式加以反对。它强调，黑人改善境遇的主要途径应该是自身的努力而不是政府干预，因为政府干预会损害效率，拖慢社会前进的步伐，以此来换取黑人的平等权利是得不偿失的。后民权运动时期最早表现出这种观点的政治家是美国总统尼克松。他曾坚决反对用法律强行取消住房和学校中种族隔离的做法。在 1972 年 1 月 28 日给他的国内事务顾问约翰·埃里希曼（John Ehrichman）的备忘录中，尼克松声称：

> ……利用法律手段实行的种族隔离教育，利用法律手段实行的种族隔离住房安排，利用法律手段对平等就业的阻挠，必须全部消除干净。
>
> 另一方面，我相信，虽然利用法律手段实行种族隔离是完全错误的，在住房和教育方面强行取消种族隔离也同样是错误的。
>
> 我认识到，这一立场将使我们面临一种局势，即大部分黑人仍然住在黑人居住区，大城市地区还将有黑人占大多数的学校和白人占大多数的学校。在坚决认为那些力主强行取消种族隔离教育的人实际上是在推行白人至上主义时，我不能像斯卡蒙走得那样远。不幸的是，这种说法多少有点事实根据。
>
> 无论如何，我认为布朗所谓在教育上取消种族隔离将提拔黑人而不会压抑白人的说法是否正确是值得怀疑的。可是，虽然关于种族隔

离教育的质量是否低劣这一点可能还有某种疑问，在另一问题上却丝毫不容质疑，那就是需要过多地使用校车接送学童的教育在质量上肯定是低劣的，我强烈地谴责并毫不含糊地反对为了达到种族比例平衡而用校车接送学童。

在阐明了上述观点以后，我还强烈地谴责我认为是绝对武断的另一个观点。我国此时此刻在住房或教育方面强制消除种族隔离的条件尚未成熟……

我们显然必须面对铁一般的事实，即法律不能超过人民自愿支持的程度。①

在尼克松政府时期，新自由主义还没有在社会上广泛流行，而且尼克松也担心过于公开的抨击通过政府干预来保障黑人权利措施的言论可能会引起黑人的强烈反抗，加剧当时美国社会在反战运动和青年反文化群冲击下本来已经很严重的分裂危险。因此，他不得不用"犹抱琵琶半遮面"的方式来表达自己的观点。到了 20 世纪 80 年代，新自由主义逐步变为社会主流思想之后，里根政府就开始在黑人权利问题上全面倒退了。早在 60 年代，里根就曾经强烈反对《民权法》和《选举权法》，将它们称为"南方的侮辱"。在竞选加利福尼亚州州长的时候，里根的承诺之一就是要废除该州的公平住房法。他说："如果一个人想在卖房或出租房屋时对黑人和其他人区别对待，他有权那么做。"由于 50 年代和 60 年代美国黑人在维护平等权利方面的主要成就是在法律领域中取得的，包括通过了一系列的民权立法以及最高法院用判例确认种族隔离和种族歧视违宪，因此里根政府在黑人权利方面倒退的最有力的行动也是在法律领域中出现的。里根力图任命持保守主义思想的法官进入最高法院，改变 50 年代以来最高法院在黑人权利问题上表现出的自由主义倾向。他明确声称，自己的目标是"希望推动法官的思想革命，增强保守主义理念对美国法学的影响"②。1981 年，里根

---

① ［美］理查德·尼克松：《尼克松回忆录》（中），马充生、翟一我、杨德译，商务印书馆 1979 年版，第 102 页。

② ［美］本杰明·金斯伯格、马丁·谢弗特：《用其他手段进行的政治：从水门事件到白水事件的政治家、检察官和报界》（第三版）（Benjamin Geinsberg and Martin Shefter: *Politics by Other Means: Politicians, Prosecutors, and the Press from the Watergate to Whitewater*, 3rd Edition），W. W. 诺顿出版公司 2002 年版，第 154 页。

任命温和的保守派桑德拉·戴·奥康纳（Sandra Day O'Connor）进入最高法院，1986 年，最高法院首席大法官厄尔·沃伦（Earl Warren）退休，里根提升大法官威廉·伦奎斯特（William H. Rehnquist）为首席大法官，并且任命安东尼恩·斯卡利亚（Antonin Scalia）接替伦奎斯特的职务。1987 年，里根又再次任命了一个温和的保守派法官安东尼·M. 肯尼迪进入最高法院。这样，最高法院的 9 名大法官中，由里根任命和提拔的保守派法官就多达 4 人，这足以影响最高法院在相关案例上所持立场。此外，里根还任命了 18 名上诉法官和 290 名地区法院法官，几乎占整个联邦司法体系中法官人数的一半，导致了美国司法体系在黑人权利问题上立场发生了巨大变化。

20 世纪 60—70 年代，美国最高法院一度表现出愿意承认在美国存在着制度性的种族主义①（institutionalized racism），并且愿意在就业和投票领域中对它进行肯定性补偿的倾向。可是，在里根政府任期中，最高法院却基本上扭转了这个立场，它开始用一些更为婉转的说法来描述美国种族主义现象——比如用"种族差异"来描述就业领域内的种族歧视，用"差别对待"来描述对个人的种族歧视等。最高法院的这种立场变化在就业领域关于资历原则的案件中明显地反映出来。1964 年《民权法》第七章宣布，在就业领域中禁止基于肤色、种族、宗教信仰和族裔背景进行歧视。此后，资历原则就成了种族主义者们在就业领域排挤黑人的重要手段。由于在公开的种族主义时期，黑人常常被排斥在技术性的和专业性的白领工作岗位之外，因此即使在 1964 年《民权法》通过之后，他们在这些岗位上的工作时间和精力也远远比不上白人。其结果就是根据资历原则，黑人往往成为在这些岗位上"最后一个被雇用的和第一个被解雇的"。在国际工人兄弟会会员诉美国案和消防员工会第 1784 号分会诉斯道兹等人案中，最高法院都判决资历原则并没有违反 1964 年《民权法》第七章的规定，强调"认

---

①　西方社会学界的一个术语，指的是虽然没有法律明确规定，但由于长期的历史发展而在人们的思想、行为和社会运行机制中不自觉地体现出的种族歧视倾向。但是长期以来，美国最高法院都一直避免使用这个术语，以免被认为它承认美国存在着制度性的种族主义现象。因此，这个术语也就一直没有明确的定义。直到 1999 年，英国的劳伦斯报告才第一次对这个术语下了定义，说它是指"一整个组织由于人们的肤色、文化或种族出身而未能向他们提供适当的和专业的服务。它可以通过无意的偏见、忽视、不体贴或不利于少数种族人群的那种种族主义刻板模式而形成种族歧视的过程、态度和行为中被看到或感觉到。"这也是英国第一次承认在它的国内存在制度性的种族主义现象。

为资历体系存在着种族歧视影响的诉讼必须伴随能够证明具有种族歧视目的的证据"。① 通过这些判例，最高法院明确宣布，不论是民权法还是宪法第14条修正案中对平等保护权的规定，都不与制度性的种族主义相冲突，也不要求对制度性的种族主义造成的伤害提供补偿。

这种强调减少国家干预的新自由主义思想对黑人产生了严重的影响，它极大地限制了黑人进入白领工作岗位，而将他们牢牢地捆绑在最困难和工资最低的工作岗位上。1980年，美国黑人占全国人口的12%，但他们却构成了37%的管家、55%的家庭保洁员和仆人、22%的看门人和清洁工，以及27%的护士助理、勤杂工和服务人员。这些工作岗位不仅工资低于贫困线标准，而且还不提供健康保险、假期或其他与白领工作岗位相伴随的收益。1987年，生活在贫困线以下的美国人中，黑人所占的比例是24.4%（其中，黑人男性构成穷人的18%，黑人女性构成了穷人的30%），这个比例远远超出他们在美国总人口中所占的比例。② 而且，这些工作岗位往往是最容易受到经济衰退影响的。《华尔街杂志》(*The Wall Street Journal*) 对1990—1991年经济衰退期间工作岗位的损失进行了研究。它分析了平等就业机会委员会 (Equal Employment Opportunity Comission, EEOC) 对35242家公司进行调查提出的报告，发现黑人是唯一在这场经济衰退期间经受了工作岗位净损失的种族，他们失去了59470个工作岗位，而相形之下，亚裔美国人获得了55104个工作岗位，拉美裔美国人获得了60060个工作岗位，白人则获得了71144个工作岗位。黑人所丧失的工作岗位恰恰是在体力劳动部门、服务业、销售业、办事员和半熟练工种。虽然黑人在经理、技术师和专业人员岗位上的就业表现出增长趋势（分别增长了1.1%、4.2%和5.9%），但正如报告所说的那样："在这些工作岗位上，衰退开始之前，黑人占有的比例非常低，因此他们的实际收获是非常贫乏的。"③

值得指出的是，黑人在经济上所处的这种不利地位并非美国所独有，

---

① 关于这些案件的详细叙述，见［美］约翰·C. 多米诺《21世纪的民权和自由》（第三版），珀森教育出版社2010年版，第61页。

② ［美］罗伯特·史密斯：《后民权时代的种族主义》(Robert C. Smith, *Racism in the Post-Civil Rights Ear*, *You See It*, *Now You Don's*)，纽约州立大学出版社1995年版，第132页。

③ ［美］罗谢尔·夏普：《正在丧失的基础，最近的衰退中只有黑人经历了工作岗位的净损失》，《华尔街日报》(Rochelle Sharp, *Losing Ground*：*In Latest Recession Only Blacks Suffered Net Employment Loss*, *Wall Street Journal*)，1993年9月14日，第A14版。

在有黑人居住的西方国家中，这几乎是一种普遍现象。英国的玛格丽特·撒切尔（Margaret Thatcher）首相执政时期和美国的里根政府时期一样，被视为西方新自由主义思想发展的顶峰。她开创了减少政府干预和大力加强私有化的经济变革，这个过程为她的继任人约翰·梅杰（John Major）和托尼·布莱尔（Tony Blair）所继承，一直持续到2008年世界金融危机。英国的黑人和有色人种成为受政府新自由主义改革政策不利影响最大的群体。2002年，英国的黑人和有色人种失业率为12%，是白人（不到6%）的两倍。伦敦作为英国黑人和有色人种的聚居地（在那里居住着英国46%的黑人和亚裔人口），情况就更为严重，当地黑人和有色人种的失业率高达44%。如果按照工作的性质进行划分的话，只有18%的白领工作（经理和高级官员）是由黑人和亚裔人口担任的，相比之下，他们却从事了58%的出纳和前台服务员工作。而且，在从事同样工作的白人和黑人之间，还存在着工资差距。根据伦敦市政府的资料："平均起来，在私营部门中，黑人和少数种族工人所挣的收入是白人工资中值的72%，在公共部门中，他们的收入是白人工资中值的89%。"① 在巴西，黑人和白人的收入差距更大。黑人（在当地被称为 negros 或 pretos 的人群）的收入只有白人的40%，这种收入差距还倾向于随着教育水平的提高而扩大。② 它转换到生活条件上，就变成了极高的文盲率和婴儿死亡率，以及低劣的住房和极差的公共服务。1998年巴西黑人的文盲率是20.8%，而白人的文盲率只有8.4%。这就导致了巴西的文盲中67%都是黑人。根据1996年巴西的全国家庭调查，在以白人为户主的家庭中，73.6%的家庭都接上了污水管道系统和化粪池，但在以黑人为户主的家庭中，只有49.7%的家庭能够获得这项服务。恶劣的居住条件导致了黑人中的婴儿死亡率极高。20世纪90年代，巴西黑人婴儿的死亡率要比白人高71%，5岁以下的黑人儿童死亡率比白人高67%。③ 有学者甚至将这种状况称为

　　① ［美］莎伦·菲尔德：《被推回到分界线之后的黑人》（2）（Sharon Field, *Black People Pushing back the Boundaries* Ⅱ），大伦敦政府出版社2002年版，第1页。

　　② ［美］纳尔逊·多巴列·席尔瓦：《巴西非白人的代价研究记录》（Nelson do Valle Silva, *A Research Note on the Cost of Not Being White in Brazil*），《国际发展比较研究》（*Studies in Comparative International Development*）第35卷第2期，2000年夏季（Summer 2000：21），第21页。

　　③ ［美］鲁克丽娅·班迪亚·贝亚托：《巴西非洲裔人口的人权和不平等》（Luclia Bandeia Beato, *Inequality and Human Rights of African Descendants in Brazil*），《黑人研究杂志》（*Journal of Black Studies*），第34卷第6期，2004年，第750页。

"对黑人的种族灭绝"。

不管是学者们、争取黑人平等权利的活动家们还是普通的黑人很快就都意识到了新自由主义思想给他们带来的不利影响。哥伦比亚大学教授曼宁·马拉布尔（Manning Marable）在 20 世纪 80 年代曾经这样描写美国的经济和社会政策：

> 当今，所谓新的特征就是在里根统治下的种族主义/资本主义国家已经在推行一项将不可避免地导致彻底消灭整个黑人劳动力后备军和黑人劳动阶级群体的公共政策。不惜任何代价挽救资本主义，为调整私人企业部门结构提供充足资本的决定与现在被永久性地排斥在工作场所之外的数百万人的生存要求是在根本上相互冲突的。里根经济学如果要想成功的话，就必须将失业的沉重负担加在穷人（黑人、拉美裔甚至白人）的肩上，因为可以确保中等和上等收入的美国人不会抗议对这个阶层的残酷压迫。与经典的法西斯主义不同，里根主义必须在不用明显的种族主义言论公开攻击黑人或波多黎各人的前提下推行它的政策……但是这些社会经济政策的最终结果，以及从中产生的逻辑结论，将是彻底毁灭整个黑人阶层，在政治上将黑人精英和知识分子与劳动阶级隔离开，并且缓慢地但却是致命地消除现代资本主义体系下已经不复成为必要的或生产性的因素的贫民窟中的"寄生"阶级……目前环境下的种族灭绝逻辑要求在不久的将来否认穷人在新的资本主义秩序下的生存权利。虽然没有毒气室或大屠杀，但是黑人贫民窟的经济和社会机制将要被摧毁，它的许多居民应该不复存在。①

（二）黑人的消极形象与执法过程中的种族歧视

除了新自由主义思想反对用政府干预来维护黑人的平等权利之外，后民权运动时期种族隔离和种族歧视的第二个表现形式体现为：由于习惯上形成的黑人天生就是犯罪者的消极种族形象，警察在执法过程中表现出明

---

① ［美］曼宁·马拉布尔：《资本主义如何阻碍美国黑人的发展》（再版）（Manning Marable: *How Capitalism Underdeveloped Black America*, 1983, repr. ），美国马萨诸塞州南端出版社（South End Press）2000 年版，第 252—253 页。

显的种族歧视，而且警察对黑人的暴行不断发生。在美国，黑人遭到监禁的比例远远高于白人、亚裔和拉美人。1990—1993 年，几乎每 3 个黑人年轻男子中就有 1 人处于刑法系统的监督之下，如果这种趋势继续发展下去的话，据估计到 2020 年，每 3 个黑人年轻男子中就会有 2 人处于监禁、缓刑或假释状态。在华盛顿特区，保守的资料表明，黑人遭到监禁的可能性超过 75%。① 2009 年，美国监狱中的人口超过 200 万人，其中 70% 是黑人或红种人，而且他们绝大多数所犯的都是非暴力性犯罪，这种罪行在白人当中往往是可以进行缓刑或假释而不必关进监狱的。黑人女性在监狱中增长的情况更加耸人听闻。20 世纪 90 年代，监狱中的黑人男性人口增加了 70%，而女性人口则增加了 110%。② 这些监狱中的人变成了不付工资的劳动力大军，他们被用于生产办公室家具、车牌、衣服或者通过电话替人们预订机票和旅馆，这反过来又进一步对没有技术的下层蓝领工人造成了巨大的竞争，极大地阻碍了他们提高自身工资的努力。

大量黑人被监禁不仅对他们个人的生活造成了影响，而且还在社会上创造了一种消极的黑人形象。西方国家的社会舆论往往强调黑人有暴力倾向，将他们和各种犯罪行动联系在一起，并且把黑人的不利境遇归咎于他们自身的缺陷比如懒惰、智力低下、宁愿依赖福利过寄生生活等，从而在社会上酿造出一种不同情黑人的心理。表 3 - 1 是 1991 年美国全国舆论调查中心进行的一次民意测验所表明的黑人在美国社会上的大致形象。

表 3 - 1　　　　　　　　1991 年美国白人对黑人的态度③

	黑人懒惰	黑人依靠福利	黑人有暴力倾向	黑人智力低下
所有白人	46.6% *	58.9%	53.7%	30.7%

① ［美］唐纳德·布拉曼：《家庭与监禁》，见［美］马克·莫尔和梅达·切斯尼—林德主编《无形惩罚：大规模监禁的附属结果》（Donald Braman, *Families and Incarceration*, Marc Mauer and Meda Chesney-Lind, ed., *Invisible Punishment: The Collateral Consequences of Mass Imprisonment*），纽约新出版公司 2002 年版，第 117 页。

② ［美］梅达·切斯尼—林德：《监禁中的妇女：大规模监禁中的意外牺牲品》，（Meda Chesney-Lind, *Imprisoning Women: The Unintended Victims of Mass Imprisonment*），见［美］马克·莫尔、梅达·切斯尼—林德主编《无形惩罚：大规模监禁的附属结果》，第 81 页。

③ ［美］罗伯特·史密斯：《后民权时代的种族主义》，第 39 页。

续表

	黑人懒惰	黑人依靠福利	黑人有暴力倾向	黑人智力低下
按受教育程度分				
高中以下	58.1 **	69.2 **	52.2 **	35.5 **
高中毕业	50.3	62.3	55.6	33.9
某些大学教育	40.5	58.7	58.4	29.5
大学毕业	38.8	47.9	49	24.4
按年龄分				
18—24 岁	35.2 **	49.5 **	53.3	26 **
25—54 岁	42.7	56.8	54.4	28.3
55 岁以上	57.8	65.6	52.5	36.5
按地区分				
南方	44.1 **	56.9	53.3	29.3
非南方	51.8	62.9	54.7	33.5

资料来源：全国舆论研究中心，1991 年总社会调查。（National Opinion Research Center 1991 General Social Survey）。

注：＊ 所占的百分比。

＊＊表明具有统计学显著性差异。

这种态度并非美国所独有，西方其他一些国家中，对黑人的这种消极形象也为社会所普遍接受，甚至一些政治家们还在公然利用这种消极形象指责黑人。20 世纪 90 年代，法国巴黎为了减少犯罪率，尽管已经知道在卢迪·吉里亚尼（Ludy Guiliani）领导下的美国纽约市政府的对违法行为"零容忍"政策被公认为对该市黑人和拉美裔社区造成了不成比例的严重影响，但仍然对这个政策进行了仿效。这种政策允许对贫困社区中诸如走路不遵守交通规则或乱扔垃圾之类的违法行为进行严厉的惩罚，但这种惩罚性措施在富人社区中却从来没有实施过，从而造成了警察和贫困的少数种族社区之间的关系迅速紧张起来。根据这种"零容忍"政策，警察可以随时在路上拦住并搜查他们认为是可疑的人。2005 年，在巴黎的克里希苏瓦布区（Clichy-sous-Bois），2 名非洲男孩扎伊德·本纳（Zyed Benna）和博纳·特拉奥里（Bouna Traoré）为了避开警察的拦检躲进了发电站，结果触电身亡。这事件引起了巴黎各贫困郊区的年轻人（其中有大多数是非洲裔和阿拉伯裔）聚集起来，焚烧汽车以示抗议。当时担任法国内政部部长的尼古拉·萨科齐（Nicolas Sarkozy）却将这次暴乱归咎于法国周边贫困郊区中的"犯罪因素"，将这些年轻人称为"社会败类"，主张采取更加严厉的警察行动。其他一些法国政治家和法国媒体也用偏颇的语言来描述这次事件，并且支持萨科齐的立场，结果激起了一些长期受到侮辱和压抑的有色人种年轻人更大的愤怒，暴乱迅速升级。在这次事件之前，法国一直不承认自己有种族问题，但现在它不得不对自身种族状况进行反思。当时的法国总统雅克·希拉克（Jacques Chirac）承认："不和这种种族主义的毒药进行斗争，我们永远不能建立任何持久的东西。"[①]可以说，在2005年法国巴黎的暴乱中，消极的种族形象起了至关重要的作用。

在英国，黑人和有色人种的消极形象甚至可以说比法国更加严重。自20世纪50年代以来，英国由于黑人和其他有色人种数量的迅速增长，种族间的关系已经开始紧张起来。英国的种族问题是和宗教问题密切联系在一起的，它们联合形成了一种被称为"伊斯兰恐惧症"的歧视现象。这个概念是1997年一个以英国为基地的反种族主义团体兰米尼德信托基金会（Runnymede Trust）提出的，其表现包括将穆斯林视为"一个铁板一块的集团，停滞不前而且对变革反应迟钝"，就像"野蛮人、无理性的人、原始人和男性至上主义者"一样不具备"其他文化所共有的价值观"，同时"仇视伊斯兰教并以此作为他们歧视穆斯林和将穆斯林排斥在主流社会之外的理由"。[②] 由于英国的黑人和亚裔人口中有许多信仰伊斯兰教，他们就成为"伊斯兰恐惧症"的最大受害者。2001年的"9·11"事件之后，在反恐情绪的推动下，"伊斯兰恐惧症"在英国迅速蔓延起来。根据2000年《恐怖主义法》（Terrorism Act）第44条授权进行的巡警在路上拦截并搜查行人的行动开始迅速增加。黑人和亚裔成为警察拦检行动的主要对象，他们遭到拦检的可能性是白人的6倍。2000—2004年，英国警察的拦检行动有了巨大的增加，而这些增加绝大多数都是集中在黑人、亚裔人口和所谓的"其他人群"身上。如果按种族区分，在此期间白人遭到拦检的比例仅仅增加了4%，黑人则增加了66%，亚裔增加了

① 《希拉克结束暴乱的新保证》，2005年11月15日，BBC新闻，见BBC网站："Chirac in New Pledge to End Riots"，英国BBC新闻网站：www.bbc.co.uk，2013年8月10日访问。

② ［英］《伊斯兰恐惧症：对我们所有人的挑战》（*Islamophobia: A Challenge for Us All*），兰尼米德信托基金会，1997年。

75%，"其他人群"增加了90%，"不明种族的群体"增加了126%。① 所谓的"其他人群"和"不明种族的群体"这两个术语，按照《国家观察》（*National Review*）杂志的解释是"被警察用来掩盖那些遭到拦检者实际的种族特征的"。

根据警察和刑事证据法（Police and the Criminal Evidence Act）中的拦检条款，警官们可以自行判断什么时候存在着"合理的怀疑"，这就将拦检行动的决定权交到了街道巡警的手中。这样，巡警在作出拦检决定的时候，他们头脑中关于黑人和有色人种的消极形象就会起很大的作用，让他们作出黑人天生就是罪犯的判断。其结果就是，像在美国一样，英国的黑人和亚裔人口被逮捕和监禁的数量高得不成比例，从中表现出了明显的种族歧视现象。2003—2004 年，白人被逮捕的比例是 26‰，亚裔人口的被捕比例是 29‰，而在黑人中，这个比例则高达 89‰。② 黑人和加勒比海地区人口被捕的可能性比白人高 6 倍。③ 根据英国内政部的资料，尽管黑人只构成了英国总人口的 3%，但他们在所有被捕人口中所占的比例却达到 9%。④ 1995 年，黑人和亚裔人口构成了英国监狱中总人口的 16%，1997 年这个比例增加到 18%，2004—2005 年进一步增长到 20%。⑤ 相比之下，白人仅仅构成英国监狱人口的 14%。根据最近英国内政部的资料，黑人成年人遭到关押的比例是 1%。⑥ 如果按照国籍区分的话，这个比例甚至更高。在英国关押的外籍人口中，黑人的比例将近 43%。⑦ 托尼·布

---

① ［英］《种族统计和刑事司法制度》，2004 年，第 26 页。

② ［英］戈登·巴克利、安吉·蒙莱和托尼·蒙顿：《种族和刑事司法制度：对全部统计数据的概述，2003—2004》（*Gordon Barclay, Angie Munley and Tony Munton, Race and the Criminal Justice System: An Overview to the Complete Statistics2003 /2004*），英国内政部刑事司法组，2005 年 2 月版，第 IV 页。

③ ［英］巴托尔·列扎、克里斯汀·马吉尔：《种族和刑事司法制度：对全部统计数据的概述，2004—2005》（*Batool Reza and Christine Magill, Race and the Criminal Justice System: An Overview to the Complete Statistics 2004—2005*），英国内政部刑事司法组，2006 年 11 月版，第 9 页。

④ 同上。

⑤ ［英］马丁·布赖特：《现在每 100 个黑人就有 1 个人在监狱里：内政部数字引起对美国式刑罚制度的恐怖》（*Martin Bright, One in 100 Black Adults Now in Jail: Home Office Figures Spark Fears of American-Style Penal System*），《观察家报》（*The Observer*）2003 年 3 月 30 日。

⑥ ［英］司法部：《被监禁的人数，2008 年 3 月》（*Ministry of Justice, Population in Custody, March2008*），英国政府司法部，2008 年 3 月版，第 14—15 页。

⑦ 同上书，《种族和刑事司法制度统计数据——2004》（*Statistics on Race and the Criminal Justice System——2004*），第 89 页。

莱尔刚就任首相的时候，英国监狱中的黑人数量是 7585 人，2001 年就增长到 12000 人以上。这样就形成了一个恶性循环。将黑人视为天生犯罪者的消极形象使得英国警察在选择拦检对象的时候表现出明显的种族歧视，而这种歧视造成了监狱中黑人数量剧增，这反过来又进一步加强了将黑人与犯罪联系起来的消极形象。其结果就是，像法国一样，警察的拦检行动成为警察和少数种族群体之间紧张关系的一个重要原因。

除了成为警察优先拦检的目标并被大量送入监狱之外，黑人消极的种族形象造成的另一个后果就是，他们经常会受到警察暴行的伤害。警察暴行在美国并不是一个新问题。在 20 世纪 60 年代美国黑人争取平等权利运动高涨的时期，南方种族主义者就曾经用警察的暴行来对付非暴力抗议者。1963 年，伯明翰市公共安全长官曾经用消防水龙头、警犬和警棍来镇压游行示威的黑人。即使在 1964 年的《民权法》通过之后，警察暴行仍未停止。在后民权运动时期，这方面最有名的一个案例就是美国的洛杉矶事件。1991 年 3 月 3 日晚，一名美国黑人青年罗德尼·金（Rodney Glen King）因在洛杉矶郊外超速开车而遭警察追捕。4 名白人警察抓住他后，在 81 秒的时间内打了他 56 棍，在金已经躺倒在地后，还用脚踢他，致使金头部受重伤，一根腿骨骨折。这一事件被附近的居民用摄像机拍了下来，并寄到美国各大电视台播放，警察暴行问题遭到了公开曝光，并且在美国引起公愤。10 天后，这 4 名白人警察以 11 条罪名受到指控，送交法院审理。但是，在经过近一年的审理后，一个主要由白人组成的陪审团宣判被告无罪。这个结果激起了黑人的强烈不满，他们举行了大规模的游行示威，并与前去镇压的警察发生了冲突。很快，冲突就变成一场持续 3 天的暴乱，造成 58 人死亡，2000 多人受伤，10000 多人被捕，数千幢房屋被毁，财产损失达 7 亿美元。[①] 随后，纽约、旧金山、亚特兰大、芝加哥、华盛顿、西雅图等大中城市也很快发生了连锁反应，形成了一场 20 世纪 60 年代以后美国规模最大的反种族歧视浪潮。

洛杉矶事件并不是一个孤立的事件。时至今日，警察暴行仍然在威胁着黑人的生命。2014 年 7 月，纽约白人警察丹尼尔·科尔怀疑黑人小贩加纳出售未缴税的香烟而对他进行抓捕。科尔用胳膊死死锁住加纳的咽

---

① 关于这次事件的详细描述，见奚广庆、王谨《西方新社会运动初探》，中国人民大学出版社 1993 年版，第 95 页。

喉，在对方大喊"我喘不过气来"的时候仍然没有松手，导致加纳窒息死亡。仅仅 1 个月后，8 月 9 日，密苏里州圣路易斯市的警察达伦·威尔逊要求黑人迈克尔·布朗接受检查，双方发生口角后威尔逊就朝布朗开枪，将他打死。据报道，从警察与布朗接触到布朗死亡为时不超过 3 分钟。更重要的是，在当年 11 月和 12 月进行的审判中，密苏里州和纽约州大陪审团分别作出了不起诉威尔逊和科尔的决定。这两个决定引起了大规模的黑人骚乱。警察暴行也非美国所独有，这几乎是全部有黑人居住的西方国家存在的普遍现象。比如，法国、西班牙和英国也存在着类似的警察暴行，而反对警察暴行成了西方国家争取黑人平等权利运动的一个重要内容。

黑人消极形象在执法领域带来的第三个后果就是警察在黑人成为受害者的案件中表现出漠不关心的态度，错过侦破案件的时机或无视明显的证据，导致犯人（往往是白种人）逍遥法外。1993 年英国发生的一起案件唤起了人们对这种现象的注意。8 月 22 日夜，黑人青少年斯蒂芬·劳伦斯（Stephen Lawrence）和他的朋友迪瓦恩·布鲁克斯（Duwayne Brooks）在伦敦阿尔芬区（Eltham area）的威尔豪尔路（Well Hall Road）上等公共汽车的时候，突然有五六个白人青年男子将劳伦斯围住，并且用刀刺他，其中一刀在他的胸部刺进了 5 英寸深。劳伦斯只跑出了 100 码就躺下了。布鲁克斯大声呼救，但是没有任何人帮忙，半个多小时后一对从教堂回家的白人夫妇和一个下班的警官才提供了帮助。当救护车来到的时候，劳伦斯已经死了。

令人震惊的是警察随后进行的调查行动。首先他们拒绝相信这是一起在种族主义推动下所犯的罪行，而且他们也没有在犯罪现场附近搜集证据，寻找凶器，更没有在附近社区里搜捕嫌疑犯，从而给了犯人从容逃走的时间。虽然布鲁克斯声称他目击了凶手，并且能够清楚地说出他们的样子，可是警察仍然拒绝采信。到了 9 月份，案件就被搁置了。直到 1996 年，才对嫌疑犯中的 3 人提出了相当于美国的民事诉讼的私人起诉（private prosecution），可是法官仍然判定布鲁克斯的证词是不可信的。因此 3 名嫌疑犯被判无罪释放。这个事件引起了全英国的关注，对整个英国的种族关系都产生了重大的影响。劳伦斯的父母在警察的强硬态度面前，拒绝将案件搁置起来。当时英国已经有了专门的黑人群体，对那些没有得到适当调查和受到忽视的以种族为动机的谋杀案受害者提供帮助。劳伦斯夫妇就在这个群体的帮助下，发展起全英国的基层运动来为自己争取正义，其手段包括组织游行示威、召开社区听证会、在报纸上发文章，等等。但是拒绝从种族动机出发对谋杀案进行调查是撒切尔夫人时期以来保守党政府就一直坚持的原则，梅杰也继承了这种做法。因此这个问题成了 1997 年英国大选中的一个重要问题。工党候选人布莱尔正是通过许诺在当选后对此案进行调查而赢得了黑人选区的支持。1998 年，布莱尔就任首相之后，组成了一个由威廉·麦克皮尔逊爵士（Sir William MacPherson）为主席的委员会对这起谋杀案以及警察的草率处理进行调查。1999 年该委员会发布了著名的麦克皮尔逊报告（也称劳伦斯报告），得出结论说，在英国的警察中存在着制度性的种族主义，并强烈建议关注这类问题。麦克皮尔逊报告不仅对刑事司法体系，而且对英国政府的整个反种族歧视政策都产生了深远的影响，它直接导致了 2000 年《种族关系修正法》（*Race Relation Amendment Act*）的通过，这是历史上对英国种族政策最全面的改革。劳伦斯案件也开始得到重新调查。直到 18 年后，嫌疑犯中的两人加里·多布森（Gary Dobson）和戴维·诺里斯（David Norris）才被英国刑事犯罪法庭大审判团判定犯有因种族仇恨而杀人罪，分别被处以 15 年 2 个月和 14 年 3 个月的最低服刑期。警察对于黑人作为受害者的案件所表现出的这种漠不关心态度，意味着黑人在法律上得不到与白人平等的保护。这种态度与警察的暴行、对黑人的随意拦检和大量监禁联合起来，共同给黑人的生命和财产安全造成了重大的威胁。

（三）对黑人种族和文化特征的抹杀

后民权运动时期，种族隔离和种族歧视的第三个表现形式是在"同化"的伪装下，抹杀黑人的种族和文化特征，让他们感受不到自己所遭受的种族隔离和种族歧视，而将自己的不幸更多地归咎于自身的缺陷，不去努力争取通过改变社会来获得平等权利。

西方国家中的黑人作为少数种族，如何融入当地的主流社会，获取与主流群体同样的社会、经济和政治权利是他们面临的主要任务。西方国家的政府和媒体就利用这一点来尽力让黑人抛弃他们的种族和文化特征，接受既定的社会结构。在美国，"同化"成了最高法院中持保守主义思想的法官们用来拒绝向黑人们遭受的种族歧视伤害提供补偿的借口。1995 年，美国最高法院审理了阿兰达建筑公司诉佩纳案（Adarand Constructors,

Inc. v. Pena）。这个案件起源于 1989 年，当时的山岩建筑公司（Mountain Gravel and Construction Company）从隶属于美国交通部（Department of Transportation，DOT）的联邦中央土地高速公路司（Central Federal Lands Highway Division，CFLHD）获得了建筑合同。合同中有一条规定，如果山岩建筑公司将部分工程转包给"社会上和经济上处于不利地位的人们"所拥有的小企业，那么它就能够根据小企业法（Small Business Act）获得额外的补偿。"社会上处于不利地位"的定义是由于所属群体而不是个人原因成为种族、民族或文化偏见的受害对象。山岩建筑公司为了获得补偿，在转包工程的时候就将高速公路部分护栏的建筑工程交给了少数民族所经营的冈萨雷斯建筑公司，而不是报价更低的阿兰达建筑公司。于是阿兰达公司提出起诉，认为合同的这个条款对白人造成了"逆向的种族歧视"，因而是违宪的。当时的地方法院和上诉法院都驳回了阿兰达公司的要求，但是最高法院推翻了它们的判决。里根政府时期任命的法官桑德拉·戴·奥康纳强调，对少数种族进行补偿的肯定性行动必须被严格限制在狭隘的范围内，只有在作为促进政府合理利益的调整性措施时才能得到许可。另一个里根政府时期任命的法官安东尼恩·斯卡利亚则直截了当地不承认政府在补偿过去的种族歧视方面存在着合理利益。他说在美国的宪法之下，没有诸如"债权人种族或债务人种族"之类的东西，"在政府的眼里，我们只有一个种族，那就是美利坚种族。"① 通过将黑人同化入所谓的"美利坚种族"中，斯卡利亚实际上就否认了他们在历史上曾经深受美国的种族隔离和种族歧视伤害的事实，以此来压制黑人争取平等权利的努力。

其他西方国家也同样存在着力图抹杀黑人种族和文化特征的做法。在 2005 年巴黎暴乱之前，法国一直不承认自己存在着种族问题。英国也是到麦克皮尔逊报告发表之后，才开始正视自己国内的"制度性种族歧视"。而当英国在 1999 年的麦克皮尔逊报告中首次承认本国存在制度性的种族主义并且对它作出了明确的定义之后，很快就导致了 2000 年《种族关系修正法》的通过，政府和社会上反种族歧视的运动取得了很大进展。可见，社会是否承认存在着受种族歧视压迫的黑人群体，在很大程度上影响着黑人争取平等权利的努力能否取得有意义的进展。

---

① ［美］约翰·C. 多米诺：《21 世纪的民权和自由》（第三版），第 316 页。

（四）黑人内部以及黑人与其他少数种族之间分化和紧张关系的加剧

后民权运动时期，种族隔离和种族歧视的第四个表现形式是加强各少数种族之间以及少数种族内部的分化，造成分而治之的后果。

20 世纪 40 年代以来，从人口统计学的角度说，美国黑人的居住情况表现出两个变化趋势，即从南方向北方迁移，从乡村向城市迁移。1910年，美国 80% 的黑人住在内战期间组成南部邦联的 11 个州里，而且 90% 以上的黑人住在农村。1940 年起，随着美国军火工业的迅速膨胀以及确保黑人在军火生产中获得公平就业机会的总统行政命令的颁布，黑人大批涌向北方和大城市。1940—1960 年，在原南部邦联各州之外的其他地区，黑人人口增加了 2.5 倍以上，从原来的不到 400 万人变成了 900 万人，占美国黑人总数的 48%。而原南部邦联各州的黑人人口只增加了 9%。北方黑人人口的增加主要是发生在纽约、芝加哥、费城、旧金山—奥克兰、华盛顿等大都市的中心城区。全国 31% 的黑人人口都集中居住在美国 12 个最大的城市里。在原南部邦联地区，黑人也大批地从乡村涌向城市。在城市中生活的黑人比例从 1940 年的 21% 增加到 1960 年的 41%。① 经过战后20 多年的发展，这两个变化趋势就造成了美国黑人新的生活格局，即从原来的分散居住在南方乡村变成了集中居住在南方和北方大中城市的黑人区或贫民窟里，这样他们对于高速发展的美国经济和自身贫困生活之间的反差就有了更加切身的体会，这不仅使黑人争取平等权利的运动越来越多地具有经济方面的内容，同时也加强了他们对富裕中产阶级的不分种族的怨恨情绪。尽管 60 年代，年收入在 10000 美元以上的黑人家庭比例从11% 上升到 28%，但黑人的不满情绪却丝毫没有减轻。一个黑人妇女曾说："拉尔夫·本奇②吃的饭，饱不了我的肚子"，就是这种心理的一个极好描述。这种不满造成的结果是，黑人不仅把矛头指向了白人种族主义者，也指向了比较富裕的黑人同胞。1965 年 8 月的洛杉矶黑人暴乱中，许多墙上写着"黑人兄弟""亲兄弟""黑人所有""一位兄弟所有"字样的商店也同样遭到抢劫。1967 年的底特律暴乱中，11 天内发生了 1600

---

① ［美］约翰·霍普·富兰克林、伊西多尔·斯塔主编：《黑人在二十世纪的美国》（John Hope Franklin & Isidore Starr, *The Negroes in the 20 th Century America*），纽约维塔奇图书出版公司1967 年版，第 508 页。

② 美国政治学家、教育家和外交家，也是第一个获得诺贝尔和平奖的黑人。

起火警，被烧毁的绝大多数都是黑人的房屋。对贫富差距的不满使黑人作为一个种族群体内部出现了裂痕。

20世纪50—60年代，美国通过了大量的民权立法，使黑人的平等权利获得了一定程度的保障，但就经济问题而言，美国政府行动的重点却主要是放在提供平等的就业机会和扶持黑人小企业方面。1968年大选中，尼克松提出了"黑人资本主义"这个概念，并在就职之后将它付诸实施。当时任尼克松政府商务部部长的莫里斯·斯坦斯（Morris Stans）回忆说："他（尼克松）的结论是，对这个问题（黑人问题）的回答应该是给他们成为资本家的机会——不仅仅是工作——找出一条道路来增加资本家在黑人中间的比例，然后他们就会变成雇主和纳税人。这样我们就能把他们中的许多人从福利救济名单转到纳税人名单上，从而减轻经济负担。"① 于是，1969年3月，尼克松签署总统行政命令，成立少数民族商业企业局（Office of Minority Business Enterprise，OMBE）。在它成立的头一年，就向少数民族小企业提供了2亿美元的贷款。1971年10月13日，尼克松向国会提交了一份特别咨文，声称："现在可以用来推进少数民族美国人的人类尊严的最有效的手段之一就是扩大少数民族企业的经营管理和拥有企业的机会。"② 1972年，政府向少数民族小企业提供的赠款、贷款和抵押达到了4.72亿美元，另外还有价值2.42亿美元的合同是专门"保留"给少数民族小企业的。1970年2月，联邦政府下令在所有价值超过5万美元的联邦合同中，都必须包括雇用少数民族工人并为他们提供训练的计划和时间表，从而加大了确保少数民族获得均等就业机会的力度。

美国政府的这些措施在提高黑人中产阶级生活水平方面的确取得了一定的效果，但是那些缺少知识、技能和资本因此难以找到工作岗位的黑人却从中得不到什么好处，因此这些措施对于缩小黑人中间的贫富差距现象几乎没有什么作用。令情况更为严重的是，自从20世纪60年代以来美国

---

① ［美］德博拉·哈特·斯特罗伯、杰拉尔德·S. 斯特罗伯：《尼克松总统时期：关于那个时代的口述历史》（Deborah Hart Strober and Gerald S. Strober，*The Nixon Presidency：An Oral History of the Era*），华盛顿布拉西出版公司2003年版，第112页。

② 1971年10月31日总统就扩大少数民族商业企业局向国会提交的特别咨文，摘自［美］理查德·尼克松《美国总统公开文件集，理查德·尼克松，包括公开的信函、演讲、总统声明，1971》（Richard Nixon：*The Public Papers of the President of the United States，Richard Nixon，Containing the Public Messages，Speeches，Statements of the President，1971* ），美国政府印刷所1972年版，第1042页。

发生了结构性的经济转型，比如从生产性行业向服务性行业转变、技术创新、制造业从中心城市外迁，等等，黑人集中居住的美国大都市中心地区正在"从物质生产和商品分配的中心，转向行政管理、信息交换和提供高档服务的中心"①。这一方面带来了大都市中心地区劳动力市场的变动，原来只需要较低教育水平的体力劳动岗位大幅度减少，而对教育程度要求较高的白领和专业技术工作岗位却迅速增加。比如在纽约市，1960—1984年，需要高中以下教育程度的工作岗位减少了 492000 个，而需要大学以上教育程度的工作岗位增加了 239000 个。但是黑人受到经济、居住环境、社会因素等多方面的限制，其教育水平"与该地急剧转型的产业基础不断变动的教育资格要求之间产生了严重的不协调"，从而成为受到经济转型打击最严重的群体。另一方面，即使在某些行业（比如食品和饮料行业）中体力劳动岗位有所增加，但这些工作岗位"几乎都在近郊、远郊和非大都市区域，与日益集中的教育程度很差的城市少数民族无缘"。表 3-2 反映了 1960—1984 年部分年份中不同种族 16—34 岁成年男性的劳动参与率。

表 3-2　　1960—1984 年间部分年份中 16—34 岁平民男性的劳动力
参与率②（根据种族和年龄划分）　　单位：%

种族和年龄	1960 年	1965 年	1969 年	1973 年	1977 年	1981 年	1984 年
黑人和其他种族							
16—17	45.6	39.3	37.7	33.6	31.0	30.0	27.0
18—19	71.2	66.7	63.2	61.3	57.5	54.1	55.4
20—24	90.4	89.8	84.4	81.4	77.7	76.6	77.2
25—34	96.2	95.7	94.4	91.4	90.2	88.3	88.2
白人							
16—17	46.0	44.6	48.8	52.7	53.8	51.5	47.0
18—19	69.0	65.8	66.3	72.3	74.9	73.5	70.8
20—24	87.8	85.3	82.6	85.8	86.8	87.0	86.5

① ［美］威廉·朱利叶斯·威尔逊：《真正的穷人：内城区、底层阶级和公共政策》，成伯清、鲍磊、张成凡译，上海人民出版社 2007 年版，第 57 页。
② ［美］美国劳动部：《有关就业和职业训练情况的总统报告》（华盛顿特区：政府印刷所，1982 年）；作者同上，《就业和收入》，第 32 号（1985 年 1 月）。

续表

种族和年龄	1960 年	1965 年	1969 年	1973 年	1977 年	1981 年	1984 年
25—34	97.7	97.4	97.0	96.2	96.0	95.8	95.4

注：表中的"黑人和其他种族"，是美国人口普查局的一种说法，用以表示那些数据并非仅对黑人而言。然而，由于黑人占到其中的 90% 以上，这一类别的统计报告一般反映了黑人人口的状况。

这种情况造成了黑人中间的贫富分化问题不仅没有随着 20 世纪 60 年代的民权法案而得到改善，相反还日益扩大，到了 80 年代，黑人中间的贫富差距已经变得比白人更大（见表 3 - 3）。

表 3 - 3　　　　　　　　每 20% 家庭的总收入比例①

（不同种族的总收入分配百分比）　　　　　单位：%

家庭地位	1966 年	1976 年	1981 年
黑人和其他种族			
最低的 1/5	4.9	4.4	4.0
次低的 1/5	10.9	9.6	9.4
中间的 1/5	16.9	15.9	16.0
次高的 1/5	25.0	25.2	25.5
最高的 1/5	42.3	44.9	45.1
前 5%	14.6	16.1	16.0
收入集中指数	.377	.411	.418
白人			
最低的 1/5	5.6	5.8	5.4
次低的 1/5	12.6	12.1	11.7
中间的 1/5	17.8	17.7	19.5
次高的 1/5	23.7	23.9	24.2
最高的 1/5	40.3	40.6	41.2
前 5%	15.4	15.4	15.1

---

① ［美］美国人口普查局：《当前人口报告》，P—60 系列，第 137 号，"1981 年美国户、家庭和个人的货币收入"（华盛顿特区：政府印刷所，1983 年）。

续表

家庭地位	1966 年	1976 年	1981 年
收入集中指数	.346	.349	.359

注：收入集中指数是一种测量收入不平等的统计指数，其范围从 0 到 1，0 表示完全平等，1 表示完全不平等。

通过对黑人内部受教育程度不同的群体经济状况的考察，哈佛大学黑人经济学家格伦·劳里（Glenn Loury）得出结论："从众多有关平权法案之效应的经验研究中，可以清楚地看出，这一计划对黑人所带来的积极影响，主要体现在那些具有较高职位的黑人身上。……一系列的证据表明，处于较好职位的黑人，要比那些陷在底层阶级的黑人，能更好地充分利用过去 20 年中所产生的机遇。"① 从中反映出了 20 世纪 50—60 年代所通过的民权法案的缺陷，那就是"民权立法仅能使处在有利位置，可以充分利用这种立法的人获益，对于那些没有受过教育，也没有相应工作经验的少数民族群体成员来说，已因不具有特定的教育和工作经验而被拒之门外，他们只能在极为有限的工作岗位上进行竞争。由于种族主义造成的无能，使一些少数民族成员丧失了从事特定工作的资格。然而，民权法第七章只是防止使用种族或其他歧视作为工作的障碍；如果缺乏正当的资格，它也无法确保一个人获得就业晋升"②。在 20 世纪 70—80 年代新自由主义迅速泛滥的社会背景下，这个缺陷很快就演变成对黑人的制度性种族歧视，成为白人种族主义者们在经济领域排挤黑人的有力武器。

不仅如此，美国主流群体还有意识地利用这种局势，声称黑人已经通过 20 世纪 50—60 年代的民权立法获得了平等机会，此后他们的贫困将归咎于自身的缺陷，以此加深贫富分化给黑人种族群体带来的分裂。他们重申美国传统中对于个人主动精神的强调，反对政府进一步采取干预措施缩小黑人中的贫富差距。尼克松总统在 1970 年 3 月 24 日的声明中就指出："在我们谈及机会均等的时候我们只是指：在起跑线上每个人都有同等的

---

① ［美］威廉·朱利叶斯·威尔逊：《真正的穷人：内城区、底层阶级和公共政策》，第 158 页。

② 同上书，第 162—163 页。

机会，并且有同样的机会达到其能力和天才允许他们达到的高度。"① 尼克松辞职隐退之后，在他的著作《竞技场上》一书中更加明确地阐述了自己的观点："为了得到最佳效应，资本主义要求所有的人在法律和机会均等面前享有平等。……可是资本主义不保证，政府也不必保证在经济效果上的平等，人民生来是平等的，是就他们不可剥夺的天赋权利而言。在资本主义制度下产生了财富的不平等，通过税收使收入拉平就意味着向下拉平收入。资本主义产生的主要原因是按劳动与效益付酬的，如果我们以转让财富减少这些报酬，以求得收入上的平等，我们也就摧毁了生产财富的积极性。"② 这种想法实际上无视长期种族歧视的历史对黑人造成的灾难性影响，经过了近两百年种族隔离和种族歧视的压抑之后，如果没有外界帮助，黑人很难获得"平等的起跑线"。但是在新自由主义思想的影响下，政府帮助黑人改善境遇的肯定性行动受到了越来越大的阻力，1995年最高法院在阿兰达建筑公司诉佩纳案中的判决就是一个突出例子。黑人经济境遇的不断恶化和黑人群体内部贫富分化的加剧有效地在很大程度上转移了黑人对社会上种族隔离和种族歧视现象的关注，越来越多地将不幸归咎于自身在知识和能力上的缺陷。甚至威廉·威尔逊在解释了民权法案的缺陷之后，也是将关注的重点放在不同的黑人阶层从民权法案中获得的利益不同这个问题上，并且主张政府应该"从为带有特定种族或族群特征的人提供优先待遇，转向为在生活机会上真正处于不利地位的人提供优先待遇"，从而抹杀了黑人贫困问题所带有的种族特征。

　　除了反对通过政府干预缩小黑人中间的贫富差距以外，美国主流群体还力图挑起或利用黑人与其他少数种族群体之间的矛盾。针对1964年《民权法》中禁止在就业领域实行种族歧视的规定，许多白人企业主都把亚裔美国人提拔到底层管理岗位上，然后让他们去执行解雇黑人和拉美裔美国人的决定。这就利用了当时美国社会和法律上的一个盲点：少数种族不可能对其他少数种族进行歧视，以此来继续在经济领域中排挤黑人和拉

---

① 1970年3月24日尼克松关于中小学中种族隔离问题所做的声明。摘自［美］理查德·尼克松《美国总统公开文件集，理查德·尼克松，包括公开的信函、演讲、总统声明，1970》（Richard Nixon: *The Public Papers of the President of the United States*, *Richard Nixon*, *Containing the Public Messages*, *Speeches*, *Statements of the President*, 1970），美国政府印刷所1971年版，第318—319页。

② ［美］理查德·尼克松：《竞技场上》，廖廉斌、杨新、戴忆彝、赵颖敏、王珊译，时事出版社1990年版，第295—296页。

美裔美国人，这样就成功地将部分黑人的怨恨转到了亚裔和其他少数种族身上。20 世纪 70 年代以后，美国开始出现了亚裔移民大量涌入的高潮，这些移民主要来自越南、中国、印度和东南亚其他一些国家，虽然他们在美国也同样受到种族歧视的压迫，① 但是不可否认他们在社会、经济、教育等领域取得成就的速度比黑人快一些，从而引起了一些黑人的不满，认为他们付出了巨大的努力和代价才迫使政府采取措施维护少数民族的平等权利，而其他少数种族是在盗窃他们的劳动成果。其结果就是，20 世纪 90 年代以来，黑人和其他少数种族之间的矛盾不断加深。1994 年，加利福尼亚州提出了第 187 号反移民提案，决定取消对非法移民的福利，该提案 50% 的支持者是黑人和既得利益的亚裔移民群体，他们担心新到的拉美裔和南亚移民会抢走他们的工作，并且耗尽政府资源。反过来，新到的亚裔和拉美裔美国人则指责黑人对他们有"种族歧视"的行为，尤其是黑人利用《民权法》中关于学校学生种族定额的条款来限制亚裔学生入学比例的企图更让亚裔美国人感到愤怒，而亚裔美国人在这方面的指责反过来又加强了白人种族主义者关于黑人和拉美裔美国人智力低下的论点。少数种族之间矛盾的加剧不仅使种族问题变得更加复杂化，也有效地转移了社会对种族歧视的最大受益者——白人——在这方面行为的注意力，以至于有人评论说："2000 年，人们熟悉的黑人和白人关系特征已经不再能够描绘美国的种族关系了。"②

受到新自由主义加强的制度性种族主义、执法过程中的种族歧视现象、对黑人种族和文化特征的抹杀以及利用黑人内部和黑人与其他少数种族之间的矛盾来掩盖种族歧视的主要矛盾，这四个方面构成了后民权运动时期对黑人种族歧视的主要表现形式，也成为 20 世纪 70 年代以后黑人争取平等权利运动所要解决的主要问题。而在迅速发展的全球化进程的影响下，各个国家的黑人们开始渐渐认识到自己所面临的问题具有共同性，这

---

① 早在 1882 年，美国就曾经通过《排华法案》，对中国移民进行各种限制和歧视。对华裔美国人的歧视甚至一直持续到今天。警察可以随意对亚裔青年拍照，其理由是"这样他们可以容易地辨认出闹事的亚裔青少年帮派"。最突出的事件是 1995 年，马林县一个失业的白人男子认为是亚裔人挤掉了他的工作岗位，于是决定杀死他看到的第一个亚裔，结果素不相识的华裔美国人艾迪·吴就成了他的牺牲品。这方面的具体描述见［美］埃里克·山本《种族间的公正：后民权时代美国的冲突与和解》（Eric K. Yamamoto: Interracial Justice: Conflict & Reconciliation in Post Civil Rights America），纽约大学出版社 1990 年版，第 42 页。

② ［美］埃里克·山本：《种族间的公正：后民权时代美国的冲突与和解》，第 7 页。

就为加强彼此之间的合作提供了必要和可能，不仅如此，他们还可以从其他社会运动比如环保运动、女权运动、和平运动中获得支持，增加黑人争取平等权利运动在政治舞台上的发言权。这样，90年代以来，黑人争取平等权利运动就逐渐地融入了西方国家新社会运动的框架，并且将自己的传统诉求和斗争方式与新社会运动的特征结合起来，进入了一个新的发展阶段。

二　黑人争取平等权利运动的发展与特征

在与西方国家新社会运动结合之后，黑人争取平等权利运动并未与它的旧形式彻底决裂。黑人对传统的社会、政治和经济权利的关注仍然保持了下来，而且从某种程度上说它们依然是新社会运动范畴下黑人争取平等权利运动的主要内容。但是，针对后民权运动时期种族主义和种族歧视的新发展，这个时期黑人争取平等权利运动也的确表现出了许多新特征，它们包括以下几个方面。

（一）加强黑人的种族意识、团结和自尊

20世纪60年代以来，黑人争取平等权利运动中表现出的一个新内容是力争恢复心理上的自尊。南北战争之后很长一段时期内，甚至可以说直到50年代，黑人虽然一直在为争取平等权利而斗争，但他们实际上并未摆脱长期奴隶制造成的自卑心理，其最突出的表现就是白人主流群体对浅肤色的偏爱直接影响了黑人的审美观，而且进而导致在黑人群体内部也因肤色深浅存在着政治、经济和社会地位的差别。1950年，美国黑人社会学家和教育心理学家肯尼思·班克罗夫特·克拉克（Kenneth Bancroft Clark）做了一个著名的玩具娃娃实验。在实验中，他把除了颜色以外完全相同的玩具娃娃（两个是褐色的，两个是白色的）给一群年龄在6—9岁的黑人儿童看，要求他们"（1）给我白色的玩具娃娃；（2）给我有颜色的玩具娃娃"。结果发现，75%的儿童能够正确地指出有颜色的玩具娃娃。然后，这些儿童被进一步问到下面的问题："你最喜欢什么样的玩具娃娃？你愿意和什么样的玩具娃娃一起玩？给我看上去不好的玩具娃娃？"结果，大多数儿童都表现出"明白无误地喜欢白色娃娃并且不愿意接受褐色娃娃的倾向"。克拉克从中得出的结论是，这表明了美国社会上

的种族主义已经对黑人儿童造成了巨大的影响，使他们在很小的时候就形成了凭肤色区分等级的观点，导致了在黑人中间出现一种自我憎恨和自卑的情绪。这种情绪在黑人运动的领导层中也同样反映出来，其中浅肤色的（特别是黑白混血儿）中产阶级一直占绝大多数。除了他们能够接受较好的教育，有较高的社会经济地位之外，另一个重要原因是他们相对而言更能被白人主流群体所接受。早在黑奴解放时期，"传统上自由、教育和财产权都掌握在黑白混血儿手中……他们成为重建时自由民的政治代表，也是他们的教师、专业人员和领导者"。历史学家福赛瑟（Forsythe）发现："在重建时期作为黑人代表的 20 个众议员和 2 个参议员中，除了 3 人外都是黑白混血儿，而在 1831—1835 年反对奴隶制抗议的 39 个领导人中，有32 人通常是被描述为混血人种的人。"这一点直到 20 世纪 50 年代黑人争取平等权利运动高涨的时期也几乎没有变化。当时的黑人领导人都是"绅士，那些在内战和重建时期行使领导权的自由黑人和黑白混血儿的直系后裔"。因此，人们认为，在黑人中已经出现了一个既得利益集团，他们是"黑人清教徒阶层，是南北战争前和重建时期上层阶级的直系和精神后裔"。①

从 20 世纪 60 年代开始，大批非洲国家的独立使美国黑人获得了政治和心理上的激励，他们认为随政治独立而来的将是经济独立、文化复苏，最终恢复非洲作为国际大家庭中一个重要成员的地位。年青一代的黑人领导人开始致力于在黑人中重新唤起新的自尊感，提倡建立一个黑人的"伊斯兰国家组织"（Nation of Islam），并且呼吁黑人抛弃他们从奴隶制度时期继承下来的名字，而采用新的伊斯兰或非洲的名字。在这方面，马尔科姆·X（Malcolm X）起了非常重要的作用，他的《马尔科姆·X 自传》阐述了他是如何力图让自己从"黑奴"变成"黑人"的，成为 20 世纪 60年代黑人运动领导者们的必读物。他的影响与非洲独立运动的激励联合起来，推动学生非暴力运动协调委员会（Student Nonviolent Coordinating Committee）的活动家们在 1966 年发起了黑人权力运动（Black Power）。黑人权力运动的目标非常明确，该运动的奠基人斯托克利·卡迈克尔（Stokely Carmichael）写道："我们的目标是阐明并且鼓励一种新的意识。因为黑人所有遭到贬低的经历产生了社会和心理上非常明确的影响……一

---

① ［美］罗伯特·史密斯：《后民权时代的种族主义》，第 132 页。

种有害的憎恨自己和群体的观念……—种新的意识，这是至关重要的第一步。绝对重要的是黑人了解他们的历史，让他们知道他们的根，让他们了解他们的文化遗产。"① 因此，从一开始，黑人权力运动就不仅寻求意识形态上的、组织上的和政治上的变化，而是同时寻求心理上的和文化上的变化，使它既成为一种争取社会和政治上的平等权利同时又推动黑人恢复自尊心理的运动。

推动黑人恢复自尊的第一步就是为美国的黑人群体寻找一个能够反映他们心目中的自我形象的新名称。在历史上，美国黑人曾经有过不同的称呼。19 世纪之前，黑人将自己称为非洲人（非洲人卫理公会主教派教会就是这个时代的产物），美国内战后，黑人一度将自己称为自由人，后来又用过美国黑人和有色人种等称呼。但是在社会上，最流行的对黑人的称呼是黑奴（negro），20 世纪 30 年代，甚至包括 E. B. 杜波依斯（E. B. Du Bois）在内的许多黑人知识分子都使用这个称呼。直到 60 年代，黑人权利运动才对这个种族主义色彩浓厚的名称提出了有力的挑战。当时可供选择的名词包括非洲裔美国人（African Americans）、美国黑人（American Blacks）和黑人（Blacks），最终黑人成了人们所选择的新名称。这不仅是因为"黑人"这个名词更为简短，而且也因为它用一种与种族主义截然相反的方式代表了对黑色和黑人的维护。比如，在种族主义的世界观中，黑色被认为是丑恶的，而"Black"这个词作为中性的对颜色的描绘则不带有任何贬义。这个时期流行的汽车保险杠标贴和其他口号都声称"黑色是美丽的"。当时的黑人歌手詹姆斯·布朗（James Brown）最流行的单曲的名字叫"我是黑人我自豪"。最后，在白人至上主义的意识形态中，黑色意味着恐惧和对黑人的厌恶，因此在那些最激进的黑人活动家看来，这也是一个表达他们的好斗意识和战略的合适称号。因此，"黑人"这个词很快成为学生和知识分子们喜爱的称呼，并且在黑人报纸上取代了黑奴，许多争取黑人平等权利运动的成员们也逐渐接受了这个词。普通黑人群众和白人对这个称呼的接受则较为缓慢，最初作出改变的是白人激进分子和自由主义者，接着是白人的精英群体。在 1968 年的大选中，尼克松采用了"Blacks"这个词来称呼黑人，并且在当选总统后，用它来描述自己的"黑人资本主义"计划。

---

① ［美］罗伯特·史密斯：《后民权时代的种族主义》，第 82 页。

1970年，《纽约时报》用"黑人"这个词代替了黑奴，美联社也对它的书写体例进行了改变。在精英阶层中出现的转变最终影响到了黑人大众。1968年《新闻周刊》进行的一次民意测验中，发现69%的黑人喜欢"黑奴"这个称呼，只有6%的人喜欢"黑人"这个名词。但是到了1974年，绝大多数人就改变了他们的想法，开始将黑人这个名词作为黑人权利运动的象征而加以热情的支持。

　　用黑人取代黑奴不仅是一个象征性名词的变化，也是黑人文化复兴运动的组成部分。在校园里，学生们被发动起来，并且在全国有色人种协进会（National Association for the Advancement of Colored People，NAACP）活动家的组织下建立了黑人学生联盟，目的在于增加学校中黑人学生和教职员工的数量，并且通过增设关于黑人研究的系和研究计划来改变学校的课程设置。这个运动对黑人争取平等权利运动有重大的意义，因为它为新的黑人意识提供了知识和机制性的基础。卡迈克尔在他的《黑人权利》一书中指出，黑人权利运动的成功需要黑人重新发现他们的根，学习他们的历史，并且了解他们的遗产，而黑人研究是实现这些目标的具体努力。实际上，校园黑人运动的影响远远超出了这个范畴，甚至可以说它象征着黑人争取平等权利运动在新时代发生的转变。以往的黑人争取平等权利运动，其目标在于让黑人更多地融入美国的主流社会，通过强调黑人和白人是"一样的"来争取黑人的平等权利，"同化"是那个时代黑人争取平等权利运动的基调。1963年8月28日，小马丁·路德·金牧师在华盛顿林肯纪念堂前发表了著名的演说《我有一个梦》就是这种基调的极好表现。在演说中，他的呼吁是"席卷黑人社会的新的奇迹般的战斗精神，不应导致我们对所有白人的不信任——因为许多白人兄弟已经认识到，他们的命运同我们的命运紧密相连，他们的自由同我们的自由休戚相关"；他的梦想是"在佐治亚州红色的山冈上，昔日奴隶的儿子能够同昔日奴隶主的儿子同席而坐，亲如手足"；他的号召则是"我们一同工作，一同祈祷，一同斗争，一同入狱，一同维护自由"①。但是，20世纪60年代在黑人权利运动的影响下，黑人校园运动开始更多地强调黑人"自己的"种族、文化和历史特征，在争取平等权利的同时力图保持黑人的种族和文化

---

　　① 马丁·路德·金：《我有一个梦》，摘自 http://www.360doc.com/content/09/1018/20/0_ 7480487，2013年8月16日登录。

特性，从而使这个时期的黑人争取平等权利运动带有文化多元主义的色彩，"异化"成了它的基调，这就构成了新社会运动范畴下黑人争取平等权利运动的一个重要特征。

在这种"异化"基调的推动下，黑人不再为自己在名字、肤色、发型、服装方面与白人不同而感到羞愧，相反他们开始尽力展示这些不同，以强调自己的种族和文化特征。20世纪60年代以前，黑人曾经不喜欢自己那"古怪的、卷曲的"头发，他们用各种化学药品和烫发工具来拉直它。但是在黑人权利运动的影响下，黑人的鬈发被称为"自然发型"很快流行起来。"自然发型"这个名称不仅表示黑人已经不再为他们的鬈发感到害羞，而且在某种程度上也代表了黑人正有意地彰显他们与白人主流群体的不同之处，挑战以往那种将黑人同化入美国社会的观点。60年代末，人们在发型问题上常说的一句话就是："经过修饰的头发就意味着经过修饰的思想。也就是说，顶着一头欧洲式样头发的人们思考起来也像欧洲人。"当时黑豹党领导人，黑人女政治活动家安吉拉·戴维斯（Angela Davis）那顶着一头浓密鬈发的照片很快受到了黑人的喜爱，许多黑人特别是年轻黑人也纷纷效仿戴维斯留起了"自然发型"。对他们来说，这不仅是一种时髦的外表，而且也代表了他们对安吉拉·戴维斯在争取黑人平等权利方面所持激进立场的支持和认同，使"自然发型"成为黑人好斗精神的象征。许多黑人效仿马尔科姆·X的榜样，将奴隶制时代获得的盎格鲁式名字改成具有非洲或伊斯兰起源的名字，比如卡修斯·克莱（Cassius Clay）变成了穆罕默德·阿里①（Muhammad Ali）、卢·艾尔辛多尔（Lew Alcindor）变成了卡里姆·阿布杜尔—贾巴尔②（Kareem Abdul-Jabbar）、斯托克利·卡迈克尔则变成了库瓦姆·图雷（Kwame Toure）。黑人的服装——颜色花哨的短袖套衫、布巴装和珠宝饰物——也变得流行起来，这些都成为黑人种族和文化特征的标志。

这样，黑人权利运动就在20世纪60年代造成了与以前的年代或美国其他少数种族相比更高的种族意识和团结，从而推动黑人争取平等权利运动进入了一个新的发展阶段。在这个阶段，同化的意识形态逐渐让位给了

---

① 20世纪60年代美国最著名的拳击选手，9次卫冕成功。曾因拒绝去越南服兵役而被判5年徒刑。

② 美国NBA著名球员，至今保持着NBA总得分的最高纪录。

一种社区性、民族性的思潮，它加强了黑人的个人意识、民族自决和自尊，也加强了黑人群体意识。美国研究黑人争取平等权利运动的历史学家们将这个过程称为"从黑奴到黑人"的转变过程，这个过程给黑人的政治思维造成了根本性的变化。美国政治学家沃伦·米勒（Warren Miller）写道："对黑人公民政治行动的某种特定程度的理解可能发生了变化。当代黑人领导人可能用一种20年前的黑人领导人所无法想象的方式影响了作为黑人所具有的政治含义。的确，现在种族身份是用来衡量许多公民的政治选择最有用的标准。"全国性的调查资料表明，1960年，只有26%的黑人将自己的利益与群体利益等同起来，而到1980年，这个比例就增长到54%。① 这表明，在黑人权利运动的影响下，一种跨越阶级界限的黑人政治文化正在形成。

20世纪70—80年代，新自由主义思想在美国迅速崛起，黑人权利运动开始淡出政治舞台，但是它给黑人带来的种族意识和团结并未随之消退，相反在新的形势下有了进一步的发展。在新自由主义思想的影响下，黑人群体中的贫富差距日益扩大。虽然在20世纪最后25年里，人们看到黑人群体中已经出现了一个相当有保障的富裕中产阶级，但与此同时仍然有1/3的黑人生活在难以言表的贫困、窘迫之中。这个现实给黑人，特别是下层黑人和争取黑人平等权利的活动家们造成了巨大的心理影响，使得道格拉斯·威尔德②（Douglas Wilder）或柯林·鲍威尔③（Colin Powell）取得的成就黯然失色。新自由主义思想对个人努力的强调以及里根政府在种族公正问题上立场的倒退，使得绝大多数黑人感到社会似乎并不关心他们。黑人中的民族主义情绪越来越强，他们中许多人觉得自己遭到了社会的排斥和蔑视，并且相信如果黑人要在这样一个充满敌意的社会中生存下去的话，就只有依靠他们自己、他们自己的资源和自己的文化。而许多争取黑人平等权利的活动家们为了抵消群体内部贫富差距给黑人团结造成的不利影响，也有意识地强调黑人的种族与文化共性。于是，一个新的术语"非洲裔美国人"开始被提出，企图用来取代"黑人"，成为美国黑人的新名称。这个术语是在1988年年底于芝加哥召开的全国黑人领导人会议

① ［美］罗伯特·史密斯：《后民权时代的种族主义》，第87页。
② 弗吉尼亚州的第一位黑人州长。
③ 美国历史上第一个黑人上将、第一个黑人参谋长联席会议主席和第一个黑人国务卿。

上，由全国城市联盟（National Urban Coalition）的代表拉莫纳·埃德林（Ramona Edelin）提出的。当时著名的黑人运动领袖小杰西·杰克逊（Jesse Jackson Jr.）强烈支持采取这个新的称呼，他认为这个词代表了非洲裔美国人的"文化完整性"。杰克逊说："'黑人'这个词已经不能描述我们的状况。在我家里现在有7个人，没有一个人的肤色相同……但我们都具有非洲的遗产。"① 正如杰克逊所指出的，"非洲裔美国人"这个词把黑人置于一个适当的历史氛围中，使黑人像美国社会上的其他种族集团一样归根于某个土地基础和某个历史性的文化基础。"非洲裔美国人"这个词意味着美国黑人群体的认同感已经不仅来自共同的肤色，而且也来自非洲的地理、历史和文化遗产，从而能够进一步加强黑人团结的纽带。当然，就像20世纪60年代的"黑人"取代"黑奴"需要一个过程一样，在"非洲裔美国人"这个术语刚刚提出的时候，也是精英阶层比普通大众更能接受它。1990年的盖洛普民意调查显示，在普通黑人中，有72%的人说他们更喜欢黑人这个名称，而只有15%的人说他们更喜欢非洲裔美国人这个名称。后者主要集中在那些受过大学教育的人或年轻人中间。② 但是，到了21世纪初，精英阶层中讨论黑人问题时，非洲裔美国人这个名称已经逐步变成了标准化用语。

在加强黑人的种族意识方面，文化起了非常重要的作用。自从20世纪60年代的黑人权利运动以来，黑人文化就开始带有越来越强的政治性内容。1968年，黑人艺术评论家拉里·尼尔（Larry Neal）发表了《美国戏剧评论》一文。在这篇文章中，尼尔明确地将黑人艺术与黑人权利政治联系起来。他说：

> 黑人艺术运动激进地反对将个人与他的社群分离开来的艺术家概念。黑人艺术是美学和黑人权力概念的精神姊妹。就其本身而言，它展望了一种直接表达美国黑人的需要和渴望的艺术。为了执行这个任务，黑人艺术运动建议对西方文化美学进行激进的改组。它建议采用一种独立的象征主义、神话、批评和讽刺。黑人艺术和黑人权利这两个概念与美国黑人对民族自决和民族性的渴望广泛地联系起来。这两

---

① ［美］罗伯特·史密斯：《后民权时代的种族主义》，第100页。
② 同上书，第101页。

个概念都是全国性的。其中之一关注的是艺术与政治之间的关系，另一个概念关注的则是政治的艺术。①

在尼尔等人的推动下，黑人艺术开始出现了新的发展，这种发展在黑人的流行音乐中表现得特别明显。传统的黑人流行音乐是与政治无关的，集中在性和爱的主题上，其韵律适合于舞蹈，但从 20 世纪 60 年代起，它开始具有了明确的政治特征。许多传统上对政治不感兴趣的歌手们都开始在他们的音乐中包含了关于种族意识和团结的信息，比如詹姆斯·布朗的《我是黑人我自豪》、诱惑乐团（The Temptations）的《给黑人的信息》、马尔文·盖耶（Marvin Gaye）的《内城区的蓝色》以及 B. B. 金（B. B. King）的《为什么我歌唱蓝色》，等等。这样，黑人流行音乐就逐步演变成了推动文化和政治变革的工具。

不过，黑人流行音乐真正展现出其政治潜力还是在 20 世纪 80 年代中期到 90 年代初开始的，这段时期被称为嘻哈音乐的黄金时期。这个时期诞生的一些嘻哈音乐的代表性歌曲和乐团对整整一代年轻黑人产生了巨大的影响。人民公敌（Public Enemy）乐团的著名唱片《国家花费数百万来抑制我们》（*It Takes a Nation of Millions to Hold Us Back*，1988 年）确定了嘻哈音乐的政治基调，而唱片上他们头戴贝雷帽站在枪支准星十字线上的黑人形象成了表达黑人自豪感和抵抗情绪的全球性象征。BDP 乐团 1988 年的著名歌曲《用所有必要的手段》（*By All Means Necessary*）直接取材于马尔科姆·X 关于"采用任何必要的手段"争取黑人平等权利的言论，表明嘻哈音乐与黑人权利运动之间的联系。N. W. A 乐团冲破了嘻哈音乐主要是描述东海岸特别是纽约年轻黑人生活的框架，从洛杉矶中南部街头文化的角度向全世界展现当地年轻黑人的形象。他们最具挑衅性的歌曲《去他妈的警察》（*Fuck The Police*）是嘻哈音乐历史上政治色彩最浓的歌曲之一，成了心怀不满的年轻人喜爱的歌曲。

除了在舞台上传播自己的政治观点之外，嘻哈乐团还直接卷入政治活动，发挥了重要的动员作用。1996 年，嘻哈音乐联盟（Hip-Hop Coalition）领导了一场争取投票登记的斗争。通过嘻哈音乐影响教育课程组织（Rappers Educating All Curricula Through Hip-Hop，REACH）鼓励人们参与

---

① ［美］罗伯特·史密斯：《后民权时代的种族主义》，第 85 页。

市政事务。地方行动、支持、训练和教育网络把重点放在发展年轻的领导层上。争取全球权力重新分配的嘻哈音乐自觉行动组织（Conscious Hip-Hop Activism Necessary for Global Empowerment，CHHANGE）强调社区组织和投票教育。其中最著名的组织是嘻哈峰会行动网络组织（Hip-Hop Summit Action Network）。2001 年起，它在纽约、洛杉矶和其他城市资助了大量的嘻哈音乐峰会，将嘻哈音乐名人和传统的民权运动领导人召集在一起开会讨论与社会正义有关的问题。该组织声称，它的目标是"致力于利用嘻哈音乐的文化关联来为推动解决对年轻人的权力至关重要的教育和其他社会问题服务"，并且强调"嘻哈音乐是一个推动与贫困和不公正做斗争的社会变革的有巨大影响力的工具"。[①] 该组织在动员黑人争取平等权利方面发挥了巨大的作用。2002 年 6 月，纽约市发生了著名的"为教育而动员"事件。当时的纽约市市长迈克尔·勃鲁姆贝格（Michael Bloomberg）为减少政府开支，准备将对教育的资助减少 10 亿美元。这个裁减的主要受害者是黑人。嘻哈峰会行动网络组织与争取高质量教育联盟（The Alliance for Quality Education）、教师联合会（United Federation of Teachers）联合资助了抗议运动，吸引了教师、学生、家长和黑人活动家在内的 10 多万人参加。嘻哈峰会行动网络组织的所有者、黑人企业家拉塞尔·西蒙斯（Russell Simmons）说："我们不得不以穷人和那些受到体制错误对待的人们的名义讲出真相。我们决定建立一个基层运动来对此做出挑战，并且将这种无动于衷的感情转变成遍及全国的争取进步性社会变革的充满活力的、积极的力量。"[②] 这次抗议运动对政策造成了巨大的影响，不久勃鲁姆贝格市长不得不在他的预算建议中恢复了对教育的 2.98 亿美元资助。

　　在加利福尼亚，特别是海湾地区，嘻哈音乐被人们用来反对诸如第 21 条提案之类带有种族歧视色彩的立法措施，该提案提出了对年轻人新的审判程序，并且将造成 400 美元以上财产损失的行动定为重罪，从而导致大量有色人种的年轻人被关进监狱。年轻人利用嘻哈音乐作为工具，抗议增加监狱建筑，并且影响加利福尼亚管教委员会（California Board of

---

　　① ［美］嘻哈峰会行动网络（Hip-Hop Summit Action Network）：《我们的使命》（"Our Mission"），*Hiop-Hop Summit Action Newwork*。

　　② ［美］R. 西蒙斯：《嘻哈为更好学校而斗争》（R. Simmons, *Hip Hop's Fighting for Better Schools*），《纽约每日新闻》（*New York Daily News*），2002 年 6 月 10 日。

Corrections）在犯人管教方面所作出的重要决定。在他们的努力下，加利福尼亚不得不减小拟议中建造的监狱规模。艾拉·贝克中心的创立者范·琼斯（Van Jones）声称："这个运动意味着嘻哈一代的年轻人找到了他们的政治声音……他们是那些已经遭到社会排挤的有色人种劳动阶级的孩子。他们被告知他们不能在市政厅中斗争。但是不管怎么说，他们正在斗争。"① 在"制度性种族歧视"成为种族歧视主要形式的时代，嘻哈音乐为黑人提供了加强种族意识和政治动员的新工具，成为黑人争取平等权利运动的一个重要手段。

黑人种族意识的加强并非美国特有的现象，黑人权利运动的影响甚至波及其他有黑人居住的西方国家。1967 年，卡迈克尔前往伦敦参加"解放的逻辑"代表会议（Congress on Dialectics of Liberation），他在全体大会和小组会上都做了发言。当时英国黑人受马尔科姆·X 的影响较深，在那里已经成立了马尔科姆·X 的种族协调行动协会（Racial Adjustment Action Society）。因为马尔科姆·X 更加强调黑人在伊斯兰教信仰方面的共性，而黑人权利运动却并不是围绕着宗教信仰组织起来的，所以马尔科姆·X 的观点更能被英国黑人接受。然而，在卡迈克尔的讲话之后，黑人权利运动的影响在英国迅速扩大。1967 年 11 月 10 日，世界有色人种协会（Universal Colored People's Association）出版了《黑人权力宣言》（*Black Power Manifesto*），使许多英国黑人开始接受黑人权利观念。世界有色人种协会的发言人声称，在该书出版后 7 个星期内，他们在伦敦就招收了 778 名新会员。20 世纪 60 年代，也成为英国黑人种族意识开始觉醒的时期。

（二）黑人运动跨国联系的加强

黑人运动的跨国联系并不是在新社会运动范畴下出现的新生事物。早在 20 世纪初，就已经出现了加强不同国家间黑人运动联系的大规模努力。1919 年 2 月 E. B. 杜波依斯在巴黎发起的泛非大会（Pan-African Congress）运动就是这方面最早的一次努力，该运动在 1945 年的第五届泛非大会上达到了顶峰。20 世纪 20 年代马库斯·加维（Marcus Garvey）的全

---

① 参见［美］约翰·格利奥拉《青少年在反监狱斗争中获益》（John Glionna, *Teens Gain in Fight against Jail*），《洛杉矶日报》（*Los Angeles Times*），2001 年 11 月 13 日，第 31 版。

球黑人促进协会（United Negro Improvement Association，UNIA）在美国建立了 700 个以上的分支组织，另外在加勒比海地区和非洲也建立了几百个分会。1955 年 4 月召开的万隆会议作为第三世界国家首次在没有西方列强参加的情况下召开的国际会议，在反对殖民主义和霸权主义方面发挥了重要作用，也在一定程度上促进了黑人运动的跨国合作。在新社会运动范畴下加强黑人运动跨国联系的努力，在某种程度上可以视为上述这些国际性行动的继承者。但在新的历史时期下，它们也表现出和以往传统运动不同的新特征，这些特征集中体现在以下两个方面。

首先就是过去加强黑人运动跨国联系的努力往往是以唤起国际社会对黑人境遇的关注为主要目标，其主要成果则是提出加强黑人国际联合的行动纲领，这对于为黑人运动争取国际社会的同情和支持并且在理论上为黑人运动制定发展战略是非常重要的，但缺陷在于它们很少把黑人联合起来针对某个具体问题进行斗争。在新社会运动范畴下，传统的加强黑人运动跨国联系的努力并未消失，相反还有所加强。这方面的一个突出例子就是 2001 年在南非德班召开的联合国世界反种族主义大会（United Nations World Congress Against Racism，UNWCAR）及其预备会议和后续会议。这些会议最终阐明了"全球性种族隔离"的概念，认为全球性种族隔离是"一个限制少数民族的国际体系，它是由以下因素造成的：对基本人权的不同认识；由种族和地理位置所决定的财富和权力结构，它具体表现为全球经济进程、政治机构和文化理念以及根据地理位置、血缘、种族和性别所确定的对某个特定的'他者'群体赋予劣等权力地位方面的国际双重标准"[①]。这个定义发挥了令各地反种族主义斗争合法化的职能。但是，自从 20 世纪 80 年代以来，加强黑人运动跨国联系的努力开始具备了新的内容，那就是针对"制度性种族歧视"的新现象，加强针对某个具体问题的黑人间跨国合作，来维持黑人的平等权利，并进而加强世界各地黑人的"群体意识"。

这方面的努力采取两种方式。一种方式是通过国际非政府组织（International Nongovernmental Organization，INO）与各国黑人运动的基层组织或各国政府合作向当地黑人提供帮助。美洲开发银行（Intra-American

---

① ［美］萨利赫·布克、威廉·明特：《全球性种族隔离》（Salih Booker and William Minter，*Global Apartheid*），《民族》（*The Nation*）2001 年 7 月 9 日，第 11 页。

Development Bank）与巴西政府合作为巴西黑人开设预备课程就是这方面的一个例子。另一种方式更为流行而且也似乎更为有效，那就是不同国家黑人基层组织之间的合作。在反对警察暴行领域这方面的合作尤为突出。20世纪70年代中期，美国黑豹党成员迈克尔·辛森（Michael Zinzun）在洛杉矶建立了反警察暴行联盟（Coalition Against Police Abuse），从20世纪90年代开始，该组织开始加强跨国合作的努力，在美国的活动家与巴西里约热内卢的黑人领导人和组织之间建立合作。1993年，洛杉矶中南部的15名黑人居民——他们是当地两个基层组织反警察暴行联盟和支持帮派停战协会（Community in Support of the Gang Truce，CSGT）的成员——前往里约热内卢，与当地巴西黑人活动家会晤，并交流了关于政治斗争的经验。这样，美国与巴西的黑人运动就建立了联系渠道。巴西和美国的黑人在警察暴行、贫困、失业、毒品交易方面有着共同的遭遇。他们认识到各自的特殊性，但是仍然强调两国的黑人有可能制定一个共同的战略来解决这些问题，并且有必要从全球的角度来考虑这些问题。作为反警察暴行联盟的发起人，辛森在和巴西黑人活动家交流的时候最经常说的一句话就是："你就是我，我就是你。"在第一次会晤之后，巴西的黑人运动组织者就多次访问洛杉矶与其他美国城市，美国反警察暴行联盟和支持帮派停战协会也前往巴西城市，熟悉彼此的实际情况和政治计划。美国的黑人运动组织出版了大量介绍巴西棚户区和警察暴行状况的文章，指出自从20世纪80年代以来黑人棚户区出现了两个日益加强的趋势——毒品贸易的发展以及毒品贩子与警察之间冲突加剧；同时，失业问题对棚户区的劳动阶层造成了巨大的影响。[①] 这些文章将全球性资本主义的发展与巴西对黑人的警察暴行联系起来，认为正是由于通用电气公司进行的裁员导致里约热内卢棚户区大量黑人失业，他们被抛出了正规的就业市场，而不得不从事毒品买卖养家糊口。许多买卖毒品的黑人——大部分是午龄在10—25岁的男性青年——将毒品贸易视为替代性工作，而巴西政府对毒品开战的政策则使得警察有合法借口对黑人采取暴力镇压，于是警察暴行就支配了里约热内卢棚户区日常生活。美国方面对巴西警察暴行的这些报道引

---

① ［美］威廉·罗宾逊：《拉丁美洲和全球资本主义》（William I. Robinson, *Latin America and Global Capitalism*），《种族和阶级》（*Race & Class*），第40卷第2期，1998—1999年，第111—131页。

起了世界性的关注。1996 年的《人权观察》报道说，巴西警察反对毒品的行动中"充满了拷打、随意扣押、毫无证据的搜查以及不必要的使用死刑"①。以反对警察暴行为切入口，美国和巴西黑人运动之间的合作很快进一步发展到对彼此文化共性的强调。2007 年，美国得克萨斯大学的非洲人和非洲裔美国人研究中心（Center for African and African American Studies）、里约热内卢州立大学和里约热内卢的一个黑人妇女组织克里奥拉（Criola）共同组织了讲授关于客居异地的非洲人理论与政治问题的课程，该课程持续时间长达 3 年。通过这些活动，在巴西和美国的黑人之间的种族认同感开始产生并加强，而辛森中心作为跨半球的黑人合作组织也发展起来。

　　除了在具体问题上的合作之外，学术研究也成了各国黑人加强其文化认同感的一个重要渠道。努比亚历史研究在美国的兴起和发展就是这方面的一个典型例子。从 20 世纪 80 年代开始，美国研究非洲的学者们被古努比亚的"黑人法老"所吸引，而且这种兴趣又进一步扩展到对努比亚土著居民的研究。在美国改革后的课程中，非常提倡将古代努比亚作为黑非洲文明的典型进行研究。在 1994 年和 1995 年，波士顿的东北大学（Northeastern University）非洲裔美国人研究系（Department of African A-merican）的罗纳德·贝利（Ronald Bailey）领导了国家人文基金会（National Endowment for the Humanities）资助的一项中小学课程改革和教师教育计划，该计划题为"努比亚：古非洲文明跨学科研究的宝贵资源"，并且计划在波士顿美术博物馆（Boston Museum of Fine Arts）中展出努比亚文物。这些行动有效地改变了努比亚人在世界眼中的形象，他们过去往往被视为法老埃及时期的"野蛮人"，现在人们开始认可努比亚人有着自己的文化、宗教和种族特性。而这对于埃及和苏丹的努比亚人争取自己的种族身份获得承认的努力有很大的帮助。

　　加强黑人跨国联系努力的第二个特征就是文化特别是流行音乐在这个过程中发挥了日益重要的作用。嘻哈音乐不仅是在美国黑人中进行政治动员的重要工具，其影响还波及国外。在南非，嘻哈音乐成为边缘化的年轻人用来阐明其相关社会身份的有效工具。在种族隔离时代，嘻哈音乐作为

---

① 见 1996 年《人权观察·美洲：巴西城市中的警察野蛮》（*Human Rights Watch/Americas: Police Brutality in Urban Brazil*），第 33 页。

黑人的流行音乐，没有获得南非政府的承认，这使它很难获得用来创作音乐的装备，但嘻哈文化的其他形式比如霹雳舞和涂鸦艺术却仍然流行开来，而且在开普敦也成立了达市的先知乐团（Prophets of Da City），该乐团将从本土、美国以及英国的音乐中提取出的要素混合起来进行音乐创作。由于受到本土种族主义的压制，南非的嘻哈乐手们很难发行原创唱片和出版物，因此他们受美国和英国的嘻哈音乐影响很深，但是他们仍然在努力坚持自身的文化特色。达市的先知乐团的说唱歌手沙希恩承认："我们是听着美国和英国的嘻哈音乐长大的……但我们并不认为任何海岸或地区的音乐是权威性的，我们承认在风格或制乐、创作以及发行方面存在着差异。"[1] 达市的先知乐团在电台中用他们的音乐让人们重视黑人群体中艾滋病患者的巨大比例，并且批评监狱和公共医疗保健领域中的种族歧视现象。南非的一个人类学家戴维·科普兰（David Coplan）认为，在南非通过嘻哈音乐进行的政治表达直接反映了黑人确立自身政治和民族身份的需求。他说：

> 我们需要对流行音乐中的"政治"本质进行重要的反思。音乐中的政治……意味着将表演过程中所产生的能量和愿望转化成社会改革。对于一个像南非那样需要在所有层面上进行改革而且新的、更和谐的种族身份并非来自统一的大众文化的分裂社会而言，帮助公民彼此交流与帮助他们向统治者说出真相可能同样重要。[2]

当然，南非黑人并非纯粹地接受嘻哈音乐，他们将嘻哈音乐与本土的城市音乐形式克瓦托音乐结合起来，作为对黑人缺乏社会服务、教育机会以及政治代表权问题进行严厉批评的工具。大多数年轻人将这种流行音乐视为一种新的表达方式。而随着南非种族主义制度的瓦解，嘻哈音乐的商业性也不断增强，它继续成为表达南非黑人创造了什么，以及他们如何在

---

① ［美］S. 阿菲尔戴恩、N. 艾布拉姆斯：《开普敦的平淡变化：嘻哈艺术在南非》，见杰夫·昌主编《整体混乱：嘻哈艺术与美学》（S. Afiefdien and N. Abrahams, *Cape Flats Alchemy: Hip-Hop Arts in South Africa*, Jeff Chang, ed., *Total Chaos: The Art and Aesthetics of Hip-Hop*），纽约基础图书出版公司 2006 年版，第 262—270 页。

② ［美］戴维·科普兰：《上帝震动了非洲：对南非黑人流行文化中政治思想的思考》（D. Coplan, *God Rock Africa: Thoughts on Politics in Popular Black Performance in South Africa*），《非洲研究》（*African Studies*），2005 年第 1 期，第 9—27 页。

迅速变动的社会中阐明自身政治、经济和文化诉求的重要途径。

英国也同样深受美国嘻哈音乐的影响，而且将嘻哈音乐与本国的拉普说唱乐结合起来，形成了本国独有的嘻哈音乐形式。20世纪80年代，英国与美国一样，也经历了新自由主义思想迅速发展的时期。玛格丽特·撒切尔政府采取的新自由主义政策推动将煤气、钢铁和电信产业私有化，导致失业率增长，用于艺术、娱乐和为年轻人提供社会服务的资金也遭到大幅度削减。20世纪90年代早期上台执政的托尼·布莱尔工党政府又鼓吹"第三条道路"，继续了撒切尔时期的产业私有化政策以及在社会福利方面的倒退趋势。这些条件与同期内美国的情况类似，这就使得英国的黑人更容易理解美国嘻哈音乐中包含的政治内容，并为其所吸引。这个时期英国的文化界，特别是在制乐领域中，"结合"这个术语的使用大量增加。英国的音乐工作者们将丛林乐（jungle）、鼓打贝斯（drum and bass）和拍舞曲（two-step）那种打击乐、快节奏和慢节奏相混合的形式与嘻哈音乐的制乐技术——主要是节录、循环播放以及在舞曲中大量使用休止符——结合起来，将美国的嘻哈音乐本土化，在英国深深扎根下来并成为英国流行音乐舞台上的一部分。嘻哈音乐传入后的第二代英国年轻黑人开始将这种音乐视为新的文化表达方式加以接受，在这么做的同时，他们也就为自己确立了一种新的身份。这种身份所依据的是美国黑人通过嘻哈音乐、瑞格舞（reggae）、乡土爵士乐（funk）和黑人灵歌所体现出的听觉和视觉形象，为他们作为年轻人、黑人以及英国人的身份含义增添了新的内容。

这种内容将文化多元性引入英国的种族关系中。因为嘻哈音乐形成了一种与白人的流行音乐截然相反的音乐风格，英国黑人认为它能够很好地反映出他们与白人的不同之处。英国黑人用嘻哈音乐来塑造种族群体感，也就是多代遗留下来的祖先离乡背井、客居异地的感情，这种感情使英国黑人感到他们和分散在其他西方国家的黑人之间存在着某种共同的东西，能够相互理解。一个英国黑人在1999年回忆说：

> 虽然我只是在电视里才见过波多黎各的黑人，但是我仍然能够感到他们的嘻哈音乐所表达的是黑人种族共有的东西。那是一种曾经受到压迫的少数种族表达出的感情。他们是如何受困在贫民窟中的，他们是如何被压在社会最底层的。现在他们有机会告诉人们他们是如何

生活的了。过去，白人有流行音乐和其他的文化媒介来表达他们的感情，而我们（黑人）没有任何东西。尽管我们有黑人灵歌，但即使我们的黑人灵歌和爵士乐也不能触及更广泛的听众，而且其中一些音乐甚至无法触动年轻的孩子们。可是嘻哈音乐是一种不管年轻年老都能够深深卷入的东西。①

正是因为英国黑人感到了自己和其他西方国家的黑人经历之间有某些共同之处，英国嘻哈乐界的成员们才能够成功地表达出这样一种感情：所有客居异乡的黑人都是一个整体，即使他们居住的地区并不邻近。这种感觉使嘻哈音乐在英国获得了生命力，变成由英国黑人自行创造和发展的一种本土文化形式。自从它在20世纪80年代传入英国以后，嘻哈音乐就在英国黑人以及其他被剥夺了选举权的人们中产生了巨大的影响。新一代的英国黑人领导者中许多人都承认，80—90年代的嘻哈音乐帮助英国黑人阐明了种族政治的定义。在历史学家雷蒙德·科德林顿1999年对他们进行访谈的时候，他的一个访谈对象回忆了嘻哈音乐如何唤醒了英国黑人的政治意识："在我们的头脑里，黑色是一种权力，而且嘻哈音乐告诉我们应该完善你自己。班（嘻哈歌手阿弗利卡·班巴塔，Afrika Bambaataa）通过他的《祖鲁国家》（Zulu Nation）告诉我们应该如何进行社区建设。关于和平与平等的思想以及享受娱乐的行为将我们团结起来。它与瑞格舞曲的背景一起让我们成为一个整体。"②

20世纪80年代，嘻哈音乐将美国黑人争取平等权利的信息传到了英国。在它的影响下，英国黑人也开始接受了美国黑人用来表达黑人种族特征的文化形式：以非洲为中心的服饰和画有黑色拳头以及用黑、红、绿三色线条勾画的非洲大陆的挂章和坠饰流行起来。而且，嘻哈音乐的乐手们也唤起了英国黑人对南非黑人争取种族平等的政治进程的关注。英国嘻哈乐手们组成了一个名为帮助争取平等权利黑色韵律组织

---

① ［美］雷蒙德·科德林顿：《新形式：嘻哈音乐的政治潜力》，见利思·马林斯主编《非裔移民社群中的新社会运动：挑战全球种族隔离》（Raymond Codrington：New Forms：The Political Potential of Hip-Hop, Leith Mullings, ed. , New Social Movements in the African Diaspora, Challenging Global Apartheid），第257—258页。

② ［美］雷蒙德·科德林顿：《新形式：嘻哈音乐的政治潜力》，见利思·马林斯主编《非裔移民社群中的新社会运动：挑战全球种族隔离》，第258页。

（Black Rhyme Organization To Help Equal Rights，B. R. O. T. H. E. R.），在 1989 年该组织创作了题为《超越 16 度线》的歌曲，以呼吁人们关注南非黑人所受到的不公正待遇（16 度线指的是南非的自由战士们被禁止越过的安哥拉边界线）。这张唱片的收入后来被捐赠给非洲人国民大会。英国的嘻哈音乐乐手们也用有社会意识的歌词和人们能够理解的节奏揭示英国当地的种族歧视现象。比如，Katch 22 乐团在 1991 年创作的《生活在迷失之地的黑人日记》（*Diary of a Blackman Living in the Land of the Lost*）完全采用了一个白人至上主义组织国民阵线（National Front）的原声录音，来揭露英国的种族主义真相。这首歌产生了如此之大的影响，以至于英国最大的广播电台广播 1 台不得不下令禁止播放这首歌曲，以免"引起更大的混乱"。

由于嘻哈音乐在创造黑人共同的种族意识和加强黑人跨国联系方面所发挥的作用，它被视为 20 世纪末艺术历史上最有革新性的运动之一。这种创造性的文化表达形式已经成了一种全球性的现象，有些人将它称为全世界年轻黑人的"通用语"和文化交流的渠道。人们普遍认为，嘻哈音乐为年轻黑人构建政治议事日程发挥了重要作用。随着新自由主义思想泛滥使得"制度性种族歧视"成为种族歧视的主要形式，黑人们无力使用正规的政治结构来唤起政府对种族问题的注意，使用嘻哈音乐为社区和城市的需要服务或吸引人们对诸如监禁和警察暴力之类特殊问题的注意已经成为一种令人感兴趣的模式，它改变了黑人对政治理解的模式。这也是嘻哈音乐能够在许多西方国家流行的原因之一，它的流行反过来又进一步加强了黑人运动的跨国联系，与针对具体问题的黑人基层组织跨国合作一起，成为新社会运动范畴下加强黑人运动跨国联系努力的主要特点。

（三）对经济权利的追求与反对世界不公正的政治经济秩序相联系

对经济权利的追求也不是黑人争取平等权利运动的新内容。如何维持生活一直是贫困黑人面临的一个巨大问题。美国内战后，"四十英亩土地和一头骡子"成为南方许多被解放黑奴的梦想。20 世纪 60 年代，黑人运动的领袖开始加强对黑人经济权利问题的关注。1967 年年底特律暴乱之后，黑人领袖小马丁·路德·金就曾经打电报给约翰逊总统，要求政府为城市中的每一个黑人制订一项联邦就业计划。1968 年春，小马丁·路德·金又发动了一个跨种族的"穷人"向华盛顿进军的运动，以推动国会扩大反贫困计划。[①] 直到今天，对经济权利的维护仍然是黑人争取平等权利运动的一个主要内容，这从他们在福利权利组织中的积极活动中反映出来。另外，随着大量的贫困妇女外出寻找工作，家政服务行业成了她们主要的工作领域。从 90 年代开始，纽约市的有色人种妇女已经建立了一个跨种族的联盟将家政服务工作人员组织起来，改善她们的工作环境。这些，都是美国黑人维护自身经济权利的传统斗争方式的延续。

然而，在新社会运动范畴下，黑人维护经济权利的努力具备了新的内容。那就是随着全球化的推进，黑人不幸的经济境遇常常与世界不公正的政治经济秩序联系在一起。黑人的经济命运不仅不能由他们自己控制，甚至不能由他们所生活的国家政府控制。发达国家或跨国公司的某项决定，往往就会给某个国家的黑人造成致命打击。比如，通用电气公司的裁员决定就会造成巴西里约热内卢棚户区黑人的大量失业，以及从 20 世纪 90 年代开始，哥伦比亚黑人祖居的太平洋沿岸土地因丰富的自然资源和矿产引起跨国公司觊觎，操纵哥伦比亚政府通过法律将当地黑人迁居，等等。因此，从世界角度来看，这些国家黑人维护自身经济权利的努力就往往是和反全球化以及反对世界不公正的政治经济秩序联系在一起的。

这方面一个最著名的例子就是迪戈·加西亚岛（Diego Garcia）上的黑人（被称为查戈斯人，Chagossians）争取夺回自己家园的斗争。迪戈·加西亚岛是印度洋上查戈斯群岛中的一个岛屿，曾经是英国的殖民地，当地的居民都是黑人奴隶的后裔，他们的祖先绝大多数是被欧洲人在 18 世纪末从马达加斯加和莫桑比克西南海岸强行带到这些岛屿上进行开发的。20 世纪中期，迪戈·加西亚岛上的居民大约有 2000 人。50 年代末，由于美国的国家安全机构对于第三世界国家中迅速增长的反西方情绪感到忧虑，并且担心一旦这些国家独立，美国将失去在那里的军事基地，美国海军部便开始从那些战略地位重要而又人口稀少的殖民地岛屿中寻找替代性

---

①　［美］埃尔温·安格：《最好的愿望——在肯尼迪、约翰逊和尼克松时代伟大社会政策的成败》（Irwin Unger: *The Best Intentions——The Triumphs and Failure of the Great Society under Kennedy, Johnson and Nixon*），道布尔迪出版公司 1996 年版，第 250—251 页。

的基地。迪戈·加西亚岛因正好位于印度洋中部而且拥有适于海军行动的巨大天然良港而引起了美国海军部的注意。当时美国国防部将该岛上的近2000名黑人居民描述为"可以忽略不计的人口"。①

1960 年，美国海军作战部部长阿利·伯克海军上将（Arleigh Burke）与英国政府就获取迪戈·加西亚岛问题进行了私下会谈。在接下来的两年里，肯尼迪政府说服英国政府将查戈斯群岛从毛里求斯殖民地分离开来建立一个专门服务于军事用途的殖民地。1965 年在与毛里求斯就独立问题进行谈判的时候，英国政府向毛里求斯的领导人施加了巨大的压力，告诉他们要么同意放弃查戈斯群岛并接受 300 万英镑的补偿，要么就休想独立，毛里求斯不得不接受了英国的意见。1966 年 12 月 30 日，英美政府通过换文确认，美国将无偿使用查戈斯群岛，但在私下里，美国同意向英国支付 1400 万美元用于建设这块领土，以及"慷慨地"向毛里求斯人进行补偿。于是，从 1967 年年初开始，那些前往毛里求斯度假和接受医疗的查戈斯人就被禁止回家，而且英国政府很快就开始限制向查戈斯岛的供应，并将当地居民称为"泰山"和"星期五"②。到 20 世纪 60 年代末，大部分查戈斯人由于缺医少药而离开家园。1971 年，美国海军开始在迪戈·加西亚岛上修筑基地，并且要求英国政府完成驱逐当地居民的行动。对于当地的黑人居民，美国海军上将埃尔默·朱姆瓦尔特（Elmo Zum-walt）只说了四个字："非走不可。"在接下来的两年里，英国政府将岛上残留的居民赶上超载的货船，将他们运往毛里求斯和塞舌尔。

1972 年，英国政府向新独立而且极不稳定的毛里求斯政府提供了 65 万英镑，用于重新安置这些查戈斯人。英国官员自己也承认这笔钱太少了，不能为查戈斯人提供足够的重新安置服务。实际上，重新安置计划从未付诸实施，而且查戈斯人也从来没有接受过当地政府的任何帮助。这些被强行迁居的查戈斯人在到达目的地的时候没有工作、土地和住所，而且几乎身无分文，很难在一个与他们自己的家园截然不同的迅速转型的社会中生活下去。他们的谋生技能与当地的经济不相适应，而且他们的新邻居们也把他们视为不开化的"野蛮人"，这使他们常常成为种族歧视的对

---

① ［美］R. S. 莱迪克：档案备忘录，1969 年 11 月 11 日，海军史中心，行动档案（R. S. Leddick, Memorandum for the Record, November 11, 1969. Naval Historical Center, Operational Archives），档案号：00 Files, 1969, Box 98, 11000。

② 《鲁滨逊漂流记》中鲁滨逊的野人仆人。

象。查戈斯移民群体组织（Chagos Refugees Group，CRG）的副主席奥雷莉·莉塞特·泰勒特（Aurelie Lisette Talate）回忆说："1972 年，我被赶出了家园。1971 年当一群查戈斯人被送往佩鲁斯巴纽斯岛（Peros Banhos）的时候我离开了迪戈·加西亚岛。1972 年，我又离开了佩鲁斯岛。我经过塞舌尔……带着我的母亲和 6 个孩子来到毛里求斯……我是在 11 月，1972 年 11 月到达毛里求斯的，我在博伊斯·马尔尚（Bois Marchand）纪念碑附近得到了一所住房，但是那所房子没有门，没有自来水，也没有电。……我们得不到人为了生存所必需的待遇。从那时起我的孩子们和我就开始受苦了。我的所有孩子都开始生病。"在到达毛里求斯两个月后，泰勒特的两个孩子就死去了。第二个孩子被埋在一块没有任何标记的坟墓里，因为她没钱付丧葬费。"我们没钱，政府就埋了他。直到今天，我都不知道他被埋在哪里。"①

查戈斯黑人的反抗行动从 1968 年第一批岛民被禁止回到他们的家园时就开始了。最初他们的怒火指向被认为是将查戈斯群岛"出卖给"英国人以换取独立的毛里求斯政府。1973 年 5 月，126 名面容憔悴、饥肠辘辘的查戈斯人拒绝离开将他们运往毛里求斯的那条英国货船。他们声称要么在这块他们"没有住房、没有钱也没有工作"的外国土地上给他们提供住房和补偿，要么就把他们重新运回他们的岛屿。在这条设定载运量只有 60 多人的货船上，他们坚持了 5 天，就睡在甲板上面。经过谈判后，毛里求斯政府最后说服这些人离船上岸，向每个人支付了少量的毛里求斯卢比，并且在毛里求斯首都的贫民窟中给 19 户家庭提供了破烂的住房，另外 12 户家庭挤在亲戚朋友的小棚子里。但是，从 20 世纪 70 年代中期开始，查戈斯人开始意识到造成他们不幸的根源在于英美两国为维持其海外利益而推行的霸权主义政策，从而将斗争的矛头指向了英美政府。1975 年，随着生活环境的恶化，一群查戈斯人向英美政府提出请愿，要求它们提供援助并且承认查戈斯人回家的权利。他们在请愿书中写道：

---

① ［美］戴维·万恩：《承担帝国的重担：赔偿、回家的权利和迪戈·加西亚岛民》（David Vine：*Taking on Empires, Reparations：The Right of Return and the People of Diego Garcia*），载利思·马林斯主编《非裔移民社群中的新社会运动：挑战全球种族隔离》，第 176 页。

　　　　虽然我们（在迪戈·加西亚岛的时候）很穷，但是我们没有饿
　　　死，我们在那里自由生活。而在毛里求斯，所有东西都得买，而且所
　　　有东西都很贵。我们没有钱也没有工作。因为悲伤、贫困、缺乏食物
　　　和医疗，我们已经有 40 个人在流亡中死去了。①

　　但是英美两国政府对此置若罔闻。直到 1975 年 9 月，《华盛顿邮报》
披露了这个故事并在西方报界引起轩然大波的时候，美国国会才就这个问
题召开了一天的听证会，会上美国国务院声称美国对这些岛民"不负有
任何法律上的责任"。1978 年，经过了多年的抗议和压力之后，毛里求斯
政府向一些查戈斯人提供了补偿，不过它并没有接受绝大多数查戈斯人关
于补偿应该采取提供住房和毛里求斯公民身份的形式的要求，而仅仅是向
每户家庭提供大约 3500 美元（根据 2004 年美元价格）的现金，并且向每
个 18 岁以下的儿童提供 462—694 美元不等的援助。这笔钱只能偿还查戈
斯人来到毛里求斯后欠下的部分债务，不够用来购买土地或住房，因此许
多人都认为补偿"少得令人绝望"。
　　由于查戈斯人教育水平普遍低下，这令他们争取经济权利的斗争遇
到了极大的障碍。20 世纪 80 年代在建立查戈斯移民群体组织的时候，
泰勒特强烈要求年仅 18 岁的奥利弗·班柯尔特（Oliver Bancoult）加入，
因为他是查戈斯人中少有的几个上过中学并且能读会写的人。这种状况
令他们在和英美政府谈判时往往容易上当受骗。1979 年，查戈斯人曾请
英国律师伯纳德·谢里丹（Bernard Sheridan）代替他们与英国政府谈判
提供更多补偿的事宜，但是谢里丹带给他们的是一份用金钱来换取他们
放弃自身权利的文件。由于不懂英语，许多查戈斯人在文件上按了手
印，查戈斯运动的领导人得知此事后，立刻终止了谈判过程并将谢里丹
送回伦敦。这种状况使查戈斯人非常需要与其他力量合作来推动他们争
取经济权利的斗争。最早与查戈斯人合作的是毛里求斯的左翼反对党毛
里求斯战斗党（Mauritian Militant Party，MMP），该党的领导人自从 1968
年第一批查戈斯人被赶出家园的时候起就支持他们的斗争。1980 年以
后，在毛里求斯建立起了一个支持查戈斯人要求的广泛的政治团体和工
会联盟，他们的口号是"Rann Nu Diego"（还我迪戈岛）。这个口号将查

---

① 《谢里丹、文卡塔森和兰达斯的请愿书》（Saminaden, Vencatassen, and Ramdass petition）。

戈斯人回家的要求与毛里求斯收回查戈斯群岛主权并关闭美军基地的要求联合起来，从而使查戈斯人争取经济权利的斗争带上了反对不公正的国际秩序的意义。

20 世纪 80—90 年代，查戈斯移民群体组织多次向英美政府施压，要求承认他们回家的权利，并提供赔偿，但是收效甚微，从而在查戈斯人中渐渐失去了支持。另一个组织查戈斯社会委员会（Chagossian Social Committee，CSC）最终获得了领导地位，它与英国、美国和毛里求斯政府就赔偿和回家权利等问题进行庭外谈判，也同样没有取得什么进展。从 1997 年开始，查戈斯人开始采用新的方式来争取自己的经济权利，当时两名查戈斯妇女通过毛里求斯司法部对英国政府提出起诉，挑战英国政府将查戈斯人逐出家园行动的合法性，从而走上了用法律手段维权的道路。2000 年 11 月 3 日，奥利弗·班柯尔特作为查戈斯人的代表，前往伦敦的英国最高法院听审。这次法院作出了有利于查戈斯人的判决，声称根据英国的法律，驱逐查戈斯人的行动是违法的。[①] 英国外交大臣罗宾·库克（Robin Cook）几乎立刻就宣布英国政府不会对这个判决提出上诉。他说："本届政府不会为三十年前所做的事和所说的话辩护。"此后不久，英国政府修改了英属印度洋领地（British Indian Ocean Territory，BIOT）的法律，允许查戈斯人返回查戈斯群岛的所有岛屿，只有迪戈·加西亚岛除外。[②] 由于没有资金包租船只将他们运回查戈斯群岛，更不用说重新安置和建立他们那已经破碎的社会组织了，因此查戈斯人第二次起诉英国政府，要求他们提供赔偿，并且资助查戈斯人回家和重建的资金。与此同时，在大西洋的另一头，班柯尔特、查戈斯移民群体组织和在塞舍尔的查戈斯人向著名的美国律师迈克尔·泰戈尔（Michael Tigar）要求法律援助。泰戈尔在联邦地方法院起诉美国政府、那些曾经参与驱逐活动的美国政府官员以及帮助在迪戈·加西亚岛建筑基地的公司，谴责被告犯下了包括强制迁移、残酷的、非人道的和侮辱性的待遇以及种族灭绝等项罪行，要求美国法院承认原告有回家的权利，提供赔偿并且结束阻止查戈斯人在美军基地工作的

---

① 雷吉娜诉英国外交大臣，班柯尔特的单方便诉状，第 18 节（2000 年）［*Regina v. Secretary of State for the Foreign and Commonwealth Office*，*ex parte Bancoult*，para 18（2000）］。

② 雷吉娜（以班柯尔特为代理人）诉英国外交大臣，第 1038 号案件，政府档案号 4903，第 27 节（2006 年）［*Regina*（*on the application of Bancoult*）*v. Secretary of State for the Foreign and Commonwealth Office*，EWHC 1038 Admin. 4903，para. 27（2006）］。

就业方面的种族歧视现象。

在等候对英国政府第二次起诉的判决结果的时候，查戈斯人在 2002 年获得了一个新的胜利，大多数人获得了英国完全的公民身份并拿到了护照。但是，在第二年，事态又出现了转折。2003 年 10 月，英国最高法院驳回了查戈斯人的赔偿要求。查戈斯人提出的上诉也同样被驳回。2004 年 12 月，美国哥伦比亚特区联邦地方法院也驳回了对美国政府的起诉，认为无论是政府、政府官员还是承包商都没有"不适当地迁移原告"的错误之举。于是，查戈斯人向欧洲人权法院（European Court of Human Rights）起诉英国政府，声称欧洲人权公约（European Convention of HumanRights）禁止强行迁移，而联合国宪章之类的国际条约也不允许英国侵犯查戈斯人的自决权利。然而，就在前往欧洲人权法院做证之前，英国政府以女王陛下的名义颁布了两项刺激性的声明，禁止查戈斯人回到查戈斯群岛。结果，在没有经过议会辩论和批准的情况下，英国政府用女王颁布皇家法令的古老权力推翻了最高法院 2000 年 11 月的判决。有迹象表明这些法令是"美国的巨大压力"造成的结果。

在面对查戈斯人要求的时候，美国政府表现出了比英国远为强硬的立场，这是因为自从将查戈斯人逐出家园之后，迪戈·加西亚岛已经变成了美国海外最重要的军事基地之一。虽然该岛屿离任何地方都很远，但它距离波斯湾要比美国的东海岸近 6000 海里，而且将从非洲和中东到南亚、俄国、东南亚以及中国的所有地区都置于美国的打击范围之内。在伊朗革命和苏联 1979 年入侵阿富汗之后，该基地成为美国大规模向中东投射军事力量的中心。针对未来美国石油供应可能受到的威胁，卡特和里根两位总统在包括迪戈·加西亚岛在内的该地区各个基地都部署了"快速反应部队"。迪戈·加西亚岛的基地获得了"自从越南战争以来最快的建筑速度"，1986 年该岛的投资超过 5 亿美元。① 在美国入侵阿富汗之前的几个月里，停泊在迪戈·加西亚岛的泻湖中的巨型运输船只上储存的武器和供应物资是最先到达伊拉克边境附近集结点的。在美军入侵阿富汗的时候，从迪戈·加西亚岛上起飞的 B-1、B-2 和 B-52 飞机在该国扔下的炸弹超过了从其他任何一个基地起飞的飞机。在小布什政府的最后两年里，迪

---

① 全球安全网站：《迪戈·加西亚"营地司法"》（Diego Garcia "Camp Justice"），http：// www. globalsecruity. org/military/facility/diego-garcia. htm，2005 年 1 月 5 日访问。

戈·加西亚岛似乎正在为可能对伊朗发动的进攻做准备，新建了一个潜艇基地，并储存了更多的军事物资。① 总之，迪戈·加西亚岛已经成了确保美国获得波斯湾和中亚地区的石油与天然气供应的一个重要工具，而这些石油和天然气供应对维护美国的全球支配性地位是必不可少的。正如美国军事分析网站 GlobalSecurity. org 的负责人约翰·派克（John Pike）所说的那样，"到 2015 年，这个行星将围绕着关岛和迪戈·加西亚岛来管理"②。

为此，查戈斯人的维权行动在美国的进展就远远不如英国。在 2004 年 12 月查戈斯人的起诉被哥伦比亚特区联邦地方法院驳回之后，联邦上诉法院在 2006 年宣布维持原判。最后，2007 年年初，美国最高法院驳回了查戈斯人的进一步上诉。在英国和美国遭到了一系列的挫败之后，查戈斯人仍然继续他们的法律和政治斗争。2005 年 12 月，查戈斯人再次向英国最高法院提出诉讼，挑战女王的皇家法令。查戈斯人的努力获得了国际关注和支持。2009 年 3 月，欧洲议会通过决议，呼吁欧盟支持查戈斯人回家的权利。在英国，有 40 多个议员以及当代的或前任的政治家和外交家们组成了跨党派联盟，向政府施加压力，要求政府支持对查戈斯人的重新安置和赔偿。在美国，班柯尔特和查戈斯移民群体组织开始进行院外活动，希望奥巴马政府能够比其前任更加同情他们的要求。尽管如此，英美政府仍然在这个问题上表现出了顽固的反对态度。英国政府借口重新安置的费用太贵而不愿承担这个负担，它认为至少需要 500 万英镑的启动资金，而且在查戈斯群岛变得能够完全自给自足之前，每年至少还需要 300 万—500 万英镑的援助。③ 而美国官员则强调安全方面的原因。美国负责政治和军事事务的助理国务卿林肯·P. 布鲁姆菲尔德（Lincoln P. Bloomfield）写道："我们相信，在查戈斯群岛的任何岛屿上重新安置查戈斯人

---

① 《3190 万美元支持迪戈·加西亚 SSGN 维持设备》（$ 31. 9M for SSGN Support Facilities at Diego Garcia），《防务工业日报》（Defence Industry Daily），2007 年 4 月 4 日，http: // www. defenseindustrydaily. com/319m-for-ssgn-support-facilities-at-diego-garcia – 03191. 斯蒂法罗·安布罗基：《美国海军给海湾军队增加燃料》，路透社 2007 年 11 月 23 日消息。（Stefano Ambrogi, US Navy Steps up fuel deliveries to Gulf Forces），路透社消息，2007 年 11 月 23 日，路透社网站：http: //www. reuters. com/article/latestCrisis/idUSL22313068. 2013 年 8 月 20 日登录。

② ［美］戴维·万恩：《可耻的岛屿：美国在迪戈·加西亚岛的军事基地秘史》（David Vine, Island of Shame: The Secret History of the U. S. Military Base on Diego Garcia），普林斯顿大学出版社 2009 年版，第 27 页。

③ ［英］比尔·拉梅尔：《议会答辩》（Bill Rammell, Parliamentary Answer），2004 年 7 月 12 日，第 26—28 页。

的企图将会严重损害迪戈·加西亚岛那无与伦比的安全价值，并且对我们的军事行动造成有害的影响。我们非常赞赏女王陛下政府为阻止任何重新安置行动所采取的措施。"①

这表明，在查戈斯人争取经济权利的斗争中，他们所面临的最大障碍在于，他们不得不和英美强权对抗，而这不是一场势均力敌的斗争。但是，查戈斯人的斗争令人们开始注意到黑人争取平等权利的斗争中出现了新的内容，那就是，黑人不仅仅在国内社会中是弱势群体，他们在国际社会上也同样是弱势群体。因此，仅仅在国内提供经济补偿和确保就业之类的措施已经不足以确保黑人的经济权利，改革不公正的世界政治经济秩序和抵制全球化的有害影响可能起着同样重要的作用，这对于一些第三世界国家的黑人来说尤其如此。正是出于这个原因，黑人争取平等权利的运动开始获得了与新社会运动中的某些内容比如反全球化运动相同的目标，使黑人运动的经济目标开始具有了新的特征。

（四）影响新社会运动其他组成部分的内容和形式

20 世纪 70 年代以后，黑人争取平等权利运动受到了其他社会运动的巨大影响，在内容、组织形式、运动领导层等方面都带上了新社会运动的特征。但是，黑人争取平等权利运动并非消极地单方面接受新社会运动的影响。由于西方国家的新社会运动许多都是在白人中产阶级领导下展开的，黑人认为它们往往不能反映自己的诉求，甚至觉得在这些新社会运动中都存在着种族歧视现象。因此，在与其他新社会运动合作的时候，黑人也努力争取在这些运动中获得足够的代表权，使这些运动能够同样关注和代表黑人的利益。其结果就是，黑人的参与使许多新社会运动都带上了黑人争取平等权利的色彩。这方面最突出的例子就是争取环境正义运动。

自从 20 世纪 70 年代以来，"制度性的种族歧视"成为西方国家种族歧视的主要内容，由此带来的一大恶果就是黑人在社会和生态压力面前十分脆弱。贫穷的黑人往往是受到环境变化影响最大的群体，而且更重要的是，政府或国际组织所采取的环境保护和规划措施往往会对黑人造成事与

---

① 雷吉娜（以班柯尔特为代理人）诉英国外交大臣，第 1038 号案件，政府档案号 4903，第 96 节（2006 年）[Regina (on the application of Bancoult) v. Secretary of State for the Foreign and Commonwealth Office, EWHC 1038 Admin. 4903, para. 96 (2006)]。

愿违的结果。比如国际非政府组织和援助机构资助的环保计划可能目的在于保护湿地和野生动物，却往往摧毁了当地人们赖以谋生的手段和传统的生活方式。争取环境正义运动的活动家们将这种对环境收益和负担的不公平分配称为"经济上的种族歧视"，他们的活动往往超出了维持和保护自然的范畴，而是将重点放在保护弱势群体特别是黑人的平等权利方面，引发人们对这个问题的关注。

20 世纪 70—80 年代在西方兴起的新自由主义思想一个重要的核心内容就是，完全自由的市场经济将令所有人都从中受益。今天的批评家们已经指出，新自由主义思想的这个观点是站不住脚的，资本积累常常包含了掠夺过程①（最近爆发的金融危机也证明了这一点）。在环保领域，这一点就表现为在 20 世纪后半期和 21 世纪初，为了促进资本增长而解除对工业控制的过程导致了放松环境标准，造成受污染地区的扩大，而且这些地区通常都位于有色人种特别是黑人居住的社区。例如，在美国，拥有最危险的排放废弃物设施的大都市内城区中，几乎 57% 的居民都是黑人，而在那些没有这些设施的地区，只有 33% 的居民是黑人。② 这种不平等反过来对美国黑人的健康造成了严重影响。研究表明，黑人因哮喘病入院的比例是白人的 3—4 倍，而且在美国的 19 个州中，黑人生活在工业污染对健康危害最为严重的社区的可能性是白人的两倍。③

造成这种现象的原因主要有两方面。首先，20 世纪 70—80 年代，随着新自由主义思想的兴起，"制度性种族歧视"成为西方国家种族歧视的主要形式。美国黑人由于就业、教育和政治权利等方面受到社会的限制，他们的贫困比例远远高出白人，因此倾向于居住在财产价值较低的社区。地方政府和公司往往将这些社区视为有吸引力的污染性工厂选址地点。他们抓住了贫困黑人迫切需要工作来缓解经济压力这个弱点，往往强调这些

①　[英] 戴维·哈维：《新帝国主义》（David Havey, *The New Imperialism*），牛津大学出版社 2003 年版，第 146—147 页。

②　[美] 罗伯特·布拉德等：《20 年中有毒废弃物和种族的状况，1987—2007：为联合基督教会正义与见证部门准备的报告》（Robert Bullard and others, *Toxic Wastes and Race at Twenty*, 1987～2007: *A Reoprt Prepared for the United Church of Christ Justice & Witness Ministries*），俄亥俄州克利夫兰联合基督教会 1997 年版，第 XI 页。

③　[美] 戴维·佩斯：《更多的黑人生活在污染中》（David Pace, *More Blacks Live with Pollution*），ABC 新闻，2005 年 12 月 31 日，见网站：hosted. ap. org/specials/interactive/archive/pollution/part1. html，2009 年 7 月 30 日访问。

工厂能够提供工作机会，却避而不谈它们的潜在风险。黑人常常在很久以后才意识到工厂排放的污染给他们造成的损害。其次，20世纪50—60年代美国兴起的环保运动引起了对保护和维持自然环境的关注，但这些环保运动的领导权通常掌握在中产阶级白人手中。1989年，在美国最大的10个环保团体中，少数种族仅仅占其雇员的16.8%，而且其中只有1.8%的人从事管理型的工作。①掌握环保运动领导权的中产阶级白人对于黑人的特殊需要要么所知甚少，要么毫不关心。所以他们对于环境问题提出的解决方案要么是完全关闭那些有色人种在其工人中间占相当大比例的工厂，从而损害黑人的就业机会，要么就是坚决反对在白人社区建立排放有毒废料的设施，而对在黑人社区建立这种设施的行动及其所带来的后果不闻不问。在环保问题上，黑人有着自己特殊的需求，他们希望能够在不损害其经济发展的前提下保持清洁的环境，中产阶级白人领导的环保运动不能反映这种特殊需求。其结果就是贫困的，没有权利的有色人种（特别是黑人）社区就成了垃圾倾倒场、焚化炉和填埋场集中的地方。正如美国社会学家罗伯特·布拉德（Robert Bullard）所说的那样，政府官员和私人企业"对于'不要倾倒在我的后院'这个口号的反应就是采用'倾倒在黑人的后院'这个原则。"②因此，有色人种社区中有毒工厂就越来越多，成了解决"排放拥堵问题"的首要方式。

　　针对这种现象，美国黑人发起了他们自己的环境正义运动。美国有些学者将曾经得到小马丁·路德·金牧师支持的1968年孟菲斯清洁工人罢工视为某种形式的环境正义运动。但是通常人们将1982年北卡罗来纳州沃克县（这是一个居民以黑人为主的农业县）对附近地区可以致癌的多氯联苯废料的无照填埋场进行的大规模运动视为环境正义运动的开端。因为这次抗议，以及1983年美国审计总署（U. S. General Accounting Office）进行的研究表明，在执行环境规章的时候存在着巨大的种族不平等现象，

　　①　"Minority Opportunities Study"，引自［美］詹姆斯·施瓦布《绿色下更深的阴影：美国蓝领和少数种族环保主义的崛起》（James Schwab, *Deeper Shades of Green*: *The Rise of Blue-Collar and Minority Environmentalism in America*），旧金山塞拉俱乐部图书出版公司1994年版，第388页；参阅［美］哈尔·罗特曼《国家绿化了吗？1945年以来美国的环保主义》（Hal Rothman, *The Greening of a Nation? Environmentalism in the U. S. since 1945*）。

　　②　［美］罗伯特·布拉德：《南方的垃圾倾倒：种族、阶级与环境质量》（第3版）（Robert Bullard: *Dumping in Dixie*: *Race, Class and Environmental Quality*），维斯特弗尤出版公司2000年版，第4页。

从而正式提出了"环境种族主义"这个术语，从而促进了有色人种争取环境正义的基层运动的发展。

环境正义运动将环保运动和黑人争取平等权利运动结合起来。环境正义运动的黑人活动家们努力争取实现的目标不仅是清洁良好的环境，而是让黑人和白人能够公平地分担环保的收益和负担。从一开始，这些黑人活动家们就对环境提出了不同的定义，强调环境"就是我们生活、工作、玩耍和祷告的地方"，以此将自己与主流派环保主义者们区别开来。换言之，对于环境正义运动的黑人基层活动家们来说，环境不仅包括空气、水和土壤，还包括住房、学校、就业以及他们在历史上被剥夺了的资源。① 经过他们的努力，目前一些美国的主流环保团体已经接受了这个定义。20世纪90年代末，塞拉俱乐部（Sierra Club）的新任执行董事声称，环境"不仅是关于约塞米蒂国家公园和美丽旷野的问题。它也是关于城市——我们呼吸的空气和饮用的水的问题。"② 同样，环境正义运动也对美国各级政府至少造成了口头上的影响。1994年，环保署设立了环境司法办公室（Office of Environmental Justice），该办公室对环境正义所下的定义是："没有一个群体，包括种族、民族或社会经济群体，应该承受过高的工业、市政和商业行动所造成的消极环境后果，或者被排斥在联邦、州、地方或部落的环境计划和政策之外。"同年，克林顿总统发布了第12898号行政命令，呼吁联邦机构和联邦资助的计划努力对有潜在毒性的设施进行更加公平的分配。在环境正义运动的活动家们不断的努力下，在美国的有毒废料排放设施的选址过程中，需要举办大规模的公众听证会，从而确保了公众有更大的参与机会。

需要指出的是，环境正义运动并非美国特有的现象。在许多国家，黑人的经济诉求中也往往包括了环境正义运动的内容。当哥伦比亚太平洋沿岸的黑人居民在反对将他们强行迁移的第70号法令（*Law 70*），维持自己的土地权利时，他们的口号中除了维护自己的种族和文化特征之外，也包

---

① ［美］帕特里克·诺沃特尼：《我们生活、工作和玩耍的地方：重构环境正义运动中环保主义的文化观》（Patrick Novotny, *Where We Live, Work and Play: Reframing the Cultural Landscape of Environmentalism in the Environmental Justice Movement*），《新政治科学》（*New Political Science*），第23卷第2期（1995年），第61—78页。

② ［美］马戈·霍恩布洛尔：《经济权威》（Margo Hornblower, *The Eco-Supremo*），《时报》（*Time*），1997年6月，第667页。

括了维持当地的生物多样性不受工业发展的损害。环境正义运动也同样反映了在不公正的世界政治经济体系中南北双方的冲突。在南半球，新自由主义政策导致的将以前公有的自然资源私有化过程往往也剥夺了当地人口的食物、水源以及传统的谋生之道。洪都拉斯伯利兹的人们就强烈反对政府推行的生态旅游政策，认为这是以阻止他们自身的经济发展为代价的。① 而北方发达国家为了确保本国的环境质量，把越来越多的垃圾出口到发展中国家销毁，从而危害了当地的环境，迫使那里的人们不得不把经济发展和环境保护对立起来考虑，实际上减少甚至抹杀了发展经济与维持环境并重的可行选择。因此，这些国家的人民在环境保护领域也开始感受到不公正的世界政治经济体系的压力，从而使环境正义运动获得了世界性的特征。

1998—2004 年南非环境正义交流计划组织了美国和南非环境正义运动领导人的 4 次互访（2 次是南非人访问美国，2 次是美国人访问南非，其中包括让莫斯维尔市环境正义运动的一个领导人前往南非萨索尔公司总部所在地萨索尔堡，Sasolburg）。这些交流集中在垃圾、空气质量和年轻人的激进主义等问题上，从而有助于加强反种族隔离运动的团结，并且使人们注意到美国黑人社区所面临的问题同样也是南非黑人社区面临的问题。在交流过程中，南非和美国环境正义运动的领导人认识到他们彼此之间有许多可以互相学习的地方。比如南非环境正义交流计划的前协调员图桑·洛西（Toussaint Losier）就承认说："南非人在基层组织方面有很多经验，而美国人则具有环境科学领域的许多专业知识。"② 这同样也加强了黑人争取平等权利运动的跨国联合。

在我们对黑人争取平等权利运动进行分析的时候，需要强调指出的一点是，尽管从 20 世纪 70 年代以来，黑人争取平等权利运动受到了新社会运动的许多影响，甚至在很大程度上被视为新社会运动的组成部分，但与

---

① 2006 年，我在前往四川泸定进行国情调研的时候，当地的负责人就曾经说过这样的话："如果将我们的落后经济作为供外来游客观赏的原生态旅游内容，那么对我们是极大的侮辱。"这和洪都拉斯伯利兹居民的环境正义运动诉求有异曲同工之处。

② ［美］梅丽莎·切克：《生态种族隔离与全球绿色浪潮：客居他乡的非洲人的环境正义运动》，利思·马林斯主编《非洲移民中的新社会运动：挑战全球种族隔离制度》（Melissa Checker, *Eco-Apartheid and Global Greenwaves*：*African Diasporic Environmental Justice Movements*，Leith Mullings, ed., *New Social Movements in the African Diaspora*：*Challenging Global Apartheid*），第 277 页。

新社会运动的其他内容相比，黑人争取平等权利运动仍然有着自身的特点。新社会运动的其他内容比如反全球化运动、女权运动、环保运动、工人运动，等等，它们往往都是集中在一个具体议题上。而黑人争取平等权利运动所涉及的范围要宽泛得多，它包括政治、经济、文化、社会各个层面，因此往往与新社会运动的其他内容会发生重合。除了环境正义运动以外，黑人争取经济权利的运动就会和工人运动相互联系、相互影响，其中黑人妇女争取福利的运动又能够和女权运动以及福利组织结合起来。因此，从广义上来说，黑人争取平等权利的运动在接受新社会运动影响的同时，也通过与新社会运动其他组成部分的相互渗透、相互结合和相互影响，让它们带上维护黑人平等权利的特征。另外，在新社会运动的范畴下，黑人争取平等权利运动所表现出的四个特征也并非孤立存在，而是相互包容和相互促进的。比如环境正义运动既反映出黑人运动与其他新社会运动相互影响的特征，同样也反映出黑人运动跨国联系加强和反对不公正的世界政治经济体系的特征。因此，这就构成了我们考察新社会运动下黑人争取平等权利运动时需要注意的两个基本问题：第一是要注意它的互动性；第二是要注意它的整体性。只有将这两个特性结合起来，才能反映出新社会运动范畴下黑人争取平等权利运动的全貌。

第四章 欧美环保运动

2010年4月22日，在全球190个国家和地区，10亿多民众以各种形式欢庆地球日40周年。这次活动的发起人是美国著名环保人士、1970年首次"地球日"活动的组织者丹尼尔·海斯（Denis Hayes）。为组织地球日40周年庆祝活动，丹尼尔·海斯领导成立了"地球日工作组全球咨询委员会"，该委员会由各界社会名流共58人组成，包括美国好莱坞影视明星利奥拉多·迪卡普里奥（Leonardo DiCaprio），美国乐坛超级巨星史翠珊（Barbra Streisand），卡特政府和克林顿政府任内高级环境顾问、联合国发展规划署执行主任詹姆斯·史伯斯（James Speth），美国前副总统阿尔·戈尔（Al Gore），联合国环境规划署执行主任阿希姆·施泰纳（Achim Steiner），美国著名生物学家爱德华·威尔逊（Edward O. Wilson），世界观察研究所所长莱斯特·布朗（Lester Brown），《今日美国》杂志主编戴维·亨克（David L. Hunke）、塞拉俱乐部主席卡尔·波普（Carl Pope）、大自然保护协会主席马克·特瑟克（Mark Tercek）、美国野生动物联盟（National Wildlife Federation）主席拉里·施威格（Larry Schweiger）、中国环保组织"北京地球村"负责人廖晓义女士等。这次活动受到了飞利浦、西门子等国际知名企业的赞助，并得到塞拉俱乐部、绿色和平组织、奥杜邦协会等数百个民间环保组织的大力支持①。社会各界积极参与地球日的庆祝活动，表明环境保护日益深入人心。地球日早已成为一个全球性的节日。作为环保运动的重要象征和风向标，地球日的有关庆祝活动可以反映环保运动的最新进展。

环保运动可以视为致力于保护自然这一生命支撑系统的社会运动。在

----

① 地球日网站：http://www.earthday.org/global-advisory-committee，2013年12月5日访问。

英国环保运动研究专家卢茨看来，环保运动是指"民众和团体通过集体行动寻求环境权益的系统活动"。环保运动"内涵宽泛"①，复杂多样：其组织形式既可以是高度组织化的，也可以是非常松散的；其活动既可能在一个小地方开展，也可能在全球范围内进行；其关切既可能是单一事务，也可能是综合性的全球环境问题。但无论如何，环保运动都将"自然环境的健康、和谐与统一置于人类关注的中心"，尽管环境保护主义流派众多，在为何及如何保护自然等诸多具体问题上存在分歧，但都强调人隶属于自然而不是相反，强调要尊重生命，强调保护自然生态系统结构和功能的完整②。自然作为人类生存的根基，主要由大气圈、水圈、岩石圈和生物圈组成。作为人类的物质和精神家园，自然不仅为人类提供生产及生活资料，而且为人类提供休闲娱乐的场所，是人类汲取灵感的重要源泉。作为自然的一部分，人类的生存与发展须臾都离不开自然，人类健康也与环境质量息息相关。总体来看，环境保护主义强调保护环境就是保护生命，保护环境就是保护人类自己。

环保运动往往会被追溯至 19 世纪末期，但它作为一场公众广泛参与的社会运动，则出现在 20 世纪下半叶。从 20 世纪六七十年代以来，越来越多的人、越来越多的机构、越来越多的国家，都开始接受和践行环境保护主义的理念。环保运动对人类文明的发展已经产生了深刻影响。本章拟对战后欧美环保运动的兴起背景、发展演变及其社会影响进行初步探讨。

一 环保运动的兴起背景

现代环保运动的兴起，与 20 世纪六七十年代环境问题凸显、战后丰裕社会对生活质量的追求以及社会运动的推动均有密切关系。

（一）环境问题凸显

所谓环境问题，是指主要由于人类活动导致环境质量下降，从而反过

---

① ［英］克里斯托弗·卢茨：《环保运动：从地方到全球》（Christopher Rootes, *Environmental Movements: From the Local to the Global*），《环境政治》（*Environmental Politics*）第 8 卷，1999 年第 1 期，第 2 页。

② ［美］威廉·坎宁安：《美国环境百科全书》，张坤民主译，湖南科学技术出版社 2003 年版，第 380—381 页。

来对人类的生产和生活产生不利影响的那些问题。环境问题与人类对自然的开发联系在一起，虽然自古就有，但在工业革命兴起后日渐突出，到第二次世界大战后引起了民众的广泛关切。环境质量的明显下降，令世人深感不安。

环境质量急剧下降，首先通过环境污染体现出来。20 世纪五六十年代，欧美多个国家空气污染和水污染异常严重，环境公害频发，出现了多起震惊世界的环境公害事件。

1948 年 12 月 27—30 日，美国"钢铁之都"宾夕法尼亚州匹兹堡市多诺拉镇出现了灾难性的重度空气污染。二氧化硫浓度严重超标，空气能见度极低，而且散发出刺鼻难闻、令人作呕的气味。空气污染导致 20 人死亡，数千人患病①。多诺拉的悲剧引起了美国公众对空气污染的关注，在很大程度上促成了《联邦清洁空气法》的诞生。相对多诺拉这个小镇而言，伦敦作为国际大都市，空气污染带来了更惨烈的灾难。1952 年 12 月 5—10 日，英国伦敦被浓重的雾霾所包围，在一周之内，死亡人数就达到 4700 多人，较上一年同一时期死亡人数要多出 2850 多人②。事故发生后，英国成立了调查委员会，并在 1956 年通过了《清洁空气法》。1966 年夏天，纽约出现了严重的雾霾，难以扩散的污染物令 80 人丧生；1969 年 7 月，洛杉矶的雾霾如此严重，该市教育委员会和医学会不得不通过广播、电视不断发布雾霾预警，提醒市民尽量不要外出活动。

除空气污染外，水污染引起的公害事件也较为突出。1956—1964 年间，日本的熊本县和新潟县出现了大量的水俣病患者，患者因长期食用含有汞的有毒鱼贝类而导致神经错乱和肾功能衰竭。1967 年 3 月，美国超级油轮托雷峡谷号（Torrey Canyon）在英吉利海峡失事，泄漏了近 12 吨原油，大面积油污导致大量海洋生物死亡。1969 年发生的圣巴巴拉井喷及凯霍加河着火事故，因为电视报道而家喻户晓，对美国公众产生了巨大的心理冲击。

1969 年 1 月，加州圣巴巴拉沿海的钻井平台发生井喷事故，闻名遐

---

① ［美］维夫拉·戴维斯（Devra Davis）：《浓烟似水：环境骗局与环保斗争的故事》，吴晓东、翁端译，清华大学出版社 2006 年版，第 22 页。

② 同上书，第 34 页；［美］约翰·麦考密克：《开创未来：全球环保运动》（John McCormick, *Reclaiming Paradise: The Global Environmental Movement*），印第安纳大学出版社 1991 年版，第 57 页。

迩的度假海滩受到严重污染。圣巴巴拉海湾地区环境优美，生活舒适，代表着美国人所追求的理想生活。① 这片净土遭受污染，成为许多人难以接受、却不能不正视的残酷现实。在指望政府和企业保护环境的希望落空后，很多人开始"积极参与和支持"环保事业②。

由于水面漂浮着大量油污和其他有毒化学物，1969 年夏天，俄亥俄州克里夫兰市的凯霍加河竟然着火，伊利湖被媒体称为"死湖"③。这起被视为"美国最丢脸的水污染事件"，引起了激烈争论，迫使政府在全国开展污染治理。④

到了 20 世纪六七十年代，西方最受关注的环境问题已不再是四五十年代的雾霾和水污染⑤，而是化学污染和核污染⑥。这两种新污染的可怕之处在于它们不易察觉。有毒物质通过食物链进入人体并不断富集，对民众健康构成严重威胁。战后以来，有机化学物质的年产量出现了惊人增长，塑料制品、杀虫剂、燃料和食品添加剂、洗涤剂、溶剂等石化产品被广泛使用，带来了新的化学污染。防止滥用原子能，成为战后人们不能不面对的严峻挑战。在冷战背景下，大国之间的军备竞赛和武装冲突给人类和平蒙上了阴影。核能开发虽然带来了廉价能源，但核辐射污染的威胁也日益明显。核泄漏事件在西方资本主义国家时有发生。

环境质量的急剧下降也体现为自然资源的短缺和退化。因过度采伐，全球森林的覆盖率在 20 世纪中期约为 1/4，而到 1980 年则不足 1/5⑦。20

---

① ［美］哈尔·K. 罗思曼：《拯救地球：20 世纪美国对环境的反应》（Hal K. Rothman, *Saving the Planet: The American Response to the Environment in the Twentieth Century*），芝加哥大学出版社 2000 年版，第 127 页。

② ［美］柯克帕特里克·塞尔：《绿色革命：美国环保运动，1962—1992》（Kirkpatrick Sale, *The Green Revolution: The American Environmental Movement, 1962—1992*），纽约州立大学出版社 1993 年版，第 19 页。

③ 同上。

④ ［美］威廉·坎宁安：《美国环境百科全书》，张坤民主译，湖南科学技术出版社 2003 年版，第 155 页。

⑤ ［美］罗伯特·戈特利布：《呼唤春天：美国环保运动的转变》（Robert Gottlieb, *Forcing the Spring: The Transformation of the American Environmental Movement*），哥伦比亚特区华盛顿 1993 年版，第 77 页。

⑥ ［美］巴里·康芒纳：《与地球和平共处》，王喜六等译，上海译文出版社 2002 年版，第 24 页。

⑦ ［美］莱斯特·R. 布朗：《建设一个持续发展的社会》，祝友三译，科学技术文献出版社 1984 年版，第 27 页。

世纪 70 年代，石油危机席卷了整个西方世界，能源短缺成为长期笼罩在人们心头的阴影；由于过度捕捞，世界渔业产量在经历了战后 10 多年的繁荣之后急剧下降；人口激增加剧了粮食匮乏的危险；在世界范围内，土地的不合理开发利用导致了明显的土地退化。

人类生存环境的恶化，还可以通过 20 世纪 80 年代新出现的全球性环境问题——酸雨、全球气候变暖、臭氧层破坏、生物多样性减少等表现出来。这些问题是工业革命以来大量消耗矿物资源和严重污染自然环境的结果。就生物多样性减少而言，目前地球上正经历着一次史无前例的人为物种灭绝，物种灭绝速度"比自然状态下快数千倍"[1]。人类活动是造成目前物种加速灭绝的主要原因[2]。

总之，到 20 世纪 60 年代中期，环境退化在几乎"所有工业化国家都成为一个新的、尖锐的社会问题"[3]。环境问题对人类的生存与发展构成了前所未有的威胁。

（二）对生活质量的追求

战后至 20 世纪 70 年代初期，西方多数资本主义国家出现了资本主义历史上罕见的快速经济增长。产业结构和就业结构也出现了重大变化。第一产业和第二产业的比重明显缩小，第三产业的比重大幅度提高。劳动力从物质生产部门向非物质生产部门大量转移。国民经济的繁荣和社会福利保障体系的建立和完善，改善了人们的生活条件，西方社会整体的生活水平日益提高。电话、电视、电冰箱和汽车为普通家庭所拥有。中学教育已经普及，而高等教育则从精英教育过渡到大众教育阶段。欧美资本主义国家相继进入了约翰·加尔布雷思（John Galbraith）所谓的"丰裕社会"。

随着丰裕社会的来临，生活质量日益受到重视。越来越多的人开始选择在郊区居住。同时，旅游、休闲与娱乐逐渐成为人们生活中不可或缺的重要组成部分。旅游热开始兴起。美国国家公园接待的游客，"在 1960 年

---

① ［美］霍尔姆斯·罗尔斯顿：《哲学走向荒野》，刘耳、叶平译，吉林人民出版社 2000 年版，第 141 页。

② 殷鸿福：《从生物演化看可持续发展》，中国国土资源报社《世纪寄语——百位专家学者谈资源与环境》，人民出版社 2002 年版，第 110 页。

③ ［加］O. P. 德怀维迪：《政治科学与环境问题》，《国际社会科学杂志》第 4 卷，1987 年第 3 期，第 49 页。

为 7900 万人次，在 1975 年则达到了 2.39 亿人次"[1]。1947—1969 年，法国旅游者的人数由 75 万人猛增到 1200 万人。

对生活质量的追求，改变了公众关于工业社会和环境的一些传统观念。美国人过去总是倾向于，以为工业社会有繁荣就会有风险，但第二次世界大战后成长起来的一代人却拒绝接受这种观念[2]，要求免受工业污染的侵害，确保人类尽可能少冒风险。由于追求生活质量，人们不再仅以消费品的数量来衡量生活标准，对环境质量也提出了更高要求。环境对美国人具有了新的含义。

首先，在公众心目中，环境的外延在不断扩大。在资源保护运动时期，环境主要是指远离城市的荒野和乡村，而到战后，环境则包括空气质量、水质、工作和居住场所的卫生状况、噪声等与日常生活息息相关的所有外部条件。其次，环境的价值得到了更充分的理解。随着体验和接触自然等户外休闲活动的增加，自然的美学价值得到普遍的欣赏和认可，"河流、森林、湿地和沙漠应该保留下来不被开发，不受侵扰。作为现代生活标准的一部分，它们保存自然状态，也是有价值的。这些观点在过去对一些人来说，接受起来是非常困难的"[3]。同时，环境也与健康联系在一起。随着生活条件的改善和医疗卫生事业的发展，婴儿死亡率下降，人均寿命增加。公众健康状况的改善，带来了健康意识的增强，人们从重视降低死亡率转向强调降低发病率，健康与环境被直接联系起来。环境污染对人体健康的损害[4]，引起了公众的深深忧虑。

环境保护主义关注生活质量，因此，它拥有广泛的群众基础，拥护者不只是中产阶级，还有少数民族和穷人。试想，谁不希望拥有清洁的空气、水源和安全的食物，谁不希望拥有健康，远离有毒有害废弃物？环境保护主义反映了大众的需要，与每个人的利益都息息相关，因而获得了广泛认可。

尽管如此，环保运动注定要经历许多风雨。在西方发达资本主义国家，政府往往通过刺激消费以驱动经济增长。消费成为身份和地位的象

---

① ［美］卡普洛：《美国社会发展趋势》，商务印书馆 1997 年版，刘绪贻等译，第 113 页。

② ［美］哈尔·罗斯曼：《拯救地球：20 世纪美国人对环境问题的应对》，第 7 页。

③ ［美］塞缪尔·海斯：《美丽、健康和永恒：美国的环境政治，1955—1985》（Samuel P. Hays, *Beauty, Health, and Permanence: Environmental Politics in the United States, 1955—1985*），剑桥大学出版社 1987 年版，第 2 页。

④ ［美］塞缪尔·海斯：《1945 年以来环境政治史》（Samuel P. Hays, *A History of Environmental Politics since 1945*），匹兹堡大学出版社 2000 年版，第 29 页。

征，过度消费成为时尚，个人成为商品的俘虏。人们虽然热衷于谈论环保，但并不愿意对高消费行为进行节制。据统计，发达国家每年消费全球"自然资源产量的 60%—70%"①。发达国家的过度消费实际上成为当前全球环境问题的重要根源之一。

（三）社会运动的推动

环保运动的兴起，与 20 世纪 60 年代西方资本主义世界波澜壮阔的社会运动有密切关系，这在美国尤其明显。社会运动的参与者，主要是战后婴儿潮一代，是在 1944—1964 年出生的那代青年学生②。这代人衣食无忧，生活富足。他们眼界开阔，行动自由，思想解放，怀揣着对未来的美好憧憬。但理想与现实的鸿沟也让这批年轻人深感迷茫。

20 世纪 60 年代，美国内外交困，面临重重危机。国内尖锐的种族矛盾促进了民权运动的兴起，贫困、失业、环境污染等问题也很突出。1963 年肯尼迪总统遇刺，1968 年小马丁·路德·金遭到暗杀。在美苏冷战的背景下，核战争的威胁始终存在。古巴导弹危机及越南战争，也加剧了国际紧张局势。

面对理想和现实的巨大鸿沟，婴儿潮一代深感沮丧。他们虽然拥有优越的物质生活条件，但内心焦虑，情绪低落，总担心世界末日随时可能降临③。他们通过社会运动来表达对现代工业文明的不满，力求推动社会变革以摆脱危机。

20 世纪六七十年代，民权运动、反主流文化运动、反战运动、新左派运动等多种社会运动在欧美国家风起云涌。这些运动从不同方面推动了当代环保运动的兴起。反战运动同环保运动的结合，在于军备竞赛和战争不仅威胁世界和平与安全，而且造成严重的环境破坏，结束战争与保护环境因而被统一起来④。新左派运动对工业技术社会的弊端提出了尖锐批

---

① ［美］查尔斯·哈珀：《环境与社会——环境问题中的人文视野》，肖晨阳等译，天津人民出版社 1998 年版，第 208 页。

② ［美］本杰明·克兰：《追本溯源：美国环保运动简史》（Benjamin Kline, *First along the River: A Brief History of the U. S. Environmental Movement*），旧金山，2000 年，第 79 页。

③ ［美］巴里·康芒纳：《与地球和平共处》，上海译文出版社 2002 年版，第 50 页。

④ ［美］亚当·罗姆：《地球日的奇迹：1970 年的宣讲竟然造就了绿色新一代》（Adam Rome, *The Genius of Earth Day: How a1970 Teach-in Unexpectedly Made the First Green Generation*），纽约州立大学出版社 2013 年版，第 43—44 页。

评，倡导返璞归真的生活方式，这些主张和环保人士的观点不谋而合。反主流文化运动对进步、理性提出质疑，揭示了现代化所付出的沉痛的社会及生态代价，为环保运动提供了理论养分。民权运动反对种族歧视和贫困，将舒适健康的生活环境作为人类应享有的一项基本权利，鼓励弱势群体争取和捍卫自身的环境权益。女权运动所倡导的平等、宽容、和谐与合作①，也切合环保运动的理念。生态女性主义使妇女和环保之间的联系更为密切，推动妇女更积极地参与环境保护。

20 世纪 60 年代的社会运动对美国环保运动的活动方式产生了多方面的影响。静坐、示威、游行等直接行动的方式，在 1970 年的地球日活动中得到了应用。同时，通过不懈的抗争，社会运动的目标部分地得以实现。在民权运动的推动下，美国于 1964 年通过了《民权法》。60 年代后期美国从越南撤离军队，与美国国内反战运动的高涨不无关系。这些来之不易的成果鼓舞了参与社会运动的青年，也鞭策着年青一代为改善环境而努力。

20 世纪 60 年代的社会运动还为环保运动提供了新的生力军。从 60 年代后期开始，民权运动及反战运动在取得一些成绩后，其势头开始慢慢减弱。随着黑人加强了对民权组织的控制，受排斥的白人青年学生越来越多地转向了环保，从而使资源保护运动具有了群众运动的一些特点②。同时，到 1970 年前后，婴儿潮一代的许多青年已经结婚生子，再加上 70 年代美国社会整体上趋向保守，所以虽然有大批青年参加了环保运动，但活动方式却不像 60 年代那样激进。

二　环保运动的发展演变

环保运动首先兴起于工业革命开始较早的欧美国家，其发展大概可以20 世纪中叶为界，分为两个时期。从 19 世纪下半叶到 20 世纪中期以前，在欧美很多国家都出现了环境保护主义的第一次浪潮，参与者主要是知识分子、政府官员等社会精英。而到 20 世纪下半叶以后，由于民众的广泛

---

① ［美］斯蒂芬·福克斯：《美国资源保护运动：约翰·缪尔及其遗产》，（Stephen Fox, *John Muir and His Legacy*：*The American Conservation Movement*），麦迪逊出版公司 1981 年版，第323 页。

② 同上书，第 323 页。

参与，环保运动成为一场真正意义上的社会运动。

（一）早期的资源保护运动

一般认为，环保运动由 19 世纪末期兴起的资源保护运动演变而来。在 20 世纪中叶以前，乡土回归、资源保护、荒野保护构成环境保护主义的三大流派。

环境保护主义的出现，与资本主义大发展所带来的巨大社会变化有关。在资本主义兴起的过程中，英国出现了所谓"羊吃人"的圈地运动。在西方其他国家，大量农民被剥夺土地，成为只能靠出卖劳动力谋生的工厂工人。18 世纪以来，西方多个国家在经过两次产业革命之后，都建立了纺织、煤炭、钢铁、化工等工业。工业在国民经济中逐渐占主导地位，城市化迅猛推进，城市居民在各国人口中的比例不断提高。

伴随着各国经济和社会结构的变化，环境问题日渐突出。空气污染和水污染在城市较为普遍，污浊肮脏的环境对公众健康构成巨大威胁。伤寒、痢疾、白喉等传染病在城市不断暴发。这些问题在狄更斯、劳伦斯等作家的作品中都有所反映。恩格斯于 1845 年写成的《英国工人阶级状况》详细记载了当时的环境恶化及其对工人健康的损害。弥漫的煤烟把城市里的建筑熏得黑黑的，由于空气污浊，城市居民"患慢性病"的比例比乡村地区高得多。河流污染较为常见，多条河流都变得又黑又臭，河里漂浮着大量腐烂垃圾。而工人们大多挤住在拥挤不堪的贫民窟里，这些地方的街道坑坑洼洼，屋里墙徒四壁，也没有必要的家具，工人们衣着破烂，过着食不果腹的悲惨生活①。城市生活的困顿与无趣、工业文明对人性的扭曲，激起了人们对自然与农村生活的向往，也推动了城市美化运动的兴起。

1. 乡土回归运动

乡土回归运动在英国最为典型。作为工业革命的发源地和科学革命的中心，英国的工业化及城市化走在世界前列，其对社会民众的冲击也最为显著。19 世纪英国诗坛兴起了以华兹华斯（Wordsworth）为首的湖畔派。该派的几位代表生活在英格兰西北部坎布里亚郡的一湖泊地区，

---

① 参阅［德］恩格斯：《英国工人阶级状况》，《马克思恩格斯文集》第 1 卷，人民出版社 2009 年版，第 410—423 页。

在他们广为传诵的作品中抒发了对自然的热爱和对俭朴生活的向往。罗斯金（John Ruskin）出版了《直到最后》（1862 年），这本书引起了广泛争议，鞭笞了资本主义社会中唯利是图、道德沦丧、人性扭曲等一系列丑恶现象。他还领导民众抵制在风景如画的湖区修建铁路，并取得成功。威廉·莫里斯（William Morris）、爱德华·凯本德（Edward Carpenter）在临近英国工业城镇谢菲尔德的一座山上建立了公社，将俭朴生活的理念付诸实施，公社自给自足、怡然自得的生活与谢菲尔德形成天壤之别，吸引了世界多国的改革人士前来参观学习。乡土回归运动因而驰名世界。

乡土回归运动在第一次世界大战结束后得到了欧洲很多国家的响应。德国诗人赖内·马利亚·里尔克（Rainer Marie Rilke）表达了对农业理想国的向往，而海涅（William Heinrich Reill）则抒发了对森林的热爱。挪威作家克努特·汉姆生（Knut Hamsun）则在《大地的成长》一书中表达了他对自然和小农经济的赞美，这本在 1920 年荣获诺贝尔文学奖的著作，使北欧地区的民众对农业理想国心驰神往。1928 年英国还成立了乡土英国保护委员会，而纳粹德国也以复兴农业国为幌子，换取社会底层对纳粹运动的支持。

如果说乡土回归运动所表达的主要是一种怀旧情绪，城市美化运动则是世纪之交城市改革人士的务实选择。城市美化运动立足于工业化和城市化浪潮难以逆转这一现实，主张通过科学城市规划和管理，加强公共卫生基础设施建设，建立公园，保留绿地和空地，对城市进行绿化美化，改善城市生活环境。在英国，霍华德的《明日的花园城市》一书产生了很大影响。而刘易斯·芒福德在他的一系列作品中倡导美好的城市生活。19 世纪中叶以来，弗雷德里克·劳·奥姆斯特德（Frederick Law Olmsted）为纽约、芝加哥等 20 多个城市设计了城市公园，其中尤以纽约的中央公园最负盛名。

2. 资源保护运动

19 世纪下半叶以来，资源保护运动在欧美多个国家兴起。资源保护运动立足于自然的经济价值，强调国家对自然资源进行科学管理和明智利用。资源保护运动的兴起，在很大程度上源于滥用自然资源所导致的资源短缺和环境破坏。19 世纪美国在西部开发过程中的环境破坏是人类历史上"绝无仅有和最具有破坏性的"①：过度猎捕导致许多动物数量锐减甚至濒临灭绝；矿业开发使许多矿区变成了废墟；森林被成片砍伐，草原严重退化。严重的环境破坏引起了欧美有识之士的忧虑。

1864年，美国学者乔治·马什在《人与自然》一书中详尽探讨了环境破坏导致古代地中海世界文明衰落，并警告美国人要以史为鉴，避免重蹈覆辙。该书对美国民众产生了很深的触动，在欧洲也产生了广泛影响，被刘易斯·芒福德等人认为是"资源保护运动的思想根源"。

在资源保护运动兴起的过程中，森林的有效保护和科学管理最先在欧美等国受到重视，而且在相当程度上受到了德国的影响。近代早期，欧洲列强在向海外扩张殖民过程中需要制造坚固的大船，为保障造船所需的木材，一些国家出台了森林管理法令。从18世纪后期以来，以洪堡为首的很多科学家意识到森林在保持水土与调节气候等方面的作用，呼吁政府扶持林业，推行以永续生产为宗旨的林业政策。德国成立了专门的林学院，并通过培养学生、提供专业咨询等途径，影响其他国家的林业政策。奥地利、波兰、芬兰、俄罗斯都按照德国的模式建立了林学院和有关科研机构，并聘请德国专家做顾问。1864年，德国植物学家迪特里希·布兰迪斯（Dietrich Brandis）应英属印度殖民地政府之邀，去印度主持林业局的工作。此外，德国林务官伯纳德·芬（Bernhard Fernow）于1886—1898年担任美国农业部林业处处长，并在康奈尔大学和多伦多大学建立了林学院。

20世纪上半期，自然资源保护在很多国家和地区都被提上议事日程。美国还兴起了资源保护运动。资源保护运动的哲学基础是理性主义，它从经济的、功利的角度来说明合理规划及使用自然资源的必要性。吉福特·平肖（Gifford Pinchot，1865—1946）被誉为美国的"资源保护之父"，宣称资源保护是为了"最大多数人最长久的最大幸福"，他曾担任美国林业局局长。在他的推动下，西奥多·罗斯福总统大力推行自然资源保护政策，在干旱地区兴修水利，并增加国有林地保护面积，创立野生动物保护区。30年代，美国遭遇了空前严重的经济萧条和生态灾难。为摆脱危机、重建家园，富兰克林·罗斯福总统颁布了诸多资源保护立法，以工代赈，

①　［美］费尔菲尔德·奥斯本：《我们被掠夺的星球》（Fairfield Osborn, *Our Plundered Planet*），哈佛大学出版社1948年版，第175页。

植树种草，兴修水利。其中，成效最为卓著的是对田纳西河流域的综合整治、美国大平原尘暴重灾区的风沙治理，以及在西部兴修胡佛水坝、大古力水坝等一系列水利水电工程。

3. 荒野保护运动

作为资源保护运动的一部分，荒野保护运动强调自然的美学价值和精神价值，要求对自然予以保留而不予开发。荒野保护可追溯至古代。在东方一些国家，庙宇周边的植被往往被视为圣地的一部分而被较完整地保护起来。此外，封建帝王和贵族为消遣而建立了规模不等的园林和猎苑。自近代以来，在亚非拉殖民地射杀大型野生动物成为西方上层人士所崇尚的体育运动，导致了多种野生动物的灭绝和大量减少。野生动物的保护开始受到关注。1900 年，英、法、德、意、西班牙、葡萄牙、比利时等国的外交官员参加了在英国伦敦举行的会议，就非洲野生动物的保护进行研讨，并签署了《非洲动物、鸟类和鱼类保护公约》。1903 年英帝国动物保护协会成立。在多个国家和地区，政府逐步加强了对野生动物的保护。一般而言，这种保护往往分四步进行：最初是规定禁猎期，通过颁发狩猎许可证限制狩猎活动；继而是将有些物种列为保护对象；随后是设立保护区，在保护区内限制或禁止垦殖、伐木、采矿等活动；最终是建立国家公园。[①]

从 19 世纪后期以来，美国的荒野保护一直走在世界前列。1872 年，美国建立了黄石国家公园，这是美国，也是世界上建立的首个国家公园。约翰·缪尔（John Muir, 1838—1914）作为美国历史上最有影响的荒野保护人士，为荒野保护思想的传播和国家公园的建立做出了重大贡献。他强调自然的美学价值和精神价值，强调荒野是自然的圣殿，是美国独特的自然遗产，是培养国家认同和建构美国国家形象的重要资源。1892 年，缪尔创建了塞拉俱乐部，这是美国的第一个自然保护组织。此后至 20 世纪 50 年代之前，美国出现了多个自然保护组织，并建立了阿迪朗达克国家公园（1885）、约塞米蒂国家公园（1890）、红杉国家公园（1890）、雷尼尔山国家公园（1899）、火山口湖国家公园（1902）等一系列自然保护区。

---

① ［印度］拉姆昌德拉·古哈：《环境保护主义：全球史》（Ramachandra Guha, *Environmentalism: A Global History*），纽约州立大学出版社 2000 年版，第 46 页。

表 4 - 1　　　　成立于 19 世纪末 20 世纪初的欧美环保组织①

国别	主要环保组织	成立时间（年）
英国	国民托管组织（National Trust）	1895
	英国皇家鸟类保护协会（Royal Society for the Protection of Birds）	1899
	城乡规划协会（Town and Country Planning Association，TCPA）	1899
	皇家自然保护协会（Royal Society for Nature Conservation）	1912
	英格兰农村保护委员会（Council for the Protection of Rural England，CPRE）	1926
法国	全国自然保护协会（Societe Nationale de Protection de la Nature）	1854
	鸟类保护联盟（Ligue pour la Protection des Oiseaux）	1912
德国	鸟类保护协会（Bund fur Vogelschutz）	1899
	自然保护协会（Bund Naturschutz Bayern）	1913
希腊	树之友（Friends of the Trees）	1902
荷兰	自然保护协会（Vereniging tot Behoud van Natuurmomumentenl）	1905
美国	塞拉俱乐部（Sierra Club）	1892
	奥杜邦协会（National Audubon Society）	1905
	国家公园与自然资源保护协会（National Parks and Conservation Association）	1919
	荒野协会（Wilderness Society）	1935
	艾萨克·沃尔顿联盟（Izaak Walton League）	1922
	全国野生动物联盟（National Wildlife Federation）	1936
	野生动物保护协会（Defenders of Wildlife）	1947

　　20 世纪早期的资源保护运动同现代环保运动存在密切关联，就其自身而言，还存在诸多局限：当时的环境立法，"主要是有关单个问题的以利用为导向的部门性协议和立法"，主要是"对它们的开发进行管理，并维持其经济上的有用性，而不是保护它们本身"②。资源保护部门还对生态系统中的物种人为地加以道德区分，甚至将一些食肉动物作为害兽，加以灭绝，这就表明时人对物种间相互依赖的生态学规律缺乏起码的了解。

---

　　①　［美］拉塞尔·多尔顿：《绿色彩虹：西欧环保组织》（Russell J. Dalton, *Green Rainbow*: *Environmental Groups in Western Europe*），耶鲁大学出版社 1994 年版，第 264—267 页；［美］柯克帕特里克·塞尔：《绿色革命：美国环保运动，1962—1992》，大事年表。

　　②　联合国环境规划署：《全球环境展望 2000》，中国环境科学出版社 2000 年版，第 183 页。

从主导的思想观念来看，人们依然认为自然资源取之不尽、用之不竭，人为的自然破坏层出不穷；技术往往被视为资源破坏的罪魁祸首，而没有将环境破坏与社会经济问题联系起来。就重要资源保护组织的性质而言，它们几乎都是社会上层的户外休闲俱乐部，资源保护运动缺乏群众基础和民众参与。

（二）现代环保运动的兴起

1. 生态观念的萌发与传播

现代环保运动的兴起与生态学的发展有密切关系。生态学是一门探讨生物与环境之间关系的科学。"生态学"一词是由德国动物学家厄恩斯特·赫克尔（E. Haeckel）于1866年率先提出的，从词源学的角度来看，Ecology（生态学）是由希腊文 Oikos 派生出来的，而 Oikos 的意思是"家"，所以生态学本身就包含"地球是我们的家"① 的含义。到20世纪六七十年代之前，生态学这一学科在发展过程中至少经历了以下三种变化：其一，研究范围从最初局限于动物与植物的关系扩展到包括人与环境的关系，其研究逐渐从以生物为主体发展到以人类为主体，从主要研究自然生态系统发展到研究人类生态系统。其二，克莱门茨的顶级理论占主导地位。该理论强调，在没有人类干扰的情况下，生物群落的发展演替会不断趋向和谐有序；环境问题缘于人对自然的过分干扰，人往往是自然的破坏者。这一提法使生态学自身有着一种"反文明"的倾向②。其三，生态学还朝计量化和伦理化的方向发展。林德曼的"百分之十规律"（生态系统在相邻的两级之间的能量转换率只有10%）和奥德姆对生态系统的划分（生产者、消费者和分解者），都体现了生态学开始从定性分析向定量分析转化。根据生态系统金字塔，人处于食物链的顶端，其数量必须保持适度；另外，人靠自然供养，所以人类应该善待自然。生态学伦理化突出表现为利奥波德于1949年提出的土地伦理，土地伦理简而言之，就是"要把人类在共同体中以征服者的面目出现的角色，变成这个共同体中的平等的一员和公民。它暗含着对每个成员的尊敬，也包括对这个共同体本

---

① ［美］霍尔姆斯·罗尔斯顿：《哲学走向荒野》，第26页。

② ［美］唐纳德·沃斯特：《自然的经济体系：生态思想史》，侯文惠译，商务印书馆1999年版，第292页。

身的尊敬"①。利奥波德认为，地球上的每一种生物，都有生存的权利，而人有责任，也有义务来保护地球上的生物。美国著名学者康芒纳提出了生态学的三大规律：其一，人是自然的一部分；其二，资源不可能无限供给，经济也不可能无限增长；其三，生态系统的各组成部分存在千丝万缕的密切联系，人类对生态系统的干扰，最终会对人产生直接或间接的影响。生态学为环境保护奠定了理论基础，成为环保运动的重要理论武器。

在很大程度上，环保运动的发展，就是通过一系列环保斗争传播生态思想的过程，是环保观念逐渐为公众所接受的过程。在此过程中，生态学家发挥了重要作用。他们揭示环境污染对人体健康的威胁，竭力倡导健康的生产与生活方式，积极参与关于人口、资源和环境问题的辩论。在这些辩论的影响下，越来越多的公众开始接受环保观念，并投身于环保斗争。

战后二十年间，被有的学者称之为"生态无知"的时期。当时，欧美各国都狂热地追求经济增长，鼓吹"技术万能"和"经济腾飞"。探讨生态环境因素对经济增长的制约，往往会招致批评。对经济增长的质疑，"从轻处说是不识时务，从重处说是偏离国家发展目标"②。尽管如此，卡尔·索尔（Carl Sauer）、舒马赫（E. F. Schumacher）、芒福德（Lewis Mumford）等少数学者还是顶住压力，警告发展经济不能以牺牲环境为代价，倡导转变经济发展模式，强调要重视经济发展质量。

2. 核辐射与核事故

在某种程度上，欧美环保运动的兴起，是民众出于对化学污染和核污染的担忧和恐惧，也是出于对宜居环境的向往。在欧美国家，环保运动往往是从反对核污染和化学（杀虫剂）污染起步的。其间，生态学家发挥了核心作用。

1945 年 6 月，美国在新墨西哥州试爆了第一枚原子弹。原子弹所显示的巨大威力，在让科学家欢欣鼓舞的同时，也引起了他们的深切忧虑。在原子弹发明后，人类首次拥有了毁灭地球的力量，但这种技术力量是否能被理智利用，却很令人怀疑。在许多人看来，核能象征着科技被滥用，

---

① ［美］奥尔多·利奥波德：《沙乡年鉴》，侯文蕙译，吉林人民出版社 1997 年版，第194 页。

② ［印度］拉姆昌德拉·古哈：《环境保护主义：全球史》，第 66 页。

"像神话里的精灵再也放不回魔瓶里"①。原子弹的问世，成为生态学时代到来的重要标志。

在冷战的大背景下，大国之间的核军备竞赛对世界和平与安全构成严重威胁。在战争中使用核武器，地球上的所有文明可能会毁于一旦，许多科学家因而强烈反对发展核武器。1955年，爱因斯坦、罗素等多位科学家发表联合声明，呼吁禁止核军备竞赛。史怀泽多年来积极倡导"敬畏生命"的伦理观念，呼吁人们为反对发展核武器而采取行动。他说：核武器"最可怕的毁灭生命的能力已成为当今人类面临的厄运。只有销毁核武器，我们才能避免这一厄运"②。

和平开发利用核能也潜藏着巨大风险。核辐射、核泄漏和核废料处置在技术上都很棘手，一旦发生事故，放射性物质就会散播开来，污染空气、水源和土壤，通过食物链在所有生物体内聚集，最终殃及人类，导致基因突变、不孕不育和各种癌症。虽然和平利用核能的支持者不断强调核能利用技术的成熟性和安全性，但核泄漏事故仍然时有发生。

核能开发直接威胁到人类安全，因此，核能的开发利用就不只是任由专家来决定的科学问题，"它取决于公众的意见"，"是一个政治问题，而且是一个道德问题"③。1956年，核辐射问题首次作为一个政治议题，出现在埃德莱·E.斯蒂文森和戴维·D.艾森豪威尔竞选美国总统的辩论之中。康芒纳、奥德姆等生态学家不遗余力地反对核能开发，他们的反核行动通过媒体进入千家万户，使越来越多的公众站到反对核能开发的行列，迫使大国放慢核能开发的脚步。1963年7月25日，苏联、美国和英国政府在莫斯科签署协定，禁止继续在大气层中和水中进行核试验。这是世界各国人民反核运动的一个重大成果。

1979年3月28日，美国宾夕法尼亚州三哩岛的核泄漏事故，迫使西方国家放慢了发展核能的步伐。三哩岛核泄漏事故主要是人为操作失误所引起的。这起技术性事故造成了10多亿美元的直接经济损失。巨大的心

---

① ［美］米契欧·卡库、詹尼弗·特雷纳编：《人类的困惑——关于核能的辩论》，李晴美译，中国友谊出版公司1987年版，第106页。

② ［法］阿尔贝特·史怀泽：《敬畏生命》，陈泽环译，上海社会科学院出版社1992年版，第17—18页。

③ ［美］巴里·康芒纳：《封闭的循环——自然、人和技术》，侯文蕙译，吉林人民出版社1997年版，第42—43页。

理恐慌使民众对核能开发持激烈反对态度，反对核能开发的斗争此起彼伏。许多拟建或在建的核能开发项目被取消或停工。三哩岛事故之后的30多年间，西方多国出台了日益严格的反应堆标准，核电发展非常缓慢。而在美国，核电站建设几乎处于停滞状态。

1986年，苏联的切尔诺贝利核事故是迄今为止最严重的核灾难事故，造成了极其严重的环境后果和健康后果，在世界范围内引起了强烈反响。1986年4月26日，切尔诺贝利核电站第4号机组核反应堆发生爆炸，导致严重的核泄漏。事故发生后，苏联政府并没有及时发布消息，导致灾害进一步蔓延。放射性物质大量释放，扩散至欧洲大部分地区，核辐射污染区域超过20多万平方公里，30多万人被迫从严重污染地区撤离。据科学家估计，核辐射诱发的各种癌症死亡病例达到数千至数万起[1]。该事件在欧洲引起了强烈反响。欧洲多个国家都加强了对入关农产品的检查。在联邦德国，政府提醒父母让孩子待在室内，不要食用来自污染地区的食品。核污染的危险让民众惊恐万分。各式各样的环保教育趁势而起。德国社会学家乌尔里希·贝克（Ulrich Beck）出版的《风险社会》（*Risk Society*）一书，因为切中时弊，受到了民众的广泛关注。鲍瑟王（Gudrun Pause-wang）在《蘑菇云》（*Die Wolke*）这本小说中描绘了发生在德国巴伐利亚州的一起核灾难，该书于1987年出版，到1989年已经印刷了12次，现在已成为很多学校的必读书[2]。切尔诺贝利核灾难使人们开始意识到，酸雨、森林枯死、臭氧层损耗、核辐射对人类生存和发展构成了巨大威胁。

3. 杀虫剂污染与《寂静的春天》

20世纪60年代初期，反对核污染的斗争刚刚趋于平息，就兴起了反对杀虫剂污染的斗争。1962年，卡逊出版了《寂静的春天》一书，该书依据大量的客观事实和科学成果，以生动的笔触讲述了滥用杀虫剂的灾难性后果。该书在出版的头一年里就销售了50万册，产生了巨大的社会反响，触发了激烈争论。

在《寂静的春天》发表之前，杀虫剂因廉价高效被普遍认为是防治

---

① ［美］拉塞尔·多尔顿：《绿色彩虹：西欧环保组织》，第44页。

② ［德］弗兰克·于科特尔：《最环保的国家？德国环境保护主义的新历史》（Frank Uekot-ter, *The Greenest Nation? A New History of German Environmentalism*），麻省理工学院出版社2014年版，第121—122页。

农林有害生物的首选，在美国被大规模推广使用。当时，美国化工界、农业部、联邦公共健康署、美国食品药物管理局以及绝大多数科学家都还没有注意到滥用杀虫剂所造成的严重问题。

在《寂静的春天》一书中，卡逊历数滥用杀虫剂对环境造成的灾难性后果：化学污染导致各类生物大量中毒或死亡，有毒物质通过食物链进入人体，对人类健康构成严重威胁。卡逊在书中指出："现在每个人从未出生的胎儿期直到死亡，都必定要和危险的化学药品接触，这个现象在世界历史上还是第一次出现的。"[1]

在《寂静的春天》出版后，公众对使用农药的安全性提出质疑，农药销量直线下降。农药生产销售商蒙受了巨额经济损失，农场主的农业经营收入下降，政府部门推行的大规模农药喷洒计划受到质疑。因此，它们掀起了对卡逊的猛烈抨击。农业界和化工界矢口否认卡逊指出的事实，通过向出版部门施压，企图阻止该书的发行与传播；在威逼政策未能奏效后，又组织行业专家顾问，对卡逊及其作品进行诋毁；同时加大宣传杀虫剂优点的力度，继续蛊惑大众。面对农业及化工界的围攻及其专家顾问的不实之词，许多环保人士和科学家挺身而出，对卡逊予以声援，捍卫《寂静的春天》的基本观点，揭露这场争论背后涉及的重大行业利益。

《寂静的春天》引起的争论，因为涉及食品安全这一基本问题，受到了公众、媒体和政府的广泛关注。《纽约时报》《华盛顿邮报》《时代》《生活》《读者文摘》《今日美国》推波助澜，对这场辩论进行了大量报道。肯尼迪总统表示了对这场争议的高度关切，白宫成立的专门委员会就该书涉及的问题进行调查，在1963年5月公布了调查报告，报告指出了滥用杀虫剂的危险，要求"联邦有关各部门和机构开始实行公众宣传计划，向大众说明杀虫剂的用途及其毒性"[2]。报告最终证实了卡逊的观点。

《寂静的春天》及其引发的争论，作为一场声势浩大的保护环境的启蒙，触发了美国民众的环境危机感，广泛传播了环保观念，推动公众参与环境保护，将环境保护带入大众参与的新阶段。该书拉开了环保革命的序幕，其影响堪比《汤姆叔叔的小屋》。美国前副总统戈尔说过，卡逊的

---

① ［美］雷切尔·卡逊：《寂静的春天》，吕瑞兰、李长生译，吉林人民出版社1999年版，第12页。

② ［美］小弗兰克·格雷厄姆：《〈寂静的春天〉续篇》，罗进德、薛励廉译，科学技术文献出版社1988年版，第78页。

"声音永远不会沉寂，她惊醒的不仅是美国，甚至是整个世界"①。

《寂静的春天》在欧洲也受到了广泛关注，并产生了深远影响。卡逊在写作该书的过程中，得到过一些欧洲学者的大力支持。该书采用荷兰昆虫学家贝尔金（C. J. Brejer）的一些数据，借用了英国生态学家埃尔顿的"食物链"概念。这本书要献给法国的阿尔伯特·史怀泽（Albert Schweitzer），题记中运用了英国诗人济慈的绝句②。该书问世后不久，就被翻译成 12 种语言文字，在世界各地出版。该书的德文版在德国持续畅销数月之久，大批读者受该书的影响，加入了环保组织。该书在瑞典引起了轰动，开创了瑞典环保运动的新时代。该书在英国上院引起了激烈争论，英国著名生物学家朱利安·赫胥黎（Julian Huxley）为该书的英国版写了序言，并予以高度评价。

4. 对人口问题的关注及其争论

在环保运动兴起过程中，人口问题备受关注。第二次世界大战结束以后，医疗技术的进步，生活水平的提高，安定的社会环境，宽松的移民政策，都推动了欧美国家人口的快速增长。1940—1970 年，美国人口从1.31 亿增加到 2.03 亿③。人口增长加剧了生态压力，在战后已经成为一个不争的事实。人口快速增长及其环境影响，引起了环保人士的高度关注。费尔菲尔德·奥斯本的《被掠夺的星球》、威廉·福格特的《生存之路》和保罗·埃里希的《人口炸弹》，成为环保运动兴起过程中振聋发聩的三本书。

作为一位生物学家，费尔菲尔德·奥斯本非常关注生物的种群数量与可用的自然资源之间的联系。他在 1948 年出版的《被掠夺的星球》一书中论述了人口快速增长的环境影响，明确提出人口压力成为"世界范围内资源退化的一个主要原因"④。奥斯本一再强调人类隶属于自然而不是相反，要把自然当作朋友而不是敌人。在他看来，人类有能力"制止对自然的破坏"⑤，使文明得以延续。

---

① ［印度］拉姆昌德拉·古哈：《环境保护主义：全球史》，第 69 页。

② 同上书，第 72—73 页。

③ ［美］哈罗德·斯坦利、理查德·尼米：《美国政治重要统计数据》（Harold Stanley and Richard Niemi, *Vital Statistics on American Politics*），哥伦比亚特区华盛顿 1994 年版，第 378 页。

④ ［美］费尔菲尔德·奥斯本：《我们被掠夺的星球》，第 41 页。

⑤ 同上书，第 30 页。

福格特是一位鸟类学家，于 1948 年出版了《生存之路》一书。该书阐述了世界人口增长与粮食供应之间的矛盾。福格特指出："控制人口增长已经成为最重要的国际问题之一。"①在他看来，人口过度增长会加剧环境破坏，对人类而言是自掘坟墓，其威胁不亚于原子弹；要转危为安，人类就必须对人口快速增长进行控制。福格特后来还成立了一个专门研究人口控制的机构。

在 20 世纪 50 年代，世界粮食生产连续丰收，人口问题因而难以引起足够重视。尽管如此，塞拉俱乐部等环保组织仍一再强调人口问题同资源保护问题之间的密切关联。塞拉俱乐部在 1959 年出版的《简报》中指出，人口问题"是资源保护问题中至关重要的方面"②。在 1965 年该会举行的会议上，有会员呼吁应推行一家两孩的政策。时任塞拉俱乐部主席布劳尔还物色学者为该组织撰写有关人口压力的图书，由此带来了《人口炸弹》这部经典之作的诞生。

《人口炸弹》的作者是埃里希，初版于 1968 年，该书在短短 10 年内就创下了销售 300 万册的骄人成绩。埃里希提出，只有以土地承载力而不是人口密度为标准，才能准确"理解人口过度增长"，按照土地承载力这一标准，人口过剩问题在当前已经非常严重，而且存在于整个地球和所有国家③。人口过剩成为"我们生活的这个星球不得安宁"的重要原因④。埃里希警告世人，"如果不控制人口的爆炸性增长，正在逼近的灾难就不可避免。"⑤

1968 年，埃里希成立了人口零增长组织。所谓人口零增长，是指人口的出生率和死亡率处于平衡状态，人口数量能够稳定在现有水平。到1970 年，该组织在美国建立的分部约为 380 个，会员达到 33000 人。该组织致力于推动政府和环保人士关注人口问题，向公众传播人口资讯，鼓励少生优生，向愿意避孕和绝育的人们提供帮助。

在欧美环保运动兴起的过程中，有关人口问题的争论一直时有起伏。

① ［美］威廉·福格特：《生存之路》，张子美译，商务印书馆 1986 年版，第 218 页。

② ［美］斯蒂芬·福克斯：《美国资源保护运动：约翰·缪尔及其遗产》，麦迪逊出版公司1981 年版，第 301 页。

③ ［美］保罗·埃里希、安妮·埃里希：《人口炸弹》（Paul R. Ehrlich & Anne H. Ehrlich, *The Population Explosion*），纽约州立大学出版社 1990 年版，第 38—39 页。

④ 同上书，第 11 页。

⑤ 同上书，第 9 页。

民众关注这个问题，但又缺乏持久热情。由于世界人口增长主要出现在发展中国家，发达国家的公众往往对国内人口压力不以为然，但又担心发展中国家的人口增长会减少发达国家可以利用的自然资源，降低发达国家的生活水平。1972 年，尼克松任命的一个专门委员会公布了《人口与美国未来》这一研究报告，报告指出美国也存在人口压力。该报告的内容被多家媒体报道，民众对人口问题的兴趣随之上升。但由于美国人口增长速度进入 20 世纪 70 年代后减缓，美国民众对人口问题的热情在 1972 年以后急剧减退①。

欧美国家关于人口与资源的争论，对发展中国家的人口政策也产生了一定影响。20 世纪 70 年代初，许多发展中国家强烈反对美国提出的人口控制建议，认为此举是对他国内政的粗暴干涉。但到 20 世纪 70 年代后期，多数发展中国家已经意识到，控制人口增长符合本国利益，一些国家甚至提出，发达国家在控制人口增长方面提供的援助与发展中国家当前的需求"很不相称"，希望发达国家加大援助力度②。这样，全世界就限制人口过快增长基本达成共识。正如阿诺德·汤因比指出的："人类的目标应该是得到最大的幸福，而不是最大数量的人口。"③

5.《增长的极限》

在 20 世纪六七十年代，关于环境危机的作品在西方大量问世，不胜枚举。其中，《增长的极限》是最有影响的作品之一。该书于 1972 年由罗马俱乐部推出。罗马俱乐部是国际知名智库，成立于 1968 年，旨在促进对全球性问题的研究，促使决策者和公众关注这些全球性挑战，并为克服人类困境而采取行动。《增长的极限》是一本引起国际轰动、具有里程碑意义的著作。该书运用数学模型，就人类赖以生存的地球在未来能否支撑人类社会经济不受节制的增长进行了模拟分析和预测，并告诫世人，如果"世界人口、工业化、污染、粮食生产和资源消耗方面现在的趋势继续下去"，人类"将在今后一百年中"面临"增长的极限"，人口和工业生产力可能会出现"相当突然的和不可控制的衰退"，必须尽快过渡到

---

① ［美］塞缪尔·海斯：《美丽、健康和永恒：美国的环境政治，1955—1985》，第 215 页。

② ［美］埃里克·普·爱克霍姆：《回到现实——环境与人类需要》，朱跃强、吴子锦译，石油工业出版社 1984 年版，第 53 页。

③ 陈静生、蔡运龙、王学军：《人类—环境系统及其可持续性》，商务印书馆 2001 年版，第 110 页。

"全球均衡状态"①，实现长期的经济稳定和生态稳定。这本书出版于西方国家陶醉和沉迷于高增长和高消费的时期，率先清醒指出经济繁荣背后的隐忧和危机，发人深省，在国际上引起了强烈反响和激烈争论，推动了国际社会对可持续发展的探讨和关注。在该书问世后，罗马俱乐部继续对许多全球性问题进行追踪探讨，差不多每隔 10 年都会出版最新研究成果，诸如《在黑暗中探索——全球模拟的第一个十年》（1982）、《超越增长——抵御全球崩溃，展望可持续未来》（1992 年）、《增长的极限——30 年最新成果》（2004 年）、《2052：放眼未来 40 年的一项全球预测》（2012 年）②。这些研究成果将人们的思考不断引向深入，有力地推动了环保观念的传播和环境政策的施行。

6. 第一个地球日

1970 年 4 月 22 日是首个地球日，那是一个永远值得纪念的重要日子。当天，美国有 2500 所大学、10000 所中学和 1000 个社区同时开展集会演讲、游行示威等多种环保宣传教育活动，以提高全社会对环境问题的认识。这次活动的参与者达到了 2000 多万人。

在全国同时开展环保宣传活动，是美国参议员盖洛德·纳尔逊（Gaylord Nelson）的创意。纳尔逊是民主党人，曾任威斯康星州州长，对环境问题非常关心。1969 年 9 月，纳尔逊从一篇关于反战宣讲活动的文章中获得启发，决定组织广大师生和民众就环境问题开展宣传讨论。为此，他雇佣丹尼斯·海斯等三名哈佛大学的学生到首都哥伦比亚特区华盛顿帮他组织这次活动。活动选择在 1970 年 4 月 22 日举行，是因为那天离期终考试还有一段时间，前后又没有什么节日和假期。

1970 年 4 月 22 日当天，美国各地都开展了声势浩大的环保宣传活动。约 10 万人在纽约曼哈顿著名的第五大道欢庆地球日。约 1 万人在联合广场（Union Square）唱歌跳舞，向本次活动的发起人纳尔逊参议员挥手致意。在业特兰大，不计其数的饮料罐倾倒在可口可乐公司总部大楼前的草坪上。在华盛顿的塔科马，数百名高校学生在高速公路上策马奔驰，引导人们关注机动车尾气排放所造成的污染。在丹佛，人们抨击

---

① ［美］丹尼斯·米都斯：《增长的极限——罗马俱乐部关于人类困境的报告》，李宝恒译，吉林人民出版社 1997 年版，"英文版序"第 17 页。

② 吴智慧：《超越增长的极限——纪念〈增长的极限〉一书出版 40 周年》，《世界环境》2008 年第 4 期，第 8 页。

核能开发，将科罗拉多环境破坏奖授予了原子能委员会。在佛罗里达，环保人士将一条死章鱼放在该州电力与照明公司总部门前，抗议该公司对比斯坎湾的热污染。在俄勒冈大学，学生在预备役军官训练营大楼前举行大规模的静坐示威活动，抗议美军在越南喷洒各种落叶剂，发动"生态灭绝"战争。还有大量民众兴高采烈地在社区栽花种树，清除垃圾。地球日的活动形式不拘一格，关注的问题也非常广泛，但都与环境问题有关。

地球日的参与者虽然主要是血气方刚的青年，但那天的活动却组织得井然有序，并得到了政府、公司和主流媒体的热烈响应。尽管尼克松总统对环境保护主义可能并不热心，但当时的形势使他对环境保护不能不表示支持。在地球日之前的一份国情咨文中，尼克松宣称：治理空气和水污染，改善生活环境，已经到了刻不容缓的地步。同时，许多汽车、石油、化工、造纸、包装公司，在当天通过广告宣传、清洁技术成果发布会等活动，来表达对环保事业的支持。联邦爱迪生电气公司派175名员工到学校演讲，另有一个公司则动员了近千名员工参加各种环保宣传活动。纽约的一家电气公司为巡游的纽约市市长提供了一款新开发的节能电车。环境保护主义的包容性受到了主流媒体的称赞，环保运动的温和性质，使企业、政府和公民都愿意参与到改善环境的行列。环境问题的严重性和环保运动的重要性突然之间就得到了社会的广泛认可。

三　近30年来西方环保运动的新变化

20世纪七八十年代以来，欧美国家社会形势趋于保守，环保运动也出现了一些新变化。主流环保组织逐渐融入体制，改良倾向突出。环境正义运动蓬勃发展，弱势群体的环境权益逐渐受到重视。此外，环保运动的国际化趋势也日益明显。

（一）环保运动的体制化

近30年来，体制化成为欧美主流环保组织最明显的发展趋势。环保组织越来越专业化和职业化，日益依赖政治游说、宣传教育、司法诉讼等手段，强调通过合作而非对抗的方式推进环境保护。环保组织的改良倾向日渐突出，从"局外人"变成"局内人"。

环保组织的体制化，与 20 世纪 80 年代以来欧美国家社会形势趋于保守和环保组织不断壮大均有密切关系。进入 20 世纪 70 年代之后，西方国家普遍出现了严重滞胀危机。此前近 40 年间，西方各国大都信奉凯恩斯主义，推行刺激经济发展的扩张政策。政府在社会经济领域的大规模介入，在缓解社会矛盾的同时，也导致了滞胀危机。经济发展速度明显减缓，物价飞涨，通货膨胀率居高不下。1973—1979 年，主要资本主义国家人均国内生产总值年均增长率，法德两国均为 2.6%，意大利为 2.0%，美国为 1.9%，而英国仅为 1.3%[①]。1971—1980 年，10% 以上的通货膨胀率在发达资本主义国家司空见惯，在 1974 年和 1975 年甚至达到了15.3% 和 13.5%[②]。同一时期，西方还遭遇了能源危机的打击和一系列政府丑闻的困扰。社会趋于保守，反对放松管制的呼声日益高涨。在这种情况下，英国撒切尔政府和美国里根政府率先抛弃凯恩斯主义，推行新自由主义，减少政府干预，强调让市场发挥主导作用。

在保守的社会形势下，反环保势力逐渐抬头甚至十分猖獗。里根当选美国总统后，任命多位右翼人士担任联邦政府要职，大力推行放松环境管制的政策。安妮·戈萨奇（Anne Gorsuch）就任美国联邦环境保护局局长之后，将通用公司、埃克森公司等大企业的顾问和律师安插进来；美国联邦环境保护局的预算削减了 2 亿美元，裁员达到 23%[③]。联邦政府对环境保护的敌视态度，使地方的反环保势力蠢蠢欲动。进入 20世纪 80 年代以后，反环保活动在美国名目繁多，彼此呼应，参与者主要是农、林、牧、渔、采矿等传统产业部门。20 世纪 70 年代末 80 年代初，位于美国西部的内华达、犹他、亚利桑那、新墨西哥等州要求将该区域大片联邦公共土地的所有权移交给西部各州政府，以规避联邦政府的管制，并防止联邦政府未来可能会出台更多、更严厉的环境管制政策。20 世纪 80 年代末，反环保势力掀起了具有高度迷惑性的"明智利用"运动，该运动主要由艾伦·戈特利布（Alan Gottlieb）和让·阿诺德（Ron Arnold）领导，提出要推动国家环境政策改革，要求在国家公园和荒野保护区进行矿产和能源开发，修改《濒危物种法》，限制濒危

① 齐世荣、廖学盛：《20 世纪的历史巨变》，第 24—25 页。
② 《世界经济》编写组：《世界经济》第 3 册，人民出版社 1987 年版，第 286 页。
③ ［美］本杰明·克兰：《追本溯源：美国环保运动简史》，第 102 页。

物种申报。"明智利用运动"对环境保护主义进行了恶毒攻击，力图"破坏和根除环保运动"。

另外，欧美环保组织也获得了长足发展。环保组织的会员及活动经费迅速增加。美国十大环保组织①的会员总数，1965 年不到 50 万人，1985 年增加至 330 万人，1990 年达到了 720 万人②；其年度活动经费总额，在 1965 年不到 1000 万美元，1985 年增加到 2.18 亿美元，1990 年达到了 5.14 亿美元③。在欧洲多国，环保组织的规模也在逐渐扩大。国民托管组织（National Trust）是英国最大的环保组织，其会员的增长令人瞩目，"1968 年为 17 万人，1976 年为 54.8 万人，1984 年猛增至 146 万人"④。英国皇家鸟类保护协会的会员，"在 1950 年为 1 万人，在 1960 年为 3 万人，1971 年为 10 万人，1975 年为 20 万人，到 80 年代中期超过了 40 万人"。到 20 世纪 70 年代末期，荷兰自然保护协会的会员达到 20 万人，丹麦自然保护协会的会员超过 10 万人。1970 年，德国鸟类保护协会会员为 3.5 万人，到 70 年代末超过 10 万人。法国自然保护联合会是法国最大的环保组织，其会员在"20 世纪 70 年代超过了 50 万"⑤。80 年代中期，包括英国国民托管组织、英国皇家鸟类保护协会、法国鸟类保护联盟、丹麦自然保护协会等众多欧洲环保组织，各自的年度活动经费都超过了 50 万美元⑥。

会员和活动经费的不断增多，推动了主流环保组织的职业化和制度化。20 世纪 80 年代中期，许多主流环保组织纷纷从社会上招募筹款人、律师、经济学家、科学家、新闻记者、政策分析专家等专业管理人士。

职业化是环保组织加强自身建设、适应新社会形势的必然选择。环境

---

① 美国十大环保组织包括：奥杜邦协会（Audubon Society）；野生动物保护协会（Defenders of Wildlife）；美国环保协会（Environmental Defense）；美国绿色和平组织（Greenpeace USA）；资源保护选民同盟（League of Conservation Voters）；国家公园保护协会（National Parks Conservation Association）；全国野生动物联盟（National Wildlife Federation）；自然资源保护委员会（Natural Resources Defense Council）；塞拉俱乐部（Sierra Club）；荒野协会（Wilderness Society）。

② ［美］本杰明·克兰：《追本溯源：美国环保运动简史》，第 109 页。

③ ［美］本杰明·克兰：《追本溯源：美国环保运动简史》，第 109 页；罗伯特·达菲：《美国政治的绿色议程：面向 21 世纪的新策略》（Robert J. Duffy, *The Green Agenda in American Politics: New Strategies for the Twenty-first Century*），堪萨斯大学出版社 2003 年版，第 47 页。

④ ［美］约翰·麦考密克：《开创未来：全球环保运动》，第 133 页。

⑤ ［美］拉塞尔·多尔顿：《绿色彩虹：西欧环保组织》，第 41 页。

⑥ 同上书，第 93 页。

问题错综复杂、环境立法与诉讼程序千头万绪，这些新挑战对环保组织的领袖与工作人员提出了新要求。环保运动虽然深入人心，但 20 世纪 80 年代保守主义势力在社会上还占一定优势。面对这种新形势，环保组织开始调整策略，希望通过政治参与，来影响政府的环境决策。

职业化增强了环保组织处理各类事务的能力，提高了环保组织的社会地位，也改变了环保运动的斗争方式及其目标。环保组织开始广泛应用选举、游说、广告宣传、诉讼等手段，并加强了环保组织之间的协作。

从 1980 年以来，环保组织利用选举来影响政府的环境政策。1980 年，塞拉俱乐部支持候选人竞选州议员。1982 年，塞拉俱乐部、资源保护选民同盟开始支持候选人竞选国会议员，在这两个组织支持的 48 位候选人中，有 34 位成功当选。1984 年，塞拉俱乐部支持沃尔特·蒙代尔（Walter Mondale）参与总统竞选。

诉讼也是环保组织常用的斗争手段之一。美国环保协会、塞拉俱乐部法律保护协会、自然资源保护协会都以善于运用法律武器而闻名。环保组织通过诉讼可以敦促政府切实履行职责，使环境法能得到有效执行。

环保组织的体制化，可通过美国大自然保护协会（TNC）明显体现出来。美国大自然保护协会于 1951 年成立，资金雄厚，资产超过 37 亿美元，年融资近 5 亿美元。该团体聘用了 700 多名科学家和 3500 名员工，在美国和其他 35 个国家设置的办事机构达到 400 个。该协会遵循以科学为基础的保护理念，与不同利益相关方积极合作，在企业、政府、民众、基层组织之间牵线搭桥，以募捐所得购买具有重要生态价值的私人土地，或通过向私人土地业主支付生态补偿费，将土地利用置于严格的环境监管之下。迄今为止，美国大自然保护协会保护的各类土地已经达到 5000 万公顷。

20 世纪 80 年代，欧美主流环保组织面临喜忧参半的社会形势。一方面，环保组织实力明显增强，能对国家环境政策产生一定影响，同时还有效扼制了反环保势力的嚣张气焰；另一方面，反环保势力依然强大。西方发达国家普遍奉行放松管制、发展经济的政策。尽管政府有意削弱环境管制，但也不能不接受环境保护是民心所向这一现实。种种迹象显示，环保组织与反环保势力处于对峙状态。

面对这种新社会形势，主流环保组织强化了同政府及公司的合作，通过谈判协商而不是对抗冲突来寻求发展，在左翼和右翼思潮之间寻求所谓

"中间立场",倡导以合作为基础的"第三条道路"。美国环保协会会长库柏(Fred Krupp)认为:"环境保护主义者应该成为设计师,而不只是抱怨者。"世界自然基金会会长威廉·赖利(William K. Reilly)提出,要与"公司领导开展明智和负责任的对话"①。另外,"第三条道路"也受到了世界资源研究所、美国自然保护委员会等多个环保组织的推崇。

环境保护的"第三条道路"是环保组织、政府及企业在20世纪80年代相互靠近的结果。环保运动体现了战后富足的西方社会对生活质量的追求,其基础是社会中上层。环保组织自始就未采取过激烈抗争的形式,立场温和,因而能得到企业、政府和民众的普遍欢迎。环保运动具有开放性,社会各界都愿意参与其中,甚至力图引导环保运动朝有利于自己的方向发展。环保组织的实力到80年代尽管有明显增强,但同企业和政府相较,无疑处于弱势地位。此外,环保组织的职业化和制度化使其改良倾向日渐突出,环保组织逐渐成为融于体制、信奉实用主义的利益集团。在保守的整体社会形势下,"如果一味同现任政府及其同盟对抗",环保组织"就可能被排除在决策之外。现实的问题已经不是是否需要适应这种变化的政治形势,而是如何适应"②。对企业和政府而言,其首要目标依然是高额利润和经济增长,在环保理念日益深入人心的形势下,高举环保大旗容易赢得支持,有利于促成其目标的顺利实现。"第三条道路"对各方来说是皆大欢喜,是共赢发展。

环保组织的体制化便于其同公司开展合作,目前这种合作已经取得了一定成效。"排污权交易"(Tradable Air Pollution Permits)是美国环保协会的提议,该提议被1990年的《清洁空气法》修正案吸纳,在实际应用中取得良好效果。1996年,美国联邦环境保护局依据各发电厂的产能,制定了发电厂的二氧化硫排放量标准,允许发电厂之间有偿交易排放量。一些低排放公司可以轻易将排放量减少到排放指标之下,可以通过出售剩余排放额度获利,而有的公司则购买了排放指标,其支出比更换陈旧设备更少。到2000年春,排污权的交易金额高达30亿美元,从效果上看也实现了美国联邦环境保护局减少二氧化硫排放量的总体目标。减排实际上没

---

① 〔美〕马克·道伊:《失去基础:20世纪末期的美国环保主义》,第105—106页。

② 〔美〕R. 麦格雷戈·考利:《联邦土地,西部愤懑:艾草州叛乱与环境政治》(R. McGreggor Cawley, *Federal Land, Western Anger: The Sagebrush Rebellion and Environmental Politics*),堪萨斯大学出版社1993年版,第154页。

有预想的那样艰难。许多企业只用了预算的 1/10，就完成了减排的目标①。

与此同时，环保组织越来越重视市场的作用，力图通过市场引领绿色消费。1989 年，广泛用于苹果保鲜的丁酰肼（Alar）被美国自然资源保护委员会证明是一种致癌物质。在该发现被公布之前的 15 年里，美国联邦环境保护局内部就不断出现关于丁酰肼安全性的争论。尽管丁酰肼的安全性得不到保证，美国联邦环境保护局迟迟未作出禁止在苹果储存中使用丁酰肼的决定。苹果安全问题被媒体曝光后，没有消费者再购买用丁酰肼处理过的苹果，超市也停售了这种苹果。由于苹果的滞销，果农不再使用丁酰肼，而生产丁酰肼的公司也被迫宣布停产②。

环保组织推崇的"第三条道路"存在着一些明显弊端。和资金雄厚的公司相比，环保组织还过于弱小。由于实力悬殊，环保组织和公司的合作很难取得实质性突破，企业往往只会作出一些局部、表面的让步。环保组织对双方的不平等合作也深感不满。20 世纪 90 年代，德国自然保护协会常常受邀参加联邦德国环境部的听证会，这较 10 年前确有进步，但是，工商界的代表有二三十人，每人发言时间为"半小时甚至一个小时"，而环保组织的代表仅有一到两人，每人的发言时间只有 5 分钟。环保组织和企业在合作中的不对等，由此可见一斑③。环保组织热衷于"第三条道路"，实际上表明其丧失斗志，缺乏对既有政治经济体制的批判精神。1990 年的地球日庆祝活动就体现了"第三条道路"的消极影响。

1990 年 4 月 22 日，在第 20 个地球日到来之际，全球 140 个国家举行了庆祝地球日的活动，参与者达到两亿人④。在美国，约 2500 万民众热情参与了宣传庆祝活动⑤。活动当天，政治领袖纷纷表态支持环保；公司企业也不甘落后，慷慨解囊，对活动予以资助；多位大牌明星参与了环境

---

① ［美］格蕾琴·戴利、凯瑟琳·埃利森：《新生态经济：使环境保护有利可图的探索》，上海科技教育出版社 2005 年版，第 29—30 页。

② ［美］盖洛德·纳尔逊、苏珊·坎贝尔、保罗·沃兹尼亚克：《超越地球日：践行诺言》（Gaylord Nelson, Susan Campbell and Paul Wozniak, *Beyond Earth Day*: *Fulfilling the Promise*），威斯康星大学出版社 2002 年版，第 109 页。

③ ［英］克里斯托弗·卢茨主编：《西方环境运动：地方、国家和全球向度》，徐凯译，山东大学出版社 2005 年版，第 56 页。

④ ［美］罗伯特·戈特利布：《呼唤春天：美国环保运动的转变》，第 201 页。

⑤ ［美］柯克帕特里克·塞尔：《绿色革命：美国环保运动，1962—1992》，第 82 页。

公益演出；媒体对庆祝活动进行了大量宣传报道。环境保护主义的影响似乎无处不在。恰如《纽约时报》在地球日之后所言："环境保护主义俨然已成为美国人的一种世俗宗教。"①

1990 年地球日的庆祝活动，充斥着浓厚的商业气息。这次活动的筹备工作在 1988 年启动，得到了约 300 万美元的企业捐款。丹尼尔·海斯（Denis Hayes）作为活动的主要组织者，在全国设立了 20 个筹备小组，聘请了数以百计的专家顾问及大量工作人员，在全国各地策划了约 3000 场庆祝活动。在筹划庆祝活动时，重点考虑媒体效应及如何能够吸引眼球，而在一些原则问题上进行妥协。庆祝活动筹备组大量接受众多排污企业的捐款，对公司进行绿色包装。宝丽莱（Polaroid）公司虽然是波士顿港的排污大户，但却成为波士顿地球日庆祝活动的主要赞助商②。孟山都公司是全球闻名的农药生产巨头和种业公司，对多个城市的地球日庆祝活动给予赞助。该公司自诩为"绿色企业"，勇于承担社会责任，但实际上，该公司不仅将美国本土所禁止的剧毒农药生产转移到发展中国家，而且还在全球到处掠夺生物资源并进行垄断经营。克利夫兰的环保组织接受了英国石油公司（British Petroleum）的赞助，在地球日那天开展环保宣传活动。公司对地球日庆祝活动的影响如此明显，以致《时代》杂志称 1990 年的地球日受到了"商业劫持"③。

同 1970 年相比，1990 年地球日的庆祝活动明显缺少批判精神。这次活动的主题是强调个人责任，对公司和政府的失责没有进行批评，甚至没有提出环保立法的动议，因此受到了政府和公司的欢迎和赞赏。此外，这次活动回避了社区污染问题，受到了部分基层民众的抵制。庆祝活动虽然很热闹，但没有实质内容，没能将环保活动引向深入。

主流环保组织的改良道路，限制了环保运动向纵深发展，甚至导致了内部分裂，催生了激进环保组织。激进环保组织往往采取直接的对抗行动，以静坐绝食、游行示威、破坏工具等方式阻止环境破坏，推动环境保护。激进环保人士大多是和平主义者，反对使用武力，反对伤害人类。

深层生态学往往被视为激进环保运动的思想基础。深层生态学是由挪

---

① ［美］柯克帕特里克·塞尔：《绿色革命：美国环保运动，1962—1992》，第 83 页。
② ［美］罗伯特·戈特利布：《呼唤春天：美国环保运动的转变》，第 265 页。
③ ［美］马克·道伊：《失去基础：20 世纪末期的美国环保主义》，第 27 页。

威哲学家耐斯（Arne Naess）在 1972 年率先提出的，是倡导生物中心主义或生态中心主义的一种学说。深层生态学的思想基础是生态中心主义，其主张包括：整个地球是一个生态系统；人类只是自然生态系统的一部分，因而没有权力破坏生态系统的完整性；只有对城市工业社会进行全方位改革，才能解决环境危机。深层生态学在性质上与浅层生态学截然不同。浅层生态学信奉人类中心主义，主张在维护人类利益的基础上促进人与自然的和谐相处，在现有体制内寻求环境问题的解决办法。

20 世纪七八十年代以来，欧美国家出现了多个激进环保组织。绿色和平组织（Green Peace）往往被视为全球首个有广泛影响的激进环保组织，它因阻止在海洋进行核试验而闻名遐迩。随着绿色和平组织的发展壮大，它与激进环保组织渐行渐远，逐渐转变成为主流环保组织。目前有影响的激进环保组织包括海洋保护者协会（Sea Shepherd Conservation Society）、地球优先组织（Earth First）、地球解放阵线（Earth Liberation Front）等。

海洋守护者协会致力于海洋哺乳动物保护，由脱离绿色和平组织的保罗·沃森（Paul Watson）所创建。为阻止商业捕鲸活动，它对捕鲸船队投掷烟幕弹、开展围堵、甚至进行撞击，被日本、加拿大、挪威、冰岛等主要捕鲸国家视作"环保恐怖组织"，沃森本人曾因涉嫌人身攻击和妨碍商业活动而身陷囹圄。地球优先组织致力于开展荒野保护，其创建者主要是脱离荒野协会、塞拉俱乐部、地球之友的几位富有战斗精神的环保人士，他们提出了"保护地球母亲，没有妥协可言"的响亮口号。地球优先组织曾被联邦调查局列为"隐蔽恐怖组织"[①]。据美国联邦调查局国内反恐指挥部统计，动物解放阵线（Animal Liberation Front）和地球解放阵线在 1996—2002 年制造了包括纵火、破坏实验室等在内的 600 多起犯罪事件，导致了严重的财产损失[②]。这些组织因其过激行为受到了国内外舆论的强烈谴责，其处境和前景堪忧。

相对而言，欧洲的激进环保组织还有一定的生存发展空间。欧洲的激

---

① ［美］克里斯托弗·马内斯：《绿色癫狂：激进环保主义与文明的毁灭》（Christopher Manes, *Green Rage: Radical Environmentalism and the Unmaking of Civilization*），波士顿 1990 年版，第 6 页。

② 美国联邦调查局网站：http://www.fbi.gov/news/testimony/the-threat-of-eco-terrorism，2013 年 12 月 5 日访问。

进环保组织，虽然采用直接对抗行动，但这些行动大都在法律所许可的范围之内。20世纪七八十年代，德国曾出现过反对核能开发的暴力冲突，但冲突双方在事后都对自己的失控行为表示忏悔；如今，有关各方都寻求靠合法手段解决分歧①。

激进环保运动在一定程度上可以促进主流环保运动的发展。目前，环保组织的体制化是大势所趋。环保组织"服从游戏规则"，虽然可以"得到官方认可"，但其挑战性却会受到削弱②。而这种挑战性却是环保运动继续存在、深入发展的必要条件之一。激进环保组织的存在，在某种程度上可以促使环保人士保持热情和战斗精神，同时也为主流环保组织创造了有利的斗争环境，增加"与权力部门打交道"的砝码。主流环保组织常以激进环保组织的过激行为提醒权力部门，如果权力部门"过于强烈地抵制半制度化温和主义者的合理要求"，就可能会激起"未形成组织的激进分子"更具破坏性的行动③。

（二）环境正义运动

从20世纪七八十年代以来，西方大量基层环保组织开始关注社区的环境污染问题。在西方资本主义国家，垃圾处理设施和污染企业往往集中分布在弱势人群所生活的区域，对弱势群体的健康构成巨大威胁。尽管这类问题广泛存在，但在法、德等欧洲多国总是有意无意地受到忽略。德国记者冈特·沃尔拉夫（Gunter Wallraff）于1985年出版的《底层》（*Ganz Unten*）一书，揭示了土耳其劳工在德国的生活状况，尤其是空气污染对这些劳工健康的损害，虽然这是一本畅销书，但该书提出的弱势群体的环境权益并未受到应有关注。米切尔·贝丝（Michael Bess）于2003年出版的《浅绿色社会》完全没有提到那些生活在法国大城市周边、处于边缘地位的郊区居民④。只有在美国，社区反对污染的斗争才形成了巨大声势，发展成为"环境正义运动"⑤。

---

① ［德］弗兰克·于科特尔：《最环保的国家？德国环境保护主义的新历史》，第146页。
② ［英］克里斯托弗·卢茨主编：《西方环境运动：地方、国家和全球向度》，第17页。
③ 同上书，第10页。
④ ［德］弗兰克·于科特尔：《最环保的国家？德国环境保护主义的新历史》，第125页。
⑤ ［美］戴维·斯诺等：《布莱克威尔社会运动研究指南》（David A. Snow, et al., *The Blackwell Companion to Social Movements*），布莱克威尔出版公司2004年版，第629页。

环境正义运动兴起于 20 世纪 70 年代末，以底层民众为社会基础，反对环境种族主义，要求实现环境正义。环境种族主义是指环境政策、法律、法规在制定和执行过程中存在种族歧视。环境正义要求在制定和执行环境政策和法规的过程中，所有人，不论其种族、民族、收入、原始国籍或教育程度，都应得到公平对待并有效参与。环境种族主义隐含着对政府、企业和环保组织的批评，而环境正义则表达了一种愿望和努力方向，较之于环境种族主义更容易为各类机构和各个阶层所接受。

美国环境正义运动的兴起，主要有两方面的原因。其一，有害垃圾污染对人体健康构成严重威胁，但集中分布在低收入及有色人种社区。其二，主流环保组织往往忽视社区环境问题，基层民众不得不行动起来保卫家园。另外，环境正义运动也受到了民权运动的推动。

20 世纪七八十年代以来，美国的弱势群体为争取平等的环境权益，开展了艰苦卓绝的斗争。始于 70 年代后期的拉夫运河社区事件、1982 年沃伦抗议、1987 年基督教联盟调查报告《美国的有害垃圾与种族》的发布、1991 年第一届有色人种环境领导峰会的召开，成为环境正义运动兴起过程中的标志性事件，将环境正义运动不断引向深入。

拉夫运河社区位于纽约州尼亚加拉瀑布城，是一个 20 世纪 70 年代中期才出现的普通白人工人社区。社区所在区域曾经有过一条名为拉夫运河的人工水沟，在 50 年代之前被胡克化学公司用作垃圾填埋场。从 1976 年开始，该社区的许多儿童身患各种怪病。相关政府部门在调查后确认，填埋的有害化学垃圾对居民健康已造成损害，并构成严重威胁。然而，考虑到移民安置的高额费用以及此举可能开创的先例，纽约州政府以科学证据不足为由，竭力否认事态的严重性。

面对政府的不作为，身处危险之中的社区居民被迫紧急行动起来。参加者主要是家庭妇女，并成立了以吉布斯（Lois Marie Gibbs）领导的拉夫运河社区业主协会，通过集会、募捐、新闻发布会等多种形式，敦促政府对社区环境进行监测，对居民健康进行检查。1978 年 8 月 2 日，纽约州卫生委员会宣称，拉夫运河社区存在严重污染，建议关停学校，并尽快迁移与拉夫运河毗邻的家庭[①]。8 月 9 日，白宫承诺要对污染核心区的社区

① ［美］克里斯·麦戈特：《壮丽河山：美国历史与文化中的自然与环境》（Chris J. Magoc, *So Glorious a Landscape: Nature and the Environment in American History and Culture*），威尔明顿 2002 年版，第 257 页。

居民进行妥善安置，第一次危机得以化解。

而生活在拉夫运河外围的那些居民还需要继续为搬迁展开斗争，推动政府对该社区存在的环境风险进行调查。1979 年春天，国会就该社区的环境风险举行听证会。1980 年年初，美国联邦环境保护局对 36 位社区居民的医学检查显示，有 11 人染色体受损，但调查结果并没有及时对外公布①。1980 年 5 月 17 日《纽约时报》和《布法罗信使报》披露该消息之后，社区居民愤怒不已，并于 5 月 19 日扣押了前来做安抚工作的两名美国联邦环境保护局官员作为人质，向白宫施压，要求提供救助。10 月 1 日，卡特总统签署命令，同意由政府出资购买拉夫运河社区外围的住宅。拉夫运河社区居民争取搬迁的斗争最终取得了胜利②。

拉夫运河事件震惊了美国甚至整个世界。它使全国上下都开始关注社区有毒有害垃圾的影响，推动政府加强对有害物质的管理，在一定程度上促进了美国国会在 1980 年通过《超级基金法》。拉夫运河社区争取搬迁的成功极大地鼓舞了基层环保组织。拉夫运河事件促进了环境正义运动的兴起，促使美国主流环保组织开始关注弱势群体。拉夫运河事件及 1982 年沃伦事件，将阶级、种族及环境正义联系起来，扩大了环保运动的社会基础，推动了环保运动和社会运动的结合。

1982 年 9 月 15 日，100 多名黑人和白人在北卡罗来纳州沃伦县肖科（Shocco）镇游行示威，抗议州政府在当地填埋含有多氯联苯（PCBs）的有害垃圾，同警察发生激烈冲突。55 名抗议者因为阻挡运输和倾倒有毒垃圾而被捕。此后一个多月，共有 7223 车含有多氯联苯的有害垃圾被倾倒在一个被废弃的农场。其间不断有人从全国各地赶来声援，抗议持续不断，共有 523 人被捕，其中包括国会议员、民权组织和宗教组织的领袖等③。

沃伦县的地理条件并不适宜填埋有害垃圾，但它之所以被选作有害垃圾填埋场所，主要是因为这里贫穷落后。1980 年，该县的黑人人口占全

① ［美］艾伦·梅热：《追问：有害垃圾对拉夫运河社区扑朔迷离的影响》（Allan Mazur, *A Hazardous Inquiry: The Rashomon Effect at Love Canal*），哈佛大学出版社 1998 年版，第 15 页。

② ［美］菲利普·沙别科夫：《滚滚绿色浪潮：美国的环境保护运动》，中国环境科学出版社 1997 年版，第 195 页。

③ ［美］珍妮·拉巴尔姆：《筚路蓝缕：为环境正义而斗争》（Jenny Labalme, *A Road to Walk: A Struggle for Environmental Justice*），达勒姆 1987 年版，第 2、5 页。

县总人口的63.7%，在填埋有毒垃圾的阿夫顿（Afton）社区，黑人比例超过了84%。在北卡罗来纳州100个县中，沃伦县人均收入几乎排在最后，比全州平均水平还低24.7%。总之，从一系列经济指标来看，当地都远远落后于其他地区[①]。在沃伦县设垃圾填埋场，是"因为这里的居民主要是在政治上和经济上都处于无权地位的黑人和穷人，有色人种容易被欺负"[②]。

作为美国环境正义运动发展史上的标志性事件，沃伦抗议往往被视为环境正义运动的开端。沃伦抗议暴露了环境种族主义的存在，推动社会各界对之加以关注，带动了美国多个机构就"种族与环境风险"展开调查。

在众多的调查报告中，美国基督教会种族委员会于1987年公布的《美国的有毒废物与种族：关于有害废物处理点所在社区的种族和社会经济性质的报告》无疑最有影响。调查表明，垃圾填埋设施的分布与少数族裔人口正相关。所在社区垃圾处理设施数量越多，规模越大，社区里少数族裔人口比例越高。这是一种遍及全国、长期存在的模式。种族正义委员会指出：种族实际上一直是美国有害垃圾处理设施分布的重要影响因素[③]。报告建议，要尽量优先考虑清理黑人和拉美裔社区的垃圾场。

《美国的有毒废物与种族》已成为美国环境正义运动史上的经典文献，具有重大深远的影响。它以大量的数据表明，环境种族主义是一个普遍存在、不容否认的客观事实。这种揭示为基层民众采取行动提供了舆论及道义支持。另外，该报告提出的诸多建议切实可行，部分建议得到了广大社区、各类社会团体及各级政府的采纳。

1991年10月24日至27日，首届美国有色人种环境领导峰会在首都哥伦比亚特区华盛顿举行。来自全国300多个团体的550名代表与会。会

---

① ［美］罗伯特·布拉德：《在南部倾卸垃圾：种族、阶级和环境质量》（Robert D. Bullard, *Dumping in Dixie: Race, Class and Environmental Quality*），牛津大学出版社1994年版，第30页。

② ［美］艾琳·麦古蒂：《改造环境保护主义：沃伦县、多氯联苯以及环境正义的起源》（Eileen Maura McGurty, *Transforming Environmentalism: Warren County, PCBs, and the Origins of Environmental Justice*），罗格斯大学出版社2007年版，第4页。

③ ［美］联合基督教会种族正义委员会：《美国的有毒废弃物与种族：关于有害废弃物处理点所在社区的种族和社会经济性质的全国报告》（Commission for Racial Justice, United Church of Christ, *Toxic Wastes and Race in the United States: A National Report on the Racial and Socio-economic Characteristics of Communities with Hazardous Waste Sites*），纽约州立大学出版社1987年版，第23页。

议通过了环境正义的 17 条原则。这些具有指导意义的原则可以分为三个方面：其一，尊重神圣的地球母亲、生态系统的完整及所有物种的相互依存关系。其二，反对污染和战争。其三，争取平等的环境权益，倡导"公共政策应以所有人的相互尊重和正义为基础，而不应带有任何形式的偏见或歧视"①。

首届全国有色人种环境领导峰会可被看作美国环境保护主义的重要转折点之一，对美国环保运动的发展产生了深远影响。它显著地扩展了人们对环境的理解，表明自然无处不在，它存在于我们生活、工作与娱乐的每一个角落。它不但确认了环境保护的重要性，而且将环境权益平等与社会公正直接联系起来，这既拓展了社会公正的外延与内涵，又促使主流环保组织关注社会弱势群体的权益，推动了主流环保组织与基层环保组织、环保组织与民权劳工组织的联合，进一步扩大了环保运动的社会基础。这次会议也表明，少数族裔已经成为争取环境权益平等的重要政治力量。

（三）环保运动的国际化

近 20 年来，环保运动的国际化成为明显趋势。国际化趋势的出现，与环境问题的全球化密切关联。20 世纪中叶以来，跨区域的全球性环境问题接连出现，气候变暖、酸雨、土地荒漠化、森林锐减、生物多样性减少、水资源危机、海洋污染、危险性废弃物越境转移和城市空气污染等成为世人当前最为关注的全球性环境问题。冷战结束后，经济全球化的加速发展，加剧了资本无限扩张和地球有限承载力之间的矛盾。20 世纪 90 年代以来，经济全球化快速发展，多层次、立体化的国际分工体系开始形成，国际贸易发展迅猛，国际投资迅速增加，国际金融市场异常活跃，金融自由化程度不断提高，跨国公司遍及全球，其触角伸向世界的每一个角落。经济全球化的浪潮，使各国的生产和消费都成为世界性的经济活动，生产和消费进一步分离，人为加剧了生态系统失衡的危险。在很大程度上，少数人口、发达国家的高消费往往以多数人口、发展中国家的环境恶化为前提，发达国家与发展中国家之间在环境问题上的矛盾和冲突更趋紧张。此外，以计算机、互联网为代表的信息革命，极大地便利了各国的对

---

① ［美］爱德华·罗兹：《美国的环境正义：一种新范式》（Edwardo Rhodes, *Environmental Justice in America: A New Paradigm*），印第安纳大学出版社 2003 年版，第 213—215 页。

外交往，为欧美环保组织在全球开展活动创造了条件。

1. 国际环保合作的发展

20 世纪上半叶，国际社会逐渐加强了在环保问题上的合作。1909 年，欧洲的自然爱好者在巴黎召开了国际自然保护大会，提出要成立国际自然保护组织。1913 年，17 个欧洲国家的代表在伯尔尼签署协议，成立了国际自然保护咨询委员会，计划就捕鲸、毛皮贸易、候鸟保护召开国际会议①。但第一次世界大战的爆发和战后动荡的欧洲局势，使该机构的工作实际上处于停顿状态。在两次战争期间，鸟类保护的国际合作被提上议事日程。1922 年，国际鸟类保护委员会在伦敦成立，该协会积极引导妇女开展抵制毛皮贸易的斗争。1937 年，美国、加拿大、墨西哥签署了《候鸟保护协定》。1940 年签署的《西半球自然和野生动物保护公约》要求美洲各国都要切实采取保护候鸟的措施。

战后至 20 世纪 60 年代初期，环境保护的国际合作取得了一定进展。1945 年成立的联合国为各国协调环境事务提供了一个新平台。《联合国宪章》尽管没有明确提及环境保护，但其下属机构，尤其是联合国粮食与农业组织、联合国教科文组织，实际上分别开展了诸多与资源保护与自然保护密切相关的工作。联合国粮食与农业组织成立于 1946 年，是为实现"不虞匮乏的自由"而设立的机构之一。为促进粮食生产和耕地保护，该机构在 1947 年、1948 年、1949 年、1952 年曾 4 次召开森林资源保护会议，在 1951 年召开了"亚洲和远东土地利用会议"②。联合国教科文组织成立于 1946 年，旨在促进各国在教育、科学和文化领域开展合作，其第一任总干事为英国著名生物学家朱利安·赫胥黎（Julian Huxley）。在成立之初，联合国教科文组织大力推动对古籍、艺术作品、自然和文化遗产的保护，为 1948 年成立国际自然保护联盟（IUPN）这一非政府组织做出了积极贡献。1949 年 8 月 17 日至 9 月 6 日，联合国粮食与农业组织、世界卫生组织、联合国教科文组织、国际劳工组织在纽约州萨克瑟斯湖（Lake Success）共同举办了联合国资源保护与利用科学大会，来自 49 个国家的 500 多名代表参加了本次会议，就资源短缺、战争对自然的破坏等问题进行了广泛而深入的讨论。在一些学者看来，这次会议标志着"资

---

① ［美］约翰·麦考密克：《开创未来：全球环保运动》，第 23 页。

② 同上书，第 28 页。

源保护首次被提上国际议程"①。1968 年 9 月 1 日至 13 日，联合国教科文组织在巴黎召开生物圈会议，讨论了人类活动对生物圈的影响，与会者就环境危机的严重性和环境治理的迫切性达成共识，并就加强环境研究和开展环境教育提出了诸多切实可行的建议。

从 20 世纪 70 年代以来，全球环境合作迈上了一个新台阶。全球有关环境保护的条约在 1970 年后明显增多，其总数在 50 年代为 19 个，60 年代为 22 个，70 年代为 47 个。据联合国环境规划署统计，这类条约到 1984 年达到 108 个，其中 58 个是在 1971—1983 年达成的②。全球环境合作的加强，也可以从 1972 年人类环境会议、1992 年联合国环境与发展会议、2002 年可持续发展世界首脑会议、2012 年联合国可持续发展大会等反映出来。

1972 年 6 月 5 日至 16 日，联合国人类环境会议在瑞典首都斯德哥尔摩举行。来自 113 个国家、19 个政府机构、400 个其他政府机构和非政府组织的代表参加了此次会议。芭芭拉·沃德、勒内·杜博斯受命主持编写的《只有一个地球》，在会议上得到了热烈讨论③。报告对当前的环境问题进行了描述，并结合诸多社会因素进行探讨。这次会议通过了《人类环境宣言》和《环境行动计划》，并决定建立联合国环境规划署。《人类环境宣言》强调，"保护和改善人类环境是关系全世界各国人民的幸福和经济发展的重要问题，也是全世界各国人民的迫切希望和各国政府的责任"④。

联合国人类环境会议是国际社会就全球环境问题首次进行的大规模、高规格的研讨，在环保运动史上具有里程碑式的意义。会议传播了从生态系统角度理解环境的新观念，极大地丰富和扩展了人们对自然的理解，将以往孤立、分散的保护和改善环境的活动连成一个整体⑤。这次会议推动了世界各国政府和人民关注环境问题，并为保护和改善人类环境而努力。

1987 年，由联合国专门任命的世界环境和发展委员会在经过 4 年的

---

① ［美］约翰·麦考密克：《开创未来：全球环保运动》，第 37 页。

② 同上书，第 174—175 页。

③ ［美］芭芭拉·沃德、［美］雷内·杜博斯主编：《只有一个地球》，《国外公害丛书》编委会译校，吉林人民出版社 1999 年版。

④ 万以诚、万岍选编：《新文明的路标：人类绿色运动史上的经典文献》，吉林人民出版社 2000 年版，第 1 页。

⑤ ［美］约翰·麦考密克：《开创未来：全球环保运动》，第 104 页。

努力后，发表了《我们共同的未来》这份报告。该报告由《共同的关切》《共同的挑战》和《共同的努力》三部分组成，系统审视了环境和发展相互关联、彼此依赖的密切联系，倡导可持续发展模式，并呼吁人们立即采取行动。贯穿该报告的一个核心概念是"可持续发展"。可持续发展强调经济发展不能超越环境承载力，强调代际公平，强调以兼顾发展和保护的新模式"来维持社会和生态的稳定"①。可持续发展强调将环境保护同经济发展统一起来，因而能为国际社会广泛接受，为召开 1992 年联合国环境与发展会议奠定了理论基础。

1992 年 6 月 3 日至 14 日，联合国环境与发展会议在里约热内卢召开。183 个国家派代表团出席了会议，102 位国家元首或政府首脑亲自与会并讲话。参加会议的还有联合国及其下属机构等 70 个国际组织的代表②。会议通过了《里约环境与发展宣言》《21 世纪议程》两个纲领性文件，包括中国在内的 150 多个国家在会议期间签署了《气候变化框架公约》和《生物多样性公约》。《里约环境与发展宣言》重申和确认了"可持续发展"的原则，倡导为保护全球环境建立"新的、公平的全球伙伴关系"，主张各国负有共同的但是又有差别的责任③，并提出了一系列行动建议。《21 世纪议程》对可持续发展战略做了全面详尽的阐述，涉及自然资源管理、社会各界参与等方面，成为各国实施可持续发展战略的行动指南。在大会召开期间，来自全球各地的 1000 多个环保组织在里约热内卢市区的弗拉明戈公园举行了盛大的环保宣传活动。

2002 年 8 月 26 日至 9 月 4 日，联合国可持续发展世界首脑会议在南非约翰内斯堡举行。本次会议是在可持续发展已经成为广泛共识、虽然取得一定进展但尚需深入推进的背景下召开的，会议主题是"保护地球，重在行动"。104 个国家元首和政府首脑、192 个国家的代表以及国际组织、非政府组织的代表 2 万余人出席了本次会议。各国与会官员围绕能源、淡水和卫生、健康、农业、生物多样性五大主题进行讨论，并同国际组织和非政府组织的代表深入交换意见。会议回顾了 1992 年以来《里约环境与发展宣言》和《21 世纪议程》文件的落实情况，通过了《约翰内

---

① 世界环境与发展委员会：《我们共同的未来》，王之佳等译，吉林人民出版社 2000 年版，第 27 页。

② 夏光：《人类发展道路上的重要一步》，《环境保护》1992 年第 8 期。

③ 万以诚、万岍选编：《新文明的路标：人类绿色运动史上的经典文献》，第 37—38 页。

斯堡政治宣言》和《首脑会议执行计划》。在《约翰内斯堡政治宣言》中，各国代表郑重承诺，要不遗余力推行可持续发展战略，把世界建设成一个平等公正、人与自然和谐相处的美好社会。而《首脑会议执行计划》则呼唤实际行动，提出了诸多明确目标，并设立了相应的时间表，其中包括：到 2020 年最大限度地减少有毒化学物质的危害；在 2015 年之前，将全球无法得到充分卫生设施的人口数量降低一半等。在这次会议上，民间组织积极参与，通过举办展览、专题讨论会等多种活动来表达见解，开展环保宣传，并派代表参会首脑对话，对会议进程产生了一定影响，这也成为本次会议的一大特色。美国总统布什因未参加本次会议受到了国际舆论的谴责。

近年来，气候变化问题受到国际社会的高度关注。气候变化问题，主要是指温室气体排放导致全球气候变暖及各种灾害的增加。全球气候变暖的威胁被科学界确认之后，国际社会开始采取遏制气候变暖的合作行动。但由于温室气体减排意味着要对能源消费总量、经济发展规模与速度进行控制，直接涉及各国的经济利益，因此，不同经济体围绕减排进行了激烈的政治博弈。1997 年，《联合国气候变化框架公约》缔约方签署了《京都议定书》，明确了工业化国家从 2005 年开始承担减排温室气体的义务。美国虽然签署了《京都议定书》，但小布什政府却以经济代价过高为由，在2001 年 3 月宣布拒绝批准《京都议定书》。奥巴马上台后，美国政府对温室气体减排所持的消极态度有所改变。2009 年 12 月 7—18 日，世界气候大会在丹麦首都哥本哈根召开。来自 192 个国家的环境部部长和高级官员，商讨《京都议定书》在 2012 年后的后续方案。发达国家、发展中国家、气候变化脆弱国家围绕"共同但有区别的责任"原则及发展中国家是否也要承担减排的责任展开了激烈争论。这次会议通过了《哥本哈根议定书》，重申了"共同但有区别的责任"原则，确认了发达国家强制减排和发展中国家自主减缓的"双规制"制度框架。[①]

2012 年 6 月 20—22 日，联合国可持续发展大会在巴西里约热内卢举行。包括中国总理温家宝在内的 120 多个国家的元首和政府首脑出席会议，来自各国政府、国际组织、新闻机构及社会团体等的 5 万多名代表与

---

① 郇庆治：《重聚可持续发展的全球共识——纪念里约峰会 20 周年》，《鄱阳湖学刊》2012年第 3 期。

会。会议围绕"可持续发展和消除贫困框架内的绿色经济"和"可持续发展机制框架"两个重要议题进行了探讨，对 20 年来可持续发展的成就与不足进行了回顾与反思，并通过了《我们期望的未来》，重申了对全球可持续发展的承诺，再次明确地将"共同但有区别的责任"原则写入文件，积极回应了发展中国家的关切，大力倡导发展绿色经济，建立高级别政治论坛，以取代联合国可持续发展委员会①。本次会议强化了各国推进可持续发展的政治意愿，为落实可持续发展提供了指引，为 2015 年 1 月联合国发布的《2030 年享有尊严之路：关于 2015 年后发展议程的综合报告》提供了重要参考。

2. 国际环保组织举要

（1）绿色和平组织（Green Peace）

绿色和平组织成立于 1971 年，是目前世界上规模最大的国际环保组织。绿色和平组织将反战与环保结合起来，坚持走非暴力的环保路线。绿色和平组织的总部设在荷兰首都阿姆斯特丹，在全球 40 多个国家和地区设有 60 多个分部，其支持者超过 300 万人。绿色和平组织"致力于以实际行动推动积极改变，保护地球环境与世界和平"。它坚持"以和平、非暴力的方式"，在一线对破坏环境的行为进行报道，将环境问题呈现于公众面前，提升公众对环境问题的理解，并积极参与环境保护。为实现目标，它"无惧抗争"。为保持"公正和独立性"，绿色和平组织不接受"任何政府、企业或政治团体的资助，只接受市民和独立基金的直接捐款"②。绿色和平组织主要关注四大领域：工业有毒有害废弃物、核试验和核废料、全球气候变化和生物多样性。近年来，它因反对转基因食品的研究和推广而备受瞩目。

绿色和平组织最初是为反对核试验、保护鲸鱼和海豹等海洋哺乳动物而成立的。1971 年，加拿大和美国的一群年轻人在温哥华成立了绿色和平组织。当年 9 月中旬，其会员驾驶一艘挂着"绿色和平"字样横幅的渔船，从温哥华起航，驶往阿拉斯加阿留申群岛，阻止美国在那里进行核试验。尽管他们在途中不断遭到美国军方拦截，但却得到了民众和舆论的

---

① 潮轮：《联合国可持续发展大会：在希望中期待未来》，《生态经济》2012 年第 8 期。

② 绿色和平组织网站：http://www.greenpeace.org/hk/about/mission/，2015 年 1 月 10 日访问；［加］雷克斯·韦勒：《绿色和平：一群生态主义者、记者和梦想家如何改变了这个世界》，胡允桓译，生活·读书·新知三联书店 2011 年版，推荐序一。

支持，美国次年被迫在该地区停止核试验。绿色和平组织由此声名鹊起。1972—1985 年，绿色和平组织的勇士们多次驾船深入南太平洋，对法国在南太平洋的核试验进行阻止。1985 年，绿色和平组织的"彩虹勇士号"轮船驶往南太平洋进行调查，轮船于新西兰的一个港口停泊时被法国谍报人员秘密炸毁，船上的一名摄影师因此罹难。炸船事件导致舆论大哗，法国受到了国际舆论的猛烈抨击，被迫终止核试验，向新西兰政府道歉，并赔偿 850 万美元①。"彩虹勇士号"事件成为全球爆炸性新闻，绿色和平组织因此声名大噪。绿色和平组织善于借媒体造势和筹款，在世界范围内获得了广泛支持和快速发展。会员和工作人员激增，一跃成为世界上"规模最大的主流环保组织"②。

从 20 世纪 70 年代后期以来，绿色和平组织在许多国家和地区设立了办事处。绿色和平组织于 1977 年分别在伦敦和巴黎设立了办事处；1978 年和 1979 年，相继在荷兰、比利时设立办事处；1980 年，在卢森堡、丹麦和联邦德国建立办事处；1983 年瑞典的办事处也建立起来；1986 年在挪威和意大利建立了办事处；1987 年在西班牙，1988 年在爱尔兰也建立了办事处③。到 90 年代中期，绿色和平组织在约 30 个国家设有分支机构，会员约为 500 万人。

绿色和平组织在 20 世纪 80 年代中期壮大之后，逐渐向主流环保组织靠拢。绿色和平组织一向以敢于冒险、坚定不屈、行为夸张、充满个人英雄主义色彩的抗议活动而闻名，并因此一再成为媒体的焦点。该组织一度被认为是世界上第一个有广泛影响的激进环保组织，它也力图维护其"彩虹斗士"的英勇形象。自 80 年代中期以来，绿色和平组织逐渐改变了斗争策略，"开始参与游说、撰写科学报告"，推广使用绿色工业产品，推动政府、企业和公众共同寻求环境问题的解决方案④。在很大程度上，绿色和平组织已经与激进环保运动渐行渐远，逐渐演变为主流环保组织。绿色和平组织的体制化，导致一些激进人士愤而退出，催生了富有战斗精

①　[美] 本杰明·克兰：《追本溯源：美国环保运动简史》，第 110 页。
②　[美] 罗伯特·戈特利布：《呼唤春天：美国环保运动的转变》，第 194 页。
③　[美] 拉塞尔·多尔顿：《绿色彩虹：西欧环保组织》第 40 页。
④　[英] 克里斯托弗·卢茨主编：《西方环境运动：地方、国家和全球向度》，山东大学出版社 2005 年版，第 66 页；绿色和平网站：http://www.greenpeace.org/hk/about/history/，2015 年 1 月 10 日访问。

神的新组织。1977 年成立的海洋保护者联盟是从绿色和平组织分离出去的。1982 年成立的"罗宾森林"（Robin Wood）组织则是从绿色和平组织德国支部分离出来的。

迄今为止，绿色和平组织为推动世界环境保护做出了诸多重要贡献。在海洋保护方面，该组织于 1982 年推动国际捕鲸委员会通过了《禁止商业捕鲸条例》；1992 年推动国际社会就禁止公海大面积漂网捕鱼立法；1994 年，推动国际捕鲸委员会划定南大洋鲸类禁猎区。在污染防治工作方面，绿色和平组织于 1993 年推动《伦敦倾废公约》，永久禁止在全世界海洋中倾倒放射性及工业垃圾；1998 年，成功敦促美国最大的玩具零售商玩具反斗城宣布在全球回收对婴儿有害的 PVC 软胶玩具；在经过三年努力之后，于 2006 年促使戴尔（Dell）、宏碁（Acer）与联想（Lenovo）三大电脑产品公司承诺逐步停止在产品中使用有毒化学品原料。此外，绿色和平组织在推动食品安全与农业、森林保护、空气污染防治、应对气候变化等方面，也做出了诸多积极贡献。

（2）国际地球之友（Friends of the Earth International）

国际地球之友号称世界上最大的草根环保组织，秘书处位于荷兰的阿姆斯特丹。该组织旨在建立一个和平公正的、可持续发展的世界，在这个世界里，人们能与自然和谐相处，每一个人都能独立、平等、体面地生活。国际地球之友将推进环境公正作为其工作核心，其关注的重点领域包括：气候变化和能源危机、经济正义及反新自由主义；食品安全与自足；森林与生物多样性、人权①。

地球之友（Friends of the Earth）1969 年创建于旧金山，创始人是戴维·布劳尔（David Brower）。布劳尔在 1952—1969 年担任塞拉俱乐部主席，因为不满塞拉俱乐部的妥协路线而组建了富有战斗精神的"地球之友"。该组织自始就坚持走国际化路线。1970 年，地球之友先后在英国伦敦和法国巴黎建立分部，随后又建立了瑞典分部。1971 年，上述四国分部联合成立了国际地球之友。此后，国际地球之友加快了建立分部的步伐，1972 年在荷兰建立了名为"环境保护协会"的分部，1974 年在爱尔兰建立分部，1976 年在比利时建立分部，1977 年在意大利建立分部，1978 年在希腊建立分部。到 20 世纪 70 年代末期，地球之友在欧洲 20 多

---

① 国际地球之友网站：http：//www.foei.org/what-we-do/，2015 年 2 月 15 日访问。

个国家已建立分部①。随着成员的增多，国际地球之友加强了组织建设，1981 年成立秘书处，1983 年成立理事会。1985 年，欧洲地球之友成立，这是一个协调欧洲各国分部的机构，其办公室设在比利时的布鲁塞尔。从 20 世纪 80 年代以来，国际地球之友开始向发展中国家扩展，在亚洲、非洲、拉丁美洲建立了诸多分部。1994 年，国际地球之友年度大会决定要进一步密切各成员单位之间的合作，该决议在此后的一系列环保宣传和活动中得以贯彻实施。到 2008 年，国际地球之友的成员单位已遍布全球 74 个国家和地区，下属的环保组织达到 5000 多个，会员及其支持者超过 200 万人②。2012 年，国际地球之友的年度活动经费约为 195 万欧元③。

从组织结构来看，国际地球之友是一个较为松散的组织，或许可将它视为众多环保组织的一个集合体。这些组织因为环境保护的共同目标而聚合到一起。在 74 个国家和地区的成员单位中，只有一半成员使用"地球之友"的名称。国际地球之友每两年召开一次为期一周的大会，成员单位享有平等的话语权，共同决定国际地球之友的相关政策和活动。国际地球之友常常为联合国包括经济和社会委员会在内的多个机构提供咨询。

（3）世界自然基金会（World Wide Fund For Nature）

世界自然基金会（WWF）是在全球享有盛誉、规模最大的环保组织之一。它成立于 1961 年，致力于遏止地球自然环境的恶化，创造人类与自然和谐相处的美好未来。为实现这一目标，它致力于保护生物多样性；确保可再生自然资源的可持续利用；推动防治污染和减少铺张浪费。世界自然基金会在全球 100 多个国家和地区开展活动，其支持者达到近 520 万人。

世界自然基金会成立于 1961 年，其主要创始人是英国著名生物学家朱利安·赫胥黎（Julian Huxley）及马克斯·尼克尔森（Max Nicholson）。两人同时还是世界自然保护联盟（IUCN）的发起人。马克斯·尼克尔森是英国大自然保护协会（Nature Conservancy）的负责人，而赫胥黎则是联合国教科文组织第一任总干事。1960 年，赫胥黎前往东非访问，并随后在《观察家》报上撰文介绍非洲野生动物保护所面临的严峻形势。他

---

① ［美］拉塞尔·多尔顿：《绿色彩虹：西欧环保组织》，第 39 页。
② 国际地球之友网站：http://www.foei.org/about-foei/history/，2014 年 9 月 15 日访问。
③ 国际地球之友网站：http://www.foei.org/about-foei/annual-reports/annual-report‑2012/，2014 年 9 月 15 日访问。

的系列文章在英国引起了轰动，很多人向赫胥黎表达了捐款保护野生动物的意愿。世界野生动物基金会由此成立，并以中国珍稀动物大熊猫作为徽标，总部设在瑞士日内瓦湖畔的格朗。

世界野生动物基金会最初侧重于濒危物种及其栖息地的保护，在全球各地开展过保护犀牛、老虎、鸟类、鲸类、森林、海洋等诸多项目。在20世纪六七十年代，它资助印度设立野驴保护区和老虎保护区，资助哥斯达黎加对白蝴蝶猴进行调查和保护，与西班牙政府联合建立了科托多纳纳国家湿地公园，它为在中非、西非、东南亚和拉丁美洲建立的数十个热带雨林国家公园或自然保护区提供了资助。在70年代，它发起了名为"海洋必须活着"的海洋保护计划，设立鲸鱼、海豚、海豹等海洋动物保护区，并看护海龟的繁殖地。该组织还开展了保护犀牛和大象、抵制野生动物交易的活动。

进入20世纪80年代后，世界自然基金会逐渐发展成为全方位关注自然保护的世界性组织，并强调将发展与保护联系起来。1980年，世界自然基金会与世界自然保护联盟、联合国环境规划署共同发表了《世界自然保护战略》，该战略经联合国秘书长签署后，在世界30多个国家得到实施。为体现工作领域的拓展，世界野生动物基金会在1986年更名为世界自然基金会。世界自然基金会还同各国政府开展"债务换自然"的交易，将一些发展中国家的债务抵偿用作该国自然保护活动资金。这种交易在厄瓜多尔、菲律宾、赞比亚等一些国家实施，并得到了当地政府的赞许①。

20世纪90年代以来，世界自然基金会在推行自然保护战略的过程中，越来越强调同当地居民合作。世界自然基金会、世界自然保护联盟、联合国环境规划署携手合作，共同发表了《关心我们的地球——持续生存战略》，列出了132项具体可行的环保行动计划。该战略在全球60多个国家得到实施。同时，世界自然基金会注重用市场力量引导环境保护，它选择全球15种重点大宗商品，通过与这些商品的最大买家合作，推动这些商品的可持续认证，引导消费者购买获得可持续认证的产品，从而影响

　　①　世界自然基金会网站：http://www.wwf.com.cn/aboutwwf/history/80th.shtm，2014年10月5日访问。

和改变商品的整个供应链，减少大宗商品生产的环境和社会影响①。

世界自然基金会作为首个受中国政府邀请来华开展环保工作的国际非政府组织，在四川开展了对大熊猫及其栖息地的保护。1996 年，世界自然基金会设立了北京办事处，此后陆续在西安、成都、武汉、长沙、拉萨、昆明等八个城市建立了办公室，目前员工达到 120 多名，其项目领域由大熊猫保护扩大到物种保护、河流和海洋生态系统保护与可持续利用、森林保护与可持续经营、可持续发展教育、气候变化与能源、科学发展与国际政策等领域。自 1996 年成立北京办事处以来，世界自然基金会在华共资助开展了 100 多个重大项目，投入总额超过 3 亿元②。

四　环保运动的社会影响

环保运动在欧美国家带来了深刻的社会变化。在环保运动的影响下，公众的环保意识逐渐增强，绿色生产和绿色消费日益流行，环保组织对国家环境政策也产生了广泛影响。

（一）民众环保意识的增强

环保运动带来了环境观念的改变，加深了人们对环境退化的认识，增强了公众的生态环保意识。首先，人们意识到了环境问题的严重性。频繁出现的各类环境公害事件深深地触动了公众，激发了人们参与环境保护的热情。对环境的理解不再是狭义的而是广义的，环境不仅包括荒野和各类自然资源，还包括空气质量、水质、职业健康与安全、工业污染、城市污染等所有与人类健康和生存密切关联的外部因素。其次，人们意识到了自然的脆弱性。层出不穷的环境灾害事件说明，自然并没有人们想象的那样强大，自然很容易受到伤害，自然生态系统的受损最终会殃及人类的利益。1966 年以来从太空拍摄的"地球"系列照片，也显示了地球生态系统的脆弱③，提醒公众要更加珍惜和爱护环境。再次，人们意识到自然是相互联系的有机整体。作为自然的一部分，人对自然系统的局部干预会牵

---

① 曾铭：《为了生机勃勃的地球：WWF 和生物多样性保护》，《世界环境》2013 年第 4 期。
② 世界自然基金会网站：http：//www.wwf.com.cn/aboutwwf/history/index.shtm，2014 年 10 月 5 日访问。
③ 联合国环境规划署：《全球环境展望 2000》，中国环境科学出版社 2000 年版，第 310 页。

一动百，引起一些出乎意料的连锁反应。自然生态系统的完整健康直接影响到人的生存和发展。保护人类就必须保护自然。此外，环境既然是一个整体，环境污染就会跨越国界，每个人既要爱护"自己的祖国"，也要爱护地球这个生命大家园①。最后，人们就环境保护产生了一些新认识。20世纪60年代以来，环境保护的指导思想不再是通过科学管理和明智利用自然资源以获得最大的产出，而是强调"所有的物种应该得到可持续的开发或者根本不加以开发"，而且所有物种的生境应该得到"保护、扩展或改善"②。人们对环境污染的观念也发生了变化：环境污染曾经被认为是工业化不可避免的代价，但到60年代后，"至少已有一批政治家深信不疑，并认为环境问题不仅可以解决，而且一旦解决，确实能获得良好的成本效益"③。

美国民众环保意识的增强，可以从相关的民意测验和新闻报道体现出来。在20世纪60年代早期，美国还很少就环境问题进行民意调查，这表明社会整体上对环境问题较为漠视。60年代中期以来，关于环境问题的民意调查明显增多。盖洛普民意调查显示：认为"治理空气和水污染"应成为政府关注的头三件大事之一的公众比率，在1965年为17%，而到1970年则猛增至53%。认为"当地空气污染非常严重"的公众比率从1965年的28%猛增到1970年的69%；认为"周围的水污染非常严重"的公众比率则从1965年的35%增加到1970年的74%④。1980年未来资源协会开展的民意测验表明，7%的受访对象积极参与环境保护，55%的受访对象认同环保运动的目标。公众对环境问题的关切，也推动媒体加强对环境问题的报道。环境问题越来越多地成为《时代》《财富》《新闻周刊》《生活》《纽约时报》《华盛顿邮报》等主流报纸的头条新闻。"生态学""环境代价""资源枯竭""河流富营养化"⑤"环境保护主义""环保主义者"等词汇很快传播开来。

进入20世纪70年代以后，欧洲民众的环保意识也明显增强。在此之

---

　　① ［美］芭芭拉·沃德、勒内·杜博斯主编：《只有一个地球》，吉林人民出版社1999年版，第10页。

　　② 联合国环境规划署：《全球环境展望2000》，第184页。

　　③ ［英］戴维·莱因德：《地理信息系统与环境问题》，仕琦译，《国际社会科学杂志》第9卷，1992年第4期，第57页。

　　④ ［美］赖利·邓拉普、安杰拉·默蒂格编：《美国环保运动，1970—1990》，第91页。

　　⑤ ［美］柯克帕特里克·塞尔：《绿色革命：美国环保运动，1962—1992》，第23页。

前的近 20 年间，民众更关心经济收益和社会保障，而不是环境问题。为控制空气污染，德国社会民主党在 1957 年曾发起过"鲁尔蓝天"的活动，但参与的民众寥寥无几。环境保护在政治舞台上、在社会生活中还处于边缘位置。但进入 70 年代之后，欧洲民众越来越关注环境质量、替代能源、自然保护等相关问题，就环境问题开展的民意调查开始出现并逐渐增多。欧洲"晴雨表"作为欧共体委员会资助、在成员国开展长期追踪的民意调查，从 1973 年开始涉及环境问题。公众的环保热情，可以从不同时期的有关调查显示出来①。

表 4 - 2　　　　　　1976—1989 年对环保感兴趣的公众比例　　　　（单位:%）

国家	1976 年	1978 年	1983 年	1987 年	1989 年
法国	71	61	53	56	68
比利时	65	54	46	57	76
荷兰	67	70	53	61	83
联邦德国	64	55	64	69	83
意大利	67	62	58	68	85
卢森堡	75	42	66	73	78
丹麦	74	64	79	85	89
爱尔兰	49	47	37	49	71
英国	48	48	48	53	75
希腊	—	—	68	67	71
欧共体	63	57	56	62	78

从表 4 - 2 可以看出，尽管 20 世纪 70 年代中期欧洲出现了能源危机导致的经济衰退，民众仍然非常关心环境问题。在 1976 年，认为环境问题非常重要的民众比例，就欧共体整体而言，达到了 63%，而在卢森堡、丹麦和法国，这一比例都超过了 70%。在 1976 年的调查中，环境问题的重要性仅次于失业和通胀，但超过了住房、教育、国防、消费权益保护等问题。在 1983—1989 年，认为环境问题非常重要的民众比例，在欧共体所有国家几乎都呈上升趋势，其中尤以爱尔兰和英国最为典型，从 1983

---

① ［美］拉塞尔·多尔顿：《绿色彩虹：西欧环保组织》，第 54 页。

年的不足50%上升到1989年的70%以上。同一时期的其他调查也可表明，民众对环境问题的关注在逐渐增加。德国选举研究公司的民意调查显示，认为环境问题非常重要的选民比例，从1972年的43%上升到1980年的52%，而1987年则达到了69%[①]。而英国的民意调查也显示了支持环保的民众在不断增多。1984年欧洲"晴雨表"的调查显示，超过95%的受访对象认为，为减少污染，应该采取更有力的措施[②]。1986年欧洲"晴雨表"的一项调查显示，35%的公众表示愿意加入自然保护组织，而19%的公众表示愿意加入反污染环保组织[③]。在实际生活中，支持环保往往意味着要牺牲一些经济利益，但即便如此，多数民众依然对环境保护予以支持，这可以从1986年5月欧洲"晴雨表"的调查显示出来。

表4-3　　　　　　　　环境改革支持意愿的公众比例[④]　　　　　　（单位:%）

国家	物价上升也要保护环境	环境保护比经济增长更重要	牺牲经济也要保护环境
法国	63	58	56
比利时	50	50	35
荷兰	72	56	45
联邦德国	54	64	50
意大利	66	67	55
卢森堡	69	64	65
丹麦	74	75	55
爱尔兰	34	29	40
英国	57	50	48
希腊	67	56	47
欧共体	60	59	52

　　欧美民众环境意识的增强，还在于他们以实际行动支持环境保护。越来越多的人意识到，环境保护，人人有责。每个人，每个家庭都要承担环境保护的义务，为环保做出贡献。环境保护要从身边的许多小事做起：对

① ［美］拉塞尔·多尔顿：《绿色彩虹：西欧环保组织》，第54页。
② 同上书，第56页。
③ 同上书，第60页。
④ 同上书，第56页。

生活垃圾进行分类，以便废物的循环利用；优先选择公共交通，少开甚至不开私家车，或者与人拼车出行，以降低油耗，减少空气污染；少用甚至不用含磷洗涤剂，有助于保护水源；选择节能家用电器；双面打印，节约纸张，少用一次性餐具，有助于保护森林；抵制珍稀动物皮毛制品，可以有效保护野生动物；购买有机蔬菜瓜果，支持生态农业。1986年5月欧洲"晴雨表"的一项调查显示，在欧共体国家，77%的民众不乱扔垃圾，45%的民众对垃圾进行分类处理，44%的民众采取过节水措施。

表4-4　　　　　　　　　采取环保行动的民众比例①　　　　　　（单位:%）

国家	不乱扔垃圾	节水	降噪	捐款	废物回收	抗议	为环保组织工作
法国	84	47	61	6	45	7	6
比利时	69	54	48	13	44	5	6
荷兰	74	48	55	39	57	6	14
联邦德国	64	42	36	13	63	4	2
意大利	86	51	57	7	32	9	8
卢森堡	85	57	64	25	70	9	14
丹麦	71	21	32	21	40	7	16
爱尔兰	75	35	33	9	12	4	4
英国	86	48	52	16	33	4	7
希腊	70	38	46	4	2	8	3
欧共体	77	44	50	7	45	6	7

　　在美国，民众在日常生活中采取了许多实际行动来支持环保，与此同时，人们并不愿意为践行环保而付出较高代价。2000年的一项调查显示，在过去的一些年，90%的受访者曾自觉对废旧报纸、玻璃等进行过回收利用；83%的受访者曾经避免使用破坏环境的产品；73%的受访者曾购买获得环保认证的产品；有40%的受访者曾给环保组织捐款；有31%的受访者曾在环保团体的请愿书上签字；有28%的受访者曾在政治选举中根据候选人在环境问题上的立场而投票；有20%的受访者曾参与关于环境问题的研讨会；有18%的受访者曾经就环境问题与官员联系，有15%的受

① ［美］拉塞尔·多尔顿：《绿色彩虹：西欧环保组织》，第58页。

访者曾担任环保志愿者①。尽管如此，多数美国人并不愿意为环保付出太多牺牲。在问到如果环境保护会导致物价小幅上涨时，47%的受访者表示愿意，24%的人认为无所谓，28%的人则表示不能接受。在问到为保护环境而提高税收时，34%的人表示愿意，21%的人认为无所谓，44%的人则说不愿意。在问到为保护环境而降低生活标准时，32%的人表示愿意，23%的人认为无所谓，45%的人则说不愿意②。总体而言，公众对环保的支持程度与所做牺牲呈负相关：牺牲越小，支持意愿越高；牺牲越大，支持意愿越低。这种联系可以从表4-5得以明显反映③。

表4-5 　　　　　　原意为环保产品付费的公众比例　　　　　（单位:%）

产品	不愿多付	多付5%	多付10%	多付20%	多付30%以上
循环再生纸制品	23.0%	36.7%	22.0%	10.2%	8.1%
卫浴用品	23.8%	37.1%	23.2%	8.8%	7.2%
园艺用农药化肥	33.2%	26.9%	22.4%	9.7%	7.9%
去垢剂	26.4%	38.3%	21.2%	8.9%	5.2%
汽车	37.5%	28.0%	21.2%	7.2%	7.9%
汽油	33.7%	34.2%	20.5%	6.0%	5.6%

从20世纪80年代末期，美国公众对环保的支持率总体保持在较高水平。2000年4月盖洛普公司的民意测验表明，55%的受访者认为，美国环境问题总体而言非常严重或者极其严重，只有5%的受访人认为美国没有严重的环境问题④。民意测验表明，环境问题同毒品、犯罪与暴力、卫生医疗和贫困一道，属于美国政府应该优先重视的五大问题。有61%的受访者认为，政府对环保的重视不够，在环保方面的投入太少。在很大程度上，公众所指出的问题与现实相符。1980—2000年，美国联邦政府在自然资源及环境保护方面的投入总体呈下降趋势，以2004年的美元价格

---

① [美] 德博拉·古贝尔：《绿色革命的底层民众：美国关于环境的民意调查》（Deborah Guber, *The Grassroots of a Green Revolution: Polling America on the Environment*），麻省理工学院出版社2003年版，第50页。
② 同上书，第24页。
③ 同上书，第164页。
④ 同上书，第22页。

计算，1980 年为 262.25 亿美元，1988 年为 219.83 亿美元，1996 年为 248.07 亿美元，2000 年为 270.9 亿美元①。

在欧共体内，丹麦和卢森堡民众支持环保的热情最高。据 1986 年的调查显示，在全部受访者中，有 15% 的人已加入环保组织，另有 17% 的人有意加入环保组织，33% 的人大力支持环保，22% 的人对环保表示支持，14% 的人对此不关心，有 3% 的人不赞同环保，2% 的人对环保持强烈反对态度。

（二）引导绿色消费和绿色生产

在经济领域，环保组织在一定程度上促进了企业生产方式的转变，绿色生产和绿色消费成为社会时尚。20 世纪六七十年代，环境产业作为朝阳产业在美国开始出现，该产业不仅获得了良好的经济收益，而且还提供了大量的就业机会。从 70 年代以来，环保产品日益受到消费者青睐，在市场上显示出较强的竞争力。面对环保产品的热销，许多公司开始推行绿色营销，有的引进节能环保技术，有的参加环保公益活动，有的还新设了环境管理部门，努力塑造负责任的企业形象，以获得消费者的认可。越来越多的公司将环保与利润联系起来，从环境管制的反对者转变为支持者。

环保组织在引导绿色生产方面发挥了积极作用。数家日用品公司在奥杜邦协会的说服下，开始减少包装材料中的重金属含量。在地球岛研究所的努力下，西海岸金枪鱼捕鱼船队采用新猎捕手段，将不伤害海豚作为卖点。1990 年，美国多个环保组织精诚合作，成功说服麦当劳以纸包装取代聚苯乙烯包装。1987 年，志愿者行动同盟（Concerned Neighbors in Action）及公民清理有害废弃物协会共同发起了反对麦当劳使用聚苯乙烯泡沫塑料包装的斗争。环保组织选择从麦当劳入手，在很大程度上是因为麦当劳作为知名企业，容易受到关注，也容易被舆论所引导。麦当劳若能率先停止使用聚苯乙烯泡沫塑料包装，就会起到良好的示范效应。环保组织首先发动儿童将用过的塑料包装寄到麦当劳公司的总部。随后，越来越多

---

①　[美] 诺曼·维格、迈克尔·克拉夫特主编：《环境政策：面向 21 世纪的新方向》（Norman J. Vig, Michael E. Kraft, eds., *Environmental Policy: New Directions for the Twenty-first Century*），哥伦比亚特区华盛顿 2006 年版，第 404 页。

的学校、宗教机构、行政机关也参与进来①。在全国范围内，越来越多的民众都开始抵制麦当劳的塑料包装。在这种情况下，麦当劳公司的总裁爱德华·瑞兹（Edward Rensi）赶紧向环境保护基金会（EDF）的弗雷德·克鲁普（Fred Krupp）求援，与环保组织成立了联合工作小组。在环保组织的推动下，麦当劳于 1990 年 11 月 1 日公开宣布，将用纸包装替代塑料包装②。

在日益激烈的商业竞争中，勇于承担社会责任的企业会因其良好口碑，更容易获得消费者的认可和支持。近年来，沃尔玛、家乐福等全球零售业巨头，都将绿色环保作为重要促销手段。沃尔玛最初是在各经营网点进行绿化，在店内开展环保教育，并安装太阳能电池板。这些工作在得到肯定的同时，也被批评是在做表面文章。沃尔玛作为全球最大连锁零售企业，提出要通过选择销售绿色产品来影响和改变世界。2005 年，沃尔玛公司宣称只销售符合环保标准的产品。沃尔玛逐渐减少白炽灯的供应，转而促销节能日光灯，到 2008 年，在美国已"卖出 1.3 亿只灯泡"，由此减少的污染相当于"两座大型火电站造成的污染"③。2008 年，沃尔玛提出要建立绿色供应链，在供销合同中要求供应商确保提供的商品符合环保标准及产地的环境法律法规。这样一种模式，虽然在短期内会增加供应商的成本，但从长期来看却会形成沃尔玛、供应商和消费者三方共赢的良好局面。

许多公司都通过引进环保技术和绿色营销而获得了显著的经济效益。杜邦公司在这方面可谓典型代表。杜邦公司是美国最大的化工企业之一，它在 20 世纪 80 年代初积极支持管制化工污染的《超级基金法》，在业界引起了强烈反响。时任杜邦公司总经理欧文·夏皮罗提到：公司是否将环境问题列入议事日程，主要取决于民众的态度，"如果民众对环境问题感兴趣，公司就不能不对此加以重视"④。该公司生产的用于制冷的氯氟烃产品，在 20 世纪七八十年代占世界氯氟烃（CFCs）市场 1/4 的份额。在

---

① ［美］洛伊丝·吉布斯：《拉夫运河社区：故事还在继续》（Lois Marie Gibbs, Love Canal: The Story Continues），斯托尼克里克 1998 年版，第 7 页。

② ［美］马克·道伊：《失去基础：20 世纪末期的美国环保主义》，第 139 页。

③ ［美］奥登·谢德勒：《绿色蜕变：可持续变革前沿的硬道理》，赵霞、刘洁、张庭杰译，东北财经大学出版社 2012 年版，第 62 页。

④ ［美］菲利普·沙别科夫：《滚滚绿色浪潮：美国的环境保护运动》，第 121 页。

70 年代该产品被质疑可能导致臭氧层变薄之后，公司投入巨额资金研发氯氟烃的替代品。在 1988 年《蒙特利尔议定书》签订之后，杜邦公司承诺，将在 1996 年之前逐步停止氯氟烃的生产。1990 年，杜邦公司研发出不破坏臭氧层的第一代新产品，1994 年彻底停止了氯氟烃产品的生产。1999 年，杜邦公司宣布，到 2010 年，"公司温室气体排放量将在 1990 年的基础上减少 65%，其能源使用总量与 1990 年持平，而且其中有 10% 属于可再生能源"①。杜邦公司因其绿色生产受到广泛好评，在 2003 年获得美国联邦环境保护局授予的"绿色化工企业奖"。

　　近年来，生态系统服务功能及其价值评估成为西方生态学和经济学研究中的热点。尽管人们早已意识到社会经济生活高度依赖生态系统的良好运转，但将自然视为一种资本并对其生态系统服务功能进行量化研究，实际上是近 20 年来才有的一种新动向，迄今已取得明显进展。1997 年，格蕾琴·戴利（Daily）出版了《自然的服务——社会对自然生态系统的依赖》，罗伯特·康斯坦茨（Robert Constanza）等 13 位科学家在《自然》杂志上发表了《全球生态系统服务与自然资本的价值估算》。在这些学者的积极引导下，有关生态系统服务功能及其价值评估的研究成果逐渐增多，较有影响的包括保罗·霍肯（Paul Hawken）的《自然资本论》（*Natural Capitalism*，2000）、威廉·麦克多诺（William McDonough）的《从摇篮到摇篮》（*Cradle to Cradle*）、格蕾琴·戴利的《新生态经济》（*The New Economy of Nature*）、马克·特瑟克（Mark Tercek）的《大自然的财富：一场由自然资本引领的商业模式革命》等。2003 年，联合国、欧盟、经合组织、国际货币基金组织、世界银行等机构联合出版了《环境与经济会计手册 2003》，系统介绍了评估生态系统经济价值的方法。所有这些成果，都力图将市场机制引入环保领域，重视经济手段在解决环境问题方面的作用，力图"把环境保护与经济发展的矛盾对立，转化为环境保护与经济发展良性互动"②。这些作品将环境保护视为人类的一项商业活动，受到了政府、公司和环保人士的广泛赞誉，在一定程度上也可以反映出环境保护进入商业化的新阶段。

----

　　① ［美］诺曼·维格、迈克尔·克拉夫特：《环境政策：面向 21 世纪的新方向》，第 278 页。

　　② ［美］格蕾琴·戴利、凯瑟琳·埃利森：《新生态经济：使环境保护有利可图的探索》，译者序。

近年来，自然开始被一部分环保人士和生态经济学家视为绿色基础设施。在他们看来，保护自然是明智的商业投资，不仅花费少，而且可以使人类廉价得到来自自然的、源源不断的优质服务。这种先进理念在欧美部分地区已经付诸实施，并取得了明显实效。20 世纪 80 年代后期，美国国会修订了《饮用水卫生法案》，要求对美国的饮用水系统进行一次大范围的评估和更新，除非管理者能有效控制流域内影响水源水质的人类活动，就必须修建过滤厂，将过滤厂作为供水系统不可或缺的组成部分。对纽约市而言，新修和改建城市用水人工过滤系统，预计投资高达 60 亿—80 亿美元，另外每年还需花费 3 亿—5 亿美元的维护费。如此高昂的费用，迫使市政官员考虑供水的其他方案，并最终确定执行"流域保护计划"，即依靠自然保护实现水质的天然净化。为此，纽约市投入了约 15 亿美元①，在上游地区购买了大片生态用地，并同流域内的数十个村镇和河流保护组织进行合作，对参与保护计划的土地所有者予以补偿。这项计划的实施，为纽约市民提供了廉价的优质水源，而且改善了所在流域的生态环境，为人们提供了休憩的好去处。

（三）影响环境政策

在环保运动的推动下，环境问题从潜在的边缘问题变成政治舞台上备受瞩目的问题，迫使各级政府对环境问题作出回应。在 1956 年美国总统大选中，核安全和核污染问题成为一个不可回避、公开争论的问题。《寂静的春天》引起了公众对杀虫剂毒性的高度关注，推动美国国会对既有的农药管理法案进行修改完善。20 世纪 70 年代，关注并重视环境保护已经成为州长竞选和总统竞选中争取选民的有效策略。1977 年，美国总统吉米·卡特指示环境质量委员会会同其他联邦机构，共同研究到 20 世纪末"世界人口、自然资源和环境可能发生的变化"，并以之为基础，制定"长期规划"。研究报告后来以《公元 2000 年的地球》为题出版，引导国际社会关注未来环境变化。

从 20 世纪 60 年代末期，美国政府日益重视环境保护，设立了环境保护的专门机构，在 70 年代初步建立起环境保护的基本法律体系。1969

---

① ［美］格蕾琴·戴利、凯瑟琳·埃利森：《新生态经济：使环境保护有利可图的探索》，第 4 页。

年，美国颁布了《国家环境政策法》，随后又成立了联邦环境保护局和总统领导的环境质量委员会等机构。在公众推动下，美国环保立法在 70 年代取得了明显进展。在 60 年代，美国国会的环境立法工作进展缓慢，而且较为零散，只通过了《清洁水法》（1960）、《清洁空气法》（1963）、《固体废物处置法》（1965）等屈指可数的几部法律。而进入 70 年代以后，美国的环保立法进程明显加快，在短短十年间，美国通过了 20 多部重要的环境法。在环境污染防治及公共健康保障方面，出台了《清洁空气法》（1970）、《职业安全与健康法》（1970）、《杀虫剂控制法》（1972）、《海洋倾废法》（1977）、《能源政策与资源保护法》（1978）、《超级基金法》（1980）等多部法律。就资源保护而言，通过的立法包括《海洋哺乳动物保护法》（1972）、《濒危物种法》（1973）、《联邦土地政策与管理法》（1976）等。这些法律涉及环境保护的诸多方面，此后不断被修订完善，构建了美国环境保护的基本法律体系。环境保护开始成为跨部门、以保护生态系统为导向的、综合性的系统行动。

环保运动对美国的自然保护政策产生了深远影响。第二次世界大战之后，自然保护运动越来越深入人心，逐渐走出战前的困境，保护荒野的斗争接连取得胜利。1950—1955 年，塞拉俱乐部和荒野协会等环保组织成功阻止了在国家恐龙遗址公园回声谷修建水坝的规划。在荒野协会等环保组织的推动下，美国国会于 1964 年通过了《荒野法》，以法律的形式确立了国家自然保护区的地位，有助于从根本上阻止在自然保护区从事采矿、伐木、修筑水坝等不当开发。

20 世纪 80 年代以来，随着越来越多的环保人士担任政府公职，环保运动对政府决策的影响日益明显。资源保护基金会（Conservation Foundation）主席特雷恩（Russell Train）是首个在政府部门担任要职的环保人士，他在尼克松和福特总统执政时期担任美国联邦环境保护局局长。卡特担任美国总统期间，任命自然资源保护委员会会长斯佩思（Gus Speth）担任总统环境质量委员会主席，任命荒野协会的卡尔特（M. Rupert Culter）担任林业局局长，他任命的美国联邦环境保护局局长考斯特（DouglasCostle）与塞拉俱乐部交往密切①。乔治·布什总统上台后，世界

---

① ［美］让·阿诺德：《风暴中心：詹姆斯·瓦特与环保人士》（Ron Arnold, *At the Eye of the Storm: James Watt and the Environmentalists*），芝加哥 1982 年版，第 40 页。

自然基金会主席及资源保护基金会主席威廉·K. 赖利（William K. Reilly）被任命为美国联邦环境保护局局长，而曾任美国联邦环境保护局新英格兰地区分局负责人的迪兰（Michael Deland），则被任命为总统环境质量委员会主席①。克林顿担任总统之后，任命资源保护选民同盟会长巴比特（Bruce Babbitt）担任内政部长，并将荒野协会和奥杜邦协会等环保组织的多名成员任命为政府官员，环保组织对政策的影响也空前扩大。

与此同时，越来越多的政府官员在卸任后被环保组织聘请为代言人，从而进一步扩大了环保组织的社会影响。曾在1973—1977年担任美国联邦环境保护局局长的特雷恩，在1978—2001年担任世界自然基金会主席，在此期间，该基金会的规模迅速扩大，会员从3万人激增至130万人，经费从200万美元猛升到1亿美元②。安德勒斯（Cecil Andrus）是卡特任内的内政部长，在20世纪80年代初期被奥杜邦协会聘为会长，同时受邀担任荒野协会的顾问。盖洛德·尼尔森（Gaylord Nelson）曾任威斯康星州州长和联邦国会参议员，是地球日活动的倡议者，他在卸任后受聘担任荒野协会主席。尼尔森因其对美国环保事业的杰出贡献获得了"总统自由奖章""环保领袖奖章""只有一个地球"奖章等殊荣。拉克尔肖斯（William Ruckelshaus）曾两次出任美国联邦环境保护局局长，在卸任后受聘于世界资源研究所、美国国家科学与环境委员会、联合国世界环境与发展委员会，他还被康明斯发动机有限公司（Cummins Engine Company）、法玛西亚集团（Pharmacia Corporation）、银星（Coinstar Inc.）公司、惠好公司（Weyerhaeuser Company）等大企业聘任为环境顾问。亚利桑那州前州长巴比特在卸任后担任资源保护选民同盟会长，之后被克林顿政府任命为内政部长。

在环保组织的推动下，美国政府加强了对环境问题的治理，在空气和水污染治理方面成效最为显著。到1990年，空气中的污染物明显减少，废气排放"从原来每年的2500万吨减少到1000万吨以下"③。由于禁用

---

① ［美］诺曼·维格、迈克尔·克拉夫特：《环境政策：面向21世纪的新方向》，第106页。

② ［美］乔治·塞瓦斯科、理查德·哈蒙德主编：《当代美国环保人士：传记百科》（George A. Cevasco, Richard Harmond, eds., *Modern American Environmentalists*: *A Biographical Encyclopedia*），约翰·霍普金斯大学出版社2009年版，第508页。

③ ［美］本杰明·克兰：《追本溯源：美国环保运动简史》，第107页。

含铅汽油，1990 年空气中的铅含量较 20 世纪 70 年代初减少了 94%。
1972—1990 年，美国为修建污水处理厂投资近 15 亿美元①，水污染得到
了大面积治理。

在环境正义运动的推动下，美国联邦政府加强了对有毒有害废弃物的
管制。1980 年，美国国会通过了《超级基金法》。该法要求美国联邦环境
保护局加强对危险废弃物的管理，造成污染的企业负责清理危险物质，同
时设立"危险物质信托基金"（即超级基金），用于应急和清理有毒有害
物质。1986 年，印度博帕尔（Bhopal）的一家美国企业发生化学物质泄
漏，事故造成的惨重伤亡迫使企业无法再以商业秘密为由，对有毒有害物
质的生产处理加以保密，并促成美国国会于 1986 年通过了《应急预案和
社区知情权法案》 （*Emergency Planning and Community Right-To-Know
Act*）。该法有助于公民对污染企业的活动进行监督。在土著环境联盟、西
南经济和环境正义联盟、亚太环境联盟及联合基督教会的推动下，克林顿
政府于 1994 年 2 月 11 日签署了第 12898 号行政命令，责成联邦机构切实
采取措施，确保低收入和少数族裔社区能够获取有关其切身利益的环境信
息，确保弱势群体有机会参与政府环境决策②。

在西欧，环保运动，尤其是反核运动促进了绿党的兴起。绿党是
"指以生态环境问题为契机"，"主张全面改造既存的经济社会结构以最终
创建人与自然、人与人和谐相处的新社会的新型政党"③。1973 年，英国
绿党成立，这是欧洲政治舞台上的第一个绿党。1978—1979 年，法国、
比利时、芬兰和卢森堡也出现了绿党。到 20 世纪 80 年代末期，绿党已经
在法国、瑞典、奥地利等 17 个西欧国家建立起来，其中有 12 个国家的绿
党已经进入全国性议会。进入 90 年代中期以来，芬兰、意大利、法国、
德国、比利时等国绿党相继进入全国性政府，参与联合执政④。2000 年，
绿党在欧洲议会 626 个席位中占据 47 席；在欧洲 17 个国家的议会中，绿
党议员达到 206 名；在欧盟 15 个国家中，有 12 个国家的政府中有绿党

---

① ［美］菲利普·沙别科夫：《滚滚绿色浪潮：美国的环境保护运动》，第 221—222 页。

② ［美］小克里斯托福·H. 福尔曼：《环境正义的希望和危机》（Christopher H. Foreman,
Jr., *The Promise and Peril of Environmental Justice*），哥伦比亚特区华盛顿 1998 年版，第 35 页。

③ ［德］费迪南·穆勒—罗斯尔、［英］托马斯·波古特克：《欧洲执政绿党》，郇庆治译，
山东大学出版社 2012 年版，第 26 页。

④ 同上书，第 3—4 页。

成员①。

在当今世界，德国绿党无疑是最有影响的绿色政党。德国绿党成立于1980年7月，在成立当年就参与联邦议会选举，所获选票尽管没有达到进入联邦议会所需的5%的选票，但在州一级的选举中却接连取得突破，顺利进入州议会。德国绿党在1983年第二次参加联邦选举，获得了5.6%的全国选票，在联邦议会获得27个席位，一跃成为德国政坛上的第四大党，对德国传统政党体制造成巨大冲击。在1987年的联邦议会选举中，绿党获得了8.3%的选票，获得议席42个。两德统一后，德国绿党进行了合并，在1993年联邦议会选举中获得49个议席，成为全国第三大党。绿党的崛起使它成为德国两大政党竞相争取的执政联盟伙伴。1998年联邦议会大选后，绿党受邀与社会民主党组阁，组成德国历史上第一个"红绿联合"政府，并出任外交、环保、卫生等三个部长职务。2002年，绿党在联邦议会选举中获得了55席，"红绿联盟"再度执政②。

伴随着绿党的崛起，环境保护日益受到德国政府的重视。在最近几十年间，德国在环保方面始终走在世界前列。在20世纪70年代，德国兴起了声势浩大的反核运动；在80年代，酸雨导致的大片森林死亡，成为德国民众的心头之患，德国由此成为污染治理的急先锋；在1992年里约峰会之后，德国在全球应对气候变化的斗争中发挥了引领作用；近年来，德国研发风能和太阳能的热潮让世界振奋不已。德国出台了严格的环保法规，拥有众多以绿色生产技术闻名的一流企业，而且将逐步停止核能开发。德国在环保领域的出色表现赢得了世界的广泛赞誉。2012年5月，经济合作与发展组织称德国是"绿色发展的试验场"，"引领了欧盟和世界的环境政策"。联合国基金会莫哈穆德·埃尔阿什利（Mohamed El-Ashry）称赞"德国的能源政策为世界上其他国家树立了标杆"。而美国的奥巴马总统在2012年的国情咨文中提到，美国要以德国为榜样，推进清洁能源的研发与应用③。

环保运动自战后在欧美国家兴起以来，已经给西方资本主义国家带来了诸多积极变化。环保理念日益深入人心，环境保护开始得到社会各界的

①　侯尚智：《"绿色政治"论纲》，《沿海环境》2000年第11期，第13页。

②　［德］王芝茂：《德国绿党的发展与政策》，中央编译出版社2009年版，第33—34页。

③　［德］弗兰克·于科特尔：《最环保的国家？德国环境保护主义的新历史》，第1—2页。

广泛认可和积极参与，环境质量较 20 世纪中叶已有一定程度的改善。但也应该看到，环境保护的深入发展在发达资本主义国家举步维艰。随着逐渐融入现有体制，环保组织对社会的批判力度大为削弱，其推动绿色变革的努力往往限于经济活动和文化观念的局部微调，而很难从根本上解决造成生态危机的那些体制因素。

进入 21 世纪以来，环保运动呈现出三大特点：其一，环境主义和环境正义从碰撞走向融合。环境主义和环境正义体现了不同社会阶层的环境诉求，在社会基础、奋斗目标、斗争策略和手段等多方面存在差异，但两者从分歧走向对话、从冲突走向融合的趋势非常明显。这种融合将不断拓宽环保运动的社会基础，为环保运动的发展增添新的动力。其二，环保运动的体制化趋势还在继续。环保组织重视与政府、企业、民众合作，倡导可持续发展，推动整个社会在环境保护的道路上取得点点滴滴、实实在在的进步。绿党在政治舞台上的崛起，各国发展绿色经济的可贵探索，都体现了环保运动的深入人心。如何将环保理念转化为具体行动，需要全社会的共同努力。其三，环保运动的国际化趋势更加明显。经济一体化的发展，使各国各地区之间的联系与依赖相互加深，推动国际社会加强环境保护方面的合作。另外，各国由于经济社会发展水平的差距，在开展国际环境合作的同时，都会从维护自身利益的角度出发，在环境外交的舞台上进行博弈和较量。可持续发展的理念虽然被广泛接受，但如何真正落到实处，是摆在环保组织和各国政府面前的一项艰巨任务。

近 30 多年来，生态马克思主义作为一种新的社会思潮在欧美国家出现。生态马克思主义认为，环境问题的根源在于资本主义制度本身。资本主义制度在本质上是反生态的。在资本主义制度下，自然、技术、生产和消费都异化为资本的牟利手段和工具，资本扩张还在继续加剧人与自然的紧张关系，使人类社会面临的生态困境更趋严峻。生态马克思主义认为，社会主义是人类从根本上摆脱生态困境的唯一选择。生态马克思主义者致力于探索将人的解放与自然的解放结合起来的社会主义发展新道路。

第五章　西方新女权运动

20世纪60年代，在西方妇女争取政治选举权运动胜利近半个世纪后，美国妇女引领了新一轮女权运动，即西方新女权运动。[①]这次女权运动不仅波及欧洲，而且覆盖澳洲、亚洲等地，并且以世界妇女代表大会和国家间妇女团体协作互助项目的形式，将世界各地的妇女联系在一起。这次女权运动也不再局限于白人中产阶级妇女的积极参与，而是将工人阶级妇女、少数族裔妇女统统囊括进来；新女权运动也不仅仅是争取男女平权，更主要的是力图改革以男子为中心的文化和社会体制，从而达到改变社会性别关系，使男女都能获得全面发展[②]；它也不再单纯局限于为妇女追求政治、经济、教育、法律等方面的权利，而是与社会运动、法律改革、宗教进步，甚至国家政策的制定、全球化等国内、国际问题交织在一起；新女权运动不再动辄举行大规模的群众集会、示威游行、组织压力集团（除了运动初期外）对政府施加压力，更多的是在现存体制内采取组织游说、舆论动员、团体帮助、网络呼吁、学术研究等方式，提高女性的觉悟，推动政府实施有利于妇女的法律和行政改革。

---

① 19世纪中期到20世纪初，西方各国掀起了妇女争取选举权的女权运动，西方学者习惯称之为女权运动的第一次浪潮。20世纪60年代伴随着西方各国的社会运动，西方妇女开始了争取男女平权的新一轮运动，被称为女权运动的第二次浪潮。因其斗争目标、斗争方式与此前不同，也被称之为新女权运动。不过有部分学者认为女权运动的第二次浪潮一直持续至今，80年代以后进入转型阶段；也有学者认为第二次浪潮到80年代结束，随之兴起女权运动的第三次浪潮。

② 王政：《女性的崛起——当代美国的女权运动》，当代中国出版社1995年版，"前言"第4页。

一　西方新女权运动兴起的背景

（一）西方女权运动溯源

1. 近代以前西方妇女的状况

有史以来，西方妇女一直受男性的压迫，处于从属地位。她们没有政治权利、没有法律地位、没有财产所有权，总之"妇女史就是一部妇女备受虐待和丧失权利的历史"①。尽管我国有学者认为，"在希腊文化史中，具有尊重妇女和歧视妇女的两种思想传统"。这两种思想传统延续至今，对西方人产生了深刻的影响。但是同时也认为近代以前，西方社会延续下来的都是歧视妇女的文化传统，直到 18、19 世纪，才有资产阶级思想家继承了尊重妇女的传统，开始为妇女争取权益的斗争。②

虽然在不同的历史时期，古希腊各城邦、各阶层妇女的地位不尽相同，但是总体来说，古希腊妇女已经失去了主体地位，处于屈从地位，沦为男人的附属。雅典妇女由女公民和奴隶、外邦人两部分组成，女公民具有雅典公民身份，可以嫁给雅典男公民为妻，生育具有公民权的子女。但是她们没有参加公民代表大会的政治权利，没有法律地位，不能享有财产的支配权，没有读书识字的权利，甚至不可以离开家庭、自由出行。外邦人和奴隶妇女地位更加低下，她们只能做妾或者妓女，她们的子女也没有公民身份。

与大多数古代文明国家的妇女相比，罗马妇女具有较高的地位，拥有较多的自由。尽管少女时代，罗马女性要受到父亲严格的约束和控制，不过一旦步入婚姻，成为一名家庭主妇，就可以享有一定的人身自由和社会地位：她可以与丈夫一起在家中接待客人，也可以经常走出家门，出没于各种公共场所，甚至可以拥有情人。嫁妆制的盛行让她们拥有可以自由支配的财产，早年与兄弟们一起读书识字让她们获得了良好教育，她们还通过各种途径参与政治，甚至为了维护自己的权益发动过妇女运动。但是我们也无须夸大罗马妇女的社会地位，因为无论是共和国的罗马，还是帝国

---

① 邦尼·S. 安德森、朱迪斯·P. 津泽：《她们自己的历史从史前到现在的欧洲妇女》（Bonnie S. Anderson and Judith P. Zinsser , *A History of Their Own：Women in Europe from Prehistory to the Present*），第 2 卷，哈铂和罗出版公司 1989 年版，第 334 页。

② 裔昭印：《古希腊的妇女——文化视域中的研究》，商务印书馆 2001 年版，"序言"第Ⅷ页；第 273—274 页。

的罗马，始终都是一个父权制社会，一个完全以男权为中心的社会，妇女的最大责任是生育子女。正如安德烈·比尔基埃等人主编的《家庭史》中所说："这种妇女获得自由的老生常谈是荒谬的，因为妇女虽然不再属于她的丈夫，她仍然处于其父的权力之下，她得乖乖地从属于父亲。"①因此"不论她们获得了怎样的独立和自由，但这种独立和自由都仅仅是相对意义上的，都应该在罗马强大而稳固的父权家长制的前提下进行诠释"②。所以罗马妇女，特别是广大的中下层妇女始终没有也不能脱离男权的束缚，成为一个具有独立人格的社会群体。这是罗马妇女历史的主流。

到了中世纪，虽然有些贵族妇女，特别是富裕的寡妇得以参与政治与司法活动，还可以拥有财产、管理地产，有立遗嘱的权利；普通劳动妇女为了生活所迫也参与了社会生产和商品流通。但是受着"创世纪"和"原罪说"的束缚，中世纪的西方妇女始终处于从属地位，被称为"第四等级"。尽管基督教教义认为，在上帝面前男女并无差别，"并不分犹太人，希利尼人，自主的，为奴的，或男或女；因为你们在基督耶稣里都成为一了"（《新约·加拉太书》3：28）。但是同时又规定"女人要沉静学道，一味地顺服。我不许女人讲道，也不许她辖管男人，只要沉静"（《新约·提摩太前书》2：11，12）。总之中世纪教会法和世俗法明确规定了妻子对丈夫的依附：在法律上，妻子由丈夫监护；在政治上，妇女不能担任任何公职；在经济上，妻子没有任何财产权利；在宗教上，妇女不可以担任教职，不可以在教堂布道；在家庭，妻子必须服从丈夫。③

文艺复兴和资产阶级革命将西方男子从封建压迫和束缚下解放出来，但男子在获得解放时，依然羁绊着人类的另一半——妇女，人类历史上第一份人权宣言——美国的《独立宣言》在发出人人生而平等的呐喊时，却将人局限于"男人"范畴，同时还将男性奴隶也排除在外。

2. 西方妇女自我意识的觉醒

18 世纪开始的工业化将妇女从家庭中呼唤出来，也让中产阶级妇女能够远离社会生产，享有闲暇。当中产阶级妇女有闲暇接触书本和教育

① ［法］安德烈·比尔基埃等主编：《家庭史》第 1 卷，袁树仁等译，生活·读书·新知三联书店 1998 年版，第 297 页。

② 裔昭印等：《西方妇女史》，商务印书馆 2009 年版，第 116 页。

③ 参见［以色列］苏拉密斯·萨哈《第四等级——中世纪欧洲妇女》，广东人民出版社 2003 年版，第 88—100 页。

时，西方妇女的"自我"开始苏醒。1791 年，法国的奥兰普·德·古热发表《女权和女公民权》，义正词严地提出"妇女有权登上断头台，她也应该有权登上政坛"①。1792 年，英国的玛丽·沃斯通克拉夫特出版了《女权辩护》，她认为除了在体力方面男性有天然的优越性外，两性在智力和能力方面天生是没有区别的，他们之间的差异是后天造就的，是传统和教育的结果。"不仅男女两性的德行，而且两性的知识在性质上也应该是相同的，即使在程度上不相等；女人不仅被看作有道德的人，而且是有理性的人，她们应该采取和男人一样的方法，来努力取得人类的美德（或者说是完美）。"② 所以沃斯通克拉夫特提议：让妇女接受与男子同等的教育；让妇女成为对社会有用的人；让妇女分享权利。

19 世纪中期，争取政治选举权的女权运动在西方一些国家兴起，穆勒的《妇女的屈从地位》（1869）就在这时应运而生。在这本书中，穆勒开篇就阐释了其鲜明的观点："我确认，规范两性之间的社会关系的原则——一个性别法定地从属于另一性别——其本身是错误的，而且现在成了人类进步的主要障碍之一。我认为这个原则应代之以完全平等的原则，不承认一方享有权力或特权，也不承认另一方无资格。"③ 穆勒接着论述了随着社会的进步和发展，人类历史上人对人的奴役都已经被废除了（在基督教世界），唯一遗留的问题是男性对女性的压迫。软弱的妇女屈从于强有力的男性，并不是如大多数所认为的是合乎自然的，恰恰相反，它是违背自然的。因此，把妇女置于屈从男人的社会和政治的安排将受到强烈的反对。

同时，工业革命，特别是第二次工业革命为女性参与社会生产劳动提供了合适的岗位。于是 19 世纪中期以后，越来越多的女性走出家庭，迈向社会公共领域。她们担任教师、护士、打字员、服务员、收银员，等等，有的甚至在国家行政机构担任公职。美国在"1870—1900 年，妇女人口总数上升了 48.7%，而妇女参加工作的人数则跃增 64%"④。1881

---

① 引自端木美、周以光、张丽《法国现代化进程中的社会问题》，中国社会科学出版社 2001 年版，第 116 页。

② ［英］玛丽·沃斯通克拉夫特：《女权辩护》，王蓁译，商务印书馆 1995 年版，第 48 页。

③ ［英］约翰·斯图尔特·穆勒：《妇女的屈从地位》，汪溪译，商务印书馆 1995 年版，第 255 页。

④ 丁则民主编：《美国内战与镀金时代》，人民出版社 1990 年版，第 313 页。

年，法国的女教师就有 7 万人，至第一次世界大战前夕达到 8 万人；[①]
1906 年，法国妇女就业人数占全法劳动力的 37%。[②] 这些职业女性当然
也包括工厂女工、家庭女佣，但 19 世纪中后期出现的新职业中人数增加
得更快。1911 年，英国有 183298 名女教师，77060 名女护士；有 146000
名女性从事工商业的文职工作。[③] "20 世纪早期，欧洲有几千名妇女在地
方政府担任公职。19—20 世纪之交，英国有将近 900 名妇女是济贫法督
察员；1910 年的德国有 18000 名妇女担任地方福利工作者。"[④]

　　然而在职业生涯中，妇女们必须承受来自社会观念的歧视，因为在工
业革命时期的西方，女性的独立就意味着背离传统。所以这些走出厨房和
客厅，进入公共领域的女性尽管受过良好教育，从事体面的工作，却往往
被猜测是精神失常，甚至要背上"坏"女人的名声。另外，女性在工作
中也备受性别歧视。首先，相同的工作对男女要求不同，要求女性拥有比
男子更高一级的证书。即使如此，女性所从事的仍然只能是辅助的工作，
她们永远不可能担任管理职务。其次，一些重要的工作对女性实施限制。
例如，在法国直到 1940 年方允许女性担任公务员。虽然英国早在 1871 年
就允许女性加入公务员的队伍，但她们却被禁止参加晋级为管理层次的考
试。[⑤] 再次，男女同工不同酬。同样的工作，妇女的工资比男子少许多。
据统计，在 19 世纪末，法国妇女的工资只相当于从事相同工作男子的
30%—40%。[⑥]

　　女权思想家启迪了妇女的心灵，而无处不在的性别歧视让妇女真正醒
悟。她们深切地感受到：妇女，作为一个群体是处于父权制的压迫之下
的。在现存的社会中，妇女纵然具有与男子相同的能力，也不可能获得与
男子相同的社会地位。南丁格尔在她写的一本小册子中愤慨地申诉："为

---

　　① 周以光：《技术革命冲击下的法国职业妇女》，《世界历史》1994 年第 2 期。

　　② 戈登·赖特：《现代法国》（Gordon Wright, *France in Modern Time*），朗曼出版社 1981 年版，第 295 页。

　　③ 杰瑞·霍洛韦：《1840 年以来英国的妇女和工作》（Gerry Holloway, *Women and Work in Britain since* 1840），劳特利奇出版社 2005 年版，第 113—122 页。

　　④ 埃莉诺·S. 雷默尔、约翰·C. 福特主编：《欧洲妇女：1789 年至 1945 年纪实史》（Eleanor S. Riemer and John C. Fout, eds., *European Woman: A Documentary History 1789—1945*），萧肯出版社 1980 年版，第 67 页。

　　⑤ 杰瑞·霍洛韦：《1840 年以来英国的妇女和工作》，第 113 页。

　　⑥ 克瑞斯塔法·夏尔：《19 世纪法国社会史》（Christophe Charle, *Social History of France in the Nineteenth Century*），牛津大学出版社 1994 年版，第 162 页。

什么妇女的感情、智慧、道德，这三种东西中的任何一个都不能确立妇女的社会地位?"①

3. 女权运动的第一次浪潮

从 17 世纪英国革命开始，西方妇女就开始为争取权益而战，并且在历次资产阶级革命中，努力彰显妇女的力量，为自己争取权利。但是直到 19 世纪中期，才开始了真正由妇女领导并且以妇女为主体的争取男女平权的运动，即第一次女权运动。

在 1840 年的伦敦世界反奴隶制大会上，美国妇女代表卢克丽霞·莫特 (Lucretia Coffin Mott)、伊丽莎白·斯坦顿 (Elizabeth Cady Standon) 等人决定开展独立的妇女运动。1848 年，她们在纽约州的塞尼卡福尔斯召开了美国第一届妇女权利大会，在这次大会上美国妇女仿效《独立宣言》通过了《妇女权利宣言》。它开宗明义："男人和女人生而平等，他们都被造物主赋予了不可转让的权利，其中包括生命权、自由权和追求幸福的权利。"② 大会还通过了斯坦顿提出的关于妇女选举权的提议。这次大会的召开标志着美国独立的、有组织的女权运动的开始，继美国女权运动之后，英、法、北欧诸国也先后于 19 世纪 50 年代、70 年代、80—90 年代发动了独立的女权运动。女权运动的第一次浪潮就此全面展开。

尽管西方各国政治、经济、文化传统不同，女权运动的规模和特点也有差异，但基本上都以争取妇女的政治选举权、女性与男子同等的受教育权和女性经济自主权为主要目标，其中争取政治选举权是中心目标。

英国争取妇女政治选举权的斗争最具特色：19 世纪 60 年代，英国妇女的参政运动大潮初涌。1866 年，穆勒将一份由 1500 名妇女签名要求妇女选举权的请愿书亲自呈交给议会。③ 接着在曼彻斯特、伦敦、爱丁堡、伯明翰等地都出现了"妇女参政协会"。1897 年，全国性的妇女选举权组织"妇女参政会全国同盟"成立。参加运动者大多是中产阶级妇女，她们组织沙龙、出版小册子宣传女权；开展慈善活动帮助贫困妇女和儿童；通过促进法律改革为女性争取权利；向议会递交请愿书争取妇女参政权

---

① 邦尼·S. 安德森、朱迪斯 P. 津泽：《她们自己的历史从史前到现在的欧洲妇女》第 2 卷，第 167 页。

② ［英］希拉·罗博瑟姆：《运动中的妇女——女权主义和社会行动》(Sheila Rowbotham, *Women in Movement—Feminism and Social Action*)，劳特利奇出版社 1992 年版，第 46 页。

③ 闵冬潮：《国际妇女运动：1789—1989》，河南人民出版社 1991 年版，第 119 页。

等。进入 20 世纪以后，英国妇女运动的目标更加明确，规模也更大，各种妇女参政联盟如雨后春笋般建立，而且运动也逐渐变得激进。1903 年，潘克赫斯特夫人和她的女儿塞尔维亚及克利斯特贝拉一起成立"妇女社会政治同盟"。除了组织示威、游行、质询等手段外，"她们试图对公共秩序制造有限度的破坏，通过砸窗户、毁坏财物、袭击政治家、烧毁信件等方式来吸引社会的广泛关注，同时给政府施加压力"①。到 1907 年，英国妇女获得了郡市议会的选举权。1914 年爆发的第一次世界大战，再次扩大了妇女走出家庭的机会。妇女们接替了男人留下的社会生产，还承担了一些军事后勤工作。鉴于妇女在战争中的贡献，英国 1918 年选举改革给予一切年满 30 岁，而且本人在地方选举中有选举权或丈夫是选举人的妇女以选举权；1928 年，英国妇女终于获得与男子平等的选举权。

美国妇女争取选举权的斗争也经历了曲折的过程。1848 年，斯坦顿夫人在妇女权利大会上首次提出争取妇女选举权的建议并且获得通过。1866 年，美国第 14 条、15 条修正案给予课税的男性黑人选举权，同时宪法中第一次使用"男性"（male）一词，明确将女性排除在参政权之外。针对此种境况，1869 年，斯坦顿夫人和安东尼组成"全国妇女参政协会"，旗帜鲜明地要求直接的妇女参政修正案；露西·斯通组建了"美国妇女参政协会"，目标是促使各州通过妇女参政法案。两个妇女组织一直致力于妇女参政运动，但没有突破性进展。1890 年，两组织合并，成立"全美妇女参政协会"。在 19 世纪末美国经济高涨中，妇女劳动力大军势力壮大；在 19 世纪末 20 世纪初的社会进步运动中，妇女得到了锻炼；而在第一次世界大战中，妇女表现突出。这一切转变了美国政界对妇女的参政态度。1920 年 8 月，美国宪法第 19 条修正案得到国会批准，成为正式法律，美国妇女获得政治选举权。

经过西方妇女长达半个多世纪的斗争，北欧的芬兰（1906）、挪威（1913）、丹麦（1915）、冰岛（1915）的妇女率先获得了参政权，随后奥地利（1918）、爱尔兰（1918）、德国（1919）、卢森堡（1919）、荷兰（1919）妇女也获得了政治选举权。最后加拿大（1920）、瑞典（1921）、

① 王赳：《激进的女权主义——英国妇女社会政治同盟参政运动研究》，上海三联书店 2008 年版，第 99 页。

西班牙（1931）的妇女也获得了完全的参政权利。① 法国妇女 1944 年才获得选举权。

在政治选举权获得的同时，西方各国妇女也逐步获得了高等教育的权利，受过教育的中产阶级妇女逐步走出家庭，进入劳动市场。此外，妇女在经济、家庭方面也获得了部分权利。

（二）新女权运动的社会背景

1. "都市新女性"

妇女的政治选举权获得后，西方各国的女权运动都呈现了一段时间的静寂，同时保守主义思潮回归。许多西方妇女认为女权运动已经结束，而年青一代则开始享受胜利成果，她们获得了与男子平等的政治选举权和高等教育权，也有更多的西方妇女走出家庭，开始了家庭外的工作。

此时选举权运动时期建立的女权主义组织大部分因为实现了斗争目标而解散。虽然新形势下又成立了一些妇女组织，但是，由于"政治选举权获得以后，几乎没有其他问题和兴趣能够跨越宗教、阶级、年龄和文化的差异将妇女们联系在一起。女权运动的领导者没有针对其组织中不同层次的妇女构建一种更加普遍的女权意识，也没有向存在于社会生活方面方面，特别是家庭内部的性别歧视的根源发动进攻"②。所以这一时期，西方各国的妇女组织依然存在，但是大都停止了活动。

不过这一时期西方出现了一个特殊的女性群体——都市新女性，引起了媒体的追踪，大众的困惑。历史上对这些"新女性"褒贬不一。我们可以总结出她们的共同特点："出身中上阶层，受过良好教育，年轻、性感、特立独行，富有挑战精神，有一定的经济独立能力，她们在 20 世纪 20 年代作为个人解放的新的价值观、道德观和消费观的象征而出现在历史舞台上。"③"都市新女性"群体的出现一方面得益于西方国家经济的繁荣和城市化；另一方面是因为第一次女权运动让女性获得了接受高等教育

---

① 端木美、周以光、张丽：《法国现代化进程中的社会问题：农民·妇女·教育》，第 176 页。

② 迈拉·马克斯·费里、贝丝·B. 赫斯：《论争与联合：跨越三十年变革的新女权运动》（Myra Marx Ferree and Beth B. Hess, *Controversy and Coalition—The New Feminist Movement across Three Decades of Change*），劳特利奇出版社 2000 年版，第 1 页。

③ 周丽萍：《美国妇女与妇女运动：1920—1939》，中国社会科学出版社 2009 年版，第 73 页。

的机会和工作的权利。这些"新女性"抛弃了维多利亚时代束缚女性的长裙,穿起超短裙,剪着短发,骑着自行车。她们与男子一样抽烟、喝酒、打网球和高尔夫球;她们追求新潮、追求自由、追求幸福和享受;她们与男子公开幽会,自由恋爱;她们提倡性解放、性自由,推崇浪漫的爱情生活。她们的行为招致保守主义者的不满,她们被斥为传统的破坏者;她们一味地追求个人享受也引起女权主义者的批评,似乎她们太自私了。其实她们只是不像自己的前辈那样通过有组织的斗争在法律层面争取全体妇女的权益,而是希冀以自己时尚的装束、不羁的行为击碎社会存在的性别歧视,以个人自由和个人享受诠释男女平等。

2. 第二次世界大战后的西方妇女

两次世界大战对妇女解放起到的作用出乎女权主义者的意料,因为战争让西方国家的男子离开了家园,走上了战场,千百万妇女在"爱国"的名义下,被政府从家庭领域召唤出来,进入公共领域。一位法国女权主义者说:"1789 年解放了男子,世界大战解放了女性。"[1] 第二次世界大战期间,由于后方劳动力匮乏,西方各国政府号召妇女走出家庭,接替丈夫和儿子的工作,妇女就业人数急剧飙升,而且就业妇女的年龄结构和婚姻状况也发生了很大变化。1940 年,美国只有 27.4% 的妇女进入国内劳动力市场,到 1944 年增长到 35%,而这些就业的妇女中,1940 年,单身女性占所有职业妇女的 48.5%,已婚妇女占 36.4%。但是到 1944 年,数字分别为 40.9% 和 45.7%,[2] 就业妇女中,已婚妇女人数超过了单身女性。英国被拖入战争的时间更长,政府动员民众参与战争的程度也更高,妇女就业人数的增长更加明显。据统计,1943 年大约有 7258000 名妇女在从事有薪水的工作。这意味着 1943 年有 38.8% 的妇女在工厂劳作(排除军队服役的女性),而 1931 年的比例是 29.8%。另一份统计显示:1939 年,将在部队服役的女性计算在内,大约有 500 万女性被雇用,到1943 年,女工的人数又增长了将近 50%。[3] 其他参战国也大致如此。

① 雷纳特·布瑞登歇尔、苏珊·莫舍·斯图尔特、梅里·E. 威斯纳主编:《变得可见:欧洲历史上的妇女》(Renate Bridenthal, Susan Mosher Stuard and Merry E. Wiesner, eds., *Becoming Visible: Women in European History*),霍顿·米夫林出版公司 1998 年版,第 464 页。

② 迈拉·马克斯·费里、贝丝·B. 赫斯:《论争与联合:跨越三十年变革的新女权运动》,第 4 页。

③ 杰瑞·霍洛韦:《1840 年以来英国的妇女和工作》,第 162—163 页。

　　第二次世界大战结束后，大量的退伍军人返家，他们需要工作，需要政府的安置，妇女战时的工作岗位必须为他们腾出来，于是要求妇女重返家庭的陈词滥调甚嚣尘上。"当限定的性别角色缺乏时，妇女可以做一切：从骡马车的车把式到医院的管理者。不过一旦战争结束，她们就被劝说回家。第二次世界大战后更是如此，因为第二次世界大战期间，美国妇女在历史上第一次占据了劳动力市场相当大的比例，男人以后可能不得不在劳动力市场上与妇女竞争的预想吓坏了很多美国男人。"① 为了将妇女从工作岗位上撤下来，政府做了很多工作：对妇女晓之以理、动之以情地劝说，媒体大量撰文重提妇女的母性：为了孩子的健康成长、为了让丈夫有个温暖舒适的家，也为了自己不再辛苦，妇女还是离开职场回家为好。尽管如此，还是有许多女性留在了工作岗位。到 1950 年有 31.4% 的美国妇女是职业女性②，1951 年英国依然有 30.8% 的妇女劳动力③。但是，此时妇女工作的职位多是薪水较低的、服务性行业，战争时期有技术含量且薪水高的工作基本让给了男子。

　　战后，经历了多年战争的人们亟待休养生息，渴望平静、温暖的家庭生活。西方各国政府也都实施了有利于稳定、保护家庭的政策，以鼓励人们结婚，鼓励已婚夫妇多生孩子。可是无论哪国政府颁布的政策，即使名义上是给予妇女的福利，也总是强调妇女的位置在家庭，妇女的职责是抚育孩子。"在瑞典，20 世纪 50 年代是家庭主妇的十年，很多已婚和有孩子的妇女不能兼顾工作和家庭，因为个人所得税让这种情况不可能存在……在爱尔兰，1977 年以前一项婚姻法令阻止已婚妇女进入国家行政部门工作。战后西德的家庭法加强了丈夫在家庭中的权威，而且税收制度也严重向已婚且只有丈夫外出工作的夫妇倾斜……1945 年以后，英国每周通过邮局付给育有两个或者两个以上孩子的妇女一笔家庭津贴"。④ 在政府的积极推动下，西欧、北美、北欧国家乃至澳大利亚、新西兰都出现了结婚热潮，结婚人数大增，初婚年龄下降。20 世纪 50 年代西方国家年

---

　　① 琼·斯蒂芬森：《妇女的根——西方文明中的妇女史》（June Stephenson：*Women's Root—The History of Women in Western Civilization*），迪默—史密斯出版公司 2000 年版，第 281 页。

　　② 迈拉·马克斯·费里、贝丝·B. 赫斯：《论争与联合：跨越三十年变革的新女权运动》，第 4 页。

　　③ 杰瑞·霍洛韦：《1840 年以来英国的妇女和工作》，第 186 页。

　　④ 雷纳特·布瑞登歇尔、苏珊·莫舍·斯图尔特、梅里·E. 威斯纳主编：《变得可见：欧洲历史上的妇女》，第 494—495 页。

轻人的初婚年龄降到历史最低点。这一时期，美国拥有有史以来最高的结婚率：已婚妇女的比例为 96%，已婚男子占了 94%；同时结婚年龄也在下降，50 年代的平均结婚年龄分别是 20.2 岁（女性）和 22.6 岁（男性）。[①] 1955 年，美国一半的妇女 20 岁就结婚了。[②] 紧随其后，西方各国涌现了战后婴儿潮。一时间，西方国家似乎进入传统家庭的"黄金时代"，女性理所当然地成为家庭的管理者。维多利亚时代的男主外、女主内的社会性别观卷土重来。为了让受过高等教育的西方女性能接受这种观念，一些保守主义者给其披上了华丽的科学外衣，弗洛伊德的心理分析、塔尔科特·帕森斯的结构功能理论，被西方的社会学家、心理学家、人类学家等综合利用，虚构了"女性的奥秘"。

　　"女性的奥秘"的理论基础来源于弗洛伊德的心理分析，弗洛伊德认为人类的一切情绪都可以归因于"性"。女性因为缺少男性的生殖器而产生嫉妒，这种妒忌会使她自己看不起自己，即"阳具羡慕。"就正常的女性而言，这种妒忌会引导她产生希望拥有男性生殖器的愿望，直到生下一个儿子，他带来了她盼望已久的男性生殖器。母亲把在自己身上不能实现的种种宏图大志转移到儿子的身上，希望从儿子那里得到满意的结果。弗洛伊德理论的实质是女人与男人是不同的，而且女性一定是嫉妒男性并且渴望成为男性的。但这又是不可能的，所以女性最好是安于现状，结婚生子，一旦做了母亲，一切不安、妒忌都消失了。战后一些西方心理学家在此基础上继续演绎，他们认为一些不能及时调试自己心理的女性，总是妒忌男人，希望自己与男子一样，处处与男子争高低，这些患有心理疾病的人发展成为女权主义者。

　　结构功能主义也来为"女性的奥秘"的构建贡献一分力量。塔尔科特·帕森斯在他著名的《美国社会结构中性别作用分析》中说：男子是以一种体面的职业赢得社会的尊重，而女子则是以贤淑、温顺、充满爱心赢得社会的尊重，因为男子的身份是公民，女子的身份是妻子和母亲。只有妻子专门操持家务，至多有一项可供补贴家用或者消遣的"工作"，而不从事会使她与丈夫地位平等的事业，家庭的现状才可能维持。

---

　　① 朱迪·鲁特·奥莱特：《变化中的美国家庭》（Judy Root Aulette, *Changing American Families*），艾林和培根出版公司 2002 年版，第 49 页。

　　② 迈拉·马克斯·费里、贝丝·B. 赫斯：《论争与联合：跨越三十年变革的新女权运动》，第 12 页。

在这样有关"女性的奥秘"的狂轰滥炸中，西方国家特别是美国的许多年轻女性接受了新时代"维多利亚的女性观"，她们不再去想她们的母亲和祖母曾经的梦想和为之奋斗的事业，而是从小姑娘起，就为找丈夫生孩子做准备，然后为家庭毕生奉献。许多女孩子大学毕业后不假思索地做起了家庭妇女，专职在家操持家务。著名女权主义者芭芭拉·拉斯利特也在 26 岁硕士毕业后结婚生子，当 32 岁有幸加入芝加哥大学社会学博士计划时，尚"不完全确定我在即将进入的高度竞争氛围中怎么过活？尤其是如何对家庭负责？"① 在这样的生活目标下，美国妇女的平均初婚年龄一度出现逐年下降趋势，同时读大学的女子与男子相比，其比例从 1920 年的 47%，下降到 1960 年的 36%，同时间段读博士学位的女子比例分别是 15% 和 10%。"一位姑娘拒绝接受约翰·霍普金斯大学的科学研究奖学金，而去一家不动产办事处找活儿干。她说，她所追求的，也正是其他所有美国姑娘所追求的——结婚，生四个孩子，生活在环境优雅的郊区的一幢舒适的住宅里。"② 然而，当她们的愿望实现后，却没有享受到期望的幸福。虽然她们有事业成功的丈夫、聪明可爱的孩子，家用电器一应俱全，却因为日复一日琐碎繁杂又没有任何创造性的家务劳动的缠身而痛苦不堪，因而患上"家庭妇女综合征"。无论是医生，还是心理学博士都对家庭主妇的症状无能为力，直到弗里丹的《女性的奥秘》出版。

(三)《第二性》和《女性的奥秘》

任何一场政治运动都离不开指导思想，西方新女权运动直接得益于波伏娃的《第二性》和弗里丹的《女性的奥秘》。

1. 西蒙娜·德·波伏娃的《第二性》

西蒙娜·德·波伏娃，法国存在主义哲学家、文学家，著名的女权主义者，存在主义哲学大师——让—保罗·萨特的终生情人。1949 年，波伏娃发表了《第二性》，这本被奉为"女性圣经"的书，一出版就遭到了

---

① 芭芭拉·拉斯利特：《论发现女权主义声音：社会学生活中的激情》（Barbara Laslett, *On finding a Feminist Voice: Emotion in a Sociological Life Story*）见芭芭拉·拉斯利特、巴里·索恩主编《女权主义社会学—运动中的个人经历》（Barbara Laslett and Barrie Thorne, eds., *Feminist Sociology-Life Histories of a Movement*），罗格斯大学出版社 1997 年版，第 48 页。

② ［美］贝蒂·弗里丹：《女性的奥秘》，程锡麟等译，北方文艺出版社 1999 年版，第 4 页。

来自保守阵营的恶毒谩骂，因为在书中，波伏娃站在女性的立场，运用
"男性"的思维方式，从生物学、心理学、人类学、哲学、历史、文学等
方面论证了男女之间的关系，即女性从属于男性的真谛。"几乎在任何国
家，她们的法律地位都和男人不一样，常处于恶劣境地。甚至在她们的权
利得到法律的抽象承认时，由于习惯势力，也很难在社会习俗中得以充分
实现。"① 这是因为男人将自己定义为自我（self），将女人定义为他者
（other），并通过法律、习俗、舆论对女人实施控制，女人却没有对男性
主权提出异议，反而因为要做"真正的女人"，被迫将自己内化为客体。
"女性自由的障碍不是其生理条件，而是政治和法律的限制造成的。"② 因
此女人被男人构建，被他的社会机构和制度构建，即女人不是天生的，而
是被造就的，是被男人按照男人的构想造就的。

　　波伏娃借助生物学分析了弗洛伊德关于女性的"自卑情结"和"阳
具羡慕"说。她认为女性或许真的"羡慕"拥有阴茎的男性，但并非她
们想要阴茎，而是希望得到阴茎所有者在家庭和社会上具有的优势。"父
亲的家庭地位，男性的普遍优势，她自己所受的教育——每一件事都让她
更加坚信男性是优越的。"③ 波伏娃还通过五位男作家（蒙特朗、劳伦斯、
克洛代尔、布勒东、司汤达）的作品分析男人心目中理想女性的一般特
征。尽管五位男作家对自己理想女性的要求表面有很大差异，有人喜欢纯
粹动物性的女人，有人喜欢孩子般的女人，有人喜欢有才智的女人，有人
喜欢灵魂的相通，但所有的女人都有一个共性，即为了所爱的男人自我牺
牲④。波伏娃也不同意马克思主义关于妇女将随着无产阶级的解放而同时
解放，男女真正平等可以在社会主义实现的妇女观。她认为从资本主义到
社会主义的转变不会自动改变男女关系，妇女在社会主义社会也同样有可
能是他者。

　　最后波伏娃提出妇女应该逃出男人通过法律、习俗、社会舆论强加给
她们的限制，尤其应该超越自己内在性的限制，通过从事创造性的工作、

---

① ［法］西蒙娜·德·波伏娃：《第二性》，陶铁柱译，中国书籍出版社 1998 年版，"作者
序"第 16 页。
② 李银河：《女性权力的崛起》，中国社会科学出版社 1997 年版，第 85 页。
③ ［法］西蒙娜·德·波伏娃：《第二性》，第 47 页。
④ ［美］罗斯玛丽·帕特男·童：《女性主义思潮导论》，艾晓明译，华中师范大学出版社
2002 年版，第 267—268 页。

通过写作、思考、通过促进社会转变和拒绝内化自己而使自己成为主体。
"可以肯定的是，迄今为止，女人的发展前景一直在受着压制并且丧失了
人性，现在是时候了，让她为了她自己的利益，为了全人类的利益去冒
险吧！"①

虽然波伏娃的《第二性》没有直接引发西方女权运动，但其中对于
弗洛伊德精神分析的修正、对女性从属地位原因的分析为美国女权主义者
提供了借鉴，可以说间接推动了女权运动发展。

2. 贝蒂·弗里丹的《女性的奥秘》

贝蒂·弗里丹的《女性的奥秘》直接引发了美国的女权运动。美国
妇女对"女性的奥秘"的盲从、美国家庭妇女综合征的出现、个人的亲
身经历让弗里丹对"女性的奥秘"产生怀疑。从 1957 年开始，弗里丹通
过对 200 名大学毕业 15 年的女性回访，调查了 80 位高中生、大学生、年
轻主妇以及相关的医生、妇女杂志编辑、广告动机者、心理学家，在此基
础上，弗里丹从多种角度将妇女问题置于科学的基础上深入剖析，于
1963 年出版了《女性的奥秘》。

前文已经提及"女性的奥秘"灌输给美国妇女的观念是只要安于家
庭，潜心照顾丈夫、抚育子女，就能得到安宁和幸福。可是许许多多住在
郊区别墅的美国家庭主妇却没有得到期望的幸福，反而罹患了"家庭主
妇综合征"。一些婚姻专家认为，美国家庭妇女的问题只是个案，是这些
妇女的心理或者是"性"出了问题。但是弗里丹透过现象看本质，对美
国第二次世界大战后产生的妇女问题——女性的奥秘提出了自己鲜明的观
点：妇女与男人一样有实现自我价值的需求，而家务劳动，无论是照顾丈
夫、教育孩子，还是使用家用电器洗衣、做饭都不能满足妇女实现自我价
值的需求。因此 20 世纪 60 年代美国"家庭妇女综合征"并非"性"的
问题，而是妇女作为人的自我发展问题。

《女性的奥秘》出版后，在美国引起轰动，美国妇女知道并不是只有
少数人出了问题，"家庭妇女综合征"已经是美国妇女普遍存在的问题，
这个问题的出现也并非因为"性"，而是因为将自己陷于家庭之中的妇女
缺乏实现自己个人价值的机会。正如琼·斯蒂芬森所说"当她（弗里丹）
写道：妇女的不满足是因为当她们致力于家务劳动、履行照料孩子的职责

①　[法] 西蒙娜·德·波伏娃：《第二性》，第 809 页。

时，几乎没有任何机会扩展自己的视野，也无法从无休止的清洁碗盘和洗衣、干衣的工作中脱身，因而感到生活毫无成就时，它触碰了郊区家庭主妇的神经。"① 这本书是西方女权运动里程碑式的著作，对那些安于现状、满足于做"幸福的家庭主妇"的妇女发出了源自内心的呼喊，为那些处于苦恼和困惑中的美国妇女指明了出路。所以《女性的奥秘》表达了美国千万妇女的心声，促使了新一代美国妇女的觉醒，推动了 20 世纪 60—70 年代美国女权运动的爆发和发展。

在脱离职场的中产阶级家庭妇女被困于平凡和烦琐的家务而感到沮丧时，大量劳动阶层的妇女还在社会生产和家务劳动的双重负担下为生活奔波，这些职业女性并没有在经济独立的同时获得自我满足，因为她们在职场上处处感受到性别歧视，她们只能处于各行业的最底层，并且永远没有提升的机会，收入也远远低于男性。这些处于社会底层的妇女也成为即将到来的新女权运动的重要组成部分。总之，"1945—1963 年，妇女较高的教育水平、持续增长的妇女劳动力与一直存在的性别歧视和正在变化的家庭关系，为美国广泛的女权行动主义的再生做好了准备"②。

二　美国和欧洲的新女权运动

20 世纪六七十年代，整个世界都处于革命和运动之中，马克思主义风靡全球，社会主义凯歌前进。社会主义国家冲破以美国为首的资本主义国家的经济封锁，科技也取得长足发展：苏联卫星上天，中国原子弹、氢弹成功爆炸。非洲的民族独立运动风起云涌并且取得决定性胜利。西方国家包括美国、西欧，以及北欧国家都爆发了大规模的群众运动诸如新左派运动、学生运动、反战运动，在这些社会运动的影响和推动下，深受女权主义思潮激励的西方妇女掀起了女权运动的第二次浪潮。这次女权运动以争取男女平权，即争取女性充分、全面的公民权为斗争目标，一直持续到80 年代。80 年代以后，西方的女权运动进入一个新的发展阶段——女权运动的第三次浪潮。此时大规模的群众示威不见了，取而代之的是各种类

---

① 琼·斯蒂芬森：《妇女的根——西方文明中的妇女史》，第 282 页。
② 迈拉·马克斯·费里、贝丝·B. 赫斯：《论争与联合：跨越三十年变革的新女权运动》，第 195—196 页。

型的类似于表演的小型请愿；女性教学和女性研究蓬勃发展；各种妇女组织在体制内为妇女争取权益，并且设立多种中心和机构为需要帮助的女性提供援助。从 60 年代开始兴起的女权运动，包括第二次浪潮和第三次浪潮，因为其规模更大——已经发展成为全球的女权运动，参与面更广。除了白人中产阶级妇女，西方各国的少数族裔妇女都卷入其中；涉及问题更深——不仅涉及政治、经济、法律层面的男女平等，而且涉及人们的思想观念；不仅关注男女之间的性别关系，而且关注男性的健康以及男女两性的和谐发展。最重要的是其运动方式、动员手段、争取目标都与 19 世纪中期兴起的妇女参政运动有很大差异。所以今天很多西方学者将之称为新女权运动。美国是这次女权运动的发起者和中心。

（一）美国的新女权运动

1. 美国新女权运动概况

20 世纪 50 年代，美国爆发了黑人民权运动，挑战压迫黑人数世纪的种族歧视、种族压迫，并且要求人身自由、种族平等。在声势浩大的黑人民权运动的影响下，美国的青年学生发动了新左派运动（后来发展为反越战运动），文化界人士则引发了反正统文化运动，即嬉皮士运动。美国妇女，特别是白人中产阶级妇女积极参加了这些社会运动，在运动中她们既感受到了反对种族压迫、争取平等、自由的鼓舞，"废除种族歧视、争取民权的运动提供了一种道德抗议和有效变化的模式，鼓舞妇女去寻求她们自身的平等"①。同时，这些妇女在运动中也体验了根植于人们意识深处的性别歧视，即使在反抗种族歧视、争取民权的运动中，她们依然感受到因为性别而受到的歧视：她们积极参与了社会运动，可是她们却不是作为共同战斗的同志和战友出现，而是作为勤杂工、助手、性伴侣而存在。这种在反抗种族、阶级歧视的社会运动中呈现的性别歧视让美国妇女无法忍受，于是她们从这些运动中独立出来，独自开展了反对性别歧视、性别压迫的女权运动。"妇女们在其他社会运动中积累的经验经常促进她们为了自己的利益而反叛。例如，妇女们从为了共同的目标并肩战斗的男性那里感受到的性别歧视和轻视，促使她们建立自己的独立组织，为性别平等

---

① 迈拉·马克斯·费里、贝丝·B. 赫斯：《论争与联合：跨越三十年变革的新女权运动》，第 53—54 页。

而斗争。"① "我们中的很多来自民权运动和新左派运动，我们的目标是建立一个群众运动，结束基于性别之上的隔离和歧视制度。"② 这场运动从60年代中期启动，一直持续到1982年平等权利修正案的失利。

虽然20世纪60—70年代美国成立了各式各样的妇女组织、涌现出内容迥异的女权理论，但这一时期的女权运动大致由两大支流汇合而成。一是"妇女权利运动"，这是从19世纪第一次女权浪潮一脉相承下来的传统的女权运动，有正式的从中央到地方结构严密的组织，即贝蒂·弗里丹任主席、1966年成立的"全国妇女组织"（National Organization for Women NOW）。全国妇女组织的最初成员是"妇女地位调查委员会"全国代表大会的代表，以白人中产阶级妇女为主体，也包括部分男性，他们都信奉性别平等。这些人受过良好教育，有体面的职业，大部分都在联邦政府、州政府或者政党组织中任职，至少是积极分子。另外"全国妇女政治核心小组"（National Women's Political Caucus，NWPC），"妇女公平行动联盟"（Women's Equity Action League，WEAL）也属于这一支流。她们主要遵循自由主义女权主义的理论，主张在现行的政治、经济体制内争取妇女的平等权利，希望美国社会"主流"将妇女包容进去，给予妇女与男子一样的平等权利、均等的机会。"全国妇女组织热衷于通过修改法律以改变妇女的地位，特别是那些影响妇女教育、就业和生育权利的法律。"③ 因此她们主要通过游说、诉讼、向政府施加压力等方式力争修改联邦和各州法律，废除法律中的性别歧视条款。

另一支流是"妇女解放运动"，主要由新左派运动和黑人民权运动的"学生非暴力协调委员会"中独立出来的妇女组成，她们创造了激进的女权主义理论，反对现存的资本主义体制，将男性置于妇女的对立面，主张彻底摆脱男性的控制，取消家庭，主要在政治体制之外争取女权目标，即争取妇女对自己身体的控制权，也就是女性自己掌握性和生育权。在此基础上提出著名的口号"个人的就是政治的！"（personal is political）。她们

---

① 德鲁德·达勒鲁普主编：《新妇女运动——欧洲和美国的女权主义和政治权力》（Drude Dahlerup, ed, *The New Women's Movement—Feminism and Political Power in Europe and the USA*），赛奇出版公司1986年版，第5页。

② 希拉·罗博瑟姆：《运动中的妇女——女权主义和社会行动》，第259页。

③ 德鲁德·达勒鲁普主编：《新妇女运动——欧洲和美国的女权主义和政治权力》，第123页。

没有全国性的组织，在各地建立很多地方水准、非正式的、散落在社区内的组织，其结构松散，也没有固定的领袖人物，她们强调民主参与和普遍的姐妹情谊。她们最大的组织是"来自地狱的妇女国际恐怖主义密谋"（Women's International Terrorist Conspiracy From Hell，WITCFH），"红袜子"（Red stockings），"女权主义者"（Feminists）和"纽约激进女权主义者"（New York Radical Feminists）。其斗争方式是通过建立"提高觉悟小组"以提高女性意识，办简报进行媒体定向，为需要帮助的妇女提供救助中心，以戏剧性的"特别行动"引起媒体和大众关注。

20世纪60年代，妇女权利运动和妇女解放运动互相不认可对方的斗争策略和斗争目标，各自独立开展自己的工作。全国妇女组织积极组织力量，对"平等就业机会委员会"（EECO）[1] 施加压力迫使其重视就业中的性别歧视，并且改进了自己的工作；就劳里娜·威克斯事件[2]起诉了南方贝尔电话公司，联邦上诉法院裁定：南方贝尔电话公司在劳里娜·威克斯事件违反了民权法第七条禁止性别歧视的条款，迫使贝尔电话公司取消了在保护名义下对女性雇用的限制。就简·丹尼尔因参与拦路抢劫的案件起诉宾夕法尼亚州法院，起诉理由为宾夕法尼亚州法院在审理案件时有性别歧视，简·丹尼尔只是初犯，却因其为女性而重判。在历经法庭多次辩论后，全国妇女组织终于胜诉。更为重要的是，宾夕法尼亚州法院重新审理了一些涉及女犯的案件，释放了一批因性别歧视而重判的女犯人。通过这些工作，全国妇女组织迅速发展壮大，成为人数众多的全国性妇女组织，1972年，人数已达15000人[3]。同时妇女解放运动则忙于著书、立说，宣传自己的观点，让受压迫的女性从被压迫的蒙昧状态中走出来，并且通过散布在全国各地的小组组织妇女学习以提高觉悟。她们也为争取妇女对自己身体享有控制权而努力工作，除了普及避孕工具、争取堕胎权外，更注重反对男性对女性的施暴和侮辱行为，包括强奸、家暴、乱伦和黄色淫秽作品。为了帮助受害妇女，女权主义者在各地成立"强奸危机救

---

① "平等就业机会委员会"（EECO）是1964年"民权法"第7条通过后，为了监督企业的执行而成立，成立初期不关注就业中存在的性别歧视。

② 劳里娜·威克斯是南方贝尔电话公司一名女工，当她申请做薪金更高的电话接线工时，却因为她是女性，不得从事搬运30磅以上物品的工作而被拒绝，结果这份工作给了一位资历和技术都不如她的男性员工。

③ 迈拉·马克斯·费里、贝丝·B. 赫斯：《论争与联合：跨越三十年变革的新女权运动》，第134页。

助中心"，帮助受害妇女治疗生理和心理创伤、鼓励受害妇女控告强奸犯。在各个城市成立"遭受家庭暴力者荫蔽所"，为遭受家暴的妇女提供暂时的住所并提供法律咨询。女权主义者还采取一些"街头戏剧"的形式表达对性别歧视的愤懑和不满。例如，她们化装成女巫，去股票市场、大公司"弄鬼施咒"，抗议性别歧视；组织冲击黄色杂志《花花公子》编辑部，责令该杂志的男性负责人当众脱衣服，体验模特儿的处境。1969年，纽约州议会举行关于堕胎法听证会时，女权主义者冲击会场，要求主持会议，她们认为妇女才是堕胎问题的真正专家[1]。1968年，美国小姐选美之际，一群年轻女性冲进会场，通过为一头绵羊加冕表示抗议，并且将女性紧身衣、卷发夹子和《女性家居杂志》一起扔进垃圾箱[2]。这一阶段美国的女权运动纷繁多样。遍及各地的妇女组织形式多样，既有全国性的组织如全国妇女组织，也有地方性的、随时变动的提高觉悟小组；提出的斗争目标五花八门，采取的斗争方式各式各样。

20世纪70年代美国的女权运动已经不再是少数妇女运动的领袖或者少数女性精英参与的运动，而是真正的群众运动，它让更多的妇女改变了意识和态度，也让更多的妇女加入进来。除了白人中产阶级妇女外，黑人妇女、墨西哥裔和亚裔妇女也被动员起来。此外，还有更多的妇女团体和妇女组织不断涌现，包括黑人妇女团体、老年妇女团体、女同性恋团体。还有不同工作类别中建立的妇女协会，如商业妇女协会、贸易妇女协会、劳工妇女协会和艺术妇女协会，等等。"在70年代（除白人中产阶级外），许多其他阶层妇女把自己看作妇女运动目标的受惠者，如有色人种妇女（黑人、印第安人和亚洲裔）、西班牙语裔妇女和大多数工人阶级妇女。许多工会从初期完全敌视的立场转为采纳女权主义的一些主张，工人阶级妇女则从中立态度发展到自己组织起来，其结果使女权主义队伍的种族、阶级构成发生很大变化，使新的女权主义运动成为美国历史上基础最广泛、最多样化的运动之一。"[3]

随着斗争的深入和参与者的增多，妇女权利运动和妇女解放运动都放

---

① 王政：《女性的崛起——当代美国的女权运动》，第133页。
② 希拉·罗博瑟姆：《运动中的妇女——女权主义和社会行动》，第257页。
③ 迈拉·马克斯·费里、贝丝·B.赫斯：《争论与联合：新女权运动》（Myra Marx Ferree and Beth B. Hess, *Controversy and Coalition: the New Feminist Movement*），特韦恩出版公司1985年版，第85页。

弃一些自己的斗争目标和方式，逐渐向对方靠拢。原来保守的自由主义女权主义者开始变得激进，而原先激进的女权主义者却在实践中慢慢转向具有改良性质的、面向妇女的服务活动。她们共同开展了教育平等问题、自由堕胎、建立日托所、反对男性对女性的暴力行为、推动《平等权利修正案》的斗争，特别是共同推动《平等权利修正案》的通过与批准，标志着美国的女权运动联结为一个整体。

2. 美国新女权运动的成就和反复

在整个 20 世纪 60—70 年代西方新女权运动的高潮中，美国的女权运动声势最为浩大，也最有成效。经过美国女权主义者坚持不懈的努力，美国妇女在就业平等、教育平等、自由堕胎、反对男性暴力等方面都获得了很多权益，特别是《平等权利修正案》在国会的通过。但是，由于保守势力的阻挠，尤其是 80 年代以后政治的右转，美国妇女尚没有争取到真正的男女平等，有些已经获得的权利，在 80 年代也有部分丧失。

在运动的初期，女权主义主要集中解决就业中的性别歧视并取得了相当的成效。早在 1963 年美国就通过了《同酬法》，它规定无论何种种族、肤色、性别，一律同工同酬，否则违法；1964 年通过《民权法案》第 7 条，规定企业在雇用、解雇、福利、升职和给予工作条件时不得因种族、肤色、性别而有所歧视，否则违法。① 并且成立了"平等就业委员会"专门负责处理违反民权法案的案件。1967 年约翰逊总统签署 11375 行政令：禁止任何从联邦政府得到拨款、订单或研究项目的政府机构和企业单位在招聘和晋升时实行性别歧视。1971 年，高等法院依据 1964 年《民权法案》第 7 条款，裁决了第一例性别歧视的案件菲利普诉马丁·玛丽埃塔（Phillips v. Martin Marietta），宣布歧视妇女的行为违法。1972 年，高等法院裁定起诉性别歧视案件的"平等就业委员会"的诉讼获胜。除此之外，国会还将就业中歧视孕妇行为违法的条款补充进《民权法案》第 7 条款。理论上，美国妇女已经实现了就业中的男女平等，而且同工同酬。然而，在现实中，性别的歧视依然存在，约翰逊总统签署的 11375 行政令也只能限制政府机构和与联邦政府有经济联系的企业，所有的私人企业并不受此控制。直到 20 世纪 90 年代，美国女性的工资仅相当于男性的 74%。

① 德鲁德·达勒鲁普主编：《新妇女运动——欧洲和美国的女权主义和政治权力》，第 126 页。

　　"'堕胎'是美国自废除奴隶制以后最不可调和的问题，似乎没有中间道路可走。"① 反对堕胎者认为"怀孕即是人类生命的开始，因此堕胎就意味着谋杀"②。主张堕胎者认为当父母不想要孩子或者经济承受不起，堕胎应该被允许，否则将增加国家福利的负担。女权主义者则认为堕胎不仅是经济问题、医学问题、宗教问题，更是关乎妇女对自己身体自主权的问题，是妇女解放的关键。为了争取自由堕胎权，广大妇女成立组织，疏通州议员迫使州议会改变法律；采取突击行动，冲击听证会、游行、罢工，提高妇女觉悟、争取舆论同情。

　　在女权主义组织的压力下，1973 年最高法院对得克萨斯州的罗诉韦德案（Roe v. Bolton）和乔治亚的道尔诉博尔顿案（Doe v. Botton）作出裁决，认定两州现行的限制堕胎的《堕胎法》是违反宪法的。并且宣布：根据宪法第 14 条修正案，孕妇享有"隐私权"，怀孕三个月内自己有权决定堕胎；同时规定怀孕最后三个月不允许堕胎，除非是为了保护母亲的健康。最高法院的这一裁决使美国所有州反对或限制堕胎的《堕胎法》无效，无论是 19 世纪的，还是近期改革了的《堕胎法》，实际等同于堕胎在美国是合法的。但是，由于 20 世纪 80 年代政治风向的转变，美国的保守主义思潮回归，从白宫到各州政府都不支持妇女有权堕胎，里根和布什补充任命了一些高等法院的法官，这些法官反对堕胎，并准备以法律推翻妇女自由堕胎的权利。到 80 年代后期，"大多数法院都准备破坏罗案的前提，即使不想完全推翻它"③。一些州相继通过限制堕胎的法律，如要求不满 18 岁的女孩堕胎前必须得到父母的同意。反对堕胎者除了依靠法院和联邦政府的推进达到目的外，还在医院、诊所、医生办公室示威抗议，追随到医生家里，威胁、谩骂、电话骚扰，阻止医生为病人实施流产手术。许多堕胎的妇女只好求助于非法行医者，往往因此丢掉性命。

　　1972 年，通过《教育综合法案》第 9 条，禁止学校的性别歧视。④ 规定任何接受联邦政府研究资金的教育单位不得有性别歧视。1972 年 3 月

---

① 琼·斯蒂芬森：《妇女的根——西方文明中的妇女史》，第 299 页。

② 德鲁德·达勒鲁普主编：《新妇女运动——欧洲和美国的女权主义和政治权力》，第 131 页。

③ 迈拉·马克斯·费里、贝丝·B. 赫斯：《论争与联合：跨越三十年变革的新女权运动》，第 161 页。

④ 琼·斯蒂芬森：《妇女的根——西方文明中的妇女史》，第 283 页。

美国国会通过了一项对《1964年民权法》修正的提案，明确把教育部门也归入该法案有关就业方面禁止实行性别歧视条例的范围之内，并允许"就业平等机会委员会"对不遵守此条款的学校进行起诉。此后高等院校的女教师、女学生人数大量增多。据统计，1982年，女大学生的人数达到639万人，已经超过男生36万人。女性获得硕士学位的有15万人，超过男子（14.6万人），获得博士学位的女性有1.05万人，接近获得博士学位的男性（2.2万人）的一半。[①] 女生所学的专业也发生变化，越来越多的女性进入了原来由男性垄断的高薪专业，如1993年女性在法学院的比例为45%，商学院则有35%的女生。[②] 这也意味着更多的女性具备了谋生的能力，也将拥有将来工作的动力。高薪的职业让女性独立，也提高了她们的社会地位。

高等院校不仅成立了妇女组织，而且开辟了一个提高妇女自我意识、争取妇女权利的新领域——女性研究。为了提高女大学生的觉悟，女权主义者首先在高校开设女性学，在授课的同时展开了女性研究。"截至20世纪70年代末，绝大多数高等院校都开设了女性课程，相当大比例的学校都有正式的妇女研究计划，部分学校招收了女性研究本科生，甚至还有女性研究硕士生。"[③] 1977年，"全国妇女研究学会"成立，进一步推动了妇女研究，而妇女研究的发展推动了有关女性研究专著和女性学术杂志的出版。

不过直到今天，高校中的体育训练和体育赛事中依然存在着性别歧视，政府对于男女体育运动的拨款存在相当大的差异。

争取通过《平等权利修正案》是美国20世纪六七十年代女权运动的中心任务，它能够获得国会的批准得益于各个女权主义组织的共同努力。《平等权利修正案》早在1921年就由妇女党提出，其核心思想是男女平等，女性在教育、就业、从政等方面与男性平等竞争。三四十年代多次提交国会讨论，均未获通过。60年代女权运动爆发后，女权主义组织特别

---

① 转引自何念《20世纪60年代美国激进女权主义研究》，知识产权出版社2010年版，第254页。

② 迈拉·马克斯·费里、贝丝·B.赫斯：《论争与联合：跨越三十年变革的新女权运动》，第201页。

③ 德鲁德·达勒鲁普主编：《新妇女运动——欧洲和美国的女权主义和政治权力》，第124页。

是全国妇女组织积极游说，劝说议员，动员各地支部成员给议员写信，督促议会通过《平等权利修正案》。在女权主义者的努力下，分别于 1971 年和 1972 年获得参、众两院的批准。这是女权运动的巨大胜利。然而，在其后各州议会批准的过程中，此项修正案被搁浅，根据宪法修改程序，需要美国 38 个州的州议会批准，修正案方可生效。1973 年年初已经有 30 个州批准，然而到 1977 年仅达到 35 个州，到预定的批准年限 1979 年，还差 3 个州，后延长批准年限至 1982 年。1982 年 6 月 30 日延长后的期限到期，《平等权利修正案》未能成为法律。

尽管如此，20 世纪六七十年代美国的女权运动在妇女的就业、教育、生活等方面取得了巨大的成就，它不仅为妇女带来工作、生活中显而易见的改变，更为重要的是它转变了人们的性别观念。"从此妇女不再简单地根据她们在家庭中的功能角色被视为第二性的，而是作为一个拥有权利的独立、自主的生物被对待。法律规定即使大多数妇女愿意扮演一定的角色，或者拥有特定的和显著的与性别相关的特性，法律仍然必须视个体的妇女为独立的人。它还开始建议即使政府一直希望保护传统的家庭价值观，这个目的也不足以成为干预妇女公民权利的理由。"[①]

美国的女权运动之所以取得如此大的成就，主要有以下几个方面的原因。

首先，美国妇女的女权意识相对较强，在经历了两次世界大战后又有了显著提高。19 世纪中期，美国率先开始了女性独立领导的争取女权的斗争。20 世纪初美国妇女赢得选举权之后，接受高等教育的女性迅速增多，较高的知识水平让她们对更加多样化的妇女角色和更高的妇女社会地位有普遍的认同和期望。而两次世界大战将众多的美国妇女从家庭呼唤出来，走上社会。社会生产劳动一方面让她们感受性别的差异和歧视，另一方面也开阔了妇女的视野。同时，妇女进入社会生产领域也改变了西方传统的性别分工，这对妇女的影响更为明显。埃塞尔·克莱因（Ethel Klein）指出："二战后，在家庭和劳动力市场长期存在的社会性别角色的坍塌推动妇女重新思考：作为一名女性，她们问题和她们的潜能。"[②] 这

---

① 德鲁德·达勒鲁普主编：《新妇女运动——欧洲和美国的女权主义和政治权力》，第 125 页。

② 同上书，第124 页。

些都使美国妇女的女权意识更为强烈。

第二，美国存在大量的妇女团体和妇女组织，它们都致力于促进妇女在社会和家庭的平等化。从 19 世纪中期以来，尽管美国的女权运动有反复，但是为女性争取权益的妇女组织一直存在，并且一直致力于提高妇女的社会地位，有的还融入政治体制之内。1961 年肯尼迪总统成立的"总统妇女地位调查委员会"就是在联邦政府劳动部妇女局——第一次妇女运动的产物——的直接推动下成立的。时至 20 世纪 60 年代，美国第二次女权运动兴起后，妇女组织、妇女团体迅速繁殖、扩大，无论是全国妇女组织，还是散布在全国各地的提高觉悟小组，都在为争取妇女权益、提高妇女的女权意识而努力。还有遍布各城市和主要城镇的妇女健康中心、妇女法律咨询中心、强奸危机关注中心、受虐妇女荫蔽所以及妇女交通服务站等。这些都让妇女提高了觉悟、感受了普遍的姐妹情谊。

第三，美国宽松的政治环境是女权运动得以发展壮大并取得成效的条件。20 世纪 60—70 年代的美国，从肯尼迪、约翰逊到尼克松总统和高等法院都支持女权运动，很多男子也如同支持黑人的民权运动一样，支持妇女的平权运功。肯尼迪宣誓就职不久就成立了"肯尼迪总统妇女地位调查委员会"，专门调查美国妇女在政治、经济生活中的地位；为了配合工作，各州也相继建立了"州妇女地位调查委员会"这些从联邦政府到各州的妇女组织为即将到来的女权运动做了干部和组织准备。约翰逊总统签署了《民权法案》和 11375 行政令。高等法院在妇女工作权利、男女同工同酬、自由堕胎等问题上积极支持女权主义。即使极力维护传统家庭价值观的里根总统也曾经推动财产税法律的改变以确保妇女能够在孀居时不失去自己的房屋和农场；他还通过"救助年幼儿童家庭"计划迫使离婚男子偿付孩子抚养费。而联邦最高法院在涉及妇女问题的案件裁决时，基本站在女权主义一方，直到里根改组最高法院。

正是因为有这些有利条件，美国的女权运动才开展得轰轰烈烈，并且成为西方其他国家学习和模仿的对象。

（二）欧洲各国的女权运动

在美国新女权运动的影响下，西方大多数国家于 20 世纪 60 年代末期和 70 年代早期先后也爆发了女权运动。由于这些国家的历史、文化、政治体制不尽相同，各国的女权运动也呈现出很大的差异。

1. 荷兰的新女权运动

荷兰的新女权运动始于 1968 年，就在这一年："男人—女人社会"成立。这个组织相当于美国的全国妇女组织，主要成员都受过良好的教育，也有体面的职业，是一个相对温和的妇女组织。不过荷兰女权运动的真正起飞是在 1970 年"愤怒的米娜"的出现，这是 20 世纪 60 年代荷兰各种学生激进组织和左派激进组织的一个支流，后来发展成为正统的马克思主义团体。在欧洲各国中，荷兰的女权运动相对比较激进，运动中出现很多著名的妇女组织。例如，"妇女利益联合会"，吸引了很多职业女性，与自由主义、社会主义党派都有联系。这个组织最早认定堕胎是妇女问题，妇女应该有最终的决定权；还有"红色妇女""妇女联盟"（隶属贸易联合会的社会主义者荷兰联盟）、"我们妇女的要求"（这是一个争取堕胎合法化的妇女团体）等妇女组织。这些女权组织基本都围绕着妇女的个人问题展开斗争，如日托问题、健康问题、强奸救助、妇女帮助项目、家暴问题等，斗争方式以组建"提高觉悟"小组、发动群众为主，也经常采取让世人瞠目的"马路行动"。[1] 她们曾经提出建立一个妇女运动中心，但荷兰政治上党派林立的特点，也体现在女权运动中。结果就是组织分散，始终没有一个全国性的组织，缺少坚强有力的领导。"截止到 1982年，始终没有一个可以代表所有团体的重要组织出现。"[2] 这也是欧洲国家新女权主义运动的共同点，类似美国的妇女解放运动，崇尚个人的经历、个人的体验和个人的权利。但是，这并不意味着荷兰的女权运动没有成效，它让成千上万的普通妇女的日常生活发生了真正的变化，诸如妇女教育、妇女的社会福利等。突出的是荷兰争取堕胎合法化的斗争。70 年代，荷兰各类妇女组织聚集在合法堕胎这一议题之下，共同开展斗争。"独立的妇女组织，还有与这些组织交往密切的左翼政党一起示威、游说、占领诊所以及其他行动，目的就是为了让妇女得到自由合法的选择权利"。[3] 于是在传统主义强大的荷兰就呈现一种很奇怪的现象：在 1981 年前，荷兰有最严格限制堕胎的法律条文，但却可能是最自由、也是最容易

---

① 闵冬潮：《国际妇女运动：1789—1989》，第 210 页。

② 德鲁德·达勒鲁普主编：《新妇女运动——欧洲和美国的女权主义和政治权力》，第66 页。

③ 雷纳特·布瑞登歇尔、苏珊·莫舍·斯图尔特、梅里·E. 威斯纳主编：《变得可见：欧洲历史上的妇女》，第 499 页。

堕胎的国家。

2. 英国的新女权运动

英国的女权运动主要因为美国女权运动的影响，同时国内的左翼运动，如原子能裁军运动、学生运动、反越战运动以及马克思主义和社会主义政党政治也起到了推动作用。英国女权运动的特点之一是妇女组织、妇女派别多而细碎，缺乏统一领导和有效的协调。"具有独立议题方向的小团体的迅速发展构成了这场运动的特征"。在这一时期，"只有一个女权主义集团出版的《精瘦的肋骨》（Spare Rib）月刊以及伦敦妇女研究和资料中心提供了一个联络点，将运动中不同的女权组织联系起来。"尽管英国的女权运动缺乏有力的领导，但是它还是蓬勃开展起来。"《精瘦的肋骨》和其他出版物为女权主义者的行动登载了大量广告，在伦敦和一些地区电话号码簿上大量的团体都标有'妇女解放'头衔。"[①] 1970 年，英国国家妇女解放运动在牛津大学召开了它的第一次全国代表大会。就在这次大会上，代表们提出了她们的要求诸如：建立 24 小时制托儿所、同工同酬、教育平等，依据妇女要求自由避孕和堕胎。英国女权运动的第二个特点是英国的女权主义组织的重心主要是阐释个人价值和个人生活方式的变化。她们更多关注的是家庭暴力、强奸、自由堕胎，为此她们建立了许多合法的小团体，如妇女权利（Rights Of Women，ROW）、全日制托儿所、强奸危机中心、受虐妇女荫蔽所、赞成堕胎合法化团体等。其中堕胎和家庭暴力团体经协调建立全国堕胎运动（National Abortion Campaign，NWAF）和全国妇女援助联盟（National women's Aid Federation，NWAF），后者主要负责处理家庭暴力。这些团体不是对议会或者法院施加压力，迫使政府进行法律改革，而是通过组织提高妇女的自我意识并且给予妇女实际的救助。1980 年 11 月，一个"妇女行动日"活动在伦敦举行，共有 67 个女权主义组织参加，带来各自不同的观点，目的是通过讨论寻求妇女运动发展的共同政策。最终一项行动议程被拟定下来，主要保障妇女在法律、教育、工作、政治、财政、家庭、健康和媒体的平等机会。这两个特点在 20 世纪 80 年代以后的新女权运动中更加明显。英国女权主义运动的第三个特点是工人阶级妇女参加进来，并且提出保护自己利益的主张，并

---

① 德鲁德·达勒鲁普主编：《新妇女运动——欧洲和美国的女权主义和政治权力》，第108 页。

付诸实践。早在 60 年代，英国工人阶级妇女就已经组织起来，1968 年达格南的福特汽车公司的女工集会，后来发展为罢工。她们要求同工同酬，并且建立了妇女权利行动委员会，为女工争取权益。虽然这次罢工没有完全实现男女平等报酬的目标，但女工的待遇也得到很大提高。随后不久，英国女工成立了"争取妇女平等权利全国工会联合行动"，努力争取同工同酬，并且与其他妇女组织联合，促成了 1970 年《同酬法》和 1975 年《性别歧视法》的通过。

　　3. 法国的新女权运动

　　20 世纪 60 年代，随着经济的复苏，法国在政府的鼓励下也进入了高度扩张的消费社会。急速的人口流动、迅速发展的高等教育、妇女的全职工作极大地影响了妇女。而 1968 年 5 月的学生风暴和美国的女权运动则直接推动了法国新女权运动的爆发。

　　1968 年"五月风暴"期间，一个混合组织在巴黎大学自发集会后建立，即"女性、男性联盟"（Feminin-Masculin-Avenir，FMA）。几个月后，少数几位男士被请出了组织，于是"女性、男性联盟"就变成了"女权主义、马克思主义行动小组"（Feminisme-Marxisme-Action）。随着"性别"成为讨论较多的话题，逐渐与正统的马克思主义拉开了距离，成为法国新女权主义运动中最早的女权主义组织。到 1969 年，巴黎又涌现了几个女权主义小组，吸引了许多女性参加。20 世纪 60 年代，法国新女权主义主要关注的是与个人相关的事情，如婚姻、日托、家暴、家务分工、心理分析，等等。

　　1970 年的 8 月 26 日（美国妇女获得选举权 50 周年纪念日），9 位女权主义者来到巴黎的香榭里大街，在凯旋门下的无名烈士墓碑前——法国民族主义的象征，为无名战士的妻子敬献了一个花圈。花圈的挽联上写"两个人就有一个是女人"，"有比无名战士更无人知晓的人——他的妻子"。女权主义者原意是希望以此引起人们对长期忽视的妇女问题的重视，她们的目的确实达到了。第二天，法国各大报纸报道了此事，有的甚至称发现了"妇女解放运动"。随后的 9 月份，"女性、男性联盟"和巴黎的其他女权主义小组召集了第一次妇女集会，集会上诞生了法国新女权主义运动的第一份报纸。① 法国的新女权主义运动，即"妇女解放运动"（The Mouve-ment de Liberation des Femmes，MLF）宣告爆发。法国的"妇女解放运动"是一个非常笼统的称呼，最初是媒体使用，指代那些激进的女权主义运动，后来被广泛接受，用以指代整个法国的新女权主义运动。

由于法国历史上一直呈现出政治理论的多样化和政治派别的琐碎化，这一特点也毫无例外地体现在新女权主义运动中。运动爆发后不久，因为指导思想和对女权运动的认识分歧，运动分成四个派别。

"季米特洛夫"小组和"纵火者小组"（Cercle Dimitriev，Les Pétrole-uses）以马克思主义为指导思想。这是最激进的女权主义组织，以经典马克思主义解释妇女问题，即认为妇女问题的本质是阶级压迫。

"革命的女权主义者"（Les Féministes Révolutionnaires，FR，后来演变为 Questions Féministes），西蒙娜·德·波伏娃是其理论来源，认为妇女受压迫的真正根源并非阶级，而是父权，所以妇女不可能伴随着无产者的解放而获得解放。

"政治精神分析派"（Psychanalyse et Politique），试图将弗洛伊德的精神分析与马克思主义的阶级分析结合起来。

"妇女权利同盟"（the Ligue du Droit des Femmes），她们试图团结所有的女权主义者，消除彼此的隔阂，结束曾经发生的争论，共同争取女性的权益。

1970—1972 年是法国新女权主义运动比较活跃的时期，妇女集会定期在美术学院举行，女权主义组织发布的消息被广泛传播，发表的演讲被相互交流，很快就建立起一个女权主义的网络。法国新女权运动的主要目标之一是家务劳动有偿化。运动刚开始，女权主义者就提出，无论是职业女性，还是家庭妇女，她们的共同点就是她们都存在于家庭中，都是家务劳动的主要承担者。但是，家务劳动却是没有价值的，而所有的家务劳动，如洗衣、做饭、清洁、带孩子，等等，放在社会服务业，都有交换价值，所以妇女在家庭中是受经济剥削的。因此部分女权主义者提出家务劳动应该付酬。运动的另一目标是自由堕胎。1970 年，法国妇女解放运动在巴黎组织了一次全国性的示威游行，目的是为了争取妇女自由堕胎权。

---

① 德鲁德·达勒鲁普主编：《新妇女运动——欧洲和美国的女权主义和政治权力》，第92—93 页。

争取妇女堕胎权是西方新女权运动的一个主要斗争目标，法国的行动更有特色。1971 年，法国 343 名著名的知识分子、政治家和普通妇女共同签名发表了一份声明：声称她们都曾经在某些方面违反过法律，至少有一次非法堕胎。后来许多医生也声明：他们也是法律的破坏者因为他们为他人做过非法堕胎手术。[1] 这引发了全国性的关于堕胎问题的大讨论。经过辩论，虽然反对堕胎的保守势力依然还有追随者，但更多的法国人接受了婚姻内男女平等，生育不仅是人的自然繁衍，而且包含社会伦理要素等观念。在现代社会，妇女不仅承担生育的职责，更有自我愉悦、自我发展的权利，妇女有权选择要或者不要孩子，要多少、何时要孩子。1972 年，玛丽·克莱尔案件成为法国女权运动史上意义深远的诉讼。17 岁的玛丽·克莱尔因为意外怀孕，由其母亲陪同做了堕胎手术，因此她被指控违法。玛丽·克莱尔的母亲、为她实施手术者和两名中间人均遭指控。著名女律师哈尼米担任被告律师，在她义正词严的雄辩和法院外声势浩大的群众集会的声援下，玛丽·克莱尔被法庭宣告无罪，其母处罚 500 法郎，暂不执行；实施手术者判处缓刑一年监禁。1975 年，法国政府终于通过议案，废除了 1920 年宪法中关于人工堕胎的禁令；1979 年，议会正式通过《自愿堕胎法》。法国妇女争取堕胎合法化运动取得了令人瞩目的胜利。

　　事实上，有关堕胎的争议是 20 世纪六七十年代西欧和美国兴起的女权运动中最突出的问题，每个国家都将改善避孕和有权选择堕胎作为动员妇女参加运动的第一个目标。在此之前，几乎所有西方国家的妇女都不能自由地选择避孕和流产，因为基督教会将胎儿受孕视为生命的开端，所以堕胎和避孕都是等同于谋杀的犯罪，因此西方国家普遍禁止妇女自由堕胎。但是随着时代的发展，出于胎儿发育、母体健康、生活困苦、未婚先孕、子女过多以及女性自我发展等问题，越来越多的女性希望终止意外妊娠，也希望能够拥有自由堕胎权。在女权主义看来，争取自由堕胎的权利，实际上是妇女努力争取对自己身体的控制权，妇女希望自己在私人领域、在家庭中不再是被控制、被利用的客体，而是独立的人。她们"相信妇女应该有权利控制她自己的身体"。[2]女权主义者的理念和行动必然会

――――――――――

　　① 雷纳特·布瑞登歇尔、苏珊·莫舍·斯图尔特、梅里·E. 威斯纳主编：《变得可见：欧洲历史上的妇女》，第 500 页。

　　② 琼·斯蒂芬森：《妇女的根——西方文明中的妇女史》，第 299 页。

招致西欧各国保守主义和宗教人士的极力反对。

20世纪70年代，已经获得政治选举权、可以与男子同样接受高等教育、经历过性自由的新一代女权主义者没有任何勉强和谨慎，旗帜鲜明地提出妇女堕胎权，并且为此动员更多的妇女，对政府施加压力。于是"在所有的西方国家，20世纪70年代和20世纪80年代早期，流产进入了政治议程"①。但是，在堕胎问题上，女权主义者们所遇到的抵抗强度和激烈程度可以与19世纪的前辈争取妇女选举权遭遇的阻力相比。这种抵抗既来自保守的男子，他们不愿轻易放弃对女性生育的控制权；也来自反女权主义的女性，因为她们担心因此失去女人在家庭中的庇护；当然，还有宗教势力的阻挠和反对。但是，女权主义组织采用多种方法，组织妇女游说议员争取法律变革、在党内寻求联盟以选票威胁，她们还制造一些引人注目的事件：从群众示威、媒体宣传到冲击医疗诊所。由于欧洲国家对于堕胎的合法化时间有先后，一些女权主义者组织需要流产的妇女去堕胎合法化的国家去接受手术，载着孕妇的大篷车招摇地过境去邻国堕胎成为见怪不见的现象。

经过一番紧张和激烈的较量后，1975—1985年，西方多数国家先后获得了自由堕胎的权利。美国1973年高等法院的裁决，承认堕胎合法，但到20世纪80年代各州又相继颁布一些限制法规。丹麦于1973年，芬兰于1974年，瑞典于1975年，挪威于1978年，法国于1978年允许妇女合法堕胎。还有一些国家的妇女获得一定条件下的堕胎自由：荷兰从1984年开始，妇女可以经历5天的再思考后，经医生同意实施流产术；冰岛，1975年，必须得到医生同意，可以堕胎。意大利1979年通过，但是南部实施有困难；西德于1976年通过一定条件下的自由堕胎法：除非母亲生命有危险、强奸怀孕、胎儿发育不良，经医生同意批准。西班牙1984年的堕胎法允许堕胎，但是有条件和数字限制。天主教势力强大的爱尔兰则于1983年将胎儿的生命权写入宪法，目的是增加自由堕胎的困难。

（三）女权运动的第三次浪潮

20世纪80年代，国际局势发生了巨大变化。苏联开始了社会改革，

---

① 德鲁德·达勒鲁普主编：《新妇女运动——欧洲和美国的女权主义和政治权力》，第11页。

继而在90年代初解体；东欧国家发生剧变；中国则开始了以经济建设为中心的改革，改善和发展与西方国家的外交关系。除了"亚洲四小龙"，一些亚、非新独立国家的经济发展陷入困境，政治动乱不断。而西方各国政府经过近二十年内政和外交政策的改革调整，基本平息了60—70年代大规模的政治运动，国内政治出现右转趋势，资本主义显现平缓发展之势。

在美国，曾经波澜壮阔的女权运动也跌入了低潮。1980年里根当选总统后，美国政治出现了明显右转。里根任命反女权主义者为法官，直接负责《民权法案》的实施；在专门处理妇女问题的政府办公室安插反女权运动的积极分子，裁减致力于妇女个人权利和反性别歧视机构的人员。例如，劳工部的妇女局是最早的全国妇女机构，它的成员在里根就职的第一年就被裁减了28%[1]；继而削减联邦政府用于妇女救助的社会福利。在这样的政治环境下，反女权主义组织开始活动，公然反对自由堕胎和避孕，提倡恢复父权制的家庭秩序。美国的女权运动大大受挫，1982年平等权利修正案运动失利。同时，西方其他各国的女权运动也逐渐趋于平静：大规模的群众示威、明确的斗争目标都已经不见，妇女组织或者消失，或者被纳入现存的政治体制内，西方新女权运动进入一个新阶段。

1. 第三次浪潮概述

西方妇女运动的第三次浪潮（the third-wave）通常指20世纪80年代以后，随着西方各国政治的右转，群情激奋的大规模妇女运动消失以后尚存的各国女权主义者的活动。这一时期的西方女权运动，与60—70年代的女权运动有极大的不同。一位女权主义者这样说："我在20世纪70年代经历的妇女运动是一个非常清晰、可界定的运动。有妇女提高觉悟小组、政党和贸易联合会等围绕着一系列要求的严密组织，……可是现在我没有任何象征这一切的感觉。"[2] 这一时期没有声势浩大的群体运动，没有遍及全国的妇女组织，也没有铺天盖地女权主义者的宣传和广告。有人认为这是两次女权运动浪潮中的低谷，有人甚至认为"女权主义已经不

---

① 德鲁德·达勒鲁普主编：《新妇女运动——欧洲和美国的女权主义和政治权力》，第130页。

② 凯瑟琳·瑞德芬、克莉丝汀·奥莱尔：《女权主义的再生——新女权运动》（Catherine Redfern & Kristin Aune: *Reclaiming the F Word—The New Feminist Movement*），塞得出版公司2010年版，第2页。

见踪迹"！但是，西方学术界认为这是有别于前两次女权运动浪潮的第三次浪潮，也有人称之为后现代女权主义，但二者并不完全重叠。1992 年，美国《女士杂志》刊登了瑞贝卡·沃克（美国具有传奇色彩的女权主义者、作家艾利斯·沃克的女儿）的一篇文章，这篇文章是为了应对 1991 年希尔诉托马斯性骚扰案①而写的。在这篇文章的最后，瑞贝卡·沃克说："我不是一个后女权主义者，我属于第三次浪潮。"而在文中，沃克呼唤美国妇女："让托马斯在听证会上的证词惊醒你，就如同它惊醒了我一样。战斗远未结束！让这次妇女遭遇（性骚扰）的诉讼驳回激起愤怒，并将这愤怒转向政治权力。"②由此可见较之于后女权主义，第三次浪潮更强调斗争，只是斗争的方式与第二次浪潮不同。

第三次浪潮女权主义者大都出生在 20 世纪 60—70 年代，她们的母亲都曾亲身参与过那场声势浩大的女权运动，也就是说她们是伴随着女权运动的第二次浪潮成长的一代。她们认同男女平等，反对性别歧视。但是，她们不赞成她们母亲的行为方式，因此她们希望赋予女权主义和女权运动新的含义：即肯定女性的价值。也就是说男女有别，社会分工不同，但其价值同等。女人不必通过做男人以实现男女平等，做女人也一样可以有自由和平等。她们声称："我们是二三十岁的女子，早已熟知女权主义。我们正在通过超越我们母亲曾经参与过的女权运动而使女权主义面目一新，让女权主义重新回到女人真正的生活中，即在狂乱的世界中兼顾家庭、孩子、金钱和个人自由。"③

第三次女权主义浪潮与第二次女权主义浪潮有很多明显的不同。除了前面提及的运动规模、动员广度、激烈程度的不同外，更主要的是两次浪潮中的女权主义者对女性所受压迫的根源、女性追求解放的路径以及女性追求解放目标的认识不同。第二次浪潮中的女权主义，无论是自由主义女权主义还是激进主义女权主义都坚持传统的二元对立的观点：即认为女性受压迫的原因是父权制的存在，父权制下的父权（男权）压迫女性，并通过各种文化行为逐渐将女性塑造成第二性的附属物。第三次浪潮中的女

---

① 有关"希尔诉托马斯性骚扰案"后文有详细介绍。

② 克莉丝·博贝尔：《新鲜血液：女权主义第三次浪潮和月经政治》，（Chris Bobel：*New Blood：Third-Wave Feminism and the Politics of Menstruation*），罗格斯大学出版社 2010 年版，第 14 页。

③ 克莉丝·博贝尔：《新鲜血液：女权主义第三次浪潮和月经政治》，第 15 页。

权主义却反对二元对立，她们也同意社会存在压迫，但她们认为压迫是普遍存在的，而且是错综复杂的。"压迫我的那些人可能不压迫你，可是压迫你的那些人可能包括我，而压迫我的那些人也可能包括你。"① 所以女性所受压迫并非完全来自男权，也来自阶级和阶层，甚至来自女性群体。第三次浪潮女权主义将第二次浪潮女权主义定义为受害者女权主义（victim feminism）或者社会性别的女权主义（gender feminism），而将自己定义为权力的女权主义（power feminism）和公平的女权主义（equity feminism）。她们提议女权主义无须再强调压迫，而应该更多地关注妇女的发展机遇。她们提倡男性与女性的共同觉悟、共同进步、共同解放。在她们看来公平的女权主义者就是"留在传统的文化体制范围内并且努力参与其中"，而社会性别女权主义者则"寻求改变现存的文化体制，将其变为'女性中心'"。因此，较之于前两次浪潮，女权运动的第三次浪潮更侧重于与现存体制的合作与融合，并借助政府的力量为女性争取权益。

两次浪潮中女权主义者所追求的目标也不相同：20 世纪 70 年代，女权主义者所追求的目标包括以下几方面：①同工同酬；②平等的教育和工作机会；③自由避孕和自由堕胎；④免费 24 小时全托；⑤财政和法律独立；⑥终止对女同性恋的歧视，结束女性因其性别而遭受的歧视；⑦免于被恐吓、暴力或者强迫性行为的威胁，包括来自婚姻内的这些威胁；结束所有包含维护男性支配和侵害女性权力的法律、规定和制度。到了 21 世纪，女权主义者的要求则变为：①自由的身体；②性自由和选择；③结束针对女性的暴力；④工作和家庭中男女平等；⑤政治和宗教改革；⑥消除流行文化中的性别歧视；⑦女权主义的改造。② 两者的差距显而易见。

尽管如此，我们不能将第三次女权主义浪潮与第二次女权主义浪潮截然分开。第三次浪潮在第二次浪潮之后，虽然理论有所发展，但也有所继承；虽然斗争方式不尽相同，但也有相互交叉；虽然斗争目标不同，但有些是一脉相承的。"女权主义第三次浪潮作为一种运动包含某些第二次浪潮对美女文化、性别歧视、权力结构的批判因素，同时它也承认并且使用

---

① 莱斯利·海伍德、詹妮弗·德瑞克主编：《第三次浪潮的议程——女权主义的认可和女权主义的行动》（Leslie Heywood & Jennifer Drake, eds., *Third Wave Agenda—Being Feminist*, *Doing Feminism*），明尼苏达大学出版社 1997 年版，第 3 页。

② 凯瑟琳·瑞德芬、克莉丝汀·奥莱尔：《女权主义的再生——新女权运动》，第 14—17 页。

愉悦、危险以及那些结构的主要权力。"① 在现实生活中，年轻的第三次浪潮女权主义者依然广泛支持第二次女权运动倡导的教育平等、就业平等、同工同酬、在各级政府中有代表权、分享家务、共同育儿等平等原则，也支持以救助家庭暴力、性暴力的受害者为目标的社会福利，并且努力争取妇女参政；救助贫困、受害妇女；积极开展女性教学和研究。况且第三次女权主义浪潮的出现并不意味着第二次浪潮女权主义者的全线撤退，"社会性别女权主义者"依然在第三次女权主义浪潮中继续战斗！

第三次浪潮主要通过推动妇女的参政运动、救助处于边缘化的妇女、女性教学和女性研究争取女权。

2. 妇女参政运动

女权主义第一次浪潮的宗旨就是争取妇女的参政权。20 世纪初，西方妇女获得政治选举权后，妇女不再是从父亲和丈夫手中传递的动产，而是具有独立意识的公民，并且开始走进社会。然而时至今日，虽然西方国家女总统、女首相、女国务卿竞相出现，但女性参与政治的比例依然很低。女性构成人口的半数，但在世界各国的议会中，平均只占 18% 的女议员。② 各级行政机构中的女性比例，特别是决策机构中的关键岗位几乎见不到女性的踪影。而妇女参政是一个国家民主政治的体现，因为种族、性别的平等代表权是民主的一个基本方面，也是最基础的人权。1995 年北京世界妇女代表大会上，通过了包含以下内容的宣言："实现男女在决策方面平等参与的目标将提供一种平衡，这种平衡是加强民主和促进民主适当运作的需要。"③ 这意味着参会的 180 个国家的政府都认可男女平等参政是民主政治的表现。另外，足够数量的妇女参政可以保证政府制定政策和行政决策时优先考虑有关妇女、儿童、健康和教育等方面的议案，也有利于促进私人领域的性别平等。西方各国女权主义者从新女权运动开始，即 60 年代就将妇女参与竞选进入立法和行政岗位作为重要的行动目标。

早在 20 世纪 60 年代，美国女权主义者就已经开始重视妇女参政并将提高妇女的政治参与作为主要目标。为此，1971 年全国妇女会议上成立

① 莱斯利·海伍德、詹妮弗·德瑞克主编：《第三次浪潮的议程——女权主义的认可、女权主义的行动》，第 3 页。

② 凯瑟琳·瑞德芬、克莉丝汀·奥莱尔：《女权主义的再生——新女权运动》，第 138 页。

③ 同上书，第 139 页。

"全国妇女政治核心集团"，以促进妇女参政。80 年代的女权主义者更加重视妇女参政，两党内都有专门的妇女选举组织：民主党的"艾米丽的清单"，专门为民主党内的妇女选举筹集经费；共和党内的"希望"也是专门推动妇女竞选的组织。

　　欧洲各国也积极推动妇女参政，女权主义者为促进妇女参政采取的措施有以下几点。一、通过选民登记，敦促、鼓励女选民投票，以增加女选民的参政意识和票数。妇女因为家务和孩子，往往没有时间和精力参加选举，时间久了就丧失了参政兴趣。女权主义者通过登记、敦促，并且提供投票便利以唤醒妇女参政意识。二、广泛参与政党活动，积极参加各级政治选举。西方各国政党被称为"选举的看门人"，可以决定公众的投票趋向。经常参与政党活动，在政党中具有一定知名度，有助于女性候选人的胜出。通过参与各级选举，既有利于积累参选经验，也利于扩大个人的社会影响。三、说服政府实施配额制以保证妇女名额，即按照一定的性别、种族比例选举各级议会议员和各级政府职员，以保证少数民族和妇女的比例。四、有意识地培养女候选人。

　　因为 20 世纪 80 年代以后西方女权主义者的参政运动只是希望拆除阻碍平等参与政治的路障，是政治体制内部的改革，所以基本都得到了各国政府的支持，再辅以联合国的推动，西方各国妇女参政都取得很大成就。

　　美国 1993—1994 年的第 103 届国会中，妇女拥有 54 个席位，占国会议员总数的 10.1%；在 1999—2000 年的第 106 届国会中，妇女的席位增加到 65 个，占总数的 12.1%；在 2005—2006 年的第 109 届国会中，妇女占有 81 席，所占比例达到 15.1%。[①] 1996 年瑞典议会有 38% 的女议员，挪威 34%，荷兰是 30%，丹麦是 29%，德国是 15%，爱尔兰是 14%，瑞士 14%，意大利 13%，葡萄牙 8%。[②] 到 2009 年，美国的女议员比例提高到 16.8%，在世界 187 个国家中位居第 70 位。英国的女议员比例为 19.5%，排在世界第 58 名。只有 24 个国家达到了 30%，而 30% 的女议员比例是联合国建议的最低比例。[③] 可见直到 21 世纪，西方各国妇女的参政运动还有很长的路程。

---

① 裔昭印等：《西方妇女史》，第 486 页。
② 琼·斯蒂芬森：《妇女的根——西方文明中的妇女史》，第 328 页。
③ 凯瑟琳·瑞德芬、克莉丝汀·奥莱尔：《女权主义的再生——新女权运动》，第 141—142 页。

3. 为女性提供必要的帮助

时至今日，作为弱势群体的女性，仍然随时可能会遭受性侵、骚扰和家暴，这已经成为世界性的严重社会问题，即使在发达的西方国家也是如此。据统计，"世界范围内，几乎 1/3 的女性在她的一生中会遭受暴力、胁迫性关系或者虐待。一份 2005 年来自英国《更多》（More）杂志针对年轻女子的调查显示：被调查者 95% 在走夜路时感到不安全，几乎 3/4 的人担心被强奸"①。在美国，一份针对家庭暴力的统计显示每年接近两百万妇女成为家庭暴力的牺牲品。② 1991 年的全国投票显示 4/10 的妇女在工作场所遭遇过性骚扰，只有 4% 的案件被报道；一项有关高校妇女的研究显示：30% 的女性在研究生就读期间遭遇过至少一位男性教师的性骚扰。③ 因此，在第三次浪潮中女权主义者最为关注的具体问题就是女性遭受的暴力，包括强奸、家庭暴力、性骚扰。首先，她们继续 20 世纪 60—70 年代的"强奸危机救助中心"和"家庭暴力受害者荫蔽所"的工作，帮助被强奸者搜集证据，提供法律援助，为遭受家庭暴力的妇女提供暂时的食宿。并且利用网络和媒体，对受害者进行心理疏导，针对很难搜集证据的性骚扰，女权主义者组织了"反骚扰"计划，被骚扰的妇女迅速拍摄她们被骚扰的照片上传到互联网。英国"反街头骚扰"协会将几百个妇女遭受街头骚扰的经历写成书面证明。④ 其次，通过合法渠道呼吁、辩论，促使各级政府和单位制定相应的政策和规章制度，限制和预防性侵和性骚扰。例如 1993 年，经过女权主义者对此呼请和辩论后，弗吉尼亚大学制定了一项政策：禁止教员与他们管理之下的学生有任何性接触。⑤ 到现在，几乎美国所有大学都有类似规定，禁止教员与自己的学生有任何亲密关系和亲密行为，避免教员以身份、权力、资源优势引诱、逼迫学生与之发生性接触。再次，组织各种活动，提高女性应对暴力的能力，唤醒男性停止暴力的意识。例如，在英国女权主义者曾经发动过一场小型活动"要真诚不要色情"，用

---

① 凯瑟琳·瑞德芬、克莉丝汀·奥莱尔：《女权主义的再生——新女权运动》，第 77 页。

② 琼·斯蒂芬森：《妇女的根——西方文明中的妇女史》，第 310 页。

③ 迈拉·马克斯·费里、贝丝·B. 赫斯：《论争与联合：跨越三十年变革的新女权运动》，第 167 页。

④ 凯瑟琳·瑞德芬、克莉丝汀·奥莱尔：《女权主义的再生——新女权运动》，第 98—99 页。

⑤ 迈拉·马克斯·费里、贝丝·B. 赫斯：《论争与联合：跨越三十年变革的新女权运动》，第 168 页。

三年多的时间免费在酒馆、俱乐部、学生酒吧发放 200000 个啤酒垫和 10000 分广告画，劝告人们追求真诚的爱情，不要陷入一时的色情，用以提高男性的性别平等意识。1991 年，美国一位名为安妮塔·希尔的女职员指控她的上司克莱瑞斯·托马斯经常对其性骚扰，而托马斯刚刚被美国总统布什任命为最高法院法官。由于此事被媒体泄露，原想忽略此事的参议院司法委员会被迫召开质询会，同时国家电视台全程直播。在质询会上，全部由男性组成的司法委员会因为安妮塔·希尔曾经有过不名誉的经历认定她做假证，并且批准了对托马斯的任命。然而在女权主义者的宣传和努力下，一年后情况发生逆转，全国超过 50% 的人相信安妮塔·希尔的指控，而安妮塔·希尔也成为美国妇女指控工作期间遭受上司性骚扰的象征。同时这件事也启发了美国女权主义者，应该多鼓励妇女参政。西方女权主义者还通过妇女研究、写作和博客，提高妇女的主体意识，修正传统的性关系模式，对年轻人开展性教育。最后，各国的女权主义组织还通过设立多种形式的援助项目，帮助亚、非、拉国家的贫困妇女，提高她们的识字率和自我意识，以抵御性侵和来自男性的暴力。例如，英国的女权主义组织从 1994 年开始，在孟加拉设立"女童奖学金计划"，帮助孟加拉乡村的贫穷的女童完成中等学业。[①]

4. 女性学研究的兴起

女性学研究是西方女权运动第三次浪潮的重要组成部分，最初起源于美国。它兴起于第二次浪潮时期，大发展于第三次浪潮期间。一方面自第一次浪潮以来，美国女子大量进入高等院校接受教育，亦有很多女性跻身高等院校教师之列，另一方面女权运动第二次浪潮也席卷了大学校园，大学的女学生和女教师开始努力在大学课堂和校园倡导男女平等，于是女性学课程开始进入大学课堂。1969 年，圣地亚哥州立大学首次开设独立的女性学课程。在美国高等院校女生的推动下，各大学陆续开设女性学课程。在此基础上，女权主义者又开始筹备成立妇女研究中心。1970 年 12 月，全美国高校共开设 100 多门女性学课程，1980 年已经增至两万多门课程。到 20 世纪 90 年代，"全美妇女学联合会指南"中列出了 621 个妇女学中心，其中有 425 个妇女学副修科目、妇女学证书或学习侧重点，187 个为

---

① 凯瑟琳·瑞德芬、克莉丝汀·奥莱尔：《女权主义的再生——新女权运动》，第 130 页。

妇女学专业。① 到今天几乎所有的美国四年制高校都开设女性学，而且许多学校还培养这方面的硕士研究生和博士研究生。女性学课程的开设一方面鼓励高校学生关注女性问题，另一方面也启迪了学生的女权意识，琼·阿克在谈到她开设的女性课程时曾这样描述"我和学生都充满了活力和兴趣，经常我的教室挤满了听众，以至于只能站着听课。课程安排在晚上，有时我们不得不被清洁工驱逐，那时已经是晚上11：00了"②。许多学生，包括一些男生因此开始思考性别和男女平等问题。另外，女性学课程的开设也促进了女性学的研究，因为教授一门课程，必须到图书馆搜索大量的相关内容，在讲述的过程中，教师会遇到很多理论问题、学生也会问到一些问题，这都促使教师去深入探讨、研究，妇女研究应运而生。

妇女研究本质上属于学术研究，但是因为产生于女权运动的高潮，所以自诞生之日起就具有浓郁的政治色彩。妇女研究的兴起标志着西方女权运动一个新的发展阶段。当18世纪末玛丽·沃尔斯通克拉夫特发表《为女权辩护》，提倡妇女应该享有与男子同样的教育时，她所提出的女子受教育的目的也只是为了成为男人的助手，更好地承担家庭的责任。第一次女权运动，争取女性享有与男子同等的教育权时，其目的则是让妇女通过教育，获得谋生的能力，以实现男女在政治、经济方面的平等；而第三次浪潮的妇女研究则是通过妇女进入长久以来白人男子统治的知识理论领域，实现男女在思想领域的平等，并以此带动其他领域的男女平等，彻底改变妇女的从属地位。1977年，全美妇女学联合会（NWSA）成立宣言中明确了妇女学的目标为推动和维持"能够突破现有意识和知识系统的教育策略"，从而达到"改变"个人、制度、人与人之间的关系，并最终"改变"整个社会。③ 大致说来西方妇女研究具有三方面的使命：第一，以女性和社会性别作为研究对象的学术研究；第二，消除社会上无处不在的性别歧视；第三，改变长久以来男性主导的意识形态。

欧洲其他国家也都在20世纪70年代先后在大学开设了女性学课程，

---

① 何念：《20世纪60年代美国激进女权主义研究》，知识产权出版社2010年版，第245页。

② 芭芭拉·拉斯利特、巴里·索恩主编：《女权主义社会学——运动中的个人经历》，第34页。

③ 何念：《20世纪60年代美国激进女权主义研究》，知识产权出版社2010年版，第245页。

并且开始了有关女性的研究。现在每年都有大量的女权主义学术论文和专著出版。女性学的研究因为涉及社会学、历史学、政治学、女性学、犯罪学、心理学、文学、人类学等人文社会科学，从而推动了人文社科的跨学科综合发展；同时女性学的研究也带动了人文社会科学的理论发展，如社会性别理论，已经适用于社会科学的其他学科。伯克利大学教授卡罗·克利斯特指出："（今天）任何评论者要对一篇文章提出全面的评论，都必须考虑到社会性别；同样，社会科学也必须思考社会性别形成和影响了研究者所使用的数据材料。"①

除此之外，第三次浪潮还采用各种方式表达女性的愿望，如组建女子摇滚乐队、女子拉拉队、成立女子出版公司、出版女性杂志、建立女性俱乐部、做网站、写博客，等等，以此抵制世俗文化包括音乐、色情文学对女性的轻薄和侮辱，宣传男女平等。

三 西方新女权运动的特点和影响

（一）新女权运动的特点

20世纪60年代开始的西方新女权运动发展到今天已经近50年了。虽然以20世纪80年代为界，可以将之分为女权运动第二次浪潮和女权运动第三次浪潮。尽管两次浪潮在理论、斗争手段、斗争目标、组织形式等方面有很多不同，但我们还是可以将之视为一个整体的新女权运动，因为两次浪潮是一脉相承的，而且女权主义一直存在，以各种形式为她们自己、为更多女性争取权益。回顾近50年的新女权运动，我们可以总结出它的许多特点。

1. 多样性

与争取政治选举权的妇女运动相比，西方新女权运动最明显的特点是多样性，无论是其指导思想、斗争目标、斗争方式和群众动员都是如此，而且越到后期多样化越明显。"实际上，贯穿于运动过程的多样性就犹如丝绸挂毯或者多种颜色的百衲衣。"② 其斗争目标、斗争形式多种多样，

---

① 转引自王政《浅议社会性别学在中国的发展》，《社会学研究》2001年第5期。
② 迈拉·马克斯·费里、贝丝·B. 赫斯：《论争与联合：跨越三十年变革的新女权运动》，"前言"第 viii 页。

以至于许多人察觉不到运动的存在。

首先是理论的多样性。女权运动第一次浪潮时，自由主义女权主义和马克思主义女权主义分别是西方各主要国家女权运动的指导思想。女权运动的第二次浪潮中，自由主义女权主义依然是美国新女权运动主要的指导思想，全国妇女组织遵循的就是自由主义理论。美国妇女解放运动开始源自马克思主义，在此基础上产生了激进的女权主义。欧洲的新女权运动主要源自存在主义女权主义，自由主义女权主义及精神分析和社会性别女权主义，马克思主义女权主义也是很多国家妇女组织的指导思想和理论基础；及至第三次浪潮以后又有后现代女权主义、多元文化与全球女权主义、生态女权主义，等等女权主义理论的出现。

其次是斗争目标的多样化。女权运动第一次浪潮的斗争目标非常明确：就是争取妇女的政治选举权、妇女的教育权和财产权。而新女权运动目标却是非常宽泛而模糊的。"女权主义者理念的政治关注范围极其广泛，覆盖了英文 A—Z 所有字母开头的所有议题。"①除了继续推动妇女争取政治、经济、教育方面的权利外，又提出清除职业、家庭、文化中的性别歧视，争取妇女对自己身体和生育的控制权，即要求避孕、堕胎自由，争取妇女在家庭和工作、公共场所的安全权利，即反对家庭暴力、性侵和性骚扰，关注妇女身体健康，等等。可以说斗争目标涉及政治、经济、社会、文化、教育、家庭等方方面面。

最后是斗争方式多样化。女权运动第一次浪潮主要是通过群体行动（集会、示威）、媒体宣传、呈交请愿书等方式，争取妇女权益；新女权运动除了在继承原来的斗争方式外，增加了法律诉讼、召开听证会、组建提高觉悟小组、开展女性教学和研究、街头宣传、利用网络（发帖子、写博客、建网站）、行为艺术抗议（女性裸体、半裸体抗议）等。英国的凯瑟琳·雷德芬（Catherine Redfern）于 2002 年建立了"女性信息"网站（www. Thefword. org. uk），宣传女权；2014 年 10 月 27 日，德国女权团体（Femen）在伊朗驻柏林使馆前半裸示威，抗议伊朗妇女瑞哈内·贾巴里因反抗性侵自卫杀人而被处以死刑。

---

① 迈拉·马克斯·费里、帕特里夏·燕西·马丁主编：《女权主义组织：新妇女运动的收获》（Myra Marx Ferree and Patricia Yancey Martin, eds., *Feminist Organizations: Harvest of the New Women's Movement*），坦普尔大学出版社 1995 年版，第 3 页。

2. 广泛性

新女权运动的广泛性体现在两个方面，即参与阶层的广泛性和覆盖地域的广阔性。虽然运动在初始阶段依然是以白人中产阶级妇女为主体力量，但发展到20世纪70年代末已经容纳了不同阶层、不同族裔的妇女。英国的工人阶级妇女在运动的开始就积极参与并且提出了自己的目标——同工同酬，达格南的福特汽车公司的缝纫机工为此举行了集会和罢工。70年代，美国的黑人妇女、墨西哥裔妇女和劳工妇女也都成立了自己的组织，提出不同种族、民族和阶级的目标和要求。许多西方女权主义者已经成为全球女权主义者，她们不仅为自己、为自己国内不同种族、不同民族、不同阶层的姐妹争取权益，还为世界上一切遭受性别歧视的女性而抗议、而努力。英国的女权主义者建立"强迫婚姻事务小组"，专门处理南亚国家移民由于强迫婚姻引起的"荣誉暴力"和"荣誉谋杀"[①]。她们还帮助第三世界国家的女性提高教育水平，帮助贫困母亲渡过难关。所以新女权运动已经由原来白人中产阶级妇女参与、争取男女公共领域平等的单一、直线运动，演变为社会不同阶层参加、争取各自不同权利的立体、多维运动，"它不单单是走上社会的妇女要求与男子具有同样的权利，也不仅仅是由几位妇女精英建立庞大的组织向现存政权施加压力，而更多的是将家庭、婚姻、两性关系作为当代妇女问题的中心议题；以提高觉悟式的妇女小组作为运动的主要组织形式，以妇女的群体觉醒来反抗来自父权社会的压迫"[②]。

3. 个体性

较之于西方女权运动第一次浪潮，新女权运动更加关注女性个体，强调个人的经历、个人的价值、个人的利益。在新女权运动中，女权主义者除了争取就业平等、同工同酬之外，更加关注于女性自由的权利。女性的自由权利包括两方面的内涵：一方面女性应该有权控制自己身体，这包括自己决定是否要孩子，自己决定想要多少孩子。女性还有权利追求愉悦的性生活，而不是做生育的工具。[③] 也就是说女性有避孕和堕胎的自由权。

① 凯瑟琳·瑞德芬、克莉丝汀·奥莱尔：《女权主义的再生——新女权运动》，第85页。"荣誉暴力"（honour violence）、"荣誉谋杀"（honour kill）是指南亚国家针对那些所谓让家族蒙羞的女性而采取的暴力行为，甚至谋杀。例如，拒绝父母指定婚姻者、与男子通奸者、拒绝按照婆家意愿再婚者，家族有权对之实施暴力和杀害。

② 闵冬潮：《国际妇女运动：1789—1989》，第227—228页。

③ 德鲁德·达勒鲁普主编：《新妇女运动——欧洲和美国的女权主义和政治权力》，第99页。

另一方面女性的人身应该是安全的，无论在工作场所、在家庭中，还是在社会的任何地方都应该是安全的，即反对男性的暴力，包括家庭暴力、强奸和性骚扰。新女权运动所要解决的问题大都属于这类观念上的性别歧视，也都是属于私人领域的问题。当有保守主义者对此提出异议，认为这些个人领域的问题不宜在大庭广众下讨论，更不需要政府关注时，女权主义者提出：个人的就是政治的！

除了斗争目标具有个人性外，新女权运动的组织形式也具有这一特点。美国的妇女解放组织一直没有建立大规模的全国性妇女组织，就是因为这些激进的女权主义者坚持个人的自由民主权利，她们认为如果建立庞大的组织，妇女个人就将失去其主体地位，转而依附个别领袖人物，将出现新的压迫和歧视，所以她们只建立范围很小的提高觉悟小组，大家轮流主持，保证每个参加运动的妇女都是平等的，都有机会体现自己的价值。欧洲国家的女权运动也持此种理念，各国都缺少全国统一的妇女组织，也没有出现行动上的领袖人物。20 世纪 80 年代以后的新女权运动已经没有大规模的妇女集会，更没有建立体制外的妇女组织，许多女权主义者都是依靠个人力量或者是组建小范围的团体为消除性别歧视而努力。

4. 关联性

新女权运动从它的爆发、发展到走向低潮都不是孤立的，而是与当时的国际、国内政治环境直接相关，运动所有目标的提出和取得的成就也是与其他社会运动相互促进，相互影响的结果。例如，美国新女权运动的爆发得益于黑人民权运动、新左派运动和反主流文化运动。"当代（女权）运动的出现与 20 世纪 60 年代的社会运动密切相关，也就是人们经常所说的人权运动、反战运动或者新左派运动成为妇女组织女权运动的主要诱因"。① 特别是美国的妇女解放运动，直接从新左派运动中分离出来。而全国妇女组织的成立又与肯尼迪总统成立的"总统妇女地位调查委员会"和 1963 年的《同酬法》相关。至于反对就业中的性别歧视则源自 1963 年的《同酬法》和 1964 年的《民权法案》第 7 条款，生育权运动源自加利福尼亚的"争取人道主义堕胎学会"改革《堕胎法》的努力和 1973 年

---

① 芭芭拉·莱恩：《女权主义和妇女运动：变革社会运动的动力，意识形态和行动主义》（Barbara Ryan, *Feminism and the Women's Movement：Dynamics of Change Social Movement, Ideology and Activism*），劳特利奇出版公司 1992 年版，第 40 页。

美国最高法院的两项判决，规定怀孕三个月内的妇女有堕胎权。这一判决使各州限制自由堕胎的《堕胎法》无效。早在 1923 年，平等权利宪法修正案就由全国妇女党提出，1940 年曾经被共和党列入党纲。1944 年民主党的党纲也支持该修正案。因此女权运动的每一步发展都离不开社会环境特别是政治环境的影响。当《公民权利法案》和《选举权利法》通过，以立法形式解决了黑人民权问题，1975 年从越南撤军后，特别是里根当选总统后，政治右转，女权运动也一度陷入了低潮。

欧洲国家的新女权运动也与各自国家的社会运动有关。例如，法国的女权运动源自 1968 年的学生运动，即"五月风暴"。英国、荷兰和北欧国家在 20 世纪 60—70 年代也都曾发生过争取自由、民主的学生运动或者是社会运动。所以"女权主义新浪潮的兴起都伴随着其他社会运动，这些社会运动经常通过意识形态和个人情结联系在一起，可以共同分享一个反对现有体制和传统价值观的抗议"①。

（二）新女权运动的影响

历经几十年波及整个西方世界的声势浩大的新女权运动，给西方妇女甚至西方国家政府都带来了深远的影响。其中有些影响是显性的，人们当时就可以感受到，而有些影响则是隐性的，需要经历很长时间才能显现出来。

1. 妇女在政治、教育、工作中的进步

经过近 50 年的女权运动，西方妇女在参政、教育和就业等方面都有令人瞩目的发展和进步。参政方面：近些年西方各国政坛出现了多位著名的女性，如美国的女国务卿：奥尔布赖特和希拉里，英国的女首相撒切尔夫人，德国的女总理默克尔，冰岛、芬兰的女总统的维格迪斯·芬博阿多蒂尔、塔里娅·卡里娜·哈洛宁，等等；另外各国议会中女议员的比例也在上升，尽管大多数国家尚未达到联合国所规定的 30% 的标准，但确实是在增长。教育的平等基本实现了，在今天的西方国家，女性可以凭自己的能力进入任何一所大学，选择任何专业而不受性别限制，男性历史上曾经占主导地位的商学院、医学院、法学院都可以看到大量女性的身影。进

---

① 德鲁德·达勒鲁普主编：《新妇女运动——欧洲和美国的女权主义和政治权力》，第 5 页。

入高等院校的女生增多，也意味着更多的女性具备了谋生能力，更多的女性选择做职业女性，而从事高收入、高地位职业的妇女也不断增多。例如，美国 1970 年的女律师（法官）占 4.7%，1981 年增到 14.0%，1991 年再增至 18.9%；1970 年大专院校的女教师占 28.3%，1981 年为 35.3%，1991 年为 40.8%。[①] 同工同酬虽然还没有完全实现，但是男女之间的工资差距在缩小。妇女的避孕、堕胎基本得到法律的认可，妇女可以自己控制自己的身体和生育。美国在 20 世纪 90 年代进一步取消了关于堕胎的限制；例如，1999 年，最高法院的法官约翰·保罗·史蒂芬停止了伊利诺伊州和威斯康星州对晚期堕胎的法律限制。而原先威斯康星州的法律规定实施晚期堕胎手术者被判入狱，除非是为了挽救母亲的生命。颁布于 1997 年的伊利诺伊州的法律也规定实施此手术者判重罪。[②]

2. 人们思想观念和意识的改变

时至今日，西方国家依然有反女权主义的保守势力存在，但男女平等观念已经深入人心；性别歧视虽然存在，但已经不得人心。目前男女平等和消除一切形式的性别歧视已经被联合国大多数成员国认可，在西方国家没有任何组织、团体、企业或者个人敢于公然发表反男女平等的言论。虽然还有保守主义者对女权主义的非难，他们经常将之用来攻击那些对现状不满、提倡改革的人，并且责难他们的种种行为，但更多的人接受了女权主义，他们以女权主义来解释社会存在的冲突，并且以此证明社会变化的合理性。美国"女权主义中心认为，妇女运动已经成功地让人们怀疑许多看似理所当然的观念，即基于社会性别之上的有关男性的支配地位和制度化的特权。"[③] 而女权运动所带来的社会变化，特别是带给妇女生活和社会地位的变化更是得到越来越多的人的认可。"在 1989 年的一项调查中，89% 的人认可女权运动已经给予妇女生活更多的帮助，并且 82% 的人认为运动'仍然在改善妇女的生活'。"[④] 对于一些隐蔽却又更加困扰女性的问题，如家庭暴力、性骚扰、强奸，人们也改变了原来的看法。20

---

① 迈拉·马克斯·费里、贝丝·B. 赫斯：《论争与联合：跨越三十年变革的新女权运动》，第 202 页。

② 琼·斯蒂芬森：《妇女的根——西方文明中的妇女史》，第 301 页。

③ 迈拉·马克斯·费里、帕特里夏·燕西·马丁主编：《女权主义组织：新妇女运动的收获》，第 3 页。

④ 迈拉·马克斯·费里、贝丝·B. 赫斯：《论争与联合：跨越三十年变革的新女权运动》，第 88 页。

世纪 70 年代以前，人们对遭受到性侵的女性带有怀疑甚至厌恶的态度，至少埋怨她们没有保护好自己。在案件审理过程中，律师、法官总是询问她们的性史以及她们是否保护好自己。言下之意，她们之所以受到伤害是因为自己的行为不端，或者是因为饮酒、着装暴露等问题。经过女权主义者，特别是妇女组织——"强奸危机救助中心"的努力，人们已经基本认可妇女具有在夜间安全出行的权利，也享有在家庭中不受侵害的权利，也一致认为性侵、包括婚内性侵是犯罪。性骚扰更加隐蔽，也更难以定罪，1991 年，希尔诉托马斯性骚扰案以后，美国女权主义者利用人们对性骚扰的关注，广泛宣传性骚扰的定义和美国社会性骚扰的严重性。此后高等院校纷纷制定规则，防范教师利用优势地位进行性骚扰，各大小私人企业也都定出条例，禁止工作场所的性骚扰。在西方其他国家也是如此，欧洲国家的女权主义者也尽力帮助妇女抵制、起诉性骚扰，性骚扰成为西方社会人们普遍谴责的行为。家庭暴力也是女权主义者关注的问题，直至 21 世纪，西方国家的家暴一直存在。在女权主义者看来，家暴并非家庭琐事和夫妻口角，而是男性对女性的压迫。"家庭暴力不仅仅是个人生气的问题或者是厨艺的水准高低问题，而是性别歧视问题，深深地根植于许多社会的历史和文化中。"①

3. 西方国家也在努力从政府层面提高妇女的地位、改善妇女的生活

尽管西方的女权主义组织最初建立在资本主义国家体制之外，在某种程度上女权运动也是站在政府的对立面，不断地对政府施加压力。但是，西方的新女权运动始终没有与政府直接对抗，相反，随着资本主义制度和文化的稳定，双方从对立逐步走向融合，到今天西方的女权主义组织或者消失，或者进入国家体制之内，女性学也基本融入政府体制，接受政府的资金资助，在政府的扶持下发展。西方各国政府大都以支持女性事业为己任，推进男女平等、保护妇女儿童。2012 年开始，美国规定每年 3 月为妇女月，总统奥巴马连续在妇女月发表演讲，倡导保护妇女权益；北欧国家不仅给予母亲合理的产假，而且给予父亲一定的假期，目的是更好地照顾妇女、儿童；英国下议院于 2009 年发表了一个宣言：将为女议员、女贵族和政府女职员开设托儿所。

---

① 凯瑟琳·瑞德芬、克莉丝汀·奥莱尔：《女权主义的再生——新女权运动》，第 87 页。

（三）关于新女权运动的思考

50 年的新女权运动取得了令人瞩目的成就，西方妇女在政治、经济、法律和私人领域都争取到了许多权益，但我们也要看到即使在西方国家，男女平等还远没有完全实现，性别歧视依然随处可见。虽然妇女参政已经有长足发展，女总统、女总理、女首相、女国务卿都已经出现，西方国家女议员也在逐年增加，但据 2014 年各国议会联盟 3 月 4 日发布的研究报告显示，2013 年欧洲国家议会中女性的比例达到 24.6%[①]，尚未达到联合国 30% 的要求，更不要说 50% 的比例了。就业中的差距也仍然存在，尽管美国妇女在律师、医生和商界的就业比例在提高，但是比例还是偏低，仅占整个行业的 20% 左右，科学技术部门的比例就更低了。至于同工同酬，虽然美国早在 1963 年就颁布了《同酬法》，英国 1970 年也颁布了类似法律，但男女同工同酬在很大程度上依然没有实现。美国就业的统计资料显示：尽管有积极的作为，但是截至 20 世纪 90 年代，妇女的工资还是只相当于男子的 74%。统计资料还显示受过高等教育的女子的工资仅相当于高级中学毕业的男子，而且男女之间工资的差距随着妇女年龄的增长逐步扩大。[②] 英国雇主为了逃避每周工作 16 小时以上的工人不可随意解雇的法律，尽量减少雇用全职女性工人；1994 年，英国 78% 的兼职工人为女性。同时，家务劳动基本上是女性承担，在夫妻都是全职受雇的家庭，妻子承担家务劳动的 72%，在妻子不外出工作的家庭，妻子承担家务劳动的 76%。[③] 这是女权运动第一次浪潮就提出的问题，直到今天依然无法解决。至于家庭暴力、性骚扰和性侵在全世界包括西方国家普遍存在，各国政府都已经认识到其严重性以及对社会、对妇女、孩子的危害，也认为采取相应措施帮助受害妇女以及她们的孩子是必要的，但这方面还有很多工作要做。

同时由于经济的全球化和科技的发展带来了严重的失业问题，一方面，西方国家将大量工厂迁到第三世界，造成本国就业的压力；另一方面，是机器的使用，将很多劳动力（包括女性，也包括男性）赶出职场。

---

① 观察网站：http://www.guancha.cn/politics/2014_03_20_215574.shtml? XGYD, 2014 年 10 月 20 日访问。

② 琼·斯蒂芬森：《妇女的根——西方文明中的妇女史》，第 305 页。

③ 杰瑞·霍洛韦：《1840 年以来英国的妇女和工作》，第 216 页。

不仅妇女，很多男子也面临失业的巨大压力。所以，对于妇女来说"不是缺少就业的平等，而是每个人都缺少工作。"即使找到工作，也与自己的学历和专业不相称。根据美国 1995 年统计局的数据，超过 25% 年龄在 35 周岁以下的大学毕业生从事不需要大学学历的工作，还有许多人的工作是临时的、兼职的、低报酬的。①

虽然女权主义运动现在已经发展成为国际性的运动，在联合国推动下先后于 1975 年在墨西哥城，1980 年在哥本哈根，1985 年在内罗毕，1995 年在北京召开了四届世界妇女大会。但是，由于各个国家和地区政治、经济、文化的差异，妇女问题和女权运动也呈现极大的差异，在全球许多地方"大多数的妇女还是文盲，她们工作主要是为了给她们经常处于饥饿状态的家庭挣生活费，我们经常要努力适应这样的意识，即大多数压抑着需求的妇女需要的是自己以及她们孩子的体面生活，而不是狭隘的、争论起来永无止境的阶级、民族、种姓、部落内部的男女平等。"②

西方女权运动在促进妇女解放历史进程中，发挥了重要作用，但从历史发展趋势和现实状况看，西方国家要实现妇女全面解放还有一个漫长的过程。好在今天很多年轻人还是认可女权主义，尽管有些人表面不承认自己是女权主义。"大多数的年轻人是女权主义者，只是她们没有意识到，至少在理论上，平等、公平和无性别歧视的原则已经深深烙入青年人的脑海中。"③

---

① 莱斯利·海伍德、詹妮弗·德瑞克主编：《第三次浪潮的议程——女权主义的认可、女权主义的行动》，第 33、29 页。

② 迈拉·马克斯·费里、贝丝·B. 赫斯：《论争与联合：跨越三十年变革的新女权运动》，"前言"第 ix 页。

③ 凯瑟琳·瑞德芬、克莉丝汀·奥莱尔：《女权主义的再生——新女权运动》，第 5 页。

第六章　西方国家民族分离主义运动

一　民族分离主义运动的定义和理论基础

冷战结束后，民族分离主义运动成为国际社会中的热门话题，被称为继第一次世界大战和第二次世界大战之后出现的第三次民族主义运动浪潮，也是当今国际社会纷繁复杂的各种新社会运动中规模大、表现方式激烈、对国际格局影响深远的一项运动。美国学者弗雷德里克·希尔斯称之为"20世纪后半期最令人困惑的趋势之一"，因为越来越多的主权国家政府正不断地受到其治下那些谋求分离的少数民族的"烦扰、哄骗与挑战"[①]。

要了解民族分离主义运动，首先要对"民族分离主义"的概念有一个清晰的认识。"民族分离主义"英文的表述是"National Secessionism"；与之相对应的另一个词叫"民族分裂主义"，英文是"National Separatism"，后者一般是政府对其境内民族分离主义带有贬义的称谓。国际上一般采用比较中立的概念——民族分离主义。关于民族分离主义的定义，国内学者已经有了多个版本，这里只作简单的引述。丁诗传、葛汉文的表述是"所谓民族分离主义，简单地说，就是指某一民族脱离原属的多民族国家而试图建立自己独立的民族国家的思潮和运动"，"是多民族国家内的非主体民族将现存的国家管辖权排除于己方民族成员所居住的区域范围之外的活动。民族分离成功的后果就是国家领土疆界程度不等的调整与变动"[②]。郝时远则认为"民族分离主义活动是指在一个主权独立、领土

---

① 弗里德雷克·L.希尔斯：《种族分裂主义与世界政治》（Frederick L. Shiels, *Ethnic Separatism and World Politics*），美国大学出版社1984年版，第1页。

② 丁诗传、葛汉文：《对冷战后民族分离主义的几点思考》，《现代国际关系》2000年第11期。

完整的国家内部，由于民族问题在内外因的作用下激化，进而造成通常表现为非主体民族或少数民族中某些极端势力要求建立独立国家的政治诉求、暴力活动、甚至军事对抗行动"①。魏光明把民族分离主义简要地定义为"多民族国家中的一个或多个少数民族努力推动从现在国家中分离出去，并进而建立自己的民族国家或与其他邻国的同一民族合并的运动"②。张成付认为民族分离主义就是"指主权国家的一部分领土上的族群，要求脱离国家，试图建立新的政治身份的思想和行动，分离的手段包括暴力、恐怖甚至战争行为，其主要特点是损害国家的主权"③。王建娥则更多地突出了民族主义的理念，认为"民族分离主义是当代民族主义的一种特殊形式。如果我们把民族理解为'与特定领土相联系的族群'，而民族主义是'意欲使民族的边界与其统治单位相一致的集体行动'，那么，民族分离主义就是集聚和生活在特定地域上的民族将其政治诉求与脱离现有政治共同体相联系的一种民族主义的特殊形式"④。

综合各位学者的表述，我们可以归纳形成以下几点认识。

第一，冷战后的民族分离主义运动是由多民族国家内的少数民族或非主体民族所发起的一种社会运动。

第二，民族分离主义运动和冷战后的其他新社会运动一样，并不以推翻现有国家政权为目的。相反它"并不否认现存国家的政治权威，而只是希望将这种权威限制在本民族成员及本民族成员所占据的区域之外"。⑤在这一点上，冷战后的民族分离主义运动与第二次世界大战后以推翻殖民统治为目的的亚非拉民族解放运动有着本质的区别。

第三，民族分离主义的政治目标不是单一地追求主权独立一种。以终极目标来看，民族分离主义运动可以划分为"多民族国家内部某个非主体民族谋求独立建国的运动；多民族国家内部某个非主体民族要求脱离、并与其民族母体国家合并的运动；散居于多个多民族国家内部的某个非主体民族谋求分别从其所属国家脱离，建立单一民族国家的活动"⑥。

---

① 郝时远：《民族分裂主义与恐怖主义》，《民族研究》2002 年第 1 期。
② 魏光明：《民族主义与当代国际政治》，《西北民族学院学报》1997 年第 3 期。
③ 参见张成付博士论文《从自决到自治：冷战后世界民族分离主义》，第 14 页。
④ 王建娥：《民族分离主义的解读与治理——多民族国家化解民族矛盾、解决民族窘迫的一个思路》，《民族研究》2010 年第 2 期。
⑤ 参见张友国博士论文《后冷战时期民族分离主义研究》，第 51 页。
⑥ 丁诗传、葛汉文前引文。

　　第四，民族分离主义的政治目标往往与领土有着极为密切的联系，对当事国的领土主权构成威胁。领土是民族国家组成的重要因素，也是一个民族国家存在的最重要的物质基础。民族分离主义的许多活动都与领土有着一定的联系，民族分离主义的政治理想是从主体民族国家脱离出去并获得相应的领土来建立自己的国家。"这里所谓的领土并非任意的土地，而是承载了民族情感，具有历史意义和价值的土地。"①

　　第五，民族分离主义运动挑战的是现存的合法的主权国家，一般都是单方面的行为，不为当事国政府所接受。当事国政府一般都强烈反对分离主义分解国家的要求并视其为非法行为；民族分离主义在当事国导致不同表现方式的社会冲突几乎是不可避免的，而这种冲突的形式往往是暴力的。

　　如前所述，多民族国家中的非主体民族（即少数民族）是民族分离主义运动的发起者和参与者，但并不是说所有少数民族都有分离主义的倾向或可能。少数民族本身是有其多样性的。民族学家们认为，有四种在现代国家中普遍存在的少数民族团体可能在国内政治和社会关系中造成分歧和冲突。这四种团体是：种族民族主义族群（ethnonationalists）、原住民（indigenous people）、种族阶级（ethno class）和族群竞争团体（communal contenders）。前二者一般有"想象共同体"（imaged community）特征的集体认同、文化传统和曾经独立或自治的历史，同时也有与共同体历史命运紧密相连的聚集居住的住民领土，但现在又不是独立的政治体，如巴勒斯坦人、库尔德人、美洲印第安人。而第三种主要是在社会经济分层中处于下层的少数民族，如美国黑人或是在德国的土耳其人。最后，所谓的族群竞争团体是在经济地位上并不处于下层但可能在社会政治地位上受歧视的少数民族，如在东南亚诸国中的华人或第二次世界大战前许多欧洲国家中的犹太人。后两种族群均散居于所在国家内并没有可以称为居住聚集地的住民领土。他们常常面对主流社会或统治民族的歧视，但一般并没有分离主义倾向。当今世界的民族分离主义运动主要来自前两种族群。因为历史的原因，他们要求分离或独立的愿望常常被归于民族自决的范畴，具备一定的道德正义性，容易获得国际社会的同情和支持，可能形成对国际格局

---

　　① 安东尼·D. 史密斯：《二十世纪的民族主义》（Anthony D. Smith, *Nationalism in the Twentieth Century*），纽约大学出版社 1979 年版，第 1 页。

和世界和平带来巨大冲击。

　　学界一般认为，民族分离主义运动的理论依据是"民族自决原则"或"民族自决权"（The Right of National Self Determination）。民族自决原则根源于西方社会的两种哲学思想：一是人类平等原则，二是统治者与被统治者之间的社会契约关系。西方资产阶级启蒙思想家的"社会契约论"是自决论的根基。卢梭根据"自然权利说"和"天赋人权说"提出了"主权在民"的思想，认为公民具有管理国家的权利，解决领土问题应根据人民表决结果判定。康德把自决论变得完备起来，提出"自决是支持民族主义的强有力学说"①。黑格尔对自决论的阐述更加强调了民族的独立性，认为"每个国家对别国来说都是独立自主的，独立自主是一个民族最基本的自由和最高的荣誉"②。

　　启蒙思想家的民族自决论在近代西方资产阶级革命时期被付诸实践。1776 年发表的美国《独立宣言》第一次对民族自决权思想作出了明确的表述："作为自由独立的合众国，它们享有全权去宣战、媾和、缔结同盟、建立商务关系或采取一切其他凡为独立国家所处理应采取的行动和事宜。"③ 1789 年法国大革命提出了民族主义、民主主义和民族自决的口号，对封建王权和神权提出了挑战。法国大革命对世界历史发展产生了十分广泛而深远的影响，它确定的人民主权原则、不干涉内政原则等唤醒了广大被压迫民族的自决意识和独立意识。此后，一个民族生活在一个政治共同体之下，组成拥有全部主权的民族国家，成了欧洲各国先进社会力量中流行的观念，民族国家应运而生。19 世纪末，德国和意大利实现了统一；一批受教会统治的弱小国家的民族纷纷举行公民投票，实行民族自决，形成了历史上第一次民族自决的高潮。

　　真正意义上的民族自决权理论是列宁提出来的。十月革命前列宁为了团结更多的民族推翻沙皇统治，发表了一系列著作，系统地论述了民族自决权理论。1914 年列宁发表的《论民族自决权》一书则是这一理论的代表作。他明确指出："所谓民族自决，就是民族脱离异族集合体的国家分

---

　　① 路易斯·L. 斯奈德《民族主义百科全书》（Louis L. Snyder, *Encyclopedia of Nationalism*），帕拉贡出版公司 1990 年版，第 361 页。

　　② ［德］黑格尔：《法哲学原理》，商务印书馆 1961 年版，第 339 页。

　　③ 周一良、吴于廑主编：《世界通史资料选辑》，近代部分上册，商务印书馆 1972 年版，第 93 页。

离，就是成立独立的民族国家。"① 1916 年，列宁又进一步阐述："民族自决权只是一种政治意义上的独立权，即在政治上从压迫民族自由分离的权利。具体来说，这种政治民主要求就是有鼓动分离的充分自由，以及由要求分离的民族通过全民投票来决定分离问题。"②

第一次世界大战结束后，面对战后重组问题，美国总统威尔逊于1918 年提出了著名的《十四点计划》，主张以民族自决原则来解决战败国海外殖民地及战败国境内的各民族问题，强调尊重"殖民地人民的公意"，"各民族享有自决权，有权选择政府及其形式；国家的疆界应该按照民族自决的原则划分"。③ 巴黎和会采纳了威尔逊的《十四点计划》，"民族自决原则"被第一次写进了建立战后世界和平的纲领之中，开始成为国际法的一个基本准则。根据这一原则，第一次世界大战中战败的奥匈帝国和奥斯曼土耳其帝国统治下的各民族都获得了"民族自决"，被俄、普、奥瓜分的波兰也根据民族自决的原则实现了复国。"当时这种不计任何代价致力于根据民族疆界划定政治地图的做法，无论是在欧洲或世界各地，都是史无前例的尝试。"④

第二次世界大战期间，美英首脑联合发表的为构建战后国际格局的《大西洋宪章》再次确认民族自决权原则。1945 年联合国成立后，民族自决权被作为一项重要原则写进了《联合国宪章》。1952 年，第七届联合国大会通过了《关于人民与民族的自决权的决议》（*The Right of Peoples and Nations to Self-determination*），明确提出，人民与民族应先享有自决权，然后才能保证充分享有一切基本人权。1960 年第十五届联大又通过《给予殖民地国家和人民独立宣言》（*Declaration on the Granting of Independence to Colonial Countries and Peoples*），宣称"所有的人民都有自决权，依据这个权利，他们自由地决定他们的政治地位，自由地发展他们的经济、社会和文化"。然而，就是在这份宣言中，联大已经意识到对民族自决原则的滥用和过度解读可能对国际秩序带来的潜在威胁，因而对民族自决权的使

① 《列宁全集》第 25 卷，人民出版社 1988 年版，第 225 页。
② 《列宁全集》第 27 卷，人民出版社 1990 年版，第 257 页。
③ 卡尔·格什曼：《民族自决与苏联帝国》（Carl Gershman, *Self-Determination and the Soviet Empire*《世界事务》（*World Affairs*），第 144 卷第 3 期，1981—1982 年冬季号。
④ ［英］埃里克·霍布斯鲍姆：《民族与民族主义》，上海人民出版社 2000 年中文版，第160 页。

用作出了如下的限定："任何旨在部分地或全面地分裂一个国家的团结和破坏其领土完整的企图都是与《联合国宪章》的目的和原则相违背的。"①

　　民族自决原则作为第二次世界大战后亚非拉民族独立解放运动的旗帜，经过长期的实践和不懈的努力，在国际立法上得到了完善，也得到了一定程度的贯彻。一大批民族独立国家相继建立，大大改变了联合国和整个国际社会的结构。但是，冷战结束以后，纷纷兴起的以民族分离、国家分裂为特征的民族分离主义浪潮以民族自决为借口，混淆了民族自决权原则的概念内涵、适用范围、运用条件及其与国际社会的人权原则、国家主权原则等问题，对民族自决问题有意或无意地产生误读。民族分离主义者打着民族自决的旗号，认为世界上一切民族，都适用民族自决原则，每个民族都可以凭借自己的民族自决权建立自己的民族国家。这是对"民族自决权"的曲解。以往的联合国文件都认定民族自决权适用于殖民地，从未宣布民族自决权适用于一国主权下的民族地区。近百年来民族自决原则发展的历程也表明，从来就不存在一种普遍意义上的绝对的民族自决权，"仅仅只是在非殖民运动的特殊情景下，民族自决才发展为一种国际法意义上的原则或权利"②。

　　20世纪90年代初，世界形势发生了巨大变化，苏东剧变后，两极格局瓦解。随着冷战的结束，以国家分裂和民族独立为特征的民族分离主义浪潮在世界范围内骤然高涨。民族分裂势力歪曲民族自决原则，宣扬"民族自决至上论"，声称世界上一切民族，不论是殖民地民族还是一国领土之内的非主体民族都适用此原则，每个民族都可凭借自决原则来建立属于本民族的独立国家。今天，世界上很难找到纯粹的单一民族国家，绝大多数国家居民包含着多个民族，绝大多数民族也跨国而居，不可能像民族分离主义者所鼓吹的那样每个民族都可以实行民族自决。"民族自决不是民族分离的护身符"③，"如果每一个民族都有分离的权利，那么，世界将会四分五裂"④。

---

　　①　赫斯特·汉纳姆：《自治、主权与自决》（Hurst Hannum, *Autonomy, Sovereignty and Self-Determination*），宾夕法尼亚大学出版社1992年版，第44页。

　　②　段宏：《民族自决权：历史与现状》，杨成绪主编《新挑战：国际关系中的人道主义干预》，中国青年出版社2001年版，第324页。

　　③　李云龙：《对冷战后民族分离现象的思考》，《世界民族》2000年第3期。

　　④　余建华：《民族主义：历史遗产与时代风云的交汇》，学林出版社1999年版，第360页。

毋庸置疑，冷战后的民族分离主义浪潮是对民族自决权的滥用和歪曲，对多民族主权国家的政治权威构成了巨大的威胁。这些"存在于现存主权国家内部的民族分离主义势力，基本上属于非主体民族或少数民族中的极端主义势力。它们往往自称代表本民族的利益，要求实践民族自决权利，从而形成对主权独立国家中央权威和领土完整的挑战"①。

二　民族分离主义运动在冷战后蓬勃兴起的原因

"自从现代民族主义诞生以来，追求建立属于自己的民族国家的政治努力，一直是挑战既有国家内部政治结构的主要力量，它不断分裂已有的国家，重新改写世界政治版图中的国家边界"。②冷战后兴起的民族分离主义运动被学界看作第三次民族主义运动的浪潮，它正日渐成为国际社会关注的重要现象。20世纪80年代末90年代初，民族分离主义运动成为瓦解苏联、捷克斯洛伐克、南斯拉夫等多民族国家的助燃剂。据统计，从1990年到2007年，民族分离主义运动催生了25个被国际社会所承认的新国家。③ 这些分离主义运动成功的案例，成为新的民族分离主义者的榜样。实际上，民族分离主义运动早已不限于社会主义国家和广大发展中国家，它也成为西方发达国家所面临的非传统国家安全的重大挑战。

当代民族分离主义运动之所以能在冷战后得以迅速蔓延，原因是多方面的。

（一）多民族国家族群之间的结构性问题是产生民族分离主义的土壤

历史的变迁，朝代的更替，民族的迁徙使得大多数国家都有着多民族混居的特点。在一些国家，长期的民族融合还没能消除主体民族与非主体民族之间的隔阂。多民族国家的这种结构性问题还体现在领土的分散上，

---

① 王逸舟：《恐怖主义溯源》，社会科学文献出版社2002年，第197页。

② 约翰·奥洛克林、杰勒德·托尔：《波斯尼亚、黑塞哥维那与俄罗斯北高加索分裂主义情绪的原因：对调研答卷的比较分析》（John O'Loughlin & Gerard Toal, *Accouting for Separatist Sentiment in Bosnia, Herzegovina and the North Caucasus of Russia: A Comparative Analysis of Survey Responses*，《民族与种族研究》（*Ethnic and Racial Studies*），第32卷第4期，2009年5月，第591页。

③ 亚历山大·帕夫科维奇：《通向国家之路：分离与全球化》（Aleksandar Pavkovic, *The Way to Statehood: Secession and Globalisation*），阿什盖特出版公司2008年版，第1页。

许多国家的一些非主体民族往往因为历史原因聚居在偏远的地区，与主体民族或主流社会有着地域上的隔阂，独特的地缘因素使得他们很容易产生与主体民族分道扬镳的念头。还有就是各民族之间因为宗教、语言和文化上的差异而形成的矛盾也是产生民族分离主义的重要原因。北爱尔兰的新教徒与天主教徒之间的矛盾，魁北克的讲法语的居民与讲英语居民的冲突，都是这类结构性问题的体现。

多民族之间的结构性矛盾和冲突的典型例子就是南斯拉夫的科索沃问题。在历史上，南斯拉夫的科索沃曾是塞尔维亚民族的发祥地。在奥斯曼帝国征服巴尔干的过程中，大批塞族人被迫放弃科索沃北迁，而阿尔巴尼亚族人则大量迁徙到这里，逐渐成为该地区的主要民族。科索沃的阿族人却作为少数民族并入南斯拉夫，与国内的塞族无论是在文化上还是在宗教信仰上，都存在着较大的差异。阿族激进分子一直要求成立独立的"科索沃共和国"，而铁托时期推行的一系列民族政策也激起了塞族人的不满。随着两族居民积怨越来越深，两个民族间的对立情绪也不断加剧，加上外来因素的影响，最终爆发了科索沃民族分离危机。

总之，多民族国家的结构性特征是产生民族分离主义的肥沃土壤。族群之间在文化、宗教、语言、地理环境等方面的相异性，是滋生民族分离主义思潮的重要因素。诚如有的学者所说的，"具有共同的文化、历史、血缘、语言、宗教、地域、命运，就容易形成特定的民族认同"[1]。反之，就会有出现民族分离的可能。

（二）各民族区域间政治经济文化发展的不平衡是民族分离主义兴起的诱因

在不少民族国家内部，不同程度地存在着不同民族区域在政治、经济及文化等各方面发展的不平衡现象。

一般而言，具有分离倾向的族群共同体大多处于特定的地域内，而且这一地域属于典型的落后地区，增长率低于其他地区或中心地区。因此，"他们的不满和挫折感转向恢复政治地位的政治行动，打破现行政

---

[1] 蒙特塞拉特·吉布尔瑙：《民族认同》（Montserrat Guibernau, *The Identity of Nations*），政体出版公司 2007 年版，第 11 页。

治体制以解决它们的经济与政治困境，从而引发族群分离运动"①。苏联的 6 个穆斯林加盟共和国曾长期是全苏境内相对落后的地区，人均国民生产总值只有俄罗斯的 27%，而婴儿死亡率却比俄罗斯高 58%。② 印度尼西亚的亚齐省要求分离的主要原因是它认为中央政府对财富分配不均，导致它这个资源大省长期处于落后状态，沦为印度尼西亚最贫困的省份。

在文化方面的不平衡体现在主体民族歧视、排斥非主体民族文化，少数民族受教育的权利受到限制，民族语言得不到国家与法律的认可，民族习俗得不到应有的尊重，本民族的宗教信仰得不到保护，一些国家的政府甚至在全国强行推广民族同化政策。还有些是争夺对资源的控制权和收益的分配权。例如，伊拉克库尔德人与政府几次达成自治协议，但均因石油资源的控制权和利益分配问题而流产。印度尼西亚亚齐要求分离的原因之一就是因为对中央政府垄断资源和由此带来的收益不满。这种情况在一些资源丰富的少数民族地区出现得越来越多。

显然，经济文化发展水平的差异会加剧非主体民族的离心倾向。多数情况下是经济落后地区因为社会财富分配不公而寻求分离，但也有比较富裕的地区不愿对落后地区承担更多的责任而寻求分离，如西班牙的巴斯克和加泰罗尼亚分离主义运动就是这种类型的代表。经济发达地区抱怨落后地区拖累了自己，不愿承担对落后地区的援助义务，而且经济的发展也刺激了其政治诉求。巴斯克地区具有良好的气候条件、土地资源、自然资源等，一直以来都是西班牙的制造业中心。它占有西班牙全国钢铁总产量的 70%，造船总量的 30%。西班牙全国工业总产值的 33% 和出口总额的 20% 来自这一地区。巴斯克地区人均收入是全国人均收入的两倍多，是西班牙经济最发达的地区。巴斯克人认为，西班牙政府每年利用税收从巴斯克地区拿走大量财富，影响了巴斯克人的生活。所以，他们要求"与贫穷的西班牙人分开，过自己的好日子"③。

---

① 参见张友国博士论文《后冷战时期民族分离主义研究》，第 62 页。

② 约翰·T. 鲁尔克：《世界舞台上的国际政治》（John T. Rourke, *International Politics on the World Stage*），杜什金/麦格劳－希尔出版公司 1997 年版，第 145 页。

③ 中国现代国际关系研究所民族与宗教研究中心：《全球民族问题大聚焦》，时事出版社 2001 年版，第 256 页。

（三）中央政府民族政策的失误导致了国家凝聚力的下降，为民族分离主义运动的产生埋下了伏笔

民族政策的失误，毫无疑问，是引发当今世界民族分离主义运动的主要原因之一。冷战后民族分离主义运动比较猖獗的地区，如俄罗斯的车臣、英国的北爱尔兰、西班牙的巴斯克、斯里兰卡的泰米尔、印度尼西亚的亚齐以及南斯拉夫的科索沃等，都不同程度地受到中央政府民族政策失误的影响。

有些是民族政策不平等，对少数民族实行高压政策和强制同化。例如，南斯拉夫取消了阿族人的自治权，为分离分子提供了口实。第二次世界大战以后，南斯拉夫给予了科索沃极大的自治权，结果助长了阿族人要求独立的倾向。1989 年面对东欧剧变的严峻形势，南联盟在重组后，注重维护国家统一，但取消科索沃自治权的做法招致阿族人的强烈反抗。

民族政策的失误，实际上就是国家在民族间的政治权力划分的不平等。如果民族国家现行的价值分配制度和政策对国内某些民族过分倾斜，造成民族间的不平等，那么国内各民族间的关系就会呈现出一种事实上的等级关系。而属于较低等级的那些民族就会产生受剥削和压迫的心理，它们势必要求公共权力机构对现行价值分配制度和政策做某种程度的修改。当这种期望严重受挫时，民族冲突就不可避免了，甚至可能导致国家的分裂和解体。①

（四）殖民地时代的烙印是民族分离主义兴起的一个重要历史根源

第二次世界大战后兴起的民族解放运动高潮，宣告了西方殖民统治时代的结束。但老牌殖民帝国在不得不放弃殖民地权益的同时，往往有意无意地留下一些民族间的遗留问题。目前世界上民族问题多数发生在历史遗留问题比较集中的地区。北爱尔兰天主教徒的分离运动就是爱尔兰人不堪忍受英国统治者对他们的土地掠夺和宗教迫害，不断开展斗争的结果。加拿大的魁北克法裔民族分离运动的原因也可追溯到18、19 世纪英国统治期间的"英格兰化"和"分而治之"政策。民族间的隔阂、宗教间的仇视及经济、文化传统的差异，导致了严重的民族离心倾向和分裂意识。

---

① 迈克尔·E. 布朗主编：《民族主义与种族冲突》（Michael E. Brown, ed., *Nationalism and Ethnic Conflict*），麻省理工学院出版社 2012 年版，第 51 页。

殖民主义、霸权主义和强权政治在国家关系和民族关系上造成的矛盾和历史积怨，是导致民族分离主义运动泛滥的深刻历史根源。历史上的殖民统治、大国强权以及错误的民族政策等因素的交互作用，为当今民族分离主义埋下了隐患。非洲大陆的许多跨界民族问题和领土争端问题就是由殖民主义势力人为造成的，它为非洲地区的民族冲突埋下了祸根。印巴之间的克什米尔争端、东帝汶问题也深深打上了殖民主义的烙印。巴尔干地区的民族仇怨则与昔日列强在这一地区推行霸权主义和强权政治有关。巴尔干历史上曾经长期受外族统治，各帝国对该地区各民族实行"分而治之"等政策，加剧了该地区的民族隔阂与宗教文化的摩擦，为该地区持续不断的民族冲突埋下了伏笔。

（五）外部势力干预对民族分离主义运动起到了推波助澜的作用

外部势力特别是霸权主义国家干预多民族国家的内部事务，是民族分离主义运动愈演愈烈的一个重要原因。冷战刚刚结束的一段时间，美国和西方其他一些国家大力在全球范围推行西方价值观和社会制度，扩大影响，加紧对发展中国家施加压力，要求它们实行西方式的"政治民主化"，并利用某些国家暂时的政治经济困难，打着民族自决的旗号，拉拢这些国家内部势力，挑动、制造和激化民族矛盾，甚至怂恿和支持主权国家内部和流亡在外的分裂主义分子制造事端，鼓吹民族自决权至上论，公然干涉他国内政。美国等西方国家热衷于促进别国的民族分裂，这符合它们称霸世界的战略目标。苏联解体使美国和其他西方国家的安全状况大为改善，在军事上处于更为优势的地位。

美国为了实现独霸世界的战略野心，构建单极世界秩序，频频以各种借口干预别国内政，大搞所谓的"人权外交"，打着"人权高于主权""人道主义干涉"的旗号推行霸权主义和强权政治。一些民族分离势力也正是寄希望于美国等西方国家的干涉行动来达到实现民族分离的目的，有的甚至不惜采取暴力手段或恐怖活动。

美国和西方一些国家的这种霸权主义做法不仅没有为合理解决民族问题提供任何成功的模式，反而在有些国家和地区制造了祸端，引发或加剧了社会动荡，造成内战或地区冲突，助长了民族分离主义气焰。更有甚者，出于自身利益的考量，处处标榜"人权高于主权"的美国等西方国家在对待不同国家的民族分离主义活动时，往往根据自己的利益需要而采取双重标准。在科索沃和车臣等地，他们支持分离主义者通过全民公投来决定去向，但当 2014 年乌克兰的克里米亚人民通过公投决定加入俄罗斯时，他们却坚决加以反对，并全力支持乌克兰政府打击乌克兰东部地区俄罗斯族裔武装的分离行为。

三　当代西方国家民族分离主义运动的具体表现

以上简要地分析了冷战结束后世界各国民族分离主义运动兴起的原因，下面着重考察分析西方主要发达资本主义国家的民族分离主义运动的具体表现。众所周知，民族分离主义不仅存在于发展中国家，也存在于西方发达国家，具有一定的普遍性。[①]　与世界其他地区民族分离主义运动一样，西方国家的民族分离主义运动在表现形式上也是各不相同的。在运动模式上，既有通过公投这样合法的手段谋求分离的魁北克、苏格兰模式，也有不断制造暴力和恐怖袭击事件的巴斯克、科西嘉模式，甚至还有成立北爱尔兰共和军与政府军长期进行军事对抗的北爱模式。在政治诉求上，有谋求独立的苏格兰模式，也有谋求"主权—联系"的魁北克模式，还有谋求与母国合并的北爱模式，甚至也有谋求跨国民族统一立国的巴斯克模式（要求把分属西班牙和法国的七个巴斯克省合并成立巴斯克国）。我们为了侧重从历史的角度来剖析西方国家民族分离主义运动的来龙去脉，因而根据它们各自形成的历史根源不同，把西方国家这些民族分离主义运动划分成三种类型来阐述它们的具体表现。

（一）源自殖民时期历史记忆的民族分离主义

一些国家的民族分离主义运动留有深刻的殖民主义烙印，殖民时期埋下的隐患是产生民族分离主义的重要原因之一。在西方国家中，英国的北爱尔兰分离运动和加拿大的魁北克分离运动就是这种模式的典型代表。

1. 北爱尔兰的民族分离主义运动

英国的北爱尔兰民族问题由来已久。历史上，爱尔兰本来是一个与英格兰并立的国家。公元 12 世纪，英国开始入侵爱尔兰，在爱尔兰进行殖民活动。

---

①　王逸舟：《恐怖主义溯源》，社会科学文献出版社 2002 年版，第 197 页。

1801 年英国吞并了爱尔兰，组成了"大不列颠与爱尔兰联合王国"。此后的一百多年里，爱尔兰曾多次爆发反抗英国统治的武装起义。第一次世界大战削弱了英国的国力。战争刚刚结束不久，主张爱尔兰独立的爱尔兰共和兄弟会在都柏林发动复活节起义。英国军队很快镇压了起义，并处决了起义的 15 名领导人。这一行为反而大大激发了爱尔兰人民的民族主义情绪。1918 年 12 月，主张英爱分立的新芬党赢得了爱尔兰议会的大部分议席，在都柏林成立了爱尔兰国会，宣布脱离联合王国。1921 年，英国政府被迫同意爱尔兰南部的 26 个郡成立自由邦。1949 年，爱尔兰自由邦正式成为独立的爱尔兰共和国，但爱尔兰北部的 6 个郡仍归英国统治。英国的名称也因此改为"大不列颠及北爱尔兰联合王国"。

在爱尔兰北部的六个郡，信奉新教、主张留在英国的英国移民后裔占人口的 2/3，而信奉天主教、主张回归爱尔兰的人口只占 1/3。这就为英国的北爱尔兰民族分离主义播下了种子。

爱尔兰的分裂不仅使一个民族分属两个国家，也因宗教不一致产生了尖锐的民族对立。在新教徒占多数的北爱尔兰，信奉天主教的爱尔兰人遭受歧视；新教徒和天主教徒之间很少通婚，失业者中天主教徒要比新教徒多出 1.5 倍。

在爱尔兰南北分治的最初几十年里，尽管北爱尔兰时不时会有动乱事件发生，但整体上还算平静。20 世纪 60 年代后期，随着北爱尔兰天主教居民中民权运动的发展，北爱尔兰两个教派之间的矛盾进一步激化。

1968 年，北爱尔兰民权协会组织了游行示威，暴动与骚乱时有发生。1969 年 8 月 12—14 日，一场大规模族群暴动在德里的警察和民族主义分子之间爆发，把北爱尔兰民权运动推向了高潮。此后的北爱尔兰便开始陷入了长期的暴乱和族群冲突之中。仅在 1970—1972 年，就有近 500 人在民族冲突中丧生。

北爱暴力冲突升级的直接原因是脱离老爱尔兰共和军的爱尔兰共和军临时派的成立。这些更加激进的临时派共和军不断地发动"武装斗争"来反对英国在北爱的统治，决心继续战斗直到爱尔兰统一的目标实现。短短几年里，临时派共和军就发动了 1300 多次炸弹袭击，打死 100 名英国士兵，打伤 500 名。特别是在 1972 年 7 月的血腥星期五，22 枚炸弹被安放在贝尔法斯特市中心，许多平民在爆炸中丧生。

面对越来越严重的暴力行为，英国政府派出大批军队前往镇压北爱共和军，并于 1972 年宣布撤销北爱尔兰议会政府，直接统治北爱尔兰，但北爱尔兰人民的反抗始终没有停止。北爱问题是困扰英国、爱尔兰和北爱人民的棘手问题，被英国人自己称为"英国的肿瘤"。

1985 年，英国首相撒切尔夫人和爱尔兰总理菲茨杰拉德签署的关于北爱尔兰问题的英爱协议。这个协议的内容主要包括三个方面：一是双方确定，北爱尔兰地位的任何变化只能由绝大多数北爱尔兰人民来决定；二是双方共建一个政府间会议机构来处理北爱尔兰的政治、司法与安全问题；三是爱尔兰可以对北爱尔兰的事务提出看法和建议，但不能损害两国主权。两国政府表示，如果北爱尔兰将来大多数人同意与爱尔兰共和国建立统一的国家，英爱两国政府将就此而完成包括修改宪法在内的必要的立法手续。①

1985 年 11 月 21 日和 27 日，爱尔兰议会和英国议会分别通过了两国政府达成有关北爱尔兰问题的协议。这项协议还被提交联合国备案，以接受国际舆论的监督。

然而，北爱尔兰的民族矛盾并没有因为协议的签署而得到彻底解决。协议遭到北爱尔兰的英国官员和新教徒的猛烈抨击。大约 10 万新教徒在北爱尔兰的贝尔法斯特举行了北爱尔兰地区历史上最大规模的示威活动，示威者还焚烧了撒切尔夫人的肖像，示威活动中有 149 家商店被毁。后来接任爱尔兰总理的查尔斯·霍伊也认为，北爱尔兰的形势甚至比协议前还要紧张。②

1993 年 12 月 15 日，英爱两国政府发表了《共同宣言》（the Joint Declaration），又称《唐宁街宣言》（the Downing Street Declaration），表示愿意进行和平谈判，以结束暴力和战争。英国方面表示，在得到北爱多数人同意的前提下，将尊重并支持爱尔兰统一的要求。爱尔兰则表示将尊重并认可北爱多数人的选择，如果北爱问题能够得到全面政治解决，它将修改宪法中关于拥有北爱主权的第二、第三条，以反映尊重北爱人民多数共识的原则。③

---

① 1985 年 11 月 15 日《英美协定》（Anglo-Irish Agreement），全文参见英国阿尔斯特大学《互联网上的冲突档案》（CAIN：Conflict Archive on the Internet），2015 年 6 月登录网址：http：//cain. ulst. ac. Uk /events/aia/aia. htm.

② 续建宜：《北爱尔兰冲突的历史由来及其发展》，《西欧研究》1992 年第 1 期。

③ 1993 年 12 月 15 日《联合和平宣言：唐宁街宣言》（Joint Declaration on Peace：The Downing Street Declaration），全文参见前引网站 http：//cain. ulst. ac. uk/events/peace/docs/dsd151293. htm.

1995 年 2 月 22 日，英国首相梅杰与爱尔兰总理布鲁顿代表两国政府共同发表了一份《未来构架文件》（Framework for Future）。但是，由于爱尔兰共和军拒绝解除武装，北爱地方政府第一部长于 2001 年禁止来自新芬党的两名部长参加部长会议。爱尔兰共和军对此作出了强烈反应，并于 1996 年 2 月 9 日在伦敦市区引爆一颗炸弹，造成 2 人死亡多人受伤，北爱和平进程再度受挫。

1997 年，布莱尔领导的工党击败保守党赢得了英国大选，上台后的工党政府在北爱问题上推行一种更为积极务实的政策，使北爱问题迎来了新的转机。布莱尔主动与领导爱尔兰共和军的新芬党进行接触，邀请新芬党领袖亚当斯进行谈判；同时，不把解除武装作为先决条件，允许新芬党参加决定北爱未来的多党谈判。

1998 年 4 月 11 日，在英爱两国政府和北爱有关各方的共同努力下，终于冲破重重障碍和阻力，达成了有关北爱尔兰政治前途的和平协议。这份协议因签署日期而被称为《耶稣受难日协议》（the Good Friday Agreement），而因签署地点又被称作《贝尔法斯特协议》（the Belfast Agreement）。协议基于均衡的原则，照顾各方的利益与愿望，在强调北爱继续留在英国的同时，宣布将成立新的跨边界机构（北南部长委员会），使北爱与爱尔兰建立更为紧密的联系。协议规定采取比例代表制的方式选举产生拥有广泛自治权利的北爱地区议会，北爱民族主义者享有平等的发言权。①

按照协议的安排，1998 年 6 月举行了北爱地方议会选举。1999 年 12 月，英国议会下院通过了《北爱尔兰权力移交法案》，"由新教徒和天主教徒共同分享权力的地方联合政府开始运作，从而结束了英国对北爱尔兰长达 27 年的直接统治"②。

《贝尔法斯特协议》之所以能够化解北爱尔兰长期以来的暴力对峙局势，成为冲突各方都能够接受的一项和解协议，关键在于协议中"权力共享"机制的设计。正如有学者指出的，"北爱尔兰冲突的解决要想取得大的进展，需要的是实现完全的，实实在在的平等，且不能是英国的一相

---

① 《新地区议会是一个历史性交易的里程碑》（New Assembly Is Cornerstone of a Historic Deal），《泰晤士报》（The Times），1998 年 4 月 11 日。

② 刘玉华：《北爱尔兰民族问题的来龙去脉》，《今日民族》2001 年第 4 期。

情愿"①。这一创新性机制在平衡了北爱尔兰地区联合主义者与民族主义者权力与利益的基础上，将爱尔兰共和国也纳入了北爱尔兰问题的解决机制中。

北爱尔兰权力共享具有以下两层含义：第一层含义是北爱尔兰内部联合主义者与民族主义者在民族宗教层面上对于地区权力的共享；第二层含义是英国与爱尔兰对北爱尔兰事务管理权力的共享。权力共享政府的优点是能够保障北爱两派利益的均衡。权力共享机制保护了社会中处于少数地位族群的权益，使其能享有相同的社会地位与权力。

尽管《贝尔法斯特协议》打开了和平解决北爱尔兰问题的大门，但通往和平的道路依然一波三折。由于爱尔兰共和军迟迟不愿彻底缴械，北爱新成立的权力共享政府在 2002 年一度被迫停运，北爱尔兰地方的管理权重新收归英国政府。

2005 年 9 月 26 日，爱尔兰共和军宣布完全放弃使用武力，上缴所有武器。2006 年 10 月，各方又就权力共享政府的重新启动、北爱警察系统的改造等事务进行了深入的会谈，最终达成了《圣安德鲁协议》。在 2007 年 3 月进行的北爱尔兰议会选举中，厄尔斯特联合党和社会民主工党在各自阵营中的第一大党地位分别被民主统一党和新芬党所取代。2007 年 5 月，新芬党与民主统一党形成一致意见，权力共享机制重新启动，北爱尔兰自治政府再次恢复其职能。

北爱问题历经数十载风风雨雨，导致约 3600 人死亡，数万人受伤，并且造成难以估量的经济损失。② 如今，北爱和解已成为大势所趋，但造成北爱尔兰问题的根源并没有彻底消除，在北爱尔兰真正做到从殖民主义到权力共享的转变，将是英国政府和北爱社会各界的一项艰巨任务。

2. 魁北克的民族分离主义运动

加拿大的魁北克问题也是殖民主义的产物。但在魁北克人党领导下的魁北克独立运动没有采取北爱的暴力手段，而更多的是通过宪政渠道与和平的方式。加拿大的政治体制结合了美国式联邦政府与英国式议会制的特点。从建国到 1982 年，尽管加拿大是一个主权国家，但它却没有权力出

---

① 罗杰·H. 希尔：《爱尔兰三角关系：北爱冲突》（Roger H. Hull, *The Irish Triangle: Conflict in Northern Ireland*），普林斯顿出版公司 1977 年版，第 253 页。

② 弗朗茨·瓦兰德罗：《北爱尔兰的和平里程》（Franz Valandro, *The Peace Process in Northern Ireland*），佩特尔·朗出版公司 2004 年版，第 7 页。

台和修改自己的宪法，一切涉及宪法的修改均由英国议会作决定。

魁北克问题的由来可以追溯到北美殖民地时期。17、18 世纪，魁北克是法属北美殖民地新法兰西的首府。1756—1763 年，英法两大殖民帝国之间爆发了一场争夺欧洲与海外殖民霸权的"七年战争"。战败后的法国被迫将其在密西西比河以东的北美殖民领地割让给英国，原"新法兰西"的法国移民被完全置于英国殖民统治之下。这些讲法语的加拿大居民大约 6.5 万人，他们希望保持他们的传统、语言和文化。他们的决心以及来自南方殖民地不断发生的动乱，迫使英国议会于 1774 年通过了《魁北克法案》。

《魁北克法案》大大扩充了魁北克的疆域，取消了英国对魁北克的军事管制，保留了种植园土地制、法国民法和天主教会的特权，保障了法语的地位。[①] 英国殖民政府之所以给予魁北克特殊的待遇，是想换取法裔人口对英国的忠诚。从这个意义上说，法案是成功的。然而，《魁北克法案》却深深地埋下了法语加拿大和英语加拿大对立的种子，并一直困扰着加拿大人。为了满足来自美国的移民愿与英国保持联系和习惯于接受英国统治的要求，英国议会制定了《1791 年宪法法案》，把魁北克以渥太华河为界一分为二，河西地区称为上加拿大，即今安大略省，河东地区称为下加拿大，即今魁北克省。上加拿大的居民多为被英国优厚土地赠予政策吸引来的美国移民；下加拿大居民多为法裔，享有《1774 魁北克法案》所允许保留的各种权利。这种"分而治之"的办法加深了法裔和英裔加拿大人的矛盾和疏远感。1837 年和 1838 年，在上、下加拿大发生的一系列叛乱事件，促使英国政府在 1840 年颁布《联合法案》，把上、下加拿大合并成为联合省。

到 19 世纪 60 年代，英属北美殖民地实行联合、建立统一联邦的条件日趋成熟。1867 年英国议会通过《英属北美法案》，把上加拿大、下加拿大、新不伦瑞克和新斯科舍合并为一个联邦，定名为"加拿大自治领"（Diminion of Canada）。《英属北美法案》被视为加拿大最初宪法，也是"加拿大"一词正式被用来指这个国家的开端。

1867 年的《英属北美法案》再次恢复了法语在魁北克作为官方语言

---

① W. T. 伊斯特布鲁克、休·C. J. 艾特肯：《加拿大经济史》（W. T. Easterbrook and Hugh C. J. Aitken, *Canadian Economic History*），多伦多大学出版社 1988 年版，第 150 页。

的地位。由于历史的原因，在魁北克省内始终存在着法英两大族裔居民之间的矛盾。加拿大自治领成立后，尽管魁北克对于联邦多有指责和不满，但联邦的合法性和权威性并没有受到真正意义上的挑战和动摇。

1960 年，魁北克自由党人让·勒萨热（1912—1980 年）当选为魁北克省总理，他公开宣称"重建魁北克省的时刻已经开始"①。在随后执政的几年里，让·勒萨热推行了一系列的改革方案，如降低选举年龄，退出联邦制定的财务分摊规定，直接征收同量的税收，提高法裔魁北克人的经济地位等。这场被称为"平静革命"的改革，极大地唤醒了法裔魁北克人的民族意识，拉开了魁北克民族分离主义运动的序幕。

魁北克民族主义者首先把矛头对准加拿大的现行宪法。他们指责这个 1867 年由英国国会制定的宪法既没有经过民主的方式讨论，也没有考虑到少数民族的感情，而且占加拿大当时人口 1/3 的魁北克人的利益完全被排除在外，毫无政治主权。他们认为，既然加拿大主要由讲英语和讲法语的居民组成，联邦政府就应提倡双元文化和双语制。

就在魁北克人独立意愿日趋强烈之际，作为法裔魁北克人母国的法国政府的态度起到了推波助澜的作用。1967 年 7 月，法国总统戴高乐借出席蒙特利尔国际博览会之际，向魁北克人民发表讲话，声言魁北克正在发展为一个与众不同的民族与政治团体，称赞魁北克是法兰西"自己民族的一支在这里安置、生根和集聚"②。戴高乐站在蒙特利尔市政厅阳台上高呼"魁北克万岁"，极大地鼓励了魁北克人的分离主义情绪。

就在这一年，后来对魁北克民族分离主义运动发挥着重要领导作用的魁北克人党诞生了。1967 年，具有强烈民族独立意识的勒内·勒维斯克宣布脱离魁北克自由党，发起"主权—联系"运动，次年改为"魁北克人党"。勒维斯克主张魁北克在经济上与联邦保持联系，但在政治上与联邦保持对等地位，实行主权独立，在立法、征税、外交上有绝对的自主权，这就是"主权 联系"纲领。③

魁北克人党在知识分子中间有着很大影响，它的独立主张得到越来越多法裔魁北克人的支持，很快便发展成为魁北克一支主要的政治力量。

---

① 埃德加·麦克尔尼斯：《加拿大：一部政治与经济史》（Edgar McInnis, *Canada: A Political and Social History*），多伦多 1982 年版，第 646 页。

② 埃德加·麦克尔尼斯：《加拿大：一部政治与经济史》，第 651 页。

③ 杨令侠：《加拿大魁北克省分离运动的历史渊源》，《历史研究》1997 年第 2 期。

1976 年，魁北克人党在魁北克议会选举中获胜，第一次成为魁北克省的执政党。执政后的勒维斯克立即通过一项法律，规定法语为魁北克的唯一官方语言。此举引起英裔居民的强烈不满，魁北克的民族矛盾更加激化。

1980 年 5 月 20 日，魁北克人党发起了一次公民投票，让魁北克人对它的"主权— 联系"纲领进行表决。结果 59.5% 的选民投了反对票，赞成的只有 40.5%。这是一次联邦主义对分离主义的重大胜利。魁北克人党输掉了这次全民公决，也很快失去了在魁北克的执政地位，关于魁北克省政治地位的争论暂时告一段落。①

1994 年 9 月，魁北克人党又一次在省内选举中获胜，新任党魁雅克·帕里索出任魁北克总理，并决定于 1995 年再次举行公民投票以决定魁北克省是否独立。投票结果是联邦主义派仅以 50.6% 对 49.4% 的得票险胜独立派，加拿大再一次得以免遭分裂。

两次独立公投的失败，表明了联邦主义者仍然在魁北克占据着主导地位。这里面离不开加拿大联邦政府为挽留魁北克所做出的不懈努力，而经济利益的得失衡量则使得多数的魁北克人选择继续留在联邦之内。加拿大联邦政府一再表示，魁北克如果独立，将失去许多既有的经济利益。而美国政府支持加拿大联邦统一的态度也加剧了魁北克人对独立后经济利益受损的担忧。出于美国自身利益的考量，美国政府并不希望出现一个分裂的加拿大。1995 年 1 月，美国驻加拿大大使詹姆斯·布兰查德明确表示，一旦魁北克独立，它将不能自动成为《北美自由贸易协定》的成员。他还特别强调美国与完整的加拿大联邦合作的重要性。②

毫无疑问，魁北克独立运动对加拿大和魁北克社会造成了影响。1982 年，加拿大从英国议会收回了宪法修正的自主权，联邦议会随后颁布的《1982 年宪法》标志着加拿大成为真正意义上的独立国家。新宪法虽然实现了联邦主义者的政治目标，但却留下了魁北克拒绝签署新宪法滞留在新宪法之外的僵局。

1984 年加拿大保守党上台之后，曾两次试图解决魁北克的宪法地位问题，分别于 1987 年和 1992 年与魁北克省签署米奇湖协议和夏洛特敦协议。两项协议换得了魁北克承认新宪法，但却遭到加拿大大多数英裔公民

---

① 杨令侠：《加拿大魁北克省分离运动的历史渊源》，《历史研究》1997 年第 2 期。
② 同上。

的否决而先后流产。1998 年，加拿大最高法院裁定：魁北克没有权力单方面独立；如果魁北克人表达出清楚的独立意愿，加拿大政府必须与魁北克省政府进行协商。最高法院认为魁北克不但不能法理上从加拿大独立，而且在投票选择独立结果为明显的多数时，加拿大政府将负有政治义务对魁北克进入独立程序进行协商。

2003 年 11 月，失去执政地位的魁北克人党提出动议，要求联邦政府承认魁北克人已经"构成了一个国家"。该动议在魁北克国民大会一致通过。2003 年 11 月 22 日，加拿大总理哈珀抢在魁北克之前向联邦议会提交了一份类似该动议的关于承认魁北克"国中国"特殊地位的议案。

2006 年 11 月 27 日，加拿大众议院通过了哈珀总理的议案，承认魁北克省升级为加拿大联邦内的一个"国家"（Nation）。哈珀议案所谓"国中之国"的说法，就是强调在"一个统一的加拿大联邦"之内，他愿意承认魁北克"是一个国家"。在这样一个框架里，联邦主义者和分离主义者都可以从这个模糊的"国中之国"概念中各取所需。联邦主义者看到的是"一个统一的加拿大联邦"；而分离主义者看到的则是"魁北克是一个国家"。哈珀的议案得到执政的保守党和在野的自由党以及主张魁北克独立的魁北克人党的支持。哈珀的议案在一定程度上抵消了魁北克独立的要求。"国中国"议案在加拿大议会以绝对多数获得通过之后变成了一项法案。该法案基本统一了加拿大联邦各党对魁北克的态度和立场，平息了魁北克独立风波，为和平解决民族分离主义问题找到了一条新路。

（二）与历史上的民族征服记忆相联系的民族分离主义

当今世界，多民族国家绝大多数是在封建时代建立的，封建统治者对少数民族、占统治地位的主体民族对国内其他被统治民族，不可避免地会采取某种歧视压迫、剥削掠夺的不平等政策，武力是当时解决民族纷争的一种手段，有些少数民族地区就是用武力吞并的。民族征服是多民族国家在实现国家统一的过程中一种较普遍的现象，在不少国家的历史中，有着主体民族征服非主体民族的记忆。对这种历史记忆的联想，如今成为民族主义者动员、鼓吹分离的重要手段。在西方国家中，源自民族征服记忆的民族分离主义运动的典型代表是西班牙的巴斯克和加泰罗尼亚分离主义运动以及法国的科西嘉独立运动。

1. 巴斯克和加泰罗尼亚分离主义运动

西班牙恐怕是欧洲诸国中民族问题最为严重的国家。西班牙目前有17个自治区，几乎每个自治区都有民族主义倾向严重的政党，其中又以巴斯克、加泰罗尼亚地区最为明显。

西班牙的巴斯克地区包括阿拉瓦、比斯开与吉普斯夸等三个西班牙最小的省，领土面积1.7万平方公里，占全国面积的3.2%，聚居着约300万巴斯克人，占全国人口的7%。巴斯克人自古居住在伊比利亚半岛北部的比利牛斯山麓，封闭的地理环境使得巴斯克人非常排外并且珍视自己独特的历史、语言和文化。巴斯克人被认为是欧洲最古老的民族，巴斯克语也被称为"上帝的语言"。

1469年，伊比利亚半岛两个最大的王国阿拉贡和卡斯蒂利亚通过联姻合并成西班牙王国。1492年，在攻占阿拉伯人最后一个据点格拉纳达之后，西班牙完成了最终统一，巴斯克地区也在此时被纳入西班牙王国的版图。16世纪初，西班牙与法国波旁王室签订条约将巴斯克地区一分为二，其中南部与西班牙合并，北部与法国合并。

从历史上看，巴斯克民族具有强悍的民族性格和较强的独立性。在古代，巴斯克人从未被罗马人、日耳曼人征服过；在阿拉伯人占领时期，他们也保持着自己的独立性。在西班牙王国的统治下，巴斯克人仍然拥有很多自治权利。西班牙王朝对该地区实行一种被称之为"福埃罗斯制"的"特惠"制度，允许他们在贸易、税收及军事方面保持高度的自主和特权。这种制度一直持续到1876年。1833—1840年和1860—1875年的西班牙发生了两次王位争夺的战争。巴斯克人支持了卡洛斯主义派；当伊萨贝尔二世女王和阿方索十二世派取得王位争夺战的胜利之后，巴斯克民族的自治权利在1876年被取消。

19世纪末20世纪初，巴斯克地区出现了一位著名的民族主义的思想家萨比诺·德阿拉那（1865—1903年）。他认为，巴斯克地区合并到西班牙是巴斯克地区产生灾难的根本原因，巴斯克人失去了种族血统的纯净；巴斯克人必须建立自己的民族联邦国家。按照他的设想，未来的巴斯克国家由七个省组成，其中四个西班牙省（拉阿瓦、吉普斯夸、比斯开和纳瓦拉）和三个法国省（拉布尔、苏里和纳瓦拉）。萨比诺·德阿拉那不仅是巴斯克民族主义的思想家，而且还是民族分离主义的活动家，他于1894

年成立了巴斯克民族主义党，直接领导巴斯克民族分离主义运动。①

1936 年西班牙内战爆发，巴斯克人站在共和政府一边。佛朗哥独裁政权对支持共和的巴斯克地区进行狂轰滥炸。1937 年 4 月 26 日，佛朗哥在巴斯克北部小镇格尔尼卡制造了骇人听闻的"格尔尼卡大屠杀"，2000多名无辜的巴斯克平民被炸死。佛朗哥政权取消了巴斯克自治，对巴斯克地区实行恐怖统治，禁止巴斯克人拥有自己的文化和语言等，巴斯克人的学校、报纸、剧院被关闭，目标就是要把巴斯克地区完全西班牙化。

佛朗哥政权的重压更加激起了巴斯克民族分离主义的高涨。1959 年，主张建立"巴斯克人的国家与自由"，以暴力手段反抗独裁统治的"埃塔"组织成立，企图成立由七个省组成的独立国家，从西班牙和法国分离出去。以恐怖活动和暗杀行为为主要形式的巴斯克民族分离主义，日渐成为威胁西班牙和相关西欧国家安全的重要因素。1975 年佛朗哥去世，西班牙走上民主化道路。巴斯克地区举行了声势浩大的游行示威，强烈要求实行地方自治。于是，此后历届西班牙政府，为了维护西班牙的主权统一和领土完整，采取了多种措施，力图解决巴斯克地区民族分离主义问题。

首先，在宪法和法律上，重新赋予巴斯克地区以特权。佛朗哥独裁政权结束之后，西班牙通过了 1978 年宪法。宪法明确规定："巴斯克地区享有广泛的自治权利，确定了地区的旗帜，巴斯克语与西班牙语有平等权利；可以与中央政府谈判重定地区税额；成立隶属于地区的自治警察；地区每一个省可选出同样数目的巴斯克人组成地区议会；巴地区政府享有执行和行政权，其主席由议会选出并经国王批准。1978 年，西班牙的苏亚雷斯政府根据宪法同意给予巴斯克自治权。与此同时，巴斯克内部也出现温和的主张，大多数巴斯克民众对长期暴乱的厌恶和对和平的渴望，促使巴斯克民族主义政党一方面否认同暴力和恐怖主义的组织埃塔有关系，另一方面主动与西班牙政府展开自治谈判。西班牙众议院立法委员会和巴斯克议员大会代表团联席会议在 1979 年达成了"巴斯克地区自治章程"。1980 年巴斯克自治区正式成立。

其次，针对主张分离主义、搞暗杀和恐怖活动的"埃塔"组织，西

---

① 杨恕、续建宜：《巴斯克民族分离主义的历史由来及其发展》，《国际政治研究》2004 年第 3 期。

班牙政府采取了镇压措施。埃塔在巴斯克语中是"巴斯克祖国与自由"的意思，其巴斯克语是"Euzkadi Ta Azkatasun"，字母缩略为"ETA"（埃塔）。埃塔的前身是巴斯克民族主义党。第二次世界大战后，一部分巴斯克民族主义党的成员主张以和平方式实现自治；另一部分激进分子，主张以武力建立巴斯克国家。1959年，激进派宣布脱离巴斯克民族主义党，成立埃塔。埃塔成立以后，不断地以游击战争方式反抗佛朗哥的独裁政权，得到了广泛的支持。1966年在埃塔第五次会议上，该组织从意识形态上分为两派。一派是民族主义派，或称ETA—V，坚持传统自治目标；另一派为理想主义者，或称ETA—VI，以争取独立为目标，主张不惜采用恐怖活动等极端主义手段来达到目的。

佛朗哥政权垮台后，激进的埃塔分子并没有放弃暴力手段谋求巴斯克的独立。1980年巴斯克自治区正式建立后，埃塔当年便在西班牙各地制造袭击，致使数百人丧生。此后，埃塔不断制造袭击事件，造成人员伤亡和经济损失。西班牙政府投入巨资，与法国政府合作，严厉打击埃塔组织。

进入21世纪以来，随着国际上打击恐怖主义斗争的发展，埃塔的活动空间受到了大幅度挤压，在巴斯克境内也引起民众越来越多的反感。2004年，"埃塔"发表声明称，希望与西班牙新政府进行对话。2006年3月，"埃塔"宣布从3月24日起实行永久性停火。

加泰罗尼亚在中世纪为阿拉贡王国的重要部分。1469年，卡斯蒂利亚女王伊莎贝拉一世和阿拉贡国王斐迪南二世结婚，标志着西班牙王国的诞生。初期，阿拉贡与卡斯蒂利亚是平等的联合，双方合并后仍然保留着各自的传统制度与政治体制。然而，后来政治权力渐渐地向卡斯蒂利亚倾斜，进一步形成了以其为中心的西班牙王国。在随后的几个世纪当中，作为阿拉贡故地的加泰罗尼亚持续地在地方冲突中丧失了自主权力，权力集中于西班牙中央政府的情况亦愈来愈明显。

1700年西班牙国王卡洛斯二世去世，因为没有子嗣，卡洛斯二世在遗嘱里传位于其姐和法国国王路易十四的次孙菲利普，但奥地利的哈布斯堡王朝认为应由他们的查理大公爵（即后来的皇帝查理六世）继承西班牙王位。因此，哈布斯堡王朝和当时反对法国王室入主西班牙王位的英国、荷兰、葡萄牙、神圣罗马帝国等结盟，与支持法国王室的西班牙、巴伐利亚等宣战，这就是西班牙王位继承战争。战争初期，加泰罗尼亚地区向法国的菲利普宣誓效忠，但后来因为奥地利哈布斯堡王室给的条件比较优惠，转而加入奥地利哈布斯堡王室的阵营，反对法国的菲利普入主西班牙。

这场王朝战争断断续续打了十几年，1713 年英国与法国签订乌得勒支和约，1714 年法国又与奥地利签订拉什塔特和约，只有对和约丝毫不知情的加泰隆人（Catalans）（即加泰罗尼亚人）仍在孤军对抗法西联军。1714 年 9 月 11 日，巴塞罗那城被攻陷，法国人菲利普即西班牙王位，史称菲利普五世。即位后的菲利普五世立即废除了加泰隆人从 15 世纪以来一直享有的自治权，也禁止了当地的加泰罗尼亚语。

19 世纪后期，随着工业革命的进展，加泰罗尼亚渐渐成为西班牙的工业中心，之后一直是西班牙重要的工业地带之一。由一些知识分子发动起来的加泰隆民族主义就与城市工业集团挂起钩来，从而获得了强大的财政和组织资源。

20 世纪初期，加泰罗尼亚取得了不同程度的自治权利，在西班牙第二共和国时期达到高潮。但是到了 1939 年，佛朗哥在西班牙内战中胜利后再次取消了加泰罗尼亚的自治权利，并且禁止使用加泰罗尼亚语。1975 年，随着西班牙民主转型后的权力下放，加泰罗尼亚再度恢复了自治。1978 年宪法恢复了加泰罗尼亚语的合法地位，加泰罗尼亚成为自治区，从此当地民族主义者公开活动。当地主要政党统一团结党前领袖齐奥尔迪·普约尔（Jordi·Pujol）曾连任加泰罗尼亚自治区主席 23 年之久。在他任下加泰罗尼亚地区全面"加泰罗尼亚化"。普约尔卸任后，继任者继续推行"加泰罗尼亚化"政策，试图让带有明显加泰罗尼亚独立色彩的"加泰罗尼亚宪章"合法化，并推动加泰罗尼亚"自决权"公投。

在给予加泰罗尼亚自治地位的同时，西班牙政府也想出了许多办法来遏制加泰罗尼亚的独立势头。民主化后的 1978 年宪法开宗明义便规定，任何分裂国家的意图都是违法的。《加泰罗尼亚自治章程》（以下简称《章程》）于 1979 年制定，并于 2005 修改，但 2010 年西班牙宪法法院通过的《章程》审批版却进一步限制了加泰罗尼亚自治区在自我称谓、官方语言、司法和财政等诸方面的自主权。

加泰罗尼亚是西班牙最富裕的地区。巴塞罗那是西班牙第二大都市，也是欧洲的重要经济文化中心城市。目前，西班牙是迄今蔓延的欧元区债务危机的重灾区，而加泰罗尼亚则又是西班牙国内的重灾区，成了西班牙全国负债率和失业率最高的地区。这加剧了他们谋求独立的决心。2012年年底的一则民调显示，多达 57% 的加泰隆人支持独立，这个数字比2008 年金融危机之前高出近一倍。

加泰罗尼亚地处西班牙和整个伊比利亚半岛的最东北角虽然在西班牙地图上属于"偏远"地区，但它却更靠近法国和意大利北部，实际上离西欧的"中心地带"更近。经济和地理的双重因素使得加泰罗尼亚成为整个西班牙人口流动最大的地区。大量移民的涌入增加了社会压力。更令加泰隆人担忧的是，该地区讲加泰罗尼亚语的人口已经不足一半，几百万外来人口从西班牙其他地区和外国迁入加泰罗尼亚，很容易冲淡这个弱小民族的独特文化。

2012 年 9 月，加泰罗尼亚自治区主席阿图尔·马斯曾向西班牙中央政府请求减轻加泰罗尼亚的财政上缴，但遭到马里亚诺·拉霍伊（Mariano Rajoy）首相的拒绝。这引发了加泰罗尼亚近 40 年以来最大的民族主义集会，参与者高达 150 万人，分离主义情绪空前高涨。

但是，在当年 11 月底举行的地区议会选举中，虽然主张本地区公投独立的几大党派共赢得加泰罗尼亚议会 135 个席位中的 87 席，对西班牙中央政府形成了实质威胁，但没有任何一个政党获得绝对优势。西班牙政府对这次选举的反应是表示愿意就财政等问题与加泰罗尼亚进行谈判。

西班牙加泰罗尼亚在 2012 年 11 月 9 日举行的非正式独立公投的结果显示：540 万选民中有超过 200 万人参加了投票，其中超过 80% 的选民投了支持票。不过，西班牙当局谴责此次公投非法，并且声称要追究加泰罗尼亚地区政府领导人的刑事责任。而马斯发布的法令并没有得到西班牙中央政府的认可。这和苏格兰统独公投得到《苏格兰宪章》明文规定的保护和卡梅伦—萨蒙德协议认可大不一样。

这种没有获得授权的自决曾在加泰罗尼亚举办过：2006 年 6 月 17日，加泰罗尼亚举行了首次"自决权"公投，公投结果，统独双方都宣称自己赢了。"独派"拿出"支持独立率 73.9%"的数据，而"统派"则指出实际上参加投票的人数还不到总人口 1/3。2012 年的这次公投虽然独派再次宣称获得胜利，但实际结果与以往没有两样。西班牙政府不认可，各国官方和大多数有影响的国际组织也未派遣观察员，不承认公投结果。这样的公投最多能被视作一场大型民调，且各方还会出于各自利益，对"民调结果"给出不同解读。

2. 法国科西嘉独立运动

法国属于事实存在少数民族却没有进行官方认定的国家。法国政府一直以来都认为，最早建立民族国家的法国是一个只有单一民族的国家，他们宣称法国公民都属于统一的法兰西民族。

从法国大革命时期起，"单一不可分"的文化同质化原则就是共和主义者建构国家民族的指导思想。在接下来的一个多世纪中，法国政府强制推行语言、文化统一的思想和实践，遭到一些少数民族群体的质疑和反抗。这些群体主要包括科西嘉人、巴斯克人、加泰罗尼亚人、布列塔尼人等。他们世代居住在自己的土地上并拥有自己的语言，与其他国家少数民族一样也有自己的集体文化认同和权利诉求。在法国少数民族群体中，科西嘉问题呈现了极端民族主义特点，出现了诉诸暴力手段的武装组织，其政治诉求从要求自治权直到谋求"独立国家"地位，对法国国家政治生活的潜在威胁不可小觑。

法国的科西嘉独立运动和西班牙的巴斯克运动有着很多相似之处。科西嘉岛位于法国东南部的地中海上，面积 8681 平方公里，人口约 26 万，主要为科西嘉人。公元前 259 年科西嘉被罗马人占领。13—15 世纪，比萨、阿拉贡、热那亚等城邦先后夺取过该岛的控制权。18 世纪上半叶，科西嘉人民在自己的领袖保利的领导下发动起义，赶走了热那亚人，成立了科西嘉独立政府。然而，1768 年 5 月 15 日，热那亚同法国签订了科西嘉归让法国的秘密协定，把对科西嘉的"权力"出售给法国。科西嘉人民又展开了反抗法国入侵者的战斗。1769 年春，法国军队占领了科西嘉岛，夏尔也带着妻子顺从了法国人的统治，加入了法国国籍。科西嘉岛被强制并入法国版图。

归入法国后，科西嘉岛上的民族主义分子和地方分离主义分子的活动从未停止过，政治暗杀事件层出不穷。少数极端民族主义分子一直在谋求科西嘉独立。冷战结束后，科西嘉人仍在制造恐怖活动。法国社会各界对科西嘉岛问题的看法也不尽一致。近年的民意调查表明，80% 的科西嘉居民、60% 的法国本土居民希望科西嘉继续留在法国。

与法国大陆战后的经济发展相比，科西嘉地区的经济一直很落后。科西嘉民族主义者把经济落后的责任归咎于法国对科西嘉长期以来的殖民掠夺和不平等待遇。

19 世纪 50 年代后期，法兰西第五共和国成立之初，适逢欧洲地方主义或民族主义运动盛行，科西嘉人的自治意识开始萌发。由大学生组织的科西嘉联盟、科西嘉学生民族联盟和科西嘉未来联盟先后成立。这些具有文化和经济两种诉求倾向的组织很快就联合在一起合并为科西嘉地方阵线。这些青年学生们认为，科西嘉一直以来都是被法国当作殖民地来对待的，来自法国大陆的企业在这里对科西嘉人民进行殖民剥削，岛上的法国行政当局对科西嘉人的民主权利漠不关心。①

科西嘉人对法国政府当局的不满在 1962 年达到了顶点。这一年，法国在北非最大的殖民地阿尔及利亚独立，约有 17000 名法国人从阿尔及利亚迁来科西嘉岛。法国政府向这些移民提供贷款以购买岛上尚未开垦的平原土地，且贷款利率比向岛上居民提供的贷款利率要低得多。这一歧视政策激起了科西嘉人的强烈不满。各种谋求地区自治的组织与更为激进的民族主义组织相继出现。其中有代表性的是相对温和的"保卫科西嘉利益研究委员会"（CEDIC）和"科西嘉人民联盟"（UPC），较为激进的则有"科西嘉地区主义阵线"（FRC）。后者于 1973 改组为"科西嘉人民党"（PPC），制定了激进的自治纲领。1976 年"科西嘉民族解放阵线"（FLNC）成立。这个由一些武装组织合并而成的组织，其态度最为激进，宣称要用武力争取科西嘉的彻底独立。

1982 年密特朗政府上台之后，颁布了一项地方分权计划，给予科西嘉以自治的特殊地位，并准予成立科西嘉议会和向该议会负责的自治行政机构。有的评论者认为，法国中央政府此举的意图是："希望这种新的结构改革能冲散好斗的分离主义者的要求和终止正在上涨的暴力浪潮。"1988 年，法国内政部长皮埃尔·若克斯来到科西嘉，重新展开国家与该岛各种力量的对话。在达成一定共识后，1990 年法国政府颁布一项关于科西嘉身份问题的法案。该法案被制宪会议以 297 票对 275 票通过。其焦点内容主要在第一条："法兰西共和国确保作为法兰西民族组成部分的'科西嘉民族'所组建的现有的历史和文化团体，拥有保护其文化独特性以及守卫其特殊的经济和社会利益的权利。这些与岛屿特性相关的权利要尊重国家统一在共和国宪法、法律及现有成文法允许范围内行使。"②

---

① M. 弗尔西斯主编：《联邦主义与民族主义》，1989 年英文版，第 98 页。转引自邝杨《当代欧洲民族问题概观》，《西欧研究》1992 年第 1 期。

② 加拿大拉瓦尔大学网站：www. tlfq. ulaval. ca/AXL/europe/corsefra. htm，2015 年 9 月 5 日访问。

　　法案的通过在一定程度上缓解了科西嘉紧张的对立情绪，但科西嘉民族分离主义者并没有就此放弃分离的主张。激进的独立派仍然在不时地给法国政府制造麻烦。2002 年 10 月 17 日晚，科西嘉岛接连发生 11 起炸弹爆炸事件，多家银行、公司和别墅受损。据法新社报道，其中 8 起爆炸是于当地时间 17 日 22 点到次日凌晨 1 点之间在科西嘉岛北部的上科西嘉省发生的，另外 3 起则发生在南科西嘉省。没有任何组织声称对这些袭击事件负责。2003 年 7 月 4 日，科西嘉独立运动领袖伊万·科隆纳被法国当局以谋杀罪起诉。2003 年 7 月 19 日，科西嘉岛阿雅克肖市约 1 万名民众举行游行示威，抗议警方逮捕科隆纳，并与警方发生激烈的冲突。2007 年 12 月 23 日，科西嘉发生两起爆炸，政府办公楼和警察局成为袭击的目标；爆炸导致两人受伤，其中包括一名 5 岁男孩。这是科西嘉岛在不到一个星期内发生的第二起爆炸袭击。2007 年 12 月初，科隆纳以在 9 年前刺杀科西嘉岛前行政长官埃里尼克亚的罪行获刑。

　　科西嘉独立运动到今天为止仍没有最终解决的迹象。科西嘉人的政治诉求，有自治派与独立派之分。法国政府坚决反对独立诉求，但可以考虑下放一定的自治权。法国的主流文化一直是坚持进行同质化的民族国家建构，但也凸显了从政治上解决科西嘉问题的倾向。

　　3. 苏格兰模式的民族分离主义运动

　　在西方发达国家的民族分离主义运动中，还有一种独特的缘起模式。这里既没有殖民地时代的烙印，也没有民族征服的历史记忆，双方原本就是两个独立的民族主体，在历史上因为一些特殊的原因合并为一个国家，但在当今由于经济文化等形势的变化，产生了分道扬镳的民族分离主义倾向。这种模式的民族分离主义一定意义上讲，是西方资产阶级民主宪政制度的产物，分离主义运动的具体表现上也比其他模式更加理性。苏格兰分离主义运动就是这种模式的典型代表。此外，英国的威尔士、比利时的佛兰德、德国的巴伐利亚、甚至意大利的威尼斯都或多或少地出现了类似的分离主义运动。

　　苏格兰与英格兰的结合，要追溯到 1603 年。这一年英格兰女王伊丽莎白一世逝世，临死前她将王位传给年幼的詹姆斯。这样，年幼的詹姆斯同时成为苏格兰和英格兰两个国家共同的国王。苏格兰称其为詹姆斯六世，英格兰则称其为詹姆斯一世。苏格兰依然保留自己的议会、司法系统与政府。对于欧洲大陆来说，苏格兰和英格兰依然是两个国家。詹姆斯一世一心想加强王权，他要做整个大不列颠的国王。面对两国在政治、宗教、法律、经济等方面各自保持独立的状况，"他想使两国完全联合，即同一个国王，同一部法律，同一个教会。詹姆斯一世宣称：'所有的习俗和法规都结合成一体就好像它们是一个头底下的躯体一样……如果我们要找出合并的原因的话，那就是合并能给全岛带来巨大的利益。'"① 而"苏格兰人对进一步与英格兰合并缺少任何欲望，他们珍视自己显而易见的独立的标志：宗教、王国的法律、以往的特权、政府、权力、尊严和自由。认为英格兰的商业竞争模式可能毁灭苏格兰"②。由于苏格兰的反对，此次合并谈判以失败告终。

1640 年英国发生资产阶级革命，英格兰和苏格兰在宗教和王权问题上出现激烈对抗，双方多次兵戎相见。苏格兰人先是帮助克伦威尔打败了王党军队，但国王查理一世被送上断头台却令苏格兰人无法接受。他们拥立查理二世复辟，向英格兰开战。1689 年，英王威廉三世（1689—1702在位）接受了苏格兰的《权利宣言》（*Claim of Right*）而登上了苏格兰王位，英格兰和苏格兰再次共戴一主。为了避免双方再次发生战争，两国的政治精英们认识到两个王国合并的重要性。经过长时间的谈判和争执，最终达成了合并协议。苏格兰得到了英格兰的大量经济上的让步和维持其原有制度的法律保障，英格兰则得到了苏格兰放弃独立，同意与其完全合并的承诺。这项关于合并的《联合法案》于 1707 年生效，英格兰和苏格兰正式合并成为大不列颠联合王国。

然而，在合并的这 300 年里，苏格兰却长期存在着要求独立的呼声。不过，现代意义上的苏格兰独立运动起源于第一次世界大战之后。主张独立的苏格兰民族党在 1928 年成立，并于 1934 年与苏格兰党合并，领导苏格兰的民族主义运动走上了谋求政治权力的道路，即恢复 1707 年联合时被取消的苏格兰议会。从 1970 年开始，苏格兰民族党在大选中呈现了节节攀升的态势，其政治诉求开始成为英国主流政党关注的重大议题。在 1974 年 10 月的选举中，苏格兰民族党得到 30 % 的选票。变化的主要原因是两种因素的共同作用：一是苏格兰的民族意识，苏格兰人希望苏格兰

---

① 埃斯蒙德·赖特：《捍卫英国》（Esmond Wright, *In Defence of the United Kingdom*），《当代评论》（*Contemporary Review*），第 274 卷 1599 期，1999 年 4 月，第 182 页。

② P. W. J. 赖利：《英格兰与苏格兰的联合》（P. W. J. Riley, *The Union of England and Scotland*），里特菲尔德出版公司 1997 年版，第 4 页。

获得特别的政治地位，实现分权甚至独立；二是当时人们对英国传统政党感到失望，对其互相争斗状况感到厌倦。[①]

1997 年工党大选获胜后，对苏格兰放权的承诺在当年 5 月举行的全民公决中兑现，建立在英国维护"国会主权原则"传统基础之上的《苏格兰法案》应运而生。2007 年，苏格兰民族党以一席优势取代了工党在苏格兰议会中的地位。2011 年，苏格兰民族党在地方议会选举中再度胜出，在 129 个席位中占到了 69 席，首次以多数党的优势执政，并随即要求英国政府进一步下放财权，迫使英国政府就苏格兰独立公决问题进行谈判。

为处理与苏格兰的关系问题，英国执政的保守党与苏格兰民族党进行了谈判。英国首相卡梅伦与苏格兰民族党领袖萨蒙德于 2012 年 10 月 15 日签署了《爱丁堡协议》，确定 2014 年 9 月 18 日实施公投，议题是："苏格兰是否应该成为一个独立国家。"

2014 年 9 月 19 日，苏格兰独立公投计票结果公布，55.8%，共计 1877252 名选民对独立说"不"。苏格兰政府首席大臣萨蒙德在苏格兰独立公投失败后宣布辞职。

苏格兰公投最终以独派的失败而告终，大不列颠王国在即将分裂的悬崖上刹住了车。无论今后历史的发展会带来怎样的结果，苏格兰模式将会对当今世界各国民族分离主义运动产生某种示范作用。

四 西方发达国家民族分离主义的基本特征

当代西方国家的民族分离主义既具有民族分离主义的一般特征，也具有不同于其他非西方国家民族分离主义的个别特征。

第一，以政治运动的手段来寻求民族分离目标是西方国家民族分离主义运动的特征。由于西方国家有着比较成熟的民主宪政体制和畅通的政治诉求渠道，不少国家的民族分离主义者是通过政治手段，和平地开展活动。他们通常都有合法的政党领导，斗争的手段主要采取全民公决、议会斗争、地方政治压力等民主方式进行，并且在本民族内具有相当广泛的群众基础。所以，基本上不需要采取极端、暴力和恐怖手段。政治运动型的

---

① 邝杨：《当代欧洲民族问题概观》，《西欧研究》1992 年第 1 期。

民族分离主义运动通常只可能发生在政治民主化程度较高的国家。以政治运动为分离手段的典型案例当推魁北克和苏格兰。在这种政治运动式的分离运动中，西方社会的多党制发挥了非常重要的作用。

第二，对多民族主权国家领土完整的挑战是所有民族分离主义运动的共有特征。任何一个国家的民族分离主义运动都伴有对领土的要求，没有一个民族会放弃自己民族赖以生存的土地，背井离乡去寻求独立。他们的要求是把民族世居的领土从当事国划分出来独立治理。西方国家的民族分离主义同样也不例外。

第三，西方国家的民族分离主义运动大多带有宗教冲突的特征。从本章考察的情况看，典型代表是北爱尔兰和魁北克的民族分离主义。

第四，西方国家的民族分离主义同样具有鲜明的族群分裂或民族冲突的特征。在当代世界政治体系中，多民族国家是民族国家存在的常见单位。当代世界上绝大多数族群冲突都是缘于不平等、分等级、分层次的民族关系。国家政权中心或国家机器或多或少地由主体民族或占人口大多数的民族把持着。主体民族往往利用自己的优势地位，拒绝承认其他的族群，或者扭曲其他族群的族裔特性，贬损其文化。这种民族关系的不平等恰恰是民族分离主义者用来动员本民族民众的最好借口。

第五，暴力和恐怖主义几乎成了当今世界民族分离主义运动的孪生兄弟，在西方国家的族群冲突中也屡见不鲜。由于民族分离主义运动的政治目标——无论是政治自治，还是主权独立往往都是单方面一厢情愿的行为，很难得到主流民意的认同，甚至会遭到现存民族国家政治秩序和强力机构的镇压。当民族分离主义者在和平手段达到政治目标无望的情况下，作为多民族国家中的弱势一方，往往会采用暴力袭击和恐怖主义的手段。运用暴力和恐怖主义手段的民族分离主义典型代表就是爱尔兰共和军、西班牙的埃塔组织和法国的科西嘉民族解放阵线。

第六，西方国家民族分离主义的产生具有超越民族国家的国际属性。虽然民族分离主义产生于国内土壤，但其发展和结果却深受其他民族国家或国际社会的制约与影响。大多数国家的民族分离主义运动兴起的原因，都是由国内政治因素决定的，是由国内不同群体和地区的关系所决定的。分离主义的核心推动力，通常来自该国具有领土认同、群体认同和文化认同的某少数族群。但是，国际因素也在西方国家民族分离主义运动中发挥着重要作用。

第七章　当代西方反全球化运动

一　全球化的历史进程与反全球化运动的兴起

20世纪80年代以来，全球化（Globalization，本章所讲"全球化"，一般意义上是指"经济全球化"）已成为当代世界一个客观的事实与趋势。与此同时，"反全球化"（Anti-globalization）运动作为全球化的伴生物也蓬勃兴起。时至今日，随着全球化进程的进一步加快、加深，反全球化的呼声也不时掀起高潮，并对当今的全球化进程产生了重要影响。面对如此情形，我们不禁产生疑问，在全球化已成为当今的时代潮流和特征，为什么还会出现如此众多反对全球化的声音？反全球化运动究竟是一种什么样的运动？它兴起的原因是什么？有何特征？实质是什么？影响怎样？对于正在积极参与经济全球化的中国来说，这是一个很有必要进行深入细致研究的课题。从另一角度来说，站在反全球化的视角，我们是否可以更清楚地看到全球化的多维表现，既看到其有利的一面，也可以看清其不利的一面。这不但有助于我们全面、客观、理性地认识与把握全球化，使我国在参与经济全球化的历史进程中可以做到趋利避害；而且还可以从反全球化的诉求中探索全球治理的有效途径和方法，从而更好地发挥中国的影响力。从此意义上来说，反全球化运动研究不仅具有迫切性和必要性，而且具有深远的理论意义和现实意义。

要了解反全球化运动，首先应对全球化要有一个较全面的认识和把握。反全球化运动是针对全球化而言的，它是对全球化的一种质疑、批评和反对；同时，反全球化运动也是兴起于全球化进程中，是全球化发展到一定历史阶段的产物。具体来讲，它是全球化进程中的矛盾和冲突不断凸显的产物。有学者甚至指出：如同一对孪生姐妹一样，"全球化与反全球化相伴而生", "反全球化是另一种全球化, 是全球化的产物"。① 所以, 只有先了解什么是全球化, 全球化的理论是什么, 全球化的历史进程及其后果如何, 我们才有可能对反全球化思潮及其运动兴起的背景和原因有比较全面的了解, 才可能对反全球化运动的性质和影响有比较全面的认识。

(一) 全球化与反全球化: 概念与理论

国内外有关全球化与反全球化的研究并不少, 但在许多问题上也存在着诸多争论, 包括一些基本概念和理论。比如, 什么是全球化? 什么是反全球化? 全球化理论与反全球化理论的内涵是什么? 对这些基本问题, 不同的学者站在不同的立场、代表不同的利益群体和社会关系, 进行了不同的诠释。那么, 如何解决这些争论, 构建一个有说服力的分析框架呢? 首先这就需要大家遵循一个同样的规则和认识。对此问题, 英国著名的全球化研究学者戴维·赫尔德 (David Held) 等人的观点对我们具有启发意义。他们提出, 在有关全球化研究中, 必须解决定义、原因、分期、影响以及全球化的轨迹等五个问题。"任何令人满意的全球化解释都必须提供: 一种前后一致的概念化; 对因果逻辑的合理解释; 一些明确的历史分期主张; 对全球化影响的明确分析; 以及某些对于过程本身发展轨迹的合理思考。"②这一主张是有道理的, 要求我们在思考、研究和分析问题时, 应该在合理的分析框架内进行。在这里, 我们首先应该区分、界定有关全球化与反全球化的概念和理论等问题, 在此基础上提出我们的看法。

1. 全球化与反全球化: 概念辨析

从词源学的角度看, "全球化"概念的产生大致有四种说法。一是"全球化"概念最早出现在美国人瑞瑟和戴维斯于1944 年出版的一本小册子里, 1961 年著名的《韦伯斯特英语词典》收录了这个词; 二是"全球化"概念最早是20 世纪 60 年代由"罗马俱乐部"提出来的; 三是"全球化"作为一个学术概念, 最早是由美国经济学家西奥多·莱维特 (Theo-

---

① 庞中英:《另一种全球化——对"反全球化"现象的调查与思考》,《世界经济与政治》2001 年第 2 期。

② [英] 戴维·赫尔德等:《全球大变革: 全球化时代的政治、经济与文化》, 杨雪冬等译, 社会科学文献出版社 2001 年版, 第 20 页。

dore Levitt）于 1983 年在《市场的全球化》① 一文中提出来的；四是"全球化"概念最早应用于国际经济学，它是由"一体化"转变而来的。②无论以上说法哪种正确，一个不容否认的事实是：自 20 世纪 80 年代后期开始，"全球化"术语已成为最流行的学术话语之一，也是当代社会最时髦的词语之一。不过，虽然几乎人人都在谈论全球化，但究竟什么是"全球化"，却莫衷一是，"几乎没有一个人肯花精力对这个捉摸不透的时髦词作出界定，或者至少对它的意义作出合理的界定"③。而对"全球化"概念进行梳理和界定，是全球化理论研究必需的前提。

从目前的争论看，"全球化"的概念具有模糊性和不确定性。有学者认为，"'全球化'这个概念具有多重含义，可以描述任何一种方式的国际关系和市场的国际化。就是在科学著作中，它也被理解为各种不同的内容，没有统一的定义。困难首先在于这个专业术语描述的既是一种状态，也是一种过程。不仅如此，人们还经常把全球化的后果也作为定义的一个组成部分。"④在"全球化"已成为当今世界流行词语、全球化研究论著可谓汗牛充栋的今天，对什么是全球化却还没有取得一致的认识。究其原因，一是由于全球化的概念所涵盖内容十分广泛，对其进行界定并没有统一的标准；二是由于个人或团体所处角度各不相同，研究者对全球化的认识也各不相同。因此，人们从不同学科、不同角度赋予它不同意义，结果在全球化定义问题上引起了诸多争论。意大利学者康帕涅拉（Campanella）甚至这样认为："全球化不是一种具体、明确的现象，全球化是在特定条件下思考问题的方式。"⑤由于不同的学者对全球化有着不同的理解，因此存在着不同的全球化概念。全球化是一个多学科概念，要将各个不同学科的全球化概念整合为一个统一的概念确非易事；不仅如此，全球化概念的界定还涉及阶级、观念和思想意识。

---

① ［美］西奥多·莱维特：《市场的全球化》（Theodore Levitt, *The Globalization of Markets*），《哈佛商业评论》（*Harvard Business Review*）1983 年 5—6 月。

② 徐艳玲：《全球化、反全球化思潮与社会主义》，山东人民出版社 2005 年版，第 2 页。

③ 张世鹏、殷叙彝编译：《全球化时代的资本主义》，中央编译出版社 1998 年版，第 2 页。

④ 同上书，第 3 页。

⑤ ［意］康帕涅拉：《全球化：过程和解释》，《国外社会科学》1992 年第 7 期。

由于"全球化"是一个能够涵盖一切的极为广泛的概念①，有关全球化的定义众多，不能一一列举，在这里只简要归纳如下。

全球化首先是经济的全球化，所以从经济视角出发，给全球化所下的定义主要强调经济全球化所带来的各国经济相互依赖和经济要素的自由流动。其中以国际货币基金组织（IMF）和欧盟委员会的定义具有代表性。"全球化是指跨国商品与服务交易及国际资本流动规模和形式的增加，以及技术的广泛迅速传播使世界各国经济的相互依赖性增强。"②"在商品和劳务交换，以及金融和技术流动的影响下，各国之间市场和生产相互依存不断加深的进程。这里所说的不是一种新现象，而是自古就开始演进的一种现象的继续。"③欧盟委员会认为，全球化与许多世纪以来各国之间经济联系的发展进程没有什么本质上的不同。

从哲学和社会学的视角来看，全球化是指时空的巨变、世界的压缩，以及世界成为一个整体的过程。英国著名学者安东尼·吉登斯（Anthony Giddens）认为，全球化"无论如何也不仅仅是、甚至不主要是关于经济上的相互依赖，而是我们生活中时空的巨变"④。全球化是"世界范围内社会关系的强化，这些关系以这样一种方式将遥远的地方联系起来：一地发生的事情受到千百里以外的发生的事件的塑造，反之亦然"⑤。英国社会学家罗兰·罗伯逊（Roland Roberson）指出，"作为一个概念，全球化既指世界的压缩，又指世界各国经济是一个整体的意识的增强"⑥。

从文化及文明的视角来看，全球化是指不同文化的相互渗透和融合，是不同文明的全球整合，最终形成所谓的全球文化。罗伯逊认为，全球化社会首先是一个多元社会化构成的全球化文化系统，当"人类共同体"

① ［丹麦］约翰奈斯·德拉格施巴克·施密特、雅克·赫什主编：《全球化与社会变化》（Johannes Dragsbaek Schmidt and Jacques Hersh, eds., *Globalization and Social Change*），劳特里奇出版社 2000 年版，第 228 页。

② 国际货币基金组织：《世界经济展望》，中国金融出版社 1997 年版，第 45 页。

③ ［俄］C. A. 坦基扬：《新自由主义全球化——资本主义危机抑或全球美国化?》，王新俊等译，教育科学出版社 2008 年版，第 2 页。

④ ［英］安东尼·吉登斯：《第三条道路——社会民主主义的复兴》，北京大学出版社 2000 年版，第 33 页。

⑤ ［英］安东尼·吉登斯：《现代性的后果》（A. Giddens, *The Consequences of Modernity*），剑桥大学出版社 1990 年版，第 64 页。

⑥ ［英］罗兰·罗伯逊：《全球化》（Roland Robertson, *Globalization*），塞奇出版公司 1992 年版，第 8 页。

"地球人"变成一种真切的存在,这就形成了一种"地球文化"。彭树智认为,"全球化的根本内涵是人类各种不同文明的交往";"全球化对文明交往而言,意味着各民族文化通过交往而在人类的批判中获得文化认同和文化资源共享"。① 乌·贝克·哈贝马斯甚至将"全球化"理解为"观念或思想的全球化"②。

从国际政治与国际关系的视角来看,全球化是一种新的世界体系的形成。这样的解释以沃勒斯坦(Immanuel Wallerstein)和弗里德曼(Thomas Friedman)的观点最具代表性。沃勒斯坦认为,研究社会变迁必须以社会体系为对象,而社会体系常常是超越国家和民族的,因此应该以一定的"世界性体系"为研究单位。现代世界体系就是资本主义经济体系,它起源于16世纪前后的欧洲,随后不断地向世界其他地区扩张,并最终实现全球化。但是,总有一天新的世界体系即社会主义体系终将会取代旧的世界体系。③弗里德曼认为,"后冷战世界已经终结……一种新的国际体系现已明确取代了冷战体系,这就是全球化"④。

从科学和信息技术的视角来看,全球化是借助先进的科技手段实现信息的瞬间传递以及促成全球网络化的形成。马歇尔·麦克卢汉(Marshall Mcluhan)是其代表人物,他通过对媒体的研究,预测到我们的这个世界将会成为一个"地球村"。

从上面所列举的全球化定义,我们知道,全球化的过程并非如一般所认为的那样,是一个单一的、同化的过程;相反,它是一个包含全球经济、政治和文化不断相互渗透、融合的多维发展过程。全球化是一个复数概念。因此,有多少门学科,可能就会有多少种对全球化的定义。⑤ 但是,这种从各学科出发的研究并不能概括全球化的整体内涵和全部特征,一些学者试图从宏观和较全面的视角定义全球化。例如,美国学者詹姆斯·米特尔曼(James Mittelman)提出了"全球化综合观"。他认为,"全球化不是单一的综合现象,而是过程和活动的综合化"。他强调,"综合

---

① 彭树智:《文明交往论》,陕西人民出版社2002年版,第370、41页。

② [德]乌·贝克、哈贝马斯等:《全球化与政治》,中央编译出版社2000年版,第59页。

③ [美]伊曼纽尔·沃勒斯坦:《现代世界体系》第1卷,高等教育出版社1998年版。

④ [美]倪世雄等:《当代西方国际关系理论》,复旦大学出版社2001年版,第480页。

⑤ [荷兰]让·内德文·皮特斯:《作为杂合的全球化》,梁展编选《全球化话语》,上海三联书店2002年版,第103—113页。

观"这个词意指全球化的多层面分析——经济、政治、社会和文化的综合分析，全球化是全球政治经济框架内人类活动环境特征的最高模式。从根本上说，全球化是"世界范围内的互动体系"，本质是全球政治经济一体化的趋势。①德国学者赖纳·特茨拉夫认为："全球化是一个极富讨论和争议的多含义多层次的概念，它是一种历史性的社会转型，包括多种相互交织的跨越边界的交流过程，这些过程在技术上已成为可能，政治上也为所有繁荣中心地区所要求。全球化应包括日益增加的资本、商品和人员的跨国流动，借助于新的通信技术从而变得更加密切的网络化，通过分散不同产地的商品生产和服务所形成的更为复杂的国际劳动分工，思想、概念、图像和消费方式及消费品的快速流通，不断增强的全球风险与危机意识，跨国机构和全球网络化，政治运动数量的上升及其意义的增强。因此，它涉及这些过程在纵向和横向即在国家、次国家和跨国家层次上的相互渗透。"②戴维·赫尔德认为："简单来说，全球化指的是社会交往的跨洲际流动和模式在规模上的扩大、在广度上的增加、在速度上的递增，以及影响力的深入。它指的是人类组织在规模上的变化或变革，这些组织把相距遥远的社会联结起来，并扩大了权力关系在世界各地区和各大洲的影响。"③英国学者安东尼·麦克格鲁（Anthony McGrew）对全球化作了如下描述：全球化是指超越构成现代世界体系的民族国家之间的复杂多样的相互联系和结合，它确指一种过程，通过这一过程，在地球某一地方的事件、活动、决定会给遥远的另一个地方的个人、群体带来重大影响。④

　　除此之外，还有一些西方左翼学者，是从资本主义的本质出发来界定全球化的，这就使全球化概念具有了鲜明的意识形态和阶级属性。例如，美国经济学家埃伦·伍德（Ellen Wood）认为，全球化是资本主义一个新的发展阶段，"它具有在世界更大范围内扩张、更为活跃的和比任何时候都更纯粹的形式"。这种把全球化作为资本主义一个新时期、新阶段的描述在其他作者那里也可以看到。布雷德索（W. M. Bledsoe）认为，全球化是

　　①　倪世雄等：《当代西方国际关系理论》，第482—483页。

　　②　［德］赖纳·特茨拉夫主编：《全球化压力下的世界文化》，吴志成等译，江西人民出版社2001年版，第4—5页。

　　③　［英］戴维·赫尔德、安东尼·麦克格鲁：《全球化与反全球化》，陈志刚译，社会科学文献出版社2004年版，第1页。

　　④　岳长龄：《西方全球化理论面面观》，《战略与管理》1995年第6期。

"电子时代的资本主义"、"全球的资本主义"、"新的全球殖民主义"。卡赞西吉（A. Kazancigil）认为，当今的全球化就是"势不可当的全球性资本主义加上新的信息和交流技术"。瑞士著名的社会学家、联合国粮食问题法定报告人齐格勒（J. Ziegler）也认为，当今全球化是"不受约束的资本主义"。加拿大著名经济学家瓦拉斯卡基斯（K. Valaskakis）认为，"不管你怎样绞尽脑汁，'私有化'似乎是表达当今全球化最奇怪和最贴切的同义词"。① 当代著名的马克思主义评论家阿里夫·德里克认为，"对全球化的最明显的解读就当今的现状来讲，它披着全球化伪装的外衣，作为资本主义现代性前景的空间拓展"②。德国经济学家赫贝特·吉尔施（Herbert Gills）认为，"'全球化'只是形容一个早就开始的、漫长的发展过程的新词汇：资本主义经济方式在空间方面扩展到了世界边缘"③。2000 年 4 月 13 日，德国《世界报》发表《全球化及其反对者》一文，指出："全球化就是工业国家一手策划的、不尊重人的赌博资本主义。"

俄罗斯著名学者、曾在联合国教科文组织担任重要职务的 C. A. 坦基扬认为："全球化是国际一体化经济体系形成的过程，国际一体化经济体系是在全球范围内，在积极鼓励最大限度的私有化和最小限度及越来越少的国家调节的前提下，在商品生产和服务、产权（包括知识产权）、贸易、交换、金融、外国投资、税收政策和货币汇率等领域，资本主义市场规律和机制自由发挥作用的体系。"④他认为，当今全球化不管被推向哪个方向，其意识形态都不会是中立的。

综上所述，"全球化"作为一个流行的概念或术语虽然是20 世纪晚期的事情，但作为一个客观的历史进程早就开始了。以上所列举的关于全球化的定义可以说，既有宏观的也有微观的，既有抽象的也有具体的，既有广义的也有狭义的。我们认为，对"全球化"概念表述得比较清晰和准确的是埃及学者萨米尔·阿明。他说在法语中，全球化有两个词 "mondi-

① ［俄］C. A. 坦基扬：《新自由主义全球化——资本主义危机抑或全球美国化?》，王新俊等译，第 3 页。

② ［美］阿里夫·德里克：《跨国资本时代的后殖民批评》，王宁译，北京大学出版社 2004 年版，第 192 页。

③ 马也：《历史是谁的朋友——全球化：定义、方法论和走向》，中央民族大学出版社 2003 年版，第 36 页。

④ ［俄］C. A. 坦基扬：《新自由主义全球化——资本主义危机抑或全球美国化?》，王新俊等译，第 4 页。

alisation"和"globalisation"来表述。前者指人类历史中朝向普及化、一体化和相互依存的强有力趋势，这是一种客观趋势和客观力量。而后者是指由占主导地位的资本来调解和利用这一客观趋势所造成的恶果，因为这种客观趋势基本上是在资本主义的一个体系中被摒弃或者被获得。这种主观趋势并不能单边地决定历史，而是由于战略因素才在历史中获得。①萨米尔·阿明对全球化概念的界定符合马克思的"世界历史"理论，马克思的"世界历史"理论中就蕴含着全球化的思想，尽管马克思时代还没有产生"全球化"这一概念。

按照马克思主义理论和方法论，我们可以从历史与现实、理论与实践、宏观与微观的辩证统一中来认识和解读全球化。第一，全球化是一个历史过程和一种发展趋势；第二，全球化是一个多维度的过程；第三，全球化是一个不平衡的发展过程。②在此认识下，我们认为"全球化"含义包括两种，即广义的全球化和狭义的全球化。广义的全球化主要指人类历史很早就开始演进的一种现象的继续，它是一个世界各国相互联系和相互影响日益拓展和加深的过程，即马克思所描述的世界历史的形成过程，这是一种历史的客观趋势。狭义的全球化开始于16世纪的地理大发现时期，也正是西方资本主义生产方式开始向全球扩张的时期。从16世纪开始直到现在，总体上讲，全球化一直处在资本主义主导下。在此过程中，全球化又分为具有不同特点的三个阶段（16世纪初到20世纪初、第一次世界大战结束到20世纪七八十年代、20世纪80年代以后），而在不同的全球化阶段，全球化具有不同的内涵和特征。20世纪七八十年代以来，世界经济政治向着国际一体化体系进一步演进，全球化有了新的变化和更加突出的特点。

在这里，我们所指的全球化是狭义的全球化，尤其特指20世纪80年代以来的全球化进程。它表现在与以前阶段相比，全球化出现了许多新特征、新变化，即全球化进程大大加速了，全球化进入了新的历史阶段——当代全球化时期。"在几乎所有领域，全球化的当代模式都不仅在量上超过了前面的各时代，而且也表现出无可匹敌的质的差别——从全球化如何

---

① 王逸舟：《全球化背景下的第三世界——萨米尔·阿明访谈录》，《世界经济与政治》2001年第2期。

② 刘金源等：《全球化进程中的反全球化运动》，重庆出版社2006年版，第10—12页。

组织和复制意义上讲。此外，我们认为当代是各领域、各方面的全球化模式实现了历史性会合与集中的独特时代，这些领域包括政治、法律和治理、军事事务、文化联系以及人口迁移，并且涉及经济活动的各个方面以及各国都面临的全球环境威胁。而且，在这个时代，交通和通信设施出现了重大创新，全球治理和管制的制度达到了前所未有的数量。"① 这里所说的全球化主要指 20 世纪 80 年代以来的全球化进程，我们所要考察的反全球化即主要针对这一阶段的全球化而言；相应地，反全球化运动所反对的即是当代全球化给人类带来的各种弊端和消极后果。以下所讨论的全球化就是指当代全球化。

何谓反全球化？反全球化是对全球化的一种质疑、批评和反对。反全球化包含了"反对""反抗""批判""不满""憎恨""抗议""抵制"等不同的意思。而反全球化运动兴起于全球化的历史进程中，是全球化进程发展到一定阶段的产物。当全球化发展到一定阶段以后，全球化进程中的矛盾与冲突日益凸显，由此孕育出声势浩大的反全球化浪潮。

由于全球化的概念十分模糊和宽泛，作为其相伴而生的反全球化也是一个难以确定的概念。可以说，它包括了所有与全球化相对的行为、思想和情绪，可以是对全球化的违背、破坏；可以是对它的反对、抗议；也可以指对它的反省、怀疑；亦可以指对全球化不满的情绪和态度。因而，反全球化既可指一种思潮，也可指一种运动，很难对反全球化的概念作出明确的界定。②中国学者庞中英认为，反全球化可能指对全球化的否定，对全球化片面性的批评，对全球化（跨国公司、自由贸易、科技创新与国际经济体系的全球扩张）的担心；也可能是对目前全球化代表的新阶段资本主义（即全球资本主义）的回击，或是对全球化加剧的贫富鸿沟、社会分裂、环境灾难的不满，等等，不一而足。③总之，所谓的反全球化，涵盖了种种由于各自立场和视角不同的人们，通过理论阐述或者实际抗议的方式对资本主义世界主导的全球化表达不同程度的不满和抗争。"反全球

① ［英］戴维·赫尔德等：《全球大变革：全球化时代的政治、经济与文化》，杨雪冬等译，第 589—590 页。
② 刘颖：《新社会运动理论视角下的反全球化运动》，复旦大学出版社 2013 年版，第 83 页。
③ 庞中英：《另一种全球化——对"反全球化"现象的调查与反思》，《世界政治与经济》2001 年第 2 期。

化"之"反"即包含了人们对发达资本主义国家主导的全球化的不满和反抗,代表了"不满""憎恨""批判""反对""抗议""抵制"及"反抗"等不同意思。①概而言之,从要求废除贫穷国家债务到保护发展中国家的文化和传统,从维护国家主权到反对新殖民主义,从反对新自由主义到反对资本主义,从反对跨国公司接管世界到建立一个没有公司支配的世界。正如西班牙《世界报》2001 年 7 月 21 日发表题为《透视反全球化运动》的文章所说的,"'反全球化'这一概念涵盖了从保护农业到捍卫一个没有军队的世界、免除贫穷国家债务、生态主义、无政府主义、反对资本主义等一系列丰富多彩的理念"。而国外一家反全球化网站所给的定义是:"反全球化是应对全球化趋势和它的有害影响、改造不可驯服的资本主义的民众运动。"②

　　其实,"反全球化"这一术语在最初使用时具有明显的贬讽之义,它是西方主流媒体强加给这一运动的一个否定性术语,真正抗议全球化的示威者很少使用这个术语。伊曼纽尔·沃勒斯坦就指出,"反全球化"这个标签似乎在给人造成这样的错觉:那些对全球化不满的人都是企图阻挡历史前进的怀旧人士。③也有人批评道,用"反全球化"这样一个标签是不适当的,因为这些专门爱唱反调的力量虽然强烈地反对全球化,但也热忱地呼唤全球正义和缔造全球社会。④还有人从全球化与反全球化相互关系的角度指出:"在反全球化的运动中,媒体有一些误导。其实,很多反全球化的运动本身就是全球化的,反对全球化本身对他们来说是没有意义的,他们其实是要倡导另外一种全球化,要求将可持续发展等要求整合到全球化中来。……这种运动可以改变人们的观念和心态,最后改变政府的行为。"⑤　那么,为什么大家最后仍使用"反全球化"这一术语呢?反全球化

---

①　李东燕:《反全球化运动的性质与特点》,《2003 年全球政治与安全报告》,社会科学文献出版社 2003 年版,第 193 页。

②　反市场化与反全球化网站:www. anti-marketing. com/anti-globalization. html,2013 年 5 月 20 日访问。

③　[美]伊曼纽尔·沃勒斯坦:《新的反体运动及其战略》,刘元琪译,《国外理论动态》2003 年第 4 期。

④　[美]查尔斯·德伯:《人高于利润》,钟和等译,中信出版社 2004 年版,"序言"第 7 页。

⑤　汪伟、刘擎:《我们究竟怎样理解全球化——美国著名社会学家曼纽尔·卡斯特教授在本报与上海学者的座谈》,《文汇报》2004 年 12 月 6 日。

运动也曾试图使用规范性用语，如"全球性的正义运动"，或"反对大公司的全球化"，"世界公民运动"，"超越全球化的运动"，"社会公正运动"等；不过在西方，由于在这些替代性用语中"没有一个能让人听起来四体通泰，没有一个听起来怡人心神，结果，我们在会议上听见发言者频频使用……'反全球化运动'这样的表述也就不足为怪了"①。

从实践来看，在西方媒体与公众争论中，"反全球化"只是一种总体的、概括性的称谓，通常情况下它与"反经济自由化""反资本主义""反全球经济""反公司全球化""反贸易自由化""反新自由主义""反美国化""反霸权主义"等提法差不多，在很多情况下可以通用。反全球化的这种富有多种含义的表述可以说恰当地表达了人们对当今世界现状的种种不满。正因如此，在通常情况下，"反全球化运动"又被称为"反资本主义运动""反（跨国）公司运动""反体系运动"，等等。

从本质上说，反全球化主要反对发达资本主义国家主导下的"主观的"全球化（乌尔利希·贝克称之为"主观战略"），反对这种全球化给世界带来的种种弊端和不良后果，而并不反对作为客观历史发展进程的全球化。正如菲德尔·卡斯特罗所说："我们不反对全球化，不可能反对，这是历史规律；我们反对新自由主义全球化，有人想把它强加给世界，它是持续不下去的，是必将垮台的。"②所以，"反全球化"概念也存在广义与狭义之分，广义的反全球化反对的是与全球化相关的、被认为是由全球化引起的一切领域的不合理现象；狭义的反全球化则是指反对某一方面、某一领域的全球化本身。在本文中，我们所指的反全球化是指广义的反全球化概念，而反全球化运动则主要针对的是 20 世纪 80 年代以来的当代全球化进程的问题。

2. 全球化理论的演进

任何一种理论的产生都有其历史背景，都是在实践的推动下产生并不断发展的。恩格斯指出："每一时代的理论思维，从而我们时代的理论思维，都是一种历史的产物，在不同的时代具有非常不同的形式，并因而具

---

① ［美］戴维·葛瑞柏：《反全球化运动与新新左派》，斯坦利·阿罗诺维茨、希瑟·高内特主编《控诉帝国：21 世纪世界秩序中的全球化及其抵抗》，广西师范大学出版社 2004 年版，第 448 页。

② ［古巴］菲德尔·卡斯特罗：《全球化与现代资本主义》，王玫等译，社会科学文献出版社 2000 年版，第 306 页。

有非常不同的内容。"①全球化作为一种客观的历史进程和社会实践活动，也有其自身的理论，全球化理论的形成即源于全球化进程的实质性推进。

全球化理论从宏观上说，是从全球化的角度对国际政治、经济、社会和文化等领域出现的一系列现象所进行的理论阐述。对此有人指出："众所周知，全球化理论不是一种理论，而是一个理论群，其中包含多种理论。从全球化在这些理论中的地位角度看，基本可以分为两类：一类是把全球化本身作为研究的对象；另一类是把全球化作为研究具体问题的重要参照背景，讨论背景与对象之间的互动关系。可以说，前一类是严格意义上的全球化理论，而后一类则是广义上的全球化理论。"②从学术探讨的角度，我们可以将其分为广义的全球化理论和狭义的全球化理论。广义的全球化理论包括所有涉及全球化问题的观点，分布在社会科学各个领域；狭义的全球化理论则是把全球化作为分析对象，按照严格的学术规范进行构建的一种系统思想。③ 这里我们所说的全球化理论多指广义的全球化理论。

全球化理论不仅是由多种理论构成，而且在不同阶段具有不同的内容。从全球化理论的演进历程来看，全球化理论的形成源于全球化进程的实质性推进，它是与真正意义上的世界历史的产生、世界体系的形成和发展相伴而来的。众所周知，世界上的各种文明往往有一套以自我为中心看待世界的方法，把世界作为整体来看待的方法只是在近代西欧才找到了实践的载体和检验的对象。可以说，世界进入整体发展的决定性转变发生于16世纪。从16世纪初开始，世界就开始了具有真正意义上的普遍交往和联系，于是就渐渐产生了整体性的世界即世界体系，产生了更高层次的历史即世界历史。直到第一次世界大战爆发的几个世纪中，资本主义通过海外贸易和殖民扩张完成了一统天下的局面。在此过程中，西方学者开始有意识地把世界视为一个有机整体，从各自角度表达对世界整体发展的认识。在这一时期，一些西方理论家如孔德、涂尔干、圣西门、亚当·斯密、大卫·李嘉图等人都曾考虑到全球化问题，但更多的还是"民族"主题多于"全球"问题。

第一次世界大战极大地改变了世界历史的发展进程，它使人们重新思

---

① 《马克思恩格斯全集》第 20 卷，人民出版社 1971 年版，第 382 页。

② ［英］戴维·赫尔德等：《全球大变革：全球化时代的政治、经济与文化》，杨雪冬等译，"译序"第 3 页。

③ 杨雪冬：《全球化：西方理论前沿》，社会科学文献出版社 2002 年版，第 15 页。

考资本主义的本质和世界的未来发展问题，由此形成了对全球化的新认识。在这些认识中，帝国主义论与国际关系理论中的理想主义学派具有代表性。19 世纪末，资本主义由自由资本主义发展到垄断资本主义阶段，即帝国主义阶段。列宁、希法亭、布哈林等人关于帝国主义的论述，重点就在于深入剖析资本主义的本质和全球扩张的原因与结果，指出了世界的美好前途是社会主义。而在真正的全球化理论产生之前，严格意义上说，只有国际关系理论是将世界作为整体进行研究的。理想主义学派强调建立国际组织和开展国际合作的重要性，认为健全国际法和国际公约可确保和平，在战争与和平问题上必须以国际集体安全体系作保障，重点强调的是国际间的合作对作为整体世界的重要意义。

第二次世界大战结束后，随着西方殖民统治的崩溃，世界发生了根本性变化。由此，全球化理论取得了突破性进展。在这种背景下，沃勒斯坦的世界体系理论和"罗马俱乐部"开创的全球问题研究应运而生，标志着真正意义上的全球化理论的出现，世界作为一个整体在理论上得到系统的研究。1974 年，沃勒斯坦的《现代世界体系：资本主义农业和 16 世纪欧洲世界经济的源起》一书是全球化理论发展的里程碑式的著作。

20 世纪 80 年代，全球化理论的发展有两个特点：一是对沃氏的世界体系理论进行批判和补充；二是各个学科开始全面关注全球化问题。哲学、政治学、经济学、文化学等学科尝试着把全球化纳入自己的研究议程之中，从各自角度研究全球化的特征和影响。各个学科的参与提供了使全球化理论成为一种跨学科理论的可能。事实的确如此，只有从跨学科、综合的角度看待全球化问题，才能深刻理解全球化的实质。90 年代的全球化理论又迈向了一个新阶段。全球化理论呈现出两大特征：一是把全球化进程看作文明发展和各种文化互动的进程；二是用文化、文明的概念来修补或替代既有的研究单位、概念。① 90 年代的全球化理论将更多的精力放在文明之间关系的研究上，这表明全球化理论更加关注人类的共同命运。

20 世纪 90 年代以来，全球化研究达到了高潮，政治学、经济学、社会学、历史学、文化学、哲学等几乎所有的人文社会学科都开始对全球化进行研究，并围绕有关全球化的几乎所有问题展开争论，由此形成了不同

---

① 杨雪冬：《全球化理论：粉碎"中心论"的桎梏》，《马克思主义与现实》1998 年第 4 期。

的理论派别。在这里，戴维·赫尔德等人的分类具有代表性。他们认为，在围绕全球化相关问题展开的激烈争论中存在着三个流派：极端全球主义者（hyperglobalizers）、怀疑论者以及变革论者（transformationalists）。实质上，其中的任何一个流派都是一种有特色的全球化理论———一种理解并且解释这个社会现象的尝试。①他们之间在看待"全球化"的概念、动力、产生的社会经济后果、对于国家权力和治理的影响，以及历史轨迹等方面存在着鲜明的区别。②

极端全球主义者主要以新自由主义者和激进主义者为代表。他们认为，全球化标志着人类历史的新时代。在这个时代，包括民族国家在内的各种旧的制度在经济全球化面前或者完全过时或者正在失去存在的基础，市场成为决定和解决所有问题的唯一力量。这种全球化观点一般把经济逻辑奉为圭臬，而且其新自由主义变种把单一全球市场的出现以及全球竞争规则赞美为人类进步的标志。全球主义者相信，市场的扩展推动了全球化的出现和发展，而全球化体现了市场的至上地位以及民族国家的消亡。

变革论的许多提倡者来自社会学领域。这些人把全球化看作一个社会变革过程，因此强调多维度的全球化和全球化的多种动因。变革论者的核心论点是：确信在新千年到来之际，全球化是推动社会政治以及经济快速变革的中心力量，这些变革正在重新塑造着现代世界和世界秩序。虽然全球化被认为是一种强大的变革力量，造成了社会、经济、治理的制度以及世界秩序的"大规模变动更新"。但是在变革论的解释中，这种"变动更新"的方向是不确定的，因为全球化被认为是一个充满矛盾的、本质上偶然的历史进程。变革论者认为，全球化正在改变着或者重构着国家政府的权力和权威，因此他们否认极端全球主义者的主权民族国家终结的说法以及怀疑论者的"什么也没有改变"的主张。相反，他们明确认为，新的"主权体制"正在替代着传统的国家状态，政府的权力不一定被全球化削弱了，相反正在被重组和重构。

怀疑论者主要以西方左翼学者为代表。他们力图通过历史比较的方法来证明全球化根本是一个神话。在怀疑论者看来，全球化必然意味着一种

---

① ［英］戴维·赫尔德：《全球大变革———三种全球化理论的分析与比较》，《马克思主义与现实》2000 年第 1 期。

② ［英］戴维·赫尔德等：《全球大变革：全球化时代的政治、经济与文化》，杨雪冬等译，"译序"第 3 页。

世界范围内完全整合的经济，而现在的事实并没有表明全球化的出现，充其量只是表明出现了高水平的国际化，当代全球化的程度被夸大了。怀疑论者认为，极端全球主义者的观点从根本上是错误的，而且在政治上也是幼稚的，因为它低估了国家管制国际经济活动的持久权力。国际化力量并没有摆脱控制，相反要依靠国家的管制权力来确保经济自由化的不断进行，国家依然是经济的主要范围和管理者。全球主义者宣扬的国家终结的观点不但夸大了事实，而且带有强烈的意识形态偏见。

对于为何会产生全球化理论的多样性，有学者分析指出：毫无疑问，全球化本身是一个复杂的历史现象，包含了诸多层面和维度。对于研究者来说，实际扮演的是观察者和参与者的双重角色。作为观察者，研究者应该与观察对象保持适当的距离，合理的距离创造了思考的理性；而作为参与者，由于自身地位、自身利益和各种社会关系的影响，又难以对全球化保持客观的认识态度。这种角色冲突造成认识上的两难困境集中体现为全球化认识和全球化理论的多样性和冲突性。[1]全球化理论的上述分野，既是论者们不同的利益、立场和所代表的社会关系的反映，也是全球化的复杂性与多样性的体现。

（二）全球化的发展历程

有关全球化的起始时间与全球化的定义一样，也存在着不同的认识和争论。全球化作为一个历史进程究竟始于何时？有人认为，全球化可以上溯至人类社会历史的初期；有人认为，1492 年哥伦布远航美洲大陆可视为全球化的开端，并认为 16 世纪地理大发现是全球新纪元的起点；还有人认为，全球化是第二次世界大战后，尤其是 20 世纪 90 年代出现的一种新现象。清楚地了解全球化的历史发展脉络，不仅可以推动全球化概念的规范化，而且对深刻认识全球化以及反全球化运动的根源大有裨益。在国际学术界，有关全球化的历史进程大致有以下几种观点。

全球化的历史久远说。有人认为，自从有了人类历史，全球化就开始了。美国学者罗伯特·赖特（Robert Wright）认为，"全球化的前景一直存在，不是从电报或蒸汽船发明才开始，甚至不是从文字或轮子发明开

---

① ［英］戴维·赫尔德等：《全球大变革：全球化时代的政治、经济与文化》，杨雪冬等译，"译序"第 2—3 页。

始，而是从生命初始就存在"①。俄罗斯联邦共产党主席久加诺夫认为，全球化进程随着人类历史的开始就产生了，"从历史上来说，这一进程开始于人类文明之初"②。

全球化的历史短暂说。持这种观点的人认为，全球化始于第二次世界大战以后，尤其是 20 世纪六七十年代以后。还有学者认为，全球化是 20 世纪 90 年代最新的全球性趋势。③

全球化的起始与资本主义的出现同步说。美国著名的马克思主义经济学家保罗·斯威齐（B. Sweezy）指出："全球化不是某种条件或现象，而是一种已经持续了很长时间的进程。自四五百年前资本主义作为一种活生生的社会形态在世界上出现以来，这一过程就开始了。"④

全球化只是一个神话说。持这种观点的人多为全球化的怀疑论者，英国学者阿兰·鲁格曼是代表人物之一。他认为，事实上，全球化只是一个神话，它从来没有真正发生过。⑤

（三）反全球化运动的兴起：背景与原因

任何一场社会运动的兴起，必然发生在一定的社会背景下，并有其相应的社会基础或社会根源。那么反全球化运动是如何兴起的？其背景与原因何在？对这一问题的探寻自然需要从全球化进程中去寻找，需要将该运动放到全球化的视野中予以考察。

全球化是一个全面而深刻的社会变迁过程，它对人类社会发展的影响是多重的。一方面，全球化加强了各国经济的交流与互补，推动了资源在全球的优化配置，促进了生产要素的高速流动，促成了新的经济生长点，由此促进了世界经济的发展和技术的进步。全球化也加强了各国在政治生活中的对话与合作，提供了为解决全球性问题而超越民族国家局限的政治

① ［美］罗伯特·赖特：《非零年代：人类命运的逻辑》，李淑珺译，上海人民出版社 2003 年版，封底。

② ［俄］根纳季·久加洛夫：《全球化与人类命运》，何宏江等译，新华出版社 2004 年版，第 8—12 页。

③ 侯若石：《经济全球化与大众福祉》，天津人民出版社 2000 年版，第 76 页。

④ ［美］保罗·M. 斯威齐：《关于全球化的多或少》［Paul M. Sweezy, *More or Less on Globalization*］，《每月评论》（*Monthly Review*）1997 年 9 月。

⑤ ［英］阿兰·鲁格曼：《全球化的终结》，常志霄译，生活·读书·新知三联书店 2001 年版，第 1 页。

机制与途径。全球化还使不同文化模式和传统相互认同、相互渗透、相互吸收，使不同民族、国家的交往更加普遍和广泛，促进了全球观念和全球意识的生成与发展。有人将 20 世纪 90 年代以来全球化的表现概括为下列几大趋势：信息化——地球越来越小，各国的交往越来越频繁，世界成为一个小小的"地球村"，各国经济联系日益紧密；市场化——各国经济发展普遍以市场为导向，并与国际市场接轨，商品的国内价格与国际价格日益趋同，国际市场成了资源配置日益重要的调节者；自由化——各国经济开放度日益扩大，世界市场越来越统一，各种人为阻碍逐渐被打破，生产资源的国际流动更加通畅；一体化——跨国公司和跨国经营在发展，企业跨国并购风潮日盛，国际分工日益加深，水平分工向纵深分工转化；集团化——各种区域性经济组织日益增多，成员国之间的经济合作和协调日益增强，游离于集团之外的国家越来越少。①

另一方面，经济全球化以前所未有的速度向前推进，在带来经济发展与社会繁荣的同时，也造成了各种消极和负面后果。对此有人指出："对某些人而言，'全球化'是幸福的源泉；对另一些人来说，'全球化'则是悲惨的祸根。"② 对全球化导致的负面效应，有学者归纳为几方面：全球化对国家主权提出了挑战，不同程度地削弱了国家的经济、政治、文化主权；在全球化条件下，各国、各地区间经济交往频繁，经济依赖性日益加强，一国内部或地区的经济波动及其弊端往往会扩散到世界，造成"多米诺骨牌效应"，增加了各国发展的脆弱性；当今全球化是由发达资本主义国家主导和推动的，发达资本主义国家是最大的受益者，而广大发展中国家在利用机遇和经受挑战的过程中具有更大的不确定性和风险性；发展中国家对发达国家的依附性不断增大。③不仅如此，全球化导致的负面效应还可以列出一张长长的单子：排在这个单子最前面的是巨大的失业人口，犯罪和暴力作为一种文化在流行，种族歧视与文明冲突，经济全球化对国内民主制度的打击，握有经济支配权力的人对政治的支配，公司追求自身利益对劳工权利与生态环境的破坏，当代标准的贫困人口的快速增长，财富及知识与教育分配的两极分化，极端主义（诸如恐怖主义）的蔓

---

① 程光泉：《全球化与价值冲突》，湖南人民出版社 2004 年版，第 1 章。
② ［英］齐格蒙特·鲍曼：《全球化：人类的后果》，郭国良等译，商务印书馆 2001 年版，第 1 页。
③ 刘曙光：《全球化与反全球化》，第 4 页。

延,人民对现有任何政治体制与模式丧失信心,金融危机的不断发生,战争的频发,劳动力流动与资本流动的不对称,劳动的权利(包括妇女的权利)受到侵害,等等。① 正是全球化所带来的这些负面影响和消极后果,在很大程度上为反全球化运动的兴起提供了土壤。我国有学者指出:"关于反全球化运动兴起的原因,一般地说,它源自当前的全球化在经济、政治、社会、文化等方面所表现出来的明显缺陷与不足。"② 前荷兰首相卢伯斯(R. F. M. Lubbers)也指出:全球化涉及两类后果。一类是客观上的,全球化产生了四种赤字:民主赤字、贸易赤字、环境赤字和社会赤字。另一类是主观上的,公众的反弹效应:不仅对全球化持反对态度,而且采取实际行动建立一些公共机构来反对全球化。③

1. 贫富分化严重、社会不平等加剧

全球化在带来利益的同时也带来风险,但利益的分享与风险的承担却并不均等,由此造成种种的社会不平等,这同时表现在国际层面和国内层面。从目前情况看,这种社会不平等最为突出地表现在贫富差距的日益扩大上。在很多人看来,这一切与全球化有密切的联系。他们认为,全球经济正在向一个赢家通吃的经济模型转变,也就是说,少数富人享受了全球的多数财富,而大多数贫困者拥有得更少,整个世界被分为两个更对立的阵营。④ 诺贝尔奖得主阿马蒂亚·森(Amartya Sen)指出:"全球化的关键问题是不平等,全球化面临的主要挑战与不平等有关。"⑤

贫富差距的扩大首先体现在国际层面上。主要表现为:发达国家与发展中国家之间的差距越来越大,全球范围内的两极分化趋势日益加剧。一端是高工资、高消费所导引的享乐主义盛行的发达世界,一端是发展明显滞后的不发达世界。整个世界关系被纳入零和博弈之中,其结果是:贫者愈贫,富者愈富。据有关资料统计,拥有世界 1/5 人口的高收入国家掌握着全世界 86% 的国民生产总值和 82% 的出口市场,而占世界 1/5 人口的最贫困国家仅占每一项的 1% 。人类 20% 的富有者消费着 86% 的各种商

① 庞中英:《全球化、反全球化与中国》,上海人民出版社 2002 年版,"导言"第 13 页。

② 郁建兴:《全球化:一个批评性考察》,浙江大学出版社 2003 年版,第 171 页。

③ 转引自向红《全球化与反全球化运动新探》,中央编译出版社 2010 年版,第 43 页。

④ [英]约翰·迈克斯威特、爱德瑞恩·伍德里奇:《现在与未来:全球化的机遇与挑战》,孙海玉译,经济日报出版社 2001 年版,第 241—242 页。

⑤ [印度]阿马蒂亚·森:《有关全球化的十个问题》,《国外社会科学文摘》2001 年第 9 期。

品和服务，而 20% 的贫困者只消费着世界财富的 1.3%。①另据世界银行的测算，20 个最富国家的平均收入已达到 20 个最穷国家平均收入的 37 倍，这一比率在过去 40 年中翻了一番，而且还在继续扩大。②根据乐施会一份新的报告，全球最富有的 85 人的财富总额，相当于世界上 35 亿最贫困人口所拥有的全部财产。③当代全球化发展的二三十年来，不少发展中国家的经济发展速度减慢。2000 年 9 月 23 日，英国《经济学家周刊》载文指出："抗议者们的说法是有道理的：第三世界的贫困状况是我们这个时代最紧迫的道德、政治和经济问题。"前世界银行行长沃尔森也不讳言全球化进程中贫富日益分化的事实，并指出："一个不公正的世界乃是一个危险的世界。"④第 44 届世界经济论坛达沃斯年会发布的《2014 年全球风险报告》中，在评估了 31 项全球性风险的严重性、发生概率和潜在影响力后，认为长期的贫富差距扩大将是未来十年最可能造成严重的全球性危害的风险。

贫富分化不仅体现在国际层面，而且也体现在不同类型国家的国内层面，即全球化在一国内部也造成严重的贫富分化。不仅表现在发展中国家内部，也表现在发达国家内部。

在发展中国家，全球化带来了严重的贫富差距和两极分化。例如，拉美虽然人均收入比亚洲和非洲要高，但却是发展中国家中最典型的贫富分化国家。有 2.25 亿拉美人民生活在贫困线以下，占总人口的 40.9%。最富有的 10% 占有着国民总收入的 48%，最底层的 30% 人口的收入不足 8%，其中最贫穷的 10% 人口只占有其中的 1.6%。⑤世界银行的一份资料显示，到 20 世纪 90 年代中期，巴西 1% 的最富有阶层拥有的总收入甚至超过了最贫困的 50% 人口的总收入；10% 的最富有阶层的平均收入是占总人口 40% 的最贫困阶层平均收入的 30 倍；10% 的最富有阶层的年平均收入达到 14 000 美元，而 20% 的最贫困阶层的平均收入还不到 1200 美元。⑥

①　徐艳玲：《全球化、反全球化思潮与社会主义》，第 67 页。

②　世界银行：《2003 年世界发展报告》，中国财政经济出版社 2003 年版，第 2 页。

③　新华网：《中国高收入在全球定位：与南非司机工资水平相当》，2014 年 1 月 24 日。

④　黄晴：《危险的失衡》，《人民日报》2000 年 11 月 15 日。

⑤　转引自李丹《反全球化运动研究——从构建和谐世界的视角分析》，九州出版社 2007 年版，第 82 页。

⑥　刘金源：《巴西社会两级分化问题及其成因》，《拉丁美洲研究》2002 年第 4 期。

　　在发达国家，随着全球化进程的加快，其内部也出现了相对贫困和边缘化现象，即所谓的"第三世界化现象""新贫民现象"。"就像19世纪一样，失业和贫穷重新出现，并且成为社会的结构象征；社会不稳定和社会排斥每天都在增长；资本收入在上升，而劳动收入在下降；工人通过几十年的斗争所赢得的保证现在都逐渐成为问题。"[①]不仅如此，发达资本主义国家与低收入国家劳动者间的直接竞争"也波及其工作可能通过遥感信息手段而处于'网络'状态的所有劳动者"[②]。资本主义社会一直以来以橄榄形的阶层分布引以为豪，但20世纪90年代以来出现了"中产阶级的哀歌"：人数减少、收入萎缩、失业压力增大。随着中产阶级的衰落，社会结构很有可能还原为二元对立的局面，而这也正是反全球化运动在西方发达资本主义国家愈演愈烈的主要原因之一。

　　例如，美国是西方国家中国内贫富差距十分突出的国家。法国经济学家、主要研究财富与收入不平等的托马斯·皮凯蒂(Thomas Piketty)在其引起轰动的新书《21世纪资本论》[③]中认为，现有资本主义制度并不能解决贫富差距不断增加的社会危机。他指出，过去几十年里，美国确实比欧洲更为平等。而如今美国的财富分配则比世界上几乎所有其他地方都更不平等。皮凯蒂在引用和分析了大量数据后指出，现代资本主义内在的运动定律往往倾向于不平等的结果。在美国，2010年最富的10%的家庭占有全国70%的财富；相比之下，最穷的50%的家庭仅拥有5%的财富。2012年，美国最富的1%的家庭拿走了22.5%的财富，这是1928年以来的最大值。据皮凯蒂的统计，2010—2012年几乎所有的收入增长都被1%的富人收入囊中。皮凯蒂将这种资本回报率高于经济增速时不平等加剧的情况称为"资本主义的核心矛盾"。美国的收入不平等在1950—1980年达到了最低。然而，自1980年以来，美国的收入不平等就开始迅猛扩大，最富的10%人群的收入份额从20世纪70年代的30%—35%上涨到21世纪头十年的45%—50%。这让人很自然地就会想到，这样的快速膨胀到底还能持续多久？美国总统奥巴马也表示，解决不平等和工资增长停滞问题是美国面临的最大挑战。

---

　　① [法]阿兰·伯努瓦：《面向全球化》，王列编《全球化与世界》，中央编译出版社1998年版，第16页。

　　② [法]F.沙奈：《资本全球化》，齐建华译，中央编译出版社2001年版，第21页。

　　③ [法]托马斯·皮凯蒂：《21世纪资本论》，巴曙松等译，中信出版社2014年版。

皮凯蒂认为，不平等的加剧是一个全球现象。1980年以来，澳大利亚、加拿大和英国这3个国家最富有的1%家庭占有的财富份额也在急剧上升。在21世纪第二个十年初，在多数欧洲国家，尤其是在法国、德国、英国和意大利，最富裕的10%人口占有国民财富达到约60%，最贫穷的50%人口占有的国民财富一律低于10%。皮凯蒂认为，整个世界目前正在向"拼爹资本主义"回归，在这种典型的资本主义制度下，贫富差距必然只会加大而不会缩小。

2. 民主的弱化与民主赤字的产生

当代全球化不仅使世界范围内的贫富分化与不平等加剧，而且在政治方面造成了民主的弱化与民主赤字的产生，这突出表现在国家主权受到冲击、民主制度受到威胁。

全球化在使各个国家间联系日益密切的同时，一定意义上讲，也使民族国家的地位和作用在减弱。这尤其对发展中国家影响明显，表现在国家主权面临前所未有的挑战。首先，在全球化的世界中，权力逐渐获得了跨国的、跨区域的甚至全球的向度，不仅主权神圣不可侵犯的观念正在受到挑战，而且国家正变成"分离的权力载体"。其次，全球化对主权国家体系构成了严峻挑战。作为一种不可分割的、地理上独一无二的公共权力，近代主权观念正在被新的主权体系所取代，其中主权被当作共同行使公共权力和公共权威。而在不同规模的公共权力机构中，主权被出卖、分享和分割了。因此，全球化损害了国家自治的能力，即国家自主性。再次，在损害自治原则的过程中，全球化触及了民主的本质。民主政府假设"国家、领土、民族、主权、民主与合法性之间存在直接的一致性"，然而在全球化的世界中，民主责任的传统结构"与现代社会经济生活的实际组织存在着尖锐的冲突"。最后，全球不平等的不断扩大加剧了民主与全球化之间的摩擦。全球化的影响制造了新的政治分歧与分裂，它们腐蚀了社会团结，强化了对民主的普遍幻灭感。国家间以及国家内不断加深的不平等也削弱了真正民主的发展基础。所以说，全球化存在着双重的民主缺陷。一方面，它加剧了作为地域上牢固统治体制的民主与全球市场行为和公司权力跨国网络之间的紧张关系。因为，如果政府丧失了控制跨国力量与表达其公民偏好的能力，那么，毫无疑问，民主的本质即自治就会受到损害。另一方面，在设法通过全球和区域治理机制以推动或管理全球化力量的过程中，国家创造了新的政治权威层，它们降低了人们的民主信心，并且与现存国家责任体系的关系也很模糊。①

在国内层面，民主制度的削弱尤其表现在选举政治领域的金钱操纵和过度强调市场的作用。在西方国家，国家政治越来越与大多数人民不相干。在竞选方面，选举越来越成为"有钱人的游戏"。不仅如此，经济业绩竞争、金钱角逐已成为政治生活中的常态。美国政论家查尔斯·德伯就把现行政治的民主称为市场民主："市场民主的基本原则是 1 元 1 票，真正的民主是 1 人 1 票。1 元 1 票是市场的逻辑，它与所有公民一律平等的民主真谛是对立的。1 元 1 票作为基本原则是天然的不民主，它使富人和穷人之间的鸿沟不断拉大，因为它给予富人更多的政治代表权。"②由此可见，这种让钱投票、让美元说话的方式是对现代民主政治的极大讽刺。

随着新自由主义的全球化，自由放任主义、市场经济万能论盛行。这一理论淡化、贬低国家宏观调控的职能。"它将效率视为最重要甚至是唯一的目标，大大压缩了公正、平等、环保等其他重要价值的实现空间……使得公民的健康、教育和民主的权利都不再受到国家保障，它的某些主张甚至倒退到了 17 世纪资本主义原始积累时期。"③ 而反全球化运动倡导用民主的人性化法则代替不道德的市场法则，建立一个更加公正、人道以及人人都能取得成就和掌握命运的、充分民主的社会。

总之，对于反全球化者来说，全球化有悖于民主原则。一是资本主义的全球化扩大了全球的"民主赤字"，使富者更强，更有发言权；穷者更弱，其声音更加微弱。加拿大学者指出：没有搞全球化的时候，市场的普及和民主的普及是并行不悖的；有了全球化但却没有一个全球管理机制来制约，两套决策系统势必相互冲突。事事都要美元说了算，显然是一种"民主赤字"。这与当今世界公认的价值体系不相称。④ 二是随着全球化的不断深入，作为政治合法性基础的民主政治被削弱了，越来越多的决策是由跨国机构作出的，并没有经过国内的广泛讨论，民族国家的政府只是起一个执行者的角色。三是贫富分化的不断加剧，作为民主的社会基础的

① 参见［英］托尼·麦克格鲁《走向真正的全球治理》，《马克思主义与现实》2002 年第 1 期。

② ［美］查尔斯·德伯：《人高于利润》，钟和等译，第 50 页。

③ 郁建兴：《全球化：一个批评性考察》，第 176 页。

④ ［加］基蒙·瓦拉斯卡基斯：《全球化如大舞台》，《国际社会科学杂志》（中文版）2000 年第 2 期。

中产阶级受到削弱，西方的民主制度受到威胁。皮凯蒂预测，工业化国家财富分配将会越来越不平等，这将对公正和公平的民主价值观产生深刻而恶劣的影响。

3. 文化发展的美国化与文化价值的西化

文化是维系一个国家和民族的精神纽带，与一个国家和民族的命运休戚相关。但是，随着全球化进程的迅猛推进，发展中国家的价值观念和文化模式遭受到很大侵蚀。发达国家在向发展中国家输出资本和技术的同时，也可能输出发达国家的价值观念、意识形态和社会制度。尽管这种价值观念和文化模式的影响与以往传统的直接干涉别国内政的情况有所不同，但在以经济利益为诱饵的条件下，它却更会产生潜移默化的影响。更不用说，互联网的发展为这种资本主义文化的强势传播创造了条件。可以说，在全球化进程中，发达国家与发展中国家必然存在着文化的冲突，文化帝国主义的强化已成为全球文化发展的新问题。有人甚至指出："今天，全球互动的中心问题是文化同质化与文化异质性之间的紧张关系。"[1]

在这里，美国的文化霸权主义是其代表。亨廷顿指出："文化在世界的分布反映了权力的分布，文化几乎总是追随着权力。"[2]美国凭借其强大的经济、科技、政治和军事实力，以报纸、书籍、电脑软件、电影电视、互联网等手段，强力推行自己的文化，潜移默化地影响着全球化进程中其他国家的文化模式。随着全球化进程的加速，在世界许多地方出现了文化发展美国化的趋势。在像法国这样的发达国家，民众也开始抗拒美国文化的影响，以防范本土文化的美国化。美国的一位社会学家就指出：美国流行文化的传播是长久以来人们为实现全球统一而作出的一连串努力中最近的一次行动。它代替了罗马帝国和基督教徒推行的拉丁语。[3]可见，美国试图通过推行文化霸权主义，使其他国家的文化美国化。

文化领域的斗争是一场没有硝烟的战斗。正如萨义德所说："文化成了一种舞台，上面有多种多样的政治和意识形态势力彼此交锋。文化绝非什么心平气和、彬彬有礼、息事宁人的所在；毋宁把文化看作战场；里面

---

① 汪晖、陈燕谷：《文化与公共性》，生活·读书·新知三联书店1998年版，第527页。

② [美]塞缪尔·亨廷顿：《文明的冲突与世界秩序的重建》，周琪等译，新华出版社1998年版，第43页。

③ 转引自刘曙光《全球化与反全球化》，第120页。

有多种力量崭露头角，针锋相对。"① 但是，文化的交流又具有极大的不平等性，文化全球化在很大程度上说仍然是西方特别是美国文化的输出与传播。这是因为，在全球化进程中，由于通信与信息技术的发展和资本的全球化流动为文化的广泛而迅速的传播提供了工具和载体，强势的西方国家借此将其意识形态和价值观念推销给发展中国家，使得发展中国家的民族文化受到威胁。再者，在当代全球化过程中，西方发达国家占据主导地位，西方发达国家的意图是确立自己对整个世界的绝对统治地位。因此，必须用自己的价值观念、思想意识、政治制度来规范其他民族和国家。凭借其先进的传媒和经济实力，发达资本主义国家通过文化霸权的扩张方式输出自己的价值观念、思维模式和生活方式，由此在世界造成了文化价值的西化倾向。

4. 环境破坏、生态恶化

全球化被广为批评的一点是导致了全球生态环境的急剧恶化。这不仅表现在各种生态环境问题的出现，如环境污染、水土流失、土地沙漠化、资源枯竭、温室效应、臭氧层破坏等，更表现在生态环境问题从局部性、区域性开始向整体性、全球性转变。

古巴领导人菲德尔·卡斯特罗在《全球化与现代资本主义》一书中这样质问道："资本主义和新自由主义的全球化带给了我们什么？"除了大量的贫困、饥饿、疾病、死亡外，"生态环境遭到无情的、几乎不可逆转的破坏；不能恢复的重要资源正在迅速被浪费和消耗；大气、地下水、河流、海洋受到污染；气候的变化已经带来了不可预言的、明显的后果。21世纪，10万公顷的原始森林消失了，还有同样面积的土地变成了沙漠或无用的土地。"② 吉登斯认为，全球化造就了一个失控的世界，集中体现为风险社会的形成、后传统秩序的浮现和日常生活的变革。他指出："千百年来，人们所担心的，是自然界可能会对我们产生不可抗拒的影响。但人类进入全球化时代后，我们不再那么担心自然界可能会对我们带来的不幸，而是开始担心我们已经给自然界造成了危及我们生存的严重后果——环境污染、生态破坏、水资源枯竭、温室效应与全球气候变暖、土地沙漠

---

① ［美］萨义德：《文化与帝国主义》，《马克思主义与现实》1999 年第 4 期。
② ［古巴］菲德尔·卡斯特罗：《全球化与现代资本主义》，第 54—55 页。

化、各种疾病流行……"①可以说，全球化已经成为全球性生态环境问题产生的重要原因。赫尔德就认为，"当代环境退化形式比人类历史上任何其他时候都更具有全球性，而且它们对人类生命造成的一系列危害和威胁具有最重要的历史意义"②。

全球化造成的全球性环境问题主要体现在以下几个方面。

全球变暖　温室气体的大量排放，引起了地球平均气温上升，使得全球变暖。而气温升高导致的后果将会使南极冰山融化，造成海平面上升，淹没大片土地，严重威胁沿海国家的生存与发展。而且还会引发飓风、海啸、洪涝及干旱等灾害性天气，给人类造成重大的灾难。

大气臭氧层的破坏　臭氧层的作用在于可以阻挡过多的紫外线对人体和其他生物的侵害，保护地球物种的生存。随着全球化的发展，臭氧层已经遭到破坏，在南极、北极等地上空都出现了臭氧层空洞，这意味着地球上的生物将受到强紫外线的直接威胁。一些生物将由此失去繁殖能力，农作物将急剧减产，人类健康也将遭受重大损害。

森林减少　森林砍伐过度，导致森林面积的大量减少，这将加剧温室效应。尤其是热带雨林的过度砍伐与破坏，更是造成了洪水泛滥、水土流失严重、土地沙漠化、生物多样性程度下降、温室气体排放净值的上升以及水资源的短缺。

土壤沙化　滥砍滥伐、过度垦殖、过度放牧严重破坏了土地植被，土壤逐渐沙漠化，这是全球生态平衡遭到破坏后产生的最严重的后果之一。在过去的五十多年里，世界范围内可耕地大幅度减少，全球正面临着土壤沙化的威胁。

水资源枯竭　工业废水、生活污水、农药和化肥污染使河流变成阴沟、湖泊变成污水池；滥垦滥伐造成大量水分蒸发和流失，人类正面临水资源的枯竭。另外，在发展中国家许多人缺乏安全的饮用水，患有由于饮水问题而引起的疾病，不少人因此丧失生命。

物种多样性丧失　土壤沙化、热带雨林的减少使得全球生物以前所未有的速度从地球上消失，许多物种已经灭绝或正面临灭绝的危险。

---

①　［英］安东尼·吉登斯：《风险社会的政治》，《现代性：吉登斯访谈录》，新华出版社2001年版，第190—191页。

②　［英］戴维·赫尔德等：《全球大变革：全球化时代的政治、经济与文化》，杨雪冬等译，第567页。

污染严重　西方发达国家打着在发展中国家投资办厂的旗号，进行着污染产业的跨界转移；还有一些发达国家将危险废弃物和有害垃圾出口到发展中国家，从而造成了污染的全球扩张。而随着全球化进程的加快，工业生产和居民生活向自然界排放的废气、废液、固体废物增多以及农业中农药的大量使用，严重污染了空气、河流、湖泊、海洋和陆地环境。污染直接导致渔业产量的下降、土壤肥力的退化与农业生产力的降低，严重威胁人类的生命安全。

5. 全球性问题的出现

全球化还在世界范围内造成了众多全球性问题的产生。南北差距扩大问题、失业与难民问题、艾滋病与毒品问题、债务与粮食危机问题、世界经济风险性增强的问题，以及人口爆炸、环境污染、生态失衡、资源危机、战争与核扩散、恐怖主义等问题，无不与全球化有着密切的关系。

以上诸多问题的出现，正是反全球化运动兴起的原因。

二　反全球化运动图景

我们认为，反全球化运动包含两种基本形式：理论层面的反全球化形式与实践层面的反全球化运动形式。理论层面的反全球化表现为：专家、学者以及政治家通过著书立说或发表言论等方式，表达自己对全球化的质疑、批评和反对。实践层面的反全球化运动表现为：通过举行街头游行示威、论坛集会等活动，针对和抵制推进全球化的各种国际会议，表达和发泄对全球化的不满。正是理论层面的反全球化思潮和实践层面的反全球化的具体行动共同构成了世界反全球化运动的图景。

（一）反全球化思潮

就在全球化处于西方主流社会的一片赞美声中时，质疑和批评之声也随之而起，并形成了一股反全球化的理论思潮。一些专家、学者和政治家成为这一反全球化理论思潮的积极参与者和推动者，他们通过著书立说或发表言论等形式来表达对全球化的质疑、批评和反对。这是一种从理论高度和思想深处质疑全球化的思潮，它体现的是一种更加深入的反全球化运动。西方左翼力量无疑是这场反全球化理论思潮的主角。

关于全球化问题的学术争论中，一个很重要的问题是，全球化是否为一种客观存在？对此问题的不同回答，形成了全球化理论的不同派别。对于经济全球化这一问题，怀疑论者是否认全球化的客观存在的。他们认为，经济全球化既不是一个既存事实，也不是将来的发展趋势。保罗·赫斯特和格雷厄姆·汤普森通过对国际经济史的考察，认为所谓的经济全球化只是一个神话。在他们看来，"在某些方面，当前的国际经济还不如1870年至1914年时期流行的制度开放和一体化。真正的跨国公司显然还比较少见，大部分公司以民族国家为基础开展生产和销售。资本自由流动并没有造成投资和就业从先进国家向发展中国家的大规模转移，世界经济远不是真正的'全球'经济，贸易、投资和金融流动集中在欧洲、日本和北美三大集团"①。阿兰·鲁格曼也认为，全球化只是一个神话，它从来没有真正发生过。因为国际贸易和跨国公司已经存在了近两千年，所谓的经济全球化只是一种在美国、欧洲、日本三级体制内的资本扩张式的区域性经济行为。"跨国企业的表现和活动证明了国际贸易是基于三级关系的，并且是和三级关系密切相关的。……它们当中几乎没有真正的全球战略，跨国公司实际上是依照三级关系来组织生产、销售和其他商业活动的。""国际贸易的将来更是如此，并没有全球化的趋势。"② 他甚至建议公司管理者应该做到："思维区域化，行动本地化，忘掉全球化。"③

如果说，从根本上否认全球化存在的怀疑论者的观点多少有些武断、片面、有失偏颇的话，那么更多的声音则从全球化发展的这种趋势可能引发的不良后果出发，表示怀疑和反对。德国《明镜》杂志的两位记者汉斯—彼得·马丁（Hans-Peter Martin）和哈拉尔特·舒曼（Herald Schuman）在《全球化陷阱——对民主和福利的进攻》中，全球化对发达国家有两个十分明显的负面影响，即对"民主和福利"的进攻及其所造成的危害进行了考察。他们指出，随着全球化的不断深入，作为政治合法性基础的民主政治被削弱了，越来越多的决策是由跨国协商机构作出的，并没有经过代表民众的议会讨论，民族国家的政府只是扮演一个执行的角色而已。"民主国家于是就名存实亡了，全球化把民主推入陷阱。"而福利制度更是面临着前所未有的挑战，各国为了提高在全球经济中的竞争力而大幅削减福

①　［英］保罗·赫斯特、格雷厄姆·汤普森：《质疑全球化：国际经济与治理的可能性》，张文成等译，社会科学文献出版社2002年版，第2—3页。

②　［英］阿兰·鲁格曼：《全球化的终结》，第271页。

③　同上书，第22页。

利开支，使得迄今为止的社会福利国家正迅速消耗自身凝聚力的社会资源，其速度比生态资源的消耗还要快。①

格拉德·博克斯贝格（Gerald Boxberger）和哈拉德·克里门塔（Harald Klimenta）的著作《全球化的十大谎言》②，通过对全球化的欺骗性宣传与实际后果之间的比较，尤其是通过比较欧美国家如德国的状况后，揭示出全球化的种种现实危害。他们指出："全球化是不可阻挡的""社会福利国家代价太大""全球化是解决失业问题的机会""国家过多地干预了经济""发展中国家从全球化中受益"及"全球化给世界带来多样化"等话语是全球主义者人为编造的一整套谎言。但是，仅仅对全球化的危险和对新自由主义经济政策"谎言"的认识并不能促使改革的实施，他们呼吁人们组织起来，积极采取行动与全球化做斗争。"积极行动的人越多，就越有效果。"

在对全球化的猛烈批评和抨击中，左翼学者是主要力量。左翼学者中，著名的马克思主义学者阿里夫·德里克指出："对全球化的最明显的解读就当今的现状来讲，它是披着全球化伪装的外衣，作为资本主义现代性前景的空间拓展。"③ 赫斯特和汤普森则认为，所谓全球化不过是现代资本主义对发展中国家进行殖民地式剥削的另一种形式。④ 萨米尔·阿明更是提出了"'全球化'成为帝国主义的同义词"这种"新帝国主义论"。他认为，与传统帝国主义一样，新帝国主义的本质特征之一仍然是垄断。⑤英国学者汤林森（Tomlinson）在其《文化帝国主义》一书中也认为，全球化实际上是资本主义现代性的扩张，而"现代化确实是一种文化强制的形式"并且实际上涉及了文化支配的现象，这种文化扩张就是一种典型的"文化帝国主义"。⑥而新加坡前总理吴作栋明确指出：全球化是一个西方的思想观念，并明显带有美国政治经济影响的烙印。全球化不仅是发达

---

① ［德］汉斯—彼得·马丁、哈拉尔特·舒曼：《全球化陷阱：对民主和福利的进攻》，张世鹏等译，中央编译出版社 2001 年版，第 13 页。

② ［德］格拉德·博克斯贝格、哈拉德·克里门塔：《全球化的十大谎言》，胡善君等译，新华出版社 2000 年版。

③ ［美］阿里夫·德里克：《跨国时代的后殖民批评》，王宁译，第 192 页。

④ ［英］J. 贝利斯、S. 史密斯编：《世界政治的全球化》（J. Baylis and S. Smith, eds., *The Globalization of World Politics*），牛津大学出版社 1997 年版，第 5 页。

⑤ 俞可平主编：《全球化与政治发展》，社会科学文献出版社 2003 年版，第 81—84 页。

⑥ ［英］汤林森：《文化帝国主义》，冯建三译，上海人民出版社 1999 年版，第 317 页。

资本主义国家推销其自由经济发展模式的过程，而且也是西方资产阶级推销其价值意识形态的过程。许多人认为，美国是当代全球化的主要推动者，全球化因此深深地打上了美国的烙印。久加诺夫就将此称为"美国式全球化"。这种全球化是践踏别国主权、民族特性、历史文化的全球化，是以美国为主导的西方意识形态的全球化，是美国四处插手、谋求世界霸权的全球化，其目标非常清楚：用压路机压平一切民族差异，使一切都归于统一标准和归为一类。久加诺夫指出："美国式全球化是依靠各国人民生活的非现代化和原始化来实现的特权全球主义。"它造成的恶果必然是"使地球上80％的居民变成只为'上等人'服务、为保证所谓'金十亿'生活最高标准的劣等人和'次等人'"①。还有人指出："迄今为止的经济全球化仅仅是资本运动的全球化，而非经济福音的全球化。西方资本的大规模跨国运动将世界的生产和交换活动连为一体，但从世界性的生产和交换活动中产生的经济利益，却没有在全球呈现正态分布。资本流向世界，利润流向西方。西方是经济全球化的最大的赢家，第三世界却在可悲地扮演着输家的角色。"②

在发达国家，也有一些政要对全球化带来的弊端进行了抨击。例如，法国前总统希拉克在2001年7月19日的《费加罗报》上撰文指出，民主国家不能仅做全球化的旁观者，而要驯服它，伴随它，使它人性化。德国前总理施密特在《全球化与道德重建》一书中，表达了他对全球化的忧虑。他认为，全球化一方面导致世界各国的交往更加密切，另一方面也导致一些传统的基本价值正在丧失。他指出，没有道德的交易是一种社会罪恶，而没有基本价值的政治必然是没有良知的政治。③ 联合国前秘书长安南在达沃斯世界经济论坛第29届年会上指出："国际社会必须做出选择，是建立一个仅由短期利润额驱使的全球市场，还是一个负责任的全球市场，是创造一个使人类1/4人口陷入饥饿与贫困的世界，还是一个使每个人至少有一次机会在健康环境中取得成功的世界。"④ 联合国开发计划署在

①　［俄］根纳季·久加诺夫：《全球化与人类命运》，第134页。

②　房宁、王晓东、宋强：《全球化阴影下的中国之路》，中国社会科学出版社1999年版，第269页。

③　［德］赫尔穆特·施密特：《全球化与道德重建》，柴方国译，社会科学文献出版社2001年版。

④　李驭编译：《全球化：双刃剑》，《经济参考报》1999年7月23日。

2002 年发布的人类发展报告中，对全球化作出了这样明确的评价："虽然全球化加深了相互依赖，但世界却表现得越来越分裂。一面是富人，而另一面却是穷人；一面是超级强者，而另一面却是弱势群体；一面是欢迎新的世界经济到来的人，而另一面却是要求走其他发展道路的人。"①

　　从以上对全球化的质疑、批评甚至抨击中可以看出，人们主要是在批评全球化带来的弊端，要求一个公平有序的全球化。反全球化主要针对的是全球化所带来的负面影响，反对资本统治世界的全球化。

（二）实践层面的反全球化运动

　　西方学术界一般将发生于 1999 年年底反对世界贸易组织第三次部长级会议的"西雅图风暴"视为反全球化运动兴起的标志。我们认为，反全球化运动的初始阶段可以追溯至 20 世纪 90 年代中叶。②

　　1. 反全球化运动的初步形成阶段

　　这一阶段主要是指 1999 年年底西雅图抗议运动之前爆发的一系列反全球化运动，时间自 20 世纪 90 年代中叶开始。具体表现为：反全球化活动较为零散，规模较小，主要发生在西方国家，没有引起国际主流媒体的关注。

　　1994 年，在西班牙马德里召开了世界银行和国际货币基金组织成立50 周年庆祝大会，来自发展中国家的非政府组织建立的联合体，组织近千名反全球化人士举行抗议游行示威活动，并打出"50 年就足够了"（50 Years is Enough）的标语，反对两大国际经济组织提出的经济结构调整方案，以表达他们的不满和反抗。

　　1995 年 10 月，在美国华盛顿召开了世界银行和国际货币基金组织年会，一千多名反全球化人士举行游行示威活动。抗议者们要求提高世界经济组织运作的公开性和民主性，要求实现平等的发展、停止对环境的破坏、削减第三世界的债务等。

　　1998 年 5 月末，在瑞士日内瓦召开了世贸组织部长级会议。开幕式当天，一万多名反全球化人士举行游行示威活动和打砸行为，持续了三

---

　　①　［俄］C. A. 坦基扬：《新自由主义全球化——资本主义危机抑或全球美国化?》，王新俊等译，序言。

　　②　有关这一部分，笔者主要参考了以下著述：刘金源等《全球化进程中的反全球化运动》；李丹《反全球化运动研究——从构建和谐世界的视角分析》；刘颖《新社会运动理论视角下的反全球化运动》；向红《全球化与反全球化运动新探》；郁建兴《全球化：一个批评性考察》等。

天。这次抗议活动的最重要的组织者是"人民全球行动"（People's Global Action），他们反对世贸组织所推行的贸易自由化。

1998年5月，在英国伯明翰召开的八国首脑会议期间，约5万名来自世界各地的抗议者手挽手组成9千米长的人链，高喊"打破债务锁链"、"债务侵夺生命"等口号举行示威活动，要求西方发达国家取消第三世界国家的债务。

1999年6月18日，在德国科隆召开八国经济峰会。与此同时，一场名为"反对资本的狂欢节"（Carnival Against Capital）的全球行动在科隆进行。有四十多个国家的一百多个城市也爆发了游行示威活动。这次反全球化的抗议浪潮波及发达国家或地区的许多中心城市，如伦敦、旧金山等，不少发展中国家也爆发了游行示威活动。①这次抗议示威活动被视为"第一次全球重大行动"，成为反全球化运动的标志性事件。

1999年6月，英国伦敦爆发了反对伦敦商业区金融机构的万余人抗议活动，打出了"我们要全球生态保护，不要全球自由经济""全球化，当心点，人民不会放过你"的标语。游行队伍与警察发生冲突，骚乱中有42人受伤，财产损失高达100万英镑。"反资本主义"这一新名词首次见诸报端。

1999年11月，在世贸组织西雅图会议召开的前三天，巴黎、里昂、马赛等十多个法国大城市出现了大规模的示威游行活动，以反对"世界商品化""经济世界化""利润私人化"。"反资本主义"一词在世界范围内迅速传播开来。

总之，1997年东南亚金融危机后，反全球化活动在全球范围内更加频繁，无论是发达国家还是发展中国家或地区，反全球化抗议活动此起彼伏，没有停息。

2. 反全球化运动的发展阶段

这一阶段的反全球化运动从1999年11月30日的"西雅图之战"② 开

---

① 《反全球化：一种在扩大的现象——观点：加拿大安全情报机构出版物》（*Anti-globaliza-tion：A Spreading Phenomenon*，*Perspectives：A Canadian Security Intelligence Service Publication*），2008年第8号报告，2000年版。

② ［美］玛格利特·利瓦伊、戴维·奥尔森：《西雅图之战》（Margaret Levi and David Ol-son，*The Battles for Seattle*），《政治与社会》（*Politics and Society*）总128卷，2000年第3期，第283页。

始，一直持续到 2001 年 7 月的奥地利萨尔茨堡的东欧世界经济论坛。主要表现为：反全球化抗议事件频发，参与人员数量众多，规模不断扩大，斗争方式更加多样，影响力持久。这表明反全球化运动进入了一个全新的发展阶段。

1999 年 11 月 30 日至 12 月初，在美国西雅图召开了世贸组织部长级会议，会议议程是进行新一轮多边自由贸易谈判。会议内部南北国家分歧严重，而会议外掀起了声势浩大的反全球化示威活动。来自不同国家和地区的约 700 个非政府组织和 5 万多名抗议者举行了规模宏大的反全球化抗议示威活动。抗议者占据交通要道，并组成人墙阻拦各国代表前往会场，并高呼"不要 WTO""不要谈判，掉头回去！"等口号。抗议活动迫使原定的盛大开幕式被取消，使会议延期到 12 月 3 日。一些示威者砸毁了体现经济全球化的麦当劳餐厅，打破附近商店的玻璃，并与警察发生冲突，警方随即宣布处于紧急状态并实行宵禁。在冲突中，警察使用催泪瓦斯、橡皮子弹、胡椒喷雾剂等驱散人群，六百多名示威者被捕，多人受伤，造成财产损失 300 多万美元。美国工会组织和环保主义者是这次抗议活动的主角，还有小农场主、人权与和平主义者、宗教人士、土著人等大批反全球化积极分子参与其中。会议最后无果而终。作为一次标志性事件，"西雅图之战"使"反全球化运动"一词开始被媒体和学界广泛使用。

2000 年 1 月 20 日，在美国总统布什就职典礼仪式上，数万名群众举行了近 20 年来最大规模的总统就职抗议活动，抗议小布什就任美国总统。

2000 年 1 月 27 日，在瑞士小镇达沃斯召开世界经济论坛（WEF）年会。一千多名来自世界各地的反全球化抗议者抵达达沃斯，抗议世界经济论坛的召开。示威者试图冲击会场，121 人被警方逮捕。

2000 年 2 月 14 日，在泰国曼谷召开联合国贸易与发展会议，数千名反全球化人士举行了示威游行活动，谴责世界银行、世界贸易组织和国际货币基金组织，要求这三大国际经济机构立即采取行动，缓解全球化给发展中国家带来的负面影响。

2000 年 3 月，在捷克首都布拉格召开了国际货币基金组织年会，数万名来自欧美各地的抗议者包围了会场，阻断了交通，强烈反对国际金融资本推行的全球化计划，并与警察发生了激烈的冲突，沿街商店遭到严重破坏。

2000 年 4 月 16 日，在美国华盛顿召开了世界银行和国际货币基金组织年会，约 2 万名全球化抗议者举行游行示威活动，谴责跨国公司盘剥劳工、破坏环境的行为，指责这两大国际组织已沦为一小撮跨国公司的工具，并要求建立一个没有"公司支配"的"工人的社会"。警方在这次抗议活动中拘捕了 600 名抗议示威者。

2000 年 6 月 15 日，反全球化者在瑞典哥德堡举行了盛大示威游行，以反对欧盟首脑会议的举行。

2000 年 9 月上旬，在美国纽约举行联合国成员国首脑千年峰会，约一万名反全球化示威者举行"人民峰会"（People's Summit）与之针锋相对。来自全球各地的抗议者历数三大国际经济组织的罪行，希望联合国不要成为这些机构推行其政策的工具。

2000 年 9 月 11 日，在澳大利亚墨尔本召开亚太经合组织会议，一些非政府组织发起了大规模的示威活动，要求举行不是商业化的真正的奥运比赛。

2000 年 9 月 26—27 日，在捷克布拉格举行世界银行与国际货币基金组织第 55 届年会，来自欧美主要城市的约 12000 名抗议者进行抗议示威。他们要求关闭世界银行与国际货币基金组织，加快国际金融体系改革进程，取消第三世界国家的沉重债务。暴力的蔓延成为此次抗议活动的特征之一，示威者与警察发生激烈冲突，约 100 人受伤，近 1/10 的抗议者被捕。

2000 年 12 月 6 日，在法国尼斯召开欧盟首脑会议，来自世界各地的抗议者约 5 万人举行了声势浩大的反全球化游行活动，欧盟首脑会议一度被迫中断。示威者袭击银行、毁坏汽车、打碎商店玻璃，并与警察发生激烈冲突，造成多人受伤，多人被捕，2 人被判监禁。

2001 年 1 月 27 日，在瑞士达沃斯召开世界经济论坛年会，抗议活动使得会址由达沃斯转至苏黎世。来自世界各地的几千名反全球化人士又齐聚苏黎世举行抗议活动，并与警察发生冲突，约 30 人被驱逐，120 人被捕。

2001 年 2 月 25 日，在墨西哥坎昆举行了世界经济论坛会议，来自美洲的实业家、银行家和贸易官员参加了会议。与此同时，反对全球化的抗议者举行抗议活动，要召开自己的论坛，讨论建立"适合全人类"的新的全球经济体制。

2001 年 3 月 5 日，在意大利里雅斯特市举行环境部长会议，目的是推进全球化，但会议遭到了反对全球化的平民的抗议。

2001 年 4 月 20 日，在加拿大魁北克召开第三届美洲国家首脑会议，34 个美洲国家政府首脑参加会议，会议就建立美洲自由贸易区的具体问题进行谈判。来自世界各地，尤其是来自美洲国家的大批反对组建自由贸易区的两万五千多名抗议者举行了抗议示威活动。抗议内容包括南北矛盾、颜色对抗、阶级争议、环保冲突和主权保卫等。并与警察发生冲突，警方用催泪瓦斯、高压水枪、橡皮子弹对付示威者，冲突中 400 名抗议者被捕，19 名警察受伤。

2001 年 5 月 1 日，在一些非政府组织的倡议下，世界多国包括法国、英国、德国、西班牙、葡萄牙、意大利、瑞典、波兰、澳大利亚等，举行了五一劳动节及反全球化示威大游行。这些示威活动已经由单纯的争取劳工权益运动演变为反全球化、反资本主义、反失业、反腐败、反霸权的抗争活动。

2001 年 6 月 15 日，在瑞典哥德堡召开欧盟首脑会议，两万多名抗议者举行示威活动，并与警察发生街头对垒，警察首次用真枪实弹向示威者射击，导致 3 人中弹，多人受伤和被捕。

2001 年 6 月 25 日，在西班牙巴塞罗那召开世界银行会议，约一万人举行反全球化示威游行，并与警察发生冲突，造成 22 人被捕，32 人受伤。

2001 年 7 月 1 日，在奥地利萨尔茨堡举行世界经济论坛东欧经济峰会，来自 44 个国家的逾 600 名政经界人士参加了会议。约两千名反对全球一体化的示威者前往会场，与警察爆发冲突，造成 5 名示威者被捕，4 名警察受伤。

3. 反全球化运动的高潮阶段

这一阶段的时间跨度为 2001 年 7 月到 2001 年 "9·11" 事件爆发为止，尤以 2001 年 7 月成为全球关注焦点的 "热那亚之战" 最具代表性。该事件的爆发标志着反全球化运动达到高潮。

2001 年 7 月 20—22 日，西方八国首脑会议在意大利的热那亚召开。与此同时，来自世界各地的 12 万名反全球化人士以及 700 多个非政府组织云集此地，举行声势浩大的抗议示威活动，并举办大型社会论坛以抗议全球化浪潮。意大利警方严阵以待，在热那亚城中部署了两万多名全副武装的军警，并且海陆空全天候监控。天上战机巡逻，海上军舰游弋，地上装甲车待命，甚至还部署了地对空导弹。开幕式前一天，五万多名示威者举行示威游行，试图冲击会场，与警察发生了冲突。开幕式当天，汇聚于此的 12 万示威者举行抗议示威活动，打出了"全球化导致贫困"的横幅，而《八人开会，两万人保卫，十万人抗议》成为媒体的醒目标题。示威者与警察发生激烈的暴力冲突，近 500 人受伤，126 人被捕，一名意大利青年被警察开枪打死，成为反全球化运动的第一位殉难者。会议第二天，又有 228 人受伤。被激怒的示威者高喊"杀人犯！"与警察发生持续的冲突。八国会议在反全球化的抗议声中闭幕。迫于反全球化运动的压力，西方政要们不得不作出少许让步，在《八国首脑会议公报》中写上了"要使经济全球化有利于全体公民，特别是穷人"这样的语句。据估计，在三天会议期间，示威活动毁坏汽车 83 辆、商店 41 家、银行 34 家，直接损失达1000 亿里拉。

热那亚事件之后，为了悼念第一位为反全球化运动付出生命的意大利青年，反全球化人士举行了许多悼念活动，直至 2001 年 9 月仍时常有反全球化活动的爆发。

2001 年 8 月，国际货币基金组织和世界银行大会期间，反全球化人士也举行了示威活动，他们要求削减第三世界国家的债务，甚至反对布什政府、国际货币基金组织以及世界银行的一些政策。活动中的一份声明指出："那些少数的所谓'精英'躲在钢筋路障的后面，偷偷摸摸制定所谓的全球经济政策——实质就是富人政策，却以穷人的利益为代价！"

4. 反全球化运动的退潮阶段

这一阶段自 2001 年"9·11"事件至 2002 年 1 月第二届世界社会论坛的召开。具体表现为：反全球化运动爆发的次数明显减少，暴力的一面明显减弱。甚至世界社会论坛的公报中也委婉地作出了"非暴力"的承诺。有人说："美国所遭受的恐怖袭击所导致的一个不太显著的后果就是止住了大规模反全球化运动的步伐。"[1] 甚至有人认为，"这场运动的时代已经过去了，它将被扫入历史的垃圾堆"[2]。

"9·11"事件对进入高潮阶段的反全球化运动产生了重大影响。在

---

① ［英］阿列克斯·卡利尼科斯：《反资本主义宣言》，罗汉、孙宁、黄悦译，上海译文出版社 2005 年版，"引言"第 15 页。

② ［美］邓肯·格林、马修·格里菲斯：《全球化及其不满》（Duncan Green and Matthew Griffith, *Globalization and its Discontent*），《国际事务》（*International Affairs*），2002 年，第 78 页。

恐怖主义威胁面前，国际社会关注的焦点由反对全球化转到反对恐怖主义上，反全球化运动进入退潮时期。这主要表现在两个方面：一是国际政治局势的改变使得反全球化运动的抗议者不得不取消某些抗议示威活动，以及在这种敏感的政治环境下，为了避免被人诽谤为反全球化运动与威胁国家安全的恐怖主义有关，反全球化人士不得不小心谨慎以保存实力。例如，原定于 2001 年 9 月在华盛顿召开的世界银行和国际货币基金组织年会期间，将举行 10 万人的抗议示威活动被取消。2001 年 11 月，在卡塔尔多哈召开的世贸组织第四届部长级会议期间，反全球化抗议活动参加者只有数百名，并且保持了比较克制的态度，没有发生暴力冲突，出现了"无声地面对 WTO"的现象。2002 年 1 月，在巴西阿雷格里港召开第二届世界社会论坛期间，反全球化力量虽也举行了示威游行活动，但并没有与警察发生暴力冲突。二是为了避免恐怖主义的袭击，在召开重大国际会议时，相关国家都加大了对抗议活动的监控力度，这对反全球化运动的规模、影响力和斗争方式等都产生了不利影响。尤其是美国等西方国家将反全球化运动和恐怖主义联系在一起，进一步加大了对反全球化运动的管制力度，加大了对采取暴力行为的反全球化抗议者的打压力度。

5. 反全球化运动新周期的开始阶段

这一阶段从 2002 年 2 月开始，目前还在进行中。反全球化运动经过了短暂的沉寂后又重新兴起，进入到新一轮的抗议周期中。在反全球化运动的低潮期，有人曾宣称反全球化运动已经销声匿迹了。但是，事实并非如此，在经历了短暂调整后，反全球化者又掀起了一系列的抗议活动。在一年一度的世界社会论坛期间，每次都有数万人甚至数十万反全球化人士参加。同时，世界各国爆发的反全球化抗议活动表明，反全球化运动自 2002 年起进入了新一轮的抗议周期浪潮之中。

2002 年 3 月 16 日，在西班牙巴塞罗那召开欧盟峰会期间，约 30 万至 50 万抗议者发起了一场名为"反对资本主义与战争的欧洲运动"的最大规模的反全球化抗议活动，反对欧盟推行的自由化与私有化带来的就业不稳定，发动者以工会组织为主。

2002 年 5 月 1 日，伦敦爆发了大规模的示威游行，七千多名示威者举行集会，发表演说，反对资本主义，反对战争和强权政治，并与警察发生冲突，11 人被捕。

2002 年 6 月 8 日，在意大利罗马召开世界粮食高峰会议，约 5 万人举行示威游行，要求国际机构采取更多措施，以解决世界粮食短缺及饥饿问题，并要求会议讨论粮食垄断和禁止生产转基因作物的问题。

2002年6月26日，在加拿大卡尔加里召开八国峰会，来自世界各地的几千名反全球化人士举行了示威游行活动，抗议发达国家主导的全球化破坏人民的利益，破坏地球环境，对发展中国家实行经济掠夺并造成死亡。抗议者与警察发生冲突，一些抗议者被捕。

2002年11月，在意大利佛罗伦萨召开的欧洲社会论坛第一届年会期间，来自世界105个国家、389个组织的2.8万名代表参加了会议，就"新自由主义与全球化""南方贫穷问题""战争与和平""公平贸易""权利、民主与公民"等主题进行讨论。会议期间，有近百万人参加了欧洲社会论坛发起的反全球化、反战大游行，远远超过了筹备者预定的15万—20万人的规模，再一次显示了反全球化运动的号召力和重大影响。

2002年12月13日，在比利时布鲁塞尔召开欧盟首脑会议，约8万名反全球化人士举行大游行，要求政府通过干预来减少失业现象。

2003年1月23日，在瑞士达沃斯召开世界经济论坛，而被人称为"穷人经济论坛"的世界社会论坛第三届会议在巴西的阿雷格里港召开。会议参加者近10万人，其中包括156个国家的5717个非政府组织的2万名代表，1423个新闻机构的4000多名记者。本次会议的突出特点是反对美国发动入侵伊拉克的战争。反对全球化、"要和平，不要战争"是自始至终贯穿本届论坛的主题。开幕式当天，约7万多人走上街头举行游行示威活动。

2003年2月15日，全球800多个城市1000多万人参加反战游行，抗议美国发动的伊拉克战争，打破了历史上游行人数的吉尼斯世界纪录。2003年3月15日，又一轮反战游行示威活动在全球大规模展开，人数达到几百万。2003年5月1日，50万英国民众为抗议美国入侵伊拉克在伦敦海德公园举行反战示威活动。

2003年6月2日，在法国埃维昂召开的八国首脑会议期间，数万名反全球化人士涌向埃维昂以及相邻的瑞士日内瓦、洛桑三城市举行抗议活动。此次抗议活动中，抗议者们捣毁了商店、加油站、汽车，警察逮捕了一些示威者。

2003年8月8日，在法国的阿韦龙省，数以万计的反全球化人士在40℃的高温下举行为期三天的抗议活动，反对世贸组织即将在墨西哥举行的贸易谈判。抗议者超过 15 万人，他们抗议全球贸易使发达国家越来越富，却伤害了贫穷国家的利益，并破坏了环境。

2003 年 9 月 10 日，在墨西哥坎昆召开世贸组织第五次部长级会议。三万多名反全球化人士及 980 个非政府组织举行了反对世贸组织、反对贸易自由化的游行示威活动。开幕式当天就与警察发生冲突，冲突中一名韩国农民自杀身亡，由此引发了更大规模的暴力冲突，造成 26 人受伤，其中包括 10 名警察，坎昆会议最后无果而终。

2003 年 11 月 17 日，在美国迈阿密召开由 34 个国家贸易部部长参加的商谈建立美洲自由贸易区的会议，约两万多名反全球化人士举行了游行示威，抗议美国推动美洲贸易自由化。

2004 年 10 月 2 日，在美国华盛顿召开了国际货币基金组织和世界银行年会，四百多人参加示威游行，要求取消穷国债务，提出了"降低利息""停止战争""要求公正"等口号。

2005 年 7 月 7 日，在苏格兰格伦伊格尔斯召开的八国集团首脑会议期间，来自 72 个国家的约 15 万人发起"白色缎带日"活动，在英国的伦敦和爱丁堡举行和平游行示威活动。在接下来的几天中，反全球化人士举行了多项示威活动，其中规模最大的当数"让贫困成为历史"游行活动，有 10 万—15 万人参加了游行，要求为世界上最贫困的国家减少债务、实现公平贸易并加强国际援助。

2005 年 9 月，在美国的华盛顿有超过 10 万的抗议人群举行反战大游行，反对伊拉克战争和经济全球化，并要求美国从伊拉克撤军。

2006 年 1 月 19 日，第六届世界社会论坛召开，本届论坛不再设立中心会场，而是分别在马里首都巴马科、委内瑞拉首都加拉加斯、巴基斯坦卡拉奇设立三个分会场。在巴马科论坛上，两万多名来自世界各地的反全球化人士出席了首次在非洲大陆举行的世界社会论坛，会议共组织了六百多场各类反全球化活动。本届世界社会论坛对于非洲人民是一次十分重要的会议，因为非洲正在遭受新自由主义导致的各种灾难、不平等与不公正。在委内瑞拉加拉加斯论坛上，来自约 50 个国家的近 10 万人进行了互动交流与激烈辩论，旨在对抗正在全球肆虐的帝国主义和新自由主义经济模式。会议期间举行了数万人的反战、反美大游行，提出了公平贸易的游行口号。

2006 年 7 月，在俄罗斯圣彼得堡召开了八国集团首脑会议。由于俄罗斯政府对反全球化组织的活动采取了疏导和限制相结合的对策，加之八国峰会组委会与非政府组织代表进行了谈判，因此这次峰会期间没有出现以往八国峰会上常见的大规模抗议活动，只有一些零星的小规模抗议活动，但警察仍逮捕了三十多名反全球化示威者。

2007年1月20日，在肯尼亚首都内罗毕召开了第七届世界社会论坛，来自一百多个国家和地区的八万多名代表参加了一千多场会议、讨论、文化和展览活动，一些代表手持反对全球化的标语，抵制资本主义市场自由理念下的全球化。在为期5天的论坛期间，与会者通过公开演讲和专题研讨等形式对多种社会议题进行了探讨，而"打倒资本主义、新殖民主义和私有化"也成为很多与会者的共识。论坛向国际社会和发达国家发出了强烈的信号：一个机会失衡的世界不可能实现可持续发展，富国必须重视穷国所面临的一系列社会问题，发达国家必须给予发展中国家公平的贸易待遇。

2007年6月6日，在德国罗斯托克的小镇海利根达姆召开了八国集团首脑会议，数万人举行了抗议示威活动。这次抗议活动主要由反全球化组织、和平组织和环保组织共同发起，主题是"另一个世界是可能的"。其散发的传单上写着："由八国集团控制的世界是一个充满战争、饥饿、社会分裂、环境破坏、反对移民和难民的世界。我们想对此提出抗议，向人们展示另一个不同的世界。"示威者与警察发生了激烈的冲突，520名示威者受伤，一百多名被逮捕，另有433名警察受伤，其中30人伤势严重。

2008年7月7日，在日本北海道举行八国集团首脑会议，数千名反全球化人士高呼"打倒八国集团"等口号举行游行示威活动，谴责以八国集团为代表的发达国家在挑起战争、制造贫困、引发粮食和能源危机以及造成全球气候变暖等方面负有不可推卸的责任。游行中警察和示威者发生了冲突。

2008年9月17日，在瑞典马尔默召开了欧洲社会论坛会议，论坛主题是"另一个欧洲的开始"，围绕该主题讨论了争取社会权利、实现社会融合、全球化问题与反对新自由主义等各种议题。① 此次论坛共有超过

---

① 王继停、李元：《当前世界社会主义运动中的左翼：现状与趋势》，《当代世界与社会主义》2009年第4期。

250 场次的研讨会和主题大会，还有四百多个文化活动，1.3 万人参加了会议。本次论坛仍呼应 2003 年论坛宣言的主要精神，即"为了世界和平，我们要行动起来！从人民群众中选出另一个欧洲来，即建立所有成员国都反对剥削和压迫的欧洲"。

2009 年 1 月，在瑞士达沃斯举行世界经济论坛，遭到了反全球化人士的抗议示威，数百名示威者谴责是银行家与商业界领袖导致了国际金融危机。

2009 年 3 月 28 日，在英国伦敦召开伦敦金融峰会前夕，伦敦爆发了一场 3.5 万人参加的名为"以人为本"的游行活动，呼吁解决包括贫困问题、环境保护问题、就业问题等全球重大问题。来自世界各地的一百五十多个工会、慈善机构、环保主义者和宗教人士组织和参与了此次游行示威活动。会议召开时，又爆发了四千余人参加的示威活动，并与警察发生了暴力冲突，二十多人被逮捕。此次峰会的安保工作是 10 年来英国最大规模的安保行动，耗资达 1000 万英镑。

2009 年 4 月 3 日，在法国斯特拉斯堡召开北约峰会，包括反北约、反阿富汗战争、反全球化、反资本主义等在内的多个抗议组织以及上万名抗议者举行示威活动。抗议者的主要目的是反战、反全球化。在游行示威活动中，警察与示威者发生暴力冲突，至少 300 名示威者被逮捕。

2009 年 7 月，在意大利召开八国集团峰会，来自全球 18 个国家的一百多名环保人士通过爬烟囱、扮厨师、学奥氏等方式举行示威活动，呼吁八国集团领导人在应对全球气候变暖方面起好的带头作用。

2009 年 9 月 25 日，在德国匹兹堡召开二十国集团峰会，来自世界各地的近万名抗议者举行了游行示威，他们要求反全球化、反资本主义、反二十国集团，反全球大企业首席执行官（CEO）。整个游行示威活动没有暴力，最后连警察也加入了游行的行列。

2009 年 11 月，在瑞士日内瓦召开的世贸组织第七届部长级会议开幕前，数千名抗议者举行了针对世贸组织的抗议示威活动，并很快升级为暴力事件。

2010 年 6 月，在加拿大多伦多召开二十国集团峰会，加拿大工会等团体组织了上万名的示威者举行游行示威活动，并与警方发生暴力冲突，五百多人被逮捕。

2010 年 6 月 10 日，在日本横滨召开了亚太经合组织领导人峰会，日本国内的反全球化组织召集数千人举行了声势浩大的游行示威活动，抗议峰会的召开。

2011 年 1 月 25 日，在瑞士达沃斯举行世界经济论坛第 41 届年会，约一百二十多名反全球化、反达沃斯的人士举行抗议示威活动，他们高呼"反全球化"口号，并与警察发生了冲突。

2011 年 5 月，在法国多维尔召开八国集团首脑会议，数千名反全球化人士高喊"八国集团走开"等口号举行游行示威活动，抗议多维尔峰会的召开。

2011 年 10 月 15 日，"全球占领日"在 82 个国家的 951 个城市举行，以支持"占领华尔街"运动。在美、英、德、法、意、日等发达国家以及一些发展中国家都爆发了抗议活动，抗议财富分配不公，抗议资本主义，抗议跨国公司，尤其抗议金融巨鳄们的贪婪。抗议的人群从纽约蔓延至整个美国乃至全世界，其中意大利罗马的抗议演变为暴力冲突。示威者们打着诸如"如果你想要的话，一个新世界是可能的！""站在一起，我们是那 99％！"的标语进行抗议示威，并砸碎商店橱窗、放火焚烧汽车，而警察则发射催泪瓦斯并用高压水枪对付示威者。

总之，2008 年国际金融危机爆发后，西方反新自由主义运动和对资本主义的不满情绪日益增加，从而导致 2009 年反全球化运动的高涨，抗议的频率和规模都有所升级。从欧洲到美洲、从富国到穷国都爆发了大规模的反全球化抗议活动，西方国家的反全球化运动与世界其他地方的反全球化运动有着紧密的联系。

三　反全球化运动的特征与实质

（一）反全球化运动的基本特征

1. 参与主体的社会基础广泛性、价值取向多元化与目标的复杂性

反全球化运动的成员构成五花八门，因此其观点和目标也不完全一致。有人指出，反全球化人士的构成杂乱无章，其中既有非政府组织成员，也有自发参加抗议的个人；既有发达国家的中产阶级，也有来自发展中国家的农民；既有女权主义者，也有环境保护运动的热心参与者；既有大名鼎鼎的政治家和国家领导人，又有墨守成规的宗教人士。还有人指出，反全球化运动的参与者来自广泛的社会阶层，既有传统的工人阶级，

也有体制化的工会官僚；既包含有影响的社会主义者，也有来自传统的工人组织之外的各种新社会运动的成员，如环保主义者、生态主义者、女权主义者；既有中左翼政党的激进派分子，公司或非政府组织的白领，也有许多失业人士、另类青年和其他边缘化人群。尽管参与这一运动的人群差异很大，追求的目标也不尽一致，但这一运动的目标并非只是指向资本主义某一方面的有害后果，而是第一次一般的反对资本主义体系。① "他们当中有担心失业的工会成员和想帮助欠发达国家争取利益的学生，也有关心生态恶化的环境保护主义者，以及反对一切形式国际管理的无政府主义者。一些抗议者声称代表贫穷国家，却同时为富裕国家的农业保护主义进行辩护；一些人拒绝接受公司资本主义；而另一些人接受国际市场带来的利润，却担心全球化在破坏民主。"②由此，可以看出反全球化运动参与主体的复杂性以及社会基础的广泛性。

在反全球化运动中，参与主体的价值取向呈现多元化的特点。在运动中，虽然参与者之间有一个共同信念，即"另一个世界是可能的"，但却没有一个统一的意识形态贯穿其中，而是各种价值观在反全球化运动中都有一定的存在空间。正如有人认为的那样，这个运动的核心思想来源于几种不同思想体系的整合："一点儿马克思主义，一点儿社会主义，一点儿环保主义，一点儿无政府主义，但主要是自我决定论这一古老理论。"③

反全球化运动参与者的目标也千差万别，因为不同的反全球化力量具有不同的利益诉求，不同的派别会提出不同的要求。他们之中有的人担心失业，有的人反对全球化进程中贫富差距的扩大，有的人反对生态环境遭到破坏，有的人反对科技进步的成果只被少数国家享用，有的人反对跨国公司对发展中国家的掠夺，有的人反对美国的霸权主义，还有的人同情第三世界国家在全球化进程中被边缘化，等等。可以说，从反对不公正的国际经济秩序到反对跨国公司，从强调环境保护到倡导宗教自由、性别平等等，都是反全球化运动关注的问题。④ 具体来说，失业、人权、环境污染、毒品、贫富差距、南北不平等、和平问题等都是反全球化运动的主要

① 周穗明：《西方全球化理论与反全球化思潮》，《岭南学刊》2002 年第 1 期。

② ［美］约瑟夫·奈：《全球化的民主赤字》，中国现代国际关系研究所全球化研究中心编译《全球化：时代的标示》，时事出版社 2003 年版，第 167 页。

③ 转引自刘颖《新社会运动理论视角下的反全球化运动》，第 186 页。

④ 徐长普：《世界范围内的反全球化运动的特征》，《北京行政学院学报》2004 年第 5 期。

议题。

2. 反全球化运动议题的全球性

自第二次世界大战以来，以往的社会运动所关注的议题主要是各国在工业化过程中所出现的各种社会问题，所提议题重点在一国之内，即使某些议题具有跨国性质，其全球性色彩也并不浓厚。而反全球化运动议题所关注的却是全球化进程中出现的种种社会问题，即全球性问题，这些问题并不局限于一国之内，而具有全球性。所以概括来说，反全球化运动议题不仅具有新社会运动理论所判定的特征，而且更重要的是具有更广泛、更深刻的全球性色彩。

3. 运动方式的创新性

作为一种新社会运动的一个新的发展阶段，反全球化运动在运动战略与战术上采取了一些新方法。一是特殊时间的选择。伴随着重要国际会议而举行声势浩大的示威游行成为反全球化运动最基本的形式。无论世界银行、世界贸易组织、国际货币基金组织、八国峰会、世界经济论坛等国际组织的会议开到哪里，反全球化的人群就会跟到哪里，反全球化的抗议活动就会在哪里发生。这促使人们在关注全球化进程的同时，不可避免地也要关注全球化的负面影响和后果。二是发挥互联网的重要作用。由于信息和通信技术的迅猛发展，互联网不仅成为反全球化运动的工具和手段，而且成为人们表达对全球化不满的一种新方式，有人就将反全球化运动也称为"网络运动"。三是举办以反全球化为宗旨的世界社会论坛。世界社会论坛是作为世界经济论坛的对立面而出现的，它与世界经济论坛同期召开。通过召开大会、分会、讨论会等方式，为世界反全球化思想的交流提供一个平台；在相互交流的基础上，论坛试图构建一个新自由主义全球化的替代方案。这种以论坛的方式从事反全球化的活动成为运动的一种新形式。

4. 技术手段的先进性

现代信息通信技术的迅猛发展和广泛应用不仅使全球化的推进速度大大加快，而且这些新技术手段也被反全球化组织或个人广泛利用。无论是街头抗议的浪潮，还是世界社会论坛的召开，在反全球化运动的动员、组织、联络与协调行动等方面，这些新技术手段都大大发挥了推进作用。不仅如此，这些现代技术的应用还有利于扩大反全球化运动的影响力。由于任何一个地方性事件通过网络或媒体的传播，很快就会成为全球性事件。

所以，各种各样抵制全球化的抗议活动通过现代传媒也由一个地方性事件转变为全球性事件，其影响力得到大大提升。除此之外，互联网等新技术手段对作为反全球化运动主体的各类非政府组织的创立与发展也起到了至关重要的作用。

（二）反全球化运动的实质

就全球化的本质而言，如果将全球化的历史进程作为一个整体来看，从 16 世纪以来全球化一直处在资本主义主导下，迄今并无改变。从此意义上说，全球化的实质是资本运动的全球化、是资本主义的全球化。20世纪 90 年代的反全球化运动，反对的是新自由主义的全球化模式给世界带来的弊端和造成的负面后果。所以我们认为，今天反全球化运动的实质是反对新自由主义的全球扩张，反对新自由主义的全球化。下面，我们将通过分析新自由主义如何兴起和新自由主义的全球扩张及其后果，来探讨反全球化运动的实质。

1. 新自由主义的兴起

关于"新自由主义"（neoliberalism），西方学者和我国学者对此都有各自的定义。在西方，美国学者诺姆·乔姆斯基的定义具有一定的代表性。他认为，"'新自由主义'，顾名思义，是在古典自由主义思想的基础上建立起来的一个新的理论体系，亚当·斯密被认为是其创始人，该理论体系也被称为'华盛顿共识'……'华盛顿共识'指的是以市场为导向的一系列理论，它们由美国政府及其控制的国际经济组织所制定，并由它们通过各种方式进行实施——在经济脆弱的国家里，这些理论经常被用作严厉的结构调整方案。其基本原则简单地说就是：贸易经济自由化、市场定价、消除通货膨胀和私有化"①。在我国，以"新自由主义研究"课题组的定义具有代表性。他们指出："新自由主义主要是一种经济学理论思潮，它是在继承亚当·斯密的资产阶级古典自由主义经济理论的基础上，以反对和抵制凯恩斯主义为主要特征，适应国家垄断资本主义向国际金融资本垄断的资本主义转变要求的理论思潮、思想体系和政策主张。……'华盛顿共识'的形成与推行，则是新自由主义从学术理论嬗变为国际金融垄断

---

① ［美］诺姆·乔姆斯基：《新自由主义和全球秩序》，徐海铭等译，江苏人民出版社 2000年版，第 3—4 页。

资本的经济范式和美国国家意识形态的主要标志。"①

新自由主义的产生、发展和勃兴是由这一时期的社会历史环境造成的。新自由主义最初产生于20世纪二三十年代。在这一时期，自由资本主义向垄断资本主义的转变，俄国十月革命的胜利，1929—1933年的经济大危机和凯恩斯主义的出现，导致了古典自由主义影响力的衰退。在这种挑战与刺激的背景下出现了新自由主义思潮。但是，也正是由于大危机与大萧条，新自由主义一开始就处于受冷落的边缘地位，并没有成为主流经济学。这是因为，20世纪30年代的大危机彻底暴露了古典自由主义经济学及其实践模式——自由放任市场经济的弊端，它不仅是对古典自由主义经济理论基础的一次全面否定，而且实际宣告了自由竞争资本主义时代的结束。于是，一种反映国家垄断资本主义要求的，主张以国家干预来推动经济增长的凯恩斯主义应运而生；"罗斯福新政"则以政策实践的形式使凯恩斯主义上升为资本主义世界的主流经济学。在此背景下，新自由主义在政界和学界均普遍遭受冷遇，进入长达几十年的修炼期。

1944年，弗里德里希·冯·哈耶克发表了《通往奴役之路》，被认为是标志新自由主义创立的宪章。1947年11月，哈耶克等新自由主义者在瑞士的朝圣山聚会，成立了"朝圣山学社"。在1947—1976年的29年间，"朝圣山学社"致力于新自由主义理论的研究，对其发展起了重大作用。可以说，至20世纪70年代，以哈耶克为首的新自由主义者积极构建并完成了新自由主义理论体系。这一新自由主义的核心内涵体现在以下方面。从经济方面看，主张"三化"：自由化、私有化、市场化。认为自由是效率的前提，主张贸易自由化、金融自由化，主张各国开放金融市场，取消对金融的监管；推行私有化，尤其是主张国有企业私有化，认为私有制可以使效益更高；要求放松各种管制，推行市场至上原则，反对任何形式的国家干预；否定福利国家，主张削减教育、医疗、保险等方面开支，以减轻政府负担。从政治方面看，否定公有制，否定社会主义，否定国家干预，认为公有制只会使经济变得更糟；而社会主义是对自由的限制和否定，必然导致极权主义；国家干预则会造成经济效益的损失。从国际层面看，一方面，新自由主义者极力倡导自由化；另一方面，极力宣扬经济全

---

① 何秉孟、李千：《新自由主义评析》，社会科学文献出版社2012年版，第11页。

球化时代的民族国家主权消亡论，认为传统的民族国家已经变得不合时宜了。

新自由主义理论出台之际，正是战后西方资本主义世界在凯恩斯主义指导下经济高速增长时期，所以，其因不符合时代潮流而在较长时期内影响不大。新自由主义勃兴的主要原因是 20 世纪 70 年代西方世界的经济危机和凯恩斯主义的失灵。首先，70 年代整个资本主义世界陷入了高通胀、高失业、低经济增长的"滞胀"困境，这是一种全新的经济危机。面对这一前所未有的难题，强调国家干预的凯恩斯主义显得缺乏办法。而新自由主义者却视之为难得的机会，他们不仅将此危机归结为国家干预过度、政府开支过大、人们的理性预期导致政府政策失灵所致，而且还对危机提出了自己的解决之策。在新自由主义者看来，危机的深层次根源在于工会力量的强大及其造成的破坏性。所以，他们提出的解决办法是：削弱工会力量；紧缩政府各项开支，尤其是社会福利开支；严格控制货币总量；推行税制改革，尤其应减少对高收入者的征税，以此刺激"经济主体"去进行投资和储蓄。

其次，新自由主义的勃兴与凯恩斯主义的失灵有关。凯恩斯主义较为成功地应对了 20 世纪 30 年代以来的西方资本主义国家出现的生产要素的完全过剩问题，但却应付不了 70 年代以后的生产要素的不完全过剩问题。面对"滞胀"这种全新的经济危机，凯恩斯主义所采取的各种补救办法均告失败。而最早举起新自由主义大旗的新货币主义、奥地利学派等认为，此次经济危机即是凯恩斯主义的国家干预造成的，由此力主以新自由主义取而代之。

最后，经济全球化竞争压力的加强也是新自由主义勃兴的一个重要原因。第二次世界大战后，国家之间的经济与政治竞争压力使得效率问题成为各国社会、政治、经济政策首要考虑的问题。而新自由主义的目标就是提高效率，提高竞争力。尤其提高效率正是在全球经济竞争中制胜的法宝，所以新自由主义的崛起适应了这种需要。[①]

正是在以上因素的推动下，蛰伏几十年的新自由主义迅速复兴并开始在西方各国得势。撒切尔夫人在英国的上台与里根在美国的当政被公认为

---

① 李强、庄俊举：《历史地、全面地研究新自由主义（一）》，《当代世界与社会主义》2004 年第 2 期。

新自由主义在西方国家付诸实践的开始，他们明确将新自由主义作为经济纲领予以推行。1979 年，撒切尔夫人出任英国首相后开始推行新自由主义，在英国被称作"撒切尔主义"。主要政策措施包括：大力推行私有化或非国有化，将国有企业出售给私人，并通过引进外资来购并国有企业，削减或取消政府对私人企业的管制。改革税制，降低个人所得税和公司利润税的税率；削减政府开支，主要是削减社会福利开支。推行货币主义的单一规则：降低货币供应量增长率，提高利率，紧缩信用，以控制通货膨胀。在美国，1980 年里根上台，大力推行新自由主义的改革方案，被称为"里根经济学"。包括大幅度减税，主要削减个人所得税和企业税的税率；削减政府支出，重点是削减社会福利，力求做到预算平衡；大量减少或放宽管制企业的规章条例；紧缩通货，降低货币供应量的增长率。①

英美两国的新自由主义实践极大地影响了西方其他国家。联邦德国、法国、丹麦、澳大利亚、新西兰等国信奉新自由主义的政党先后掌权，并相继进行了新自由主义的改革，由此摆脱了当时的滞胀局面，带来了不同程度的经济繁荣。可以说，进入 20 世纪 80 年代以后，新自由主义已经成为西方各国政府为缓解危机而推行的施政方针，并且取得了初步的成功，这为其在全球的扩张打下了基础。

2. 新自由主义的全球扩张及其后果

新自由主义在欧美取得初步成功后，便开始了它的全球扩张历程。美国学者大卫·科茨认为："随着新自由主义在 20 世纪 70 年代开始获得影响，它成为推动全球化进程深入发展的力量。"② 20 世纪末，随着新技术革命的兴起和苏东剧变，新自由主义在有利的国际形势下开始由学术理论而走向政治化、意识形态化，并逐步发展成为美英等西方国家推行全球经济政策和策略的重要理论和意识形态。1990 年，"华盛顿共识"的出台标志着新自由主义理论的具体实践化，是"新自由主义宣言"。由此，新自由主义借助于全球化潮流迅速向全球扩张。

新自由主义理论虽然早在撒切尔主义、里根主义中有所体现，但其集中体现为"华盛顿共识"。"华盛顿共识"是西方发达国家达成的新自由主

---

① 郝清杰：《新自由主义：治国良方，还是死亡陷阱?》，《当代思潮》2003 年第 5 期。

② ［美］大卫·科茨：《全球化与新自由主义》，李其庆主编《全球化与新自由主义》，广西师范大学出版社 2003 年版，第 12 页。

义的发展模式。1990 年，美国国际经济研究所在华盛顿召开了一个讨论 80
年代中后期以来拉美经济调整和改革的研讨会。在会上达成的共识由约
翰·威廉姆逊（John Williamson）总结为"华盛顿共识"。它包括以下十个
方面：（1）加强财政纪律，压缩财政赤字，降低通货膨胀率，稳定宏观
经济形势；（2）把政府开支的重点转向经济效益高的领域和有利于改善
收入分配的领域，如文教卫生和基础设施领域；（3）开展税制改革，降
低边际税率，扩大税基；（4）实施利率市场化；（5）采用一种具有竞争
力的汇率制度；（6）实施贸易自由化，开放市场；（7）放松对外资的限
制；（8）对国有企业实施私有化；（9）放松政府的管制；（10）保护私
人财产权。[①] 从其内容来看，"华盛顿共识"就是新自由主义理论的具体
化、政策化。在威廉姆逊看来，"华盛顿共识"是放之四海而皆准的"灵
丹妙药"，它不仅适用于拉美，而且还适用于其他有意开展经济改革的发
展中国家。

　　"华盛顿共识"出台后，很快得到西方各国的青睐。而新自由主义凭
借"华盛顿共识"，以三大国际经济组织为政策工具，以"结构调整"为
名，通过威逼利诱等种种方式极力向亚非拉发展中国家以及俄罗斯、东欧
等国家推销，从而得以在全球推广。从 1978 年到 1992 年，七十多个国家
执行了国际货币基金组织和世界银行强加的 566 个结构调整方案。[②]可以
说，从苏东剧变和形成"华盛顿共识"以后，新自由主义迅速向全球扩展。
20 世纪 90 年代是新自由主义模式取得决定性胜利的年代。有学者指出：
"现在，可以毫不夸张地说，新自由主义已经成为世界范围内最有影响的
模式。"[③] 这样一来，体现西方国家利益的新自由主义政策，就以国际组
织的名义向发展中国家推行。这些国际组织成为西方发达国家推行新自由
主义政策的得力工具，而当今的全球化就体现出了"新自由主义"的
特征。[④]

　　20 世纪 80 年代，新自由主义开始被西方作为"治国良方"在拉美各

---

① 江时学：《新自由主义、"华盛顿共识"与拉美国家的改革》，《当代世界与社会主义》
2003 年第 6 期。

② 李其庆：《全球化背景下的新自由主义》，《马克思主义与现实》2003 年第 5 期。

③ 李强、庄俊举：《历史地、全面地研究新自由主义（一）》，《当代世界与社会主义》
2004 年第 2 期。

④ 刘金源等：《全球化进程中的反全球化运动》，第 276 页。

国强力推行，墨西哥、阿根廷、智利、乌拉圭、委内瑞拉等国最先成为新自由主义的试验场。在新自由主义的指导下，拉美各国纷纷推行贸易自由化政策，加速国有企业的私有化步伐，减少甚至取消国家对价格、汇率、利率、租金等方面的干预与控制；进一步削减社会福利开支；开放资本和金融市场，积极融入金融全球化潮流。可以说，拉美国家是完全按照西方的要求，实施新自由主义最为彻底的国家。

苏联东欧剧变后，俄罗斯、波兰、罗马尼亚等国也面临着由计划经济向市场经济的转型，于是，新自由主义式的改革方案被这些国家全盘接受，并以"休克疗法"的方式得以体现。"休克疗法"的具体内容被概括为"三化"，即自由化、私有化与稳定化。自由化指经济自由化，包括价格自由化，经济联系自由化，对外贸易自由化；私有化指国有企业私有化；稳定化指采取财政紧缩政策，实现财政与货币的稳定。①

除此之外，新自由主义还以另外一种面目出现，即"结构调整方案"。它是一种作为贷款援助的附加条件而强迫受援国执行新自由主义的改革方案，主要在一些非西方国家推行。20 世纪 90 年代，一些发展中国家或转型国家发生严重的金融危机，急需得到国际社会的资金援助。国际经济组织和西方发达国家在提供贷款的同时，都提出了严厉的贷款附加条件，即要求受援国推行以新自由主义为基础、以对外开放和自由化为导向的"结构调整方案"。这种"结构调整方案"包括四方面：一是私有化，即将国有资产低价出售给私人投资者；二是资本市场自由化，即解除对资本市场的管制；三是价格市场化，即放开一切商品价格；四是自由贸易，即清除贸易壁垒，开放各个领域的市场。

总之，无论是在拉美国家推行的"华盛顿共识"，还是在俄罗斯、东欧东国家推行的"休克疗法"，或是在接受贷款援助国家推行的"结构调整方案"，都是以新自由主义为理论指导的，其目标是资本的全球化扩张。可以说，20 世纪 80 年代新一轮全球化的迅猛发展，不仅与新的科技发展有关，更重要的是与新自由主义的兴起及其在全世界的扩张有关。新自由主义逐渐上升为指导全球化进程的意识形态。

新自由主义全球扩张的后果

新自由主义借助于"华盛顿共识"这一政策在向全球推行的同时，造

---

① 李志学：《"休克疗法"启示录》，《俄罗斯中亚东欧研究》2004 年第 2 期。

成了许多消极的后果。这些后果表现在：西方国家成为主要受益者，而发展中国家和转型国家则成为受害者；富有阶层成为受益者，跨国公司成为受益者，而普通老百姓成为受害者，尤其是，新自由主义的全球化扩张不仅使非西方国家，而且也使发达国家出现贫富分化、社会不平等加剧、经济风险增强、生态环境恶化等严重后果。这一切不仅体现在民族国家层面，也体现在国际层面。

从西方发达国家来看，新自由主义的全球化不仅加剧了社会的两极分化，损害了作为社会下层的劳工利益，而且也损害了作为发达资本主义社会中坚力量的中产阶级的利益。发达国家内部也出现了相对贫困和边缘化现象，即所谓的"第三世界化现象""新贫民现象"。20 世纪 90 年代以来，更是出现了"中产阶级的哀歌"。随着中产阶级的衰落，社会结构很有可能还原为两元对立的局面。这种状况和前景在西方社会中也引起了人们的强烈不满，批评、抗议、示威游行等各种活动层出不穷。

从发展中国家来看，拉美各国忠实实施新自由主义改革方案。但是，新自由主义改革方案的推行不但没有给拉美各国带来经济的发展、民众的富裕，反而进一步加剧了社会的两极分化，造成了拉美经济对外资的依附，并引发了严重的经济危机。例如，在阿根廷，新自由主义改革方案的推行在带来短暂的经济繁荣后，带来更多的是社会分化的加剧、外债问题突出、经济风险增强，最后导致经济危机，进一步变成政治危机，政权多次更迭，社会局势一片混乱。

从俄罗斯、东欧等国家来看，"休克疗法"推动各国向市场体制转轨，使整个国家付出了惨重代价。俄罗斯是推行"休克疗法"最为彻底的国家，产生的消极后果也是最为明显的。"休克疗法"恶化了俄罗斯的经济形势，造成经济持续下滑，通货膨胀，货币贬值，物价飞涨，失业率上升，社会两极分化加剧，许多人陷入贫困之中。可以说，"纵观改革的成败得失，应当指出，俄罗斯在几年的市场改革中没有达到任何令人满意的效果。……改革加剧了不平等现象，使人们因社会形势不稳定而产生不满情绪，加剧了社会中的对抗性矛盾"[①]。波兰前副总理，曾任国际货币基金组织、世界银行、联合国经济发展研究机构及欧盟高级顾问的格泽高滋·W. 科勒德克谈道："20 世纪 90 年代面临政治、经济窘境的俄罗斯和

---

① 王利众：《"休克疗法"与俄罗斯经济》，《哈尔滨工业大学学报》2004 年第 1 期。

东欧是在'被执行'而不是在'被建议'的情况下，开始了没有解药的'休克疗法'，最终造成了令人绝望的结果。"在波兰，这些糟糕的建议在1989—1993年被执行，带来了太多的痛苦和太少的收获。波兰在头三年损失了20%的国内生产总值，失业人口从0蹿升到300万，占人口比例17%。代价与结果的巨大差异和政策之失败令人"休克"。这种情况在1994年得到了改变，是因为实施了全面的和非正统程序的改革。不久之后，波兰成为"欧洲老虎"，国内生产总值4年人均增长了28%，失业率下降了1/3，通货膨胀率下降了2/3。这是"新实用主义"的实践。①

从亚洲接受新自由主义"结构调整方案"的国家来看，新自由主义政策随着贷款的进入而在遭受危机的发展中国家蔓延，所带来的后果也是长久而深远的。例如，1997年亚洲金融危机时，印度尼西亚曾邀请国际货币基金组织进行干预，可在这一年却经历了历史上最严重的衰退，负增长达到12.8%。泰国、韩国、菲律宾等国家也在亚洲金融危机中蒙受重大损失，有些国家的经济出现了严重倒退。

从国际层面来看，新自由主义的全球扩张加剧了世界范围内的不平等。新自由主义在全球极力推行的私有化、市场化、自由化等并没有缩小世界范围内的贫富差距，尤其是发达国家与发展中国家间的差距。正如前文所述，穷人和富人之间、穷国与富国之间，其差距在这个"全球化时代"不仅没有缩小，反而大大加剧了。所以，在反全球化运动中，新自由主义成为人们谴责的主要目标。

3. 反全球化运动的实质

第一，反全球化运动所反对的正是新自由主义的全球化模式。

当代全球化的主导理论是西方国家推行的新自由主义。在当代全球化阶段，新自由主义成为无处不在的理论。它不仅表现在经济领域，而且表现在政治、文化、社会等各个领域；不仅是一种社会实践和政策主张，而且是一种经济理论以及成为一种意识形态。而兴起于20世纪90年代的反全球化运动主要针对的即是20世纪80年代以来由新自由主义主导的当代全球化阶段，其反对的是新自由主义的全球化模式给世界带来的弊端和造成的负面后果。所以我们认为，反全球化运动的实质即是反对新自由主义

---

① ［波兰］格泽高滋·W. 科勒德克：《新自由主义救全球化是特殊利益集团骗局》，《中国经济周刊》2012年第36期。

的全球扩张，反对新自由主义的全球化模式。

第二，反全球化运动所反对的是新自由主义在全球推行所造成的负面影响和后果。

反全球化运动针对的并不是全球化的正面成果——生产的社会化和世界交往的普遍扩大，而是全球化所带来的负面后果——资本国际垄断因素和生产资料私有制的强化，以及作为其政治表现的霸权主义。一句话，就是反对资本统治世界的全球化。①所以，从本质上说，反全球化运动所反对的正是新自由主义全球化模式给世界造成的负面影响和后果。

新加坡《联合早报》的社论就指出："在接二连三的抗议活动中，确实有很多示威者就是全然否定和敌视经济全球化。但是，在相当大的程度上，很多人并非反对全球化本身，而是不满全球化所带来的诸多负面结果。我们必须承认的一个事实是，全球化在为很多国家带来财富和进步的同时，也造成了财富过分集中、贫富差距扩大以及某些国家被边缘化的后果。这些问题并非是全球化本身所造成的，但却很容易使得那些对现实感到不满的人，把这些问题都归咎于全球化。"②马哈蒂尔的态度是："赞成全球化，但反对霸权一统性；赞成大家共享丰足的物质财富，但反对金钱的全面世界统治。"③他认为，"目前的全球化模式更多的是为富人们服务，忽视了穷苦的人们，忽视了共同发展的方向"。由此造成了"发展中国家变得贫穷，富国更加富有"，因此，"我们要对这种全球化说'不'"。他呼吁建立一种能使所有人都能从中受益，取得共同发展的新型全球化。这种新型全球化必须有助于建立更公正、更具同情心的世界新秩序。他同时强调，他既不反对市场体系也不反对全球化，但"绝对的市场体系对人类是一大严重威胁，不受理性和公正性支配的绝对全球化将可能成为全世界的最大危害"。④

前联合国秘书长安南 2000 年 4 月 3 日在《千年报告》中指出：在反全球化运动中，"很少有人、团体或政府反对全球化本身。他们反对的是全球化的悬殊差异。第一，全球化的好处和机会仍然高度集中于少数国家，

---

① 刘曙光：《全球化与反全球化》，"导言"第 10 页。

② 《听听反全球化的声音》，《联合早报》（新加坡）2002 年 2 月 6 日社论。

③ 庞中英：《另一种全球化——对"反全球化"现象的调查与思考》，《世界经济与政治》2001 年第 2 期。

④ 郁建兴：《全球化：一个批评性考察》，第 159—160 页。

在这些国家内的分布也不平衡。第二，最近几十年出现了一种不平衡现象：发达国家成功地制定了促进全球市场扩展的有力规则并予以良好实施，而对同样正确的社会目标，无论是劳工标准，还是环境、人权或者减少贫穷的支持却落在后面。更广义地说，全球化对许多人已经意味着更容易受到不熟悉和无法预测的力量的伤害，这些力量有时以迅雷不及掩耳的速度造成经济不稳和社会失调。1997—1998 年的亚洲金融危机就是这种力量——20 年来第 5 次严重的国际货币和金融危机。人们日益焦虑的是，文化完整性和国家主权可能处于危险之中。甚至在最强大的国家，人们不知道谁是主宰，为自己的工作而担忧，并担心他们的呼声会被全球化的声浪淹没"[1]。美国学者罗宾·科恩和保罗·肯尼迪则展示了新自由主义全球化导致的动荡未来——诸如贸易战、全球性失业、破坏性的金融投机、富裕国家的城市的堕落，尤其是贫穷国家的崩溃：世界银行新自由主义的万应灵药导致严重的营养不良和贫穷。另外，从主流来看，反全球化运动所反对的，也不是全球化本身，而是新自由主义全球化的推进方式及其带来的消极后果。正如菲律宾著名的反全球化人士瓦登·贝洛（Walden Bello）所言，他们反对的是推进全球化的某种特殊手段，即盛行的新自由主义影响的国际经济学，以及随之而来的对"无情的不可逆转的自由市场全球化的崇信"[2]。全球化是一种历史潮流，反对全球化的人们并不是真心要抛弃全球化，他们反对的是资本全球化的资本主义趋向，抗议的是新自由主义的全球化发展模式给社会造成的破坏性影响，呼唤的是替代当今全球化的新模式。[3]

可以说，反全球化运动的参与者反对的往往不是某个国家，而是反对全球化背景下不公正、不合理、不透明的国际权力结构。

第三，反全球化运动所反对的是新自由主义的全球化战略。

20 世纪 90 年代是新自由主义模式取得巨大胜利的年代。可以毫不夸张地说，苏东剧变和西方资本主义形成"华盛顿共识"后，新自由主义向

---

① 安南：《我们人民：21 世纪联合国的作用》，2000 年 4 月 3 日。转引自刘曙光《全球化与反全球化》，第 214—215 页。

② ［菲律宾］瓦尔登·贝洛：《从墨尔本到布拉格：为一个非全球化的世界而斗争》（Walden Bello, *From Melbourne to Prague: The Struggle for a Deglobalized World*），http://lbbs.org/melbourne to prague. htm，2014 年 11 月 2 日。

③ 向红：《全球化与反全球化运动新探》，第 116 页。

全球迅速扩张。这是西方发达资本主义国家有意为之的政治安排与全球战略。

新自由主义提出了一整套关于社会发展的理论与政策，形成了完备的理论体系，对西方与发展中国家产生了深刻的影响。第一，对于发达国家来说，新自由主义是维护西方利益和国际霸权的政治策略。对于发展中国家来说，新自由主义是西方国家极力向发展中国家灌输的观念，意在促使发展中国家门户开放，以便发达国家可以轻易地将其资本输送到发展中国家，同时将大量财富运回本国，即所谓"资本流向世界，利润流向西方"，从而使发达国家和发展中国家之间的差距进一步扩大。第二，新自由主义的全球化模式从某种意义上说也就是全球市场的形成和跨国组织作用的增大。资本的全球流动和跨国公司的全球活动客观上都要求冲破领土的束缚。当经济的全球化冲破传统的民族国家的领土束缚时，我们便清楚地看到了它的政治后果："全球化概念指出了一个方向，而且只有一个方向：经济活动的空间在扩大；它超越了民族国家的边界，因此重要的是政治调控的空间也在扩大。"① 由此，在具有意识形态色彩的新自由主义全球扩张下，政府的作用和国家的主权事实上受到严重削弱。所以，有人指出全球化并不是自然而然的过程，而是美国等西方国家有意操纵的产物。"全球化就像以往涉及市场和贸易的其他发展一样，是一项政治工程……是一种由政治意愿而绝不是命运所决定的发展。"

新自由主义是以"对凯恩斯革命的反革命"面目出现的，它适应了金融垄断资本要求打破国内福利国家体制束缚和国外民族国家疆界与国家主权等障碍的需要，逐渐发展成为发达资本主义国家占主导地位的意识形态理论。在新自由主义信条的指引下，西方大多数实行经济自由主义政策的政府展开了一场"为资本争自由"的斗争。② 这场斗争同时从国内和国际两个方向展开，通过一系列国内和国际政策为资本向国内各个领域和全球各个国家自由扩张和自由营利创造条件。"新自由主义所做的是引导全球化这一旧的趋势向着新的方向发展，通过开辟新自由主义全球化道路来加

---

① ［德］拉尔夫·达伦多夫：《论全球化》，乌·贝克、哈贝马斯等《全球化与政治》，第212 页。

② ［德］汉斯－彼得·马丁、哈拉尔特·舒曼：《全球化陷阱：对民主和福利的进攻》，张世鹏等译，第150 页。

快这一进程。"①

　　当代全球化一定意义上讲是一场新自由主义的扩张运动，新自由主义隐藏在全球化话语之中，目的是掩盖其意识形态特征。有人指出："实际上，全球化话语是在为新自由主义的全球计划做辩护，并企图将它合法化。这个计划就是：创造一个全球自由市场，并使得盎格鲁—美国式的资本主义在全世界主要经济区域内大获全胜。"② "20世纪晚期的全球化走向在极广的层面上，实际采用了新自由主义意识形态，追逐全球商业利润的力量以极大的攻势夺取或限制政府提供公共服务的能力，推进政府管理的'空心化'，并通过传播媒体引发公民对政府公共服务的失望心理，甚至在发展中国家通过种种诱导使一部分社会力量的利益预期转向国际资本体系。"③ 哈贝马斯因此指出，新自由主义向人们灌输的"市场压力不可逃避的说法，不仅使人们无法采取对抗行动，而且使人们没有勇气维持现在的政治干预能力，在这一点上，我们可以说新自由主义的思想的影响具有'意识形态'的性质"④。斯蒂格利茨更是指出，新自由主义作为国际金融垄断资本推进"全球化"的工具，犹如鸦片战争。在鸦片战争中，西方用战争来推行它们的不平等贸易；今天，世界银行和国际货币基金组织使用的金融财政手段几乎与此一样有效。

　　当代全球化是由西方资本主义国家主导的，造成了十分严峻的消极后果。以美国为首的西方国家不仅掌握着全球化游戏规则制定的主导权，而且借助全球化势头拼命推行霸权主义。这种全球化，完全有别于作为客观历史发展规律的全球化。正如俄罗斯联邦共产党主席久加洛夫所说："当代全球化进程除了其依据的一些客观原因外，在很大程度上带有人为性质。也就是说，目前'世界新秩序'的吹鼓手们要我们接受的世界体制方案，并非完全是历史进程客观发展的结果。"⑤ 诺姆·乔姆斯基认为，新自由主义是我们这个时代明确的政治、经济范式——它指的是这样一些政策

---

　　① ［法］热拉尔·迪梅尼尔：《西方危机实乃新自由主义危机》，《参考消息》2012年1月2日。。

　　② ［英］戴维·赫尔德、安东尼·麦克格鲁：《全球化与反全球化》，陈志刚译，第4页。

　　③ 周毅之：《全球化进程中的国家主权原则和公民与政府的合作关系》，《政治学研究》2001年第3期。

　　④ 沈红文摘译：《哈贝马斯谈全球主义、新自由主义和现代性》，《国外理论动态》2002年第1期。

　　⑤ ［俄］根纳季·久加洛夫：《全球化与人类命运》，第31页。

过程：相当一批私有业者能够得以控制尽可能广的社会层面，从而猎取最大的个人利益。最近 20 年，它一直是主流政治党派的全球政治、经济趋向。这些党派代表了极端富裕的投资者和不到 1000 家庞大公司的直接利益。他指出，新自由主义称全球化是自由市场的自然扩展，实际恰恰相反，它是强有力政府、特别是美国政府推动的结果。美国左翼学者麦克斯切尼引用托马斯·弗里德曼的名言揭示了新自由主义的政治本质："如果没有一个看不见的拳头，市场'这只看不见的手'永远也不会奏效。有把握使世界接受硅谷技术的看不见的拳头就是美国的陆军、空军、海军和海军陆战队。"他说，我们需要明白，实现新自由主义的全球化是以美国军国主义为前驱的。法国"马克思园地协会"主席科恩·赛阿直接从全球化角度对新自由主义作出界定，他指出，新自由主义是资本主义全球化意识形态的理论表现。也有中国学者认为，新自由主义是西方发达国家为控制发展中国家所灌输的价值观念和意识形态，代表的是少数主导经济全球化的发达国家及国际垄断资产阶级的利益。新自由主义并不是发展中国家的治国良方，而是西方发达国家有意设置的圈套，是发展中国家的死亡陷阱。①

国内外学术界对新自由主义的本质是国际垄断资本主义的理论体系这一点，已经达成了一定的共识。新自由主义既然是国际垄断资本的理论体系，那么新自由主义的全球一体化，就是国际垄断资本企图主导全球的制度安排。而以新自由主义理论为基础的"华盛顿共识"的炮制及其出笼，正是国际垄断资本企图主导全球意志的体现。"华盛顿共识"已经远远超出了经济全球化，而是经济体制、政治体制和文化体制的"一体化"。美国利用经济援助、贷款的附加条件，向发展中国家强制推行"华盛顿共识"。佩里·安德森（Perry Anderson）指出，自新自由主义改革以来，西方思想界第一次不再存在任何有意义的对立，"新自由主义作为一整套原则统治全球，成为世界历史上最为成功的意识形态"②。

菲德尔·卡斯特罗多次指出："我们不反对全球化，不可能反对，这是历史规律；我们反对新自由主义全球化，有人想把它强加给世界，它是

① 郝清杰：《新自由主义：治国良方，还是死亡陷阱?》，《当代思潮》2003 年第 5 期。
② ［英］佩里·安德森：《新自由主义的历史和教训（续）》，《当代世界与社会主义》2001年第 4 期。

持续不下去的，是必然垮台的。"① 世界有识之士的言论表明，反全球化运动反的不是抽象意义上的、反映了人类联系交往日益加强的全球化，而是具体的、特殊的全球化，也就是新自由主义的全球化。

四　反全球化运动的发展趋势与全球治理

（一）反全球化运动的发展趋势

随着全球化的日益深入，今后全球性问题将更加凸显。作为矛盾的对立面，反全球化思潮和运动也必将有进一步发展的趋势。资本主义生产的社会化与资本主义生产资料私人占有之间这一固有矛盾是资本主义自身无法解决的难题。只要存在资本主义，对剩余价值的追求就会永无止境，资本扩张的脚步也就不会停下来，这种由资本主导的全球化就会继续发展下去。与此同时，资本主义全球化带来的弊端和恶果就会存在下去，作为其对立面的反全球化运动也会存在下去，直到一个新的历史阶段的到来，这就是"社会主义全球化"的到来。可以说，只要新自由主义主导的资本主义全球化继续发展下去，反全球化运动就不会停下它的脚步。

世界银行首席经济学家布兰科·米兰诺维克（Branko Milanovic）曾提出了全球化中出现的令人迷惑不解的三个问题。一是如何解释非洲国家融入全球化之后，也进行了多次体制改革，也得到了许多友好援助，但其人均国民生产总值却始终没有超过 20 年前的水平。而且有 24 个非洲国家的人均国内生产总值竟然低于 1975 年的水平，12 个国家甚至低于 1960 年的水平。二是如何解释拉美国家，比如阿根廷，又爆发经济危机。众所周知，危机爆发前的数月，这些国家的改革曾被誉为典范。三是如何解释某些转轨国家，比如亚美尼亚等曾经以无债务而闻名，但在 10 年后却发现已深陷债务的泥沼，并饱受经济停滞不前之苦。② 这些问题说明，新自由主义全球化的模式不仅不能解决全球化发展过程中出现的问题，相反它本身就是产生这些问题的主要根源。因此，当新自由主义主导下的全球化继续演进时，反全球化运动也将会长期化、深入化、组织化。

---

① ［古巴］菲德尔·卡斯特罗：《全球化与现代资本主义》，王玫等译，第306页。
② ［美］布兰科·米兰诺维克：《关于全球化的利与弊》，《转轨通讯》2003 年第 1 期，转引自李丹《反全球化运动研究——从构建和谐世界的视角分析》，第239页。

1. 长期化

从目前来看，新自由主义对全球化的主导地位还将继续，全球治理被扭曲的现状短期内也不可能有质的改变。那么，由此可以推断，当代全球化进程中普遍存在的贫富分化、环境恶化、经济风险化、政治退化、文化同化等问题在短期内也不会得到根本性解决。反全球化运动的社会基础就不会消失。连弗朗西斯·福山，这位"历史终结论"者，也在一篇题为《社会主义会卷土重来吗?》的文章中指出："对资本主义世界秩序不满的根源依然存在，并且日益强大。"无疑，反全球化运动将会随着全球化的推进长期存在下去，直到全球化新的历史阶段的到来。

2. 深入化

反全球化运动还会长期发展下去，并会不断深化。反全球化运动不仅呼吁"全球化要有人性面"，而且指出"使全球化运动合理的唯一途径就是看它是否有助于权力、金钱的再分配以及是否尊重世界上的穷人"①。可见，反全球化运动所担负的责任非常重大。而且，反全球化运动将不仅仅局限于现有的方式进行斗争，还有可能以更加深入的方式进行斗争。比如，今后目标将更集中、行动将更协调、运动更有序化，暴力冲突也可能会减少；倡导对新自由主义全球化进行改革，实施真正的全球治理，等等，这些有可能是未来反全球化运动深入发展的一个主要趋向。

3. 组织化

世界社会论坛的兴起，标志着反全球化运动已发展到一个新的阶段。有学者指出："世界社会论坛是一个里程碑，它表示以往分散的、防御性的抵抗已经开始进入积聚力量，形成国际政治、社会和文化运动的联合，从而对抗新自由主义的新阶段。"② 世界反全球化运动中产生了众多的反全球化组织，但从运动的整体效果、影响和未来的发展趋势看，只有世界社会论坛具有领导该运动长期、持续进行的可能性。这是因为，世界社会论坛从成立之初就主要针对的是全球化，并且代表了反全球化运动的发展方向。反全球化运动一直以来被人质疑的一点，就是不能提出目前全球化问题的解决方案，更不用说全球化的替代方案了。

---

① [美] 查尔斯·德伯：《人高于利润》，钟和等译，第181页。
② [巴西] 埃米尔·萨德尔：《左派的新变化》，《国外理论动态》2003年第4期。

而世界社会论坛通过召开国际会议的方式，将世界各地反全球化力量汇聚在一起，通过召开各类会议来系统揭示全球化的恶果，努力探讨未来替代方案的可行性，从而体现出更多理性与思辨的特征。今后，将会有更多的反全球化组织和人士聚集在世界社会论坛周围，形成世界上反全球化的强大力量。

（二）全球治理与中国的全球治理观

1. 全球治理——世界和平与可持续发展的迫切要求

全球化进程的加快，全球性问题的增多以及世界范围内反全球化运动的兴起，说明当代全球化确实存在着许多问题。新自由主义主导下的资本主义全球化模式迫切需要在全球范围内进行治理，这是一个十分紧迫的现实问题。正如赫尔德所说："治理全球化和建设更民主的全球化与地区治理模式依然是我们生死攸关的目标。"① 为了改善不公正、不合理的全球秩序以及解决广泛存在的全球性问题，倡导一种民主的、公正的、透明的、平等的全球治理应是国际社会的一种现实需要。②

2004 年 2 月，国际劳工组织下设的全球化社会影响世界委员会③公布了一篇题为《一个公平的全球化：为所有的人创造机会》的研究报告。报告全面分析了全球化的社会影响，提出要建立一个为所有人创造机会的公平的全球化，并且围绕这一目标，着重提出了国家一级和全球一级进行治理的具体主张和建议。这可以被看作国际劳工组织对反全球化运动合理性以及进行全球治理必要性的明确态度和基本主张。国际劳工组织认为，"检验全球化进程的试金石，是它能否极大地促进发展和减少世界上的绝对贫困，能否确保经济、社会和环境的可持续发展"。但是，

———————

① ［英］戴维·赫尔德、安东尼·麦克格鲁：《全球化与反全球化》，"中文版序"第 2 页。

② 这一部分主要参考了俞可平的《治理和善治引论》，《马克思主义与现实》1999 年第 5 期；《全球治理引论》，《马克思主义与现实》2002 年第 1 期；《论全球化与国家主权》，《马克思主义与现实》2004 年第 1 期；格里·斯托克《作为理念的治理：五个论点》，《国际社会科学杂志》（中文版）1999 年第 2 期。

③ 该委员会是国际劳工组织为了研究全球化的社会影响而于 2002 年 11 月设立的，委员会的主席是芬兰共和国总统塔里娅·哈洛宁和坦桑尼亚联合共和国总统本杰明·威廉·姆卡帕，成员是来自世界不同地区处于各个发展阶段国家的政府、议会、企业界、劳工界、学术界和民间社团的代表。该委员会在两年多的时间内进行了大量的调查研究，在世界各地举行了一系列对话会和磋商活动，有来自政府、商界、工会和民间社团的 2000 多名领导人和决策者参加了这些对话和磋商，最终形成了这篇长达 15 万字的报告。

"当前的全球化进程在国与国之间和在一国内部正在引出不平衡的结果。经济和社会之间的不平衡正在破坏社会正义，破坏民主责任感"。全球范围内存在的这些不平衡在道德上是不能接受的，在政治上是不能持久的。国际劳工组织认为，这些问题并非仅仅起因于全球化本身，而是在对全球化进行管理上存在着问题。"我们力求实现的全球化目标是一个基于被普遍接受的价值观、尊重人权和个人尊严、有着很强社会内容的全球化进程；一个公平的、包容性的、民主化管理和为所有国家和所有人带来机会和切实受益的全球化进程。"报告发出了如下呼吁：以人为本；一个民主和高效运转的国家；可持续发展；卓有成效和公平的市场；公平的规则；具有团结精神的全球化；对人民更加负责；更深入的伙伴关系；高效率的联合国。要达到建立一个为所有人创造机会公平的全球化这一目标，必须加强全球化管理。首先，要从本国治理做起。"作为全球行为者的民族国家是全球管理质量的根本决定因素。可以说，对全球化的对策始自本国，国内政策仍是决定国家和人民是否能从全球化中受益的重要因素。"其次，进行全球一级的治理改革。"全球化的发展，国与国之间相互之间依赖的加大，意味着越来越多的问题比以往更强烈地影响到更多的国家；只有通过全世界采取合作行动才能有效加以解决。全球化的发展需要更好的全球治理和改革，应该从公正的规则、更好的国际政策以及更负责的机构三个方面着手。"国际劳工组织呼吁，全世界人民应该更多地以更加民主的方式参与影响全球化政策的制定，为促进建立一个自由、公平和富有活力的生产力的全球化社会承担起共同责任。

从治理到全球治理

随着全球化进程的日益深入以及冷战结束后国际政治经济格局的变化，全球治理（global governance）的问题引起了国际社会的广泛关注。由此，它已经不是一种单纯的国际政治理论，而是目前国际社会中一个紧迫的现实问题。因为全球化推进过程中产生的各种全球性问题，迫切需要通过国际范围内的治理才能解决。有人指出："无论我们是愿意还是不愿意，反正我们正在面对越来越多的问题，这些问题总体上涉及整个人类，所以，解决问题的办法在越来越大的程度上必须国际化。各种危险和挑战——战争、混乱、自我摧毁——都在全球化，这就要求一种世界内部政治，它要超越宗教的视野，而且远远超越了民族国家的边界。"①

"治理"概念最初出现于市政学中，用以指如何更好地解决城市和地方上的各种问题。后来，它又被应用于（国家）中央政府这个层次。随后，这一概念又被应用于解决国际的重大问题，这是治理的最高层次，"全球治理"概念也被明确地提了出来。国际社会由于缺乏超国家的权威，不像主权国家那样有一个超越地方的中央政府，因此它是"没有政府的治理"的典型例证。有人把全球治理理解为"就是超越国界的关系，就是治理而没有主权"，"就是在国际上做政府在国内做的事情"。②

具体来讲，"全球治理"概念的生成是与西方有关"治理"问题的讨论密切相关的。20 世纪 90 年代以来，在西方学术界"治理"一词十分流行。关于什么是"治理"，它与"统治"有何不同？西方学术界迄今并没有形成统一看法。全球治理理论的主要创始人之一詹姆斯·罗西瑙（James N. Rosenau）在其代表作《没有政府统治的治理》和《21 世纪的治理》等文中将"治理"定义为一系列活动领域里的管理机制，它们虽未得到正式授权，却能有效发挥作用。治理指的是一种由共同的目标支持的活动。与政府统治相比，治理的内涵更加丰富，包括政府机制，同时也包括非正式的、非政府的机制。③

全球治理委员会（Commission on Global Governance）将治理的特征归结为四个方面：治理不是一套规章条例，也不是一种活动，而是一个过程；治理的建立不以支配为基础，而以协调为基础；治理既涉及公共部门，也涉及私人部门；治理并不意味着一种正式的制度，但确实有赖于持续的互动。④托尼·麦克格鲁（Tony McGrew）认为，作为一种分析性概念，治理指的是一种以公共利益为目标的社会合作过程——国家在这

①　［德］弗兰茨·努舍勒：《全球治理、发展与和平，全球秩序结构的相互依存》，乌尔里希·贝克等《全球政治与全球治理——政治领域的仝球化》，中国国际广播出版社 2004 年版，第259 页。

②　［美］L. S. 芬克尔施泰因：《什么是全球治理》（L . S . Finkelstein , *What Is Global Governance*），《全球治理》（*Global Governance*）第 1 卷，1995 年第 3 期，第 369 页。

③　［美］詹姆斯·N. 罗西瑙：《没有政府的治理：世界政治中的秩序和变革》（James N. Rosenau , *Governance without Government : Order and Change in World Politics*），剑桥大学出版社1995 年版，第 5 页；《21 世纪的治理》（James N. Rosenau, *Governance in the Twenty -first Century*），《全球治理》杂志 1995 年创刊号。

④　［法］玛丽－克劳德·斯莫茨：《治理在国际关系中的正确运用》，《国际社会科学杂志》（中文版）1999 年第 2 期。

一过程中起到关键的但不一定是支配性的作用。作为一项政治工程，治理意味着对已经改变的国家行为状态的战略反应。①迈克尔·爱德华兹（Michael Edwards）把治理模式看作"一个不同权力形式（国家、公民和市场）、不同调节方式（法律、习俗和社会规范）之间多层相互作用的过程。它们齐心协力追求共同目标，解决争端，在相互冲突的利益之间通过谈判进行权衡取舍"②。研究治理理论的另一位权威格里·斯托克（Gerry Stoker）认为，"治理的概念是，它所要创造的结构或秩序不能由外部强加；它之发挥作用，是要依靠多种进行统治的以及互相发生影响的行为者的互动"③。

有关治理的讨论很自然地被引入国际秩序和世界政治的论题之中。可以说，当人们将治理的分析框架应用于国际层面时，全球治理理论便应运而生。但是，作为一个新的理论，全球治理概念同样充满争议，至今并没有一致的、明确的定义。研究全球治理的著名学者戴维·赫尔德认为，全球治理不仅意味着正式的制度和组织——国家机构、政府间合作等——制定（或不制定）和维持管理世界秩序的规则和规范，而且意味着所有其他组织和压力团体——从多国公司、跨国社会运动到众多的非政府组织——都追求对跨国规则和权威体系产生影响的目标和对象。很显然，联合国体系、世界贸易组织以及各国政府的活动是全球治理的核心因素，但它们绝不是唯一的因素。如果社会运动、非政府组织、区域性的政治组织等被排除在全球治理的含义之外的话，那么全球治理的形式和动力将得不到恰当的理解。作为不断改变的政治生活中必不可少的一个因素，全球政治决定了全球治理有一个广泛的含义。④ 詹姆斯·罗西瑙指出："全球治理可设想为包括通过控制、追求目标以产生跨国影响的各级人类活动——从家庭到国际组织——的规则系统，甚至包括被卷入更加相互依赖的急剧增加的世界网络中的大量规则系统。"⑤

我国学者蔡拓认为，所谓全球治理，是以人类整体论和共同利益论

① ［英］托尼·麦克格鲁：《走向真正的全球治理》，《马克思主义与现实》2002 年第 1 期。

② ［美］迈克尔·爱德华兹：《公民社会与全球治理》，《马克思主义与现实》2002 年第 13 期。

③ ［英］格里·斯托克：《作为理论的治理：五个论点》，《国际社会科学杂志》（中文版）1999 年第 1 期。

④ ［英］戴维·赫尔德等：《全球大变革：全球化时代的政治、经济与文化》，第 70 页。

⑤ 俞可平主编：《治理与善治》，社会科学文献出版社 2000 年版，第 265 页。

为价值导向的，多元行为体平等对话、协商合作，共同应对全球变革和全球问题挑战的一种新的管理人类公共事务的规则、机制、方法和活动。①也有学者这样界定全球治理：全球治理是指各种国际行为体以人类共存共治共赢为宗旨，通过各种手段和途径来解决全球问题和世界公共事务。②还有学者认为，全球治理可以看作对全球层次上各种全球性问题、冲突、危机的管理措施和解决问题的机制，是由各种国际决议、宣言、公约、国际法及其机制、制度和组织共同构成的综合治理体系，也是应对世界新秩序的一种主要方式和手段。③所谓全球治理，指的是通过具有约束力的国际规制和有效的国际合作，解决全球性的政治、经济、生态和安全问题，以维持正常的国际政治经济秩序。而对于全球治理的兴起，俞可平认为有五个基本的原因。一是全球化进程的加速，导致全球问题的迅速增加；二是传统的国家主权遇到挑战，维持世界秩序需要新的方式；三是全球风险社会的来临，国际合作变得更加重要；四是世界政治的单极时代已经结束，国际社会进入多极化时代；五是一些国家治理失效，需要国际社会的帮助。在上述讨论的所有原因中，全球化进程的加速及其对传统国家主权的冲击，是全球治理变得日益重要的主要原因。④

随着全球化进程的日益深入，人类所面临的经济、政治、生态等问题越来越具有全球性，只有依靠全球治理才能有效解决人类所面临的全球性问题，确立真正的全球秩序。全球治理顺应了世界历史发展的这一内在要求，它的兴起，既表明人类对自己在全球化时代所面临的共同问题和共同命运的觉醒，也表明人类为追求全球安全和普遍繁荣所做的努力。

全球治理的现状

虽然全球化与世界不平等模式之间的因果关系非常复杂，但人们仍然存在着这样的共识，即经济全球化是与全球不平等的加深紧密联系在一起的。有学者就将此归咎于全球治理，认为是现今的全球治理造成了这种状况，因为它推动了市场全球化，同时却很少参与全球再分配以克服不平等

---

① 蔡拓：《全球治理的中国视角与实践》，《中国社会科学》2004 年第 1 期。
② 赵海月、王瑜：《全球治理与和谐世界》，《理论与改革》2010 年第 5 期。
③ 杜玉华：《全球秩序的新挑战：全球社会运动及其治理》，《社会科学》2009 年第 5 期。
④ 俞可平：《全球治理的趋势及我国的战略选择》，《国外理论动态》2012 年第 10 期。

的活动。①还有人指出，很多时候"全球治理"意味着一种弱肉强食的体系。② 托尼·麦克格鲁指出："该体系核心存在着一个致命的缺陷，即缺乏民主的信任。因为，从总体上说，这个世界共同体存在着高度的非代表性，以及权力、影响、机会与资源的极度不平等：这一体系也许最好称为扭曲的全球治理。"③

麦克格鲁把当前的全球治理指斥为"扭曲的全球治理"，其理由何在？

第一，全球治理的现实中存在着霸权主义以及国家间权力不平等的问题。权力等级制度塑造了全球治理的结构、根本目的和优先权。当今全球治理体系中起主导作用的主要是以美国为首的西方八国集团，尤其是居于霸主地位的美国左右着全球治理的实际进程。今天开放的世界秩序——自由贸易和资本的全球流动——很大程度上是美国全球霸权的产物。而大多数发展中国家则缺少影响国际机构政策和行为的能力。

在反全球化人士看来，世贸组织、世界银行和国际货币基金组织这三大国际经济组织已经成为世界经济领域的全球治理机构，它们制定和规划着当代全球化的游戏规则。但是，作为全球治理机构，它们本身却是由西方发达国家发起、推动并且由其所主导的国际组织机构，自然服务于跨国公司和发达国家的利益。由于发展中国家在全球治理中的不平等地位以及受自身经济发展所限，它们很难有效地表达自己的主张。

第二，资本在全球范围内的扩张导致全球治理的扭曲。在资本全球扩张的今天，全球市场的支配性力量使得全球治理不得不屈从于全球资本主义秩序的规律和要求。可以说，当资本主义越来越全球化的时候，即使美国这样最强大的国家也会发现自身处于全球市场的支配之下。整个社会强调的是全球公司资本的支配地位与全球资本主义新秩序的巩固。对此，有学者认为，当前全球治理正处于强大的跨国社会力量——一个由精英、法人与政府网络构成的世界主义政治（cosmocracy）——的控制之下。世界主义政治的财富、权力和利益却与全球法人资本主义的再生产和扩张有着密

①　[英] C. 托马斯：《全球治理、发展和人类安全》（C . Thomas , *Global Governance, Development and Human Security：The Challenge of Poverty and Inequality*），伦敦普卢托出版公司2000年版。

②　[美] 迈克尔·爱德华兹：《公民社会与全球治理》，《马克思主义与现实》2002年第3期。

③　[英] 赫斯特、汤普逊：《全球化与民族国家的未来》，《经济与社会》第24卷，1995年第3期，第408—442页。

切的联系。这种世界主义政治将优势国家精英与跨国公司资本和国际官僚机构的利益和愿望统统融进非官方的控制着世界权力堡垒的全球理事会中，而这些权力是与发展中的全球资本主义秩序的规律相一致的。总之，多层全球治理的主要方面被培育、维持并赋予全球资本主义秩序合法化的必要性扭曲了。①

第三，全球治理中的专家政治导致全球治理中具有明显的排他性。"全球精英"，包括政治精英、商业精英、知识精英等，扮演的特殊角色使得全球治理几乎成为职业性的或专家的网络。这些"全球化精英"在全球性事务中有着不同寻常的发言权，社会生活中许多领域的规则都受到他们的操纵或由他们制定。有学者指出，全球治理的许多常规领域以及某些最关键领域，成为职业性的或专家的网络即知识共同体的专有领域。专家的知识和理解力就变成了参与、促进全球治理过程的基本通行证，决策通过知识、技术规则和专长的应用与解释而被赋予合法性。这种专家政治的出现，既排斥了那些无知者、知识落伍者或者其知识与当前要解决的问题无关的人，也剥夺了诸如普通公民的发言权。在那些已经屈从于专家政治必要性的领域中，全球治理容易变成单一的排他性事务。②

此外，在现在的全球治理体系中，还存在着严重的结构性缺陷，包括管理的不足、合理性的不足、协调的不足、服从的不足以及民主的不足。而这些治理差距或缺陷诱发了合法化危机。由于以上三方面的制约以及存在的结构性缺陷，今天的多层全球治理形式是扭曲的，这种体系面临着日益紧迫的合法性危机。这样的问题之所以存在，主要原因是在现阶段经济全球化进行中，西方发达资本主义国家仍然占主导地位，它们在国际上的一系列"全球治理"的机构中也占有较大的优势。人们呼吁建立一个更民主、更公正、更富有同情心的真正的全球治理体系。然而，要实现这样的目标还有待广大发展中国家的群体兴起和社会主义国家的强大，从而逐渐改变世界格局中"西强东弱""北强南弱"的不平衡局面。

全球治理的各种主张与模式

随着全球化的深入发展，全球治理作为全球变革的逻辑性结果，其治理模式也发生了变化。非国家行为体的权力上升，国家与非国家行为体之

---

① ［英］托尼·麦克格鲁：《走向真正的全球治理》，《马克思主义与现实》2002 年第 1 期。
② 同上。

间开始了有关全球秩序的治理合作，共同处理跨国事务中出现的新问题。这种全球治理主张主要有以下几种：国家中心治理模式；有限领域治理模式；网络治理模式；国内—国外边疆治理模式；欧盟"合作性世界秩序"治理模式。①

国家中心治理模式是强调以主权国家为主要治理主体的模式，因为国家的传统特性和对全球化的适应力决定了国家在全球治理中仍居首要地位。其特点是主权国家间以共同利益为基础，通过协商、谈判、合作而达成国际协议或制定国际规制。

有限领域治理模式是以国际组织为主体的治理模式，它是针对特定的领域（如经济、环境领域等）开展活动的，使相关成员国之间实现对话与合作，以谋求实现共同利益。这种模式的主体是国际组织，但其主要资金及其他资源均来自主权国家，因此在行动过程中，难免受到主权国家的影响。而且，国际组织没有强制权力，在行动过程中难免效率低下。

网络治理模式是以非政府组织为主体的模式，非政府组织作为全球治理中的新兴主体，参与全球治理促使了传统的自上而下的治理向由自上而下与自下而上相结合的治理的转变。由于非政府组织分布较为分散，因而采取网络组织形式共享信息，进行合作。这种治理模式虽然形式灵活，类型多样，但由于其组织分散，缺乏强制力，发挥的作用还是有限的。

国内—国外边疆治理模式是罗西瑙提出的全球治理主张。他认为，全球化导致主权国家传统边界日益模糊，取而代之的概念是"边疆"。在国内—国外的边疆上，传统的依靠主权权威的统治收效甚微，而以权威领域为基础的治理则大行其道。所谓"权威领域"（spheres of authority）是指一些可以行使权力的行为体，在各自相应领域里可以得到民众的支持和服从。与国家主权权威不同，这种服从主要不是依靠国家机器的强制力，而是来自民众对它的支持和服从。治理的主要行为主体是权威领域，而不再是国家。所以，即使在没有政治或合法权威的情况下，建立在主体间共识（intersubjective consensuses）基础上的治理也能发挥作用。②这种治理模式又被称为"无政府的治理"。

对于如何具体地进行全球治理，波兰前副总理格泽高滋·科勒德克

① 李芳田、杨娜：《全球治理论析》，《南开学报》（哲学社会科学版）2009 年第 6 期。
② 易文彬：《全球治理模式述评》，《世界经济与政治论坛》2005 年第 4 期。

的观点有其代表性。他首先指出，当代全球化的发展模式是存在问题的，是不可持续的，是迫切需要全球治理的，而"新自由主义救全球化根本是特殊利益集团的一个骗局"。他认为，"对全球化的正确管理确实是一个大挑战，但我们也必须找到实际的解决办法。主要的手段必然是国际谈判和全球认可的政策反应协调机制。我的建议是建立一种三角形的长期发展模式，这一发展模式应该达到'三个平衡'，即经济平衡（贸易、金融、投资、劳动力流动）、社会平衡（类似于全球的社会凝聚）和环境平衡（即可持续发展，特别是减慢对不可再生自然资源的开发利用）。这个三角关系的重点是：价值观、制度、政策。政策必须改变，以全人类的利益为旨归；制度至关重要，未来的人类文明需要一个新的全球经济秩序，即一套全新的世界经济游戏规则，以及对各种经济活动（从国际金融、劳动力移民到环境等多个方面）的全球制度；价值观也需要改变，未来的价值观一定要从贪婪得'越多越好'，转变为'精益求精'和乐于分享。"①

尽管在当代的经济全球化进程中，西方发达资本主义国家占主导地位，但我国作为最大的发展中国家和社会主义大国，在经济全球化进程中应继续加大对外开放，主动参与国际合作，参与国际政治经济秩序的重构，特别是参与国际规则的制定，在"全球治理"中发挥更加重要的作用。这是对构建公平、公正、民主、平等的世界秩序的重大贡献，也是维护我国国家利益和捍卫国家主权的积极选择。倡导一种民主的、公正的、透明的和平等的全球治理，是国际社会的道义力量所在。中国理应在全球治理中主动肩负更多的责任。

2. 中国的和平发展之路与全球治理观

全球化进程中的反全球化运动不仅挑战着新自由主义全球化本身，而且也是对各国的一种考验。正在积极参与经济全球化的中国不仅要认识到全球化的利与弊，更重要的是要积极推进和参与全球治理，使全球化朝着更平等、更民主、更公正的方向发展。而公正、民主、平等的全球治理也是反全球化运动追求的目标之一。作为最大的发展中国家和社会主义大国，中国在打破西方发达国家对全球治理的垄断权，在促进发展中国家更

---

① ［波兰］格泽高滋·W. 科勒德克：《新自由主义救全球化是特殊利益集团骗局》，《中国经济周刊》2012 年第 36 期。

多地参与全球治理上，理应发挥更大的作用。

从治理进而到全球治理反映的是从国内层面到国际层面对全球秩序的一种新认识。从某种意义上讲，中国坚持和平发展道路也明确体现了中国的全球治理观。概括而言，与西方国家的全球观和全球治理观不同，中国主张建立公平、公正、民主、平等的世界秩序。这是一种全新的全球治理理论，集中体现为和平发展观、合作共赢观、共同安全观、文明多样观。①

和平发展观　中国的和平发展观就是要坚持在维护世界和平中发展自己，又要以自身发展促进世界和平，坚定地走和平发展之路，"永远不称霸"。"中国人民最需要和最珍爱的就是和平与发展。中国是维护世界和平、促进共同发展的力量。"② 中国领导人反复强调：中华民族历来重视亲仁善邻、讲信修睦，历来热爱和平。中国人民深刻认识到，只有通过和平方式实现的发展才是持久的牢靠的发展，也才是既有利于中国人民也有利于世界各国人民的发展。中国将坚定不移地走和平发展道路，努力实现和平的发展、开放的发展、合作的发展。和平的发展，就是既通过争取和平的国际环境来发展自己，又通过自己的发展来促进世界和平。③

合作共赢观　中国在新时代的外交实践中将合作摆在了重要位置，力图以合作来实现同舟共济、共存共赢。"合作共赢论"是中国和平发展模式的集中表述。

当今世界的两大主题和平与发展都离不开合作，以合作谋和平，以合作促发展，已成为时代潮流。全球问题的解决离不开合作，国家自身利益的实现也离不开合作，世界可持续发展更离不开合作。中国强调的合作是全方位的合作，既指双边合作，也指多边合作；既有全球合作，也有区域合作；既是南南合作，也是南北合作；既为政治合作，也为经贸、安全、文化合作。中国积极参与全球制度安排，广泛签署并恪守国际公约，致力于同各方建立合作机制，努力发挥在联合国中的建设性作用，积极促进"金

---

① 这一部分主要参考了李丹的《反全球化运动研究——从构建和谐世界的视角分析》，第276—290 页。

② 李肇星：《和平、发展、合作——新时期中国外交的旗帜》，《人民日报》2005 年 8 月23 日。

③ 胡锦涛：《加强全球合作，促进共同发展——在 20 国集团财长和央行行长会议开幕式上的讲话》，《人民日报》2005 年 10 月 16 日 。

砖五国"合作机制的形成，在世界银行、世贸组织、国际货币基金组织等几大国际经济组织的调整与改革中发出自己的声音，积极举办各种经济和贸发国际会议或论坛，以自己的行动切实推动着全球合作共赢的实践。

同时，合作共赢的标志是全球均衡发展。中国主张："经济全球化应坚持以公正为基础，实现平衡有序发展，使各国特别是发展中国家普遍受益，而不是南北差距更加扩大。"[①]"推动经济全球化朝着均衡、普惠、共赢的方向发展"是解决全球问题，建立公平、公正、民主、平等的国际秩序的迫切需要。

共同安全观　中国主张树立新型安全观，以互信求安全，以对话促合作[②]，摒弃冷战思维，树立互信、互利、平等、协作的新安全观，建立公平、有效的集体安全机制，共同防止冲突和战争，维护世界和平与安全[③]。中国领导人积极倡导共同、综合、合作、可持续安全的理念，尊重和保障每一个国家的安全，加强国际和地区合作，共同应对日益增多的非传统安全威胁。[④] 新型安全观从内容上说应该是综合安全，包括政治安全、经济安全、金融安全、科技安全、文化安全等诸多方面。从范围上说是一种全面安全；从途径上说，是一种合作安全；从目标上说，是一种普遍安全、集体安全；从时间上说，是一种长效安全、持续安全。这种积极的、新型的安全观深深打上了中国的烙印。它突出表现在两点：一是这种新型安全的基础是民主；二是这种新型安全的保障是法制。

文明多样观　文明多样性是人类社会的基本特征，也是人类文明进步的重要动力。只有以平等开放的精神维护文明的多样性才能真正体现社会的发展、人类的进步。2005年10月20日，联合国教科文组织高票通过了《保护文化内容和艺术表现形式多样性国际公约》（以下简称《文化多样性公约》），将文化多样性原则提高到国际社会应该遵守的伦理道德的高度，体现出国际社会对文化多样性的共识。尊重文明的差异性是构建和谐世界的基础。世界上各种文明、各种文化应该彼此尊重、相互借鉴，只有

---

① 中华人民共和国国务院新闻办公室：《中国的和平发展道路》白皮书，《人民日报》2005年12月23日。

② 胡锦涛：《承前启后，继往开来，努力开创上海合作组织事业新局面——在上海合作组织成员国元首莫斯科会议上的讲话》，《人民日报》2003年5月30日。

③ 胡锦涛：《努力建立持久和平、共同繁荣的和谐世界》，《人民日报》2005年9月16日。

④ 习近平：《弘扬传统友好　共谱合作新篇》（在巴西国会的演讲），《人民日报》2014年7月18日。

各种文明兼容并蓄才能推动世界朝着和平、和睦、和谐的方向发展。承认世界文明的多样性，尊重文明的差异性，倡导文明的互补性，其目的是推动各种文明的交融与发展。

当今世界正在发生深刻复杂的变化，世界多极化、经济全球化、社会信息化、国际关系民主化的趋势不可阻挡，和平、发展、合作、共赢已经成为时代潮流。

但是，随着世界不断发展变化，人类面临的重大跨国性和全球性挑战也日益增多，加强全球治理已是大势所趋。中国作为发展中大国和社会主义大国，理应有所作为。中国领导人强调，全球治理体制变革离不开理念的引领，全球治理规则体现更加公正合理的要求离不开对人类各种优秀文明成果的吸收。要推动全球治理理念创新发展，积极发掘中华文明中积极的处世之道和治理理念同当今时代的共鸣点，继续丰富打造人类命运共同体等主张，弘扬共商共建共享的全球治理理念。① 一个坚持和平发展、合作共赢的中国，必将为促进人类和平发展做出更大贡献。

我们倡导的是另一种"全球化"，即作为客观历史进程的全球化。它是站在"全球"的视角、着眼于整个人类的和平与可持续发展、公正合理的全球化；是由科技的进步所导引，由生产力的发展所推动、世界各国共享人类文明成果和科技成就的全球化；是不同社会制度下各国人民和睦相处、取长补短、逐步实现共同富裕的全球化；是社会主义国家的人民从历史活动的"客体"（就是作为资本主义发展的条件）转变为历史活动的主体，实现平等、互惠、共赢共存的全球化；是各个国家、各个民族的优秀文化传统交流融合、和而不同的全球化；是马克思恩格斯当年所揭示的每个人的自由全面发展的全球化。这样的全球化，是一个"自然历史过程"，是一个不以国家、民族和个人的意志为转移的大趋势，也是世界人民的价值追求。②

我们倡导的是一种公正合理的全球化。这是一种怎样的全球化？它应该是一种逐步共同富裕的全球化，而不是少数人、少数特定集团、少数特定国家或少数特定国家共同体内部富裕的全球化；它应该是一种平等、公

---

① 习近平：《推动全球治理体制更加公正更加合理　为我国发展和平创造有利条件》（在中共中央政治局第 27 次集体学习时的讲话），《人民日报》2015 年 10 月 14 日。

② 徐艳玲：《全球化、反全球化思潮与社会主义》，第 63 页。

正、互惠、共赢的全球化，而不能在国际产业分工体系中、在国际贸易体系中以及在国际金融货币体系中充满了不平等；它应该是一种共享人类文明和高科技成果的全球化，而不能允许以任何理由和借口推行科技封锁、垄断和盘剥，行使科技霸权；它应该是一种可持续发展的全球化，而不能以牺牲世界各国特别是广大发展中国家可持续发展为代价；它应该是一种严格遵守《联合国宪章》宗旨及原则和公认国际关系准则的全球化，而不能是把自己的发展模式强加于别国的全球化，不能是由一个或几个大国垄断国际事务的全球化，不能是诉诸武力或以武力相威胁来解决国际争端的全球化；它应该是一种各个国家、各个民族优秀文化传统共同发展的全球化，而不能是少数国家凭借强大的经济、政治、军事、科技、信息等实力，将自己的文化和价值观置于全球统治地位。①

这里，我们用1999年当选尼日利亚总统的奥雷塞贡·奥巴桑乔的话来表达对未来美好世界的期许："关于美轮美奂的地球，最好的照片之一是镶嵌在宇宙的苍茫与黑暗中的一个小巧、五彩斑斓的圆球。这是一幅美丽的画面，人们不能把它分割成种族的断片。它是一个世界，是我们离不开的地方，我们必须在这里消除爱与恨、匮乏与过剩、战争与和平、富有与贫穷、黑与白、穷奢极欲与饥肠辘辘之间的矛盾。我们有能力按照照片的蕴意塑造一个美丽、和谐、几乎完美无瑕的世界，我们需要的不过是意志而已。"②

经济全球化是人类社会发展的一种趋势，这是世界在人类历史发展长河中从分散逐渐走向整体的一种必然进程。但世界人民需要的是一个民主、平等、富裕、和谐、以人为本、可持续发展的经济全球化，这是世界人民的共同心声。本章的考察揭示了"反全球化运动"并不是反对这样的经济全球化，而是反对经济全球化进程中出现的各种问题，特别是国与国和一国内部出现的贫富两极分化；反全球化运动不是反对客观的经济全球化进程，而是反对世界秩序当中各种不公正、不合理的因素，它追求的是建立一个公平、公正、民主、平等的世界秩序。

---

① 李慎明：《试谈新世纪的全球化指导原则与实践》，《世界经济与政治》2001年第5期。
② ［德］赖纳·特茨拉夫主编：《全球化压力下的世界文化》，吴志成等译，第171页。

第八章　英美共产党与新社会运动

本章考察英国共产党和美国共产党与两国新社会运动的关系。主要分两部分：第一部分考察英国共产党与新社会运动的关系；第二部分考察美国共产党与新社会运动的关系。英美两国的共产党在西方发达国家中具有一定的代表性。我们希望通过考察这两国的共产党与新社会运动的关系，来揭示西方发达资本主义国家共产党在当今西方国家社会运动中的角色和影响，从一个侧面来观察当代西方新社会运动的面貌。有关英美两国共产党与新社会运动关系的中英文著述并不多，尚无专门考察英美共产党与新社会运动关系的专著或学术论文。本章所使用的研究资料除少量关于英美共产党的中英文著述外，主要是英共和美共网站上的材料。这些网站发表了比较丰富的两国共产党领导人讲话、党的理论文章、党的政治宣言和主张，并对党的领导、党组织和广大党员的活动进行了比较丰富的报道。从这些网站提供的信息中，我们对英美两国共产党与新社会运动的关系可以略见一斑。

一　英国共产党与新社会运动

（一）英国共产党的历史与现状

今天被学界称为"英国共产党"的政党实际上有两个。一个是 Communist Party of Great Britain，可直译为"大不列颠共产党"；这个党是老英国共产党的正式名称。老英国共产党于 1991 年解散，但部分成员后来坚持下来了，仍保留了老党名称。另一个是 1988 年由老英共中部分党员成立的，其英文名称是 Communist Party of Britain，可直译为"不列颠共产党"。但我国学术界多称这两个党为"英国共产党"。除了这两个政党外，英国还有其他带有共产主义名称的政党或组织，如"大不列颠共产党

（马列）"，英文是 "Communist Party of Gtreat Britain（Marxist-Lennist）"，成立于 2004 年。

"大不列颠共产党"（以下简称 CPGB）成立于 1920 年。英共建党受到列宁的关怀和共产国际的帮助。[1]建党初期，英共就开展了一系列政治斗争，如组织"不干涉俄国"运动，组织和参加了 1926 年的大罢工，开展反对帝国主义、支持殖民地人民的斗争。在 20 世纪 30 年代，英共组成国际纵队英国大队，支援西班牙人民的革命斗争。在第二次世界大战中，英共积极支持反法西斯斗争，党的队伍不断壮大，到 1943 年时，党员增至 5.5 万人。在 1945 年的大选中，英共有 2 名党员进入英国下议院。1951 年首次公布党纲《英国通向社会主义之路》，主张"和平过渡"，认为英国可以通过议会斗争和平过渡到共产主义。但是，从 20 世纪 50 年代起，英国共产党员数量不断下降。60 年代发生分裂，一部分人于 1968 年 4 月另立"英国共产党"（马克思主义—列宁主义）（Communist Party of Britain，Marxist-Leninist）。1977 年 7 月，又有一部分人分离出来，成立"英国新共产党"（New Communist Party of Britain）。进入 80 年代，英共党内形成了以《今日马克思主义》理论刊物为中心的"欧洲共产主义派"和以党报《晨星报》为核心的反对派。20 世纪 80 年代末 90 年代初，苏东剧变对英国共产党产生了巨大冲击。1990 年 1 月，尼娜·坦普尔（Nina Temple）当选为英共总书记后抛弃了马列主义，主张把党变成一种主张女权、维护环境、实施民主社会主义的势力。[2]同年 12 月，CPGB 召开了第 42 届代表大会。一方面，大会否决了立即解散党组织的主张；另一方面，大会也否决了用马列主义对党进行改革的主张。1991 年 3 月，该党执委会决定更改党的名称；同年 11 月，英国共产党召开第 43 次代表大会，决定将党的名称改为"民主左翼"，并以三个小人手拉手图案取代镰刀锤子的党旗党徽图案；停办党刊《今日马克思主义》。至此，具有 71 年历史的英国共产党终结了。但是，党内列宁主义派的支持者决定对老英共进行改组，仍然保持了老英共"大不列颠共产党"的名称。因此，从一定意义上讲，老英共仍然存在，还办有自己的网站。[3]

---

① 商文斌：《战后英国共产党对社会主义发展道路的探索》，中国社会科学出版社 2006 年版，第 10—11 页。

② 参见《百度百科》词条："英国共产党。"

③ 大不列颠共产党网站的网址是：http://www.cpgb.org.uk/。

新的"英国共产党"是在原来"大不列颠共产党"内部以党报《晨星报》为核心的反对派基础上于 1988 年成立的。它声称继承了"大不列颠共产党"的传统，仍把民主集中制作为组织原则。年满 16 岁赞同英共政策、目标和角色者，都可加入英国共产党；在民主集中制的原则下，英共分本地、地区和国家三个层次进行组织，约束性决定都是通过集体讨论做出的，涉及每个党员和每个机构。①该党的最高权力机关是全国代表大会，每两年举行一次。其青年团组织是青年共产主义联盟，为世界民主青年联盟的成员。②英共现任总书记罗伯特·格里菲斯（Robert Griffith）是英国威尔士人，1998 年 1 月就任至今。该党虽然人数不多，但在英国工人运动、反战和平运动、核裁军运动等社会运动中有较大影响。2000 年，该党在原"大不列颠共产党"党纲的基础上，制定了新党纲《英国通向社会主义之路》。③2004 年 5 月，英共第 48 次全国代表大会修订并通过了《英国共产党目标和章程》。④本部分主要考察新的"英国共产党"与英国新社会运动的关系。首先让我们简要考察一下英国共产党的基本主张。

（二）英国共产党的基本主张

这里讲的英共基本主张，是指 1988 年成立的英国共产党的主张。老英共的主张这里不拟考察，读者可参考有关著述，如商文斌的《战后英国共产党对社会主义发展道路的探索》。

从英国共产党的新党纲《英国通向社会主义之路》，我们能够了解英共的基本主张。英共党纲认为，为了工人阶级、人民和人类的整体利益，必须推翻资本主义。社会主义是唯一可供选择的社会制度，这一制度能够满足人民和人类的基本需要，能够提供结束一切剥削和压迫的基础。一旦反革命威胁在国内和国际上被不可逆转地排除后，从共产主义

---

① 英共网站：http://www.communist-party.org.uk/faqs.html，"经常提出的问题"（"Frequently Asked Questions"），2015 年 2 月 24 日访问。

② 英共网站对青年共产主义联盟（Young Communist League）有介绍，见 http://www.communist-party.org.uk/britain/youth/1832 - young-communist-league.html，2015 年 2 月 24 日访问。

③ 英共党纲的英文名称是 *Britain's Road to Socialism*，英共网站有英文版党纲全文，见 http://www.communist-party.org.uk/brs2.html，2014 年 8 月访问。

④ 王家瑞主编：《当代国外政党概览》，当代世界出版社 2009 年版，第 805 页。

低级阶段向高级阶段的过渡就能完成。资本主义是一种剥削制度，这种制度带来危机、不公平、腐败、环境衰退和战争，与生俱来就不能解决人类最基本的问题。资产阶级垄断公司和国家机器为自身利益服务，是经济、社会、文化和政治进步的主要障碍。在英国，存在着追求一种可供选择的经济和政治战略的潜能，这种战略能够挑战并最终击败统治阶级。尤为特别的是，大众反垄断民主同盟能够建立起来，由工人运动主导，为左翼政策纲领而战斗。这种政策纲领将会削弱垄断资本家的财富和权力。通过工人阶级和大众行动的高潮，在英国能够选举出一个左翼政府，这个政府基于议会中工党、社会主义、共产主义和进步议员的多数，并通过苏格兰和威尔士左翼多数的当选而得到加强。在努力实施最先进的左翼纲领的政策中，群众运动及其左翼政府将不得不开展一场争夺国家权力的决定性斗争，并取得胜利。要保证形成统一的对英国国家垄断资本主义的挑战，就需要促进工人阶级和进步力量的更高层次的合作与团结，并需要将苏格兰和威尔士民族权利的民主潜能最大化，将分歧范围最小化。夺取国家权力和将反革命机会最小化，将创造完全摧毁资本主义的条件，并为一个联邦的、社会主义英国的民主的、和平的未来奠定基础。然后，能够建立社会主义社会，在这个社会中财富和权力是公有的，以计划方式用来为所有人的利益服务；而同时工人阶级及其盟友能够把人民从一切剥削和压迫之下解放出来。"结束英国的帝国主义——垄断资产阶级剥削和权力在世界其他地方的展现——是我们能够为世界人民的解放和社会主义所能做的最大贡献。"①英共党纲还指出：如果要在实践中通过政治的阶级斗争，在英国实现社会主义，根本是要有一个对大众产生影响的共产党。②

英共的基本主张也很好地体现在总书记的重要讲话中。现任总书记罗伯特·格里菲斯是一个非常活跃的理论家，经常撰写文章，发表演说。这里仅举几例。

2012 年英共总书记罗伯特·格里菲斯发表新年献辞。在新年献辞中，罗伯特·格里菲斯号召将 2012 年变成持续斗争年，以阻止失业，阻止破

①　英共党纲《英国通向社会主义之路》第一部分《序论》（Introduction），英共网站：ht-tp：//www. communist-party. org. uk/introduction. html，2015 年 2 月 1 日访问；参阅商文斌著《战后英国共产党对社会主义发展道路的探索》，第 188—201 页。

②　英共党纲《英国通向社会主义之路》第一部分《序论》，英共网站：同上。

坏工业的行为，阻止公共服务业的流散和私有化。格里菲斯认为，工人运动的关键是运用基于人民宪章的选择性经济和政治战略，来引领正在发生的许许多多的斗争。

2012 年 10 月 4 日，格里菲斯在剑桥大学出席反对资本主义的报告会，剑桥大学有 700 名学生参加。格里菲斯在报告中指出：资本主义正在让英国和欧洲人民——特别是青年人失望。资本主义已经让并将继续让全世界数十亿人民失望。资本主义使地球及其整个生态体系遭受失败。格里菲斯积极参加各类理论宣传活动。自己带头撰写批评资本主义的理论文章，经常在《晨星报》发表，宣传英共主张。例如，发表《百万富翁对抗百万人民》《赶走银行家专政》等理论文章。①

2014 年 11 月，英共召开了第 53 届大会，格里菲斯在大会上发表了讲话。他号召英国工人们团结和组织起来，尽快将现有保守党和自由民主党联合政府赶下台。格里菲斯对资本主义进行了深刻的揭露和批判。他指出："资本主义在奔向全球变暖、气候混乱、更加致命的流行病和不断的重整军备与战争状态，而长期的社会不平等、不公正却依然存在和进一步恶化。"②苏东剧变后的"新世界秩序是共产党人所预见的，是一个由庞大的金融和工业集团主导的世界秩序，这些集团的利益是由英国、美国、德国、法国和其他帝国主义大国的国家权力促进的"③。格里菲斯批评欧盟是"反动的、反民主的和不可更新的"，主张英国尽快退出欧盟。格里菲斯还批评了北约的侵略行径，主张英国退出北约。④

格里菲斯呼吁改变英国现状。英国仍然是世界帝国主义中心之一。英国统治阶级，以伦敦金融城资本家为核心，利用经济危机和金融危机，加强对工人们及其家庭的进攻。格里菲斯分析了英国资本主义问题，主张加强工人运动。"为了英国工人阶级和英国人民的利益，为了劳工、妇女与和平运动的利益，为了国际共产主义运动的利益，我们必须建设英国共产党。"在讲话中，格里菲斯最后指出："我们运动的未来，英国和我们星

---

① 这里关于罗伯特·格里菲斯的资料来自英共网站。

② 《总书记罗伯特·格里菲斯在第 53 届大会上的讲话》（*General Secretary Robert Griffiths Speech to 53rd Congress*），英共网站：http://www.communist-party.org.uk/52congress/1878 – general-secretary-robert-griffiths-speech-to-53rd-congress.html，2015 年 1 月 5 日访问。

③ 同上。

④ 同上。

球的未来是社会主义！"①

2015 年新年前夕，罗伯特·格里菲斯发表了新年献辞《2015 年共产党人将努力做什么？》。格里菲斯首先指出，"英国是一个被贫困、食品银行、大规模失业、极大的社会不公和根深蒂固的腐败弄变形了的社会。"②他呼吁，第一，在 2015 年 5 月的大选中，帮助击败并非选举出来的托利—自民政权。唯一现实的选择是建立工党政府。第二，为推动反紧缩、反私有化和反不平等的广泛的大众运动，必须倍加努力增强工会和同业公会的力量，增强人民大会和全国妇女大会的影响。第三，把工党政府扶上台后，英国工人和各民族要向工党政府施加最大压力，使其将民众利益置于亿万富翁的利益之上。要将重新国有化和公共所有权努力置于政治议程的顶端。第四，共产党人必须努力赢得对"进步联邦主义"政策的支持，将真正的权力和资源置于苏格兰议会、威尔士议会和英格兰地区大会手中，以实施左翼的、进步的经济和社会政策。第五，共产党人必须帮助坚定对和平、工人和其他进步运动的决心，以完全销毁英国大规模杀伤性武器。第六，在国际战线上，首要任务之一应该是加强全球抵制和制裁以色列的斗争势头，推动承认巴勒斯坦的国家地位。③

在党纲中，英共明确提出了英国走向社会主义道路的斗争阶段理论。英国革命进程的第一阶段将以在工人运动中出现实质性的、持久的向左转移为标志。所以，英国社会主义革命的开始阶段的高潮必须是选举出左翼政府，基础是社会主义的、工人的、共产主义的和进步的选票在大选中占多数。致力于实施左翼方案的左翼政府当选将标志着革命进程进入第二阶段。这一阶段的主要特征是开展议会内外的联合斗争，以实施左翼方案中的重大政策。结合群众运动将左翼方案以法令形式付诸实施后，革命进程将进入第三阶段。这一阶段是最关键的，进入这一阶段的标志是极大的对抗。这种新的对抗将决定金融垄断资本家是保持国家权力还是其权力被工人阶级及其盟友剥夺。革命进程决定性的第三阶

①　《总书记罗伯特·格里菲斯在第 53 届大会上的讲话》（*General Secretary Robert Griffiths Speech to 53rd Congress*），英共网站：http：//www. communist-party. org. uk/52congress/1878 - general-secretary-robert-griffiths-speech-to - 53rd-congress. html, 2015 年 1 月 5 日访问。

②　罗伯特·格里菲斯：《2015 年共产党人将努力做什么？》（"What Will Communists Be Striving for in 2015?"），英共网站：http：//www. communist-party. org. uk/publications2/cp-press/1892 - what-will-communists-be-striving-for-in - 2015. html, 2015 年 1 月 5 日访问。

③　同上。

段的关键因素是全社会力量的平衡。极为重要的是动员大众的、由组织起来的工人阶级领导的反垄断同盟，以支持大众主权，帮助选举出来的政府实施其政策。掌握国家权力将使工人阶级及其盟友能够完成剥夺垄断资产阶级所有经济与政治权力的进程。当资本主义制度被解构后，就能推进建设新的社会主义社会。①

（三）英国共产党的主要理论宣传阵地

英国共产党大力开展党的宣传活动。总书记罗伯特·格里菲斯本人积极投身宣传工作，撰写理论文章，在重大节日或事件之际发表演说、声明，参加辩论活动，等等。现阶段，英共开展宣传工作比较活跃。以下是其主要宣传阵地，而在这些宣传阵地中，英共网站是极为重要的。

1. 英共网站

在信息技术十分发达的今天，英国共产党建立了自己的总网站，名称是"英国共产党：为了和平与社会主义"，作为党的重要舆论宣传阵地和交流平台。英共网站首页有七个大栏目：英国、全球、媒体、事件、马克思主义、历史、社会主义。在"英国"栏目下面设有12个子栏目，它们是经济、选举、欧盟与大众主权、健康教育与服务、食品农业与农村、住房、妇女、和平、人民大会、工会、青年、地方共产党。栏目内容比较丰富，主要报道英共主张和相关活动，对英国发生的重大事件，英共一般要表明自己的态度和立场。

《全球》栏目下设5个子栏目：新闻与声明、团结、国际共产党会议、分析与简报、链接。这几个栏目主要报道国际上有关重大新闻、英国共产党的态度以及各国共产党之间的会议活动。"链接"栏目设置了世界各大洲共产主义性质的政党和工人政党的网站链接。对国际上发生的重大事件，如叙利亚问题、伊拉克问题、巴以冲突、乌克兰问题等，英共网站积极表明态度和立场。

《媒体》栏目下设五个子栏目：共产党新闻、出版物、《晨星报》、《共产主义评论》，主要介绍有关出版物和其中一些文章；另有一个子栏

---

① 英共革命斗争阶段性理论见英共党纲《英国通向社会主义之路》的第6部分《选择性经济和政治战略》（*An Alternative Economic and Political Strategy*）和第7部分《走向社会主义和共产主义》（*Towards Socialism and Communism*），英共网站：http：//www.communist-party.org.uk/the-advance-to-socialism.html 和 http：//www.communist-party.org.uk/socialism-a-communism.html。

目是"宣言出版物"，链接的是"宣言出版物"的相关网站。

《事件》栏目设有 5 个子栏目：节日、五一节、马克思演说、21 世纪马克思主义节、第 53 届大会。在《马克思主义》栏目下设有一个子栏目"21 世纪马克思主义节"，与《事件》栏目中的"21 世纪马克思主义节"是一个链接。《历史》栏目下面没有子栏目，主要介绍英共历史。"社会主义"栏目下也没有子栏目，主要是关于英共纲领的理论探讨文章。[①]

英共网站内容趋于丰富、活跃，但现阶段更新仍比较慢；有的栏目增加新网页慢，几周甚至更长时间才有新的内容。

除英国共产党的总网站外，英共还有地方共产党组织举办的网站。例如，苏格兰共产党和威尔士共产党均建有自己的网站。苏格兰共产党网站：www. scottishcommunists. org. uk/；威尔士共产党网站：www. welshcommumists. org/是两个比较活跃的网站；相比之下，苏格兰共产党网站更为活跃。英格兰共产党各地区分部也有自己的网站，英共总网站首页有链接。这些网站也是英共重要的舆论宣传阵地。

今天，除了网站外，英国共产党的主要理论阵地有《晨星报》《共产主义评论》以及其他一些舆论宣传活动。下面作简要介绍。

2. 《晨星报》（*The Morning Star*）

《晨星报》是欧洲著名的有共产党背景的英文日报，曾被视为英共党报。1988 年新成立的"英国共产党"就是在以"《晨星报》派"为骨干的基础上形成的。现《晨星报》是独立性的报纸，但仍属亲英共报纸。《晨星报》是一份社会主义日报，从 1930 年开始发行，几乎没有中断过。1930 年创立时，名为《工人日报》（*Daily Worker*），是英国共产党的机关报；1966 年改名为《晨星报》。1979 年《晨星报》发行量是 34588 份，此后发行量减少。[②]有材料显示，到 21 世纪初，《晨星报》发行量约 1 万份，拥有数万名读者；[③]但也有资料显示，2005 年时，《晨星报》发行量

---

① 笔者在 2014 年 10 月访问时，英共网站的栏目设置仍然是这样的。但稍后英共网站受到黑客攻击，2015 年 1 月，笔者访问网站时，子栏目在首页上无法显示。网站首页顶端标示："网站工作人员正在维护遭受黑客攻击后的网页。"但过去的许多网页内容仍然可查，首页内容也在不断更新当中。不久网站恢复正常状态（在 2015 年 3 月时已处于正常状态）。

② 钱汉江：《1979 年英国、美国的共产党报纸》，刘建明译，［苏］《莫斯科大学新闻学报》，"英共《晨星报》"，第 27 页，来自国家哲学社会科学学术期刊数据库。

③ 商文斌：《战后英国共产党对社会主义发展道路的探索》，第 188 页。

在 1.3—1.4 万份之间。①从 2004 年 4 月 1 日起，在线网络版开始运行。2012 年 5 月，理查德·巴格利（Richard Bagley）成为《星晨报》主编；现任（2014 年）代理主编是本·查科（Ben Chacko）。《晨星报》现阶段处于发展进程中，是今日英国一份有较大影响的左翼日报。

虽然《晨星报》的编辑路线遵循英共党纲，但《晨星报》又是独立拥有的，由其读者和支持者举办，从整个进步界吸引作者。英国共产党一直支持《晨星报》，并呼吁所有的社会主义者和进步人士支持该报，以加强工人运动。英共成员经常在大街上和在工会、进步与社区活动中出售《晨星报》。

3. 《共产主义评论》

《共产主义评论》（Communist Review）是英国共产党的机关刊物，是一份理论探讨杂志。它是一份季刊，2014 年的夏季号为第 72 期。英共网站上设有《共产主义评论》子栏目，但目前只能了解部分文章的作者和标题，尚不能从网站上查看全文。

2014 年春季号（第 71 期）的文章有迈克·奎勒的《明天可能会不同》；阿鲁塔·蒙塞本兹（Aluta Msebenzi）的《争取激进转型的斗争：我们时代的关键挑战》；《英国的海外殖民领地：英美帝国主义聚会的地方》；《建设耶路撒冷：一个共产主义社会的住房憧憬》；肯尼·科伊尔的《朝鲜的意识形态》。②

2014 年夏季号的文章有《一战爆发 100 周年：共产主义和工人政党的宣言》；乔安妮·史蒂文森的《无情的战争时期》；本·查科的《美国在太平洋的战争计划》；埃勒尼·格罗帕纳乔蒂（Geropanagioti）的《从战争的终结到剥削的废除》；萨拉姆·阿里（Salam Ali）的《伊拉克人民为和平与民主的反战斗争》；纳维德·肖马利（Navid Shomali）的《伊朗神权政体——"新中东和平计划"与该地区和平前景》。③

从这两期的文章目录，读者可大致窥知《共产主义评论》杂志的大致内容、政治方向和学术方向。

---

① 维基百科词条《晨星报》（Morning Star，British Newspaper）。

② 英共网站：http：//www. communist-party. org. uk/communist-review/1908 – cr71. html，2015 年 2 月 5 日访问。

③ 英共网站：http：//www. communist-party. org. uk/communist-review/1979 – cr71 – 2. html，2015 年 2 月 5 日访问。

4. 其他形式的宣传活动

举办"共产主义大学"（Communist University）。所谓的"共产主义大学"实际上是一天或几天的研讨会，有全英的"共产主义大学"，也有地方的"共产主义大学"，目的是加强马克思主义理论教育。英共网站过去有关于"共产主义大学"的报道，而近期却没有了，取而代之的是"21 世纪马克思主义节"。而幸存的原英国共产党（大不列颠共产党）的网站却仍有关于"共产主义大学"的报道，其活动内容与"21 世纪马克思主义节"类似。例如，老英共网站上现在有 2014 年"共产主义大学"教学录像。[①]

举办"21 世纪马克思主义"活动节，开展理论研究和宣传活动。英共网站文章认为："马克思主义不能被视为一个分散的、停滞的学术探讨领域，它是一个活着的、有生命的理论，只有与工人们和人民的斗争单个或集体的经历结合起来，才能继续在 21 世纪及以后时代生存下去。"[②]

举办"21 世纪马克思主义节"是英共非常重视马克思主义理论教育的表现。近年，英共每年都举办"21 世纪马克思主义"节，安排系列学术研讨会和报告会。时间不定，一般在周末举办。参加"马克思主义节"的研讨人员或演讲者主要有英共领导人、国外共产党和工人阶级政党领导人、外国驻英使馆人员、国际友好团体人士、工会或前工会负责人、左翼工党议员、大学教师和科研人员、《晨星报》主编与专栏作家、诗人等。研讨和演讲的主题丰富多彩，主要针对当今国内外重大问题。

这里不妨简要列举一下 2014 年 7 月下旬举办的"21 世纪马克思主义节"的研讨和演讲内容。这次活动节的第一项活动是德意志民主共和国最后一任共产党总理汉斯·莫德罗（Hans Modrow）的新书推介；德国左翼党名誉主席、巴勒斯坦人民党驻英代表纳斯里·巴霍蒂（Nasri Barghouti），英共国际部书记约翰·福斯特和伊朗人民党国际部书记纳维德·肖马利发表了演说；工会代表小组讨论工会在工作场所和社区中的角色；

---

① 老英共网站：http://www.cpgb.org.uk/home/party-news/videos-from-cu2014 - online，2015 年 1 月 16 日访问。

② 英共网站文章《认真理解马克思的理想时间》（*Ideal Time to Get to Grips with Marx*），http://www.communist-party.org.uk/marxism/21cm/1971 - ideal-time-to-get-to-grips-with-marx.html，2015 年 1 月 16 日访问。

《晨星报》专栏作家、工党左翼议员、英共总书记罗伯特·格里菲斯共同讨论民主的含义是什么；国际运输联盟发言人杰里米·安德逊和欧洲运输工会前领导人格雷厄姆·史蒂文森探讨"准时"生产和组织工作对资本主义经济和整个社会的影响；运输工人工会领导曼纽尔·科尔特斯主持一个关于公共所有权的研讲活动，讨论工党"有气无力"的建议，并探讨"我们能从过去为人民利益服务而不是为利润服务的经验中学到什么"这一问题；讨论如何利用网络开展马克思主义教育的问题，论者认为不能仅仅把网络当作宣传鼓动和组织工具，还要当作教育工具；来自英国和国外的一批共产主义者、社会工作者和进步人士研讨正在乌克兰、巴勒斯坦、伊拉克和拉美等地发生的战争问题。①从以上情况，我们对"21 世纪马克思主义节"的内容可略见一斑。

（四）英国共产党与工人运动

1. 英国共产党与工会的关系

英国共产党是工人阶级的政党。1920 年英国共产党的成立就是由工人阶级完成的，是"工人阶级中政治上最先进的分子"成立了英国共产党，他们不仅为改革战斗，而且为推翻资本主义、建立社会主义而战斗。②英国共产党从性质上讲是一个"为了工人阶级的、存在于工人阶级之中的党"。③因此，从这个意义上讲，英共产党员是应加入工会的，并应积极在工会中发挥作用。英国共产党与工会的确具有紧密的关系。早在英国共产党成立之初，在 1923 年英国罢工斗争高潮中，英共就倡导过"少数派运动"，旨在工会组织内为进步政策而斗争；在 20 世纪 20 年代，"少数派运动"是罢工斗争的一个巨大组织和推动力量。④老的英国共产党力量最强大时是在 40 年代。1942 年英共产党员数量达

---

①　英共网站文章《认真理解马克思的理想时间》（*Ideal Time to Get to Grips with Marx*），ht-tp：//www. communist-party. org. uk/marxism/21cm/1971 - ideal-time-to-get-to-grips- with- marx. html，2015 年 1 月 16 日访问。

②　英共党纲《英国通向社会主义之路》第五部分《工人运动和进步运动》（*The Labour and Progressive Movements*），英共网站：http：//www. communist-party. org. uk/the-forces-for-change. html，2014 年 8 月 10 日访问。

③　约翰·福斯特：《马克思、马克思主义与英国工人运动：21 世纪继续探索的问题》，巩志华编译，《当代世界与社会主义》2013 年第 4 期，第 165 页。

④　商文斌：《战后英国共产党对社会主义发展道路的探索》，第 13—14 页。

到峰值，为 56000 人，此后党员数量逐渐下降。①但是，老英国共产党直到 70 年代仍然有较大的影响；整个 70 年代，党员人数保持在 2 万人以上，在工会中发挥着重要作用。②在 70 年代，英国掀起了一场工人运动高潮，其中"最精彩的一幕"是工人们对苏格兰克莱德港船坞长达 15 个月的占领。而在这次事件中，一部分工人共产党员发挥了重要作用。③这个时期的英国共产党介入工会活动的策略主要表现在四个方面：一是介入合法的工会运动；二是介入生产单位，创建基层组织；三是共产党的骨干分子通过接管和占领工厂的形式来应对政府主导的关闭企业的行为；四是积极寻求在工会运动中担当领导角色。④但进入 80 年代后，英共产党员人数一路下降；1981 年是 18458 名；1988 年老英国共产党发生分裂时，党员人数只有 8546 人。⑤ 这与苏东剧变的国际大背景有着密切关系。

1988 年新成立的英国共产党，党员人数不多。从可查询到的数据看，进入 21 世纪，新的英共产党员人数一直在 1000 左右徘徊。⑥

新的英国共产党虽然人数不多，但积极在工会组织中发挥作用。英共在群众运动中的主要影响是通过《晨星报》发挥的。而在《晨星报》管理委员会中有 5 家全国性工会的代表，包括英国最大的工会组织联合工会。⑦

英共网站在《英国》栏目下设有《工会》子栏目，经常发表文章呼吁加强工会权利，维护工人利益。例如，2015 年 3 月 31 日，发表了《工会力量：需要组织和参与车间活动》一文。文章报道，英共苏格兰书记

① 参阅王军《近百年来英国共产党党员人数变化及其原因分析》，《当代世界与社会主义》2014 年第 1 期；向文华《西欧国家共产党的边缘化：数据分析》，《当代世界社会主义问题》2011 年第 1 期，第 82—83 页。

② 同上书，第 82 页。

③ 约翰·福斯特：《马克思、马克思主义与英国工人运动：21 世纪继续探索的问题》，巩志华编译，《当代世界与社会主义》2013 年第 4 期，第 164 页。

④ 同上书，第 163 页。

⑤ 向文华：《西欧国家共产党的边缘化：数据分析》，《当代世界社会主义问题》2011 年第 1 期，第 82 页。

⑥ 参阅王军《近百年来英国共产党党员人数变化及其原因分析》，《当代世界与社会主义》2014 年第 1 期。

⑦ 《构建大众的、民主的、由工人阶级领导的反垄断同盟——英共总书记谈当前国际金融危机》，张顺洪译，《世界社会主义研究》2011 年第 12 期，第 10 页。此文译自英共网站，但现在（2015 年 1 月 16 日）已不能访问此网页。

汤米·莫里森（Tommy Morrison）讲：如果我们想击退紧缩政策，我们就需要放弃对资本主义的让步，重建富于战斗性的车间组织。[1] 2015 年 4 月 15 日，发表了《工党与工会：工人权利必须是原则问题》一文，英共全国工会组织者格雷厄姆·斯蒂文森（Graham Stevenson）对工党新的"工作宣言"提出了尖锐的质疑，要求对车间的工会给予更多的权利和更多的保护。[2] 2015 年 7 月 2 日，发表了《工会教育家：没有教育，我们就无法鼓动和组织》一文，英国三位知名工会教育家要求重振工会活动分子的精神，用先进的思想武装他们的头脑。[3]

2. 英国共产党与英国工党的关系

英国工党是由英国的工会在 20 世纪初建立的，目的是要在议会中代表工人阶级的利益。工党与英共都与工人阶级有着密切联系。从一定意义上讲，工党与英共都来自工人阶级。两党在历史上一度关系非常密切，在开展工人运动的斗争中相互合作。新的英共党纲就认为：工党自从成立以来，一直是"组织起来的工人阶级的大众政党"，仍然获得众多工人们在选举上的支持。但工党的政治和意识形态是社会民主主义的，只是寻求对资本主义进行改革，而不是摧毁资本主义。工党从未从根本上挑战统治阶级，至多只是反映和代表了工人阶级政治中的工会意识。主导工党的改革主义观念将使该党局限于扮演资本主义制度内的议会角色。[4] 这是英共对工党的看法。

由于工党的主流意识形态是社会民主主义的，主张改革资本主义而不是摧毁资本主义，因而工党又是排斥英共的，特别是工党中的右翼势力。这一点早在 20 年代 30 年代就已表现出来，而在第二次世界大战后一个时

---

① 《工会力量：需要组织和参与车间活动》（*Union Strength—Needs Involvement and Organization in Workplaces*），英共网站：http：//www. communist-party. org. uk/britain/struggle/2070 – union-strength-needs-involvement-and-organisation-in-workplaces. htm，2015 年 8 月 28 日访问。

② 《工党与工会：工人权利必须是原则问题》（*Labour and Unions：Workers's Rights Must Be a Question of Principle*），英共网站：http：//www. communist-party. org. uk/britain/struggle/2075 – labour-and-unions-workers-rights-must-be-a-question-of-principle. html，2015 年 8 月 28 日访问。

③ 《工会教育家：没有教育，我们就无法鼓动和组织》（*Union Educators：Without the Education, We Can't Agitate and Organise*），英共网站：http：//www. communist-party. org. uk/britain/struggle/2133 – union-educators-without-the-education-we-can-t-agitate-and-organise. html，2015 年 8 月 28 日访问。

④ 英共党纲《英国通向社会主义之路》第五部分《工人运动和进步运动》，英共网站：http：//www. communist-party. org. uk/the-forces-for-change. html，2014 年 8 月 10 日访问。

期则十分突出。战后初期,工党执政后,工党政府在右翼领导下采取了大规模的反共行动。首先是将英共产党员清洗出公共部门。艾德礼首相宣称政府不允许共产党员"从事有关国家安全的工作"。①工党这一行动受到当时西方反共高潮国际大背景的影响。

从战后时期看,英共与工党在一些基本问题上存在着本质的区别。第一,在指导思想和理论基础上,英共坚持以马克思列宁主义为指导,而工党却是以民主社会主义为指导。第二,英共既主张议会斗争,也主张开展议会外的群众运动,而工党则反对阶级斗争,只注重议会斗争。第三,英共的斗争目标是建立社会主义国家,而工党的斗争目标是民主社会主义的。第四,在组织原则上,英共坚持民主集中制,而工党只讲民主,不讲集中,反对民主集中制。第五,在经济政策上,英共主张实行国有化,建立公有制,逐步消灭私有制,而工党在实践中推行的是经济多元化政策,主张"混合经济",建立有适当国家干预的市场经济。②

尽管英共与工党有路线分歧和矛盾斗争,但两个政党都与工会有密切的联系。英共认为,只要许多大工会附属于工党,就有可能掀起一场具有广泛基础的战斗,使工党重新支持工人运动和左翼政策。③英共坚持自己的独立性,不赞成共产党成为一个松散的协会,但这并不排除英共与工党及其他组织保持密切关系。这种密切关系要建立在"真正联盟的基础"之上,在这个基础上共产党人保持自己单独的组织机构和独立行动的能力。④

3. 英国共产党积极组织和参加罢工和游行示威活动

英共虽小,但却积极组织和参加各类罢工和游行示威活动。2011年8月,英共总书记罗伯特·格里菲斯在答中联部经济委员会提问时,讲以下内容。2011年3月26日有超过75万的英国职工大会会员在伦敦举行了游行示威。在这次游行示威期间,工会付款免费分发了5万份《晨星报》。这份社会主义日报的指导思想蕴含在英国共产党的纲领《英国通向社会主义之路》中。完成散发任务的是共产党员、党的支持者和《晨星

---

① 商文斌:《战后英国共产党对社会主义发展道路的探索》,第43—44页。

② 同上书,第126—129页。

③ 英共党纲《英国通向社会主义之路》第五部分《工人运动和进步运动》,英共网站:http://www.communist-party.org.uk/the-forces-for-change.html,2014年8月10日访问。

④ 同上。

报》读者。2011 年 6 月 30 日，公共行业的 5 个工会共同组织了一次有 100 万工人参加的罢工，以捍卫他们的养老金。公共行业最大的工会可能号召在 2011 年 10 月或 11 月举行联合罢工行动，也反对缩减养老金，并且可能要求增加工资，反对裁员或私有化。[①]

罗伯特·格里菲斯讲："英国共产党参与了这一运动各个阶段的活动。尽管我们党的规模小，但我们在许多地方工会委员会中扮演了有影响的角色，这些委员会把各城镇的工会凝聚在一起；同时，两个最大的工会在英国职工大会总委员会中的代表都是共产党员。我们党的公报《团结》为大型罢工和游行示威活动出版专刊。我们在群众运动中的主要影响是通过《晨星报》发挥的。"[②]

英国共产党积极组织和参加罢工、游行示威活动。2014 年 7 月 10 日，英国公共行业工人举行大罢工，在 50 个城市发生了游行和集会。工人们要求就业，提高工资和改善工作条件，同时要求有权获取优厚的养老金。为支持此次大罢工，《晨星报》发表了社论。[③]英国共产党积极支持和参与这次罢工游行活动日。英共总书记罗伯特·格里菲斯要求共产党员和支持者参加游行和集会，走在队伍前面，支持工人们的斗争。数以百万计的工人们参加这次罢工斗争，决心捍卫他们的工资、养老金、工作和服务保障。罗伯特·格里菲斯还要求共产党员向游行队伍出售《晨星报》和党的最新出版物，向游行队伍散发 21 世纪马克思主义节宣传手册。[④]

（五）积极参加竞选活动

英国共产党是参加选举活动的。老的英国共产党在建党之初就参加了议会选举。1922 年英共参加选举时，得到 30 684 张选票。英共参选得票

---

① 《构建大众的、民主的、由工人阶级领导的反垄断同盟——英共总书记谈当前国际金融危机》，张顺洪译，《世界社会主义研究》2011 年第 12 期，第 10 页。原文来自英共网站，2011 年 9 月上旬访问。

② 同上。

③ 《晨星报社论：为赢得胜利而罢工》（*Morning Star Editorial: Striking to Win*），英共网站：http://www.communist-party.org.uk/britain/struggle/1962 – morning-star-editorial- striking- to-win.html，2015 年 2 月 4 日访问。

④ 英共网站：http://www.communist-party.org.uk/britain/economics/1958 – 10 – july – 2014 – communists-call-for-mass-support-to-strikes-and-demonstrations.html，2015 年 2 月 4 日访问。

最高是在 1945 年，共得票 97 945 张，得票率为 0.4%。以后几十年得票数降低；最高时是在 1966 年，也只有 62 092 张选票；1987 年老英共解体前夕，只得到了 6078 张选票，得票率不足 0.1%。①

新的英国共产党 1997 年参加大选，得票 639 张。2001 年，英国共产党有 6 名候选人参加了下院议员的竞选，共得票 1003 张；2010 年参加竞争，共得票 947 张。②

近几年，英共参加了一些地方选举，英共网站对这些活动进行了一定的报道。例如，2012 年，英国共产党员参加了威尔士地区选举，在 8 个选区参加竞选；英共网站的报道对选举结果表示了满意。在梅瑟蒂德菲尔（Merthyr Tydfil）选区中，共产党员的表现最好，当地工会委员会秘书汤米·罗伯茨赢得 9% 的选票；其他的威尔士共产党候选人在梅瑟蒂德菲尔托帆的布莱纳冯（Blaenafon in Torfaen）选区中，都得到超过 5% 的选票；在加的夫，4 位共产党员候选人获得了 2%—3% 的选票。③ 但英共网站的报道并没有公布具体得票数。

2012 年，英共总书记罗伯特·克里菲斯参加了威尔士南加的夫和珀纳斯区议会议员补缺竞选。克里菲斯提出的竞选口号是"建立人民联盟"，反对削减公共开支和欧盟紧缩政策，要求控制物价和对富人与大企业增加税收，倡导铁路和公用设施的公共所有制，建议英国采取独立于美国的外交政策，以及投资于生产性产业和公共行业。④

2012 年，英国共产党英格兰书记本·史蒂文森参加了北克罗伊登的补缺选举。史蒂文森在克罗伊登工会委员会也非常活跃。在这次竞选中，英共的主张是，反对保守党和自由民主党联合政府的削减政策和欧盟紧缩

---

① 王军：《近百年来英国共产党党员人数变化及其原因分析》，《当代世界与社会主义》2014 年第 1 期，第 97 页。

② 王军：《近百年来英国共产党党员人数变化及其原因分析》，《当代世界与社会主义》2014 年第 1 期，第 97 页。参阅商文斌《战后英国共产党对社会主义发展道路的探索》，第 188 页；向文华《西欧国家共产党的边缘化：数据分析》，《当代世界社会主义问题》2011 年第 1 期，第 83 页。

③ 英共网站：http://www.communist-party.org.uk/britain/cp-in-your-area/wales/ 1639 - wales-local-elections-communist-viewpoint.html，2014 年 10 月 7 日访问。

④ 英共网站：http://www.communist-party.org.uk/britain/elections/1739 - griffiths-in-cardiff-elections-building-a-people-s-alliance.html；http://www.communist-party.org.uk/britain/elections/1684 - cardiff-by-election-cp-general-secretary-stands-for-the-party-the-rich-cannot-buy.html。2014 年 10 月 7 日访问。

措施，并通过累进税将负担转给超富集团和大企业；主张投资于生产行业、绿色行业和住房业，将铁路网络和能源公司国有化。[①]

在竞选中，老英国共产党曾经获得过议会席位。1945 年，英共获得两个下院议席；而 1950 年大选时，英共 100 名候选人没有获得一个席位。[②] 新的英国共产党党员人数一直很少，参加竞选获票不多，尚未获得议会席位。

但是，今天的英共虽然力量较小，却仍坚持积极参加议会选举，以扩大影响。2012 年，英共总书记罗伯特·格里菲斯在参加竞选时表示反对这样的主张：劳动人民没有别的选择，只有等到 2015 年大选时投票击败保守联合政府。[③] 2015 年是英国的大选年，英共提出了自己的竞选战略，积极参加选举活动。英共领导层强调，要在大选中击败保守—自由民主党联合政府。这意味着在大多数选区，英共产党员将不得不投工党候选人的票。[④] 英共有 9 位候选人参加了 9 个选区的竞选，其中英共总书记参加梅瑟蒂德菲尔和拉姆尼（Merthyr Tydfil & Rhymney）选区的竞选。在这次大选中，英共提出的竞选口号是："实施累进所得税制度，结束紧缩政策，将能源和铁路收归国有，英国离开欧盟和北约。"[⑤] 英国保守党赢得了这次大选，卡梅伦连任首相。5 月上旬大选结束后，英共网站并没有公布英共各位候选人的得票数。

---

① 英共网站：http://www.communist-party.org.uk/britain/elections/1747 - croydon-north-election-vote-ben-stevenson-vote-communist.html；http://www.communist-party.org.uk/britain/elections/1728 - croydon-communists-to-fight-by-election.html，2014 年 10 月 7 日访问。

② 参阅向文华《西欧国家共产党的边缘化：数据分析》，《当代世界社会主义问题》2011 年第 1 期，第 82 页；刘健《从政党理论角度分析英国共产党衰落原因》，《中共宁波市委党校学报》2014 年第 1 期，第 100 页。

③ 英共网站：《加的夫选举中的格里菲斯：建立人民联盟》（*Griffiths in Cardiff Elections: Building a People's Alliance*），http://www.communist-party.org.uk/britain/elections/1739 - griffiths-in-cardiff-elections-building-a-people-s-alliance.html，2014 年 8 月 5 日访问。

④ 英共网站文章《共产党公布挑战英国经济和政治危机的选举战略》（*Communists Unveil Election Strategy to Challenge Britain's Economic and Political Crisis*），提出了英共选举战略，并指出英国面临的经济和政治危机就是资本主义危机。英共网站：http://www.communist-party.org.uk/publications2/cp-press/2067 - communists-unveil-election-strategy-to-challenge-britain-s-economic-and-political-crisis.html，2015 年 4 月 6 日访问。

⑤ 《共产党宣言：累进所得税、公有制、退出欧盟和北约》（"Communist Manifesto for Progressive Taxes, Public Ownership and an Exit from EU and NATO"），英共网站：http://www.communist-party.org.uk/britain/elections/2088 - communist-manifesto-for-progressive-taxes-public-ownership-and-an-exit-from-eu-and-nato.html，2015 年 8 月 28 日访问。

（六）英国共产党与争取少数民族权利的运动

作为共产主义性质的政党，英国共产党反对种族歧视，是为少数民族争取利益的政党。新的英国共产党在新千年召开的第一次代表大会——英国共产党第 46 次代表大会上，通过了若干个决定，其中之一是《继续开展反对种族主义和法西斯主义的斗争》。英国共产党支持并积极参加各种进步的社会运动。英共认为在英国存在着严重的种族歧视，并坚决反对种族歧视。英共主张废除种族主义的移民法和避难制度，主张将反种族主义运动纳入工人运动之中。①在新党纲《英国通向社会主义之路》中，英共明确反对种族主义，把为黑人工人争取真正的公平作为阶级斗争实质性的内容。英共党纲认为，需要做更多的工作以动员黑人、少数民族和其他工人阶级群体，来挑战源自帝国、殖民主义和帝国主义的偏见和歧视。②英共主张维护移民的权利。"所有来到英国的移民必须都有机会免费学习其新家园的语言，不管是英语、威尔士语或苏格兰盖尔语。所有公民的权利都将得到保护，因为每一个人都被鼓励为一个多元文化社会的英国做出他的特殊贡献。"③

关于 2014 年 9 月举行的苏格兰独立公投，英共网站进行了系列报道，并明确表达了英共态度。英共主张维护苏格兰劳动人民的利益，但并不主张苏格兰独立，号召英共产党员及其支持者在公投中反对苏格兰独立。英共认为苏格兰独立将削弱整个英国工人阶级的斗争力量。当前英国劳动人民面临着贫困、失业、公共服务缺乏等问题，这不是"民族斗争"而是"阶级斗争"的问题。英共主席比尔·格林希尔兹（Bill Greenshields）在《晨星报》发表文章指出，要警惕"虚假独立圣餐杯中的毒酒"，认为"虚假独立的承诺是一个陷阱，将削弱工人阶级的团结"。④ 英共呼吁"回

---

① 商文斌：《战后英国共产党对社会主义发展道路的探索》，第 192、200 页。

② 英共党纲《英国通向社会主义之路》第五部分《工人运动和进步运动》，英共网站：http://www.communist-party.org.uk/the-forces-for-change.html，2014 年 8 月下旬访问。

③ 英共党纲《英国通向社会主义之路》第六部分《替代性的经济和政治战略》（*An Alternative Economic & Political Strategy*），英共网站：http://www.communist-party.org.uk/the-advance-to-socialism.html，2014 年 8 月下旬访问。

④ 英共网站：《苏格兰：警惕虚假独立圣餐杯中的毒酒》（*Scotland：Beware the Poisoned Chalice of False Independence*），http://www.communist-party.org.uk/britain/cp-in-your-area/scotland/1991 - scotland-beware-the-poisoned-chalice-of-false-independence.html，2014 年 10 月 1 日访问。

到阶级政治"。① 公投结果出来后，英共发表了评论。②英共苏格兰总书记
汤米·莫里森（Tommy Morrison）撰写专文《为苏格兰政治新开端重振旗
鼓》，主张这个新起点要"使劳工运动回归到其在工人阶级社区中的
根基。③

（七）英国共产党与妇女运动

新的英国共产党非常重视妇女运动，促进妇女地位的提高和妇女解
放。2002 年 6 月，英共第 46 次代表大会通过了决议《结束对妇女的压
迫：为妇女解放而斗争》。英共认为，进入 21 世纪，许多妇女仍然遭受
双重压迫和过度剥削。女性受压迫与剥削是与资本主义制度密不可分的，
妇女的不平等根植于阶级社会中的不平等性和对抗性，追求妇女解放是进
步运动的重要组成部分。英共提出了妇女宪章，要在开展妇女解放斗争中
发挥作用。④英共新党纲提出，实现妇女真正平等是阶级斗争的一项基本
内容。在所有进步运动中，妇女运动在英共纲领中占有很重要的位置。英
共主张制定对妇女提供培训和再培训方案。⑤

英国共产党成立有妇女委员会。在 2012 年的英共妇女委员会全英大
会上，英国妇女大会的秘书阿妮塔·赖特（Anita Wright）向会议介绍了
2012 年在巴西召开的国际妇女民主联盟第 15 届大会的情况。⑥《晨星报》

---

① 英共网站：《共产党人号召"回到阶级政治"》（Communists Call for "Return to Class Poli-
tics"），http：//www. communist-party. org. uk/publications2/cp-press/1993 – communists-call-for-re-
turn-to-class-politics. html，2014 年 10 月 1 日访问。

② 英共网站：《英共论苏格兰独立公投》（Communist Party on the Scotland Referendum），ht-
tp：//www. communist-party. org. uk/britain/cp-in-your-area/scotland/1994 – communist- party- on-the-
scotland-referendum. html，2014 年 10 月 1 日访问。

③ 英共网站：汤米·莫里森：《为苏格兰政治新开端重振旗鼓》（Tommy Morrison Rallying
for a New Start for Politics in Scotland），http：//www. communist-party. org. uk/britain/cp-in-your-area/
scotland/1996 – tommy-morrison-rallying-for-a-new-start-for-politics-in-scotland. html，2014 年 8 月 23 日
访问。

④ 商文斌：《战后英国共产党对社会主义发展道路的探索》，第 200—201 页。

⑤ 英共党纲《英国通向社会主义之路》第五部分《工人运动和进步运动》，英共网站：ht-
tp：//www. communist-party. org. uk/the-forces-for-change. html，2014 年 8 月下旬访问；英共党纲
《英国通向社会主义之路》第六部分《替代性的经济和政治战略》，英共网站：http：//
www. communist-party. org. uk/the-advance-to-socialism. html，2014 年 8 月 23 日访问。

⑥ 英共网站：《全英共产主义妇女举行会议》（Communist Women Meet from All over Britain），
http：//www. communist-party. org. uk/britain/women/1656 – communist-women-meet-from-all-over-brit-
ain. html，2014 年 10 月 2 日访问。

经常发表文章，支持妇女运动。例如，《晨星报》发表文章为于 2014 年 2
月在伦敦举行的"妇女反紧缩大会"造势。阿妮塔·赖特撰文，动员妇
女参加这次大会。[①] 2014 年 3 月国际妇女节，英国共产党工会官员阿妮
塔·哈尔平（Anita Halpin）参加了在伦敦举行的一场国际庆祝活动，并
代表英共发表了演讲。[②]

英共积极支持召开第二届"妇女反紧缩大会"。《晨星报》和英共网
站都报道了这一消息。《晨星报》刊登了阿妮塔·赖特的文章，此文在英
共网站也做了报道。赖特指出了政府紧缩政策给妇女带来更大的不利影
响，呼吁反对紧缩政策，并讲将于 2 月 14 日在伦敦召开第二届妇女反紧
缩大会。[③]但笔者于 2015 年 2 月下旬查阅英共网站时，却未见关于这次大
会召开情况的报道。而与此同时，2 月 17 日，英共网站发表了英共主席
利兹·佩恩关于妇女与帝国主义的文章。利兹认为，低工资、私有化、
零 – 小时合同增加了女性工人的痛苦，而英国公共行业工会尤尼森（Uni-
son）全国妇女大会议程指出了"通向战斗的未来的道路"。利兹讲，这
次大会于 2 月 17 日至 21 日在英国绍斯波特召开，这是欧洲最大的劳动妇
女年会，其声音是非常强大的。[④]尤尼森是英国最大的工会之一，其会员
超过 2/3 是女性职工，其中大多数工资低，处境不利，不成比例地受到保
守党主导的紧缩政策和榨取利润的大公司的影响。文章讲，参加会议的妇
女们将在大会上提出吸引妇女特别是年轻妇女加入工会的建议，同时提出
鼓励并使妇女活跃起来、组织起来的建议，以便妇女能够发挥出她们的潜
能。文章最后指出："短期内，女性工会会员将发挥一个关键作用，揭露
托利党主导的政策的残酷性和谎言，在即将来临的大选中击败保守—自由

---

① 英共网站：《前往妇女反紧缩大会》（*Forward to Women's Assembly against Austerity*），ht-
tp：//www. communist-party. org. uk/britain/women/1822 – anita-wright-forward-to-women-s-assembly-a-
gainst-austerity. html，2014 年 10 月 2 日访问。

② 英共网站：《阿妮塔·哈尔平在 2014 国际妇女节庆祝活动上发表演讲》（*Anita Halpin
Speech at IWD 2014 Celebration*），http：//www. communist-party. org. uk/britain/women. html，2014 年
8 月 23 日访问。

③ 英共网站：《新一届妇女大会拟于 2 月 14 日召开》（*New Women's Assembly Called for 14
February*），http：//www. communist-party. org. uk/britain/women/2029 – new-women-s-assembly-
called-for – 14 – february. html，2015 年 2 月 15 日访问。

④ 英共网站：《英共主席利兹·佩恩论妇女与帝国主义》（*Liz Payne CP Chair on Women and
Imperialism*），http：//www. communist-party. org. uk/britain/women/2054 – liz-payne-cp-chair-on-
women-and-capitalism. html，2015 年 2 月 24 日访问。

民主党政权，阐明紧缩是不必要的，并赢得对明确阐述的人民的替代性选择方案的支持。从长远看，我们必须承认资本主义完全依赖对妇女劳动和未付工资的工作的剥削，必须承认把劳动妇女组织起来对建立一个正义的、平等的、和平的社会具有决定性的意义。"①

2015 年 8 月 6 日，英共网站刊发报道：《伦敦人团结起来，谴责"性别歧视"的开膛手杰克博物馆》。报道讲：英共伦敦地区主席鲁思·斯泰尔斯（Ruth Styles）反对建立这样一个突出谋杀妇女的罪犯的博物馆，而应该建立反映丰富的工人阶级妇女改变伦敦社会结构的斗争史的博物馆。②

（八）英国共产党与反战和平运动

西方国家的共产党积极参加和平运动。③新的英国共产党也是坚持反战态度的。2002 年 6 月，英共第 46 次代表大会通过了《维护国家主权反对帝国主义》的决议。④英共认为，英国左翼力量要开展持久的反对帝国主义的和平运动。要把反对战争包括裁军运动，变成群众性的持久的和平运动。⑤英共主张英国退出北约。2014 年 8 月，罗伯特·格里菲斯还发表了《英国必须离开北约》的文章。格里菲斯认为北约是一个"建立在谎言和欺骗之上"的"侵略性军事—政治联盟"；由美国、英国、法国主导，北约国家目前占全球军事开支的 70% 以上；"北约没有任何民主机构，也不对任何民主机构负责，它削弱联合国，鼓动军国主义，是对世界和平与稳定的最大威胁。"⑥

---

① 英共网站：《英共主席利兹·佩恩论妇女与帝国主义》（*Liz Payne CP Chair on Women and Imperialism*），http：//www. communist-party. org. uk/britain/women/2054 – liz-payne-cp-chair-on-women-and-capitalism. html，2015 年 2 月 24 日访问。

② 《伦敦人团结起来，谴责"性别歧视"的开膛手杰克博物馆》（*Londoners Unite to Condenm the 'Sexist' Jack the Rippon Museum*），英共网站：http：//www. communist-party. org. uk/britain/women/2142 – londoners-unite-to-condemn-sexist-jack-the-ripper-museum. html，2015 年 8 月 28 日访问。

③ 汪铮：《和平运动：历史与现实》，《欧洲》1996 年第 1 期，第 70 页。

④ 商文斌：《战后英国共产党对社会主义发展道路的探索》，第 192 页。

⑤ 同上书，第 198、201 页。

⑥ 英共网站：罗伯特·格里菲斯：《英国必须离开北约》（*Britain Must Leave NATO*），http：//www. communist-party. org. uk/britain/peace/1985 – robert-griffiths-britain-must-leave-nato. html，2014 年 10 月 2 日访问。

英国共产党经常性地单独或与其他国家共产党一起发表声明，反对西方大国对某个发展中国家的侵略和干涉。同时，英共积极参加反战宣传和游行示威活动。例如，2014 年 10 月初，英共网站提前发布消息讲：10 月 4 日在伦敦将举行游行示威活动，活动主题是"停止轰炸伊拉克，反对攻打叙利亚"。①

英共网站也经常发表谴责战争的文章。例如，关于伊拉克战争，英共网站于 2010 年 1 月发表文章《对战争罪犯进行审判》。文章认为，发动伊拉克战争是没有道理的，而对伊拉克的闪电战导致数以十万计的平民死亡，数百万人流离失所。文章指出：必须继续斗争，以揭露白宫和威斯敏斯特战争贩子们所推行政策的实质，保证使那些犯下滔天战争罪行的人受到审判。②

英共还帮助营救反战人士。例如，2010 年 3 月，英共网站发布消息，动员人们给监狱里的乔·格伦顿（Joe Glenton）写信，以表示对他的支持。乔·格伦顿因反对阿富汗战争而被关押在英国一座军事监狱。当时，他的上诉正在进行当中，数以千计联系他的人表示了支持。英共网站呼吁读者给乔·格伦顿寄送卡片或信件，以表示支持。③

在奥斯维辛集中营被苏联红军解放 70 周年之际，英共网站发表了文章《70 年来奥斯维辛教训萦绕着欧洲》。伦敦城市大学劳工研究专家玛丽·戴维斯教授分析了纳粹大屠杀的历史教育意义，谴责了法西斯分子对欧洲和平的威胁，也谴责了英国上升的反犹太主义。④

2015 年 7 月 21 日，英共网站发表了《北约是对和平的最大威胁》的作者艾伦·麦金农（Alan Mackinnon）的观点。麦金农认为，北约是战争的制造者，而不是和平的缔造者，他谴责北约在乌克兰制造危机，威胁俄

---

① 英共网站：http：//www. communist-party. org. uk/britain/peace/2002 - march-this-weekend-stop-bombing-iraq-don-t-attack-syria. html，2014 年 10 月 2 日访问。

② 英共网站：《对战争罪犯进行审判》（Bring the War Criminals to Justice），http：//www. communist-party. org. uk/britain/peace/727 - bring-the-war-criminal-to-justice. html，2014 年 10 月 2 日访问。

③ 英共网站：《支持：你能够给乔·格伦顿写信》（Support：You Can Write to Joe Glenton），http：//www. communist-party. org. uk/britain/peace/812 - support-you-can-write-to-joe-glenton. html，2014 年 10 月 2 日访问。

④ 英共网站：《70 年来奥斯维辛教训萦绕着欧洲》（Seventy Years on：Lessons of Auschwitz Haunts Europe），http：//www. communist-party. org. uk/international/analysis-a-briefings/2043 - seventy-years-on-auschwitz-haunts-europe. html，2015 年 2 月 4 日访问。

罗斯的安全，发动新的冷战。①

英共网站经常发表文章，呼吁和平，反对战争，对一些国际问题表明立场。英共对北约的扩张行为保持鲜明的批判态度；对国际上其他破坏和平的行为也保持鲜明的批判态度。例如，英共网站2015年8月8日发表《日本军国主义重新抬起丑陋的嘴脸》一文，谴责安倍政权企图修改和平宪法、追随美国的行径。②

（九）英共与绿色环保运动

英国共产党很重视绿色环保运动，主张努力维护生态平衡。一方面主张发动反资本主义运动，以保护世界生态环境，同时也主张应该把环保运动与工人运动以及其他进步运动联系起来，形成广泛的民主联盟。③英共党纲指出，垄断资本主义威胁着地球的生态体系，"帝国主义列强反对必要的保护地球生态体系的措施，因为这些措施将挑战垄断利润和特权。作为紧急事务，在环保运动与工人运动中和在整个社会，必须赢得这一理解。"④

英共网站没有关于绿色环保主题的专门栏目，有关环境保护活动的新闻也不多。

二　美国共产党与新社会运动

美国共产党是当今西方国家中较有影响的共产主义性质政党之一。相比今天的英国共产党，美国共产党的规模较大一些。国内学术界对美国共产党的介绍和研究也较多些，出版和发表了一些相关文章和著作。本部分

---

① 《麦金农——剖析北约：是战争的制造者，不是和平的缔造者》（Mackinnon – Slates NATO, the Bringer of War not Peace），英共网站：http：//www. communist-party. org. uk/britain/peace/2140 – mackinnon-slates-nato-the-bringer-of-war-not-peace. html，2015年8月30日访问。

② 《日本军国主义重新抬起丑陋的嘴脸》（Japan-Militarism Raises Its Ugly Head, Again）英共网站：http：//www. communist-party. org. uk/international/analysis-a-briefings/2143 – japan-militarism-raises-its-ugly-head-again. html，2015年8月28日访问。

③ 商文斌：《战后英国共产党对社会主义发展道路的探索》，第201页。

④ 英共党纲《英国通向社会主义之路》第五部分《工人运动和进步运动》，英共网站：http：//www. communist-party. org. uk/the-forces-for-change. html，2014年9月15日访问。

考察美国共产党与美国新社会运动的关系。首先，让我们了解一下美国共产党的基本情况。

（一）美国共产党的简况

美国共产党（Communist Party of the United States of America，CPUSA）成立于 1919 年，1923 年实现合法化。1929 年 10 月经济危机爆发，美国内部阶级矛盾激化，美共趁机加强反失业、反削减工资和维护工人经济权益的斗争，扩大党的影响。20 世纪 30 年代，美国共产党领导了一些行业的大规模群众斗争，动员群众反抗法西斯主义。而在 1945 年，有学者指出，早期的美国共产党直到 1935 年，"可以被准确地描述为深思熟虑尝试传统人类学意义上一套新的社会和经济体制的代理人"；而在此后，美共演变为一种为苏联工作的压力集团和宣传组织。[①] 1944 年 5 月，受以党的总书记白劳德为代表的右倾机会主义路线的影响，美共宣布解散。但 1945 年，美共又得到重建，白劳德被开除出党。1948 年，在美苏冷战背景下，美国极右势力猖獗，美国政府逮捕了美国共产党政治委员会全体 12 名成员，美共力量大为削弱。此后，美国共产党受到严重迫害，一度被迫转入地下。1965 年以后，美国政府放松了对美共的公开限制，美共活动增多。进入 70 年代，主要开展了以下活动：开展少数民族工作，建立中左联盟，在工会中发展力量，参加大选活动，支持苏共的对外政策，致力于反垄断联盟建设，开展和平反战活动，加强党的建设。[②] 发生在 20 世纪末的苏东剧变给美共带来了巨大冲击。但是，1991 年 12 月，美共在召开第 25 次代表大会时，仍然坚信社会主义是必胜的，坚持马克思主义和阶级斗争理论，主张推翻帝国主义。在这次大会上，葛斯·霍尔再次当选全国主席。2001 年 7 月，美共召开的第 27 次代表大会，选举萨缪尔·韦伯（Samuil Webb）为全国主席；2005 年 7 月，第 28 次代表大会再次选举韦伯为党的主席。2010 年 5 月，美国共产党在其位于纽约市的总部

---

① ［美］小巴林顿·穆尔：《美国共产党：社会运动分析》，《美国政治科学评论》（Barrington Moore，Jr，*The Communist Party of the USA：An Analysis of a Social Movement*，*The American Political Science Review*），第 39 卷（1945 年 2 月），第 32 页。

② 丁淑杰：《美国共产党的社会主义理论和实践》，中国社会科学出版社 2010 年版，第 52—55 页。

举行了第 29 次全国代表大会。会议主要讨论了文件"转型时刻的美国政治";①还讨论了转型时期的党纲;讨论了国际问题与美国对外政策;专题讨论了非裔美国人的平等问题;讨论了"群众运动中的共产党人"问题;美共主席韦伯向大会致欢迎辞和闭幕辞。②在这次大会上,美共强调要加强就业保障,反对种族主义,维护移民权利,反对军国主义;主张建立和巩固以工人阶级为领导的广泛的人民联盟,充分利用现代传媒加强宣传。

2014 年 6 月,美国共产党在芝加哥市举行了第 30 次代表大会,推选出新一届美共全国委员会,约翰·巴切特尔(John Bachtell)当选为美共主席。出席大会的有来自美国各州的近 350 名代表和各国 7 个共产主义工人党代表团。此次大会就国际形势和美国社会经济问题展开了讨论,其中焦点问题是工人阶级和工人运动、民主与平等、美国对外政策与和平、共产党与社会主义。③美共网站开设了"大会讨论"栏目,在会前和会议期间展开了对一些重大问题广泛而深入的讨论;参与讨论者不仅仅包括与会代表,而且包括更多的党员、支持者、盟友和公众。讨论主要围绕 6 大主题展开。这 6 大主题是:工人运动与工人阶级、为民主和平等的斗争、今日美国政治与右翼危险、环境危机与经济危机中的资本主义、美国对外政策与国际问题以及美国共产党与 21 世纪社会主义。④

美国共产党的基层组织是俱乐部(club),相当于支部。党员属于所在的社区或工作场所的支部;有的支部是以城市或地区为单位。苏东剧变后,美共加强了基层党组织建设,努力建设群众性的政党,扩大党员队伍,提高党的影响力。美共采取了多种措施来加强党的基层队伍建设,完善民主集中制,加强党的团结,放宽入党条件,发展更多成员;优化管理程序,扩大党内民主。在俱乐部建设方面,采取了新的举措,如明确职责、完善

---

① 美共网站:《大会主要讨论文件:转型时刻的美国政治》(*Main Convention Discussion Document:U. S. Politics at a Transition Point*),http://www.cpusa.org/main-convention-discussion-document-u-s-politics-at-a-transition-point/,2015 年 2 月 7 日访问。

② 在美共网站,通过搜索关键词"29ᵗʰ National Convention"("第 29 次全国代表大会"),即可查阅相关材料。

③ 百度百科词条:"约翰·巴切特尔",2015 年 1 月 17 日访问。

④ 美国共产党第 30 届全国代表大会的"大会讨论",见美共网站:http://www.cpusa.org/discussion-2014/,2015 年 1 月 17 日访问。

领导体制、加强思想教育、提高党员认识水平。①在支部，党员共同开展争取工人权利、和平、平等和正义的斗争。大多数支部在周一开会，开展学习活动和讨论当前与长远的战略战术问题。有的党员还参加网上支部讨论和其他活动。②支部之上的组织机构是地区委员会，地区委员会一般以州为单位；地区委员会由每个支部至少选派一名代表组成。最上一层是党的全国代表大会（National Convention），每4年召开一次，从各支部选举代表参加大会，评估和分析政治形势、制定政策、选举全国委员会。③

美共党员的数量不大。2004年，美国共产党国际部书记比奇特尔在与中共中央编译局交流时讲："美共现在实际上处于一个重建时期，目前拥有大约15000名党员。"④美共党员主要来自社会基层，包括电气专家、作家、钢铁工人、教师、医疗工作者、零售工、学生、小企业者，等等；不管是在职人员，还是失业者，或者退休人员，不管来自哪个种族和族群，都可以加入美国共产党。⑤美国共产党的活动比较广泛，包括各种反战、反种族主义、维护工人利益的各种社会活动。美国共产党的群众组织有美国共产主义青年团（Young Communist League），是与党并肩工作的独立性组织。美共有中央机关报《人民世界周刊》（*People's Weekly World*），现为《人民世界》（*People's World*）；还有中央理论刊物《政治月刊》（*Political Affairs*）。美共总部设在纽约城。《人民世界》是一份全国性基层日报，主要报道和分析紧迫的问题和当前的斗争，如就业运动、和平运动、平等运动民主运动、公民权和自由运动、劳工运动与移民运动、妇女权利运动、环保运动，等等。⑥从2010年起，《人民世界》只有网站版。《政治月刊》是美共的马克思主义出版物，旨在站在工人阶级的立场上，对各种事件进行分析。美共网站首页对这两大理论阵地设有链接。⑦

　　① 丁淑杰：《新时期美国共产党加强基层党建的若干新举措》，《社会主义研究》2010年第2期，第129—130页。

　　② 美共网站：《经常提出的问题》（FAQ）栏目 http：//www.cpusa.org/faq/，2014年12月28日访问。

　　③ 同上。

　　④ 王学东：《美国共产党的现状与前瞻》，《当代世界社会主义问题》2004年第4期，第47页。

　　⑤ 美共网站栏目"加入我们"的链接：http：//salsa3.salsalabs.com/o/51018/p/salsa/web/common/public/signup? signup_ page_ KEY=7847，2014年12月28日访问。

　　⑥ 维基自由百科词条"人民世界"（People's World）。

　　⑦ 2015年4月，笔者查阅美国共产党网站时，首页上仍有此链接。

（二） 美国共产党的基本主张

国内学术界对美共的基本主张已多有考察。美共网站栏目《经常提出的问题》（FAQ），对美共的基本主张也有比较简明的阐述。美国共产党认为党代表美国工人阶级和美国人民的利益。"我们与劳工运动、和平运动、学生运动、为争取平等和社会正义而战斗的组织、环保运动、移民权利团体和全民健康保障斗争机构，联合起来工作。"①美共相信美国人民能够用一种将人民置于利润之上的制度——社会主义制度取代资本主义制度。"我们植根于我们国家的革命历史和争取民主的斗争之中，我们呼吁《权利法案》社会主义，保障完全的个人自由。"②美共主张进行资本主义制度下的激进改革；呼吁对银行、铁路、钢铁产业与汽车工业进行国有化；主张每个人只要想工作都应该能够保障就业或获取失业补助金。

关于为什么美国共产党反对暴力的问题，美共认为社会进步只能通过大众运动的联合行动来实现，大众运动表达了大多数人的意志。和平改革的方法不仅是正确的途径，而且是最有效的团结和动员最大多数人的方法。暴力是大财团及其掌控的政府的工具。它们为了维护自身权力，不惜使用暴力对付工人运动和人民运动。与此相反的是，共产党人主张和平改造社会。美共认为可以通过选举进程，通过宪法，特别是《权利法案》，来实现根本性的变革。

美国共产党并不反对宗教。只要同意美共纲领，不管宗教信仰如何，均可加入美共。③《人民世界》2009 年 6 月 17 日报道，在芝加哥美国共产党成立了新的宗教委员会（Religion Commission），芝加哥的一位工会人士、新教圣公会成员蒂姆·耶格尔是该委员会主席。成立宗教委员会的目的是加强与宗教人士和宗教社区的联系，寻找改善与其合作工作的关系，并欢迎具有宗教信仰的人士加入美共。耶格尔讲："我们欢迎那些愿意就宗教、马克思主义和为更和平、更正义、更安全的世界而斗争的相关问题

---

① 美共网站：《经常提出的问题》栏目，http：//www.cpusa.org/faq/，2014 年 12 月 28 日访问。

② 同上。

③ 美共网站：《经常提出的问题》栏目，http：//www.cpusa.org/faq/，2014 年 12 月 28 日访问；美国共产党党章规定：年满 18 岁居住在美国的任何人，不管宗教信仰如何，只要赞同党的原则和主张，都可以成为党的合法成员（见丁淑杰《美国共产党的社会主义理论与实践》附录一《美国共产党章程》，第 166 页）。

的对话者，提出问题和做出反馈。"宗教委员会将撰写与宗教和进步有关的文章，将致力于与更广泛的人民运动分享美共关于当前斗争中宗教问题的思考，进行理论研究，探讨科学、马克思主义和宗教之间的关系、矛盾和共性。①

美国共产党积极为扩大民主而斗争。美共认为在社会生活的每个领域，劳动人民的广泛参与是通往更正义、更人性的未来的道路。为民主而斗争就是加强人民的力量。

关于阶级和阶级斗争问题，上届美共主席韦伯曾经认为"阶级"这个概念应该是开放性的和富有弹性的，过去美共对阶级的理解过于僵化。韦伯认为僵化的阶级概念从来都不是合适的，党要加强同工人阶级、多种族的、全体人民的团结。阶级斗争是历史发展的主线，但不是唯一的主线，阶级斗争和其他社会斗争是混合在一起的，相互发生作用。在工人运动中要谨慎对待社会民主主义者，他们不是党的主要敌人。韦伯批评了把不同情况的社会民主主义者看成反动的铁板一块的错误思想。美共认为阶级意识的形成过程是所有社会力量共同作用的结果。"共产主义者不能发明阶级意识，但是可以在劳工运动中带进来新鲜的空气。"②而美共则要努力加强美国工人阶级的社会主义意识，建立由工人阶级领导的广泛同盟是美共的工作中心。党要与工人阶级和人民支持的其他左翼运动、左翼组织和左翼党派相互合作。

今天的美国共产党主张建设具有美国特色的社会主义。苏东剧变后，美共走上了独立自主探索美国特色社会主义道路的新阶段。美国共产党对美国特色社会主义的新认识集中反映在美共前主席高斯·霍尔的《美国共产党的社会主义权利法案》、美共经济委员会主席阿特·泊洛的《美国的社会主义》、美共前主席韦伯的《新世纪·新发展·新斗争》和美共第28大通过的新党纲《美国通往社会主义的道路：团结起来争取和平、民主、就业、平等》等文献中。美共认为，社会主义是一个工人阶级掌握政权、财产公有、计划生产和社会公正的社会。社会主义运动离不开工人阶级的广泛参与。民主是社会主义的核心，是社会主义的本质和目标的内

---

① 美共网站：《新宗教委员会开始工作》（*New Religion Commission Begins Work*），http：//www.cpusa.org/new-religion-commission-begins-work/，2015年1月10日访问。

② 丁淑杰：《美国共产党对阶级、阶级斗争概念的新理解》，《信阳师范学院学报》（哲学社会科学版）第22卷第2期，2002年4月，第8页。

在属性和必然要求；没有民主就没有社会主义。人民的广泛参与是民主的实质。通过和平方式，实现美国特色社会主义。"在保卫和扩展美国民主的英勇斗争中，美国很可能通过选举走上社会主义道路。美共立足于依靠群众优势，力图通过和平方式过渡到社会主义，但美共也不排除工人阶级在实施社会主义变革时使用革命手段反抗资产阶级暴力镇压的必要。"①

美共党纲对美国实现社会主义提出了美国共产党斗争的阶段性理论。第一个阶段是当前阶段，共产党的任务是建立最广泛的全体人民的阵线，打败极右势力对工人运动、工人阶级、遭受种族和民族压迫的人民、妇女、青年、老年、环境和民主的进攻。在这一阶段，进步的主要敌人是跨国公司中最反动的部分。共产党将致力于克服所有妨碍这一基本的广泛团结的意识形态和政治障碍，并致力于建设一个更强大的共产党。取得击败极右势力重大胜利后，阶级斗争和民主斗争的中心任务是激进地控制作为一个整体的所有跨国公司的权力。这是第二阶段。在这一阶段，主要的敌人是全体跨国资产阶级，跨国资本主义的所有部门都是对手；同盟将致力于建立不受任何垄断公司任何主宰的群众的人民政党，其目标是组成不受垄断控制的政府。第三阶段的任务是为劳动人民的政治权力和建设社会主义而展开直接斗争。共产党将是工人阶级及其核心盟友的领导力量或领导力量之一。这一阶段的战略对手是作为一个整体的资产阶级和资本主义制度。共产党的任务将包括为建立充分发达的处于通向共产主义道路上的社会主义社会而鼓动和宣传。②

（三）美国共产党与工人运动

美国共产党是工人阶级政党，而工会是工人阶级的组织，因而美国共产党与工会具有与生俱来的亲密关系。但美国共产党与工会的关系却经历过曲折的过程。美共成立之初，曾与工会组织一度关系紧张。不久，美共改变了双重工会政策，决定不成立新的产业工会。这样，美共与工会组织的关系得到了改善。1935 年，美国进步工会组织"产业工会联合会"成

---

① 刘保国、胡光玲：《美国共产党对美国特色社会主义的若干思考》，《廊坊师范学院学报》（社会科学版）第 27 卷第 2 期，2011 年 8 月，第 77 页。美国共产党网站有美共党纲全文英文版，读者可查阅详细内容，网址为：www. cpusa. org/party-program/，2015 年 1 月下旬访问。

② 美国党纲第 7 部分《共产党的任务》（*The Role of the Communist Party*），美共网站：www. cpusa. org/party-program/。

立，美共采取了积极支持的态度。美共产党员以个人身份参加了产联各级工会的工作。①第二次世界大战后，美共一度受到严酷的迫害，甚至被迫转入地下，在工会运动中的影响下降。到 20 世纪 60 年代，美共争取恢复了合法地位，并恢复了与工人运动的联系，积极投身工人运动。1966 年召开的美国共产党第 18 次代表大会，主张建立以工人阶级为首的全体人民反垄断同盟。70、80 年代，美共力图在工会中发展力量。90 年代，美国工人运动出现了新高潮。

1999 年美国发生了"西雅图事件"。这年 11 月 30 日至 12 月 3 日，世界贸易第三届部长级会议在美国西雅图召开，美国工会、环保、人权等组织发起数万人举行游行示威抗议活动。美国共产党支持这一活动，美共主席韦伯称"西雅图事件"是一声惊雷。有的学者还强调："西雅图事件是美国劳工战斗精神日益高涨的表现，为美国劳工运动的未来发展开辟了新的天地。"② 2000 年，美共主席韦伯在报告中指出："党今后的工作中心是建立工人阶级领导的广泛的政治同盟，党应该同广大的工人阶级、左翼运动组织和左翼党派相互竞争和相互合作。③"

2001 年 7 月美国共产党第 27 次代表大会提出了美共工作的新思路。美共强调加强党与群众斗争及广泛社会运动的联系，认为群众斗争是实现社会主义的基础；党应该把大量的工人吸收到党内来，在工人阶级和广大人民群众中发展党员。④这是美共加强与工会联系，推动工人运动的重要主张。

2005 年，美国共产党召开了第 28 次代表大会。大会通过了新党纲，标题为《通往美国社会主义的道路：团结起来争取和平、民主、就业、平等》。美共认为，工人阶级是反对资产阶级的主要力量，是唯一真正革命的阶级。工人阶级的团结是赢得所有社会和政治斗争胜利的基本原则；工人阶级是唯一绝对忠诚的社会主义运动和进步的追随者。⑤在反对极右势力斗争中，工人运动应该发挥主导作用。

的确，美国共产党非常重视工会工作。美共党章规定党员应隶属于

---

① 丁淑杰：《美国共产党的社会主义理论与实践》，第 22—23 页。
② 同上书，第 87—88 页。
③ 同上书，第 90—93 页。
④ 同上书，第 99—105 页。
⑤ 同上书，第 142—144 页。

自己的劳动工会；如果其工作的地方没有工会组织，则应努力创建或帮助创建工会组织。美共要求党员要在工会组织中积极发挥作用。党章规定："任何在联盟和群众组织（如劳动工会、农场、社团、公民权利团体、宗教等）工作的党员，在为自己的利益斗争的过程中都应提高和加强工人阶级的团结和领导地位，并为工人阶级及其联盟最大范围的团结而奋斗。"①美共党员在一些基层工会中担任领导人，积极组织参加工会活动。②

2008 年金融危机爆发后，美共积极把反对资本主义的斗争与工会运动相结合，扩大党的社会基础。2011 年 2 月，美国威斯康星州爆发了大规模抗议运动，共有 7 万多民众在州议会大厦前举行示威活动，抗议州政府为削减支出，提出剥夺政府雇员"工会权"的计划。美共参与和支持这场斗争，领导人韦伯连续表现文章，表明立场。③

占领华尔街运动爆发后，美国共产党积极支持和宣传这一斗争活动。2011 年 10 月 7 日，美共网站发表了约翰·巴切特尔的文章《与占领华尔团结在一起》。文章指出，占领运动以"百分之九十九运动"而闻名，爆发三周来已传播到 200 多个其他城市，并于 10 月 6 日传播到首都华盛顿。文章指出，这一运动"是全体人民反对银行和财团的高潮的最新波澜，反映了阶级意识的新水平。"文章号召，美国共产党和美国共青团必须是"占领"运动的一部分，在每个层次都要参加，并为本地劳工和进步力量的行动营建更大的支持。文章还公布美共将于 10 月 11 日召开全国电话会议，讨论"占领运动"问题。④对"占领运动"，美共网站给予了及时报道和宣传，以支持"占领运动"。⑤

美共采取多种形式积极参加工人运动。例如，参加要求提高工资的抗

---

① 丁淑杰：《美国共产党的社会主义理论与实践》，附录一《美国共产党党章》，第 171—172 页。

② 参阅《美共负责人谈美国共产党和社会主义运动发展态势》，王中保整理，《红旗文摘》2007 年第 3 期，第 33—35 页。

③ 刘淑春：《全球金融危机背景下的美国工会运动和美国共产党》，《马克思主义研究》2011 年第 9 期，第 132—133 页。

④ ［美］约翰·巴切特尔：《与占领华尔街团结在一起》（John Bachtell, *Solidarity with Occupy Wall Street*），美共网站：http://www.cpusa.org/solidarity-with-occupy-wall-street/，2015 年 2 月 7 日访问。

⑤ 有关报道，在美共网站通过搜索关键词"occupy movement"（"占领运动"），即可查阅。

议活动。美共网站《采取行动》栏目就刊登了"黑色星期天抗议低工资"的消息。①又如，美共网站《采取行动》栏目，开展宣传活动，进行抗议，要求沃尔玛公司为连锁店工人提供安全。动员公众签署请愿书，组织烛光守夜活动，以表明沃尔玛公司孟加拉工厂112人的死亡是不可接受的，认为该集团公司需要承担责任。②美共网站《采取行动》栏目还动员公众签署关于《美国人想工作》的请愿书。截至2014年11月22日，已有24 689人签署了这份请愿书。③美共网站《采取行动》栏目也呼吁请愿活动，要求支付工人加班费。目前只有11%拿工资的工人领取了加班费。④这些都是美国共产党积极支持和参加工人运动具体的表现。

美共网站《文章》栏目比较活跃，经常发表文章，为工人阶级和劳动人民的利益呼吁。例如，2015年7月14日发表文章《奥尔巴尼立法会议结束：是联合人民力量的时候》，由纽约州共产党撰写。文章认为现在的挑战是团结各种民众力量，形成充满生气的由工人阶级领导的联盟，积极参加立法和选举活动，围绕系列关键问题，如大规模监禁、警察暴力、高质量的公共教育、15美元小时最低工资、经济适用房、劳工权利的扩大等问题，展开了斗争。⑤

（四）美国共产党的竞选活动

第二次世界大战结束后，美共曾受到政治迫害。1966年以合法的形式，召开了第18次代表大会。这一年美国共产党参加了总统大选，在明尼苏达和华盛顿两个州共获得1075张选票；票虽少，但表明美共公开地重返政治舞台。⑥70、80年代，美共仍然积极参加大选。在1972年的大选中，美共总统候选人获得了2.5万张选票。在其他的两次大选中，美共总统候选人分别获得5.9万张和4.5万张选票，票数仍然不多。1984年，

---

① 美共网站：http：//www. cpusa. org/take-action，2014年12月28日访问。

② 美共网站：http：//www. cpusa. org/take-action/？start＝8，2014年12月29日访问。

③ 美共网站：http：//www. cpusa. org/take-action/？start＝32，2014年11月22日访问。

④ 美共网站：http：//www. cpusa. org/take-action/，2015年8月29日访问。

⑤ 《奥尔巴尼立法会议结束：是联合人民力量的时候》（*Albany Legislative Session Ends*：*Time to Unite the People's Forces*），美共网站：http：//www. cpusa. org/albany-legislative-sesssion-ends-time-to-unite-the-peoples-s-forces/，2015年8月29日访问。

⑥ 丁淑杰：《美国共产党的社会主义理论与实践》，第50—51页。

美共总统候选人获得 3.6 万张选票。① 1988 年，美共决定不推选本党候选人参加总统选举，但仍然主张积极参加选举活动。

进入 21 世纪，美国共产党高度重视大选活动。2004 年美国总统大选，美共提出的选举政策是："建立联合阵线，击败布什和极右翼。"②因此，美共决定在投票中支持民主党总统候选人，以击败右翼政党共和党。美共还成立了选举委员会，动员各支部和共青团组织积极发挥作用，并号召建立最广泛的反对布什右翼势力的阵线。与此同时，美共高度重视宣传活动。美共报刊《人民世界》《政治事务》以及共青团杂志《动力》发表了选举专辑。美共还印发了许多关于选举宣传的小册子，号召"联合起来，击败布什"。③

美国共产党高度重视 2008 年的美国总统大选。大选前，美共对形势进行了分析，并预测在 2008 年大选中，民主党将击败共和党，进步的劳工民主力量将击败反动的极右势力。在美共看来，这次大选将把美国民主运动和阶级斗争推向新的高度，开启美国阶级斗争的新阶段。④美共为大选提出了自己的目标，主要是扭转美国极右倾向，积极参加大选，支持民主党取得选举胜利，以民主方式推动阶级斗争。⑤

美国共产党认为，社会主义并不等于暴力革命，在保卫和扩大美国民主的斗争中，美国工人将逐渐认识到社会主义具有光明的前景。在当代美国的政治制度下，通过选举和平实现社会主义是可能的。竞选舞台是阶级斗争最主要的且最广泛的形式。⑥

2010 年，在美国中期选举中，美共提出的目标是：摧毁极右翼、扩大就业、增进民主权利；发动更多选民参与投票，建立巩固的选举同盟；利用选举契机，培养进步意识，扩大党的宣传和影响。⑦

---

① 丁淑杰：《美国共产党的社会主义理论与实践》，第 53—55 页。
② 同上书，第 128—129 页。
③ 同上书，第 132—133 页。
④ 余维海：《美国共产党对 2008 年美国大选的分析与主张》，《国外理论动态》2008 年第 3 期，第 17 页。
⑤ 余维海《美国共产党对 2008 年美国大选的分析与主张》，第 18—20 页。参阅于洋、滕晓宁《美国共产党在 2008 年选举期间的策略选择及其思考》，《法制与社会》2008 年第 8 期（中）；余维海《近年来选举政治中的美国共产党》，《当代世界社会主义问题》2010 年第 3 期，第 86—88 页。
⑥ 余维海：《近年来选举政治中的美国共产党》，第 85 页。
⑦ 同上书，第 88—89 页。

美共通过参加选举来扩大影响，并作为开展党的斗争的一种重要形式，无疑是实事求是的。我国学者余维海指出："美共充分利用选举平台，准确判断政治形势，把右翼极端主义视为人民的最大敌人，因而巧妙地把共和党与民主党区隔开来，借用民主党抨击共和党。通过这一战略与策略，美共在选举中发动了大批选民，特别是弱势群体的选民，在劳工与弱势群体那里树立了很好的形象，从而扩大了党的影响力。正如美共所主张的，参与选举的意义将不仅仅在于选举本身。它将组建起一场持续的运动，建立工人阶级在美国的领导权，重新确立优先地位，甚至改变外交政策。"①这一分析是有见地的。实际上参加大选是英国和美国等西方国家共产党开展活动、扩大影响的一种重要形式和有效途径。

（五）美国共产党与反对种族主义的斗争

美国是一个移民众多的国家，也是一个多民族国家。长期以来，美国社会存在着严重的种族歧视和种族矛盾。这也是殖民地时代遗留下来的问题。在美国，黑人的先辈们是以奴隶身份来到美国的。美国独立后，黑人仍然长期处于受奴役的地位。19世纪中后期，奴隶制被废除后，对黑人的歧视并没有完全消除。20世纪五六十年代，美国黑人开展了反对种族歧视和种族压迫，争取政治经济和社会平等权利的大规模斗争，美国黑人的地位有了改善。但是，美国歧视黑人的种族主义，直到今天仍然是一个重大社会问题。作为工人阶级的政党，美国共产党一贯反对种族主义和种族歧视政策。进入21世纪，反对种族主义仍然是美国共产党的一个重要任务。

2001年8月，美国共产党第27次代表大会通过的党章第六章《党员的权利和义务》第三条规定："全体党员有义务为了工人阶级的团结而斗争，反对一切形式的民族压迫、民族沙文主义、种族歧视及隔离，反对各种形式的种族主义的意识形态和行为，例如白人沙文主义，反闪族主义。有义务为全社会的政治经济平等而斗争，包括非裔、墨裔、波多黎各、美国土著印第安人、亚太地区岛国居民及其他的被压迫少数民族、移民、外来人的共同利益。并加强他们的团结为共同的利益而斗争。"②

① 余维海：《近年来选举政治中的美国共产党》，第91—92页。
② 丁淑杰：《美国共产党的社会主义理论与实践》，第171页。

2005 年 7 月美国共产党第 28 次代表大会通过的新党纲指出，种族主义危害是美国严重的社会问题。种族主义仍然是分裂劳动人民最有力的武器。在经济和社会生活方面，非裔、墨裔、印第安人等比白人的地位低下。[1]因此，美国共产党着力揭露种族主义的罪恶。美共提出反对种族主义的策略：一是与所有反种族主义的力量结成同盟；二是促进工人阶级与那些遭受种族、民族压迫的人们的了解，加强团结；三是在工作场所加强多种族团结，争取提高工资，改善工作条件和维护工人尊严。[2]

美国共产党第 29 次代表大会也同样主张反对种族主义，维护移民权利。美国共产党的舆论阵地不断宣传反种族主义的思想。美共前主席韦伯在《21 世纪的社会主义政党：形态、理论与认可——以美国共产党为例》一文中，第 18 点就提出：21 世纪的社会主义政党要特别重视实现种族平等。

在社会实践活动中，美国共产党积极采取反对种族歧视种族压迫的行动。例如，当美国密苏里州弗格森市警察枪杀黑人青年迈克尔·布朗（Michael Brown），引起弗格森市骚乱时，美国共产党网站《采取行动》栏目就安排了为迈克尔·布朗伸张正义的请愿签名活动。请愿书讲：由于基于非人性化的陈词滥调的种族歧视性警务策略，弗格森和密苏里的黑人居民每天都可能面临着来自警察的虐待和死亡威胁。[3]

（六）美国共产党与妇女运动

美共历来重视妇女解放运动，并努力为改善妇女社会地位，增加妇女权利而斗争。美国共产党党章（2001 年 8 月通过）规定："全体党员有义务反对一切男性主义、歧视妇女的倾向，为妇女的全部社会政治经济平等而斗争。"[4]美国共产党提出的 "《权利法案》社会主义" 理论，目标之一也是改变妇女所处的不平等地位。[5]美国共产党主席韦伯曾撰文阐述 21 世纪的社会主义，提出了社会主义政党的形态、理论与立场。在第 18 点中，

---

① 丁淑杰：《美国共产党的社会主义理论与实践》，第 139 页。
② 同上书，第 146 页。
③ 美共网站：http://www.cpusa.org/take-action/? start＝0，2014 年 12 月 29 日访问。
④ 丁淑杰：《美国共产党的社会主义理论与实践》，第 171 页。
⑤ 王宏伟：《美国共产党的〈权利法案〉社会主义》，《理论视野》2001 年第 3 期，第 41 页。

他特别重视实现性别平等，反对男性至上主义。①

2001 年 3 月，"全国妇女平等会议"召开，迪伊·迈尔斯代表美国共产党妇女工作组做了一个详细开幕报告。报告对妇女平等问题进行了理论探讨，考察了关于美国工人阶级妇女和贫穷妇女最新统计数据，回顾了美共妇女工作的情况，并且讨论了"我们能够考虑的使我们党更好成为广大妇女特别是工人阶级和贫穷妇女的政治之家的直接的改善措施"。②报告还探讨了在反对极右势力斗争背景下，如何为争取妇女权利和平等做出更大贡献的问题。

2005 年 7 月美共修改通过的新党纲对资本主义剥削和压迫进行了深刻剖析，指出资本主义的社会问题之一是妇女地位低下。妇女不仅在工薪方面受到不公平的对待，在晋升、家庭生活等方面也面临着严重的不平等对待，家庭暴力在美国是大量存在的。对社会福利方案的攻击严重影响着单身妇女、单身母亲、民族和种族上受压迫的妇女和所有工人阶级妇女。所有妇女的再生产权利不断受到意识形态上和政治上的攻击。③美共认为，性别歧视是统治阶级镇压整个工人阶级特别是妇女的一个重要工具，并呼吁男女工人要在争取妇女权利和平等的斗争中团结起来，维护妇女权利，反对右翼势力的进攻。④

美共认为工人阶级妇女比男性受到更多的压迫和剥削。实际工资下降，迫使更多妇女接受低薪工作或干两至三份工作，妇女和儿童因此陷入贫困。美共认为男人应该首先采取行动反对工作、人民运动和家庭中的性别歧视和男性至上思想。妇女需要也应该获得在工人运动、大众民主运动，包括共产党内的领导层中的平等地位。⑤

---

① ［美］山姆·韦伯：《21 世纪的社会主义政党：形态、理论与立场——以美国共产党为例》，禚明亮译，《马克思主义研究》2011 年第 12 期，第 133 页。

② 迪伊·迈尔斯：《妇女平等会议开幕报告，2001 年 3 月 24 日》（Dee Myles, *Women's Equality Conference, March 24, 2001 Opening Report*），美共网站：http://www.cpusa.org/women-s-equality-conference-march‐24‐2001‐opening-report/，2015 年 2 月 7 日访问。

③ 美共网站：《美国共产党党纲》（*CPUSA Program*）第二部分《资本主义、剥削与压迫》（*Capitalism, Exploitation and Oppression*），http://www.cpusa.org/party-program/，2015 年 2 月下旬访问。

④ 丁淑杰：《美国共产党的社会主义理论与实践》，第 140、146 页。

⑤ 美共网站：《美国共产党党纲》第三部分《工人阶级、阶级斗争、民主斗争和进步力量》（*The Working Class, Class Struggle, Democratic Struggle, and Forces for Progress*），http://www.cpusa.org/party-program/，2015 年 2 月下旬访问。

又如，在美共网站《采取行动》栏目，发布消息《对抗拉什·林堡》。拉什·林堡是美国著名广播节目主持人和评论员。林堡攻击了一位年轻的女士，因为这位女士声明支持控制生育。①

美共积极组织和参与妇女运动。例如，美共网站发布消息《停止反对妇女暴力》，号召给参议员写信，要求参议员们再次批准《反妇女暴力法》。该法于 1993 年通过，2013 年获得再次批准。该法资助对针对妇女的暴力犯罪行为进行调查和起诉，为家庭暴力受害者提供庇护所和法律服务。②

美共网站经常发表支持妇女运动的文章。例如，2014 年 10 月 27 日，发表《妇女正在进行反击》的文章讲，在整个国家，妇女们正在进行反击，捍卫她们的就业和家庭，反对那些企图摧毁妇女再生产权利、卫生保健、家庭假期和带薪病假的候选人。妇女的声音和选票在这次美国参众两院选举中对州长和州立法机关产生了作用，以及在争取完全平等的运动中发挥了作用。文章还介绍了妇女们正在开展的一些活动。③

（七）美国共产党与反战和平运动

美国共产党积极开展反战和平运动。在苏美两极对抗时期，美共积极开展反战活动，防止核战争的爆发。在里根任总统时期，美共通过"和平理事会"等组织积极参加和平运动和反核游行示威活动。美共反对美国出兵入侵格林纳达、干涉尼加拉瓜及拉美其他国家、袒护南非种族主义当局行径等。④冷战结束后，美共仍坚持积极开展反战活动。例如，美共反对美国发动海湾战争。

美共第 28 次代表大会修订通过的党纲认为，战争的威胁与日俱增，美国不断涉足大大小小的军事行动，造成巨大的物质损失和人员伤亡。⑤

---

① 美共网站:《对抗拉什·林堡》（*Stand up to Rush Limbaugh*），http：//www. cpusa. org/take-action/？ start=24，2015 年 2 月 6 日访问。

② 美共网站:《停止反妇女暴力》（*Stop Violence against Women*），http：//www. cpusa. org/take-action/？ start=8，2015 年 2 月 7 日访问；参阅维基自由百科词条"反妇女暴力法"（*Violence against Women Act*）。

③ 《妇女正在进行反击》（*Women Are Fighting back*），美共网站：http：//www. cpusa. org/women-are-fighting-back/，2015 年 2 月 7 日访问。

④ 丁淑杰:《美国共产党的社会主义理论与实践》，第 54 页。

⑤ 同上书，第 139 页。

美共党纲主张：构建国际团结，争取世界和平。美共认为，美国作为世界上最主要的帝国主义力量，是对世界和平的最主要威胁。因此，美国工人阶级和热爱和平的人民在国际和平运动中担负着特殊的使命。①随着核武器的扩散，太空基地武器扩散和那种主张在先发制人战争中和无休止战争中使用的理论的产生，摧毁全人类的核战争危险在增长。②

美共网站《采取行动》栏目发布了《告诉奥巴马总统：不要轰炸叙利亚》的消息，动员公众参加请愿活动，反对美国军事干涉叙利亚，认为美国的干涉不能保护平民，也不能约束暴力，反而会使事情变得更糟糕。③

美共网站《文章》栏目2014年11月12日发表了《停止轰炸叙利亚和伊拉克》一文。文章指出，几天之前奥巴马总统宣布驻伊拉克部队人数增加一倍。文章讲，本周和平行动机构和20多个和平组织将开展一个名为"关于叙利亚和伊拉克战争的国家行动日"一周活动。文章呼吁给美国国会参众两院议员打电话，反对增加美国军队，反对轰炸；并公布了国会众议院联系电话，号召人们表达看法。④

在关于伊朗核问题谈判之际，美共网站《采取行动》栏目积极动员读者参与支持伊朗和平方案的请愿活动，认为公共压力是唯一能够发挥作用的因素，呼吁通过外交方式解决问题，防止战争。

（八）美共与环保运动

美国共产党积极支持和参加环保运动，赞成生态社会主义的主张。美国共产党非常关注当前的全球生态危机，并深刻地剖析其根源。美共认为："资本主义制度才是产生生态危机的终极原因，发达资本主义国家中资本的趋利和扩张不但破坏了本国的生态环境，也给全世界制造了生态灾

①　丁淑杰：《美国共产党的社会主义理论与实践》，第148页。
②　美共网站：《美国共产党党纲》第二部分《资本主义、剥削与压迫》，http：//www.cpusa.org/party-program/，2015年2月访问。
③　美共网站：《告诉奥巴马总统：不要轰炸叙利亚》（*Tell President Obama：Don't Bomb Syria*），http：//www.cpusa.org/take-action/？start＝8，2015年2月7日访问。
④　美共网站：《停止轰炸叙利亚和伊拉克！》（*Stop the Bombing in Syria and Iraq!*），http：//www.cpusa.org/stop-the-bombing-in-syria-and-iraq/，2015年2月8日访问。

难。因而只有推翻资本主义才是解决生态危机的根本途径。"①资本主义的利润驱动型体制是一些生态危机爆发的根本原因；资本趋利本性破坏了人们的环保战略；美国的资本主义生产方式和生活方式极大地危害了环境；"公司帝国主义"加剧了全球环境危机。②美共认为，环保运动应该与工人运动相结合，把保护生态环境的斗争与阶级斗争结合起来，推翻极右翼势力的代表共和党政府是生态斗争的最紧迫目标；环境问题是国际问题，全世界工人阶级要团结起来，共同进行环境斗争。美共还提出了改善环境的具体方法。③

美国共产党的主要口号之一是："人民和自然界重于利润。"美共积极参加环保运动，开展环境保护的斗争工作。例如，美共反对破坏国家野生动物保护区；主张如果没有处理废料的安全措施，就不要使用核能源；认为核战争是最大的环境威胁，要全面裁减军备，销毁一切核武器。④ 美共积极寻求环保运动与其他主要运动如劳工运动、民权运动、妇女运动、青年运动、和平运动、移民权利运动之间的统一。

2005年5月，美共发表了关于资本主义与环境的分析报告《人民和自然界重于利润：走向可持续的社会》（第2版）。这个分析报告包括了美国共产党的环境纲领。这一报告强调了资本主义利润驱动与日益受到损害的全球生态之间的关联，报告认为，在今天能够而且应该赢得更多改革的同时，为保护环境而展开的斗争终究必须针对资本主义本身。⑤

美共积极组织和动员参加环保活动。例如，积极参加2014年9月在纽约举行的"人民的气候游行示威"活动。美共网站发布消息，号召所有俱乐部（支部）和党员联系本地组织方，提供帮助并参与活动。⑥这是一次呼吁防止气候变暖和其他环境问题的游行示威活动。

---

① 余维海：《生态危机的根源与消解——美国共产党的生态批判与斗争》，《聊城大学学报》（社会科学版）2008年第5期，第17页。

② 同上书，第17—19页；参阅余维海《近年来美国共产党对资本主义的分析与批判》，《社会主义研究》2011年第6期。

③ 余维海：《生态危机的根源与消解——美国共产党的生态批判与斗争》，第19—21页。

④ 美共网站：《经常提出的问题》栏目，http://www.cpusa.org/faq/，2014年8月24日访问。

⑤ 美共网站：《人民和自然界重于利润》（*People and Nature before Profits*），www.cpusa.org/people-and-nature-before-profits/，2015年2月5日访问。

⑥ 美共网站：《人民的气候游行示威，9月21日纽约市》（*People's Climate March September 21 NYC*），http://www.cpusa.org/take-action/，2015年2月8日访问。

以上简要考察了美国共产党与几种社会运动的关系。美国共产党积极组织和参加各种促进社会进步的活动。美共网站《文章》栏目对美国共产党开展的各类活动及时进行报道。这里仅举一例。2015 年 7 月 17 日，发表了由贾维斯·泰纳撰写的文章《纽约共产党员在布法罗节上庆祝奴隶解放》，报道美共在小马丁·路德·金公园组织庆祝活动，有 3 万人参加了游行，开展了对民众的宣传活动，扩大美共影响。① 美国共产党的长远奋斗目标是在美国建立社会主义，取代资本主义。在这个伟大的历史进程中，美共的活动是与所有的进步运动结合在一起的，除了组织、支持和参加工人运动、反对种族主义的斗争、妇女运动、反战和平运动、环保运动外，美共还与学生运动、争取移民权利斗争等社会运动相结合。美共也反对恐怖主义、反对反闪族主义、反对歧视同性恋；与宗教界先进人士，美共也保持接触与合作。可以说，美国共产党是美国一切进步社会运动的支持者、参与者，甚至组织者。

三　小结

以上对英美共产党与新社会运动的关系进行了概要考察。英国共产党和美国共产党从党员人数讲，都还是很小的党。20 世纪末的苏东剧变给两国共产党带来了巨大冲击，使两国共产党的影响从某种意义上讲跌到第二次世界大战后的低谷。苏东剧变也给西方其他国家共产党带来巨大冲击。有学者通过统计党员人数和参加选举的得票数等数据分析，认为西欧国家的共产党目前处于"边缘化"状态。② 从一种意义上讲，这一结论是有根据的。但是，从我们对英国共产党和美国共产党的活动的考察，可以看到这两个党都是很有活力的政党，都在积极为工人阶级利益而斗争，都坚持以马克思主义为指导，符合实际地运用阶级和阶级斗争理论，都有自己奋斗的长远目标。这两个党在规模上是小党，但在理论上可以说具有大党、强党的气派，是理论上比较成熟的政党，是具有丰富的斗争经验的政

① ［美］贾维斯·泰纳：《纽约共产党员在布法罗节上庆祝奴隶解放》（Jarvis Tyner, *NY Communists Celebrate Juneteenth at Buffalo Festival*），美共网站：http://www.cpusa.org/ny-communists-celebrate-juneteenth-at-buffalo-festival/，2015 年 8 月 29 日访问。

② 参阅向文华《西欧国家共产党的边缘化：数据分析》，《当代世界社会主义问题》，2011 年第 1 期。

党。它们对资本主义的本质有非常深刻的认识。它们深信资本主义没有未来，英国和美国的前途只能是社会主义；两党都制定了通向社会主义道路的比较成熟的纲领。经历苏东剧变后，两国共产党都做了艰辛工作，探索实现本国特色社会主义的道路。两国共产党都积极开展各种斗争活动，努力引领各种进步的社会运动，都把开展广泛的群众斗争作为实现现实和长远目标的手段。今天的英国共产党和美国共产党可以说已经走出了苏东剧变后陷入的低谷。它们都非常注意从实际出发，开展不同形式的斗争活动，都把自己的根扎在工人阶级之中，把开展广泛群众运动作为实现党的目的的策略。这两个政党都是有成熟理论支撑、赋有朝气的政党。它们参与、支持和组织各种进步社会运动的能力呈增长之势，可以期待将在两国新社会运动中扮演越来越重要的角色。随着发达资本主义国家基本矛盾的加深，英美共产党和其他国家共产党的力量和社会影响将会上升。

关于共产党与新社会运动的关系，有学者指出，"21 世纪初，欧洲发达国家共产党与新社会运动之间的关系呈良性发展的态势，这对于共产党力量的发展和左翼联合的形成，都具有重要意义。"[1] "在许多问题上，共产党与新社会运动共同表现出较为激进的立场，如反新自由主义全球化运动、反对美国对南斯拉夫和伊拉克的战争等"。在运动的下层方面，新社会运动与共产党较为接近，结合的可能性也是较大的。[2]从总的发展趋势看，西方国家的共产党与新社会运动的关系会更加密切，在新社会运动中的影响也将会扩大。共产主义性质的政党主张实现社会主义的运动本身是当今西方发达国家新社会运动的重要组成部分，而且这个重要组成部分随着资本主义基本矛盾的加深，分量将会越来越重。

---

[1]　姜辉：《欧洲发达国家共产党的变革》，学习出版社 2004 年版，第 236 页。

[2]　同上书，第 236—237 页。

主要参考文献

一　中文参考文献

《马克思恩格斯全集》，人民出版社 1995 年版。

《马克思恩格斯文集》，人民出版社 2009 年版。

《马克思恩格斯选集》，人民出版社 1995 年版。

马克思：《资本论》，人民出版社 1975 年版。

《列宁专题文集》，人民出版社 2009 年版。

《列宁选集》，人民出版社 1995 年版。

《毛泽东选集》，人民出版社 1991 年版。

《邓小平文选》，人民出版社 1993 年版。

［俄］C. A. 坦基扬：《新自由主义全球化——资本主义危机抑或全球美国化?》，王新俊等译，教育科学出版社 2008 年版。

［美］L. 鲍林：《告别战争：我们的未来设想》，吴万仟译，湖南出版社 1992 年版。

［美］L. 兰格曼：《西方新社会运动 40 年发展的理论总结》，周穗明译，《国外理论动态》2009 年第 5 期。

［美］W. E. 哈拉尔：《新资本主义》，冯韵文、黄育馥等译，社会科学文献出版社 1999 年版。

［法］阿尔贝特·史怀泽：《敬畏生命》，陈泽环译，上海社会科学院出版社 1992 年版。

［美］阿尔温·托夫勒：《第三次浪潮》，生活·读书·新知三联书店 1984 年版。

［美］阿尔文·托夫勒、海蒂·托夫勒：《战争与反战争》，严丽川译，中信出版社 2007 年版。

［英］阿兰·鲁格曼：《全球化的终结》，常志霄等译，生活·读书·新知三联书店 2001 年版。

［美］阿兰·伯努瓦：《面向全球化》，载王列编《全球化与世界》，中央编译出版社 1998 年版。

［美］阿里夫·德里克：《跨国时代的后殖民批评》，王宁译，北京大学出版社 2004 年版。

［英］阿列克斯·卡利尼科斯：《反资本主义宣言》，罗汉、孙宁、黄悦译，上海世纪出版集团 2005 年版。

［印］阿马蒂亚·森：《如何评价全球主义》，《国外理论动态》2002 年第 6 期。

［印］阿马蒂亚·森：《有关全球化的十个问题》，《国外社会科学文摘》2001 年第 9 期。

［英］阿纳托莱·卡列茨基：《资本主义 4.0：一种新经济的诞生》，胡晓姣、杨欣、贾西贝译，中信出版社 2011 年版。

［荷］阿瑟·莫尔、［美］戴维·索南菲尔德著：《世界范围的生态现代化——观点和关键争论》，张鲲译，商务印书馆 2011 年版。

［巴西］埃米尔·萨德尔：《左派的新变化》，《国外理论动态》2003 年第 4 期。

［法］安德烈·比尔基埃等主编：《家庭史》第 1 卷，袁树仁等译，生活·读书·新知三联书店 1998 年版。

［英］安东尼·吉登斯：《风险社会的政治》，《现代性：吉登斯访谈录》，新华出版社 2001 年版。

［美］奥尔多·利奥波德：《沙乡年鉴》，侯文蕙译，吉林人民出版社 1997 年版。

［古巴］奥斯瓦尔多·马丁内斯：《垂而不死的新自由主义》，高静译，当代世界出版社 2009 年版。

［美］巴里·康芒纳：《封闭的循环——自然、人和技术》，侯文蕙译，吉林人民出版社 1997 年版。

［美］芭芭拉·沃德、雷内·杜博斯主编：《只有一个地球》，吉林人民出版社 1999 年版。

［英］保罗·赫斯特、格雷厄姆·汤普森：《质疑全球化——国际经济与治理的可能性》，张文成等译，社会科学文献出版社 2002 年版。

［美］贝蒂·弗里丹：《女性的奥秘》，程锡麟等译，北方文艺出版社
　　1999 年版。

本书编写组：《西式民主怎么了》，学习出版社 2014 年版。

本书编写组：《西式民主怎么了Ⅲ》，学习出版社 2015 年版。

本书编写组：《西式民主怎么了Ⅱ——西方人士评西方民主》，学习出版
　　社 2014 年版。

本书编写组：《资本主义怎么了Ⅱ——中外学者热评：〈21 世纪资本
　　论〉》，学习出版社 2014 年版。

本书编写组：《资本主义怎么了——从国际金融危机看西方制度困境》，
　　学习出版社 2013 年版。

蔡拓：《全球治理的中国视角与实践》，《中国社会科学》2004 年第 1 期。

向文华：《西欧国家共产党的边缘化：数据分析》，《当代世界社会主义问
　　题》2011 年第 1 期。

［美］查尔斯·德伯：《人高于利润》，钟和等译，中信出版社 2004 年版。

［美］查尔斯·哈珀：《环境与社会——环境问题中的人文视野》，肖晨阳
　　等译，天津人民出版社 1998 年版。

陈硕颖：《资本主义新型生产组织方式——模块化生产网络研究》，中国
　　社会科学出版社 2011 年版。

程恩富：《当代西方资本主义危机引发的困境及其出路》，《当代世界》
　　2015 年第 5 期。

程光泉：《全球化理论谱系》，湖南人民出版社 2002 年版。

程光泉：《全球化与价值冲突》，湖南人民出版社 2004 年版。

［美］大卫·巴拉什、查尔斯·韦伯：《积极和平：和平与冲突研究》，刘
　　成译，南京出版社 2007 年版。

［澳］大卫·希尔曼、约瑟夫·韦思·史密斯：《气候变化的挑战与民主
　　的失灵》，武锡申、李楠译，社会科学文献出版社 2009 年版。

［英］戴维·赫尔德、安东尼·麦克格鲁：《全球化与反全球化》，陈志刚
　　译，社会科学文献出版社 2004 年版。

戴维·赫尔德：《全球大变革——三种全球化理论的分析与比较》，《马克
　　思主义与现实》2000 年第 1 期。

戴维·赫尔德等：《全球化大变革——全球化时代的政治、经济与文化》，
　　杨雪冬等译，社会科学文献出版社 2001 年版。

［美］丹尼斯·米都斯：《增长的极限——罗马俱乐部关于人类困境的报告》，李宝恒译，吉林人民出版社 1997 年版。

［美］道格拉斯·拉米斯：《激进民主》，中国人民大学出版社 2002 年版。

［印度］迪帕克·那亚尔：《全球化，历史与发展：两个世纪的神话》，《国家行政学院学报》2008 年第 1 期。

丁淑杰：《美国共产党的社会主义理论和实践》，中国社会科学出版社 2010 年版。

丁淑杰：《美国共产党对阶级、阶级斗争概念的新理解》，《信阳师范学院学报》（哲学社会科学版），第 22 卷第 2 期，2002 年 4 月。

丁淑杰：《新时期美国共产党加强基层党建的若干新举措》，《社会主义研究》，2010 年第 2 期。

丁颖：《对新自由主义经济学的批判分析》，《国外理论动态》2001 年第 10 期。

丁则民主编：《美国内战与镀金时代》，人民出版社 1990 年版。

杜玉华：《全球秩序的新挑战：全球社会运动及其治理》，《社会科学》2009 年第 5 期。

端木美、周以光、张丽：《法国现代化进程中的社会问题》，中国社会科学出版社 2001 年版。

房宁、王晓东、宋强：《全球化阴影下的中国之路》，中国社会科学出版社 1999 年版。

［古巴］菲德尔·卡斯特罗：《全球化与现代资本主义》，王玫译，社会科学文献出版社 2000 年版。

［美］菲利普·沙别科夫：《滚滚绿色浪潮：美国的环境保护运动》，周律等译，中国环境科学出版社 1997 年版。

［德］费迪南·穆勒—罗密尔、［英］托马斯·波古特克：《欧洲执政绿党》，郇庆治译，山东大学出版社 2012 年版。

丰子义、杨学功：《马克思"世界历史"理论与全球化》，人民出版社 2002 年版。

冯仕政：《西方社会运动理论研究》，中国人民大学出版社 2013 年版。

［法］弗朗索瓦·沙奈：《资本全球化》，中央编译出版社 2001 年版。

付文忠：《新社会运动与国外马克思主义思潮：后马克思主义研究》，山东大学出版社 2009 年版。

［德］格拉德·博克斯贝格、哈拉德·克里门塔：《全球化的十大谎言》，
　　胡善军等译，新华出版社 2000 年版。

［美］格蕾琴·戴利、凯瑟琳·埃利森：《新生态经济：使环境保护有利
　　可图的探索》，上海科技教育出版社 2005 年版。

［英］格里·斯托克：《作为理论的治理：五个论点》，《国际社会科学杂
　　志》（中文版）1999 年第 2 期。

［波兰］格泽高滋·W. 科勒德克：《新自由主义救全球化是特殊利益集团
　　骗局》，《中国经济周刊》2012 年第 36 期。

葛公尚主编：《当代政治与民族问题》，中央民族大学出版社 1995 年版。

［俄］根纳季·久加诺夫：《全球化与人类命运》，新华出版社 2004 年版。

国际货币基金组织：《世界经济展望》，中国金融出版社 1997 年版。

［德］汉斯—彼得·马丁、哈拉尔特·舒曼：《全球化陷阱：对民主和福
　　利的进攻》，张世鹏等译，中央编译出版社 2001 年版。

郝清杰：《新自由主义：治国良方，还是死亡陷阱?》，《当代思潮》2003
　　年第 5 期。

郝时远：《当代世界民族问题与民族政策》，四川人民出版社 1994 年版。

郝时远：《中国的民族与民族问题》，江西人民出版社 1996 年版。

何秉孟、李千：《新自由主义评析》，社会科学文献出版社 2012 年版。

何念：《20 世纪 60 年代美国激进女权主义研究》，知识产权出版社 2010
　　年版。

何平立：《认同感政治：西方新社会运动述评》，《探索与争鸣》2007 年
　　第 9 期。

何平立：《西方新社会运动趋向析论》，《上海大学学报》（社会科学版）
　　第 15 卷第 2 期，2008 年 3 月。

何顺果主编：《全球化的历史考察》，江西人民出版社 2012 年版。

和磊：《从新社会运动到最新社会运动》，《国际研究参考》2014 年第
　　8 期。

［德］赫尔穆特·施密特：《全球化与道德重建》，社会科学文献出版社
　　2001 年版。

侯若石：《经济全球化与大众福祉》，天津人民出版社 2000 年版。

侯文蕙：《征服的挽歌——美国环境意识的变迁》，东方出版社 1995
　　年版。

胡腾蛟:《美苏核军备竞赛重启与英国和平运动的复兴》,《中南大学学报》(社会科学版) 2012 年第 5 期。

黄晴:《危险的失衡》,《人民日报》2000 年 11 月 15 日。

[加拿大] 基蒙·瓦拉斯卡基斯:《全球化如大舞台》,《国际社会科学杂志》(中文版) 2000 年第 2 期。

[英] 贾森·安奈兹等:《解析社会福利运动》,王星译,格致出版社、上海人民出版社 2011 年版。

[英] 贾斯廷·罗森伯格:《质疑全球化理论》,洪霞、赵勇译,江苏人民出版社 2002 年版。

[英] 简·阿特·斯图尔特:《解析全球化》,王艳莉译,吉林人民出版社 2011 年版。

江时学:《新自由主义、"华盛顿共识" 与拉美国家的改革》,《当代世界与社会主义》2003 年第 6 期。

姜辉:《欧洲发达国家共产党的变革》,学习出版社 2004 年版。

[英] 杰拉德·德兰蒂:《现代性与后现代性——知识,权力与自我》,李瑞华译,商务印书馆 2012 年版。

[加] 卡列维·霍尔斯蒂:《和平与战争: 1648—1989 年的武装冲突与国际秩序》,王浦劬等译,北京大学出版社 2005 年版。

[美] 卡普洛:《美国社会发展趋势》,刘绪贻等译,商务印书馆 1997 年版。

[印] 卡瓦基特·辛格:《不纯洁的全球化》,吴敏等译,中央编译出版社 2005 年版。

[意] M. L. 康帕涅拉:《全球化: 过程和解释》,《国外社会科学》1992 年第 7 期。

[德] 克劳斯·莱格维、哈拉尔德·韦尔策:《我们所知世界的末日》,郑冲译,东方出版社 2013 年版。

[英] 克里斯托弗·卢茨主编:《西方环境运动:地方、国家和全球向度》,徐凯译,山东大学出版社 2005 年版。

[美] 莱斯特·R. 布朗:《建设一个持续发展的社会》,祝友三译,科学技术文献出版社 1984 年版。

[德] 赖纳·特茨拉夫主编:《全球化压力下的世界文化》,江西人民出版社 2001 年版。

［美］蕾切尔·卡逊：《寂静的春天》，吕瑞兰、李长生译，吉林人民出版社 1999 年版。

李丹：《反全球化运动研究——从构建和谐世界的视角分析》，九州出版社 2007 年版。

李东燕：《反全球化运动的性质与特点》，《2003 年全球政治与安全报告》，社会科学文献出版社 2003 年版。

李芳田、杨娜：《全球治理论析》，《南开学报》（哲学社会科学版）2009 年第 6 期。

李宏图：《西欧近代民族主义思潮研究》，上海社会科学院出版社 1997 年版。

李巨廉：《战争与和平：时代主旋律的变动》，学林出版社 1999 年版。

李其庆：《全球化背景下的新自由主义》，《马克思主义与现实》2003 年第 5 期。

李其庆主编：《全球化与新自由主义》，广西师范大学出版社 2003 年版。

李强、庄俊举：《历史地、全面地研究新自由主义（一）》，《当代世界与社会主义》2004 年第 2 期。

李慎明：《对习近平总书记所讲社会主义的体悟——科学社会主义理论与实践、机遇与挑战》（修订版），中国社会科学出版社 2014 年版。

李慎明：《试谈新世纪的全球化指导原则与实践》，《世界经济与政治》2001 年第 5 期。

李毅夫等：《世界民族概论》，中央民族学院出版社 1993 年版。

李银河：《女性权力的崛起》，中国社会科学出版社 1997 年版。

李有义主编：《世界民族问题初探》，中国社会科学出版社 1981 年版。

李志学：《"休克疗法"启示录》，《俄罗斯中亚东欧研究》2004 年第 2 期。

里斯本小组：《竞争的极限——经济全球化与人类的未来》，张世鹏译，中央编译出版社 2000 年版。

联合国环境规划署：《全球环境展望 2000》，中国环境科学出版社 2000 年版。

联合国开发计划署：《2009 年人类发展报告：跨越障碍——人员流动与发展》，中国财政经济出版社 2009 年版。

联合国社会发展研究所：《全球化背景下的社会问题》，北京大学出版社

1997 年版。

刘保国、胡光玲：《美国共产党对美国特色社会主义的若干思考》，《廊坊师范学院学报》（社会科学版）第 27 卷第 2 期。

刘金源：《巴西社会两级分化问题及其成因》，《拉丁美洲研究》2002 年第 4 期。

刘金源等：《全球化进程中的反全球化运动》，重庆出版社 2006 年版。

刘淑春：《欧洲社会主义研究》，中国社会科学出版社 2013 年版。

刘淑春：《全球金融危机背景下的美国工会运动和美国共产党》，《马克思主义研究》2011 年第 9 期。

刘曙光：《全球化与反全球化》，湖南人民出版社 2003 年版。

刘颖：《21 世纪西方新社会运动：从反全球化运动到"占领"运动》，《理论月刊》2013 年第 8 期。

刘颖：《西方新社会运动的跨国相似性分析》，《东岳论坛》第 34 卷第 4 期，2013 年 4 月。

刘颖：《西方新社会运动理论模式析评》，《工会论坛》2008 年第 9 期。

刘颖：《新社会运动理论的困境及其完善途径：反全球化运动的视角》，《聊城大学学报》（社会科学版）2007 年第 1 期。

刘颖：《新社会运动理论视角下的反全球化运动》，复旦大学出版社 2013 年版。

刘正荣等：《世界上的民族与民族问题》，中共中央党校出版社 1992 年版。

［法］鲁尔·瓦纳格姆：《日常生活的革命》，张新木、戴秋霞、王也频译，南京大学出版社 2008 年版。

陆海燕：《欧洲新社会运动理论述评》，《兰州学刊》2008 年第 9 期。

陆海燕：《新社会运动与当代西方政治变革》，武汉大学出版社 2011 年版。

［美］罗伯特·赖特：《非零年代：人类命运的逻辑》，上海人民出版社 2003 年版。

［美］罗兰·罗伯逊：《全球化：社会理论和全球化》，梁光严译，中文版，上海人民出版社 2000 年版。

［美］罗斯玛丽·帕特南·童：《女性主义思潮导论》，艾晓明译，华中师范大学出版社 2002 年版。

马也：《历史是谁的朋友——全球化：定义、方法论和走向》，中央民族大学出版社 2003 年版。

［英］玛丽·沃斯通克拉夫特：《女权辩护》，王蓁译，商务印书馆 1995 年版。

［法］玛丽—克劳德·斯莫茨：《治理在国际关系中的正确运用》，《国际社会科学杂志》（中文版）1999 年第 2 期。

［美］迈克尔·爱德华兹：《公民社会与全球治理》，《马克思主义与现实》2002 年第 3 期。

美国环境质量委员会：《公元 2000 年的地球》，郭忠兰译，科学技术文献出版社 1981 年版。

闵冬潮：《国际妇女运动：1789—1989》，河南人民出版社 1991 年版。

［美］纳什：《大自然的权利》，杨通进译，梁治平校，青岛出版社 1999 年版。

［英］尼克·史蒂文森：《文化公民身份——全球一体的问题》，王晓燕、王丽娜译，北京大学出版社 2011 年版。

倪世雄等：《当代西方国际关系理论》，复旦大学出版社 2009 年版。

宁骚：《民族与国家》，北京大学出版社 1995 年版。

［美］诺姆·乔姆斯基：《新自由主义和全球秩序》，江苏人民出版社 2000 年版。

潘华仿等：《当代世界政治思潮》，黑龙江人民出版社 1987 年版。

潘志平：《民族自决还是民族分裂》，新疆人民出版社 1999 年版。

庞中英：《另一种全球化——对"反全球化"现象的调查与思考》，《世界经济与政治》2001 年第 2 期。

庞中英：《全球治理的中国主张》，《国际先驱导报》2005 年 12 月 29 日。

庞中英主编：《全球化、反全球化与中国》，上海人民出版社 2002 年版。

［英］佩里·安德森：《新自由主义的历史和教训（续）》，《当代世界与社会主义》2001 年第 4 期。

彭树智：《东方民族主义思潮》，西北大学出版社 1992 年版。

彭树智：《现代民族主义运动史》，西北大学出版社 1987 年版。

［英］齐格蒙特·鲍曼：《全球化——人类的后果》，郭国良等译，商务印书馆 2001 年版。

［美］乔治·索罗斯：《索罗斯论全球化》，商务印书馆 2003 年版。

裘元伦：《美国学者论世纪之交的西方资本主义前途》，《世界经济》1997
　　年第 1 期。

[荷兰] 让·内德文·皮特斯：《作为杂合的全球化》，梁展编选《全球化
　　话语》，上海三联书店 2002 年版。

[埃及] 萨米尔·阿明：《资本主义的危机》，贾瑞坤等译，社会科学文献
　　出版社 2003 年版。

[美] 爱德华·W. 萨义德：《文化与帝国主义》，《马克思主义与现实》
　　1999 年第 4 期。

[美] 塞缪尔·亨廷顿：《文明的冲突与世界秩序的重建》，新华出版社
　　1998 年版。

[美] 山姆·韦伯：《21 世纪的社会主义政党：形态、理论与立场——
　　以美国共产党为例》，禚明亮译，《马克思主义研究》2011 年第
　　12 期。

商文斌：《英国共产党的“和平过渡论”探析》，《社会主义研究》2009
　　年第 6 期。

商文斌：《战后英国共产党的衰弱及其成因》，《当代世界与社会主义》
　　2003 年第 4 期。

商文斌：《战后英国共产党对社会主义发展道路的探索》，中国社会科学
　　出版社 2006 年版。

沈红文译：《哈贝马斯谈全球主义、新自由主义和现代性》，《国外理论动
　　态》2002 年第 1 期。

沈跃萍：《创造性的毁灭：资本主义绝非历史的终结——西方学者对资本
　　主义的整体质疑》，《马克思主义研究》2013 年第 2 期。

世界环境与发展委员会：《我们共同的未来》，王之佳等译，吉林人民出
　　版社 2000 年版。

世界银行：《2003 年世界发展报告》，中国财政经济出版社 2003 年版。

世界银行：《2013 年世界发展报告：就业》，清华大学出版社 2013 年版。

世界银行编写组：《全球化、增长与贫困》，中国财政经济出版社 2003
　　年版。

[美] 斯塔夫里亚诺斯：《全球分裂：第三世界的历史进程》，商务印书馆
　　1993 年版。

[美] 斯坦利·阿罗诺维茨、希瑟·高内特主编：《控诉帝国：21 世纪世

界秩序中的全球化及其抵抗》，肖纬青译，广西师范大学出版社 2004
年版。

［美］斯图尔特·布兰德：《地球的法则——21 世纪地球宣言》，叶富华、
耿新莉译，中信出版社 2012 年版。

宋世昌、李荣海：《全球化与建设中国特色社会主义》，《中国社会科学》
2001 年第 6 期。

［以色列］苏拉密斯·萨哈：《第四等级——中世纪欧洲妇女》，广东人民
出版社 2003 年版。

［英］苏珊·斯特兰奇：《赌场资本主义》，李红梅译，社会科学文献出版
社 2000 年版。

［英］汤林森：《文化帝国主义》，冯建三译，上海人民出版社 1999 年版。

［日］田家康：《气候文明史——改变世界的 8 万年气候变迁》，范春飚
译，东方出版社 2012 年版。

［美］托马斯·弗里德曼著：《直面全球化——"凌志汽车"与"橄榄
树"》，赵绍棣等译，国际文化出版社 2003 年版。

［法］托马斯·皮凯蒂：《21 世纪资本论》，巴曙松等译，中信出版社
2014 年版。

［英］托尼·麦克格鲁：《走向真正的全球治理》，《马克思主义与现实》
2002 年第 1 期。

［捷克］瓦茨拉夫·克劳斯：《环保的暴力》，宋风云译，世界图书出版公
司、后浪出版公司 2012 年版。

万以诚、万岍选：《新文明的路标：人类绿色运动史上的经典文献》，吉
林人民出版社 2000 年版。

汪晖、陈燕谷：《文化与公共性》，生活·读书·新知三联书店 1998
年版。

汪铮：《和平运动：历史与现实》，《欧洲》1996 年第 1 期。

汪铮：《西方社会的和平运动》，《世界知识》1994 年第 7 期。

王宏伟：《美国共产党的〈权利法案〉社会主义》，《理论视野》2001 年
第 3 期。

王继停、李元：《当前世界社会主义运动中的左翼：现状与趋势》，《当代
世界与社会主义》2009 年第 4 期。

王家瑞主编：《当代国外政党概览》，当代世界出版社 2009 年版。

王觉非主编:《近代英国史》,南京大学出版社 1997 年版。

王赳:《激进的女权主义——英国妇女社会政治同盟参政运动研究》,上海三联书店 2008 年版。

王菊、黄斌:《当代西方发达资本主义国家阶级结构的变化》,《科技信息》2011 年第 15 期。

王军:《近百年来英国共产党党员人数变化及其原因分析》,《当代世界与社会主义》2014 年第 1 期。

王利众:《"休克疗法"与俄罗斯经济》,《哈尔滨工业大学学报》2004 年第 1 期。

王列:《全球化与世界》,杨雪东编译,中央编译出版社 1998 年版。

王晓升:《新社会运动"新"在何处》,《学术月刊》第 43 卷第 2 期,2011 年 2 月。

王学东:《美国共产党的现状与前瞻》,《当代世界社会主义问题》2004 年第 4 期。

王逸舟:《国际政治析论》,上海人民出版社 1995 年版。

王逸舟:《全球化背景下的第三世界——萨米尔·阿明访谈录》,《世界经济与政治》2001 年第 2 期。

王政:《女性的崛起——当代美国的女权运动》,当代中国出版社 1995 年版。

［英］威廉·贝纳特、彼得·科茨:《环境与历史——美国和南非驯化自然的比较》,包茂红译,凤凰出版传媒集团、译林出版社 2011 年版。

［德］乌·贝克、哈贝马斯等:《全球化与政治》,中央编译出版社 2000 年版。

［德］乌尔里希·贝克等:《全球政治与全球治理——政治领域的全球化》,中国国际广播出版社 2004 年版。

吴波:《当代西方资本主义国家阶级的内部构成及相关理论分析》,《科学社会主义》2007 年第 2 期。

吴波:《经济全球化与西方资本主义国家的工人运动》,《当代世界与社会主义》2007 年第 1 期。

吴金平:《当代西方国家工人阶级分化问题探析》,《马克思主义研究》2013 年第 5 期。

吴梅兴:《和谐世界:全球治理的中国诠释》,《暨南学报》(哲学社会科学版）2007 年第 4 期。

吴若冰、何福深：《当代西方资本主义国家工人阶级状况分析——学习
〈资本论〉札记》，《沈阳师范学院学报》（社会科学版）1998 年第
2 期。

吴兴旺等：《当今世界热点问题透视》，中央民族大学出版社 1994 年版。

吴易风：《反全球化运动考察与分析》，《当代思潮》2003 年第 3 期。

吴志成：《和平理论与和平运动：世纪末的回眸》，《南开大学法政学院学
术论丛》1999 年。

［法］西蒙娜·德·波伏娃：《第二性》，陶铁柱译，中国书籍出版社
1998 年版。

奚广庆、王谨主编：《西方新社会运动初探》，中国人民大学出版社 1993
年版。

《现代资本主义研究——吴健文集》，对外经济贸易出版社 2001 年版。

向红：《全球化与反全球化运动新探》，中央编译出版社 2010 年版。

向文华：《西欧国家共产党的边缘化：数据分析》，《当代世界社会主义问
题》2011 年第 1 期。

肖宪：《世纪之交看中东》，时事出版社 1998 年版。

谢静：《奥菲视域中的新社会运动——基于新旧范式的比较》，《学习与探
索》2014 年第 10 期。

熊伟民：《20 世纪 80 年代初期英国妇女的反核和平运动》，《长沙大学学
报》2004 年第 3 期。

熊伟民：《和平之声：20 世纪反战反核运动》，南京出版社 2006 年版。

徐向梅：《俄罗斯的贫富差距与社会分化》，《当代世界与社会主义》2003
年第 6 期。

徐迅：《民族主义》，中国社会科学出版社 1998 年版。

徐艳玲：《全球化、反全球化思潮与社会主义》，山东人民出版社 2005
年版。

徐再荣：《20 世纪美国环保运动与环境政策研究》，中国社会科学出版社
2013 年版。

徐长普：《世界范围内的反全球化运动的特征》，《北京行政学院学报》
2004 年第 5 期。

郇庆治主编：《当代西方绿色左翼政治理论》，北京大学出版社 2011

年版。

［法］雅克·阿达：《经济全球化》，中央编译出版社 2000 年版。

杨春葆：《如何认识当代西方资本主义国家进行的自我改良和完善》，《中央社会主义学院学报》2001 年第 5 期。

杨灏城、朱克柔主编：《民族冲突与宗教争端》，人民出版社 1996 年版。

杨雪冬：《罗伯逊绘制的全球化演进轨迹》，《马克思主义与现实》1997 年第 1 期。

杨雪冬：《全球化：西方理论前沿》，社会科学文献出版社 2002 年版。

杨雪冬：《全球化理论：粉碎"中心论"的桎梏》，《马克思主义与现实》1998 年第 4 期。

［美］伊曼纽尔·沃勒斯坦：《新的反体运动及其战略》，刘元琪译，《国外理论动态》2003 年第 4 期。

伊曼纽尔·沃勒斯坦：《现代世界体系》，高等教育出版社 1998 年版。

易文彬：《全球治理模式述评》，《世界经济与政治论坛》2005 年第 4 期。

裔昭印：《古希腊的妇女——文化视域中的研究》，商务印书馆 2001 年版。

裔昭印等：《西方妇女史》，商务印书馆 2009 年版。

于洪君主编：《当今世界的社会主义与资本主义》，党建读物出版社 2014 年版。

于洋、滕晓宁：《美国共产党在 2008 年选举期间的策略选择及其思考》，《法制与社会》2008 年第 8 期。

余建华：《民族主义——历史遗产与时代风云的交汇》，学林出版社 1999 年版。

余维海：《近年来选举政治中的美国共产党》，《当代世界社会主义问题》2010 年第 3 期。

余维海：《美国共产党对 2008 年美国大选的分析与主张》，《国外理论动态》2008 年第 3 期。

余维海：《生态危机的根源与消解——美国共产党的生态批判与斗争》，《聊城大学学报》（社会科学版）2008 年第 5 期。

余维海：《近年来美国共产党对资本主义的分析与批判》，《社会主义研究》2011 年第 6 期。

俞可平、黄卫平主编：《全球化的悖论》，中央编译出版社 1998 年版。

俞可平：《论全球化与国家主权》，《马克思主义与现实》2004 年第 1 期。

俞可平：《全球治理引论》，《马克思主义与现实》2002 年第 1 期。

俞可平：《治理和善治引论》，《马克思主义与现实》1999 年第 5 期。

俞可平主编：《全球化：全球治理》，社会科学文献出版社 2003 年版。

俞可平主编：《治理与善治》，社会科学文献出版社 2000 年版。

郁建兴：《全球化：一个批评性考察》，浙江大学出版社 2003 年版。

原其编：《反全球化运动的特征》，《国外理论动态》2001 年第 8 期。

［澳］约翰·多克尔：《后现代与大众文化》，王敬慧、王瑶译，北京大学出版社 2011 年版。

［英］约翰·福斯特：《马克思、马克思主义与英国工人运动：21 世纪继续探索的问题》，巩志华编译，《当代世界与社会主义》2013 年第 4 期。

［美］约翰·格雷：《伪黎明——全球资本主义的幻想》，刘继业译，中国社会科学出版社 2002 年版。

［英］约翰·迈克斯威特、爱德瑞恩·伍德里奇：《现在与未来：全球化的机遇与挑战》，盛健、孙海玉译，经济日报出版社 2001 年版。

［英］约翰·斯图尔特·穆勒：《妇女的屈从地位》，汪溪译，商务印书馆 1995 年版。

［美］约瑟夫·奈等主编：《全球化世界的治理》，王勇等译，世界知识出版社 2003 年版。

［美］约瑟夫·斯蒂格利茨：《全球化及其不满》，机械工业出版社 2004 年版。

岳长龄：《西方全球化理论面面观》，《战略与管理》1995 年第 6 期。

［美］詹姆斯·H. 米特尔曼：《全球化综合征——转型与抵制，喜悦与担忧》，新华出版社 2002 年版。

［英］詹姆斯·伯克：《圆——历史、技术、科学与文化的 50 次轮回》，梁焰译，上海科学教育出版社 2011 年版。

［美］詹姆斯·罗西瑙：《世界政治中的治理、秩序和变革》，罗西瑙等主编《没有政府的治理》，江西人民出版社 2001 年版。

张劲松：《从阶级到身份：新社会运动的主题转换》，《淮阴师范学院学报》（哲学社会科学版）第 36 卷，2014 年 6 月。

张世鹏、殷叙彝编译：《全球化时代的资本主义》，中央编译出版社 1998 年版。

张永红：《20 世纪 60 年代美国青年反战思潮研究》，光明日报出版社 2009年版。

张宗峰：《全球化背景下新社会运动的核心诉求及其特征》，《社会主义研究》2014 年第 2 期。

张宗峰：《西方新社会运动的思想理论渊源探究》，《前沿》第 371、372期，2014 年 11 月。

张宗峰：《西方新社会运动研究综述》，《全球视野理论月刊》2014 年第8 期。

赵鼎新：《社会与政治运动讲义》，社会科学文献出版社 2012 年版。

赵海月、王瑜：《全球治理与和谐世界》，《理论与改革》2010 年第 5 期。

中国科学技术情报研究所编：《国外公害概况》，科学出版社 1975 年版。

中国现代国际关系研究院美欧研究中心：《北约的命运》，时事出版社2004 年版。

中华人民共和国国务院新闻办公室：《中国的和平发展道路》白皮书，《人民日报》2005 年 12 月 23 日。

周丽萍：《美国妇女与妇女运动：1920—1939》，中国社会科学出版社2009 年版。

周启琳：《越战期间美国妇女和平运动研究综述》，《中华女子学院学报》2006 年第 4 期。

周穗明：《当代新社会运动对西方政党执政方法的影响及其启示》，《科学社会主义》2006 年第 2 期。

周穗明：《西方全球化理论与反全球化思潮》，《岭南学刊》2002 年第1 期。

周穗明：《西方新社会运动与新马克思主义》，《广东行政学院学报》第18 卷第 3 期，2006 年 6 月。

周以光：《技术革命冲击下的法国职业妇女》，《世界历史》1994 年第2 期。

周毅之：《全球化进程中的国家主权原则和公民与政府的合作关系》，《政治学研究》2001 年第 3 期。

二　外文参考文献

Su H. Lee, *Debating New Social Movements: Culture, Identity, and Social Fragmentation*, University Press of Am8erica, 2007.

Rosenau, James N, "Governance in the Twenty-first Century", *Global Governance*, No. 1, 1995.

A. Gorz, *Abschied vom Proletariat*, Frankfurt, 1980.

A. W. Gouldner, *Intelligenz als neue Klasse*, Frankfurt/New York, 1980.

Anderson, Bonnie S. and Zinsser, Judith P. , *A History of Their Own: Women in Europe from Prehistory to the Present*, vol. 2, New York Harper & Row, 1988.

Anti-globalization: A Spreading Phenomenon, Perspectives: A Canadian Security Intelligence Service Publication, Report # 2000/08, 2000.

Arnold, Ron, *At the Eye of the Storm: James Watt and the Environmentalists*, Chicago: Regnery Gateway, 1982.

Aulette, Judy Root, *Changing American Families*, Allyn and Bacon, 2002.

Barber, David, *A Hard Rain Fell: SDS and Why It Failed*, Jackson: University Press of Mississippi, 2010.

Baylis, J. and Smith, S. , *The Globalization of World Politics*, USA: Oxford University, 1997.

Bekerman, Zvi and McGlynn, Claire, eds. , *Addressing Ethnic Conflict through Peace Education: International Perspectives*, New York: Palgrave Macmillan, 2007.

Bello, Walden, "From Mellbourne to Prague: The Struggle for a Deglobalized World ", http://lbb3. org/mcllbournc to praguc. htm.

Bobel, Chris, *New Blood: Third-Wave Feminism and the Politics of Menstruation*, Rutgers University Press, 2010.

Bridenthal, Renate, and Stuard, Susan Mosher, and Wiesner, Merry E. , eds. , *Becoming Visible: Women in European History*, Heughton Mifflin Company, 1998.

Buechler, Steven M. , "New Social Movement Theories", *The Sociological*

Quarterly, no. 3, vol. 36, Summer, 1995.

Bullard, Robert D. , *Dumping in Dixie: Race, Class and Environmental Quali-ty*, Oxford: Westview, 1994.

Cawley, R. McGreggor, *Federal Land, Western Anger: The Sagebrush Rebellion and Environmental Politics*, University Press of Kansas, 1993.

Cevasco, George A. and Harmond, Richard P. , *Modern American Environmen-talists: A Biographical Encyclopedia*, Baltimore: The Johns Hopkins Universi-ty Press, 2009.

Charle, Christophe, *Social History of France in the Nineteenth Century*, Oxford University Press, 1994.

Chiba, Shin and Schoenbaum, Thomas J. , eds. , *Peace Movements and Paci-fism after September 11*, Northampton: Edward Elgar Publishing, 2008.

Commission Europeenne Rapport economipue annuel Pour 1997, in: Economie europeenne, Bruxelles, CE, 1997. NO. 63.

Commission for Racial Justice, United Church of Christ, Toxic Wastes and Race in the United States: A National Report on the Racial and Socio-economic Characteristics of Communities with Hazardous Waste Sites, New York: Pub-lic Access, 1987.

Cortright, David, *Peace: A History of Movements and Ideas*, Cambridge: Cam-bridge University Press, 2008.

D. Bell, *Die nachindustrielle Gesellschaft*, Frankfurt/New York 1975.

Dahlerup, Drude, ed. , *The New Women's Movement-Feminism and Political Power in Europe and the USA*, London: Sagep Publications, 1986.

Dalton, Russell J. , *Green Rainbow: Environmental Groups in Western Europe*, New Haven: Yale University Press, 1994.

Daly, Emma, "Spain: A Taste for Terror——Will EAT Ever Follow the IRA?" *Newsweek*, Sep. 11. 2000.

Dowie, Mark, *Losing Ground: American Environmentalism at the Close of the Twentieth Century*, Cambridge, Massachusetts: MIT Press, 1995.

Duffy, Robert J. , *The Green Agenda in American Politics: New Strategies for the Twenty-first Century*, University Press of Kansas, 2003.

Dunlap, Riley E. and Mertig, Angela G. , eds. , *American Environmentalism:*

The U. S. Environmental Movement, *1970 - 1990* Philadelphia: Taylor & Francis, 1992.

Ehrlich, Paul R. and Ehrlich, Anne H. , *The Population Explosion*, New York: Simon & Schuster Inc. , 1990.

Escobar, Arturo, "Beyong the Third World: Imperial Globality, Global Coloniality and Anti-globalisation Social Movements", *Third World Quarterly*, Vol. 25, No. 1, 2004.

Ferree, Myra Marx and Hess, Beth B. , *Controversy and Coalition-The New Feminist Movement across Three Decades of Change*, Routledge, 2000.

Ferree, Myra Marx and Martin, Patricia Yancey, eds. , *Feminist Organizations: Harvest of the New Women's Movement*, Temple University Press, 1995.

Finkelstein, L .S. , "What Is Global Governance", *Global Governance*, Vol. 1, 1995.

Foreman, Christopher H. Jr. , *The Promise and Peril of Environmental Justice*, Washington, D. C. : Brookings Institution, 1998.

Fox, Stephen, *John Muir and His Legacy: The American Conservation Movement*, Madison: The University of Wisconsin Press, 1981.

Franzen, M. , "New Social Movements and Gentrification in Hamburg and Stockholm: A Comparative Study", *Journal of Housing and the Built Environment*, no. 1, vol. 20, 2005.

Galtung, Johan and Dietrich, Fischer, *Johan Galtung: Pioneer of Peace Research*, Berlin: Springer, 2013.

Gibbs, Lois Marie, *Love Canal: The Story Continues...*, CT: New Society Publishers, 1998.

Giddens, A. , *The Consequences of Modernity*, Cambridge University Press, 1990.

Gillan, Kevin, and Pickerill, Jenny, and Webster, Frank, *Anti-War Activism: New Media and Protest in the Information Age*, New York: Palgrave Macmillan, 2008.

Gopal, Shankar, "American Anti-Globalization Movement: Re-examining Seattle Protest", *Economic and Political Weekly*, Vol. 36, No. 34 (Aug. 25 - 31, 2001) .

Gottlieb, Robert, *Forcing the Spring: The Transformation of the American Environmental Movement*, Washington D. C. : Island Press, 1993.

Guber, Deborah Lynn, *The Grassroots of a Green Revolution: Polling America on the Environment*, Cambridge, Mass. : The MIT Press, 2003.

Guha, Ramachandra, *Environmentalism: A Global History*, New York: Longman, 2000.

Hays, Samuel P. , *A History of Environmental Politics since 1945*, Pittsburgh: University of Pittsburgh Press, 2000.

Hays, Samuel P. , *Beauty, Health, and Permanence: Environmental Politics in the United States, 1955 – 1985*, New York: Cambridge University Press, 1987.

Hegel, G. W. F. , *Philosophy of Right*, *Translated with Notes by T. M. Knox*, London: Oxford University Press, 1978.

Heywood, Leslie, and Drake, Jennifer, eds. , *Third Wave Agenda-Being Feminist, Doing Feminist*, University of Minnesota Press, 1997.

Hirai, Kyonosuke, ed. , *Social Movements and the Production of Knowledge: Body, Practice, and Society in East Asia*, National Museum of Ethndogy, 2015.

Holloway, Gerry, *Women and Work in Britain since 1840*, Routledge, 2005.

Howlett, Charles F, and Lieberman, Robbie, *A History of the American Peace Movement from Colonial Times to the Present*, Lewiston: Edwin Mellen Press, 2008.

Ignacio de Senillosa, "New Age of Social Movements: A Fifth Generation of Non-Governmental Development Organizations in the Making?", *Development in Practice*, no. 1, vol. 8, February, 1998.

J. Bergmann/K. Megerle, *Gesellschaftliche Mobilisierung und negative Partizipation, in: P. Steinbach (Hg.): Probleme politischer Partipation im Modernisierungsprozeß*, Stuttgart, 1982.

James, H. , *The End of Globalization: Lessons from the Great Depression*, Harvard University Press, 2001.

Joachim Raschke, Soziale Bewegungen. *Ein historisch-systematischer Grundriß*. Campus Verlag Frankfurter/New York 1987.

K. R. Allerbeck, *Sozialogie radikaler Studentenbewegung*, München/Wien 1973.

K. W. Brand, *Neue soziale Bewegungen in Westeuropa und USA*, Frankfurt/New York, 1985.

K. W. Brand, *Neue soziale Bewegungen*, Opladen 1982.

Kiely, R. , and Marfleet, P. , *Globalization and the Third World*, and Routledge, 1998.

Kline, Benjamin, *First along the River: A Brief History of the U. S. Environmental Movement*, San Francisco: Acada Books, 2000.

Labalme, Jenny. , *A Road to Walk: A Struggle for Environmental Justice*, Durham, N. C. : Regulator Bookshop, 1987.

Laslett, Barbara, and Thorne, Barrie, eds. , *Feminist Sociology—Life Histories of a Movement*, Rutgers University Press, 1997.

Lester, James P. , and Allen, David W. , and Hill, Kelly M. , *Environmental Injustice in the United States: Myths and Realities*, Westview Press, 2001.

Liodakis, George, "The New Stage of Capitalist Development and the Prospects of Globalization", *Science & Society*, no. 3, vol. 69, "The Deep Structure of the Present Moment") , July 2005.

Magoc, Chris J. , *So Glorious a Landscape: Nature and the Environment in American History and Culture*, Scholarly Resources, 2002.

Manes, Christopher, *Green Rage: Radical Environmentalism and the Unmaking of Civilization*, Boston Little Brown, 1990.

Mann, Michael, "The End of Capitalism?", *Análise Social*, Vol. 48, No. 209, 2013.

Mayall, James, *The New Interventionism 1991 – 1994* , Cambridge University Press, 1996.

Mazur, Allan, *A Hazardous Inquiry: The Rashomon Effect at Love Canal*, Harvard University Press, 1998.

McCormick, John, *Reclaiming Paradise: The Global Environmental Movement*, Bloomington: Indiana University Press, 1991.

McGurty, Eileen Maura, *Transforming Environmentalism: Warren County, PCBS, and the Origins of Environmental Justice*, Rutgers University Press, 2007.

Mentan, Tatah, *Understanding Contemporary Capitalism: A Marxist Historical Materialist Interpretation*, Academica Press, 2012.

Mertes, T. , *A Movement of Movements: Is Another World Really Possible?* London and NewYork: Verso, 2004.

Moore, Barrington Jr, "The Communist Party of the USA: An Analysis of a Social Movement", *The American Political Science Review*, vol. 39, February 1945.

Nash, Roderick, *Wilderness and the American Mind*, Yale University Press, 1982.

Nelson, Gaylord, and Campbell, Susan, and Wozniak, Paul, *Beyond Earth Day: Fulfilling the Promise*, University of Wisconsin Press, 2002.

Nenle, J. , *You are G8 , We are 6 Billion*, UK: BIddles Ltd, 2004.

Osborn, Fairfield, *Our Plundered Planet*, Boston Little Brown, 1948.

P. Kmieciak, *Wertstrukturen und Wertwandel in der Bundesrepublik Deutschland*, Göttingen 1976.

P. Gross, *Die Verheißungen der Dienstleistungsgesellschaft*, Opladen 1983.

Passy, Florence, and Giugni, Marco, "Social Networks and Individual Perceptions: Explaining Differential Participation in Social Movements", *Sociological Forum*, no. 1, vol. 16, March 2001.

Patterns of Global Terrorism 1995, United State Department of State, April 1996.

Porter, Glenn, *Encyclopedia of American Economic History: Studies of the Principal Movements and Ideas*, New York: Charles Scribner's Sons, 1980.

Prasad, G. and Mishra, A. D. , *Globalization: Myth and Reality*, New Delhi: Concept Publishing Company, 2004.

Redfern, Catherine, and Aune, Kristin, *Reclaiming the F Word-The New Feminist Movement*, Zed Books, 2010.

Rhodes, Edwardo, *Environmental Justice in America: A New Paradigm*, Bloomington: Indiana University Press, 2003.

Rhodes, R. , "The New Governance: Governing without Government", *Political Studies*, no. 44, 1996.

Riemer, Eleanor S. and Fout, John C. , eds. , *European Woman: A Documen-*

tary History 1789 – 1945, New York: Schocken Books, 1980.

Riley, P. W. J., *The Union of England and Scotland*, Manchester University Press, 1978.

Rome, Adam, *The Genius of Earth Day: How a 1970 Teach-in Unexpectedly Made the First Green Generation*, New York: Hill and Wang, 2013.

Rose, Fred, "Toward a Class-Cultural Theory of Social Movements: Reinterpreting New Social Movements", *Sociological Forum*, no. 3. Vol. 12, September 1997.

Rosenau, James N., *Governance without Government: Order and Change in World Politics*, Cambridge University Press, 1995.

Rothman, Hal K., *Saving the Planet: The American Response to the Environment in the Twentieth Century*, Chicago: Ivan R. Dee, 2000.

Rothman, Hal K., *The Greening of a Nation? Environmentalism in the United States since 1945*, Harcourt Brace College Publishers, 1998.

Rowbotham, Sheila, *Women in Movement-Feminism and Social Action*, Routledge, 1992.

Ryan, Barbara, *Feminism and the Women's Movement: Dynamics of Change in Social Movement Ideology and Activism*, Routledge, 1992.

Sale, Kirkpatrick, *The Green Revolution: The American Environmental Movement, 1962 – 1992*, New York: Hill and Wang, 1993.

Shabecoff, Philip, *A Fierce Green Fire: The American Environmental Movement*, Washington, D. C.: Island Press, 2003.

Smith, Anthony D., *Theories of Nationalism*, Harper & Row Publishers, 1971.

Snow, David A., and Soule, Sarah A. and Kriesi, Hanspeter, eds., *The Blackwell Companion to Social Movements*, Oxford: Blackwell Publishing, 2004.

Stanley, Harold, and Niemi, Richard, *Vital Statistics on American Politics*, Congressional Quarterly Inc., 2011.

Stephenson, June, *Women's Root-The History of Women in Western Civilization*, Diemer-Smith Publishing Company, 2000.

Sweezy, Paul M., "More (or less) on Globalization", *Monthly Review*, September 1997.

Thomas, C., *Global Governance, Development and Human Security*, London: Pluto Press, 2000.

Toussaint, Laura L., *The Contemporary US Peace Movement*, New York: Routledge, 2009.

U. Beck, Jenseits von Klasse und Stand? in R. Krecke (Hg.): Soziale Ungleichheiten (Soziale Welt, Sonderband 2), Göttingen, 1983.

Uekotter, Frank, *The Greenest Nation? A New History of German Environmentalism*, Cambridge: The MIT Press, 2014.

Vig, Norman J., and Kraft, Michael E., eds., *Environmental Policy: New Directions for the Twenty-first Century*, Washington, D. C. : CQ Press, 2006.

Weinberg, Gerhard L., *A War at Arms: A Global History of World War II*, Cambridge: Cambridge University Press, 1994.

Wittner, Lawrence S., *Rebels against War: The American Peace Movement, 1933 – 1983*, Philadelphia: Temple University Press, 1984.

Wittner, Lawrence S., *Confronting the Bomb: A Short History of the World Nuclear Disarmament Movement*, Stanford University Press, 2009.

Wright, Gordon, *France in Modern Time*, Longman, 1981.

Zugman, Kara, "Political Consciousness and New Social Movement Theory: The Case of Fuerza Unida", *Social Justice*, no. 1, vol. 30 (91), Race, Security & Social Movements (2003).

三　主要网站

北约网站: http://www. nato. int/cps/en/natolive/index. htm

大不列颠共产党网站: http://www. cpgb. org. uk/

反市场网站: http://www. anti-marketing. com/index. html

绿色和平组织网站: http://www. greenpeace. org/

国际地球之友网站: http://www. foei. org/

美国共产党网站: http://www. cpusa. org/

人民网: http://www. people. com. cn/

新华网: http://www. xinhuanet. com/

英国共产党网站: http://www. communist-party. org. uk/

后　记

　　本书是中国社会科学院马克思主义理论学科建设与理论研究工程项目"西方新社会运动研究"的成果。参加本项目研究工作的有：张顺洪、邸文、刘军、金海、高国荣、宋严萍、任灵兰、谢闻歌、邓超、陆晓芳。在三年多时间内，课时组成员就本项目研究工作开展了多次研讨，并召开了专题学术会议。本书是课题组集体研究成果。具体分工是：邸文参加项目设计和课题研讨活动，提出意见建议，发挥了学术咨询的作用，并参与对部分文稿的修改工作；张顺洪承担了导言和第八章的撰稿工作；刘军承担了第一章的撰稿工作；邓超承担了第二章撰稿工作；金海承担了第三章撰稿工作；高国荣承担了第四章撰稿工作；宋严萍承担了第五章撰稿工作；谢闻歌承担了第六章撰稿工作；任灵兰承担了第七章撰稿工作；陆晓芳承担了繁重的课题事务性工作。项目负责人是张顺洪，他对各章初稿提出了修改意见，通读了书稿，并做了适当修改。西方新社会运动是一个比较新的研究课题，跨学科性比较强，对课题组成员的知识结构是一个挑战。尽管参加课题的全体人员在研究中下了很大的力气，但课题的研究工作还不够全面，某些领域的研究也还不够深入，敬请读者体谅，并请批评指正。在本书出版之际，课题组特向所有对本书研究撰写工作提出过意见建议和给予各种帮助的同志表示衷心的感谢！

2015 年 9 月中旬

张顺洪